हिंदी कहानी

(एम.एच.डी.-11)

हिंदी में स्नातकोत्तर उपाधि (एम.ए.) हेतु

For Master of Arts in Hindi [M.A.]

Gullybaba.com Amazon.in GPHbook.com

Bestseller

विशेष विश्वविद्यालयों के लिए महत्वपूर्ण अध्ययन सामग्री

इंदिरा गाँधी राष्ट्रीय मुक्त विश्वविद्यालय (इग्नू), के.एस.ओ.यू. (कर्नाटका), बिहार विश्वविद्यालय (मुजफ्फरपुर), नालंदा विश्वविद्यालय, सेंटर फॉर डिस्टेंस एंड ओपन लर्निंग, जामिया मिलिया इस्लामिया, वर्धमान महावीर मुक्त विश्वविद्यालय (कोटा), उत्तराखंड मुक्त विश्वविद्यालय, कुरुक्षेत्र विश्वविद्यालय, सेवा सदन कॉलेज ऑफ एजुकेशन (महाराष्ट्र), मिथिला विश्वविद्यालय, आंध्रा विश्वविद्यालय, अन्नामलाई विश्वविद्यालय, बैंगलोर विश्वविद्यालय, भारतीयर विश्वविद्यालय, भारतीदशन विश्वविद्यालय, हिमाचल प्रदेश विश्वविद्यालय, काकाटिया विश्वविद्यालय (आंध्र प्रदेश), के.ओ.यू. (राजस्थान), एम.पी.बी.ओ.यू. (एम.पी.), एम.डी.यू. (हरियाणा), पंजाब विश्वविद्यालय, तमिलनाडु मुक्त विश्वविद्यालय, श्री पद्मावती महिला विश्वविद्यालयम् (आंध्र प्रदेश), जम्मू विश्वविद्यालय, वाई.सी.एम.ओ.यू., राजस्थान विश्वविद्यालय, उत्तर प्रदेश राजर्षि टंडन मुक्त विश्वविद्यालय, कल्याणी विश्वविद्यालय, बनारस हिंदू विश्वविद्यालय (बी.एच.यू.), और अन्य भारतीय विश्वविद्यालय।

Closer to Nature We use Recycled Paper

गुल्लीबाबा पब्लिशिंग हाउस प्रा. लि.

आई.एस.ओ. 9001 एवं आई.एस.ओ. 14001 प्रमाणित कं.

Published by:
GullyBaba Publishing House Pvt. Ltd.

Regd. Office:
2525/193, 1st Floor, Onkar Nagar-A,
Tri Nagar, Delhi-110035
(From Kanhaiya Nagar Metro Station Towards Old Bus Stand)
Call: 9991112299,   9312235086
WhatsApp: 9350849407

Branch Office:
1A/2A, 20, Hari Sadan,
Ansari Road, Daryaganj,
New Delhi-110002
Ph.011-45794768
Call & WhatsApp:
8130521616, 8130511234

E-mail: hello@gullybaba.com, **Website:** GullyBaba.com

New Edition

ISBN: 978-93-86276-80-3
Author: Gullybaba.com Panel

Copyright© with Publisher
All rights are reserved. No part of this publication may be reproduced or stored in a retrieval system or transmitted in any form or by any means; electronic, mechanical, photocopying, recording or otherwise, without the written permission of the copyright holder.

Disclaimer: Although the author and publisher have made every effort to ensure that the information in this book is correct, the author and publisher do not assume and hereby disclaim any liability to any party for any loss, damage, or disruption caused by errors or omissions, whether such errors or omissions result from negligence, accident, or any other cause.

If you find any kind of error, please let us know and get reward and or the new book free of cost.

The book is based on IGNOU syllabus. This is only a sample. The book/author/publisher does not impose any guarantee or claim for full marks or to be passed in exam. You are advised only to understand the contents with the help of this book and answer in your words.

All disputes with respect to this publication shall be subject to the jurisdiction of the Courts, Tribunals and Forums of New Delhi, India only.

HOME DELIVERY of GPH Books

You can get GPH books by VPP/COD/Speed Post/Courier.
You can order books by Email/SMS/WhatsApp/Call.
For more details, visit gullybaba.com/faq-books.html
Our packaging department usually dispatches the books within 2 days after receiving your order and it takes nearly 5-6 days in postal/courier services to reach your destination.

Note: Selling this book on any online platform like Amazon, Flipkart, Shopclues, Rediff, etc. without prior written permission of the publisher is prohibited and hence any sales by the SELLER will be termed as ILLEGAL SALE of GPH Books which will attract strict legal action against the offender.

प्रस्तावना

भारत में हिंदी में कथा लेखन की परंपरा तो युगों से चली आ रही है, लेकिन कहानी का वास्तविक स्वरूप इसने प्रेमचंद के युग में ही पाया। प्रेमचंद के युग में ही देश आजाद हुआ। स्वतंत्रता के पश्चात् भ्रष्टाचार, लालच आदि के कारण भारतीय जन की उम्मीदों पर पानी फिर गया और जनता का सरकार से मोहभंग हुआ। नई पीढ़ी के कहानीकारों ने नई विचारधारा के साथ लेखन आरंभ किया और 1950 में नई कहानी आंदोलन का जन्म हुआ, जो 1965 तक चला। इस दौर में अनेक लेखकों ने प्रसिद्धि पाई। तत्पश्चात् हिंदी कहानी में सचेतन, अकहानी, जनवादी आदि अनेक नए आंदोलन उभरे पर असफल रहे। साठ के दशक के बाद नई कहानी का दूसरा दौर (साठोत्तर कहानियाँ) आया। जिसकी कहानियाँ नई कहानी से अलग व उसी का विस्तार थीं। इन्हें समकालीन कहानियाँ कहा गया। 70 से 90 के दशक दलित साहित्य आंदोलन के दशक रहे। इस दौर में दलित चेतना पर अनेक कहानियाँ लिखी गईं।

जी.पी.एच. की इस पुस्तक **'हिंदी कहानी (एम.एच.डी.-11)'** में स्वतंत्रता पश्चात् (1950) से लेकर नब्बे के दशक तक की अनेक महत्त्वपूर्ण कहानियों का विश्लेषण प्रस्तुत किया गया है, ताकि छात्रों का उन कहानियों व उनके रचनाकारों की कला से परिचय हो सके।

पुस्तक विशेष रूप से प्रश्न पत्र की तैयारी के लिए सारगर्भित एवं परीक्षोपयोगी प्रश्नोत्तर के रूप में लिखी गई है। इसके अध्ययन से न केवल अल्प समयावधि में छात्रों को अपना पाठ्यक्रम पूर्ण कर पाने में मदद मिल सकेगी बल्कि प्रश्नों के उत्तरों को हल करने में भी सरलता होगी। प्रस्तुत पुस्तक की विषय-सामग्री के विस्तृत एवं जटिल उपबंधों को तर्कपूर्ण एवं संप्रभावी ढंग से संक्षेप में प्रस्तुत किया गया है। पुस्तक की भाषा उपयुक्त, सरल एवं प्रवाहपूर्ण रखने का प्रयत्न किया गया है। पुस्तक के प्रत्येक अध्याय के प्रारंभ में अध्याय की भूमिका दी गई है जिससे छात्रों को अध्याय को समझने में सरलता होगी।

इस पुस्तक की सबसे बड़ी और महत्त्वपूर्ण विशेषता यह है कि इसके अंतर्गत आपको गत वर्षों के प्रश्न पत्र हल सहित दिए जाते हैं जो आपकी परीक्षा को न केवल सरल बनाते हैं अपितु आपको परीक्षा में अच्छे अंक प्राप्त करने में भी सहायक होते हैं। पुस्तक में प्रश्न पत्रों के प्रारूप को आपके सामने बिल्कुल उसी प्रकार प्रस्तुत किया गया है जैसा आपके सामने परीक्षा केंद्र में प्रस्तुत होता है, जो आपको अपने आप में एक अलग प्रकार का आत्मविश्वास बढ़ाने में सहायक होगा।

आगामी संस्करण में आपके सुझावों को यथास्थान साभार सम्मिलित किया जाएगा। अत: अपने सुझाव नि:संकोच हमें हमारी **Email : feedback@gullybaba.com** पर या सीधे प्रकाशन के पते पर लिखें और हमें अपने सुझावों से अनुग्रहित करें।

प्रकाशक (GPH) अपने कार्यरत सहायकों व लेखकों का सहृदय आभार प्रकट करता है, जिनके सहयोग और प्रयासों के कारण ही इस पुस्तक का प्रकाशन संभव हो पाया है।

हम आपकी सफलता की कामना करते हैं।

Topics Covered

अध्याय–1 — हिंदी कहानी

1. तीसरी कसम : विश्लेषण और मूल्यांकन
2. डिप्टी कलक्टरी : विश्लेषण और मूल्यांकन
3. बदबू : विश्लेषण और मूल्यांकन
4. राजा निरबंसिया : विश्लेषण और मूल्यांकन

अध्याय–2 — हिंदी कहानी

5. बिरादरी : विश्लेषण और मूल्यांकन
6. हंसा जाई अकेला : विश्लेषण और मूल्यांकन
7. यही सच है : विश्लेषण और मूल्यांकन
8. मलबे का मालिक : विश्लेषण और मूल्यांकन

अध्याय–3 — हिंदी कहानी

9. बहिर्गमन : विश्लेषण और मूल्यांकन
10. गौरैया : विश्लेषण और मूल्यांकन
11. ड्राइंग रूम : विश्लेषण और मूल्यांकन
12. क्लॉड ईथरली : विश्लेषण और मूल्यांकन

अध्याय–4 — हिंदी कहानी

13. एक जीता-जागता व्यक्ति : विश्लेषण और मूल्यांकन
14. सुख : विश्लेषण और मूल्यांकन

| 15. | हरी बिंदी : विश्लेषण और मूल्यांकन |
| 16. | बोलने वाली औरत : विश्लेषण और मूल्यांकन |

अध्याय–5 हिंदी कहानी

17.	पार्टीशन : विश्लेषण और मूल्यांकन
18.	स्विमिंग पूल : विश्लेषण और मूल्यांकन
19.	बायोडाटा : विश्लेषण और मूल्यांकन
20.	सिलिया : विश्लेषण और मूल्यांकन
21.	तलाश : विश्लेषण और मूल्यांकन

विषय-सूची

1. हिंदी कहानी...1
2. हिंदी कहानी...77
3. हिंदी कहानी...127
4. हिंदी कहानी...175
5. हिंदी कहानी...221

प्रश्न पत्र

(1) सैम्पल पेपर..271
(2) जून, 2018 (हल सहित)..273
(3) दिसम्बर, 2018...279
(4) जून, 2019 (हल सहित)..281
(5) दिसम्बर, 2019 (हल सहित)...................................285
(6) जून, 2020 (हल सहित)..289
(7) फरवरी, 2021 (हल सहित).....................................293
(8) दिसम्बर, 2021 (हल सहित)...................................297

अध्याय 1

हिंदी कहानी

भूमिका

स्वाधीनता के उपरांत शहरी तथा शहरी बनते हुए मध्यवर्गीय जीवन में अनेक विचलन, विघटन तथा परिवर्तन हुए, जिसके कारण इस दौर की कहानियों की उप-जीव्य अनुभव सामग्री, कथा वस्तुओं का वस्तुगत आधार और रचना-विधान बदला। कहानी की वस्तु और रूप-विधान को पुनः परिभाषित किया गया। उसकी एक धारा शहरी संवेदनाओं की विषय-वस्तु को अभिव्यक्त करती है तो दूसरी धारा ग्राम-संवेदना को। स्वाधीनता के उपरांत के हिंदी कथा साहित्य की इस पहली हलचल को 'नई कहानी' नाम दिया गया। इसके अंतर्गत 1950 से 1965 के बीच रचित कहानी साहित्य आता है। फणीश्वर नाथ 'रेणु', अमरकांत, शेखर जोशी, कमलेश्वर इस युग के प्रमुख कहानीकारों की गिनती में आते हैं, जिनमें से 'रेणु' ग्राम-संवेदना की कथा-धारा के प्रमुख कथाकार हैं। अमरकांत युवतम पीढ़ी के लेखक थे। इन्होंने अपनी कहानियों में भ्रष्टाचार, बेरोजगारी आदि समस्याओं से जूझती युवा पीढ़ी की समस्याओं को महत्त्व दिया है। शेखर जोशी की कहानियाँ पहाड़ी जीवन पर आधारित हैं, वहीं कमलेश्वर ने अपनी कहानियों में गिरते हुए मानवीय मूल्यों का चित्रण करते हुए समाज की अनेक समस्याओं को उजागर किया है।

प्रश्न 1. 'तीसरी कसम' कहानी के आधार पर नई कहानी आंदोलन की ग्राम-संवेदना और आंचलिकता को स्पष्ट कीजिए।

उत्तर– ऐसा कहा जाता है कि सन् 1950 के आस-पास जो हिंदी कहानी जड़ थी, दिशाहीन कही जाती थी उसे नई कहानी आंदोलन ने स्पंदनयुक्त किया। समकालीन तथ्य और सत्य अपने अविकल रूप में जब कहानी में स्थान पाने लगे तब कहानी नई कहानी बन गई। एक नुक्ते में कहें तो 'अनुभव की प्रामाणिकता' का आग्रह कहानी को 'नई कहानी' बनाता है। नई कहानी के अंतर्गत कहानीकार अपनी जटिल अनुभूति को व्यापक बनाने के लिए प्रतीक और बिम्बों का सहारा लेने लगे। इस प्रकार अनुभव की प्रामाणिकता का संबंध केवल लेखक के भुक्त भोगी या स्वयं साक्षी होने से नहीं है, यह रचना के विधान तथा भाषा के व्यवहार द्वारा अनुभव की विश्वसनीयता के अर्जन का भी मामला है। कुछ आलोचक नई कहानी को कहानी परंपरा का विकसित रूप मानते हैं। इस तरह वे पूर्व से जुड़ी हुई भी हैं और नवीन सूत्रपात भी हैं। सामान्यत: यही परिवर्तन का नियम है।

स्वाधीनता की पूर्व संध्या की विरासत– विजयदेव नारायण साही प्रख्यात कवि समीक्षक थे। उन्होंने हिंदी साहित्य को निरंतर प्रखर दृष्टि दी। वे निरंतर अपने परिवेश के प्रति सजग रहे। उनके 1953 में लिखित 'साहित्य में गतिरोध' शीर्षक आलेख में पिछले दस साल की साहित्यिक गतिविधियों का (लगभग 1943-1953) जायजा लिया गया है। वे स्वयं कवि थे तथा नई कविता आंदोलन से जुड़े थे लेकिन इस लेख में उन्होंने जिन प्रवृत्तियों और गतिविधियों की बातें की हैं वे कविता और कहानी पर समान रूप से लागू होती हैं। इस लेख से स्वाधीनता की पूर्व-संध्या के साहित्यिक परिदृश्य का अंदाजा लगाया जा सकता है। अपने इस लेख में उन्होंने तीन प्रवृत्तियों को रेखांकित किया है।

पहली प्रवृत्ति कम्युनिज्म की है। सन् 1950-51 में प्रगतिवादी धारा के लेखक महसूस कर रहे थे कि दिनोदिन एक सीमित दायरे में बँधते हुए वे केवल एक छोटे से वर्ग के रूप में शेष रह गए थे, क्योंकि साहित्य की व्यापक जनवादी चेतना का आधार छोड़कर वे कम्युनिस्ट पार्टी की सामयिक नीति को साहित्य-सृजन का आधार मान बैठे थे। अत: वे आत्मालोचन और आत्म-परीक्षण की प्रक्रिया से गुजर रहे थे। साही ने इस संदर्भ में अमृतराय को उद्धृत किया है–"हमारा आधार बिल्कुल संकुचित हो गया है और हम सभी नए पुराने हिंदी लेखकों से कट कर बिल्कुल अलग जा पड़े हैं और महज एक गुट बनकर रहे हैं। यह हमारी वामपंथी संकीर्णता ही थी, जिसके कारण हम आधुनिक हिंदी साहित्य के निर्माण की मुख्य धारा से कटकर बिल्कुल अलग जा पड़े।...आज समूचे हिंदी साहित्य के पैमाने पर प्रगतिशील लेखक का मतलब होता है, रामविलास शर्मा, प्रकाशचंद्र गुप्त, पहाड़ी, अमृतराय, नागार्जुन, केदार, शंकर शैलेन्द्र...और बस!"

कम्युनिस्ट पार्टी के नेता पी.सी. जोशी ने इस गतिरोध से निकलने के लिए 'फॉर ए मास पॉलिसी' में व्यापक जनवादी चेतना के साहित्य के साथ 'न्यूनतम साझा कार्यक्रम' का सुझाव दिया। न्यूनतम कार्यक्रम का अर्थ सृजन और मूल्यांकन के लिए उन कुछ विषयों और मान्यताओं को निर्धारित करना था जिस पर सब एक मत हो सकें। इस सुझाव पर टिप्पणी करते हुए साही कहते हैं कि "साहित्य में 'न्यूनतम कार्यक्रम' को वह सफलता नहीं मिल सकती जो राजनीति में कभी-कभी मिल जाती है। विराट मानव को अगणित दृष्टियों से मापने वाला, विविध रूपों

में प्रस्फुटित होने वाला स्थायी साहित्य दो-चार ऐसे विषयों में सीमित नहीं हो सकता जो किसी मीटिंग में प्रस्तावों द्वारा मंजूर कर लिए गए हों।"

अति-आधुनिकतावाद दूसरी प्रवृत्ति है। इस सर्वथा जड़विहीन और उच्छिन्न प्रवृत्ति का किंचित् विस्तृत विवरण देते हुए लक्ष्मीकांत वर्मा ने बताया है कि भारतीय और पश्चिमी संस्कृतियों की मिलावट से एक विचित्र प्रकार का युवा वर्ग इस देश में पैदा हुआ था जो सारे प्रतिष्ठित मूल्यों को ठुकरा कर एक सर्वथा अस्वीकारवादी जीवन बिताना चाहता था। कुछ भी उदात्त या पवित्र उन्हें अविश्वसनीय प्रतीत होता था। इन पर टिप्पणी करते विजयदेव नारायण साही का कहना है, "कुछ अति आधुनिक ऐसे भी हैं, जिन्होंने वास्तविकता के आगे घुटने टेक दिए हैं और व्यक्ति की मानसिकता अस्वस्थता को ही सबसे उपादेय सत्य स्वीकार कर चुके हैं। इनमें सोचने की क्षमता तो है किंतु इच्छा और साहस नहीं। भँवर को प्रति क्षण नीचे ले जाने वाली गति ही इनके लिए आकाश की उड़ान है।" जितने भी समय के लिए यह अतिवादी आधुनिकता प्रबल रही हो, वह अवधि में बहुत लंबी या अभिव्यक्त में बहुत स्थायी नहीं थी। लक्ष्मीकांत वर्मा ने भुवनेश्वर के संदर्भ में इस पृष्ठभूमि का यह परिचय दिया है और संभवतः वही अकेले इस प्रवृत्ति की सर्जनात्मकता का चरम स्पर्श कर सके।

इन अतिवादिताओं के परे तीसरी प्रवृत्ति स्वतंत्रता के बाद के लेखकों से जुड़ी हुई है। इस प्रवृत्ति का परिचय देते हुए वे कहते हैं, "विशाल निर्घोष की तरह फैलता हुआ हिंदी के अधिकाधिक साहित्यकारों का स्वर है। इस स्वर में विविधता है, वैचित्र्य है और अपना-अपना अनुभूत सत्य है। आज हिंदी में वह पीढ़ी उभर कर आई है जिसने सन् 42 में विश्व के महान साम्राज्यवादी षड्यंत्रों के विरुद्ध एक निरस्त्र साधनहीन क्रांति का आह्वान किया था। वह पीढ़ी आज दस वर्षों बाद अपनी परिपक्व लेखनी को भारतीय जन-संस्कृति के नव निर्माण के लिए अर्पित कर रही है। उसने क्रांति का पाठ पढ़ा है, किंतु रक्तपात में अंधी होकर मानव मूल्यों का विस्मरण नहीं किया है।"

'साहित्य में गतिरोध' नामक इस निबंध के माध्यम से साही ने वस्तुतः अनास्थावाद, परंपरा द्रोह और मूल्यध्वंस के आरोपों से अपनी युवा पीढ़ी के युवा लेखन का बचाव करने का प्रयास किया है। इन आरोपों का कारण वे आकलन की इस भूल को मानते हैं कि "हम भारतीय लेखकों की युद्धोत्तरकालीन मनोवृत्ति को यूरोपीय लेखकों की युद्धोत्तरकालीन मनोवृत्ति के समकक्ष सिद्ध करने का प्रयास करते हैं। युद्ध को भारतीय जनता ने उस रूप में ग्रहण ही नहीं किया, न उससे यथावत उस रूप में प्रभावित ही हुई, जिस रूप में यूरोप प्रभावित हुआ। यूरोपीय मध्यवर्ग या निम्न मध्यवर्ग की भाँति हूबहू हममें वह चारित्रिक अराजकता, अनास्था, व्यक्तित्व का बिखराव आ गया है, ऐसा कहना न केवल कुत्सित समाजशास्त्रीयता है, बल्कि हद दर्जे की निराशावादिता है। युद्ध के बाद का भारत प्रजातांत्रिक पद्धति का भारत है। निश्चय ही हम पूर्ण अनास्था और भ्रमविच्छेद के युग से नहीं गुजर रहे हैं, हमारी सांस्कृतिक जड़ उखड़ी नहीं है, वे और भी गहरी पैठ रही है, ऊपर की पुनरुत्थानवादी परतों को तोड़कर अपनी संस्कृति के व्यापक जनवादी और लोकपरक तत्त्वों तक पहुँच गई है। यूरोपीय अराजकता का आरोप हम पर करना अवैज्ञानिक है। हमारा झुटपुटा प्रभात का है, संध्या का नहीं।"

स्वाधीनता के उपरांत पहले दशक का आनंदोल्लास और आशावाद इन पंक्तियों में अभिव्यक्त हुआ है, यद्यपि उस समय कम्युनिस्ट पार्टी ने इसे स्वाधीनता मानने से इंकार किया था।

विरासत में स्वाधीनता की पूर्व संध्या से प्राप्त इस परिदृश्य में नई पीढ़ी का आगमन होता है। यह प्रगतिवादिता और आधुनिकता, समाजवादिता और व्यक्तिवादिता की अतियों के ऊपर व्यक्तिपरक समाजोन्मुखता या समाजोन्मुख वैयक्तिकता को लेकर चलने वाली प्रगतिशील और आधुनिक रचनाकार पीढ़ी है। 1953 में पिछले दस वर्षों की साहित्यिक गतिविधियों के आकलन में जिन पूर्वागत सूत्रों का जिक्र विजयदेव नारायण साही ने किया है वे अपने अधिक संयत, समंजित, संतुलित और सर्जनात्मक नूतन अवतार में 'नई कहानी' में इस नई रचनाकार पीढ़ी द्वारा प्रकट हुए। इतना अवश्य है कि एक धारा ने सामाजिक पृष्ठभूमि को पीछे डालते हुए बदलाव की स्थितियों को व्यक्ति में एकाग्र और केंद्रीभूत कर दिया। ये प्रायः शहरी संवेदना की कहानियाँ थीं और नगरीकरण तथा महानगरीकरण की प्रक्रिया में आते हुए बदलावों का चित्रण करती थीं, जिन्हें व्यक्ति अपने स्नायुतंत्र पर झेल रहा था। दूसरी धारा ने व्यक्ति को समाज का प्रतिनिधि मात्र बताया है तथा उसे पृष्ठभूमि में आए बदलावों के साथ जोड़ दिया।

फणीश्वरनाथ रेणु उसी रचनाकार समुदाय का अंग हैं जो स्वाधीनता संग्राम में सक्रिय तथा प्रतिबद्ध रहा है, जिसकी सांस्कृतिक जड़ उखड़ी नहीं है और जो अपनी लेखनी से सतह की पुनरुत्थानवादी परतों को फोड़ कर अपनी संस्कृति के व्यापक जनवादी और लोकपरक तत्त्वों तक पहुँच रहा है।

ग्राम संवेदना–स्वाधीनता के समय ग्रामीण भारत की स्थिति, शहरी भारत की स्थिति की ठीक उलट थी। जहाँ एक ओर ग्रामशिल्प और उद्योग-धंधे विदेशी सत्ता के हाथों पहले ही उजड़ चुके थे, वहीं जमींदारी और ताल्लुकेदारी व्यवस्था ने किसानों की कमर तोड़ रखी थी। आजादी की लड़ाई में किसानों को समरभूमि में उतार लाने से संग्राम को ताकत और जीवन मिला था, लेकिन आजाद भारत के भविष्य के नक्शे में उन्हें अपेक्षित जगह नहीं दी गई और जितनी दी भी गई वह उत्तरोत्तर छिनती चली गई। आजाद भारत की अर्थव्यवस्था का बुनियादी आधार बिना किसी उपयुक्त तैयारी के, एक झटके में बदल दिया गया। कृषि प्रधान देश में विकास का मॉडल औद्योगीकरण पर आधारित किया गया। शासक बदल गए लेकिन गाँव शहर के उपनिवेश ही बने रहे। अर्थव्यवस्था के दोनों क्षेत्रों में अपेक्षित संतुलन स्थापित नहीं हुआ। औद्योगीकरण की जरूरतों और नीतियों से कृषि भूमि का क्षेत्रफल उत्तरोत्तर विघटित होता गया। कृषि आधारित घरेलू उद्योगों का विकास स्थगित हुआ, जिसके परिणामस्वरूप शिल्पी और श्रमिक वर्ग का गाँव से पलायन और विस्थापन हुआ।

कृषक गाँव से जुड़े रहने को मजबूर थे, क्योंकि उनका अस्तित्व खेत के साथ बँधा हुआ था। पराधीन भारत में साहित्य का बड़ा हिस्सा जमींदारी व्यवस्था के तहत किसान की दुर्दशा का दस्तावेज था। आजादी के बाद भी वह दुर्दशा जारी रही, पर यह एक जैसी या एक साथ नहीं हुई। यह बदलाव अलग-अलग प्रदेशों में अलग-अलग रूपों में तथा असमान स्तर का हुआ, जैसे–बिहार। हालाँकि बिहार सरकार का जमींदार उन्मूलन कानून पहले-पहल 1950 में जमींदारों के सख्त विरोध के बीच पारित हुआ था, लेकिन कार्यान्विति में असामान्य विलंब तथा 1954 और 1959 में संशोधनों के बाद जब वह अंततः लागू हुआ तब तक उसमें जमींदारों के हितों की रक्षा के लिए अनेक प्रावधान किए जा चुके थे और विलंब के कारण उन प्रावधानों का लाभ उठाने लायक समय भी उपलब्ध कराया जा चुका था। विधान-सभा और प्रशासन-तंत्र इसी तबके के लोगों से भरा पड़ा था। इन सारे कानूनों में खेतिहर मजदूरों और भूमिहीन किसानों

का कहीं नामोनिशान नहीं था। वे अधीनता या पलायन के लिए मजबूर थे। फणीश्वरनाथ रेणु की कर्मस्थली इसी बिहार में पूर्णिया का ग्राम-अंचल है और उनकी रचना में चित्रित भूगोल भी यहीं का है।

ग्राम-समाज में वर्चस्व का, शक्तिविमर्श के ताने-बाने का बदल जाना ही जमींदार उन्मूलन की परिभाषा थी। जजमान और परजा-पउनी के सामाजिक संबंधों के समीकरण बदले। सेवा के बदले संरक्षण का धारणात्मक संबंध समाप्त हुआ। काम के बदले दाम की व्यवस्था में समय-समय पर कहने को सेवा के सरकारी मूल्य अथवा मजदूरी की न्यूनतम सरकारी दरें निर्धारित होती रहीं और तरह-तरह की अन्य कल्याण योजनाएँ भी निर्मित, घोषित और कहने को कार्यान्वित भी होती रहीं, लेकिन दरअसल शोषण ने नए-नए चेहरे पहन लिए। मंझोले और छोटे किसान, भूमिहीन किसान अथवा खेतिहर मजदूर शोषण के दायरे में फँसे के फँसे रह गए। लेकिन तब, स्वाधीनता का पहला दशक और नेहरू युग का स्वप्नदर्शी समय था। अतः तब सरकार का ध्यान और विकास योजनाओं का रूप ग्रामोन्मुख था और स्वाधीनता के बाद पहले दशक में जब टूटते परिवारों, असफल विवाहों, अहंकेंद्रित टकराहटों और अकेलेपन के अवसाद की शहरोन्मुख संवेदना की अपरिचित सामग्री वाली कहानियों को 'नई' के रूप में स्थापित करने के लिए मोर्चा लिया जा रहा था, तब ग्राम कथा ही सहज-स्वीकृत रूप से पहले से स्थापित असली हिंदी कहानी भी थी। विवेकी राय, शिवप्रसाद सिंह, नागार्जुन, रेणु, रामदेश मिश्र, श्रीलाल शुक्ल, अमरकांत, शैलेश मटियानी, भैरव प्रसाद गुप्त आदि एक लंबी कतार ग्राम जीवन के कथाकारों की थी।

देश की स्वाधीनता के पश्चात् कहानियों का प्रमुख घटनास्थल गाँव न रहकर शहर हो गया, जिसमें 'कस्बा' भी एक घटनास्थल की तरह उभरा। मानसिकता और संवेदना भी 'ग्राम्य' और 'कस्बाई' जैसे विशेषणों के द्वारा परिभाषित हुई। कस्बाई मानसिकता यानी जो गाँव से तो उखड़ चुकी, लेकिन शहरी नहीं बनी, दोनों जगह अधकचरी होकर रह गई। ग्राम्य जीवन का एक प्रतिनिधित्व वह समाज भी करता है जो शहरीकरण की प्रक्रिया में या आजीविका की तलाश में विस्थापित होकर शहर पहुँचा लेकिन हाशिए पर स्थित अकिंचन समाज की हैसियत से बाहर नहीं आ पाया। ग्राम्य से लेकर नगर-जीवन तक के बीच की इन विविध स्थितियों को विषयवस्तु बनाकर चलने वाले कथाकारों में फणीश्वनाथ रेणु, शिवप्रसाद सिंह, मार्कण्डेय, रामदरश मिश्र, शेखर जोशी, शैलेश मटियानी, मधुकर गंगाधर आदि प्रमुख हैं, जो नई कहानी आंदोलन के प्रमुख लेखक माने जाते हैं। स्वाधीनता के बाद का गाँव प्रेमचंद का गाँव नहीं है। विभिन्न अंचलों या जनपदों के लोक-जीवन को लेकर लिखी गई ये कहानियाँ प्रेमचंद की गाँव पर लिखी कहानियों से भिन्न हैं और नवीन भी। इन कहानियों में अलग ही ताजगी है।

आंचलिकता—मानवीय सभ्यता के विकास के साथ कहानी की परंपरा सर्वविदित है। स्वातंत्र्योत्तर काल में ही पुरानी कहानी ने नया स्वरूप ले लिया और समयांतर उसमें अनेक आयाम उभरे। युग की आवश्यकता एवं बदलते परिवेश ने कहानी को विविध स्वरूप में प्रस्तुत किया। इस दौर की इस नई कहानी की शुरुआत हिंदी में ग्राम-जीवन अथवा भारतीय कृषक जीवन को लेकर लिखी नई ग्राम कथाओं से होती है और इसी ग्राम-कथा के शिल्प में आंचलिकता एक महत्त्वपूर्ण उद्भव है। जीवन-यथार्थ की अभिव्यक्ति की प्रवृत्ति ने आंचलिक कहानी को जन्म दिया। इतना ही नहीं; उसका अलग स्वरूप आकारित हुआ। नई एवं समकालीन

कहानी विशेष अंचल या क्षेत्र के जीवन को; उसके भावलोक को अभिव्यक्त करने में सफल हुई। आंचलिक कथाकारों ने सामाजिक जीवन की अभिव्यक्ति को न केवल आकारित किया; बल्कि उसे विकसित भी किया। ऐतिहासिक तौर पर सन् 1952-53 में हिंदी-जगत में 'आंचलिक' शब्द का आगमन हुआ। डॉ. शिवप्रसाद सिंह ने भी इस मत को स्वीकारा है। आजादी के बाद जनचेतनावादी साहित्य की आँधी में यथार्थ-अभिव्यक्ति को लेकर आंचलिक कहानी का सूत्रपात हुआ, जिसके सूत्रधार फणीश्वरनाथ रेणु हैं। दरअसल, आंचलिक कथा-साहित्य का आगमन रेणु के 'मैला आँचल' से हुआ। 'अंचल' मूल संस्कृत 'अच' धातु के प्रत्यय योग से बना है। "आँचल शब्द का अर्थ किसी ऐसे भूखंड, प्राप्त भाग या देश-विशेष से है, जिसकी अपनी एक विशेष भौगोलिक स्थिति, संस्कृति, भाषा और अपनी समस्याएँ हों, अपनी विशिष्टता एक जीवित व्यक्ति हो और सामान्य के अंदर से अपनी विशिष्टता जताता हो, बाहरी प्रभावों ने जिसके वैशिष्ट्य को समाप्त न कर दिया हो।" आंचलिक कहानी के स्वरूप को लेकर फणीश्वरनाथ रेणु, धीरेंद्र वर्मा, आ. नंददुलारे वाजपेयी, डॉ. शिवप्रसाद सिंह, राजेन्द्र अवस्थी जैसे विद्वानों ने खूब लिखा है। "आंचलिक कहानी सीमित कथांचल, स्थानीय रंग में भाषा और अभिनव शिल्प ये तीन तत्त्व लेकर रूपायित होती है।" अर्थात् आंचलिक कहानी में कथांचल के रहन-सहन, प्रथाएँ, उत्सव, आदर्श, आस्थाएँ आदि का यथार्थ अंकन होता है।

आंचलिक रचनाओं का यह विशेष लक्षण है कि घटनाक्रम और चरित्र-व्यवहार दोनों में अंचल बोलता है। सीमांत-प्रदेश, समुद्र-तट, नदी-तट, जंगल, पहाड़, कुछ ऐसे ही भूखंड हैं, जहाँ के वासियों के चरित्र और जीवन-पद्धति के निर्माण में उनके अंचल का हाथ होता है। इस प्रकार आंचलिकता वस्तु-सामग्री भी है और शिल्प-कौशल भी। बलवंत सिंह के 'काले कोस', 'दो अकालगढ', 'रात, चाँद और चोर' जैसे उपन्यासों में जैसे सीमांत प्रदेश बोलता सुनाई देता है, वह आंचलिकता का उदाहरण है। इस प्रकार की आंचलिकता अप्रतिम और विशिष्ट होती है।

'द वर्ल्ड बुक इन्साइक्लोपीडिया' के अनुसार, "एक अंचल वह भौगोलिक भूखंड है जो प्राकृतिक और सामाजिक दृष्टि से आबद्ध रहता है। उसके रीति-रिवाज, आदर्शों, विश्वासों, भौगोलिक मान्यताओं और मनोवैज्ञानिक स्वरूपों में इतनी समानता रहती है कि उनके माध्यम से हम उन्हें दूसरे क्षेत्रों में सफलतापूर्वक अलग कर सकते हैं।" सामान्यत: भौगोलिक या राजनैतिक क्षेत्र प्रदेश है, जबकि सामाजिक-सांस्कृतिक क्षेत्र अंचल है। आंचलिकता ग्रामीण भी हो सकती है और नागरिक भी। अंचल नवीन बाह्य प्रभावों की तुलना में पिछड़ा ही होता है। इस प्रकार ग्राम जीवन और आंचलिकता को एक मानना गलत है। ग्राम कथा में व्यापक भावभूमि होती है; जबकि आंचलिक कहानी में अंचल-विशेष का परिवेश होता है जो उसे अन्य से अलग करता हो। उसके चरित्र और घटनाक्रम एक भूखंड से निकालकर दूसरे भूखंड में नहीं बसाए जा सकते।

आंचलिक कहानी आम कहानियों से विशिष्ट है। खास लक्षण उसे अन्य कहानियों से अलग कर देते हैं। आंचलिक कहानी के कथानक का आधार अंचल-विशेष की घटनाएँ एवं जनजीवन होता है। तमाम परिस्थितियाँ कथा को एकसूत्र बनाती हैं। अगर आदिवासी क्षेत्र की गौड़ जनजाति कथानक का आधार हो तो उस जाति-विशेष का समग्र जीवन कथा में गुंफित होता है। आंचलिक कहानी का दूसरा महत्त्वपूर्ण लक्षण लोक संस्कृति का सजीव चित्रण है। वेशभूषा,

रीति-रिवाज, रहन-सहन, आदर्श, विश्वास, भौगोलिक मान्यताएँ आदि लोक संस्कृति के पहलू वास्तविक रूप में चित्रित होने चाहिए।

आंचलिक कहानी की भौगोलिक स्थिति का अंकन अनिवार्य है। भौगोलिक स्थिति से पाठक में अंचल-विशेष के प्रति रुचि एवं विश्वसनीयता उत्पन्न होती है तथा प्रकृति-चित्रण सजीव हो उठता है। आंचलिक कहानी में यथार्थवादी पृष्ठभूमि होनी चाहिए, कथाकार का दृष्टिकोण यथार्थवादी होना चाहए। पात्र, वातावरण, परिवेश के चित्रण में कथाकार को कल्पना का सहारा नहीं लेना पड़ता। आंचलिक कहानी में लोक संस्कृति का निरूपण होता है। मूलत: लोक संस्कृति लोक कथाओं तथा लोक गीतों में आकर्षक ढंग से प्रतिबिंबित होती है। लोक गीतों के जरिए पाठक अंचल की भावभूमि पर पहुँच जाता है। स्थानीय बोली एवं भाषा के निरूपण के बिना आंचलिक कहानी संभव ही नहीं। कहानी की समग्रता को स्थानीय रंग देने में स्थानीय बोली एवं भाषा की अहमियत है। इसके अलावा प्रभावी वातावरण, अंचल की राजनीतिक-आर्थिक स्थिति तथा जन-जागरण का संकेत भी महत्त्व रखता है।

आंचलिक कहानी राष्ट्रीय एकता की स्थापना में अनिवार्य है। जन-जागरण को लेकर भी इसका महत्त्व है। "अंचल विशेष की राजनीतिक, सामाजिक, धार्मिक और आर्थिक परिस्थितियों का चित्रण करने के साथ-साथ आंचलिक कहानीकार उन स्थितियों के प्रति जनता की प्रतिक्रिया और नए विचारों के संपर्क के कारण होने वाली उनकी चेतना का वर्णन भी करता है। रूढ़ अंधविश्वासों, सामाजिक अनीतियों, प्रशासन की ज्यादतियों, अनाचार, रिश्वत, बेईमानी, स्वार्थपरता आदि के विरुद्ध क्रांति की लहर का संकेत कर वह जागरूक और सजग जनता को करवट लेती हुई चित्रित करता है।" इस प्रकार कहानी क्षेत्र में नए आंदोलन के साथ कहानी ने आंचलिक रूप धारण किया।

सामान्य जनजीवन को परिवर्तित करने में औद्योगीकरण का बहुत बड़ा हाथ होता है। औद्योगीकरण के पहले के समाज का जन 'लोकजीवन' का वाहक होता है। उसके पास एक सांस्कृतिक चेतना और उससे अनुप्राणित जीवन-पद्धति होती है। औद्योगीकरण इस जन को 'लोक' से हटाकर 'भीड़' में बदलता है। सांस्कृतिक जीवन-पद्धति को यांत्रिक जीवन-पद्धति बना देता है। जन केवल जनता — स्वयं अपनी भाववाचक संज्ञा, अपना अमूर्तन बनकर रह जाता है। 'लोक जीवन' का 'भीड़ जीवन' में बदलना लोक को लुप्त करके बहुसंख्या बना देना है। लोकविरोधी तथाकथित 'विकास' की यात्रा में इसे एक अनिवार्यता मान कर स्वीकार कर लेने का अर्थ शोषण को विकास का पर्याय मान कर निर्विरोध रह जाना है। 'लोक' के अनुकूल जो किया जाए वह 'विकास' होता है, अगर विकास का एक ढाँचा पहले से तय कर लिया जाए और 'लोक' को उस ढाँचे के अनुरूप मोड़ने का हठ ठान लिया तो वह विकास नहीं, विनाश होता है। 'रेणु' उस लोक जीवन के चितेरे हैं और गहरी ममता के साथ उन्होंने ये चित्र खींचे हैं, उसमें उनकी पक्षधरता और इस लोकविरोधी तथाकथित विकास के साथ असहमति निहित है। उनका कोई भी पात्र मात्र एक अमूर्त प्रतिनिधिक अमूर्तन बन कर नहीं रह जाता तथा प्रत्येक पात्र एक व्यक्ति के रूप में विशिष्ट और साकार बना कर विकसित किया जाता है। यह उनकी दुर्बलता नहीं, विशिष्टता है। यही कारण है कि आंचलिक कहानी क्षेत्र में फणीश्वरनाथ 'रेणु' का नाम आदर के साथ लिया जाता है। सही अर्थ में वे ही हिंदी कथा साहित्य में आंचलिकता के सूत्रधार हैं।

प्रश्न 2. नई कहानी आंदोलन में फणीश्वरनाथ रेणु के योगदान तथा महत्त्व को रेखांकित करते हुए उनके कथा शिल्प पर प्रकाश डालिए।

उत्तर– हिंदी कथा साहित्य के महत्त्वपूर्ण रचनाकार फणीश्वरनाथ 'रेणु' का जन्म 4 मार्च 1921 को बिहार के पूर्णिया जिला के 'औराही हिंगना' गाँव में हुआ था। वे सिर्फ सृजनात्मक व्यक्तित्व के स्वामी ही नहीं बल्कि एक सजग नागरिक व देशभक्त भी थे। 1942 के 'भारत छोड़ो आंदोलन' में उन्होंने सक्रिय रूप से योगदान दिया। इस प्रकार एक स्वतंत्रता सेनानी के रूप में उन्होंने अपनी पहचान बनाई। इस चेतना का वे जीवनपर्यंत पालन करते रहे और सत्ता के दमन और शोषण के विरुद्ध आजीवन संघर्षरत रहे। 1950 में बिहार के पड़ोसी देश नेपाल में राजशाही दमन बढ़ने पर वे नेपाल की जनता को राणाशाही के दमन और अत्याचारों से मुक्ति दिलाने के संकल्प के साथ वहाँ पहुँचे और वहाँ की जनता द्वारा जो सशस्त्र क्रांति व राजनीति की जा रही थी, उसमें सक्रिय योगदान दिया। दमन और शोषण के विरुद्ध आजीवन संघर्षरत रहे 'रेणु' ने सक्रिय राजनीति में भी हिस्सेदारी की। 1952-53 के दौरान वे बहुत लंबे समय तक बीमार रहे। फलस्वरूप वे सक्रिय राजनीति से हट गए। उनका झुकाव साहित्य सृजन की ओर हुआ। 1954 में उनका पहला उपन्यास 'मैला आँचल' प्रकाशित हुआ। मैला आँचल उपन्यास को इतनी ख्याति मिली कि रातों-रात उन्हें शीर्षस्थ हिंदी लेखकों में गिना जाने लगा। जीवन के सांध्यकाल में राजनीतिक आंदोलन से उनका पुनः गहरा जुड़ाव हुआ। 1975 में लागू आपातकाल का जे.पी. के साथ उन्होंने भी कड़ा विरोध किया। सत्ता के दमनचक्र के विरोध स्वरूप उन्होंने पद्मश्री की मानद उपाधि लौटा दी। उनको न सिर्फ आपात स्थिति के विरोध में सक्रिय हिस्सेदारी के लिए पुलिस यातना झेलनी पड़ी बल्कि जेल भी जाना पड़ा। 23 मार्च 1977 को जब आपात स्थिति हटी तो उनका संघर्ष सफल हुआ। परंतु वो इसके बाद अधिक दिनों तक जीवित न रह पाए। रोग से ग्रसित उनका शरीर जर्जर हो चुका था। 11 अप्रैल 1977 को उनका निधन हो गया।

आयु और रचनाकाल की दृष्टि से रेणु को एक ओर प्रेमचंद के बाद की पीढ़ी के जैनेन्द्र, अज्ञेय, यशपाल तथा दूसरी ओर नई कहानी आंदोलन की जन्मदात्री स्वातंत्र्योत्तर कथा-पीढ़ी के बीच में रखा जा सकता है। इसीलिए दोनों जगह उनकी समवयस्कता कभी अज्ञेय, यशपाल के साथ, तो कभी नई कहानी के कथाकारों के साथ घोषित की जाती रही है। उन्होंने गद्य की अनेक विधाओं में काम किया और सभी को अपनी प्रतिभा से निखारा। मैला आँचल, परती परिकथा, दीर्घतपा, कलंकमुक्ति, जुलस, पलटू बाबू रोड (मरणोपरांत) उनके उपन्यास हैं। फणीश्वरनाथ रेणु ने 1936 के आसपास से कहानी लेखन की शुरुआत की थी। उस समय कुछ कहानियाँ प्रकाशित भी हुई थीं, किंतु वे किशोर रेणु की अपरिपक्व कहानियाँ थीं। 1942 के आंदोलन में गिरफ्तार होने के बाद जब वे 1944 में जेल से मुक्त हुए, तब घर लौटने पर उन्होंने 'बटबाबा' नामक पहली परिपक्व कहानी लिखी। 'बटबाबा' 'साप्ताहिक विश्वमित्र' के 27 अगस्त 1944 के अंक में प्रकाशित हुई। रेणु की दूसरी कहानी 'पहलवान की ढोलक' 11 दिसम्बर 1944 को 'साप्ताहिक विश्वमित्र' में छपी। 1972 में रेणु ने अपनी अंतिम कहानी 'भित्तिचित्र की मयूरी' लिखी। उनकी अब तक उपलब्ध कहानियों की संख्या 63 है। 'रेणु' को जितनी प्रसिद्धि उपन्यासों से मिली, उतनी ही प्रसिद्धि उनको उनकी कहानियों से भी मिली। 'ठुमरी', 'अगिनखोर', 'आदिम रात्रि की महक', 'एक श्रावणी दोपहरी की धूप', 'अच्छे आदमी', 'संपूर्ण कहानियाँ', आदि उनके प्रसिद्ध कहानी संग्रह हैं, जो बाद में संपूर्ण कहानियाँ नाम से भी एकत्र रूप में संकलित हुए।

यद्यपि उन्होंने अपने कथा साहित्य में गाँव के समृद्ध एवं सांस्कृतिक परिवेश की जीती-जागती तस्वीरें खींची हैं लेकिन ऐसा नहीं है कि उस जीवंतता के आवरण में उन्होंने अंचल के पिछड़ेपन को कहीं भी ढक दिया हो। उन्होंने उसको भी बखूबी प्रस्तुत किया है। ग्रामीण समाज में भी हाशिए पर जीने वाले पात्रों ने उनकी विशेष ममता पाई है। खेतिहर मजदूर, गरीब किसान, लोक कलाकार और कारीगरों के जीवन की भावप्रवणता, संवेदनशीलता, सर्जनात्मकता, सांस्कृतिक निष्ठा और स्वाभिमान के चित्रण के साथ-साथ वे अपने चुने हुए अंचल के अभावों, अंधविश्वासों, रुग्णताओं से ग्रस्त जीवन को भी अपने ध्यान का विषय बनाते हैं। छोटी-छोटी ईर्ष्याएँ, स्पर्द्धाएँ, लागडाँट और मनमुटाव आदि के निरीक्षण से वे मानसिकता का सूक्ष्म और स्वाभाविक अंकन करते हैं। प्रेम की संवेदना का सहृदय चित्रण उनकी अनेक कहानियों में हुआ है जिनमें 'रसपिरिया' और 'तीसरी कसम' विशेष यश में भीगी हुई हैं। 'पंचलैट' की विषय-वस्तु गाँव की एक अवर्ण जात पंचायत में पेट्रोमैक्स के रूप में 'कलकब्जे वाली चीज' का आगमन है अर्थात् प्रतीकात्मक अर्थ में सरलतम स्तर पर औद्योगीकरण और यंत्रयुग। इसके अलावा प्रेम के ऊपर भी तिर्यक ढंग से एवं थोड़े विनोद के स्वर में उन्होंने कई कहानियाँ लिखी हैं, जिनका अपना अलग ही मजा है।

अपनी 'संवदिया' नामक कहानी में उन्होंने रोजी रोटी के मद्देनजर ग्रामीण आबादी के नगर-पलायन और विस्थापन की मजबूरी का चित्रण बड़ी पीड़ा के साथ किया है। कथानक में संवाद-वाहक के समाप्तप्राय व्यवसाय के अलावा अकेली विधवा स्त्री की कहानी कही गई है, जो शहर-पलायन द्वारा पारिवारिक विघटन के कारण गाँव में अकेली रह गई है और खेती-बाड़ी सँभालने में असमर्थ है। मानो इस कहानी के पात्र हरगोबिन संवदिया स्वयं रेणु हैं और उसकी भूमिका अपनाकर अपने अंचल के अलग-अलग कारणों से दुखी-विपन्न बेसहारा लोगों की बातें अपने पाठकों तक पहुँचा रहे हैं।

उनकी कहानियाँ जहाँ एक ओर सांस्कृतिक रूप से समृद्ध एवं उल्लास से युक्त समारोहों का चित्रण प्रस्तुत करती हैं, वहीं दूसरी ओर वे स्वाधीनता प्राप्ति और गणतंत्र की स्थापना के बाद के दशक में ग्रामीण चेतना और परिस्थितियों के परिवर्तनों का चित्र भी खींचती हैं। राजनीतिक सजगता और संघर्ष का स्वर भी इनमें विद्यमान है। 'तंबे एकला चॅलो रे' शीर्षक कहानी में बँटाईदार-जमींदार संघर्ष का कथानक है। छोटे किसानों, जमींदारों और सरकार की सम्मिलित शक्ति के आगे बँटाईदारों को हार का मुख देखना पड़ता है। बँटाईदारों का सहानुभूतिपूर्ण चित्रण हुआ है। 'आत्मसाक्षी' नामक कहानी में चुनावी राजनीति का चित्रण है जिसके कारण दल में आंतरिक विघटन होता है, जनता ध्यान के बाहर हो जाती है और कुर्सी केंद्र में आ जाती है। ग्रामीण युवकों में राजनीतिक चेतना की सुगबुगाहट नेताओं के वर्गस्वार्थ द्वारा भटकाव का शिकार होती है। समाजवादी दल की आंतरिक टूट फूट का चित्र खींचते हुए भी आशावादी स्वर शेष प्रतीत होता है। लेकिन 'संकट' शीर्षक की कहानी में राजनीतिक भ्रष्टाचार को उन्होंने अपने कुत्सित रूप में दिखाया है और लोगों के मन में अब राजनीति से कोई उम्मीद भी बाकी नहीं रह गई है।

शहरी संवेदना की भी कुछ कहानियाँ उन्होंने लिखीं लेकिन यहाँ उनका अपना इलाका नहीं है। 'टेबिल', 'कस्बे की लड़की', 'ना जाने केहि वेश में' इत्यादि कहानियों में वह रचाव और गहराई अनुपस्थित है।

रेणु का महत्त्व, देर से ही सही, सभी ने स्वीकार किया। अज्ञेय ने उन्हें 'धरती का धनी' कहा है।

डॉ. शिवकुमार मिश्र ने 'प्रेमचंद की परंपरा और फणीश्वरनाथ रेणु' शीर्षक निबंध में रेणु को एक लंबे अर्से के बाद प्रेमचंद की उस परंपरा से कहानी को फिर से जोड़ने का श्रेय दिया जो बीच में मध्यवर्गीय नागरिक जीवन की केंद्रीयता के कारण भारत की आत्मा से कट गई थी।

रेणु का कथा-शिल्प–फणीश्वरनाथ रेणु ने हिंदी में आंचलिक कथा की नींव रखी। सच्चिदानंद हीरानंद वात्स्यायन अज्ञेय, एक समकालीन कवि, उनके परम मित्र थे। इनकी कई रचनाओं में कटिहार के रेलवे स्टेशन का उल्लेख मिलता है। निर्मल वर्मा ने कहा है कि "बिहार के छोटे भूखंड की हथेली पर उन्होंने (रेणु ने) समूचे उत्तरी भारत के किसान की नियति रेखा को उजागर किया।" रेणु का महत्त्व सिर्फ आंचलिकता में नहीं, अपितु उनके अतिक्रमण में है।

इनकी लेखन शैली वर्णनात्मक थी जिसमें पात्र की प्रत्येक मनोवैज्ञानिक सोच का विवरण लुभावने तरीके से किया होता था। पात्रों का चरित्र-निर्माण काफी तेजी से होता था क्योंकि पात्र एक सामान्य-सरल मानव मन (प्रायः) के अतिरिक्त और कुछ नहीं होता था। इनकी लगभग हर कहानी में पात्रों की सोच घटनाओं से प्रधान होती थी। 'एक आदिम रात्रि की महक' इसका एक सुंदर उदाहरण है। विश्वनाथ त्रिपाठी ने 'तीसरी कसम' के संदर्भ में कहा है कि 'कहानी मानो उपन्यास होना चाहती है।' रेणु की अधिकांश कहानियों की संरचना ऐसी ही है। अभी हाल में 'लंबी कहानी' अथवा 'नॉवेल्ला' का जो कथारूप उभर कर सामने आ रहा है, जो जटिल से जटिलतर होते हुए यथार्थ के सिलसिले में कहानी को पर्याप्त बनाने का उपक्रम कहा जा सकता है, रेणु की कहानियाँ पचास वर्ष पहले ही उसका सूत्रपात कर चुकी थीं। कई कथासूत्रों को मूलकथा के साथ गूँथ कर उनके कथानक रचे जाते हैं, वे केवल मुख्यकथा के पात्रों तक सीमित इकहरी कहानी नहीं सुनाते बल्कि उन्हें एक पूरे परिदृश्य में रखकर समाज तक प्रसारित कर देते हैं। कहानियाँ किसी आइडिया या विचार या आदर्श को केंद्र में रखकर नहीं बुनी गई हैं, अपितु जीवन के अनुभव में सीधे उतरती हैं और उस अनुभव को बहुत बारीक विवरणों के सहारे जीवंत करती हैं। इसलिए इन कहानियों से सरलीकृत रूप में निष्कर्ष निकालना जरा कठिन है।

"नए कहानीकार ने क्रमशः कथानक, चरित्र चित्रण, क्लाइमैक्स आदि पुरानी रूढ़ियों को छोड़ दिया है, उनके स्थान पर वह जीवन की किसी भी अनुभूति की अथवा उसके एक बिंदु, एक विशुद्ध मनःस्थिति, घटना अथवा भावदशा अथवा विचार को लेकर कहानी लिख सकता है और लिखता है।" 'तीसरी कसम' ऐसी ही, अनुभूति की कहानी है।

'रेणु' ने अपनी अनेक रचनाओं में आंचलिक परिवेश के सौंदर्य, उसकी सजीवता और मानवीय संवेदनाओं को अद्वितीय ढंग से वर्णित किया है। दृश्यों को चित्रित करने के लिए उन्होंने गीत, लय-ताल, वाद्य, ढोल, खंजड़ी नृत्य, लोकनाटक जैसे उपकरणों का सुंदर प्रयोग किया है। 'रेणु' ने मिथक, लोकविश्वास, अंधविश्वास, किंवदंतियाँ, लोकगीत – इन सभी को अपनी रचनाओं में स्थान दिया है। उन्होंने 'मैला आँचल' उपन्यास में अपने अंचल का इतना गहरा व व्यापक चित्र खींचा है कि सचमुच यह उपन्यास हिंदी में आंचलिक औपन्यासिक परंपरा की सर्वश्रेष्ठ कृति बन गया है। व्यक्ति और कृतिकार दोनों ही रूपों में 'रेणु' अप्रतिम थे।

'तीसरी कसम' कहानी रेणु ने अत्यंत धैर्य के साथ बारीक रेखाओं से बुनी है। 'तीसरी कसम' के शिल्प की विशेषता इसकी किस्सागोई की शैली है। वाक्य-संरचना भी उसी के

अनुरूप है। ऐसा लगता है कि हम कहानी पढ़ नहीं बल्कि सुन रहे हैं और एक-एक कर पात्र, परिवेश, दृश्य – सब चित्र रूप में हमारी आँखों के सामने से गुजर रहे हैं। इस कहानी में परिवेश समग्रता से उभर कर आया है। एक तरह से इस कहानी के माध्यम से वह अंचल-विशेष प्राणवान हो अमर हो गया है।

रेणु के शिल्प की अन्य मुखर विशेषता उनकी बिम्ब-योजना है। 'तीसरी कसम' कहानी में रेणु ने काफी संयत होकर आंचलिक शब्दों, कहावतों आदि का प्रयोग किया है।

प्रश्न 3. 'तीसरी कसम' कहानी का शीर्षक किस ओर संकेत करता है? क्या हीरामन की पिछली दोनों कसमें नैतिक थीं?

अथवा

'तीसरी कसम' कहानी के शीर्षक की सार्थकता पर विचार कीजिए।

उत्तर– आमतौर पर कसम खाने या शपथ लेने का अर्थ अपने आप से या किसी दूसरे से एक वादा है जिसे अपने आचरण में उतार कर प्राण-पण से निभाया जाता है। कसम खाने का अर्थ अपने लिए आचरण की एक मर्यादा निश्चित करना है जिसका उल्लंघन स्वयं के लिए निषिद्ध है। कसम खाकर कुछ कहने का अर्थ सच बोलने का प्रमाण है। कसम तोड़ना या झूठी कसम खाना पाप के बराबर है। कसम उस जगत के आचार-व्यवहार का मूल्य है जो आस्था और विश्वास पर, कथनी और करनी की एकरूपता एवं अपने और दूसरों के प्रति ईमानदारी पर टिका है। 'तीसरी कसम' के गाड़ीवान नायक हीरामन ने पहले भी दो कसमें खाई थीं, लेकिन कहानी 'तीसरी कसम' के बारे में है। इसका मतलब यह नहीं कि कहानी में पहली दो कसमों का होना महज कहानी के शीर्षक को एक नाटकीय सार्थकता देने के लिए है, बल्कि कहानी के पूर्वरंग में अतीत-अवलोकन द्वारा किंचित् विस्तार से उन दोनों कसमों का जिक्र भी है और एक कथात्मक औचित्य भी।

'तीसरी कसम' के शीर्षक की सार्थकता पर विचार करने पर हम पाते हैं कि हीरामन ने पहली दो कसमें जिन स्थितियों में खाई थीं वे उसके गाड़ीवान-जीवन में सहज व साधारण थीं। परंतु जिन परिस्थितियों में उसने 'तीसरी कसम' खाई वह एक असाधारण व अभूतपूर्व घटना थी। यह 'तीसरी कसम' सहज, सरल, भोले व निश्छल हीरामन के हृदय पर हीराबाई के संसर्ग व सौंदर्य तथा कला के अभूतपूर्व संयोजन से उपजी कोमल भावनाओं व उनके आकस्मिक दमन के फलस्वरूप उपजी स्थिति से संबंधित कसम है। लेकिन जो भी हो कहानी में उनका जिक्र हीरामन के चरित्र और आचरण को उजागर करते हुए उसके सामान्य जीवन प्रवाह के बारे में बताता है और उसके जीवन के विशेष क्षणों को एकसूत्र में पिरोते हुए तीसरी कसम के लिए पृष्ठभूमि तैयार करता है।

पिछली दोनों कसमें – नैतिक निर्णय– चोरबाजारी का सामान व बाँस न ढोने की दोनों कसमें उसने जान पर आफत बन आने के कारण खाई हैं और जीवन-यापन को नियंत्रित करने वाले निर्णय और संकल्प की तरह धारण की हैं। पहली कसम का किस्सा यह है–चोरबाजारी की लदनी पर पुलिस का छापा पड़ा था और वह अपनी सग्गड़-गाड़ी वहीं छोड़कर जैसे-तैसे दोनों बैल और प्राण बचाकर भागा था। रातभर दम साधकर दौड़ते हुए, घर पहुँचकर दो दिन तक बेसुध पड़ा रहा था। उसके बाद बरसों तक उसने आधेदारी पर बैलों को जोता। आधा भाड़ा

गाड़ी वाले का, आधा बैल वाले का। गाड़ीवानी मुफ्त। इतने में बैलों का ही पेट नहीं भरता। तंगी और तकलीफ के बरसों बाद पिछले साल ही उसने नई गाड़ी बनवाई है और इसकी सामर्थ्य जुटाने के लिए अपने बैलों को सर्कस कंपनी की बाघगाड़ी में जोतकर सरकस के बाघ ढ़ोने तक का जान हथेली पर रखने वाला कार्य उसने किया है।

दूसरी कसम का किस्सा इस प्रकार है–"गाड़ी के चार हाथ आगे बाँस का अगुआ निकला रहता है और पीछे की ओर चार हाथ पिछुआ। काबू के बाहर रहती है गाड़ी हमेशा। सो बेकाबू लदनी....!" इस विवरण में रेखांकित करने लायक बात बेकाबू लदनी के कारण गाड़ी का काबू के बाहर रहना है। बाँस न लादने का सबक भी उसने घोड़ागाड़ी की छतरी में बाँस का अगुआ फँस जाने पर घोड़ागाड़ी से तड़ातड़ चाबुक और गाली खाकर यानी फिर एक संगीन अनुभव से गुजर कर सीखा है। जीवन की गाड़ी खींचने के लिए दोनों कसमें यानी संकल्प उसके लिए नैतिक निर्णय का दर्जा रखते हैं, चोरी–चकारी के माल से तौबा और बेकाबू गाड़ी–असंतुलन–से परहेज। लेखक ने यह वर्णन बड़े ही कौशल से किया है कि गाड़ीवान हीरामन का जीवन उसके बैल और गाड़ी ही हैं और इनके सहारे से हीरामन अपने इन दोनों निर्णयों को अपनी भाषा में संपन्न करता है।

हीरामन की पहली दोनों कसमें कथानक में एक प्रयोजन द्वारा सार्थकतापूर्वक पिरोई गईं हैं लेकिन पृष्ठभूमि की तरह रखी गई हैं, पर कहानी 'तीसरी–कसम' के विषय में ही है।

प्रश्न 4. 'तीसरी कसम' कहानी का ताना-बाना कंपनी और 'कंपनी की औरत' के रिश्तों से बुना गया है। कैसे? चर्चा कीजिए।

अथवा

कंपनी तथा कंपनी की औरत के बीच फैले ताने-बाने में हीरामन अनजाने में किस प्रकार आ फँसता है? स्पष्ट कीजिए।

उत्तर– 'तीसरी कसम' की मूल संवेदना प्रेम है। यह 'तीसरी कसम' हीरामन के मन की अनकही मर्मान्तक अनुभूतियों को पाठकों के समक्ष साकार कर देती है व पाठक उस पीड़ा से जुड़ा हुआ महसूस करने लगता है। इस 'तीसरी कसम' के माध्यम से हीरामन के मन की पीड़ा व भावनाएँ करुण रूप में हमें गहराई तक प्रभावित कर जाती हैं। बैलगाड़ी के कुछेक घंटों के सफर में ही हीरामन व हीराबाई के मध्य एक आत्मीय संबंध स्थापित हो गया था। कहानी एक बार 'पूर्वदीप्ति' पद्धति अपनाती है और हीरामन चोरी का माल न ढोने व बाँस की घोड़ागाड़ी में न लदवाने की अपनी कसमों व इससे जुड़ी घटनाओं को याद करता है। बाँस व चोरबाजारी का सामान न ढोने की दोनों कसमें उसने जान पर आफत बन आने के कारण खाई थीं। बाँस ढोने पर हुई दुर्घटना से उसकी पिटाई हुई थी, तो चोरबाजारी का माल ढोते वक्त उसकी और उसके बैलों की जान आफत में फँस गई थी। परंतु कंपनी की औरत की सवारी तो उसके लिए लाभप्रद ही सिद्ध हुई थी, कम से कम व्यापारिक दृष्टि से। मुँहमाँगा भाड़ा के अलावा बख्शीश तो मिला ही, ऊपर से नौटंकी देखने के 'पास' मिले सो अलग, वो भी एक नहीं पूरे पाँच। पर दिल के मामले में उसके लिए यह सौदा काफी घाटे का साबित हुआ। हीराबाई के सान्निध्य में बिताए सारे पल उसकी जिंदगी की अमूल्य निधि बन गए थे। परंतु विरह के इस तीव्र दुख ने उसके हृदय को एक ऐसे सूनेपन से भारी कर दिया था जिसे शब्दों में बयाँ कर

पाना मुमकिन नहीं। और ऐसे में आगे से ऐसी किसी मर्मान्तक पीड़ा से बचने के लिए उस समय उसका 'तीसरी कसम' खाना लाजिमी और स्वाभाविक था।

एक तरह से हीरामन एक 'अकेली' जनानी सवारी-हीराबाई-के रूप में चोरी-चकारी का माल और बाँस की लदनी दोनों की ढुलाई कर रहा है। गाड़ी में बिठाने के पहले काली ओढ़नी में लिपटी हीराबाई को देखकर उसके मन में खटका लगा था, उसने पूछा भी था, "क्यों भैया, कोई चोरी-चकारी का माल-वाल तो नहीं?" कहानी में स्वाभाविकता की नजर से पहली कसम के चीज तो नहीं, लेकिन हीराबाई-प्रसंग में भाईदार कोई जवाब नहीं देता, हाथ के इशारे से गाड़ी हाँकने को कह कर रहस्यमय ढंग से अँधेरे में गायब हो जाता है। लगातार सात साल तक मेलों की लदनी लादने वाला हीरामन नहीं जानता कि हीराबाई 'मथुरामोहन नौटंकी कंपनी' में लैला की भूमिका निभाने वाली अभिनेत्री है और एक मेला उठने के ठीक पंद्रह दिन पहले रातों-रात चोरी-छिपे निकलकर दूसरे मेले की 'रौता नौटंकी कंपनी' में शामिल होने जा रही है। एक तरह से वह एक कंपनी से दूसरी कंपनी को जाता/ले जाया जाता चोरी-चकारी का ही माल है और प्रकारान्तर से वह बाँस की लदनी - जीवन-गाड़ी को काबू के बाहर/असंतुलित कर देने वाली भी कही जा सकती हैं। यह अलग बात है कि दूसरा मेला उठने के पहले ही वह मथुरामोहन नौटंकी की कंपनी में वापस लौट जाएगी। पता नहीं ऐसी कौन सी आपातकालीन स्थिति आ गई थी जिसके कारण हीराबाई को मेले से यूँ जल्दबाजी में, बिना हीरामन को पूरी स्थिति समझाए निकल जाना पड़ा? अभी तक उसका संयमित व अपनी व्यावहारिक नियति को जानता प्रेम संयम के बाँध को तोड़ देने को उद्‌यत हो गया था व उसी के फलस्वरूप उपजी हृदयविदारक पीड़ा से बचने के लिए हीराबाई को जुदाई ही व्यावहारिक उपाय नजर आया। या सच में इस पैसे पर टिकी दुनिया के आगे एक बार फिर से मानवीय संवेदनाएँ और हृदयगत भावनाएँ कमजोर पड़ गए और महुआ घटवारिन सौदागर के हाथों बिकने के लिए इच्छापूर्वक तैयार हो गई। शायद कंपनी और कंपनी की औरत के बीच यह मथुरामोहन कंपनी को अपनी कीमत जताने का, मोल-तोल और भाव बढ़ाने का मामला है। कारण जो भी रहा हो पर यूँ अचानक यथार्थ के कठोर धरातल से टकराना हृदय को अंदर तक द्रवीभूत कर देता है।

'तीसरी कसम' कहानी को अगर शास्त्रीय कथानक के ढाँचे के अंतर्गत विश्लेषित किया जाए तो हम पाएँगे कि कहानी की इबारत में ही ये ब्यौरे कहीं दर्ज, कहीं सांकेतित या कहीं व्यंजित हैं, लेकिन इसमें आदि, मध्य और अंत के निश्चित ढाँचे वाला कथानक ढूँढ़ पाना मुश्किल है। इसमें जीवन का एक लघु प्रसंग, उसी प्रसंग से उलझे जुड़े अन्य प्रसंग, मिथक, गीत-संगीत, मूड, सुगंध आदि सब सम्मिलित रूप में मिलकर ही कथानक बन गए हैं। यहाँ प्रेम व्यक्त नहीं महसूस करने वाली खुशबू है। कालजयी कथाकृति में भावात्मक सघनता, तरलता और एक सीमा तक अमूर्तता होती है। ऐसी कृतियों से गुजरना एक बड़े अनुभव से गुजरने के समान होता है जिसकी छाप हमारे मन-मस्तिष्क में काफी देर तक पड़ी रहती है। "दि रौता नौटंकी संगीत कंपनी के स्टेज पर....मथुरामोहन कंपनी की मशहूर ऐक्ट्रेस मिस हीरादेवी, जिसकी एक-एक अदा पर हजार जान फिदा है, इस बार कंपनी में आ गई हैं....।" कहानी में हीराबाई को नौटंकीवाली नहीं, कई बार अलग-अलग प्रसंगों में 'कंपनी की औरत' ही कहा गया है। कंपनी, भले से नौटंकी की ही है लेकिन 'कंपनी' कह देने मात्र से पाठक को वाणिज्य-व्यापार की अनुभूति होती है और पाठक उसे सम्मान की दृष्टि से देखता है।

प्रेम का 'आश्रय' शुरुआत में सीधा-सरल हीरामन था और 'आलंबन' उसकी गाड़ी में सवारी के रूप में चढ़ने वाली हीराबाई। दो प्रतियोगी कंपनियाँ, एक कलाकार और एक (संभवतः) उसका एजेंट जो पीर-बावर्ची-भिश्ती-खर के अंदाज में नौकर की तरह बक्सा ढुलाई से लेकर उसे रौता कंपनी पहुँचाने और अंत में रेल पर चढ़ाते समय कोट-पतलूनधारी मालिकों की तरह हुक्म देने वाले बाबूसाहब तक का काम करता है - इनके बीच फैले ताने-बाने में हीरामन के कदम बिल्कुल अनजान, अनायास आ पड़ते/फँसते हैं। हीराबाई एक मेले से दूसरे मेले तक लगभग चौबीस घंटों की यात्रा उसकी बैलगाड़ी में तय करती है। सख्य और संगीत के संसार में कुल चौबीस घंटे। इन चौबीस घंटों में हीरामन के साथ जो एकैकिक संबंध-भाव का अनुभव घटित होता है उसकी वजह से सात साल तक लगातार मेलों की लदनी लादने के बावजूद कभी नौटंकी, थियेटर या बायस्कोप-सिनेमा न देखने वाले, हीराबाई या लैला का नाम तक न सुने हुए हीरामन का प्रवेश मेले में नौटंकी के कपड़घर-संसार में हीराबाई के लिए एक अभिभावक/संरक्षक, खास अपने आदमी के भाव से होता है। हीरामन के लिए यह सारा एक रहस्यमय संसार है जहाँ पहुँचकर वह अपने ही विस्मय और रहस्य के भावलोक में उलझता, फँसता और उपशीर्षक 'मारे गए गुलफाम' की तर्ज पर मारा जाता है, भला हीरामन का मन गाड़ी चलाना छोड़ मेले, नौटंकी में कहाँ रम सकता था!

जहाँ हीरामन का मेले के कपड़घर से कोई सरोकार नहीं था, वहाँ वह केवल सामान की ढुलाई करता था, वहीं मेले में पहुँचने के बाद उसका जुड़ाव अब दो घटनास्थलों से हो गया है। एक गाड़ीवानों का बासा, दूसरा कपड़घर जहाँ नौटंकी का मंच और सभागार है। दोनों एक दूसरे से अलग दो संसार हैं। धुन्नीराम से कहानी में कहलवाया भी है, "गाड़ी बैल छोड़कर नौटंकी कैसे देख सकता है कोई गाड़ीवान मेले में?" लेकिन फिर भी हीराबाई के आकर्षण की डोर से खिंचे हुए गाड़ीवानों का प्रवेश हीराबाई के दिलवाए हुए और हीरामन के सौजन्य से मिले हुए 'पास' की प्रतिष्ठा और उसकी वजह से अपनी विशिष्टता का प्रदर्शन गाड़ीवान लोग बार-बार तरह-तरह से जताते हैं। उसी अनुकम्पा के लिए कृतज्ञता से वे हीरामन की अगुआई में, हीराबाई के सम्मान की रक्षा के लिए, लटपट बोल बोलने वालों के साथ मारपीट भी करते हैं। इस घटना में जो खबरनुमा अफवाह उड़ती है वह है तो अफवाह लेकिन व्यवसाय जगत की आपसी प्रतियोगिताओं के गलाकाट पक्ष की ओर इशारा करती है। मामले को थामते-सम्हालते हुए मैनेजर दारोगा से कहता है....'हीराबाई के आदमी हैं, बेचारी की जान खतरे में हैं....।' और दूसरे दिन मेले भर में यह बात फैल गई-"मथुरामोहन कंपनी से भागकर आई है हीराबाई, इसलिए इस बार मथुरामोहन कंपनी नहीं आई है...उसके गुंडे आए हैं।.... हीराबाई भी कम नहीं। बड़ी खेलाड़ औरत हैं। तेरह-तेरह लठैत पाल रही है ...'वाह मेरी जान' भी कहे तो कोई! मजाल है!" इस प्रकार वह हीराबाई को दुनियाभर की नजरों से बचाकर रखता है। कंपनी और कंपनी की औरत के माध्यम से अपेक्षाकृत छोटे पैमाने पर अभिव्यक्त यथार्थ आज के कॉरपोरेट व्यवसाय के भूमंडलीय संसार में सैकड़ों गुना विकट और घातक हो चुका है। खिलाड़ियों के दाँवों और चालों के बीच उन निरीह, निश्छल लोगों को कीमत चुकानी पड़ती है जिनका इस खेल से दरअसल कोई लेना देना नहीं है। कंपनी की औरत हीराबाई और गाँव-डगर के निश्छल हीरामन के माध्यम से कहानी इस यथार्थ को अनेक परतीय अर्थवत्ता से संवृत्त करके प्रस्तुत करती है।

प्रश्न 5. 'तीसरी कसम' कहानी में एक प्रेम कथा के अतिरिक्त और क्या देखा जा सकता है? टिप्पणी कीजिए।

अथवा

'तीसरी कसम' कहानी का मूल्यांकन कीजिए।

उत्तर– हालाँकि कहीं भी पूरी कहानी में इस प्रेम की स्वीकारोक्ति नहीं मिलती - न स्वयं से, न प्रेमी से, न ही संगी-साथियों से। लेकिन इस कहानी में हीरामन और हीराबाई का प्रेम कथित नहीं अपितु व्यंजित अवश्य हुआ है। कहानीकार ने कदम-कदम पर इसे बड़ी स्पष्टता से संकेतित कर दिया है। उधर स्त्री-पुरुष से सम्बद्ध कथायोग्य विषयवस्तु में प्रेम को अनिवार्यत: मौजूद देखने के पाठकीय अभ्यास के कारण भी 'तीसरी कसम' का पाठ एक प्रेम कहानी के तौर पर होता आया है। प्रेमकथा की तरह 'तीसरी कसम' को पढ़ते हुए समीक्षित करते हुए आलोचकप्रवर विश्वनाथ त्रिपाठी को भी कहना पड़ता है, "कहानी में जहाँ बक्सा ढोने वाला आदमी दुबारा आता है और हीरामन को लगता है कि किसी ने उसे आसमान से धकेलकर नीचे गिरा दिया है, वहाँ से कोई वस्तुगत विकास नहीं होता। हीरामन और हीराबाई के संबंधों में कोई नयापन नहीं जुड़ता। वे कहानी के अंत तक घिसटते रहते हैं.....हीरामन और हीराबाई के संबंधों का द्वंद्वात्मक विकास यहाँ चुक जाता है। अंतत: नौटंकी और मेले का विवरण कहानी का विकास नहीं, खींचतान है।"

विश्वनाथ त्रिपाठी के अनुसार 'तीसरी कसम' "स्वप्न और यथार्थ का संश्लेष" है – 'तीसरी कसम' के स्वप्न की विशेषता यह है कि वह कल्पना नहीं, जो कुछ घट रहा है, हो रहा है, वही स्वप्न बन गया है। बैलगाड़ी की यात्रा स्वप्न है – हीराबाई और हीरामन के इस यात्रा के पूर्व और उपरांत के अनात्मीय जीवन के संदर्भ में। जीवन का ही एक अंश जीवन के स्वप्न की तरह घटित हुआ है। "कहानी की संरचना के संदर्भ में यह एक मूल्यवान सूत्र है लेकिन वे अपनी बारीकबीन नजर के बावजूद कथानक को संपूर्णत: प्रेम कहानी में सीमित मान लेते हैं और कहानी के उत्तरार्ध को हीराबाई के चरित्र-विकास में असमर्थ और अनुपयुक्त करार देकर कथ्य के बहुत से हिस्से को खींचतान, फालतू और अप्रासंगिक मानकर छोड़ देते हैं।" कहानी के मूल्यांकन में वे कहते हैं–"बात यह है कि रेणु को आर्थिक विषमता की पीड़ा से उतना सरोकार नहीं है जितना लोकजीवन की सांस्कृतिक समृद्धि से। वे आर्थिक विषमता को बहुत कम महत्त्व देकर सांस्कृतिक संपन्नता के चित्रण को भी अपर्याप्त बना देते हैं।"

रेणु को इतना श्रेय तो वे अवश्य देते हैं कि वे "सहज पर्यवेक्षण के बूते उस यांत्रिकता से बच जाते हैं जो आधार और बाह्य ढाँचे में संगति या एकरूपता देखती है" लेकिन यह आरोप भी लगाते हैं कि "आधारगत अंतर्विरोध के चित्रण का अभाव उनकी कहानियों में वह अर्थगत व्याप्ति नहीं आने देता। पात्र निम्नवर्ग के और अवर्ण हों किंतु घटनाएँ आर्थिक अंतर्विरोध से रहित हों तो सांस्कृतिक समृद्धि दर्शाने वाली घटनाएँ वह व्याप्ति नहीं प्राप्त कर सकतीं जो मानवीय सत्य तक पहुँच जाएँ। मानवीय सत्य की निर्मिति युग के सर्वाधिक दाहक सत्य को उपेक्षित करके नहीं हो सकती।" विश्वनाथ त्रिपाठी की यह दृष्टि वामपंथी आलोचना के पूर्वप्रतिष्ठित क्लासिकी मॉडल का श्रेष्ठ उदाहरण है जिसके अनुसार नायक या प्रवक्ता पात्र कहानी में विचारधारात्मक चेतना का मुखर वाहक होता है और अपने आचरण से उसको प्रमाणित भी करता है। ऐसी दृष्टि के लिए कहानी का गंतव्य पहले से निश्चित हुआ करता है

और उसे कोई भी विचलन दृष्टि की चूक साबित किया जा सकता है। 'तीसरी कसम' में हीरामन के चरित्र में भी उनको यही चूक दिखाई देती है – "हीरामन इस भावभूमि पर अपनी सहज ग्रामीणता के कारण पहुँचता है, किसी विचारधारात्मक चेतना के कारण नहीं। इसीलिए वह स्थितियों को केवल स्वीकार कर सकता है, उनके विरोध का उपाय नहीं जानता। हीरामन बैलगाड़ी से केवल वापस गाँव लौट सकता है।"

वस्तुतः कहानी का कथ्य केवल अपने प्रमुख या प्रवक्ता पात्र के क्रियाकलाप तक सीमित नहीं हुआ करता। कथ्य और चरित्र अभिन्न नहीं होते। कथ्य कहानी के समूचे रूपबंध के तंतुओं में समाकर उनकी परस्पर प्रतिक्रियाओं से व्यंजित होता है। 'तीसरी कसम' के संदर्भ में यही सच है। इस कहानी में प्रेम की भाव प्रवणता पूरी तरलता के साथ व्यंजित हुई है। इस कहानी में कथ्य और अंचल एक दूसरे में अनुस्यूत हैं। इन्हें अलग-अलग कर विवेचित करना संभव नहीं है। वे एक दूसरे में गूँथे हुए कहानी को एक निश्चित रूप देते हैं व इसके सौंदर्य-वृद्धि का कारण बनते हैं। जी.पी.एच. की पुस्तकों का मुख्य उद्देश्य ज्ञान के साथ-साथ अच्छे नम्बर दिलाना है।

प्रश्न 6. "'तीसरी कसम' कहानी दो संसारों के परस्पर टकरा जाने की कहानी है।" टिप्पणी कीजिए।

उत्तर– मेले में कहानी के एक-दूसरे के समानांतर वस्तुतः दो घटनास्थल हैं। एक प्रकार से कहानी में दो अलग-अलग संसार हैं। कहानी इन दो संसारों के परस्पर टकरा जाने की कहानी है।

मेले में पहुँच कर साथी गाड़ीवानों को हीरामन जैसे ही बताता है कि उसकी गाड़ी में 'कंपनी की औरत' है वैसे ही सब अचरज में एक-दूसरे को देखकर एक साथ 'सटकदम' हो जाते हैं। हीरामन देखता है, कंपनी के नाम में कितना असर है।

मेले में जाकर नौटंकी को लेकर हीरामन व उसके साथियों का पूर्वाग्रह व उसको दरकिनार कर नौटंकी देखने का नितांत नया अनुभव, प्रेम के साथ जुड़े मान-मनौव्वल व प्रेमी के प्रति सुने किसी भी अपशब्द का तीव्र प्रतिरोध के प्रसंग, दस-दिन, दस-रात की वह खुमारीपूर्ण मनस्थिति और फिर नौटंकी के मायालोक और कंपनी की औरत के जादू में फँसा, डूबता-उतराता अकेला हीरामन नहीं, उसकी समूची मित्रमंडली है – एक नहीं चार हीरामन! लालमोहर, धुन्नीराम, पलटदास और खुद हीरामन। पाँचवाँ लालमोहर का सेवक – लहसनवाँ। तीनों चारों का अनुभव इस एक बात में अवश्य समान है कि उनमें से कोई भी अपने नौटंकी देखने की खबर को गाँव-घर तक नहीं पहुँचने देना चाहता, इसके लिए सब मिलकर कसम भी खाते हैं, "पहले गुरुकसम खानी होगी सभी को, कि गाँव घर में यह बात एक पंछी भी जान नहीं पाए।" नौटंकी देखना उस दुनिया में एक दुष्कर्म अतः वर्जित है लेकिन इस एक समानता के अलावा तीनों चारों के लिए नौटंकी देखने का अनुभव अलग-अलग तरह से दर्ज किया गया है। हीरामन को लगता था, 'हीराबाई शुरू से ही उसकी ओर टकटकी लगाकर देख रही है, गा रही है, नाच रही है।' बैलगाड़ी की यात्रा में चौबीस घंटे के सान्निध्य में विकसित एकैकिक-संबंध-भाव इस 'लगने' में ध्वनित होता है। लालमोहर को भी लगता यही है कि हीराबाई उसी की ओर देखती है लेकिन इसका कारण यह प्रतीत होता है कि हीराबाई समझ गई है कि हीरामन से भी ज्यादा पावर वाला आदमी है लालमोहर। इस 'लगने' में हीरामन के

साथ लागडाँट और ईर्ष्या की व्यंजना है। सबसे अधिक महत्त्वपूर्ण है पलटदास का 'किस्सा समझना', उसकी इस प्रतिक्रिया में जनमानस की वास्तविक स्थिति के रूपांतरण और काल्पनिक कहानियों के निर्माण की क्षमता नजर आती है। मिथक की भाषा में अपरिचित यथार्थ का संयोजन मानो अनजाने को जाने-पहचाने में बदल कर काबू में लाने की प्रक्रिया है। उसे लगता है कि 'किस्सा और क्या होगा, रमैन की ही बात, वही राम, वही सीता, वही लखन लला और रावन।' हीराबाई का उसने सिया-सुकुमारी में कायाकल्प कर लिया है और नौटंकी-नायिका गुलबदन को यही पहचान दे दी है। धुन्नीराम को तेज बुखार आ गया है, शायद उत्तेजना और आवेश या फिर अकरणीय को कर बैठने के अपराधभाव के कारण। लहसनवाँ ने जोकर को पसंद किया है और अंततः उसने लालमोहर की नौकरी छोड़ कर नौटंकी-कंपनी में पानी भरने, कपड़े धोने की नौकरी पकड़ ली है। वह अब कभी गाँव नहीं लौटेगा।

एक छोटे से अनुच्छेद में ग्राम्य लोकमानस की बौद्धिक-भावात्मक-सांस्कारिक बनावट और क्रिया-व्यवहार की अनेक छवियाँ समेट दी गई हैं। कहानी के रचनात्मक प्रयोजन का यह भी एक पक्ष है। शुरू में हीरामन अकेला है, फिर हीराबाई की एक मेले से दूसरे मेले तक की यात्रा में वे दो हैं और दोनों के बीच एकैकिक संबंध की अनेक अर्थछायाएँ-भैया, मीता, गुरु। फिर एक हीरामन अपनी मित्रमंडली के रूप में अनेक हीरामन होकर अपने संसार का समूहवासी बनता है। इसका अर्थ यह नहीं कि वे अपने स्वभाव और व्यक्तित्व में एक-दूसरे से भिन्न नहीं रहते बल्कि यह है कि वे एक ही समुदाय के सदस्य हैं और एक परस्परता और संबंध की भावना से एक-दूसरे के साथ जुड़े हैं, पेशे के नाते, जीवन-पद्धति और आर्थिक स्थिति तथा "गाँवा-गरामिन" बिरादरी के नाते संस्कारों में समान है। इस प्रकार कहानी बीच-बीच में हीरामन पर फोकस करने के बावजूद भी सामूहिक भाव पर विन्यस्त होती है। तात्कालिक प्रसंग में हीरामन के साथ उनके तद्रूप हो जाने का कारण हीराबाई पर उन सबकी मुग्धता है। कहानी में उनकी उपस्थिति हीरामन और हीराबाई के अलावा एक आयाम जोड़ती है और उसे दो समानांतर संसारों की कहानी बनाती है जिसमें वे एक-दूसरे के दायरे काट कर एक-दूसरे की चौहद्दी में प्रविष्ट होते हैं। लेकिन हीरामन और हीराबाई के इस प्रेम की परिणति मिलन में नहीं होती। रोमानी, सपनीली दुनिया से गुजरती कहानी अंत में यथार्थ के धरातल से टकराती है। एक-दूसरे से अनकहा प्रेम करने के बावजूद उन्हें इस यथार्थ की प्रतीति थी कि उनका यह प्रेम कभी फलीभूत नहीं हो सकता। दोनों की दुनिया काफी अलग-अलग है जो कि स्वाभाविक तौर पर एक नहीं हो सकती। न हीरामन का मन गाड़ी चलाना छोड़ मेले नौटंकी में रम सकता था और न ही हीराबाई अपनी स्वतंत्रता और ख्याति छोड़ घर-गृहस्थी में अपना मन अधिक दिन रमा पाती। अगर एक पल को दोनों में से कोई यह त्याग करने को अपने मन को समझा भी लेता, तो भी सामाजिक दृष्टि से यह मिलन संभव नहीं था और सामाजिक रूप से बहिष्कृत होकर नितांत एकाकीपन में प्रेम का उन्माद अधिक दिन तक टिक नहीं पाता। अतः यथार्थ से समझौता कर बिना प्रेमाभिव्यक्ति के दोनों ने अपने रास्ते अलग कर लिए और इस प्रकार एक टकराहट के बाद वे सभी वापस अपनी-अपनी पटरी पर लौट जाते हैं, एक हीरामन के सिवाय। लेकिन बिछोह की कसक अवश्य दोनों के ही मन में रह जाती है जिसके फलस्वरूप विदाई के समय हीराबाई का गला भर आता है और गाड़ी छूटने की आवाज से कलेजे की बढ़ी धड़कन

को ठीक करने के लिए हीरामन को प्रतिक्रिया के रूप में अपने दाहिने पैर के अँगूठे को बाएँ पैर की एड़ी से कुचलना पड़ता है और अंतत: वह 'तीसरी कसम' खाने को विवश हो जाता है।

प्रश्न 7. 'तीसरी कसम' कहानी के नायक हीरामन की स्वरचित इच्छामूर्तियों का विश्लेषण कीजिए।

अथवा

'तीसरी कसम' कहानी में हीरामन ने हीराबाई का किन-किन इच्छामूर्तियों के रूप में सृजन किया है? बताइए।

उत्तर– बैलगाड़ी के कुछेक घंटों के सफर में ही हीरामन व हीराबाई के मध्य एक आत्मीय संबंध स्थापित हो गया था। यह आत्मीय संबंध प्रेम का था। हालाँकि कहीं भी पूरी कहानी में इस प्रेम को स्वीकारोक्ति नहीं मिलती – न स्वयं से, न प्रेमी से, न ही संगी-साथियों से। इस कहानी में हीरामन और हीराबाई का प्रेम कथित नहीं अपितु व्यंजित हुआ है। कहानीकार ने कदम-कदम पर इसे बड़ी स्पष्टता से संकेतित कर दिया है। प्रेम का 'आश्रय' शुरुआत में सीधा-सरल हीरामन था और 'आलंबन' उसकी गाड़ी में सवारी के रूप में चढ़ने वाली हीराबाई। हीराबाई के गाड़ी में चढ़ने के बाद से ही हीरामन की पीठ में अजीब सी गुदगुदी लगती है। ऐसा एहसास उसे पहले कभी नहीं हुआ था। अभी तक उसने अपनी सवारी का न चेहरा देखा था और न ही आवाज सुनी थी। बस रह-रहकर पता नहीं क्यूँ उसकी गाड़ी में चंपा का फूल खिल उठता था और पीठ में गुदगुदी सी हो रही थी। उसके लिए सब कुछ कौतूहलपूर्ण और अद्भुत सा था। शायद उसकी गाड़ी में अकेली जनाना सवारी पहली बार चढ़ने के कारण उसे ऐसा एहसास हो रहा था। बचपन में ही शादी हो जाने और गौना के पूर्व ही उसकी दुल्हन के मर जाने के बाद अपनी भाभी की कुमारी लड़की से ही शादी कराने की जिद के कारण उसने विवाह न करने का निश्चय कर लिया था। वह जानता है 'कोई लड़की वाला दोब्याहू को अपनी लड़की गरज में पड़ने पर ही दे सकता है।' इसीलिए वह शादी की बात यह कहकर दरकिनार कर देता है कि 'कौन बलाय मोल लेने जाए। ब्याह करके फिर गाड़ीवानी क्या करेगा कोई।' लेकिन शादी न करने के इस निश्चय ने हीरामन के जीवन में एक रिक्तता सी अवश्य ला दी थी। जीवन के सफर में एक ऐसे जीवनसाथी का होना, जिसे आप अपना कह सकें, जिसके साथ आप खुल कर बातें कर सकें, सुख-दुख साझा कर सकें - आवश्यक होता है। जीवनसाथी की इस कमी से हीरामन भीड़ के मध्य भी अकेला महसूस करता था। तभी तो 'महुआ घटवारिन' का अपना प्रिय गीत गाते-गाते 'उसको लगता है, वह खुद सौदागर का नौकर है। महुआ कोई बात नहीं सुनती। परतीत करती नहीं; उलटकर देखती भी नहीं। और वह थक गया है तैरते तैरते.....।' यह थकान अकेलेपन की है। कहीं न कहीं हीराबाई भी ऐसे ही अकेलेपन से जूझ रही है। यहाँ हीरामन व हीराबाई का 'अकेलापन' आधुनिक शहरी जीवन के 'अकेलेपन' से काफी भिन्न है।

हीराबाई की बच्चों की सी महीन फेनूगिलासी बोली सुनने और उसका परी का सा सुंदर रूप देखने पर हीरामन के हृदय में आकर्षण उत्पन्न होने लगा था। गंध, शब्द, रूप के आकर्षण से जिस भावना का उदय हीरामन के हृदय में होने लगा था वह हीराबाई के कोमल व मधुर स्वभाव का आधार पाकर पुष्ट होता चला गया। जितनी मीठी हीराबाई की बोली थी, उतना ही

मोहक उसका रूप, और मुस्कुराहट भी खुशबू वाली - ये सारे तत्त्व उद्दीपन का सा कार्य करते हैं और उसके हृदय में प्रेम-भाव जागृत होने लगता है। हीरामन के मन में कोई अजानी रागिनी बजने लगती है और सारी देह सिरसिराने लगती है। ये संचारी भाव हैं।

बातों बात में हीराबाई ने भी परख लिया कि हीरामन सचमुच का हीरा है। दुनियादारी से दूर, अपने बैलों और गाड़ीवानी में मग्न, खुले दिल से हँसने वाला, सहज, सरल, निश्छल हीरामन हीराबाई को भा गया। अब आश्रय हीराबाई बन गई और आलंबन हीरामन। सहज आकर्षण क्रमशः प्रेम की भावना में परिवर्तित होता जाता है। इसमें परिहास भी अपनी भूमिका निभाता है।

हालाँकि हीरामन की तरह हीराबाई की प्रेम-भावना व्यवहार में उतने स्पष्ट रूप में परिलक्षित नहीं होती परंतु, इतना स्पष्टतः संकेतित है कि वह भी इस प्रेम को हृदय में महसूस अवश्य करने लगी थी। विश्वास प्रेम का आधार होता है और हीराबाई को हीरामन पर पूरा विश्वास है। हीरामन पर उसको इतना भरोसा हो गया है कि ननपुर की सूनी सड़क पर भी मन में डर-भय की कोई बात ही नहीं उठती। इसमें हीराबाई का आत्मविश्वास बोलता है। अंत में विदा लेते समय 'महुआ घटवारिन को सौदागर ने खरीद जो लिया है गुरुजी' कहकर हीराबाई का गला भर आना एक तरह से उस प्रेम और साथ ही अपनी लाचारी की स्पष्ट अभिव्यक्ति ही थी।

महुआ-घटवारिन की लोक-कथा कहानी में अर्थ के नए आयाम भरती है जो कि कहानी की अर्थ-व्याप्ति की दृष्टि से अत्यंत सार्थक है। महुआ घटवारिन हीरामन का बहुत प्रिय गीत है। गीत गाते-गाते वह इतना तल्लीन हो जाता है कि उसके सामने गीत दृश्य रूप लेने लगता है – 'सावन भादो की नदी उमड़ने लगती है; अमावस्या की रात और घने बादलों में रह-रहकर बिजली चमक उठती है। उसी चमक में लहरों से उड़ती हुई बारी-कुमारी महुआ की झलक उसे मिल जाती है।' कला के अखंड-अनुभव-क्षण में गीत और यथार्थ की छाया परस्पर घुल-मिल सी जाती है। 'गाड़ीवान हीरामन' का स्वप्न है 'हीराबाई' और 'गायक हीरामन' की स्वर-निर्मित छवि है 'महुआ-घटवारिन।' गाड़ीवान हीरामन का 'स्वप्न' जैसे 'यथार्थ' रूप में उसके समीप उपस्थित है – वह पीछे बैठी सजीव रूप में उससे बातें कर रही है, उसकी कथा सुन रही है, ऐसी स्वप्निल मनःस्थिति में 'हीरामन गायक' भी स्वर-निर्मित कथा-लोक की 'महुआ-घटवारिन' को पा लेने का अनुभव करता है - 'इस बार लगता है महुआ ने अपने को पकड़ा दिया। खुद ही पकड़ में आ गई है। उसने महुआ को छू लिया है, पा लिया है। उसकी थकान दूर हो गई है। पंद्रह-बीस साल तक उमड़ती हुई नदी की उलटी धारा में तैरते हुए उसके मन को किनारा मिल गया। आनंद के आँसू कोई रोक नहीं मानते.....' हीराबाई भी लंबी साँस लेती है। एक बार फिर से उसके मनोभाव उसी तक सीमित रह जाते हैं, मुखरित नहीं हो पाते हैं। 'तीसरी कसम' में रचनाकार की मनोवृत्ति हीरामन के चरित्र व विचारों को उभरने में अधिक रमी है। पूरी कहानी में हीरामन के भाव व हरकतें ही अधिक मुखरित होकर चित्रित हुए हैं। हीराबाई के मनोभाव के दर्शन संकेतिक रूप में यत्र-तत्र ही होते हैं।

हीराबाई को वह दुनिया भर की निगाह से बचाकर रखना चाहता था। राह चलते अन्य राहगीरों द्वारा पूछे जाने पर कभी विदागी, कभी डागडरनी कह कर बात टाल दिया करता था। अन्य गाड़ीवानों को भी गंतव्य के नाम पर अलग-अलग गाँव बताता है। तेंगछिया के नीचे गाड़ी

टिकाने पर वह वहाँ एकमात्र मौजूद साइकिल वाले को भी जवानी पर कटाक्ष करके भगा देता है। अनजान लोगों की नजर हीराबाई पर न पड़े इसका हीरामन पूरा ख्याल रखता है। एक ओर दुनियादारी से अछूते हीरामन ने हीराबाई का नाम भी नहीं सुना था। वहीं दूसरी ओर वह चकमा देता हुआ हीराबाई को सबकी नजरों से बचाता-निकालता ले जाता है। इस प्रकार वह होशियार भी है और चतुर तथा सतर्क भी, जो उसकी निश्छलता के ही नाम हैं। मेले में पहुँच कर मित्र-मंडली को उसका परिचय भी एकाधिक बार इसी तरह देता है - "....भाई रे, यह हम लोगों के मुलुक की जनाना नहीं है कि लटपट बोली सुनकर चुट रह जाए। एक तो पश्चिम की औरत, तिस पर कंपनी की।" इस परिचय में अन्य गाड़ीवानों को हीराबाई से दूर रखने की, निकटता में साझेदारी का मौका न देने की उसकी अपनी मंशा भी शामिल है लेकिन हीराबाई के व्यक्तित्व का उद्घाटन भी है। परंतु फिर भी फारबिसगंज मेले में अपने संगी-साथियों के बीच पहुँचकर वह थोड़ा निश्चिंत सा हो जाता है व अपने लोगों को वास्तविकता बताने में नहीं हिचकता। अपने लोगों पर विश्वास किया जा सकता है, दुनिया भर पर नहीं।

प्रेम के अनुभव में पंचेंद्रियों का काफी महत्त्व है। सीताधार की सूखी धारा के उतराई पर जब हीराबाई एक हाथ से हीरामन का कंधा पकड़ लेती है और बहुत देर तक उसकी अंगुलियाँ हीरामन के कंधे पर ही पड़ी रहती हैं तो 'स्पर्श' का यह प्रत्यक्ष अनुभव हीरामन की आँखों में आनंद के आँसू ले आता है। तभी तो 'डबडबाई आँखों से हर रोशनी सूरजमुखी फूल की तरह दिखाई पड़ती है।' जब हीराबाई हीरामन को स्टेशन पर उसकी थैली कुरते के अंदर से निकालकर देती है तो वह अनुभव करता है कि 'चिड़िया की देह की तरह गरम है थैली'।

कंपनी की औरत की एक और छवि उसके मन में है। कहानी में एकाधिक बार कंपनी का बाघ और कंपनी की औरत को एक-दूसरे की सन्निधि में रखा गया है। धुन्नीराम कहता भी है, "तुम भी खूब हो हीरामन, उस साल कंपनी का बाघ, इस साल कंपनी की जनाना।" सन्निधि से दोनों अर्थ एक अनिश्चित, अपरिभाषित ढंग से एक-दूसरे का संशोधन, परिवर्द्धन और अनुकूलन करते हैं। कंपनी की औरत का खतरनाक होना भी शायद ध्वनित होता है। लेकिन इसके बावजूद यात्रा के दौरान हीरामन कितनी ही बार हीराबाई की छवि पर गाँव-घर का जनाना घरेलू बिम्ब आरोपित कर अपनी इच्छामूर्तियाँ गढ़ता है। यात्रा के अंत की तरफ वह "अब बेखटक हीराबाई की आँखों में आँखें डालकर बात करता है। कंपनी की औरतें ऐसी भी होती हैं? सर्कस कंपनी की मालकिन मेम थी। लेकिन हीराबाई? गाँ की बोली में गीत सुनना चाहती है।"

उसकी इन स्वरचित इच्छामूर्तियों का बहुत सुंदर, सटीक विश्लेषण करते हुए विश्वनाथ त्रिपाठी कहते हैं–"यह सर्जक के अपनी सर्जना में तन्मय होने की अनुभूति है। स्वप्न देखना, कल्पना करना मूक सर्जना है। हीराबाई का व्यक्तित्व हीरामन के चित्त में छायाओं का प्रक्षेपण करके ही उसे मुग्ध कर रहा है–फूल में बैठी परी, देवकुल की औरत हीरामन के चित्त में निर्मित छायाएँ हैं, लाल डोरी में बैठी दुल्हन भी ऐसी ही एक छाया है–यह शायद सर्वाधिक स्पष्ट छाया है। हीराबाई को चित्त में बसाए हुए हीरामन महुआ घटवारिन का गीत गाने में तन्मय हुआ तो महुआ घटवारिन हीराबाई में रूपांतरित हो गई और हीराबाई महुआ घटवारिन में। महुआ घटवारिन ने अपने को पकड़ा दिया। हीराबाई से मिलने के पहले महुआ घटवारिन की 'कथा' थी। वह हवा-पानी-धूप की तरह हीरामन को प्रभावित अवश्य करती थी लेकिन उसका रूप नहीं था। हीराबाई चित्त में बसकर महुआ घटवारिन की पहचान बन गई। हीरामन भी सौदागर का नौकर बन गया जो पानी में महुआ के पीछे कूद पड़ता है।"

प्रश्न 8. 'तीसरी कसम' कहानी के चरित्र 'हीरामन' और 'हीराबाई' के संबंधों की जटिलता को विश्लेषित कीजिए।

अथवा

'हीरामन' और 'कंपनी की औरत' के रूप में 'हीराबाई' के रिश्ते पर प्रकाश डालिए।

उत्तर– 'तीसरी कसम' कहानी में हीरामन के साथ हीराबाई के संबंध को दो रूपों में देखा जा सकता है। एक खुद 'हीराबाई' (साधारण औरत) के रूप में तथा दूसरा कंपनी की औरत के रूप में–

हीरामन और हीराबाई : संबंध की अर्थछायाएँ– जहाँ हीराबाई का संसार 'परखा' से निर्मित है वहीं हीरामन का संसार "लगा" और "देखा" से बना है। हीरामन की दुनिया सहज-विश्वासी दुनिया है, एक तरह से गाड़ीवानी उसका नेम-धरम है, आधी रात की उसकी सवारी "अकेली औरत" की रक्षा उसका दायित्व है। लेकिन अपरिचित गाड़ीवान के साथ यात्रा करती "अकेली औरत" हीराबाई का काम परखे बिना नहीं चल सकता। लेकिन परख कर क्या वह प्रेम करने के लिए एक पात्र खोज रही है? परख के इन ब्यौरों से ध्वनित यही होता है कि निश्छल हीरामन के साथ वह स्वयं को सुरक्षित महसूस करती है। भैया और मीता का संबोधन दूसरे व्यक्ति पर आत्मीयता और भरोसे का बोझ डालकर अपनी सुरक्षा यथासंभव निश्चित कर लेने की स्त्री-सुलभ नीति है और दूसरे की नीयत का अनुमान/आभास तो उसकी छठी इन्द्रिय उसको दिलवा ही देती है। "हीरामन पर उसको इतना भरोसा हो गया है कि डर-भय की कोई बात ही नहीं उठती है मन में।" पूरी यात्रा वह सहज निश्चिंत भाव से कभी सोकर, कभी कथा-कहानी-बतरस में कौतुक और विनोद के साथ, कभी गीत-संगीत के सुरों में डूबकर खोकर बिताती है। महुआ घटवारिन की गीत-कथा उसके चारों ओर ऐसा वितान बुनती है कि वह उसमें पूरी तरह से डूब जाती है और मीता हीरामन को उस्ताद और गुरु का दर्जा दे देती है क्योंकि "हमारे शास्त्र में लिखा हुआ है–एक अक्षर भी सिखाने वाला गुरु और एक राग सिखाने वाला भी उस्ताद!" महुआ घटवारिन का गीत सुनकर वह एक गहरी साँस लेती है, उसकी तरफ से यह संप्रेषण का, तादात्म्य का, अंतरंगता की अनुभूति का, समान भावलोक की साझेदारी का चरम है। कहानी में ऐसा कोई संकेत नहीं कि हीराबाई का यह तादात्म्य गीत के साथ है या हीरामन के साथ। लेकिन इसके बाद ही वह हीरामन को गुरु और उस्ताद कहती है। अत: केवल अनुमान ही लगाया जा सकता है कि उसका यह तादात्म्य गीत के साथ ही है।

सड़कों से गुजरता बैलगाड़ी का एकांत, स्वत:पूर्ण, संपूर्ण संसार कथा-कहानी, गीत-संगीत के परिवेश से रचा हुआ है। तिस पर हीराबाई के कोमल व मधुर स्वभाव के कारण हीरामन की रची हुई हीराबाई की रहस्यमूर्ति पर से धीरे-धीरे परदा उठता जाता है, सारे रहस्य परत दर परत खुलते जाते हैं और वास्तविक हीराबाई से उसका परिचय होता है। वहीं दूसरी ओर हीराबाई कलाकार है। उसे हर जगह अपने रचनाकोश के लिए सीखने और संचित करने लायक सामग्री मिलती है। संप्रेषण और साधारणीकरण इस परिवेश की भाषा है। दोनों के बीच यह गहरी साझेदारी का सूत्र है। साझेदारी के सूत्र अन्य भी हैं। हीरामन जिस दुनिया का आदमी है उसमें पशु-प्रकृति-मनुष्य एक ही अस्तित्व के विभिन्न आयामों का विस्तार है। उसके बैल जानते-समझते-संवेदनशील जीव हैं, इशारा समझते हैं, आवाज पहचानते हैं, महुआ घटवारिन का गीत सुनकर "थसथसा" जाते हैं।

हीराबाई कंपनी की औरत है, इसका यह तात्पर्य नहीं है कि वह सौहार्द्र, स्नेह, सौजन्य, आत्मीयता, सद्भावना से रिक्त है। वह सामान्य सहज भाव से अपने चिर-परिचित स्वभाव के वशीभूत होकर इस प्रकार का व्यवहार करती है। लेकिन हीरामन के लिए इनके संकेत इससे भी बढ़कर कुछ अलग ही अर्थ रखते हैं क्योंकि वह दूसरी दुनिया का सहज व सरल आदमी है। हीराबाई की उठ-बैठ, चल-फिर में उसे अनेक ऐसे रंग-ढंग दिखते हैं कि वह विस्मित होता है, "कंपनी की औरते ऐसी भी होती हैं? सरकस कंपनी की मालकिन मेम थी। लेकिन हीराबाई? गाँव की बोली में गीत सुनना चाहती है।" चौबीस घंटे की यह यात्रा उसी पशु-प्रकृति-मनुष्य के साझे संसार का आवास है जहाँ लोक अभी जीवित है। परिचय के लेन-देन में हीरामन के जीवन की कहानी तो खुली किताब की तरह सामने रख दी जाती है लेकिन हीराबाई के अतीत के बारे में कुछ भी कहा-बताया नहीं गया है। ब्यौरों से अनुमानतः जाना जा सकता है कि बैलों को डाँटने मारने से उसको तकलीफ होती है, गाड़ी से जाते समय वह "अच्छा मैं चलयी भैयन" कहकर बैलों से भी विदा लेती है। इससे जाहिर होता है कि वह कंपनी की औरत जरूर है, लेकिन मेम नहीं और यह दुनिया उसके लिए अपरिचित नहीं है।

हीराबाई को वापस उसकी दुनिया में ले जाने के लिए बक्सा ढोने वाला फिर प्रकट होता है। एक बार फिर से उसका बाहर की दुनिया से संपर्क टूट जाएगा। हीराबाई का स्नेह-सौहार्द्र-सौजन्य-सद्भाव यहाँ भाड़ा और दच्छिना के अलावा कल सुबह रौता कंपनी में आकर भेंट करने और नौटंकी देखने का पास बनवा लेने का अनुरोध बनकर अभिव्यक्त होता है। हीराबाई के लिए यह व्यवहार सहज है, हीरामन के लिए अपने रचे आसमान से "धरती पर धकेल दिए जाने" का दुखद कारण। उसके मन में जागे अभिमान के बहाने 'रेणु' हीराबाई को अपनी मूल कथाभूमि पर वापस लौटा देते हैं–"कंपनी की औरत कंपनी में जा रही है, हीरामन का क्या!"

लेखक अभिमान को इसलिए मिटाता है, क्योंकि इस कथाभूमि के जरिए हीरामन और हीराबाई के संपर्क-सूत्र को अभी कायम रहना है। हीरामन नौटंकी का 'पास' लेने जाना नहीं चाहता क्योंकि अभिमान में वह सोचता है कंपनी की औरत कंपनी में गई। अब उससे क्या लेना देना! चीन्हेगी भी नहीं। "लेकिन नौटंकी कंपनी के ऐलान से फैली सनसनी, ऐलान में हीराबाई की जैजैकार से जागी पुलक और नगाड़े के साथ हर दिल के नगाड़ हो जाने की उत्तेजना उसे 'पास' लेने के लिए भेजती और नौटंकी दिखाने ले जाती है और हीरामन का अभिमान मिटता है।" हीराबाई की खास बात यही है कि वह कंपनी की औरत होने के बावजूद इस दुनिया को भी, इसके हीरामन को भी, चीन्हती है।

हीरामन अपनी थैली हीराबाई के पास अमानत के तौर पर रखवाता है। बक्से के ऊपर कपड़े का खोल और भीतर झलमल रेशमी अस्तर है जिसमें काली कपड़े की थैली 'बंद' कर दी गई है। खोल और अस्तर के बीच में बक्सा चमड़े का है। मेले में किस्म-किस्म के पाकिटकाट आते हैं। संगी-साथियों का भी क्या भरोसा। इस दुनिया में हीराबाई हीरामन की संरक्षिका है। हीरामन की पूँजी उसके बक्से में बंद है लेकिन उसके बक्से को ढोने वाला कोई और है जो बक्सा ढोने के बावजूद या इसी वजह से मालिकाना व्यवहार करता भी दिखाई देता है। कहा जा सकता है कि रेणु के सामान्य साधारण से प्रतीत होते विवरणों में भी एक प्रतीकात्मक परत छिपी रहती है।

हीरामन और कंपनी की औरत–कथानक के ताने-बाने का एक स्तर कंपनी और कंपनी की औरत के रिश्तों से बुना गया है जो केवल संकेतित होता है, उभर कर ऊपर नहीं आता। दूसरा स्तर हीरामन और कंपनी की औरत के रिश्तों के बारे में है। प्रकट रूप से यही कथा है लेकिन इसका नियमन और संचालन अप्रकट स्तर के द्वारा होता है।

कहानी आरंभ से ही हीरामन पर केंद्रित है और वह कहानी का हीरो है, लेकिन गाड़ीवानों के बासे में पहुँच कर हीरामन भी विशिष्ट से सामान्य हो गया है लेकिन फिर भी वह विशिष्ट ही है क्योंकि हीराबाई के बक्से में अकेले उसी की थैली बंद है, उसी के गुरुत्व और महत्त्व से बाकी सबको नौटंकी-प्रवेश के 'पास' मिले है और हीराबाई के सम्मान की रक्षा में मारपीट के बाद वह हीराबाई का खास आदमी भी बन गया है। कंपनी के मैनेजर से लेकर परदा खींचने वाले सब उसको पहचानते हैं। हीरामन ने अब भी खुद को उसके रक्षक की भूमिका में रखा तो है लेकिन इस दुनिया में वह काम आसान नहीं। लड़ाई-झगड़े, मारपीट के सिवाय कोई चारा नहीं। इस दुनिया में हीराबाई का नाम रंडी-पतुरिया है। इस दुनिया के मन में, जीवन के कोमलतम, पावनतम मूल्य देखे-पहचाने नहीं जाते, कीमत के हिसाब से तोले जाते हैं। स्त्री इस दुनिया का सबसे पहला पण्य है। बैलगाड़ी की दुनिया में रहते हुए हीरामन उसको कभी 'विदागी' तो कभी-सिरपुर बाजार के इस्पताल की 'डागदरनी' बताता, सबकी नजरों से बचाता निकाल लाया था। यहाँ, मेले में उसके नाम की डुग्गी पिट रही है, उसका गीत-संगीत-नृत्य खुले आम बिकाऊ है, दर्शकगण उस देवकुल की औरत, उस भगवती मैया, उस परी, उस चम्पे की फूल को बेहिचक 'रंडी-पुतरिया' कहते एक-बार झिझकते भी नहीं। लोक दृष्टि में अगर वह गाँव घर की जनाना नहीं तो या देवी है या पतुरिया। दोनों के बीच और कोई विकल्प नहीं। लेकिन सच तो यह है कि वह न देवी है, न पतुरिया और न ही जनाना, वह तो बस केवल एक कलाकार है।

जब बक्सा ढोने वाला आदमी आ पहुँचता है तब आसमान से धकेल कर धरती पर गिरा दिए जाने की अनुभूति के बाद, धरती पर पाँव टिका चुकने के बाद और 'कंपनी की औरत कंपनी में गई' का आभास हो चुकने के बाद हीराबाई-हीरामन के संबंधों में एक अर्थांतर सा दिखाई देता है। नौटंकी का नशा अभी कायम है, "हमेशा कोई न कोई बाजा उसके मन के कोने में बजता रहता दिन भर। कभी हारमोनियम, कभी नगाड़ा, कभी ढोलक और कभी हीराबाई की पैंजनी। उन्हीं साजों की गत पर हीरामन पर हीरामन उठता-बैठता, चलता-फिरता।" एक नशा इस एहसास का भी है कि नौटंकी के मैनेजर से लेकर परदा खींचने वाले तक उसको पहचानते हैं। यह अपनी विशिष्टता के एहसास का नशा है लेकिन विशिष्टता का आधार और कारण यह है कि वह हीराबाई का आदमी है। लेकिन इस दस दिनों में शायद वह मन से स्वीकार कर चुका है कि हीराबाई कंपनी की औरत है, कंपनी में रहेगी। अपनी इच्छामूर्तियों के छायानाट्य से वह बाहर निकल चुका है लेकिन भावात्मक लगाव बना हुआ है। शाम होते ही नगाड़े की आवाज सुनकर हीराबाई की पुकार भैया, मीता, हीरामन, उस्ताद, गुरुजी कानों के पास मँडराने लगती है। इस आवाज का साहचर्य अब नौटंकी के नगाड़े के साथ है। अब उसकी कामना है कि वह कंपनी का प्रकार बदल ले। सर्कस कंपनी की मेम की तुलना में उसे हीराबाई अलग, अपने निकट संसार की वासिनी प्रतीत हुई थी जो गाँव की बोली में गीत सुनना चाहती थी, उसे अब वह उसी बाघ नचाने वाली मेम के रूप में देखना चाहता है। कोमलता, सौंदर्य

और वात्सल्य की इच्छामूर्तियों में यह एक ओर इच्छामूर्ति - सिंहवाहिनी दुर्गा - की वृद्धि है। पहले वह कंपनी की जिस औरत में, स्वयं में, बाघ की छवि देख रहा था अब उसी कंपनी की औरत में वह सिंहवाहिनी दुर्गा अर्थात् बाघ नचाने वाली मेम की छवि देखना चाहता है।

मेले में दस दिन नौटंकी के नशे में बिताकर वह फैसला कर चुका है, आज वह हीराबाई से मिल कर रहेगा। "हर रात किसी न किसी के मुँह से सुनता है वह-हीराबाई .... है। कितने लोगों से लड़े वह! बिना देखे ही लोग कैसे कोई बात बोलते हैं!.... राजा को भी लोग पीठ पीछे गाली देते हैं।" हीराबाई से आज मिलकर उसे कहना है "नौटंकी कंपनी में रहने से बहुत बदनाम करते हैं लोग। सरकस कंपनी में क्यों काम नहीं करती?" "सबके सामने नाचती है, हीरामन का कलेजा दपदप जलता रहता है, उस समय। सरकस कंपनी में बाघ को नचाएगी।.... बाघ के पास जाने की हिम्मत कौन करेगा! सुरक्षित रहेगी हीराबाई।"

लेकिन वह हीराबाई से ऐसा कुछ कह पाता, उससे पहले ही इसी क्षण उसे यह सूचना मिलती है कि हीराबाई जा रही है, 'टीशन' पर उसका इंतजार कर रही है। 'टीशन' पर विदा का यह क्षण कथा का मर्मबिंदु है। एक दूसरे को काटती मिलती अनेक भाव-छायाएँ और अर्थ-तरंगें इस एक क्षण में एकाग्र होती हैं। बक्सा ढोने वाला आदमी बाबूसाहब बना मालिकाना अंदाज में कुलियों को हुक्म दे रहा है लेकिन हीरामन की थैली अब उस बक्से में नहीं है। हीराबाई चिड़िया की देह की तरह गरम थैली को कुरते के अंदर से निकाल कर हीरामन को वापस देती है। मानो हीरामन की कुल यही अमानत उसके पास हो। बताती है कि लौटकर वह मथुरामोहन कंपनी जा रही है, अपने देश की कंपनी है। वह फिर एक बार उसके कंधे पर हाथ रखती है। उसका सहारा लेने के लिए नहीं बल्कि उसका सहारा बनने के लिए। इस बार वह उसे गरम चादर के रूप में अपने स्नेह की ऊष्मा का आच्छादन खरीदने के लिए पैसा देना चाहती है।

मेले में पहुँच कर खाना ले आने के प्रसंग में, भाड़ा दच्छिना के प्रसंग में जब कभी भी पैसे का प्रसंग पहले उन दोनों के बीच में आया है, कहानी ने हर बार हीरामन की असहज प्रतिक्रिया को दर्ज किया है। लेकिन यहाँ वह पहली बार खुलकर हीराबाई के सामने अपनी अप्रसन्नता जाहिर करता है - "हरदम रुपैया-पैसा; रखिये रुपेया!... क्या करेंगे चादर?" उसके इस कथन में दोनों संसार आमने-सामने अपने अलगाव में परिभाषित से प्रतीत होते हैं। एक ओर रुपैया पैसा और दूसरी ओर निश्छल संवेदनशीलता। लेकिन बात इतनी सपाट और आसान नहीं है। हीराबाई सरकस कंपनी वाली की तरह शुद्ध कंपनी की औरत नहीं है, बल्कि एक कलाकार है।

हीराबाई में वह अनुभव-संकुल क्षण उमड़ आता है जिसे शास्त्र की भाषा में भाव-सबलता कहा जा सकता है। प्रथम क्षण में वह हीरामन को गौर से देखती और कहती है, "तुम्हारा जी बहुत छोटा हो गया है। क्यों मीता? महुआ घटवारिन को सौदागर ने खरीद जो लिया है गुरु जी," और उसका गला भर आता है।

इस संक्षिप्त से संप्रेषण से ऐसा लगता है कि हीराबाई भी मन-ही-मन हीरामन से प्रेम करने लगी थी। अतः इस कहानी को प्रेम कहानी के रूप में पढ़ा जा सकता है लेकिन इसमें प्रेम की एक और अनुभूति छिपी हुई है। और अगर वह भिन्न और नई ही है तो उसे प्रेम के अतिरिक्त और कुछ ही क्यों न कहा जाए? मीता को संबोधित वाक्य है, "तुम्हारा जी बहुत

छोटा हो गया है।" एक मेले से दूसरे मेले में, एक कंपनी से दूसरी कंपनी में, एक नाटक से दूसरे नाटक में आते-जाते एक मीता से मुलाकात शायद उसके भी जी को बड़ा करने वाली घटना है। लेकिन जी छोटा होने की बात यह हीरामन के बारे में ही कहती है। उसके अपने सामने अभी संभावनामय भविष्य है। लेकिन इसका एहसास भी उसे है कि अब आगे मुलाकात नहीं होगी क्योंकि वह मथुरामोहन कंपनी में जा रही है। गुरु जी को संबोधित वाक्य है, "महुआ घटवारिन को सौदागर ने खरीद जो लिया है।" यह गीत सुनते सीखते हुए उसने हीरामन को उस्ताद और गुरु कहा था। इस मुलाकात के ठीक पहले हीरामन ने उसे नौटंकी का काम छोड़ देने के लिए कहना चाहा था लेकिन इस महुआ घटवारिन का विकल्प सौदागर की नाव से नदी में छलांग लगा देना नहीं है। रंडी पतुरिया जैसे शब्द या तो उसके पास तक नहीं पहुँचते, या उसे नहीं छूते। लेकिन फिर भी कहते-कहते उसका गला भर जाता है। इस क्षण एक बार फिर महुआ घटवारिन वाले गीत में हीरामन के अंतस की हूक की तरह पीड़ा ने उसे छू लिया है। वह कलाकार है। या फिर इस क्षण कंपनी की औरत में कंपनी तत्त्व गौण तथा औरत तत्त्व प्रधान हो उठा है। सौदागर की खरीद से अपना मूल्य आँकने का फैसला भी अपनी कीमत वसूलता ही है और इस कीमत के रूप में उसे एक बार फिर कलाकार की बजाय औरत बनना पड़ता है।

निर्णय हीराबाई लेती है और कसम हीरामन खाता है। हीरामन के हाथ में अंततः क्या रह जाता है? "उसने उलट कर देखा, बोरे नहीं, बाँस भी नहीं, बाघ भी नहीं....परी....देवी... मीता...हीरादेवी...महुआ घटवारिन-कोई नहीं। मरे हुए मुहूर्तों की गूँगी आवाजें मुखर होना चाहती है।" हीरामन की तीसरी कसम में वही मुहूर्त मुखर हो रहे हैं-"कंपनी की औरत की लदनी..."

पिछली दोनों कसमें भी उसने किसी दूसरे की लदनी के कारण खाई थीं। उनके पीछे भी उसकी अपनी कोई भूल या गलती या बेईमानी नहीं थी, और इस बार भी। हीरामन उस वर्ग, उस जाति, उस हैसियत और औकात का जीव है जिसकी गाड़ी पर सदा किसी दूसरे की लदनी ही उसका गंतव्य और मार्ग निर्धारित करती रहती है, और कुछ अंशों में उसका भोक्तव्य भी। लेकिन वह गंतव्य लदनी का है, उसका अपना नहीं। वह रास्ते का जीव है, भोक्तव्य जरूर उसके पास शेष रह जाता है। यह शायद उसकी विकल्पहीन जिंदगी का पर्याय है।

तीसरी कसम के पूर्वाभास में हीरामन ने हीराबाई से कहा था, "हर दम रुपैया पैसा; रखिये रुपैया!"

इसके पहले की दो कसमें उसने अपने से जाने-अनजाने में हुए गलत कृत्यों के लिए खाई थीं और वे उसकी जीवन पद्धति के लिए एक मूल्य निश्चित करती थीं। इस बार फिर यह उसकी गाड़ी पर उसके अनजाने, बिनमाँगे आ पहुँची लदनी है जो एक गहरी खलिश के साथ एक और नैतिक निर्णय का कारण बन रही है। तीसरी कसम में हीरामन कंपनी की औरत की लदनी से इंकार कर रहा है। यह उसकी अपनी भाषा में व्यावसायिक संसार के औचित्य की सीमाओं से संचालित होने से, जीवन को 'हरदम रुपैया पैसा' के मूल्यमान से तोलने से इंकार है। यह उसका नैतिक निर्णय है अन्यथा हीराबाई ने तो उससे पूछा ही है कि बनैली मेले में आओगे न? लेकिन पोख्ता कलेजे वाले हीरामन की तीसरी कसम एक बार फिर दुनियादारी से अछूते, निश्छल यायावार जीवन को अपनाने का निर्णय है। यह उसकी पिछली दोनों कसमों में अभिव्यक्त व्यक्तित्व का ही तीसरा विस्तार है। इस बार इस निर्णय में पीड़ा और खालीपन है,

लेकिन अपनी पीड़ा को गीत बनाना उसे आता है, 'अजी हाँ, मारे गए गुलफाम' के अनुभव के साथ और बावजूद! कहानी के अंत में वह इसी गीत को गुनगुनाता है और अब यह भी उसका एक गीत है गुनगुनाने के लिए।

प्रश्न 9. नई कहानी आंदोलन की ऐतिहासिक पृष्ठभूमि पर प्रकाश डालिए।
अथवा
नई कहानी आंदोलन के प्रमुख रचनाकारों की चर्चा कीजिए।

उत्तर– स्वाधीनता का अर्थ रातोरात सब कुछ बदल जाना नहीं हो सकता था लेकिन जो बदला वह बहुत प्रकट और प्रत्यक्ष था। इसलिए निरंतरता के बावजूद परिवर्तन को इतिहास में 'आजादी के पहले' और 'आजादी के बाद' की सीमा-रेखा और काल-निर्धारण में पारिभाषित करना अनिवार्य था। स्वाधीनता पूर्व का हिंदी साहित्य जगत प्रेमचंदोत्तर हिंदी कथा साहित्य के रूप में परिवर्तन की आरंभिक आहटों से गूँजने लगा था। सन् 1936-40 के दौरान विचार के क्षेत्र में एक ओर मार्क्स के माध्यम से ऐतिहासिक परिप्रेक्ष्य में मानव की आर्थिक-सामाजिक नियति का साक्षात्कार तथा दूसरी ओर फ्रायड के माध्यम से अचेतन मन की गहराइयों, कुंठाओं और ग्रंथियों का नया परिचय था। इन सर्वथा नए विचारों का सम्मोहन एक ओर ज्ञान के नए क्षितिज का विस्तार करता हुआ प्रतीत हो रहा था तो दूसरी ओर प्रेमचंदयुगीन आत्मवाद, आदर्शवाद और आदर्शोन्मुख यथार्थवाद की परंपरा से उच्चाटन का कारण और आधार भी दे रहा था। इस वैचारिक सम्मोहन ने अपना आधार वस्तुगत यथार्थ में रोपने के पहले ही हिंदी के साहित्य जगत को दो खेमों में विभक्त कर दिया था – एक प्रतिबद्ध तथा दूसरा स्वतंत्र। मार्क्स के सम्मोहन के पास कम्युनिस्ट पार्टी के संगठन का सहारा भी था और पार्टी-निर्देश की चौहद्दियाँ और दायरे भी। बीसवीं सदी के उत्तरार्द्ध की शुरुआत में देश और दुनिया का यथार्थ भी बदल रहा था और उसे देखने और रचने की दृष्टि भी। लेकिन इलाचंद्र जोशी, रामेश्वर शुक्ल 'अंचल', 'पहाड़ी', यशपाल जैसे लेखकों में मार्क्स और फ्रायड के ये विचार रचनात्मकता के स्तर पर अभी केवल विचार ही बनकर जड़ रह जाते थे, अनुभव में ढल कर यथार्थ नहीं बन पाते थे।

नई कहानी का कथाकार अपने समय के समाज के प्रति, वर्तमान यथार्थ और परिवेश के प्रति प्रतिबद्ध था। नया लेखक नए विचार स्वातंत्र्य से सोचने लगा जिसकी अतीव आवश्यकता थी। "भोगा हुआ यथार्थ" और "अनुभूति की प्रामाणिकता" नई कहानी की विशेषता थी। नए भाव बोध की स्थापना के लिए नए कहानीकार को अनेक पुरानी मान्यताओं से संघर्ष करना पड़ा। कहानी को जीवन से जोड़ने की कोशिश की जाने लगी। नए बोध में घोषित रूप से भावुकता और रूमान के लिए कोई जगह नहीं थी। इस युग में प्रेमचंद के पूरे कथाकोश में से केवल 'कफन' और 'पूस की रात' जैसी कहानियों को पूर्ववर्ती परंपरा की विरासत के रूप में स्वीकृत किया गया।

मोहन राकेश नई कहानी धारा के प्रमुख कहानीकार माने जाते हैं। नई कहानी के आरंभ को लेकर एक निष्कर्षहीन उहापोह चली। मोहन राकेश का पहला संग्रह 'इंसान के खंडहर' 1950 में आ चुका था। कहानियाँ उसके पहले ही लिख-छप चुकी रही होंगी लेकिन उनकी इन कहानियों में 'नई' के विशेषण की योग्यता का आगमन नहीं हुआ था। बहस इस बात पर भी चली कि 'नई कहानी' के अपने दावों के बावजूद उसमें कुछ नया है भी या नहीं। जीवनगत

बदलाव को रचनागत बदलाव माना जाए या नहीं? रचना-विधान में परिवर्तन को आधार मानते हुए नामवर सिंह ने निर्मल वर्मा की 'परिन्दे' (1954) को पहली नई कहानी कहा है। वास्तविक आरंभ को किसी रचना विशेष के साथ जोड़ना इस बात पर निर्भर है कि कौन सी रचना का विधान हमारे अपने नएपन के बोध के साथ मेल खाता महसूस होता है और वह अलग-अलग पाठक के लिए अलग-अलग हो सकता है। 1956 में 'कहानी' पत्रिका का वह विशेषांक आया जिसे दृष्टिगत बदलाव को देखते हुए एक तरह से 'नई कहानी' के समग्र विकसित कलेवर की प्रस्तुति कहा जा सकता है। राजेन्द्र यादव की 'खेल खिलौने' 1951 में प्रकाशित हुई थी।

1950 के आसपास स्वातंत्र्योत्तर हिंदी कहानी में फिर एक बार हलचल के लक्षण दिखाई दिए। यह नई कहानी आंदोलन का पूर्वाभास था। कहानी साहित्य में तरह-तरह के आंदोलन आते-जाते रहे, लेकिन नई कहानी आंदोलन 1950 के आसपास का सशक्त आंदोलन था। सामान्यत: 1950 से 1965 तक का डेढ़ दशक 'नई कहानी' का पहला दौर है। इसका सूत्रपात स्वाधीनता के पहले ही, चौथे दशक में हो चुका था। स्वाधीनता के बाद परिस्थितिगत परिवर्तन और बोधगत बदलाव ने कहानी के वस्तुविधान और रचनातंत्र को जिस तरह उसके रचनाकारों ने स्वयं पहचानकर अपने शिल्प और संवेदना को 'नए' की तरह परिभाषित किया और एक सैद्धांतिक आधार भी दिया जिसने इस हलचल को एक मोड और आंदोलन की शक्ल दे दी। राकेश शिल्प को वस्तु का अंश मानते थे तथा स्वत: सृजन के भीतर से उत्पन्न प्रयोग पर बल देते थे। राकेश नई कहानी को भाषा शिल्प प्रतीक और भावों की दृष्टि से पूर्ववर्ती कहानियों से अलग हटकर ताजगी भरी कहानी मानते थे।

'नई कहानी' के अंतर्गत कहानी के आगे जोड़ा गया विशेषण 'नई' केवल कालवाची नहीं है जिसके अनुसार हर अगली वस्तु पिछली की अपेक्षा नई होती है और अगली के आते ही खुद पिछली या पुरानी हो जाती है। वह जीवन के लिए 'नए' दृष्टिकोण को अभिव्यक्त करने वाला विशेषण है, जो आधुनिक चेतना को पर्यायवाची बना कर लाया गया है। इस अर्थ में वह केवल समसामयिकता का नहीं, बल्कि एक दृष्टिकोण, एक मूल्यबोध, चेतना के एक विशेष स्तर का द्योतक है। आधुनिकता का बोध वैज्ञानिक दृष्टिकोण और तर्कसम्मत मूल्यचेतना का आग्रही है। अत: उसके लिए कुछ भी ऐसा नहीं है जो शंका और संदेह के परे हो, और न ही कुछ ऐसा है जो परंपरागत या परिपाटीबद्ध होने के कारण आर्षवाक्य प्रमाण मात्र से स्वीकार्य हो। वह अनुभूति की प्रामाणिकता को सत्य की कसौटी मानकर चलता है और अपने "जिए हुए, भोगे हुए" यथार्थ को ही सत्य की प्रतिष्ठा देकर अभिव्यक्त करना चाहता है। इसीलिए नई कहानी का कहानीकार अनुभूति की प्रामाणिकता पर बल देता है।

उसके इस आग्रह के कारण स्वीकृत मान्यताओं, निर्धारित आस्थाओं, तथाकथित सनातन परंपराओं के भंजन जैसे बहुत से समाजद्रोही विचारों को प्रश्रय देने का इल्जाम इस पर लगा लेकिन अब इतना समय बीत जाने के बाद लौट कर देखा जा सकता है कि इसके मूल में प्रचलित और परिपाटीबद्ध जीवन पद्धतियों की घुटन और छटपटाहट थी, बदलती परिस्थितियों और नए भावबोध के संदर्भ में अप्रासंगिक होती गई उचित अनुचित की कसौटियों की परीक्षा का आग्रह था, व्यक्ति की पारिवारिक-सामाजिक भूमिकाओं को अनुभव की प्रामाणिकता से जाँचने का आग्रह था, यह देखने का साहस था कि बने बनाए मिथकों में से कितना सत्यापित होता है अथवा खारिज किया जा सकता है। ऐसी परिस्थितियों में बहुत कुछ अतिवादिता की

हदों के पार चला जाता है, बहुत कुछ आवेगजन्य फेन और फिचकुर में उबलने और बैठ जाने वाला तात्कालिक किस्म का गुबार होता है। वस्तुतः कहानी की धारा को "नए" की ओर मोड़ने में जिस त्रयी का विशेष योगदान माना जाता है उनमें कमलेश्वर, राजेन्द्र यादव तथा मोहन राकेश का नाम आता है।

राजेन्द्र यादव द्वारा संपादित 'एक दुनिया समानांतर की भूमिका', कमलेश्वर कृत 'नई कहानी की भूमिका', मोहन राकेश द्वारा लिखित 'परिवेश' तथा आलोचकों में सुरेन्द्र चौधरी द्वारा लिखित 'नई कहानीः पाठ और प्रकृति', देवीशंकर अवस्थी द्वारा संपादित 'नई कहानीः संदर्भ और प्रकृति' तथा नामवर सिंह द्वारा लिखित 'कहानीः नई कहानी' को इस आंदोलन के संदर्भ ग्रंथों की तरह देखा जा सकता है।

नई कहानी सन् 1947 से लेकर सन् 1963 तक की घटनाओं से अधिक प्रभावित हुई है। इन वर्षों के दौरान व्यक्ति में दो तरह की भावनाएँ पैदा हुई। एक तो आजादी के बाद की आशा और दूसरी उस आशा का टूटना यानी मोहभंग। यह वह समय था जब अखिल भारतीय स्तर पर सारे वादे और नारे झूठे पड़ रहे थे, आम आदमी मूकदर्शक बना ताश के पत्तों के समान ढहते अपनी आकांक्षाओं के महल को विवश होकर देख रहा था। वस्तुतः यह मोहभंग का दौर था तथा विभाजन के बाद की भीषण उथल-पुथल, विस्थापितों के पुनः स्थापित होने का संघर्ष, सूचनाओं और प्रसार के बड़े-बड़े सुनहले वाक्य, औद्योगीकरण और पूँजीवाद का बढ़ता वर्चस्व, सर्वत्र व्याप्त भ्रष्टाचार, रिश्वतखोरी, कालाबाजारी, बेरोजगारी, मूल्य संक्रमण, स्त्री-पुरुष के बदलते संबंध और इन सबके फलस्वरूप मनुष्य में बढ़ता अकेलापन निराशा और हताशा का दौर था।

संघर्ष के दौरान विदेशी सत्ता के रूप में एक ऐसा समान शत्रु लक्ष्य की तरह हमारे सामने मौजूद था जिसके विरुद्ध एकजुट होने की जरूरत सबको एक साथ बाँधे रखने का काम कर सकती थी। संघर्ष के दौरान ही विदेशी सत्ता फूट के बीज बोकर इस एकता को खंडित करने में सफलता पा चुकी थी। संघर्ष के अंतिम दौर में वह फूट अपने चरम को पहुँच चुकी थी और स्वाधीनता प्राप्ति अपने साथ विभाजन की पीड़ा को लेकर आई थी। समान शत्रु का दबाव सामने से हट जाने के बाद के वर्षों में लोकतंत्र के आंतरिक तर्क से यह स्वाभाविक ही था कि सबके स्वार्थ और उद्देश्य, हित और लाभ एक दूसरे से अलग हो जाते और विशाल भारतीय जनसंख्या छोटे-छोटे समुदायों में बँट जाती क्योंकि हमारे नेता भी ऐसा कोई विराट स्वप्न जनता के सामने रख नहीं सके जो सबके हित को एक साथ बाँध पाता। ऐसा नहीं है कि संघर्ष के दौरान सब कुछ भला और उजला ही रहा होगा लेकिन मोटे तौर पर सच्चाई यह है कि वह आदर्शों पर विश्वास का दौर था और स्वाधीनता प्राप्ति के बाद आदर्शों से मोहभंग का।

दूसरा महत्त्वपूर्ण परिवर्तन मध्यवर्ग की संरचना में आया। अधिकांश लेखक समुदाय इसी मध्यवर्ग से आता है। जिन व्यवसायों में अब तक के मध्यवर्ग को प्राथमिकता प्राप्त थी चिकित्सा, वकालत, पत्रकारिता, अध्यापन, सरकारी नौकरियाँ आदि उनमें अब व्यापारी तथा धनी कृषक वर्गों का वर्चस्व बढ़ता जा रहा था। शिक्षा का दायरा फैल रहा था। आर्थिक साधन और सत्ता के वितरण में आए हुए परिवर्तन ने सामाजिक ढाँचे में भी एक बड़ा परिवर्तन उपस्थित कर दिया था। इस कारण से नौकरशाही और सामाजिक रूप से प्रतिष्ठित अन्य व्यवसायों में पुराने मध्यवर्ग की साझेदारी घटती गई और वह हर उस क्षेत्र से बेदखल होता गया जिसमें पैर जमाने

के लिए पूँजी की जरूरत थी। भविष्य पर उसकी पकड़ ढीली होती जा रही थी। यह असुरक्षा भी मोहभंग का एक ठोस वस्तुगत कारण समझी जा सकती है।

तीसरी महत्त्वपूर्ण बात औद्योगीकरण, शहरीकरण और स्थानांतरण के कारण आई सामाजिक गतिशीलता और विस्थापन से संबंधित है। संयुक्त परिवारों का विघटन हुआ। शहरों की ओर पलायन शुरू हुआ। महानगरीय संस्कृति अस्तित्व में आई। अब तक परिचित परिवेश और जाने पहचाने परिवार-बिरादरी में रहते आए लोगों ने अपने आपको अपरिचितों की महानगरीय भीड़ में पाया जहाँ न बिरादरी के अंकुश थे, न सुरक्षा का एहसास। व्यक्ति के भीतर अस्तित्वबोध की हानि, अकेलेपन और अजनबीपन के एहसास प्रबल हो उठे। सामान्यत: ये नई कहानी की शहरी संवेदना के बहुरचित विषय हैं। नई कहानी के प्रमुख प्रवक्ता कमलेश्वर के अनुसार, मोहभंग, विभाजन और टूटे हुए संबंधों की पीठिका ने ही नई कहानी की मानसिकता को जन्म दिया था। इस तरह नए कहानीकारों ने समाज की बदलती हुई परिस्थितियों का चित्रण तो किया ही, आजादी के बाद जो मोहभंग हुआ, उसको भी अंकित किया।

'नई कहानी' ने 'अनुभव की प्रामाणिकता' और 'अभिव्यक्ति की ईमानदारी' तथा 'परिवेशगत यथार्थ' पर विशेष बल दिया। इस तरह 'नई कहानी' में भोगे हुए यथार्थ की प्रामाणिक एवं ईमानदार अभिव्यक्ति को प्रमुखता मिली और कहानी अपने देश-काल के यथार्थ से बड़ी गहराई से जुड़ गई। यथार्थ, संवेदना और दृष्टि के बदलने से कहानी के शिल्प-तंत्र पर भी काफी प्रभाव पड़ा। कथावस्तु, चरित्र-चित्रण, घटनात्मकता की जगह कहानी में प्रभान्विति, संवेदनात्मकता और परिवेशगत यथार्थ महत्त्वपूर्ण हो गया। कहानी में निजता या निजी अनुभूति को प्रधानता मिल जाने के कारण उसमें काफी संवेदनात्मकता और आंतरिकता का सन्निवेश हो गया। विषयवस्तु के प्रकारों को अलग-अलग कथाधारा के रूप में परिभाषित करने का प्रयास किया गया - शहरी संवेदना, ग्रामीण संवेदना, मध्यवर्गीय संवेदना, अभिजात संवेदना या निम्नवर्गीय संवेदना जैसी कथा कोटियों में विभाजित करके अध्ययन का विषय बनाया जा सकता है लेकिन व्यक्ति का एक सामाजिक आयाम है और समाज की एक वैयक्तिक मूर्तिमत्ता। अत: एक विभाजन व्यक्तिनिष्ठ संवेदना और सामाजिक संवेदना का भी किया गया, जिसका एक रूपांतर आत्मनिष्ठ और वस्तुनिष्ठ भी है।

शिल्प की दृष्टि से आज कहानी बहुत आगे जा चुकी है। कहानी अपने शिल्प से अपनी प्रामाणिकता का अर्जन करती है। अज्ञेय और जैनेन्द्र की रचनाओं में इन युक्तियों का सूत्रपात हो चुका था। मोहन राकेश, राजेन्द्र यादव, निर्मल वर्मा, फणीश्वरनाथ रेणु, अमरकांत आदि के लेखन में वे प्रयोग की व्यापकता को प्राप्त हुई। सपाट वर्णन के स्थान पर भावात्मक उठान, दृश्य-विधान, तहदार वस्तु का परत-दर-परत उद्घाटन, रूपकीय विधान द्वारा नाटकीय संक्षेपण, सूक्ष्म पर्यवेक्षण द्वारा छोटे-छोटे विवरणों और बारीकियों के जमघट से वस्तुगत सत्यता का आभास, विचार के भावात्मक समतोल की तलाश आदि अनेक ऐसी युक्तियाँ हैं जिनसे कहानी का विधान हर तरह के अनुभव को समेटने, लचीलेपन की सामर्थ्य से लैस हो गया। जितनी सामर्थ्यवान और रचनात्मक भाषा आज की कहानी की है उतनी पहले कभी नहीं थी। रिपोर्ताज, रेखाचित्र, डायरी, आत्मकथा, पत्र आदि अनेक रूप लिए कहानी निरंतर आगे बढ़ रही है।

जी.पी.एच. की पुस्तकों का मुख्य उद्देश्य ज्ञान के साथ-साथ अच्छे नम्बर दिलाना है।

प्रश्न 10. नई कहानी में अमरकांत के योगदान तथा महत्त्व पर प्रकाश डालिए।

अथवा

'नई कहानी की विविध धाराओं में अमरकांत का विशेष महत्त्व है।' अमरकांत के कहानी लेखन के द्वारा स्पष्ट कीजिए।

उत्तर– स्वातंत्र्योत्तर हिंदी कहानी धारा में प्रेमचंद की यथार्थवादी और जन पक्षधर कहानी परंपरा के सशक्त रचनाकार अमरकांत हैं। अमरकांत का जन्म 1 जुलाई, 1925 को उत्तर प्रदेश के बलिया जिले के नगरा कस्बे के पास स्थित भगमलपुर गाँव में हुआ था। बलिया में पढ़ते समय उनका संपर्क स्वतंत्रता आंदोलन के सेनानियों से हुआ। सन् 1942 में वे स्वतंत्रता-आंदोलन से जुड़ गए। 1947 में उन्होंने इलाहाबाद विश्वविद्यालय से बी.ए. किया। इसके बाद उन्होंने साहित्यिक सृजन का मार्ग चुना। गाँधीजी के आह्वान पर वे देश के सैकड़ों हजारों युवाओं के समान पढ़ाई छोड़कर 'भारत छोड़ो' आंदोलन में कूद पड़े थे लेकिन आंदोलन का दमन हुआ, आंदोलन कुछ समय तक भूमिगत होकर भी जैसे-तैसे जारी रहा फिर समाप्त हो गया। युवा पीढ़ी के लिए निराशा और दिशाहीनता का दौर शुरू हुआ। इसके परिणामस्वरूप उनमें प्रेमचंदयुगीन आदर्शवाद तथा आदर्शोन्मुख यथार्थवाद के प्रति एक अश्रद्धा तथा अवमानना का भाव उत्पन्न हुआ और नई कहानी का दौर आरंभ हुआ। अमरकांत इसी दौर के लेखक थे।

अमरकांत की कहानियों में भारतीय मध्यवर्गीय तथाकथित आदर्शों के घटाहोप में छटपटाते आम आदमी की पूर्ण संवेदना मुखरित हुई है। निम्न मध्यवर्गीय आर्थिक स्थितियों में बेकार, बेरोजगार जीवन की मनहूसियत, पारिवारिक तिरस्कार, व्यक्तिगत निरर्थकता का आत्म-हन्ता बोध, स्वाधीनता के स्वप्न से मोहभंग, समय-सजगता व सामाजिक प्रतिबद्धता और आलोचनात्मक दृष्टिकोण - लेखन सामग्री के रूप में अनुभव की यह पूँजी लेकर उन्होंने अपने लेखन की शुरुआत की। 'अमरकांत की संपूर्ण कहानियाँ', खंड-1 की आत्म-कथ्य शीर्षक भूमिका तथा 'दस प्रतिनिधि कहानियाँ' की भूमिका में उन्होंने उस दौर के विषय में लिखा है। उस टूटन और मोहभंग से भरे जीवन में लेखन उनके लिए सार्थकता और सोद्देश्यता के अर्जन का रास्ता बना। वे कहते हैं, "मेरे लिए यही एकमात्र ऐसा रास्ता बचा था जिस पर चलकर मैं देश के लोगों के सुख-दुख में शामिल हो सकता था। उनके संघर्षों में उनका साथ दे सकता था। उनकी आशा-आकांक्षा को अभिव्यक्त कर सकता था। उनका शक्ति-सामर्थ्य और उनकी कमजोरियों को समझ सकता था। लेखन के माध्यम से साधारण लोगों से जुड़ने का अर्थ मनुष्यता से जुड़ना है, मनुष्यता को प्यार करना है और उन सभी बातों का विरोध करना है जो मनुष्य को मनुष्य से अलग करती हैं, उनको बाँटती हैं, उनको मनुष्यता से गिराती हैं। मनुष्यता के पक्ष में यह एक ऐसी लड़ाई है जो निरंतर जारी रहती है, और हर लेखक अपनी शक्ति और सामर्थ्य के अनुसार लड़ता है। ये कहानियाँ इन्हीं सच्चाइयों को अभिव्यक्त करती हैं।" इस प्रकार अमरकांत ने आम आदमी को और उसके व्यक्तित्व की द्वंद्वात्मकता को ही अपनी कहानियों का केंद्र बिंदु बनाया है।

1947 में इलाहाबाद से बी.ए. पास करने के बाद अमरकांत ने आगरा से निकलने वाले दैनिक पत्र 'सैनिक' से नौकरी की शुरुआत की और वहीं प्रगतिशील लेखक संघ के साथ जुड़कर अपनी कथा-यात्रा प्रारंभ की। अमरकांत का लेखन अपने समवयस्कों की तुलना में थोड़ा विलम्ब से आरंभ हुआ। मोहन राकेश, राजेन्द्र यादव, कमलेश्वर आदि की आरंभिक कहानियाँ

छठें दशक की शुरुआत के पहले ही लिखी जा चुकी थीं जबकि अमरकांत की सुप्रसिद्ध कहानी 'दोपहर का भोजन' कहानी पत्रिका के जनवरी 1955 के अंक में छपी और 'डिप्टी कलक्टरी' उसी पत्रिका द्वारा आयोजित अखिल भारतीय हिंदी कहानी प्रतियोगिता में पुरस्कृत तथा 1956 के विशेषांक में प्रकाशित हुई थी। वैसे तो इसके चार-पाँच वर्ष पहले से ही वे कहानियाँ लिख रहे थे लेकिन कहानीकार के रूप में उनकी ख्याति 1955 में 'डिप्टी कलक्टरी' कहानी से हुई।

इनके प्रमुख कहानी-संग्रह हैं–'जिंदगी और जोंक', 'देश के लोग', 'मौत का नगर', 'मित्र मिलन', 'कुआसा', 'तूफान' आदि। इनका प्रथम कहानी संग्रह 'जिंदगी और जोंक' 1958 में प्रकाशित हुआ। प्रथम संकलन में ही वे अपनी रचनात्मक प्रतिभा के सर्वश्रेष्ठ स्तर का स्पर्श कर गए। इसी में संकलित 'जिंदगी और जोंक', 'दोपहर का भोजन' और 'डिप्टी कलक्टरी' को, मध्यमवर्गीय यथार्थ को सामने लाने वाली नई कहानी की क्लासिक रचनाओं का दर्जा प्राप्त है, जो उन्हें अमर बनाने के लिए पर्याप्त हैं। कहानियों के अतिरिक्त उन्होंने 'सूखा पत्ता', 'काले उजले दिन', 'सुख जीवी', 'बीच की दीवार' और 'आकाश पक्षी' शीर्षक उपन्यास भी लिखे।

विषयवस्तु के अनुसार अमरकांत शहरी संवेदना के लेखक कहे जा सकते हैं लेकिन 'नए' के उस परिभाषित अर्थ की शहरी संवेदना के नहीं, जिसके अनुसार गाँव-कस्बों-छोटे शहरों से अपेक्षाकृत बड़े शहरों में आए हुए, अपनी जड़ों से उखड़े हुए तथा जड़ को जड़ता समझकर खुद उखाड़ने को तत्पर नकारवादी पात्रों, परिवार और बिरादरी से टूटे और छूटे हुए अकेले, अवसादग्रस्त और गैर-जिम्मेदार पात्रों या फिर अपने स्वभाव और संस्कार से सर्वथा विपरीत महानगरीय जीवन-स्थितियों के दबावों में संत्रस्त, आत्मलीन, अवसादग्रस्त पात्रों की मानसिकता को शहरी संवेदना की तरह समझा और जाना गया था। शहरी संवेदना का यह रूप स्वाधीन भारत के भविष्य की योजनाओं के खाके का नतीजा था जिसमें औद्योगिक विकास और शहरीकरण की तेज होती प्रक्रिया ने व्यक्ति के अनभ्यस्त संवेदन-तंत्र पर ऐसा ही आघात किया था। यह संवेदना अब तक की परंपरागत भाव-पद्धति से भिन्न तथा अपरिचित संवेदना थी। इस प्रकार नई कहानी से संबद्ध होने के बाद भी अमरकांत की कहानियाँ बिना किसी जलसे-जुलूस की सुलभ नारेबाजी के अपना संवेदनात्मक घनत्व तराशती हैं।

आजादी के बाद सामाजिक, राजनीतिक, आर्थिक, सांस्कृतिक जीवन में तेजी से आए बदलावों को कथाकार अमरकांत ने अपनी कहानियों में जगह दी है। अत: इनकी कहानियाँ मध्यवर्गीय जीवन के उस पक्ष से ज्यादा सघन सरोकार रखती हैं जिसमें नौकरशाही और सामाजिक रूप से प्रतिष्ठित अन्य व्यवसायों में पुराने मध्यवर्ग की साझेदारी घटती गई और वह हर उस क्षेत्र से बेदखल होता गया जिसमें पैर जमाने के लिए पूँजी की जरूरत थी। भविष्य पर उसकी पकड़ ढीली होती जा रही थी। 'दोपहर का भोजन', 'डिप्टी कलक्टरी' और 'गगनविहारी' इसी विषयवस्तु के विविध आयामों की कहानियाँ हैं। 'हत्यारे' नामक कहानी में अवश्य उन्होंने युवाओं की एक उच्छिन्न, संवेदनहीन, निर्मम टोली की निर्मम, निरुद्देश्य, निरर्थक, लगभग मौज की मनोवृत्ति से की गई हिंसा का चित्र खींचा है लेकिन वह एक अपवाद है और शायद उनकी सृजनात्मक मनोवृत्ति के अनुरूप भी नहीं है इसलिए वे इस किस्म के यथार्थ के पास लौटकर नहीं आते। कुल मिलाकर यह निष्कर्ष निकाला जा सकता है कि अमरकांत की अधिकांश कहानियाँ मध्यमवर्गीय यथार्थ को पाठक के समक्ष लाती हैं।

अमरकांत ने अपनी कथा-सामग्री निम्न-मध्यवर्ग और निम्नवर्ग के दैनिक जीवन के आम अनुभवों से ली हैं और कभी बहुत गहरे परिचय तथा आत्मीयता के साथ उसके अभावों,

संभावनाओं, दुखों, पीड़ाओं का तो कहीं व्यंग्य और प्रहार के साथ उसके अंतर्विरोधों, विश्वास और आचरण की विसंगतियों, नैतिक स्खलनों को चित्रित किया है।

अमरंकात का वस्तुचयन प्रगतिशील खाके में परिभाषित वस्तु-सूची के सीमाओं में बने रहते हुए ही निरूपण की बारीकी, संयत संवेदना और संतुलित आवेग के सहारे सीमाओं का अतिक्रमण करता है। सर्वहारा के प्रति गहरी करुणा और जीवन की गरिमा के प्रति सम्मान की इनकी गहरी भावना इनकी 'जिंदगी और जोंक' नामक कहानी में दिखती है। अपने 'दस प्रतिनिधि कहानियाँ' शीर्षक संकलन की भूमिका 'मेरा लेखनः मेरा परिवेश में' इस कहानी की सृजनात्मक पृष्ठभूमि में वे कथाकार अमरकांत की चर्चा अन्य पुरुष के रूप में करते हैं-"उन्हीं दिनों उसने अपने समाज और इतिहास का एक अत्यंत वीभत्स रूप देखा। युद्ध के दिनों में जब नौकर चाकर फौज में भर्ती हो गए थे, रजुआ न जाने किस बिल-सुराख से निकल आया था। काला भुजंग नाटा गंदा बदबूदार डरपोक, हास्यापद हर स्थिति में जीने वाला आत्मसमर्पण वाली होशियारी से हर स्थिति को स्वीकार करने वाला - एक प्रतिशत इंसान। आधा फीसदी नंबर तो मनुष्य का शरीर मिलने से ही मिल जाता है और शेष आधा फीसदी में आत्म-अधिकार, चेतना आदि भावनाएँ हैं। सदियों से इतिहास ने उसे इतना ही दिया है और उसी पूँजी को छाती से चिपकाए वह जीवित रहने का ढंग सीख गया है। समाज में ऐसा अंतर्विरोध क्यों है। रजुआ सपना देख सकता है। वह उसे रोज देखता, घंटों उसके बारे में सोचता, अपने अंदर दूर-दूर तक देखता और चारों ओर कष्ट, घोर अंधकार में एक रोशनी टिमटिमाती नजर आती। उसके अंदर परिवर्तन की प्रक्रिया शुरू हो गई थी। वर्षों वह प्रक्रिया चलती रही।" अपने अस्तित्व के लिए मनुष्य की जो जिजीविषा है उसे अति यथार्थ रूप में अमरकांत 'जिंदगी और जोंक' में प्रस्तुत करते हैं।

अमरकांत के इसी शिल्प कौशल को दर्शाती हुई उनकी दूसरी कहानी है-'दोपहर का भोजन'। यह मात्र एक कहानी नहीं है। यह गरीबी और भूख का खामोश आईना है। भूख से ज्यादा मूर्त और भूख से ज्यादा अमूर्त क्या हो सकता है? इस छोटी सी कहानी में बेजुबाँ बनी 'भूख' सब कुछ बयां कर जाती है। पूरी कहानी पात्रों के क्रियाकलाप के बारीक विवरणों से बुनी गई है। कहानी की व्यंजनाशक्ति को पकड़ने के लिए एक-एक विवरण को ध्यान से देखने की जरूरत है। यह एक सर्वथा विपन्न और असहाय निम्न-मध्यवर्गीय परिवार में दोपहर के एक डेढ़ घंटे की अवधि का विलम्बित चित्र है जिसके दौरान परिवार का एक सदस्य बारी-बारी से आता, भोजन के लिए बैठता और खाकर उठता है - दो बेटे, गृहस्वामी और अंत में गृहस्वामिनी। छोटा बेटा अभी सो रहा है, उसका भोजन रख दिया गया है। शुरू से आखिर तक केवल गृहस्वामिनी है जो लगातार उपस्थित है। वही कहानी की धुरी है और कहानी में चित्रित परिवार की भी। उसी की मनःस्थिति पूरी कहानी को एक सूत्र में पिरोए हुए है। अमरकांत की कहानियाँ सहज रूप से दिखाती हैं कि एक व्यक्तित्व संपन्न, मूल्य सजग और उत्तरदायी रचनात्मक दृष्टि क्या होती है। एक कहानीकार के रूप में उन्हें न किसी से जय चाहिए न किसी से पराजय वरन् उन्हें चाहिए आम आदमी का भोगा हुआ यथार्थ और उसका प्रामाणिक जीवन। अमरकांत की कहानियों के पात्र ओढ़ी हुई बौद्धिकता के अहंकार में अपने परिवेश से कट नहीं जाते वरन् उनकी सहज मानवीय संवेदनाएँ बाह्य परिस्थितियों से टकराकर ऐसे चरित्रों को जन्म देती हैं जो हमें नितांत निजी लगते हैं।

यह कहानी निर्मम तटस्थता के साथ एक परिवार के माध्यम से समूचे निम्न-वर्ग के पीड़क अभावों को अंकित करती है। हर सदस्य के भोजन के लिए बैठते समय एकाध शब्दों के हेर-फेर

के साथ कहानी वही मीन्यू दोहराती है - कुल दो रोटियाँ, भर कटोरा पनियाई दाल, चने की तली तरकारी। यह सूची मानो बार-बार 'दोपहर का भोजन' शीर्षक में प्रयुक्त 'भोजन' को व्यंग्य से करुण बना रही हो। हर बार गृहस्वामिनी की ओर से थोड़ा और लेने का आग्रह, हर बार हर सदस्य की ओर से अपनी-अपनी तरह से पेट भरा होने की कह कर थोड़ा और लेने से इंकार क्योंकि हर एक को पता है कि उसके हिस्से का भोजन कुल इतना ही है। खाने के अलग-अलग तरीके से अलग-अलग पात्रों के चरित्र के संकेत देने की कोशिश करता हुआ चित्रण। बड़ा छोटे-छोटे ग्रास धीरे-धीरे खाता है और अंतिम ग्रास पान के बीड़े की तरह लेता है। थोड़ा और लेने से दृढ़ संकल्प तथा धैर्यपूर्वक भोजन का विधिवत् समापन। मझला बेटा एक रोटी के साथ तीन चौथाई दाल और अधिकांश तरकारी का सफाया कर चुकने के बाद थोड़ा और लेने के इंकार में रोटी के अखाद्य होने के विषय में टिप्पणी करता है और कटोरी भर दाल और ले लेता है। वह न तो बड़े बेटे जितना सहनशील है, न उतना धीर। पिता के आते ही वह दाल को एक साँस में पीकर तथा पानी के लोटे को हाथ में लेकर तेजी से बाहर चला जाता है, इस किस्म के छोटे-छोटे विवरणों के संयोजन से कहानी लेखक की ओर से बिना किसी वक्तव्य के, परिवार के सदस्यों के आपसी संबंधों के ताने-बाने को उजागर कर देती है। पूरी कथा में सभी पात्रों द्वारा एक-दूसरे की वास्तविक स्थिति को जानने के बाद भी परस्पर छुपाने की कोशिश कहानी को अति कारुणिक बना देती है।

कहानी के अंत में गृहस्वामी मुंशी चंद्रिका प्रसाद दोपहर का भोजन कर चुकने के बाद "औंधे मुँह होकर निश्चिंतता के साथ सो रहे थे, जैसे डेढ़ महीने पूर्व मकान-किराया-नियंत्रण विभाग की क्लर्की से उनकी छँटनी न हुई हो और शाम को काम की तलाश में कहीं जाना न हो..."

इस कहानी में भी एक अलग प्रकार की स्त्री का चरित्र अमरकांत सामने लाते हैं। इस बेरोजगार, विपन्न, असहाय परिवार में गृहस्वामिनी सिद्धेश्वरी के अलावा अन्य सदस्यों में आपस में किसी से कोई बातचीत नहीं दिखाई गई है। सिद्धेश्वरी ही भोजन करते समय सबको एक दूसरे के बारे में सबकी स्नेहभावना की सूचना देते हुए इस कतर-ब्यौंत के बीच परिवार को बाँधे बनाए रखने लायक सांत्वना के करुण असंभव प्रयत्न में लगी है। लेकिन स्वयं अपने लिए उसके पास कोई सांत्वना नहीं है। अधपेट अपर्याप्त भोजन का पहला ग्रास मुँह में रखते ही "न मालूम कहाँ से उसकी आँखों से टप-टप आँसू चूने लगे।" लेकिन इसके पहले तक उसके इस प्रयत्न का ताप क्रमशः चढ़ता चला जाता है। बड़े बेटे से मझले के बारे में बोलते हुए का विवरण है, 'किंतु सच बोलने की उसकी तबीयत नहीं हुई और झूठ-मूठ उसने कहा', मझले से बड़े के बारे में 'इस तरह बोली जैसे स्वप्न में बड़बड़ा रही हों', मुंशी जी से दोनों बेटों के बारे में बोलते हुए सिद्धेश्वरी पर मानो नशा चढ़ गया था, उन्माद की रोगिणी की भाँति बड़बड़ाने लगी। उसके बोलने का सारांश यही है कि घर में सब एक दूसरे पर जान देते हैं, एक दूसरे की इज्जत करते हैं, तारीफ करते हैं, बेटे पिता को देवता समझते हैं, तीनों बड़े जहीन और होनहार हैं इत्यादि, लेकिन इन्हीं विवरणों के भीतर बीच-बीच में ये ब्यौरे भी गुँथे हुए हैं कि 'उसको पहले हिम्मत नहीं हुई थी कि उसके पास जाए', 'सच बोलने की उसकी हिम्मत नहीं हुई' सिद्धेश्वरी भय तथा आतंक से अपने बेटों को निहार रही थी; 'इन दोनों लड़कों से उसे बहुत डर लगता था।' इस एक डेढ़ घंटे की अवधि के शब्द-चलचित्र में मानो उसके जीवन के ओर-छोर का

खाका खींचकर रख दिया गया है - चिंता का चरम, भय और आशंका की अति और स्नेह का उन्माद। इनके सहारे वह निम्न-मध्यवर्गीय वास्तविकता जताती है और उसे पारिवारिकता के कवच में सहेजने का दुस्साध्य पराक्रम निभाती है। इस पूरे प्रसंग में परंपरागत प्राप्त तमाम भावनात्मक संबंध सूत्रों और उनके माध्यम से बिखरते आ रहे ढाँचे को कायम रखने की एक निष्फल दयनीय चेष्टा नजर आती है।

मुंशी चंद्रिका प्रसाद की भोजनोपरांत की निश्चिंत नींद मानो चरम हताशा की निश्चिंतता है जब अवसाद ही जीवन पद्धति में बदल चुका है। अंत के कुछ वाक्यों में एक दृश्य आता है 'आँगन की अलगनी पर एक गंदी साड़ी टँगी थी। जिसमें पैबन्द लगे हुए थे।' इस दृश्य के बाद ये सूचनाएँ हैं–"दोनों बड़े लड़कों का कहीं पता नहीं था। बाहर की कोठरी में मुंशी जी औंधे मुँह होकर निश्चिंतता के साथ सो रहे थे।" परिवार के लापता भविष्य और औंधे मुँह वर्तमान के आँगन के बीच टँगी यह पैबन्द लगी साड़ी मानो सिद्धेश्वरी की अपर्याप्त, असहाय लेकिन प्राण-पण से प्रयासरत उपस्थिति है। कहानी स्त्री और उसके घर के प्रति करुणा की अभिव्यक्ति है। लेकिन कहानी में उभरता यह एहसास यह कोई अलंकृति नहीं, किसी चमत्कारपूर्ण भाषिक प्रयोग की प्रतीकात्मक परिणति नहीं, ठेठ अभिधा द्वारा संभव की गई व्यंजना है। मितभाषी शब्दों की परतों को फोड़ती और उनसे स्वयं फूट फूट पड़ती यह व्यंजना अमरकांत की अपनी सिद्धि है। ऐसी सिद्धि रोज-रोज संभव नहीं होती, स्वयं अमरकांत से भी नहीं। अमरकांत की यह कहानी पूरे समाज को अपने प्रभाव से अभिभूत ही नहीं करती, बल्कि टीसती और झकझोरती भी है। अमरकांत ने बहुत ही साधारण घटना को और साधारण पात्रों को चुना है किंतु इनके माध्यम से उन्होंने समूचे निम्न मध्यवर्गीय परिवेश, उसके संघर्षरत जीवन एवं उसके संतुलन को बड़ी कुशलता से चित्रित किया है। इस प्रकार 'दोपहर का भोजन' कहानी का अनुभूति और अभिव्यक्ति पक्ष दोनों ही बेजोड़ है।

प्रश्न 11. 'डिप्टी कलक्टरी' कहानी की कथावस्तु पर प्रकाश डालिए।

अथवा

'डिप्टी कलक्टरी' कहानी निम्न मध्यवर्गीय विवशताओं, संकल्प और संघर्ष की कहानी है। चर्चा कीजिए।

अथवा

अमरकांत की 'डिप्टी कलक्टरी' प्रतीक्षा, मोहभंग और हताशा की कहानी है। सोदाहरण स्पष्ट कीजिए।

अथवा

'डिप्टी कलक्टरी' कहानी के शिल्प कौशल पर संक्षिप्त टिप्पणी लिखिए।

उत्तर– अमरकांत की 'दोपहर का भोजन' कहानी की भाँति 'डिप्टी कलक्टरी' भी एक निम्न मध्यवर्गीय परिवार की आर्थिक कठिनाइयों को यथार्थ रूप में प्रस्तुत करती है, लेकिन एक बहुत महत्त्वपूर्ण अंतर के साथ। 'डिप्टी कलक्टरी' के नायक बाबू शकलदीप मुख्तार हैं। यद्यपि पिछले डेढ़ दो साल से मुख्तारी उनसे चलाए नहीं चलती फिर भी राम का नाम लेकर कचहरी चले जाते, अक्सर कुछ पा जाते, जिससे दो जून का चौका चूल्हा चल जाता। इसके विपरीत 'दोपहर का भोजन' में जो परिवार है उसके स्वामी चंद्रिका बाबू डेढ़ महीने पूर्व

मकान-किराया-नियंत्रण विभाग की क्लर्की से छँटनी में आजीविका खो चुके हैं। विपन्नता की उस हद पर दोनों जीवन स्थितियों में इतने से फर्क से भी जीवन में एक गुणात्मक अंतर आ जाता है कि दोनों वक्त चौका-चूल्हा चल जाता है या नहीं। 'दोपहर का भोजन' में बची खुची जमा पूँजी को अधिकतम समय तक खींचने की कोशिश में घर के पुरुषों को गिन कर दो रोटियाँ खिलाने की नौबत आ पहुँची है, जबकि स्वयं गृहस्वामिनी के हिस्से में कुल आधी ही आती है। भय, आशंका और आतंक उसकी स्थायी मन:स्थिति बन चुकी है। बड़े बेटे से डरते-डरते वह पूछती है, "वहाँ कुछ हुआ क्या," और बेटे से एक रूखा नियतिवादी जवाब "समय आने पर सब ठीक हो जाएगा।" पाकर चुप रह जाती है। भविष्य के नाम पर वह एक अंधकारमय शून्य का सामना करता हुआ परिवार है जबकि 'डिप्टी कलक्टरी' के शकलदीप बाबू बड़े बेटे से 'डिप्टी कलक्टरी' की परीक्षा का फॉर्म भरवा कर भविष्य में निवेश का निर्णय करते हैं। यहाँ आशा है, प्रतीक्षा है, सत्य होने को तत्पर सा प्रतीत होता हुआ स्वप्न है और अंत में उसका ध्वंस भी। दोनों ही कहानियों में अमरकांत के इस आदमी का चित्रण सहज ही हमें प्रेमचंद के पात्रों की याद दिला जाता है।

जनतंत्र का वादा : पृष्ठभूमि और शीर्षक का संकेत—यह कहानी निम्न-मध्यमवर्ग की उस मानसिकता को उजागर करती है जो अपनी आर्थिक स्थिति को सुधारने के लिए डिप्टी कलक्टरी का पद पाने का सपना देखता है। देश के लाखों युवक इस सपने को लिए गाँव से शहर की ओर पलायन करते हैं। इस कहानी के माध्यम से अमरकांत ने इस वर्ग की मानसिकता की कई परतों को खोला है। यह वर्ग जितना अपने कर्मों पर विश्वास रखता है, उतना ही भाग्यवादी है। इस आशा-निराशा के झूले में झूलते बाप-बेटे का द्वंद्व भी सामने आता है। जिस समय यह कहानी लिखी गई, वह स्वाधीन भारत का पहला दशक था। पंचवर्षीय योजनाओं का जादूलोक नवनिर्माण के सपनों का संसार दिखा रहा था। स्वाधीनता मिलने के ठीक पहले तक, अंग्रेजी शासन के तहत डिप्टी कलक्टर की नियुक्ति मनोनीत हुआ करती थी और मनोनयन राजकीय कृपा का मामला था। उसके लिए वंश, जाति, कुलीनता, खानदान, संरक्षण/प्रश्रय इत्यादि निर्णायक तत्त्व हुआ करते थे। स्वाधीन जनतांत्रिक भारत में अब यह इन तत्त्वों से मुक्त प्रतियोगिता में अपनी योग्यता से पाई हुई जीत का और प्रशासनिक सेवाओं के उच्चतम स्तर पर पहुँच के रास्ते अपने वर्ग के अतिक्रमण का मामला बन चुका था। शकलदीप बाबू कहते भी हैं, पहले जमाने की बात दूसरी थी, लेकिन आजकल राजा का अर्थ क्या है? "डिप्टी कलक्टर तो एक अर्थ में राजा ही हुआ।" यह जनतंत्र का सर्व-साधारण मात्र के लिए अवसर की समानता का वादा था। इसी वादे को देखते हुए जनतंत्र/गणतंत्र को गुणतंत्र का नाम दिया जा सकता था। इस अर्थ में उस समय कहानी का यह शीर्षक पूर्ण रूप से सांकेतिक था, यह बात ओर है कि अति-परिचय के कारण अब यह शीर्षक इतना सांकेतिक नहीं रह गया है, अब इसके मायने बदल गए हैं। यह कठिन प्रतियोगिता का संकेत मात्र बनकर रह गया है।

इन चयन प्रतियोगिताओं में अब जी-तोड़ संघर्ष तो है ही, इन प्रतियोगिताओं की कई सीमाएँ भी हैं जो जनतंत्र के वादे की पोल भी खोलती हैं। यह नहीं कहा जा सकता कि योग्यता के अनुसार जो प्राप्य है वह प्रत्येक योग्य व्यक्ति को प्राप्त हो ही जाएगा क्योंकि प्राप्तव्य की संख्या सीमित है और योग्य जन संख्या उसकी अपेक्षा कहीं अधिक। एक या दो या दस-बीस की गिनती से भी पीछे रह जाने वाले के बारे में यह नहीं कहा जा सकता कि वह योग्य नहीं

था, लेकिन उसकी योग्यता अपना प्राप्तव्य नहीं पाएगी। अपने आप में यह कोई पर्याप्त सांत्वना भी नहीं कि सूची में नाम तो आया था बल्कि इसी वजह से यह त्रासदी अधिक करुण और अन्यायपूर्ण सी जान पड़ती है। 'डिप्टी कलक्टरी' शीर्षक कहानी यात्रा के इन दोनों ही पक्षों को उजागर करती है।

जीवन में 'लक्ष्य' की भूमिका–प्रथम पृष्ठ से अंतिम पृष्ठ के बीच जिन पात्रों का परिवार-संसार इस कहानी में बसाया गया है, उसमें घटित क्रियाकलाप या कार्य-योजना के विकास में इसी स्वप्न में निवेश और आशा तथा प्रतीक्षा की विकास यात्रा प्रस्तुत की गई है जिसे हम कथानक के विकास के चरणों के रूप में पहचान सकते हैं। लेकिन घटनाक्रम की दृष्टि से इस कहानी को भी अन्य नई कहानियों की ही तरह कथानकविहीन कहानी कहा जा सकता है।

कहानी के शुरू में ही 'एक घंटे पूर्व ऐसी बात नहीं थी' कहकर कहानी को एक साभिप्राय पूर्वाभास और तत्काल-अतीत से संबद्धता दी गई है। घंटाभर पहले पति-पत्नी के बीच खासी तेज कहासुनी के बाद शकलदीप बाबू घर के बाहर चले गए और घंटाभर बाद लौटे हैं। बाहर जाने के पहले वे पंद्रह-बीस मिनट अखबार के फटे-पुराने टुकड़े को जमीन से उठाकर पढ़ते रहे। ऐसे छोटे-छोटे ब्यौरे अमरकांत के लेखन-कौशल का अंग है। इनके माध्यम से वे स्वयं बिना कोई वक्तव्य दिए, अपने पात्र के क्रियाकलापों से अपने पाठकों को परिचित करवाते हुए उन्हें कल्पनाशील बनाते हैं और पात्र के अनुभव और विचार में शामिल करते हैं।

जाहिर है, यहाँ 'अखबार के फटे टुकड़े को पढ़ते रहने' का मतलब है कि पढ़ने का बहाना बनाना, न कि सच में पढ़ना, क्योंकि स्पष्ट है कि पढ़ने के लिए उसमें कुछ भी नहीं है। उन पंद्रह बीस मिनटों के भीतर क्या हुआ है? यह आचरण कहासुनी से उत्पन्न क्षोभ और उद्वेग को काबू करने का प्रयास तो था ही, अब घंटाभर बाद लौट कर जो वे कहते और करते हैं उससे पता चलता है कि वे पंद्रह-बीस मिनट किसी निर्णय पर पहुँच जाने के क्षण भी थे। शकलदीप बाबू का बड़ा बेटा नारायण "पिछले तीन चार वर्ष में बहुत सी परीक्षाओं में बैठने, एम.एल.ए. लोगों के दरवाजों के चक्कर लगाने तथा और भी उल्टे सीधे फन इस्तेमाल करने के बावजूद" अब तक बेरोजगार है। दो बार डिप्टी कलक्टरी की परीक्षा में भी बैठ चुका है। इस वर्ष 'डिप्टी कलक्टरी की जगहें काफी होने' के भरोसे वह तीसरी बार भी किस्मत आजमाना चाहता है। शकलदीप बाबू की पत्नी ने उनको टटोलते हुए बात शुरू करके इसी आशय का प्रस्ताव रखा और सूचना दी है कि दो चार दिन में फीस भरने की तारीख निकल जाएगी। पत्नी की यही बात सुनकर शकलदीप बाबू बिगड़ गए हैं, बेटे को भला बुरा कहने और पत्नी द्वारा उसका बचाव सुनने के बाद वे क्रोध की हद पर पत्नी से यह तक कह बैठते हैं कि 'सारी खुराफात की जड़ तुम्हीं हो। तुम मुझे जिंदा रहने देना नहीं चाहतीं, जिस दिन मेरी जान निकलेगी, तुम्हारी छाती ठंडी होगी।' लेकिन घंटे भर बाद वे अति प्रसन्न भाव से लौटकर पत्नी को फॉर्म भरने की फीस के लिए डेढ़ सौ रुपये देते और कहते हैं "गलती किसी की नहीं। सारा दोष तो मेरा है, देखो न, बाप होकर कहता हूँ कि लड़का नाकाबिल है। नहीं, नहीं, सारी खुराफात की जड़ मैं ही हूँ, और कोई नहीं।" इस कहानी में कथाकार ने असफल युवकों के पीछे कुछ उनकी नैतिक कमजोरी, कुछ व्यवस्थागत भ्रष्टाचार दोनों ओर संकेत किया है। साथ ही शकलदीप बाबू के गहरे मनोविज्ञान को छूने की सार्थक कोशिश है।

इस कहानी के सामाजिक सरोकार की बात न भी हो तो भी यह आम आदमी के संवेदनात्मक घनत्व को पूरी भावुकता के साथ उजागर करती है। घंटे भर पहले का उनका क्रोध अपनी असमर्थता और असहायता तथा बेटे की बेरोजगारी के कारण अपनी असफल प्रत्याशा का नतीजा था। निष्फल, निरुद्देश्य दैनिक जीवन का ढर्रा ऐसी प्रतिक्रियाओं से अपने रोजमर्रापन का भी अतिक्रमण करता है। मानो यही उसकी घटनात्मकता है। अब 'डिप्टी कलक्टरी' के स्वप्न में निवेश के फैसले पर पहुँच कर और डेढ़ सौ के कर्ज से कार्यवाही का आरंभ करके उन्होंने जीवन में एक मकसद पा लिया है। निरुद्देश्य अभावग्रस्त चिड़चिड़ी दिनचर्या के स्थान पर भविष्य के लिए सोद्देश्य जीवन की आशा और प्रसन्नता की मानसिकता का आगम होता है। उनकी दिनचर्या बदल जाती है। सुबह का आकाश, ठंडी हवा उनकी अकारण प्रसन्नता के लिए पर्याप्त कारण हो सकते हैं। मुँह अँधेरे उठ कर बेटे को पढ़ते हुए देखना ऐसा लगता है "जैसे किसी आनंददायी रहस्य का उन्होंने अचानक पता लगा लिया हो।" इस किस्म के संकेत अमरकांत की लिखंत में सादगी के शिल्प को तहदार बनाते तथा गहराई देते हैं। मनुष्य के जीवन का वह आनंददायी रहस्य क्या हो सकता है? कि वह संतान के माध्यम से अपने आप को, अपने सपनों को जीवित देखे? कि संतान के श्रम और संकल्प में अपने और उसके भविष्य के सुख को साकार देखे? कि संतान में आत्म-विस्तार देखते हुए अपने बुढ़ापे, जर्जरता और असमर्थता के एहसास से मुक्ति पाए? कि संतान के माध्यम से सीमित, संकीर्ण अहं की निराश सीमाओं के बाहर आना सहज संभव पाए? अर्थ की संभावनाएँ अनेक हैं, नतीजा एक ही कि 'अचानक उनमें न मालूम कहाँ का उत्साह आ गया' और 'स्नान से निवृत्त होकर जब वह बाहर निकले तो उनके शरीर में एक अपूर्व ताजगी तथा मन में एक अवर्णनीय उत्साह था।' "'डिप्टी-कलक्टरी' किसी समाज की उपलब्धि न हो तो भी उसके साथ जुड़ी बाप की महत्त्वाकांक्षाएँ एक बारगी ही अप्रासंगिक नहीं हो जाती।"

कहानी में चित्रित अवधि को इन तीन हिस्सों में बाँटा गया है—परीक्षा की तैयारी, परीक्षा देने के लिए प्रस्थान और परीक्षाफल की घोषणा तथा तीनों के दौरान कहानी के अवधान को शकलदीप बाबू के क्रियाकलाप और मानसिक व्यवहार पर केंद्रित रखा गया है। मानो प्रतियोगिता में बैठ तो बेटा रहा है लेकिन परीक्षा पिता की हो रही है, उनके आचरण में स्नेह-चिंता, सहनशीलता, विनोदप्रियता, आत्म-विज्ञापन की प्रवृत्ति, आस्था और श्रद्धा का जागरण होता है। बेटे की देखभाल के अलावा वे मंदिर नियमपूर्वक भी जाने लगते है और पत्नी से भी प्रार्थना करने को कहते हैं। मकसद पा लेने के बुनियादी कारण जीवन के प्रति राग और आसक्ति उत्पन्न होती है। बार-बार भूख लगती है, चटोरपना जाग्रत होता है। बेहद मेहनत और बदपरहेजी से बीमार भी पड़ते हैं। बेटे की योग्यता और भलमनसाहत का बढ़-चढ़कर बखान करते हैं, परीक्षा के लिए प्रस्थान करते हुए बेटे को मंदिर का प्रसाद पकड़ाने के लिए रेलगाड़ी के साथ दौड़ लगाते हैं और अपनी दुर्बलता और प्रयत्न की हास्यास्पदता के बावजूद सफल भी होते हैं। दौड़ का यह दृश्य अमरकांत के चित्रण-कौशल से एक प्रतीकात्मक अर्थवत्ता ग्रहण कर लेता है - "दुर्बल तथा बूढ़े आदमी थे, इसलिए उनसे तेज क्या दौड़ा जाता, वह पैरों में फुर्ती लाने के लिए अपने हाथों को इस तरह भाँज रहे थे, जैसे कोई रोगी मरियल लड़का अपने साथियों के बीच खेलकूद के दौरान कोई हल्की-फुल्की शरारत करने के बाद तेजी से दौड़ने के लिए गर्दन को झुकाकर हाथों को चक्र की भाँति घुमाता है। उनके पैर थप-थप की आवाज के साथ प्लेटफॉर्म

पर गिर रहे थे और उनकी हरकतों का उनके मुख पर कोई विशेष प्रभाव दृष्टिगोचर नहीं हो रहा था।" परीक्षाफल की घोषणा होने पर उनके मन में डर और निराशा का भाव उत्पन्न होता है और उन्हें अपना व अपने पुत्र का सपना टूटने की शंका होती है।

स्वाधीन भारत का पहला दशकः आशा और विश्वास—बेटे के पास प्रादेशिक-लोक-सेवा-आयोग से 'इंटरव्यू-कॉल' आती है तो अंतिम परिणाम की घोषणा के पहले ही शकलदीप बाबू और उनकी पत्नी की कल्पना संभावना को यथार्थ की तरह बरतने लगती है। कथा के विकास में आशा और प्रतीक्षा का यह अगला चरण है। वे मान ही बैठे हैं कि नारायण डिप्टी-कलक्टर हो ही चुका है। बेहद स्वाभाविक चित्रण में बड़ी सादगी के साथ वे दृश्य अंकित किए गए हैं जिनमें नारायण की पत्नी को डिप्टाइन कहा जा रहा है, माँ मोटर में घुमाए जाने का वादा याद कर रही है, नारायण की पत्नी सुबह के सपने का जिक्र कर रही है। निम्नमध्यवर्गीय सहज स्वप्नजीविता और उसके सहारे प्राणशक्ति दुहने की क्षमता, स्वप्न में वास करते हुए उसे यथार्थ मान कर रंजन और विनोद का सृजन इस कहानी में चित्रण की स्वाभाविकता और विश्वसनीयता को संभव करते हैं।

स्वाधीन भारत के जिस पहले दशक की बात कही जा चुकी है उसकी मानसिकता का चित्र भी एकाध संवाद में लाया गया है। नारायण का चुना जाना निश्चित है इस पक्ष में तर्क देते हुए कहा जाता है कि 'पहले का जमाना होता तो कहा नहीं भी जा सकता लेकिन अब तो बेईमानी उतनी नहीं होती होगी', 'बेईमानी नहीं होती न?', 'हाँ, अब उतनी नहीं होती। पहली बात दूसरी थी, जमाना अब लद गया।' एक ओर अप्रत्यक्ष रूप से पुराने जमाने के भ्रष्टाचार का हवाला देते हुए और स्वाधीनता के बाद ईमानदारी पर भरोसा जताते हुए वे प्रतियोगी परीक्षा के प्रति तो सफलता का विश्वास जताते हैं लेकिन दूसरी ओर स्वाधीनता कोई जादू की छड़ी नहीं है। विदेशी ऋण के सहारे पंचवर्षीय योजनाएँ शुरू की जा चुकी हैं। जरूर, जनता से अवसर की समानता का वादा भी किया जा चुका है लेकिन योजनाओं की सफलता अभी परीक्षित होनी बाकी है, ठोस नतीजों के लिए प्रतीक्षा जरूरी है और तभी यह भी पता चलेगा कि योजनाएँ जन की आकांक्षाओं की कसौटी पर खरी उतरेंगी या नहीं, तभी स्वाधीनता का परीक्षाफल घोषित होगा।

परिणामः आशा और प्रतीक्षा के बीच अटकी हुई साँस—ऐसा प्रतीत होता है कि बेटे की परीक्षा के साथ-साथ पिता की भी परीक्षा है। यह परीक्षा देते हुए शकलदीप बाबू बदपरहेजी और मानसिक तनाव के परिणामस्वरूप बीमार और कमजोर होते जा रहे हैं। किसी अव्यक्त किंतु व्यंजित समानांतरता के द्वारा उनके इस संकल्प और संघर्ष को, ताकत और बूते से बढ़ कर किए गए अगली पीढ़ी के भविष्य में निवेश को, और छीजते हुए स्वास्थ्य की कीमत को स्वाधीन भारत में ऋणग्रस्त दीर्घकालिक योजनाओं, प्रतीक्षा में जनता के टूटते हुए दम और ईमानदारी पर छीजते हुए भरोसे के बावजूद आशा में अटकी हुई साँस का प्रतीक बना दिया गया है। उनकी यह कहानी नेहरू युग की स्वप्नदर्शी मानसिकता से प्रेरित सकारवादी मानसिकता की अभिव्यक्ति है।

परिणाम निकलता है लेकिन सफलता या असफलता का कोई स्पष्ट निर्णय नहीं मिलता है। न तो वह पूरी तरह से सफल होता है और न ही पूरी तरह से असफल। "नारायण बाबू का नाम तो अवश्य है लेकिन .... जरा नीचे है। दस लड़के लिए जाएँगे, लेकिन मेरा ख्याल

है कि उनका नाम सोलहवाँ सत्रहवाँ पड़ेगा, लेकिन चिंता की कोई बात नहीं, कुछ लड़के तो कलक्टरी में चले जाते हैं, कुछ मेडिकल में ही नहीं आते, इस तरह पूरी-पूरी उम्मीद है कि नारायण बाबू ले ही लिए जाएँगे।" स्पष्ट परिणाम नहीं निकल पाने के कारण प्रतीक्षा और लंबी खिंच गई है, विडम्बना है भी और नहीं भी। लेकिन फिर भी अनिश्चित ही सही, आशा की गुंजाइश अभी बाकी है।

परिणाम जानकर उन्हें आशा के साथ निराशा भी होती है। मंदिर से निकलते समय परिणाम जानने के बाद घर तक यात्रा में शकलदीप बाबू का जो चित्र कहानी में खींचा गया है वह बरबस रेलगाड़ी के साथ उनकी दौड़ की याद दिला देता है क्योंकि अब यह उसके सर्वथा विपरीत मन:स्थिति की देहभाषा का चित्र है – "वह छड़ी को उठाते गिराते, छाती पर सिर गाड़े तथा शिव का जाप करते, हवा के हल्के झोंके से धीरे-धीरे टेढ़े तिरछे उड़ने वाले सूखे पत्ते की भाँति डगमग-डगमग चले जा रहे थे।" निराशा मन में लिए जब वे घर पहुँचते हैं तो सबसे पहले अपनी पत्नी से पूछते तथा निर्देश देते हैं कि उसने कहीं बेटे को बताया तो नहीं कि उसकी फीस और खाने-पीने के लिए छह सौ रुपयों का कर्ज लिया गया है और किसी सूरत में यह बात बेटे को पता न चलने पाए। वे बार-बार यह भरोसा भी व्यक्त करते हैं कि भगवान सब कल्याण करेंगे लेकिन इसके बावजूद बेटे के कमरे की तरफ बढ़ते हुए "उनके पैर काँप रहे थे और उनका सारा शरीर काँप रहा था, उनकी साँस गले में अटक-अटक जा रही थी।" एकाधिक बार लेखकीय टिप्पणी में शकलदीप बाबू के इस साहस को "बच्चों की तरह" बताया गया है। कभी वह दौड़ते हुए गति में तेजी लाने के लिए बच्चे की तरह हाथ घुमा रहे हैं, कभी भगवान सब कल्याण करेंगे कहते हुए बच्चों की तरह खुश होते हैं। परीक्षाफल के बाद बेटे के कमरे में दाखिल होने के बाद उनके चेहरे पर "अस्वाभाविक विश्वास की मुस्कुराहट" के थिरकने का जिक्र किया गया है। ये सभी प्रयोग कुछ विशिष्ट तथा असामान्य से हैं इसलिए उनमें किसी विशेष अभिप्राय की संभावना सी प्रतीत होती है। शायद यह कुछ अतिरिक्त और आरोपित पाठ हो किंतु एक वृद्ध में शैशव का उत्साह एक संसाधन-जर्जर पराधीन वृद्ध देश के स्वाधीन शैशव को बिम्बित करता सा दिखता है जो अगली पीढ़ी के रूप में भविष्य के लिए अपना सब कुछ निविष्ट करने को तत्पर है किंतु इस बात का निश्चय नहीं कि उस निवेश का फल क्या, कब और कैसा होगा। वास्तविकता के साथ शिशु का कोई वास्तविक नाता नहीं इसलिए उसका 'अस्वाभाविक विश्वास' भी वस्तुत: स्वाभाविक ही है। भविष्य का जो स्वप्न अभी तक डिप्टी कलक्टरी के राजपाट को निश्चित और वास्तविक की तरह बरत रहा था उसकी परिणति इतने भर में सांत्वना पा जाने से होती है कि बेटे की साँस चल रही है, वह सो रहा है।

शिल्प कौशल–'डिप्टी कलक्टरी' सादगी के शिल्प में सरल अभिव्यक्ति की कहानी है किंतु अपने कथ्य का सरलीकरण नहीं करती। आदर्श और रूमान से विरक्ति को आधुनिक भावबोध का लक्षण माना जाता है और नई कहानी के हर अगले दौर के लेखक अपने से तिरछी पीढ़ी के लेखकों को रूमान और आदर्श से ग्रस्त बताकर खुद अधिक आधुनिक होने के दावे को प्रशस्त करते रहे हैं। एकाधिक आलोचक और लेखक ने अमरकांत की तीनों सर्वश्रेष्ठ कहानियों को रूमानी भावबोध की कहानी माना है लेकिन आधुनिक होने का अर्थ भावशून्य और संवेदनहीन होना नहीं है। रचना के संवेदन-व्यापार में तह-दर उपस्थित वैचारिक परिप्रेक्ष्य और तल में निहित विश्लेषण की भावात्मक परिणति का अर्थ रचना की प्रभावात्मक अन्विति

है। साहित्य की प्रासंगिकता और शक्ति का यही रहस्य भी है, उसे कोरा आदर्श और खोखा रूमान कहना गलत है। उसे खोकर साहित्य अपना अस्तित्व और औचित्य खो देगा। अमरकांत की कहानियाँ इस औचित्य से समन्वित हैं। इस प्रकार अमरकांत नई कहानी आंदोलन से संबंधित कथाकार रहे हैं जो अपने आप में ही विविधतापूर्ण और अंतर्विरोध भरा साहित्यिक प्रत्यय है।

अमरकांत हिंदी कथा साहित्य में प्रेमचंद के बाद यथार्थवादी धारा के प्रमुख कहानीकार थे। वे प्रेमचंद की परंपरा का निकटतम अगला विस्तार ही हैं। कहीं-कहीं तो उनकी भाषा में भी प्रेमचंद गूँजते हुए से सुनाई देते हैं। जैसे कि 'डिप्टी कलक्टरी' में ही कहानी की शुरुआत में ही बेटे के प्रति बाबू शकलदीप सिंह के क्रोधमय विस्फोट की भाषा - "फिर इसकी गारंटी ही क्या है कि इस दफे बाबू साहब ले ही लिए जाएँगे? मामूली ए.जी. ऑफिस की क्लर्की में तो पूछे नहीं गए, डिप्टी कलक्टरी में कौन पूछेगा? आप में क्या खूबी है, साहब, कि आप डिप्टी कलक्टर हो ही जाएँगे? थर्ड क्लास बी.ए. आप हैं, चौबीसो घंटे मटरगश्ती आप करते हैं, दिन रात सिगरेट आप फूंकते हैं! आप में कौन से सुर्खाब के पर लगे हैं, जनाब? बड़े-बड़े बह गए, गदहा पूछे कितना पानी? फिर करम-करम की बात होती है! भाई समझ लो तुम्हारे करम में नौकरी लिखी ही नहीं। अरे हाँ, सभी कुकुर काशी ही सेवेंगे तो हंडिया कौन चाटेगा? डिप्टी कलक्टरी, डिप्टी कलक्टरी! सच पूछो तो डिप्टी कलक्टरी नाम से ही मुझे घृणा हो गई है!"

सर्वप्रथम तो शकलदीप बाबू अपने निकम्मे बेटे की कटु आलोचना करते हैं और उसके डिप्टी-कलक्टरी के सपने का मजाक उड़ाते हैं। और बाद में अपने पुत्र को अध्ययनरत पाकर स्वयं उसके इस लक्ष्य में पूरी जी जान से सहायता करते हैं। शकलदीप बाबू का यह करना जितना अस्वाभाविक लगता है, असल जीवन में यह उतना ही स्वाभाविक है। इस प्रकार चरम नकार से शुरू करके कहानी कदम दर कदम बढ़ते हुए अंत के चरम साकार का एक रहस्य की तरह अन्वेषण करती है, पिता और पुत्र के संबंध में अतीत और भविष्य के संबंध का अर्थ आरोपित करती है और इस जटिल विकास को परम सादगी के शिल्प में सहज भाव से उपस्थित कर देती है। "जो आपके सामने घटित हो रहा है सिर्फ वही रचना नहीं है बल्कि उसे देखकर, अपने चारों ओर देखने के बाद आपके भीतर जो घटित हो रहा है, वह रचना है।" अमरकांत का उपरोक्त कथन उनकी कहानियों के संवेदनात्मक घनत्व को समझने के लिए एक सार्थक संकेत प्रस्तुत करता है। यह उनका मात्र वैयक्तिक अनुभव ही नहीं है वरन् सर्जनात्मक अनुभव भी है। इसी सर्जनात्मक अनुभव की सफलतम अभिव्यक्ति उनके संपूर्ण रचनाकर्म विशेषत: कहानियों में हुई है।

प्रश्न 12. शेखर जोशी के जीवन परिचय को संक्षेप में प्रस्तुत कीजिए।

उत्तर– शेखर जोशी का जन्म 10 सितम्बर, 1932 को अल्मोड़ा जनपद (उत्तराखंड) के गाँव (ओलिया गाँव) में एक किसान परिवार में हुआ था। उन्हें किस्सागोई की मौखिक परंपरा अपने गाँव से ही मिली थी। जाड़े की ठंडी बर्फीली रातों में पहाड़ की एकांतिक जिंदगी किस्से-कहानियों के कहने-सुनने से बीतती थी। ठंड से बचने के लिए जलाई गई अंगीठी के चारों ओर बैठकर बड़े-बुजुर्गों से किस्से सुनना वहाँ के जीवन की एक अनिवार्यता थी। शाम ढलने के बाद पहाड़ की उदासी ओर अकेलेपन की रिक्ति को ये कहानियाँ भरती थीं।

शेखर जोशी का परिवार परंपरागत परिवार था इसलिए उनके घर में धार्मिक ग्रंथ ही अधिक थे। शेखर जोशी का पूरा परिवेश प्राकृतिक सौंदर्य, गीत-संगीत और सांस्कृतिक गतिविधियों से संपन्न था। इस संगीतमय ग्रामीण वातावरण के प्रति शेखर जोशी का बेहद लगाव है।

1951 में जब वे सुरक्षा विभाग में अप्रेन्टिसशिप करने दिल्ली आए तो यहाँ लेखकों की जमात से उनका संपर्क हुआ। उस समय प्रगतिशील लेखक संघ की गतिविधियाँ जोरों पर थीं। इन गतिविधियों ने शेखर जोशी की विचारधारा को नई दिशा दी। सन् 1955 में शेखर जोशी इलाहाबाद आ गए और यहाँ आने के पश्चात् इनका संपर्क अपने अग्रज और समकालीन लेखकों से हुआ और अपनी जैविक व्यस्ताओं के बीच समय निकालकर साहित्य का अध्ययन और अभ्यास में जुट गए। इलाहाबाद में लेखन के शुरुआती दौर में विकट जैविक परिस्थितियों के बावजूद शेखर जोशी निरंतर लेखन के लिए मुख्य रूप से प्रो. प्रकाश चंद्रगुप्त, भैरवप्रसाद गुप्त, उपेन्द्र नाथ अश्क, अमरकांत, मार्कण्डेय और ज्ञान प्रकाश जी से प्रेरित होते रहे। इन सभी के सानिध्य ने इन्हें कभी थकने नहीं दिया और निरंतर लेखन के लिए प्रेरित करते रहे। इलाहाबाद में पचास और साठ का दशक गहरी साहित्यिक गतिविधियों और सरगर्मियों का काल रहा है जब 'प्रगतिशील' और 'परिमल' खेमों में स्वस्थ रचनात्मक प्रतिस्पर्धा चलती रहती थी। शेखर जोशी मानते हैं कि साहित्यिक परिवेश मिलने के कारण ही वह अपने अंदर के कथाकार को जगा पाए।

भैरव प्रसाद गुप्त के संपादन में निकलने वाली 'कहानी' पत्रिका के माध्यम से कहानी प्रमुख साहित्यिक विधा के रूप में प्रतिष्ठित हो रही थी। कहानी में आंचलिक, ग्रामीण, कस्बाई और शहरी संदर्भ अपने-अपने तरीके से जगह बना रहे थे। ऐसे माहौल में शेखर जोशी का पहला कहानी संग्रह 'कोसी का घटवार' 1958 में प्रकाशित हुआ। साथ के लोग, हलवाहा, मेरा पहाड़ और नौरंगी बीमार है (कहानी-संग्रह); एक पेड़ की याद (शब्दचित्र-संग्रह) आदि उनकी अन्य प्रमुख प्रकाशित कृतियाँ हैं।

प्रश्न 13. नई कहानी आंदोलन में शेखर जोशी की कहानियों के महत्त्व को रेखांकित कीजिए।

अथवा

'शेखर जोशी की कहानियाँ नई कहानी आंदोलन को संबल प्रदान करती है' सिद्ध कीजिए।

उत्तर– 'बदबू' शेखर जोशी की एक महत्त्वपूर्ण कहानी है। 1958 में प्रकाशित उनके पहले कहानी संग्रह 'कोसी का घटवार' में यह संकलित है। नई कहानी आंदोलन के एक महत्त्वपूर्ण कहानीकार के रूप में शेखर जोशी ने अपनी अलग पहचान बनाई है। बीस साल बाद उनका दूसरा कहानी संग्रह 'साथ के लोग' 1978 में प्रकाशित हुआ। स्पष्ट है कि नई कहानी आंदोलन के दौर में प्रकाशित उनका एकमात्र कहानी संग्रह है 'कोसी का घटवार'। इसमें दस कहानियाँ संकलित थीं–'दाज्यू', 'पद्मा की कहानी', 'किं करोमि जनार्दन', 'कोसी का घटवार', 'उस्ताद', 'जी-हजूरिया', 'बदबू', 'कविप्रिया', 'शुभो दीदी' और 'बंद दरवाजे : खुली खिड़कियाँ'। इन कहानियों का वस्तुगत विभाजन करने पर इन्हें तीन भागों में बाँटा जा सकता है–

(1) पहाड़ी जीवन पर आधारित कहानियाँ - 'दाज्यू', 'पद्मा की कहानी', 'किं करोमि जनार्दन' और 'कोसी का घटवार'।

(2) मजदूरों के जीवन पर आधारित कहानियाँ – 'उस्ताद', 'जी-हजूरिया' और 'बदबू'।

(3) मध्यवर्गीय पारिवारिक स्थितियों पर आधारित कहानियाँ – 'कविप्रिया', 'शुभो दीदी' और 'बंद दरवाजे : खुली खिड़कियाँ'।

उपर्युक्त वर्गीकरण से स्पष्ट है कि शेखर जोशी अपने युगीन संदर्भों से पूरी तरह से जुड़े हुए हैं। उनमें अपने परिवेश के प्रति सजगता है। नई कहानी में जिस प्रामाणिकता और अनुभव के अपनेपन की बात होती है, वह शेखर जोशी के यहाँ मौजूद है। शेखर जोशी की रचना-वस्तु को 'भोगा हुआ यथार्थ' कहा जा सकता है। यही भोगा हुआ यथार्थ नई कहानी की पारिभाषिक शब्दावली रहा है। अल्मोड़ा के प्राकृतिक अंचल में जन्मे शेखर जोशी को पहाड़ी जीवन विरासत में मिला था। वे उस जन-मन से जुड़े थे। बाद में कारखाने में काम करते हुए मजदूरों से भेंट हुई तो वे उनके जीवन के अभिन्न अंग बन गए। यहीं उनकी भेंट ट्रेड यूनियन कार्यकर्त्ताओं से हुई थी। अपने साथी कामगारों के परिवारों के साथ रहते हुए मध्यवर्गीय पारिवारिक स्थितियों को उन्होंने देखा, जाना और जिया था। ये सारे संदर्भ उनकी कहानियों की कथावस्तु बनकर आए।

आकाशवाणी इलाहाबाद से प्रसारित अपने एक संस्मरण में उन्होंने कहा था—समझ विकसित होने पर अपने निजी अनुभवों को सामाजिक परिप्रेक्ष्य में देखने की प्रक्रिया आरंभ होने के कारण जब मैंने 1953-54 में 'दाज्यू' कहानी लिखी तो उसका नायक मेरा ही प्रतिरूप था जो अपने परिवेश से विस्थापित होकर अपरिचितों की भीड़ में किसी आत्मीय को खोज रहा था, लेकिन सामाजिक यथार्थ ने उसे एहसास करा दिया था कि आत्मीय संबंधों के मूल में भी वर्गस्वार्थ होते हैं जो मानवीय संबंधों में दरार डाल देते हैं। जिंदगी की दौड़ में फिर कई उतार-चढ़ाव आए।

'मेरे जीवन का एक महत्त्वपूर्ण भाग कारखानों में बीता है, जहाँ तेल और कालिख से सने कपड़ों में ऐसी विभूतियाँ छिपी थीं जिन्होंने मेरी जिंदगी को एक नया ही अर्थ दे दिया। यह मेरा एक आत्मीय संसार बन गया। हमारी रचनात्मकता, हमारे संघर्ष, हमारी खुशी और हमारा दर्द सब साझा था। यहीं मुझे 'उस्ताद' मिले जो न चाहते हुए भी अंतिम क्षणों में अपने शागिर्द को काम का गुर सिखाने को मजबूर थे, यहीं हाथों की 'बदबू' में मैंने जिजीविषा की तलाश की......यहीं विरोध की आखिरी चिंगारी लिए 'जी हजूरिया' किस्म के लोग थे..... इन सबको अपनी कहानियों में अंकित कर पाया।' कारखाने में काम करने के दौरान मिले अनुभव ने ही 'बदबू' जैसी कहानी लिखने की आधार भूमि तैयार की।

शेखर जोशी की कहानियाँ उनके जीवन की अनुभूतियों से जुड़ी हैं एवं सामाजिक चेतना को संबल प्रदान करती हैं। उनकी कहानियों में सामाजिक संघर्ष और परिवर्तन की आकांक्षा स्पष्ट है। शेखर जोशी को पहाड़ अत्यंत प्रिय हैं, इसीलिए उनमें पर्वतीय जीवन की आंचलिक मोहकता मौजूद है। इस दृष्टि से 'कोसी का घटवार' और 'दाज्यू' महत्त्वपूर्ण कहानियाँ हैं। 'दाज्यू' एक भोले-भाले पहाड़ी लड़के की कहानी है जो मैदान में आकर एक होटल में बेयरा बन जाता है। 'पद्मा की कहानी' में दो पहाड़ी परिवारों की स्पर्द्धा की शिकार पद्मा के माध्यम से उस ओछी और हीन मनोवृत्ति को उद्घाटित करने की कोशिश की गई है, जो स्त्री को लेकर स्कैंडल बुनने में अपनी सानी नहीं रखती। 'किं करोमि जनार्दन' में व्यंग्य का पुट है जिसमें विवाह के अवसर पर ढोंग करते हुए लड़के वाले लड़की वालों द्वारा दिए गए धन को लेने का कोई मौका नहीं छोड़ते। 'कोसी का पटवार' एक प्रेम कहानी है जिसमें गुसाईं और लछमा के माध्यम से

शेखर जोशी ने प्रतीक और बिम्ब के वे सारे विधान किए हैं जिनके लिए नई कहानी जानी जाती है। 'जी-हजूरिया' में गनपत के चरित्र की नाटकीय परिणति है तो 'उस्ताद' में मध्यवर्गीय संस्कारों की छाप है। 'बदबू' कारखाने में काम करने वाले नौजवान की कहानी है। यहाँ 'बदबू' महसूस न करने वाले लोग हैं तो 'बदबू' को न भूलने वाला नौजवान भी है। 'कविप्रिया' का गिरीश ईमानदार और प्रतिभाशाली व्यक्ति है लेकिन प्रतिभा के भटकाव से उसके प्रति लोगों की उदासीनता बढ़ जाती है और वह एक करुण प्रतीक बनकर रह जाता है। 'शुभो दीदी' कहानी विवाह के बाद शुभा के पति विशु बाबू का घर के बाहर ताला लगाकर दफ्तर जाना और घर में शुभा का अकेले रहते हुए करुण अंत होना, स्त्री-पुरुष संबंधों में स्त्री की स्थिति को बेबाकी से प्रस्तुत करती है। 'बंद दरवाजे: खुली खिड़कियाँ' निम्न मध्यवर्ग से उच्चतर वर्ग में जाने की इच्छा रखने वाले व्यक्ति की इच्छा, उसकी कोशिशों और नाकामियों को व्यंग्य के साथ उभारती है। स्पष्ट है कि शेखर जोशी की ये दसों कहानियाँ नई कहानी के युगीन-संदर्भ की कहानियाँ हैं।

प्रश्न 14. शेखर जोशी की कहानियों का वर्गीकरण करते हुए उनकी आंचलिक दृष्टि रेखांकित कीजिए।

उत्तर– पहाड़ी संस्कृति शेखर जोशी के मन में पूरी तरह से रची-बसी थी। उनकी आरंभिक चार कहानियाँ – 'दाज्यू', 'पद्मा की कहानी', 'किं करोमि जनार्दन' और 'कोसी का घटवार' पहाड़ी जीवन को लेकर लिखी गई कहानियाँ हैं। 'किं करोमि जनार्दन' विवाह संस्था में घुस आए दहेज के दानव की ओर संकेत करती है। लड़के वाले चाहे जितना ढकोसला करें कि वे तो बीतराग हैं, निष्पृह हैं लेकिन कभी पारिवारिक जिम्मेदारियों के नाम पर तो कभी झूठी शान के नाम पर भोज की तफसील देने और दक्षिणा के बहाने लड़की वालों से धन उगाह लेने में पीछे नहीं रहते। यह रोग मैदान और पहाड़ सब जगह व्याप्त हो गया है। 'पद्मा की कहानी' पहाड़ी परिवारों की स्पर्द्धा की कहानी है। कहानी का 'मैं', कुमार पद्मा को लेकर कहानी लिखने के लिए प्रमोद से पेशगी में रुपये लेता है लेकिन वह पद्मा पर कहानी लिखने में अपने आप को असमर्थ पाता है और प्रमोद के पेशगी के रुपये लौटा देता है। क्योंकि वास्तविकता जान लेने के बाद कहानी का कथानक बदलना निश्चित था और उसमें प्रमोद को कोई दिलचस्पी नहीं होती। स्त्री को लेकर कहानियाँ गढ़ने वाली मनोवृत्ति का चित्रण यहाँ बेबाकी से किया गया है। इन दोनों कहानियों के माध्यम से उन तमाम विकृतियों की चर्चा की गई है जिनसे अभी पर्वतीय समाज अछूता माना जाता था, लेकिन पर्वतीय अंचल की विशेषताओं को संपूर्णता के साथ प्रकट करने वाली दो महत्त्वपूर्ण कहानियाँ हैं–'दाज्यू' और 'कोसी का घटवार'। ये दोनों कहानियाँ शेखर जोशी के आंचलिक दृष्टिकोण को उजागर करती हैं।

'दाज्यू' कहानी में अचल की मोहकता स्पष्ट रूप से झलकती है। 'दाज्यू' के बहाने शेखर जोशी आंचलिक अस्मिता में उपस्थित दारुणता को तलाशते हैं और दारुणता से आगे बढ़कर महानगरीय श्रम-संस्कृति की सृष्टि करते हैं। बड़े साइन बोर्ड वाले छोटे कैफे में काम करने वाले नौ वर्षीय पहाड़ी लड़के के 'दाज्यू' संबोधन में उसकी आंचलिक अस्मिता है। 'दाज्यू' न कहने में आंचलिक अस्मिता के खो जाने की पीड़ा है, तिरस्कार है, जिसका वह अनुभव ही नहीं करता उस अलगाव और निर्वासन को जीता भी है। भाषा आंचलिक अस्मिता की सबसे प्रामाणिक वाहिका होती है। 'दाज्यू' कहानी में मात्र इस शब्द के प्रयोग से पूरा अंचल उभर आता है –

"जगदीश बाबू के चेहरे पर पुती हुई एकाकीपन की स्याही दूर हो गई और जब उन्होंने मुस्कुराकर मदन को बताया कि वे भी उसके निकटवर्ती गाँव..... के रहने वाले हैं तो लगा जैसे प्रसन्नता के कारण अभी मदन के हाथ से ट्रे गिर पड़ेगी। उसके मुँह से शब्द निकलने चाह कर भी न निकल सके। खोया-खोया सा वह मानो अपने अतीत को फिर-फिर लौटकर देखने का प्रयत्न कर रहा हो।" अतीत....... गाँव ..... ऊँची पहाड़ियाँ ..... नदी ...... ईजा (माँ)....बाबा....दादी.... भुलि (छोटी बहन)..... दाज्यू (बड़ा भाई)। अपने संबंध यानी अपनेपन का बोध। मदन को जगदीश बाबू के रूप में अपने बड़े भाई की छाया निकट जान पड़ी और उसके लिए जगदीश बाबू 'दाज्यू' हो गए।

'दाज्यू' शब्द की आवृत्ति पर जगदीश बाबू के मध्यमवर्गीय संस्कार जाग उठे। अपनत्व की पतली डोर अहं की तेज धार के आगे टिक न सकी। वे उससे अपने को अपमानित महसूस करने लगे। आंचलिक अस्मिता और नगरीय बन्तूपन की टकराहट में जगदीश बाबू 'शाब' बन गए। मदन नामविहीन होकर 'बॉय' बन गया। अब वह एक व्यक्ति नहीं एक वर्ग है। 'बॉय कहते हैं शाब मुझे।' लेकिन इस पूरी प्रक्रिया में आंचलिक अस्मिता पर शर्मिंदा होने वाले जगदीश बाबू ही अंततः अस्मिता क्षेत्र से निष्कासित होते हैं। नौ वर्ष का पहाड़ी लड़का जगदीश बाबू को एहसास करा देता है कि अपनी आंचलिक संस्कृति से आप वंचित हो गए हैं, मैं नहीं। अगर आप 'दाज्यू' नहीं तो – हमारा आपका संबंध नहीं। इस कहानी के अंतर्गत, आंचलिकता के केंद्र में भाषा और संस्कृति के महत्त्व का सर्वाधिक प्रामाणिक अंकन मिलता है।

'कोसी का घटवार' आंचलिक संदर्भों को अभिव्यक्त करती हुई एक प्रेम कथा है। पर्वतीय विस्तार, उसमें अकेलेपन की स्थिति, सूनेपन में चक्की की आवाज – सब मिलकर एक बेहद एकाकी जीवन जी रहे गुसाईं के चरित्र को करुण चरित्र बना देते हैं। लेकिन गुसाईं के मन का काइयाँपन भावुकता को पीछे छोड़ देता है। पिसान के लिए आए हुए व्यक्ति को लौटा देने में वह चूकता नहीं। यद्यपि बाद में थोड़ा पछतावा उसे इसलिए होता है कि पिसान तो अधिक था ही अगर वह व्यक्ति आ गया होता तो थोड़ी देर बात करने का मौका मिल जाता। दो-चार क्षण की बातचीत भी उसके लिए बहुत होती। 'कभी-कभी गुसाईं को यह अकेलापन काटने लगता। सूखी नदी के किनारे का यह अकेलापन नहीं, जिंदगी भर साथ देने के लिए जो अकेलापन उसके द्वार पर धरना देकर बैठ गया है, वही। जिसे अपना कह सके ऐसे किसी प्राणी का स्वयं उसके लिए नहीं है, पालतू कुत्ते-बिल्ली का स्वर भी नहीं।' बाहर बहती कोसी की सूखी धारा की तरह सूनेपन में जी रहे गुसाईं को लछमा का आना अच्छा लगता है। शरीर पर पिसान की सफेदी लपेटे वह उसे भी पिसान का टीला दिखाकर अपनी असमर्थता प्रकट करता है और लछमा लौट पड़ती है। पहले तो वह उसे रोकता नहीं लेकिन लछमा जब नदी के किनारे पहुँच चुकी होती है तब वह पुकार उठता है–'लछमा!' लछमा देखती है कि यह तो उसका पूर्व परिचित गुसाईं ही है। लछमा और गुसाईं का अतीत, लछमा के पति की मृत्यु के बाद उसकी वापसी, कोसी की धारा की तरह गुसाईं का निपट अकेलापन सब मिलकर गुसाईं और लछमा के जीवन में व्याप्त सूनेपन के साथ उस पूरे अंचल के एकाकीपन को बयान करते हैं। इस पूरी कहानी में उन्होंने पहाड़ी क्षेत्र व वहाँ के जीवन का इतनी बारीकी से वर्णन किया है कि कहानी पढ़ते हुए आँखों के सामने पहाड़ का पूरा जीवन थिरकने लगता है।

अपनी कहानियों में शेखर जोशी पूरी खामोशी से सब कुछ बयाँ कर देते हैं। प्रतीकों और बिम्बों के माध्यम वे ऐसे वातावरण का सृजन करते हैं जिसमें पूरा वातावरण ही अंचल की

अभिव्यक्ति बन जाता है। रचना-वस्तु का संयत उपयोग और अभिव्यक्ति के माध्यमों का संतुलन कहानी को महत्त्वपूर्ण बना देता है। तृप्ति और संतोष देती हुई बिना किसी आवेग के कहानी मंथर गति से आगे बढ़ती जाती है।

प्रश्न 15. शेखर जोशी की 'बदबू' कहानी की कथावस्तु पर प्रकाश डालिए।

उत्तर– शेखर जोशी श्रम और संघर्ष के कहानीकार हैं। उनकी कहानियाँ समाज के यथार्थ को उद्‌घाटित करती हैं। शेखर जोशी की कहानियाँ पाठक के मन को झकझोर के रख देती हैं। शेखर जोशी की सृजनात्मक संवेदना हमेशा श्रम और संघर्ष करने वाले वर्ग के साथ देखी गई है। उनकी 'बदबू' कहानी इस बात का प्रमाण है। 'बदबू' एक कारखाने में काम करने वाले लोगों की जिंदगी पर आधारित कहानी है। इस कारखाने में काम करने वाले मजदूर, मिस्त्री, सर्चमेन, फोरमैन, चौकीदार और साहब – सभी हैं। कारखाने में काम करने वाले मजदूरों की जिंदगी, उनके हास-परिहास, उनके परिवारों की स्थिति सभी का अंकन शेखर जोशी कुशलता से करते हैं। व्यवस्था का दमन, उसके प्रति प्रतिकार का प्रयास, प्रतिकार को कुचल देने हेतु व्यवस्था का कुचक्र और अंततः सबल व्यवस्था में प्रतिकारी के अकेले रह जाने की नियति ने कहानी को औद्योगिक जीवन पर लिखी गई अद्‌भुत कहानी बना दिया है।

'बदबू' जिजीविषा और संघर्ष की प्रतीक है। जब तक वह महसूस हो रही है, संघर्ष की गुंजाइश है, जीवन की संभावना है, मानवीय संवेदना के बचे रहने का संकेत है। किंतु पूँजीवादी व्यवस्था इस तरह से पीस देती है कि 'बदबू' होते हुए भी कारखाने के लोगों को 'बदबू' महसूस नहीं होती। वे व्यवस्था के क्रीतदास, वस्तु या कामकाजी जानवर में तब्दील हो जाते हैं। अगर संवेदना थोड़ी-बहुत बची भी हो तो वे उसे पेट, परिवार और बच्चों के नाम पर मार देने को अभिशप्त हैं। कारखाने के बंद दरवाजे के भीतर वे इतने परवश हैं कि उसका असर उनकी साँसों में घुल-मिल गया है। उन्हें कहीं 'बदबू' महसूस नहीं होती। कारखाने के भीतर और बाहर दोनों जगह वे असहाय हैं। व्यवस्था ने उनका जीवन रस निचोड़ लिया है और वे खटते रहना और सब कुछ को स्वीकार करते रहना ही अपनी नियति मान चुके हैं।

इसी कारखाने में काम करने के लिए एक नौजवान भर्ती होता है। पहले दिन काम कर चुकने के बाद उसके हाथ गहरी 'बदबू' से भरे होते हैं। कई बार धुलने के बाद भी बदबू जाती नहीं। एक साथी ने उसकी परेशानी का कारण भांप लिया था–"ऐसे नहीं उतरेगा, मास्टर। आओ, तेल में धो लो" – कहकर उस साथी ने उसे अपने साथ चले आने का संकेत दिया।

घटिया किस्म के कैरोसीन तेल में कुहनी-कुहनी हाथ डुबाकर दोनों ने अपने-अपने हाथों को मला। अब हथेलियों और बाँहों में लिपटी सारी चिकनी कालिख धुल गई थी, परंतु उसे लगा जैसे दोनों बाँहों में अदृश्य चीटियाँ रेंग रही हों। कैरोसीन की गंध के कारण जी मिचला उठा। इसी खीझ और गंध से मुक्ति पाने के लिए वह नल की ओर चल दिया।

अंतिम साइरन बज चुका था। पानी के प्रत्येक नल पर बीसियों कामगर घिरे हुए थे। कुछ लोग हाथों में साबुन मल रहे थे और शेष साबुन मल चुकने पर हाथों को पानी से धोने के लिए अपनी बारी की प्रतीक्षा कर रहे थे। उसे देखकर सबकी अजनबी निगाहें उसकी ओर गईं। एक-दो मजदूरों ने सौजन्य प्रदर्शन के लिए अपनी बारी आने से पहले ही उसे पानी लेने को बढ़ावा दिया। किंचित् संकोच के बाद उसने आगे बढ़कर पानी ले लिया। यह संकोच स्वाभाविक

था। अपनी बारी आने से पहले पानी लेने का प्रयत्न करने वालों को उत्साहित करने की इच्छा किसी के मन में न थी, यह वह दो क्षण पहले विभिन्न स्वरों में सुन चुका था।

परंतु उसे पानी लेते देखकर किसी ने आपत्ति नहीं की। एक बार हाथ अच्छी तरह धो लेने पर उसने उन्हें नाक तक ले जाकर सूँघा, मिट्टी के तेल की गंध अभी नहीं छूटी थी। दोबारा साबुन से धो लेने पर भी उसे वैसी ही गंध का आभास हुआ। फिर एक बार और उसने साबुन जेब से निकालकर हाथों में मलना शुरू कर दिया।

घासी रस लेकर एक किस्सा सुनाने लगा और सारा समूह अपनी व्यस्तता भूल-कर उसकी बात सुनता रहा।

एक गाँव के मेहतर की लौंडिया थी। उसकी शादी हुई शहर में। जैसा तुम जानो, गाँव के मेहतरों को तो कभी गंदा उठाने की जरूरत ही नहीं पड़ती। नई-नई शहर में गई तो दिन-रात नाक चढ़ा के अपने खसम से कहा करे – बदबू आती है, बदबू आती है। मालिक क्या करता! उसकी खातिर पेशा तो छोड़ नहीं सकता था। धीरे-धीरे लौंडिया भी काम पर जाने लगी। साल-छह महीने के बाद मेहतर की सासू शहर देखने आई। रास्ते में ही हाथ में झाड़ू-बाल्टी लिए बेटी मिल गई। माँ पहले तो लाड़ से बेटी के गले मिली और फिर नाक पर आँचल रख लिया।

बेटी ने पूछा–"ऐ अम्मा, नाक-मुँह क्यों बंद कर लिया?"

माँ बोली–"बेटी, बदबू आती है।"

बेटी अचम्भे से बोली–"कैसी बदबू? मुझे तो कुछ भी नहीं मालूम देती।"

नल के इर्द-गिर्द घिरे हुए सभी कामगारों के थके उदास चेहरे पर भी उसकी बातें सुनकर हँसी खिल गई। घासी ने ही फिर बात को स्पष्ट किया–"ये भाई भी अभी हाथ नाक पे ले जाके सूँघ रहे थे, तभी किस्सा याद आया। पहले-पहल हम भी ऐसे ही सूँघा करें थे। पर अब तो ससुरा पता नहीं लगता। किसी बार तो साबुन नहीं मिलता, ऐसे ही पोंछ-पाँछ के रोटी खाने बैठ जाते हैं।"

संकेत उसी की ओर था। परिहास के उत्तर में गंभीर हो जाना उसे उचित न लगा। सभी को हँसी में उसने अपना योग भी दे दिया परंतु घासी की बात पर उसे आश्चर्य हो रहा था। तेल की ऐसी तीखी दुर्गंध को साबुन से छुटाए बिना आदमी भला कैसे चैन से रह सकेगा, इसका उसे विश्वास ही नहीं हो रहा था।

प्रश्न उठता है कि कहानी के भीतर इस कहानी की क्या जरूरत थी? दरअसल लेखक का यही कौशल है। कहानी के आरंभ में ही वह बता देना चाहता है कि 'बदबू' न महसूस करने वाले एक अलग वर्ग चरित्र हैं। वे समझौता परस्त हैं और स्थितियों के अनुसार उन्होंने अपने को ढाल लिया है। वे उस व्यवस्था में घुल-मिल चुके हैं। खटते रहना और सब कुछ को स्वीकार करते रहना ही वे अपनी नियति मान चुके हैं।

कारखाने के और भी कुछ तौर-तरीके हैं। कार्य की समाप्ति के पश्चात् सभी को तलाशी देने के पश्चात् ही कारखाने से निकलने दिया जाता है। कपड़े बदलकर वह लाइन में जा लगा। 'इकहरी पंक्ति के प्रारंभ में हेड-फोरमैन के साथ एक गोरखा सिपाही खड़ा था। प्रत्येक मजदूर अपना रोटी का डिब्बा खोलकर उसे दिखाता और फिर दोनों हाथ ऊँचे उठाकर तलाशी देने की मुद्रा में खड़ा हो जाता। गोरखा सर्चर मजदूर की छाती, कमर और जेबों को टटोलकर आगे

बढ़ जाने का संकेत कर देता।' जल्दी घर पहुँचने की इच्छा रखने वालों की पंक्ति की धीमी गति के कारण झुँझलाहट हो रही थी। इसी झुँझलाहट के कारण कभी-कभी लोग पंक्ति में अपने से आगे वाले व्यक्ति को ठेल देते। बीच-बीच में मोटा फोरमैन उनकी इस जल्दबाजी का कोई भद्दा, अश्लील कारण बताकर हँस देता था। उसे फोरमैन का यह व्यवहार अच्छा नहीं लगा। परंतु उसने सुना–पंक्ति में से ही कोई कह रहा था–"फोरमैन जी भी बड़े रंगीले आदमी हैं।" सम्मति प्रकट करने वाला एक अधेड़ उम्र का व्यक्ति था, जो अब भी कृतज्ञतापूर्ण दृष्टि से फोरमैन की ओर देख रहा था, कि जैसे फोरमैन से यह मजाक करके उन पर बड़ी कृपा कर दी हो!

उसकी तलाशी देने की बारी आ गई थी। ठिगने सिपाही ने अपनी एड़ी उठाकर बड़ी कठिनाई से उसकी तलाशी ली। सिपाही के इस आयास को देखकर उसका मन हँसने को हुआ परंतु मन पर अवसाद की धुंध इतनी गहरी छा गई थी कि वह हँस न सका। बड़े फाटक से पहले फिर इकहरी पंक्ति बन गई थी। परंतु इस बार पंक्ति के परले सिरे पर खड़ा हुआ सिपाही तलाशी नहीं ले रहा था वरन् वह यह देखने के लिए खड़ा था कि कोई भी व्यक्ति कठघरे में आड़ी गिरी हुई लकड़ी को लाँघकर बाहर न चला जाए। तलाशी सहित इस कूद-फाँद की प्रक्रिया से उसे भी गुजरना पड़ा। 'अन्य सभी मजदूरों की भाँति वह भी आड़ी गिरी हुई लकड़ी को लाँघकर बाहर चला गया। पीछे मुड़कर उसने फिर एक बार कटघरे की ओर देखा – लोग अब भी एक-एक कर कूदते हुए चले आ रहे थे।'

इस उछल-कूद का प्रयोजन कुछ भी नहीं है, बस कारखाने में लगातार खटने वाले मजदूरों पर इस तरह संदेह करना और उन्हें बंदर की तरह उछल-कूद करने को बाध्य करना व्यवस्था का बुना हुआ वह जाल है जिसमें भय के तार लगे हुए हैं। शक और भय को इस तरह उनके दिमाग में भर दिया गया है कि वे आदमी होने का भान ही खो बैठे हैं। व्यवस्था का डंडा और रोजी की जरूरत उन्हें बंदरों की तरह उछल-कूद भरी जिंदगी जीने को अभिशप्त कर रहे हैं। व्यवस्था ने इनकी नियति तय कर दी है और वे सब कुछ चुपचाप स्वीकार करके उछलते-कूदते जिंदगी को ढोए जा रहे हैं। नियति ने उनके अंदर के आदमी को मार दिया है, फिर भी वे अपनी ही अंतरात्मा की मौत पर हँसने के लिए बाध्य हैं।

"क्या आफत बना रखी है!" अनायास ही उसके मुँह से निकल गया।

अनजाने में ही कहे गए ये शब्द चलने वाले एक बुजुर्ग के कानों तक पहुँच गए थे। उन्होंने धीरे से अपनी राय प्रकट की, "नए आए लगते हो? पहले-पहल ऐसा ही लगता है, धीरे-धीरे आदत पड़ जाएगी।" आकाश की ओर अँगुली उठाकर उन्होंने बात आगे बढ़ाई, "उस नीली छतरी वाले को शुक्र करो कि यहाँ काम मिल गया। अच्छे-भले पढ़े-लिखे लोग धक्के खाते फिरते हैं, हमारे पड़ोस में एक लड़का....." बुजुर्ग अपने अनुभव की पोटली खोलकर बहुत कुछ बिखेरना चाहते थे, लेकिन उसका मन उनकी बातों में नहीं लगा, कनखियों से उसने उनकी ओर देखा। उस 'ऊपर वाले' के एहसान का बोझा उठाते-उठाते ही उनकी कमर टेढ़ी हो गई थी। वह चाल तेज कर आगे बढ़ गया।

रास्ते-भर उसके दिमाग में वही सब-कुछ घूमता रहा और उस बुजुर्ग आदमी की बात याद आने पर वह सोचने लगा, क्या सच ही एक दिन वह भी सब-कुछ सहने का आदी हो जाएगा और नीली छतरी वाले के एहसानों का बोझ उसकी कमर को वैसे ही झुका देगा? इसी घुटन और अवसाद की छाया में उनके दिन बीतने लगे। इसी बीच एक दिन एक घटना घटी।

चीफ साहब के आदेश पर सभी मजदूर एक स्थान पर एकत्रित हो गए थे। साहब के निकट ही बुद्धन सिर झुकाए खड़ा था। उपस्थित समूह को नसीहत देते हुए साहब ने बताया कि किस तरह उन्होंने पीछे से जाकर बुद्धन को कारखाने के अंदर बीड़ी पीते हुए पकड़ा और किस चतुराई से उसने बीड़ी मुँह के अंदर ही डालकर गायब कर ली थी।

साहब बोले, "कारखाने में इतनी कीमती चीजें पड़ी रहती हैं, किसी भी वक्त आग लग सकती है। एक आदमी की वजह से लाखों रुपये का नुकसान हो सकता है। हम ऐसी गलतियों पर कड़ी-से-कड़ी सजा दे सकते हैं।"

बुद्धन को कड़ी चेतावनी के साथ एक रुपए का दंड देने की साहब ने घोषणा कर दी, तभी भीड़ में से किसी ने ऊँचे स्वर में कहा, "साहब, आग तो सभी की बीड़ी-सिगरेट से लग सकती है!"

सैकड़ों विस्मित आँखें उस ओर उठ गई जिधर से आवाज आई थी। साहब कुछ कहे इससे पहले वही व्यक्ति बोला, "अफसर साहबान भी तो सारे कारखाने में मुँह में सिगरेट दावे घूमते रहते हैं!"

भीड़ में एक भयानक खामोशी छा गई। इस मुँहजोर नए आदमी की उदंडता देखकर साहब का मुँह तमतमा उठा। बड़ी कठिनाई से उनके मुँह से निकला, "ठीक है, हम देखेंगे।" और फिर जाते-जाते उन्होंने तीखी दृष्टि से उसकी ओर देखा जैसे उसकी मुखाकृति को अच्छी तरह से पहचान लेने का प्रयत्न कर रहे हों।

चीफ साहब अपने चैम्बर की ओर चल दिए। भीड़ छँट गई। हवा में चारों ओर कानाफूसी के विचित्र स्वर फैलने लगे। बुद्धन की ओर से हटकर लोगों का ध्यान अब उसकी ओर केंद्रित हो गया था। घटना स्पष्ट करती है कि व्यवस्था के दोहरे मानदंडों पर प्रश्न उठाना उदंडता है। सच कहना और सबके सामने कहना मुँहजोरी है। वह आग जो बुद्धन जैसे लोग निगल कर राख बना देते हैं, नौजवान में बची है अभी। इसीलिए वह अन्याय बर्दाश्त नहीं करता। उसके धैर्य का बाँध टूट जाता है। जो गरीब की गलती है, वह साहब की शान है, जिसके लिए गरीब को दंड है, उसकी गलती को साहब करे और उसे कोई कह दे तो कहने वाला ही उदंड है। यह भयकारी व्यवस्था के लिए चिंतनीय है कि कोई उससे प्रश्न करने की हिमाकत करे। पूँजीवादी और सामंती व्यवस्था उसकी नीतियों पर शक करने या उन पर प्रश्न उठाने को विद्रोह मानती हैं। जैसा कि कहानी से भी स्पष्ट है कि व्यक्ति को समूह बनने से पहले ही तोड़ दिया जाता है।

उस दिन छुट्टी के बाद लौटते हुए दो-तीन नौजवान उसके साथ हो लिए। प्रत्यक्ष रूप में किसी ने भी बीड़ी वाली घटना को लेकर उसकी सराहना नहीं की यद्यपि उनके व्यवहार और उनकी बातों से उसे लगा, जैसे उन्हें यह अच्छा लगा हो और वे उसके अधिक निकट आना चाहते हों। कठघरे से निकलकर एक नौजवान बुदबुदाया, "सालों को शक रहता है कि हम टाँगों के साथ कुछ बाँध ले जा रहे हैं, इसीलिए अब यह उछल कूद का खेल कराने लगे हैं।"

"इनका बस चले तो ये गेट तक हमारी नागा साधुओं की बारात बनाकर भेजा करें।" दूसरे ने उसकी बात का समर्थन किया।

"खीर खाए बामणी, फाँसी चढ़े शेख, नहीं देखा तो यहाँ आकर देख! छोटे साहब की गाड़ी के पिस्टन अंदर बदले गए हैं, खुद मैंने अपनी आँखों से देखा।" पहले वाले ने आवेश में आकर कहा।

"चुप।" दूसरे नौजवान ने फुसफुसाकर उसे टोक दिया, "टेलीफोन जा रहा है!"

एक चुस्त-चालाक आदमी उनके साथ-साथ चलने लगा था, तभी दोनों जवानों ने अपनी बीवियों के बारे में बातें शुरू कर दीं।

साहबों के हाथों अपनी अंतरात्मा बेच चुके ऐसे लोग भी मौजूद थे जो अच्छा बनने का नाटक तो करते थे किंतु उनका काम हर उस खबर की मुखबिरी करना था जो साहबों की व्यवस्था पर सवाल उठाने की हिमाकत करने वालों से जुड़ी होती थी। बीड़ी वाली घटना के बाद उस नौजवान से कई लोग जुड़ चुके थे। सबमें गुस्सा था और व्यवस्था से उनकी तमाम माँगें थीं। इस संबंध में सब लोग उसके घर पर रात में बैठकर बात भी कर चुके थे। लेकिन इन्हीं लोगों के बीच व्यवस्था का मुखबिर भी था जो पहले दिन से ही नौजवान की गतिविधियों पर नजर रख रहा था और उसकी टीम का एक मुस्तैद सदस्य बन चुका था।

जिस बात की उसे आशंका थी वही हुआ। शायद रात की सारी रिपोर्ट चीफ साहब के पास पहुँच गई थी। उसे बुलाकर पहले तो समझाया जाता है लेकिन अपनी निस्संगता और ठोस तर्कों से वो चीफ साहब को लाजवाब कर देता है। इस अभियान में उसे दुष्कर कार्य के लिए नियुक्त कर दिया जाता है। कहानीकार ने बेहद सधे अंदाज में इस प्रक्रिया को उभारा है। चपरासी ने साहब के कमरे का द्वार खोलकर उसे उनके सामने पहुँचा दिया, फिर द्वार पूर्ववत बंद हो गया। साहब ने अपने हाथों से स्टूल उठाकर उसके बैठने के लिए आगे बढ़ा दिया और नर्मी से बोले, "हम तुम्हारी भलाई के लिए ही कह रहे हैं। जमाना बुरा है। बाल-बच्चों वाले आदमी को ऐसी बातों में नहीं पड़ना चाहिए।"

अपनी बात की प्रतिक्रिया जानने के लिए साहब ने उसकी ओर देखा। उनके हाथ मेज पर बिछे कपड़े की सलवटों को सहलाने में व्यस्त थे। साहब की ओर देखकर इस प्रश्न का उत्तर उनकी आँखों में ही झाँक पाने का उसका मन हुआ, परंतु काले चश्मे के अपारदर्शी शीशों के पीछे छिपी आँखों के स्थान पर केवल अंधकार घिरा हुआ था।

"ऐसा कोई खतरनाक काम तो मैंने नहीं किया, साहब!" उसने पेपरवेट के फूलों पर अपनी नजर जमाकर उत्तर दिया।

"हम जानते हैं, सब-कुछ जानते हैं। कल रात तुम्हारे घर पर मीटिंग हुई थी या नहीं?" मानसिक उत्तेजना के कारण साहब दोनों हाथों की अँगुलियों को आपस में उलझाते हुए बोले।

यार-दोस्त बैठने के लिए आ जाए तो उसे मीटिंग कौन कहेगा, साहब, उसने बात का महत्त्व कम करने की कोशिश में मुस्कुराने का अभिनय किया।

"सुनो जवान! यार-दोस्तों की महफिल में गप्पे होती हैं, ताश खेले जाते हैं, शराब पी जाती है, स्कीमें नहीं बनती! इस बार स्वर कुछ अधिक सधा हुआ था।"

"साहब, लोगों को थकान की परेशानी है, छुट्टियों का ठीक हिसाब नहीं, छोटी-छोटी बातों पर जुर्माना हो जाता है, यहीं बातें आप से अर्ज करनी थीं। यही वहाँ भी सोच रहे थे।" स्वर में दीनता थी परंतु साहब के चेहरे पर टिकी हुई उसकी तीखी दृष्टि अनजाने में ही जैसे इस अभिनय को झुठला रही थी।

"मैं कौन होता हूँ जो तुम लोग मुझसे यह कहने के लिए आते हो? मैं भी तो भाई, तुम्हीं लोगों की तरह एक छोटा-मोटा नौकर हूँ।" अपनी दोनों हथेलियों को मेज पर फैलाकर साहब ने कृत्रिम मुसकान का ऋण लौटा दिया और अपनी कुर्सी पर अधिक आश्वस्त होकर बैठ गए।

उनके सामने बैठे व्यक्ति को यह समझौता स्वीकार न हुआ। कृत्रिमता के आवरण को पूरी तरह उतारकर दृढ़ स्वर में वह बोला, "तो जो भी हमारी बात सुनेगा उसी से कहेंगे, साब!"

एकाएक साहब बौखलाकर कुर्सी पर उछल पड़े, "तुम लोग बाहर की पार्टियों के एजेंट हो, ऐसे लोग ही हड़ताल करवाते हैं। मैं एक-एक को सीधा कर दूँगा! मैं जानता हूँ तुम्हारे गुट में कौन-कौन है। आइन्दा ऐसी बातें मैं नहीं सुनना चाहता!"

वह चीफ के कमरे से निकलकर अपने काम पर लौटा तो मिस्त्री पास बिठाकर समझाने लगा, "इस दुनिया में सबसे मेल-जोल रखकर चलना पड़ता है। नदी किनारे की घास पानी के साथ थोड़ा झुक लेती है और फिर उठ खड़ी होती है, लेकिन बड़े-बड़े पेड़ धार के सामने अड़ते हैं और टूट जाते हैं। साहब ने तुम्हारी बदली कास्टिक टैंक पर कर दी है। बड़ा सख्त काम है, अब भी साहब को खुश कर सका तो बदली रुक सकती है।"

उत्तर में उसने कुछ नहीं कहा, उठकर कास्टिक टैंक पर चला गया। टैंक पर काम करने वाले पुराने मजदूरों ने उसे देखकर भी अनदेखा कर दिया। उसे ऐसे लगा कि जैसे वे लोग जान-बूझकर उससे पृथक् रहने का प्रयत्न कर रहे हों। पुराने पेंट और जंग-लगे हुए सामान को कास्टिक में धोया जा रहा था। आगे बढ़कर उसने भी उन्हीं की तरह काम शुरू कर दिया। शाम तक काम का यही क्रम चलता रहा। घर लौटकर उसने अनुभव किया....हाथ-पैर में विचित्र प्रकार की जलन हो रही थी।

घर पहुँचते-पहुँचते अँधेरा घिर गया था; हाथ-मुँह धोकर उसने जल्दी-जल्दी खाना खाया और फिर बच्चे को लेकर आँगन में झिलँगी चारपाई पर आ बैठा। साँझ अत्यधिक उदास हो आई थी। बच्चे ने कुछ देर तक उससे खेलने का प्रयत्न किया, लेकिन पिता की ओर से विशेष प्रोत्साहन न पाने पर वह कब माँ के पास चला गया, इसका उसे ध्यान न रहा। जिनकी उसे प्रतीक्षा थी उनमें से कोई भी न आया था, केवल हरीराम ने आकर अब तक दो-तीन बीड़ियाँ फूँक ली थीं। हरीराम की ओर से ही दो-तीन बार बातचीत शुरू करने का प्रयत्न किया जा चुका था लेकिन उसके अटूट मौन के कारण हर बार यह प्रयत्न विफल सिद्ध हुआ। इस बार फिर हरीराम ने ही बात छेड़ी।

"घनश्याम की तो बीबी बीमार हो गई, लेकिन मोहन, राधे, हनीफ वगैरह किसी को तो आना चाहिए था।"

"शायद उनके बच्चे बीमार हो गए हों!" झुँझलाकर उसने उत्तर दे दिया।

हरीराम ने फिर बात दुहराई, इस बार स्वर में चाटुता की भरमार थी। "हम तो तुम्हारे पीछे हैं, भाई। जैसा तुम कहोगे वैसा ही करेंगे। मैं तो ठीक टैम पर आ गया था, देख लो।"

"तुम ठीक टैम पर न आओगे तो चीफ साहब को रिपोर्ट कौन देगा?" हरीराम की ओर अपेक्षापूर्ण दृष्टि डालकर घृणा से उसने कहा और अपनी साइकिल उठाकर बाहर चल दिया। व्यवस्था के मुखबिर को उसने पहचान लिया था।

उसके विरुद्ध कब कौन-सा षड्यंत्र रच दिया जाए, इसका उसे संदेह रहने लगा था। छुट्टी होने पर उसने थैला शीघ्रता से कंधे पर डाला। दोपहर में उसने सब रोटियाँ खा ली थीं, पर आज थैला अन्य दिनों की अपेक्षा कुछ भारी था। विस्मय से उसने रोटी के डिब्बे को खोलकर देखा.... एक कागज में छोटे-मोटे नट-बोल्ट लिपटे रखे थे। उसने अनुभव किया, कि उसके हृदय की धड़कन तेज हो गई है। आवेश में उसकी मुट्ठी भिंच गई, परंतु फिर संयत होकर उसने वह सामान पास की आलमारी में डाल दिया।

बाहर पंक्ति के परले सिरे पर फोरमैन चिल्ला-चिल्लाकर लोगों को अपने डिब्बे-थैले खोलकर दिखाने का आदेश दे रहा था। उसकी बारी आ गई थी। फोरमैन ने स्वयं डिब्बा-थैला हाथों में लेकर देखा। असंतोष के कारण उसका मुँह फीका पड़ गया। सिपाही को सबकी जेबें टटोलने का उसने आदेश दिया। उसकी जेबें भी स्वयं फोरमैन ने टटोली, परंतु फोरमैन के चेहरे पर फिर निराशा छा गई। जाते-जाते उसने फोरमैन की ओर देखा, फोरमैन ने आँखें भूमि की ओर झुका ली थी। गर्व से छाती उठाकर वह बड़े गेट की ओर चल दिया।

प्रातःकाल अंतिम साइरन हो जाने पर गेट बंद हो जाना चाहिए, फिर आधा घंटा उसके खोले जाने की प्रतीक्षा करनी पड़ती है, परंतु ऐसा नहीं होता। साइरन सुनकर दूर से पैदल आने वाले दौड़ लगाना शुरू कर देते हैं, साइकिलों के पैडल दुगुनी गति से चलने लगते हैं। लोग हाँफते-हाँफते दो-तीन मिनट में अंदर पहुँच जाते हैं। पकी उम्र के बड़े-बूढ़े अंदर आकर घड़ी-भर दम लेने के बाद ही हाजिरी पर जा पाते हैं। परंतु उस दिन वर्क-मैनेजर ने साइरन के बाद ही गेट बंद करवा दिया। वह गेट से बीस-तीस गज की दूरी पर ही था परंतु वहाँ पहुँचने से पहले ही चौकीदार ने जाली खोल दी। अभी बीस-पचीस आदमी और भी थे, जो हाँफते हुए चले आ रहे थे। निकट आकर सभी उदास हो गए। आधा घंटा देर से आने का दंड छह आठ आने से कम नहीं होता।

पिछली बार वेतन के दिन घर जाने पर पत्नी ने उससे पूछा था, "कितने हैं?"

"चौवन, आठ आने।"

"अच्छा! मैंने पूरे पचपन का हिसाब लगाया था। बबुआ की टोपी इस महीने भी रह गई।"

'हाँफते हुए लोगों में से कितनों के बबुओं की टोपी इस बार भी रह जाएगी', उसने सोचा परंतु तभी उसने जो कुछ सुना, उसे सुनकर ऐसा लगा जैसे सारा दोष अकेले उसी का हो। वही झुकी कमर वाले बुजुर्ग हाँफते हुए कह रहे थे, "घोड़े के पीछे, अफसर के आगे कौन समझदार जाएगा। एक आदमी के कारण इतने लोगों का नुकसान हो गया, ऐसे लड़ने-भिड़ने को ही जवानी बना रखी हो, तो आदमी दंगल करे, अखाड़े में जाए! नौकरी में तो नौकर की ही तरह रहना चाहिए।"

उसका मन हुआ कि बुजुर्ग के पास जाकर कुछ बातें करे, पर न जाने क्यों वह ऐसा न कर सका।

ऐसा क्या कर दिया एक आदमी ने जो सबका नुकसान हो गया? उसने नौकरी में कहाँ चूक की? वह कब नौकर नहीं था? दिन-भर वह यंत्रवत् काम करता रहा। थकने के कारण शरीर चूर-चूर हो रहा था। परंतु बैठकर सुस्ता लेने को भी उसका मन नहीं हुआ। कैंटीन में जाकर उसने चाय ली और अनुभव किया कि चाय फीकी है। पहले किसी दिन ऐसी बात होती तो वह कैंटीन-मैनेजर से शिकायत करता, परंतु आज आधी चाय छोड़कर चला आया। ग्रीज और तेल लगा हुआ सामान उठाने के कारण हाथ गंदगी से भर गए थे। साइरन की आवाज उसके कानों में पड़ी, तब उसने काम बंद किया। ऐसा लगता था कि साइरन यदि किसी कारण से न बजता, तो वह उसी प्रकार यंत्रवत् काम करता रहता। साथी कामगार हाथ धोकर कपड़े पहन रहे थे। जल्दी-जल्दी में उसने दोनों हाथ कैरोसीन तेल में धो डाले। साबुन का डिब्बा टटोलकर देखा तो वह खाली था। भूमि पर से थोड़ी मिट्टी उठाकर वह नल की ओर चल दिया। पिछले तीन-चार महीनों की नौकरी में आज वह पहली बार मिट्टी से हाथ धो रहा था। भुरभुरी

मिट्टी को पानी के साथ लगाकर उसने हाथों में मला, और फिर दोनों हाथ नल के नीचे लगा दिए। पानी के साथ मिट्टी की पतली पर्त भी बह चली। दूसरी बार मिट्टी लगाने से पहले उसने हाथों को सूँघा और अनुभव किया कि हाथों की गंध मिट चुकी है। सहसा एक विचित्र आतंक से उसका समूचा शरीर सिहर उठा। उसे लगा आज वह भी घासी की तरह इस बदबू का आदी हो गया है। उसने चाहा कि वह एक बार फिर हाथों को सूँघ ले। लेकिन उसका साहस न हुआ मगर फिर बड़ी मुश्किल से वह धीरे-धीरे दोनों हाथों को नाक तक ले गया और इस बार उसके हर्ष की सीमा न रही.... पहली बार उसे भ्रम हुआ था। हाथों से कैरोसीन तेल की बदबू अब भी आ रही थी।

कहानी के अंतिम अनुच्छेद में शेखर जोशी ने इन घटनाओं के असर और उसके बाद भी नौजवान की जिजीविषा के बचे रहने का वर्णन बहुत ही मार्मिक ढंग से किया है। यंत्रवत् काम करना, कैंटीन मैनेजर से फीकी चाय की शिकायत नहीं करना, पहली बार मिट्टी से हाथ धुलना और दूसरी मिट्टी लगाने से पहले ही गंध का मिट जाना व्यवस्था के सामने उसकी पस्ती के संकेत हैं। लेकिन बदबू न आने पर आतंक से सिहर उठना और बदबू आने पर हर्षित होना उसके अंदर की संघर्ष क्षमता के बचे रहने के परिचायक हैं।

'बदबू' के न आने से कोई दुखी नहीं होता, 'बदबू' बुरी गंध होती है, वह जितनी जल्दी मिट जाए ठीक है। 'बदबू' से भला हर्षित होने का क्या मतलब? लेकिन कहानी में 'बदबू' उल्टे संदर्भों से जुड़ी है। उसे विरोधाभासी या असंगत संदर्भों से जोड़ना गलत होगा। 'बदबू' उस सड़ी-गली व्यवस्था से उठने वाली गंध है जिसको समाप्त किया जाना जरूरी है। वह जब तक महसूस हो रही है उसके प्रति संघर्ष है, प्रतिकार है, व्यवस्था से समझौता नहीं है। इसीलिए जब नौजवान को दूसरी बार सूँघने पर 'बदबू' महसूस होती है तो वह प्रसन्न होता है। उसे खुशी होती है कि सारी परेशानियों के बावजूद वह हारा नहीं है, चूका नहीं है, समाप्त नहीं हुआ है, बदबूदार व्यवस्था का अंग नहीं बना है। 'बदबू' के ध्वन्यार्थ यहाँ बड़े हो जाते हैं और अपने विलक्षण शीर्षक के साथ कहानी अद्‌भुत प्रभाव छोड़ जाती है। बदबू न सिर्फ मजदूर जीवन पर केंद्रित बल्कि इस एहसास को भी झकझोर देने वाली है कि जल्दी ही हम व्यवस्था का हिस्सा बन जाते हैं। व्यवस्था द्वारा हमें अपने रंग में ढाल लेने के लिए तमाम हथकंडे अपनाए जाते हैं और हमारा प्रतिरोध धीरे-धीरे समाप्त हो जाता है। बदबू इसी एहसास को उकेरती है। यहीं पर 'बदबू' शीर्षक की सार्थकता भी स्पष्ट होती है।

प्रश्न 16. 'बदबू' कहानी की समीक्षा कीजिए।

उत्तर– यह जनसामान्य की प्रकृति होती है कि वे बुराई को दूर करने की कोशिश की बजाय बुराई करने वाले को कोसते हैं। इस संदर्भ में गाँधीजी ने कहा भी था–'बुराई से नफरत करो न कि बुरा करने वाले से।' इसी संदर्भ में अल्बर्ट आइन्स्टाइन ने भी कहा था कि 'दुनिया उन लोगों द्वारा नहीं नष्ट होगी जो बुराई करते हैं, बल्कि उन लोगों द्वारा जो बिना कुछ किए उसे देखते रहते हैं।' लेकिन 'बदबू' में बिना कुछ किए उसे देखते रहने वालों की संख्या अधिक है। इसीलिए बदबूदार व्यवस्था फलती-फूलती रहती है। शेखर जोशी 'बदबू' में युगीन संदर्भों को साफगोई से पेश करते हैं। पंचवर्षीय योजनाओं की शुरुआत के बाद देश में औद्योगीकरण की प्रक्रिया भी चल पड़ी थी। इस प्रक्रिया में लगने वाले कल-कारखानों का प्रबंधन पूँजीवादी-सामंत

मानसिकता वालों के ही हाथ में रहा। उनके लिए सच बोलना गुनाह था। इससे उनकी शोषण पर आधारित व्यवस्था का पर्दाफाश होता था। बढ़ती बेरोजगारी से वे अपनी शर्तों पर सस्ता श्रम पाते रहने को आश्वस्त थे। झुकी कमर वाले बुजुर्ग का यह बयान इसकी पुष्टि करता है। 'उस नीली छतरी वाले का शुक्र करो कि यहाँ काम मिल गया। अच्छे-भले पढ़े-लिखे लोग धक्के खाते फिरते हैं।' पचास के दशक का यह संदर्भ आज भी प्रासंगिक है। बेरोजगार युवा आज भी अपनी योग्यता से कम पर काम करने को मजबूर हैं। कर्म और फल का अनुचित संबंध शोषण की संस्कृति का विकास करता है। सच और श्रम का महत्त्व आजादी के बाद कमजोर होता गया है। शेखर जोशी ने वर्तमान में भविष्य को प्रस्फुटित किया है। आज के समय में 'बदबू' की प्रासंगिकता ज्यों की त्यों हुई है। यह उनकी सूक्ष्म पर्यवेक्षण शक्ति का ही परिणाम है।

मुर्दा शांति से भरे हुए लोगों के बीच नौजवान के हाथों में 'बदबू' का बचा रहना उसके सपनों का जिंदा रहना है। पाश ने लिखा है, 'सबसे खतरनाक होता है/मुर्दा शांति से भर जाना/ न होना तड़प का सब सहन कर जाना/घर से निकलना काम पर/और काम से लौटकर घर जाना/ सबसे खतरनाक होता है/हमारे सपनों का मर जाना।' लेकिन शेखर जोशी की उम्मीदें कायम हैं। उन्हें लगता है कि वह सुबह जरूर आएगी, जब शोषण पर आधारित व्यवस्था का अंत होगा, और वह अंत भी मजदूरों एवं नौजवानों के हाथ होगा। यह शेखर जोशी की प्रगतिवादी चेतना का उद्घोष है। वह अप्रिय अवस्थाओं का अंत करना चाहते हैं। मुंशी प्रेमचंद भी यही चाहते थे। प्रेमचंद ने कहा था–'जो दलित है, पीड़ित है, वंचित है – चाहे वह व्यक्ति हो या समूह – उसकी हिमायत और वकालत करना उसका (साहित्यकार) फर्ज है।' शेखर जोशी इस फर्ज को पूरा करते हैं और अपनी कहानी 'बदबू' में हताशा का वातावरण उपस्थित करते हुए भी वे यह संकेत देना नहीं भूलते हैं कि सबके बावजूद, मजदूर वर्ग में चेतना का धरातल क्षीण भले ही हो चुका है, परंतु बचा हुआ है।

शेखर जोशी ने मजदूरों और कल-कारखानों के जीवन पर 'बदबू' के अतिरिक्त और भी कई कहानियाँ लिखी हैं। कारखाने का प्रसंग प्रेमचंद ने भी अपने उपन्यास 'रंगभूमि' में उठाया है। यद्यपि 'रंगभूमि' की मुख्य समस्या जमीन की है किंतु 'रंगभूमि' में कारखाना लगाने को आतुर मि. जानसेवक और 'बदबू' के चीफ साहब का वर्ग चरित्र एक जैसा है। मि. जानसेवक का नौकर ताहिर अली सूरदास को समझाता है, 'इन बड़े आदमियों से अभी पाला नहीं पड़ा है। ..... जब कानूनी दाँव-पेंच खेलकर जमीन पर कब्जा कर लेंगे..... तो सीधे हो जाओगे। मुहल्ले वालों पर भूले बैठे हो। पर देख लेना, जो कोई पास भी फटके। साहब यह जमीन लेंगे जरूर चाहे खुशी से दो, चाहे रोकर दो।' 'रंगभूमि' में यही होता भी है। 'बदबू' में भी 'रंगभूमि' के मुहल्ले वालों की तरह घनश्याम, राधे, मोहन, हनीफ साथ छोड़ जाते हैं। झुकी कमर वाले बुजुर्ग और मिस्त्री की नसीहतें भी ताहिर अली जैसी ही हैं–'घोड़े के पीछे और अफसर के आगे कौन समझदार जाएगा।' 'नदी किनारे की घास पानी के साथ थोड़ा झुक लेती है और फिर उठ खड़ी होती है। लेकिन बड़े-बड़े पेड़ धार के सामने अड़ते हैं और टूट जाते हैं।'

यही वजह है कि वरिष्ठ आलोचक विश्वनाथ त्रिपाठी शेखर जोशी की 'दाज्यू' कहानी की चर्चा करते हुए अपनी पुस्तक 'कुछ कहानियाँ: कुछ विचार' में लिखते हैं–'दाज्यू' की कहानी ऐसी है मानो शेखर की कलम से प्रेमचंद की उँगलियों ने लिखी हो। ...... मैंने स्वातंत्र्योत्तर भारत के किसी और कहानीकार की कोई और कहानी नहीं पढ़ी जिसकी शैली इतनी प्रेमचंदीय हो। इस प्रकार शेखर जोशी प्रेमचंद की परंपरा से जुड़ने वाले कहानीकार बन जाते हैं।

शेखर जोशी जी स्वातंत्र्योत्तर हिंदी साहित्य जगत के एक प्रतिभा संपन्न और युगधर्मी कहानीकार हैं। प्रश्न उठता है कि इतना समर्थ कहानीकार होते हुए भी शेखर जोशी नई कहानी आंदोलन के दौर में चर्चा के केंद्र में कम क्यों रहे! कथा समीक्षक मधुरेश अपनी पुस्तक 'नई कहानी: पुनर्विचार' में मानते हैं कि 'शेखर जोशी की कहानियाँ एक अजीब से ठंडेपन का शिकार लगती हैं, शायद इसी कारण नई कहानी आंदोलन के दौर में वह हमेशा हाशिए पर रहे।' मधुरेश के इस कथन से पूरी तरह सहमत नहीं हुआ जा सकता। यद्यपि नई कहानी आंदोलन में 'ग्राम कथा' बनाम 'नगर कथा' का संघर्ष अधिक था। मार्कण्डेय ग्राम कथाकार कहे गए तो रेणु आंचलिक और अमरकांत को कस्बे का कहानीकार कहा गया। नगरीय संदर्भों से मोहन राकेश, कमलेश्वर और राजेन्द्र यादव ने त्रयी बनाई। लेकिन इस शोर में शेखर जोशी का ठंडापन ही उनकी ताकत बना।

आवेग-बहुलता रचना को क्षति पहुँचाती है। भावुकता और रोमांस जब अतिरेकी हो जाते हैं तो वे अपने समय की धारा से कटकर अप्रासंगिक और अपठनीय होने लगते हैं। पहाड़ की खामोशी और ठंडेपन का प्रतीक 'कोसी का घटवार' ही हो सकती है, यह शेखर जोशी की निजी अनुभूति है, इसे मैदान का शोर नहीं समझ सकता। इसीलिए जब 'अनुभूति' के संबंध में डॉ. नामवर सिंह अपनी पुस्तक 'कहानी: नई कहानी' में चर्चा करते हैं तो उन्हें शेखर जोशी की कहानी 'बदबू' याद आती है, 'शेखर जोशी की कहानी 'बदबू' जैसे इसी अनुभूति क्षमता को सतत जाग्रत रखने का सटीक उदाहरण है। कारखाने में काम करने वाले हाथों की 'बदबू' ऐसा न हो कि कुछ दिनों बाद 'बदबू' लगे ही नहीं - मजदूर की यह चिंता जैसे स्वयं नए लेखक की चिंता है।' यही नहीं जिंदगी के गहन जंगल की सजीव वस्तुओं को नाम देने वाले कहानीकार के रूप में उन्होंने शेखर जोशी की कहानियों की सूची ही दे डाली है, 'इन्हीं में 'मोटर-मिस्त्री' उस्ताद थे, जिन्हें शेखर जोशी ने शिष्य बनकर पहचाना, यहीं 'बदबू' महसूस न करने वाले और 'बदबू' को न भूलने वाले लोग भी मौजूद हैं। यहाँ से थोड़ी ही दूर पर 'कोसी का घटवार' रहता है और आंचलिक कहानियों में उभरने वाली दर्जनों सजीव आत्माएँ यहीं से ली गई हैं।' स्पष्ट है कि शेखर जोशी नई कहानी आंदोलन के बेहद महत्त्वपूर्ण कहानीकार हैं। अनुभव की बहुस्तरीयता और अभिव्यक्ति को सूक्ष्मता के केंद्र में रखकर देखें तो आज हमें शेखर जोशी जैसे दृष्टि संपन्न रचनाकार बहुत कम देखने को मिलते हैं।

शेखर जोशी श्रम और संघर्ष के रचनाकार हैं। उनके लिए जीवन जीने का अर्थ ही संघर्ष करना है। वे एक प्रगतिशील रचनाकार हैं। वे ग्राम कथा बनाम नगर कथा की धाराओं के संघर्ष में अपनी प्रगतिशील चेतना से लैस औद्योगिक जीवन को आधार बनाकर लिखी गई कहानियों की एक तीसरी धारा निकाल सकते थे, लेकिन उन्होंने ऐसा नहीं किया। दरअसल उनकी कहानियाँ स्वयं में एक आंदोलन है। कल-कारखानों और मजदूरों के जीवन पर लिखी गई कहानियों की जब भी चर्चा होगी - शेखर जोशी का नाम सबसे पहले आएगा और 'बदबू' इस आंदोलन की प्रतीक कथा बनेगी। शेखर जोशी की इस धारा की कहानियाँ कामगारों के जीवन के यथार्थ एवं संवेदना में छुपे सामंती अवशेषों के प्रतिरोध की ताकत व्यक्त करती हैं। कह सकते हैं कि इनके संपूर्ण विवेचन के लिए नए सौंदर्यशास्त्र की आवश्यकता है। अभी शेखर जोशी को समझने और उनकी कहानियों का सच्चा एवं संपूर्ण मूल्यांकन के लिए और अधिक समझ, व्यापक दृष्टि, तार्किक विश्लेषण की आवश्यकता है तभी सच्चे अर्थों में शेखर जोशी की कहानियों के साथ न्याय हो पाएगा।

प्रश्न 17. 'बदबू' कहानी की भाषा-शैली पर टिप्पणी कीजिए।

उत्तर– 'बदबू' की भाषा सरल और सहज है। इसमें वर्णन और चित्रण दोनों शैलियों का प्रयोग किया गया है। इसमें किस्सागोई वाली शैली मौजूद है। चौपाल या अलाव तापते हुए कहानी कहने का ढंग शेखर जोशी की ताकत है। वे शब्दों का प्रयोग इस तरह से करते हैं कि पूरा दृश्य बनता जाता है। 'बदबू' कहानी का आरंभ इस प्रकार किया गया है–

'एक साथी ने उसकी परेशानी का कारण भाँप लिया था, ऐसे नहीं उतरेगा मास्टर! आओ, तेल में धो लो, कहकर उस साथी ने उसे अपने साथ चले आने का संकेत किया।'

महज इन चंद वाक्यों से पूरा का पूरा दृश्य आँखों के सामने परिलक्षित हो जाता है, जो इस प्रकार हो सकता है–उसने गंदगी छुड़ाने का प्रयास किया होगा, वह नहीं छूटी होगी, साथी ने इस पूरी प्रक्रिया को देखा होगा फिर उसकी परेशानी का कारण भाँप लिया होगा। 'मास्टर' और 'संकेत' शब्द भी यहाँ विशेष सांकेतिक अर्थ में प्रयुक्त हुए हैं। कारखाने में काम करने वाले लोगों के बीच जो आत्मीयता 'मास्टर' से आ सकती थी वह किसी अन्य शब्द से नहीं। 'संकेत' भाषा की तीसरी ताकत है। बिना कुछ कहे, सब कुछ कह देना और जो घटना चाहिए उसका घटित हो जाना। संकेत हुआ और नौजवान चल दिया। कारखाने से जुड़ी कहानी है तो उसके उपकरण उसी नाम से हैं–साइरन, एजेंट, हड़ताल, कैरोसीन, सर्चर, फोरमैन, चीफ, पिस्टन, टेलीफून, टिफिन, सिगरेट, पैकेट, कारीगर, मिस्त्री, मीटिंग, गेट, जाली, रिपोर्ट, स्टूल, पेपरवेट, कास्टिक टैंक, साइकिल, टैम, वर्क्स मैनेजर, पैडिल, गप्प, स्कीमें, ताश, कैंटीन मैनेजर, पेंट, जंग, ग्रीज, तेल आदि।

शेखर जोशी को भाषा पर पूरी सिद्धि हासिल है। वे जरूरत के हिसाब से उसका प्रयोग करने में माहिर हैं। उनके शब्दों के प्रयोग में सहजता और सजगता है। जैसा कि इस कथन में रिपोर्ट शब्द से स्पष्ट है–'शायद रात की सारी रिपोर्ट चीफ साहब के पास पहुँच गई थी।' अब नौजवान और हरीराम की बातचीत में देखिए–'तुम ही ठीक टैम पर न आओगे तो चीफ साहब को रिपोर्ट कौन देगा!' कामगारों की बातचीत में डिब्बा-थैला, बबुआ, चौवन आठ आने, झाड़ू, बाल्टी, मेहतर, लौंडिया, खसम, पेशा, सासू, पै, सूँघा करें थे, ससुरा, पोंछ-पाँछकर, रंगीले, अबे, यार, दाबे, अर्ज, बदली, दंगल, अखाड़ा जैसे शब्द प्रयुक्त हुए हैं, जिनसे उनकी देशज संवेदना अभिव्यक्त होती है।

'बदबू' में मुहावरों-कहावतों और देशज संवेदना से भरे शब्दों की भरमार है। 'नाक चढ़ाना', 'आफत बनाना', 'खीर खाए बामणी, फाँसी चढ़े शेख', 'किस खेत की मूली होना', 'बौखला जाना', 'घोड़े के पीछे और अफसर के आगे होना' का प्रयोग कहानी के शिल्प के महत्त्वपूर्ण पक्ष हैं। 'बदबू' में वर्णन एवं चित्रण दोनों शैलियों का प्रयोग हुआ है। 'बदबू' के अपने प्रतीकार्थ हैं। कहानी में प्रतीकों की कमी नहीं है। 'चुप', दूसरे नौजवान ने फुसफुसा कर उसे टोक दिया, 'टेलीफून जा रहा है।' स्पष्ट है कि यहाँ 'टेलीफून' 'मुखबिर' का प्रतीक है। व्यंग्य के प्रयोग भी खूब हैं। नेताजी की उक्ति भी व्यंग्यात्मक है, 'काहे शर्मिंदा करते हो भाई, अब तो कारखाने में बड़े-बड़े नेता पैदा हो गए हैं।' घासी भी व्यंग्य में पूरी कहानी कह जाता है।

इस कहानी में बुजुर्गों के जीवन-भर के अनुभवों पर आधारित कथनों की भी अभिव्यक्ति है। इस दुनिया में सबसे मेल जोल रखकर चलना पड़ता है। नदी किनारे की घास पानी के साथ थोड़ा झुक लेती है और फिर उठ खड़ी होती है। लेकिन बड़े-बड़े पेड़ धार के सामने अड़ते

हैं और टूट जाते हैं। मिस्त्री का यह कथन उसके जीवन भर के अनुभवों का निचोड़ है। चीफ साहब और नौजवान की बातचीत में चीफ साहब के हाव-भाव देखने लायक हैं–'अपने कथन की प्रतिक्रिया जानने के लिए साहब ने उसकी ओर देखा। उनके हाथ मेज पर बिछे कपड़े की सलवटों को सहलाने में व्यस्त थे। .... मानसिक उत्तेजना के कारण साहब दोनों हाथों की अँगुलियों को आपस में उलझाते हुए बोले। .... एकाएक साहब बौखला कर कुर्सी पर उछल पड़े।' बातचीत के बढ़ते हुए क्रम में चीफ साहब की मानसिक स्थिति को दर्शाने के लिए जिस भाषा के गढ़न की आवश्यकता थी, शेखर जोशी उसे पूरा करते हैं। उनका साहित्य फलक विस्तृत एवं व्यापक है।

'बदबू' जिजीविषा और संघर्ष की कहानी है। वास्तव में 'बदबू' की संरचना उसके बोध से जुड़ी हुई है। कोई भी शब्द यहाँ बिना वजह के नहीं है। इसे शब्दों, वाक्यों, अनुच्छेदों से समझने का प्रयास अधूरा रहेगा। यही कारण है कि कहानी पूरा पाठ किए जाने की माँग करती है और पढ़ने के साथ-साथ पाठक के भीतर उतरती चलती है। कहानी का अंत कहानी के उद्देश्य को पूरा करता है और शीर्षक की सार्थकता को सिद्ध करता है। समाप्त होते-होते कहानी पाठक पर एक अलग ही प्रभाव छोड़ जाती है।

प्रश्न 18. 'राजा निरबंसिया' कहानी के आधार पर नई कहानी आंदोलन की सामाजिक, आर्थिक तथा साहित्य पृष्ठभूमि को रेखांकित करते हुए शिल्प विधान को स्पष्ट कीजिए।

उत्तर– हिंदी कहानी क्षितिज पर प्रेमचंद का आविर्भाव एक नए युग की शुरुआत करता है। इस युग के कहानीकारों ने हिंदी कहानी को सामाजिक व मनोवैज्ञानिक भूमि दी तथा कहानी में प्राचीन संस्कारों की रूढ़ि के प्रति विद्रोह तथा सामाजिक यथार्थ की चेतना के अनुरूप नवीन संस्कारों के बीजारोपण का प्रयास भी इसी युग में किया गया। इस युग के अग्रणी लेखक प्रेमचंद व प्रसाद हैं। प्रेमचंद की कहानियाँ सामाजिक समस्याओं तथा यथार्थ चेतना से जुड़ी हैं तथा मनोविश्लेषणात्मक हैं जबकि प्रसाद की कहानियाँ रूमानी तथा आदर्शवादी हैं। प्रगतिशील लेखक संघ (1936) के पहले अधिवेशन में उन्होंने साहित्य की सोद्देश्यता का उद्घोष करते हुए मानदंडों को बदलने की जिस ऐतिहासिक आवश्यकता पर जोर दिया उसने बाद के समूचे साहित्य-परिदृश्य को एक नई रोशनी दी। प्रेमचंद के परवर्ती दौर में ही हिंदी कहानियों में बदलाव के संकेत मिलने लगे थे। इन नवीन संकेतों और सत्य के पुराविष्कार का लक्ष्य सामने रखकर जो कथाकार सक्रिय हुए उनमें जैनेन्द्र, इलाचंद्र जोशी, यशपाल, अज्ञेय और अश्क महत्त्वपूर्ण हैं। सन् 1930 के बाद की प्रेमचंद की कहानियों में भी, कथ्य और शिल्प दोनों ही दृष्टियों से, पर्याप्त नवीनता लक्षित की जाती रही है। जब भी नई कहानी के उद्गम-सूत्र ढूँढ़ने की कोशिश होती है तो, प्रेमचंद की 'नशा', 'बड़े भाई साहब', 'सद्गति' और 'कफन' जैसी कहानियों की भी चर्चा की जाती है।

वर्तमान और यथार्थ उनके लिए विशेष महत्त्वपूर्ण नहीं था इसलिए वे उसके अंतर्विरोधों को ठीक से नहीं देख पाए। फलत: किसी कथाकार ने अपने को दर्शन से और किसी ने मनोविज्ञान से चिपकाए रखा। इसके विपरीत नई कहानी इस ओढ़ी हुई मानसिकता का विरोध करती हुई यथार्थ को वाणी देती है। 'नई कहानी का लेखक अपनी पूर्ववर्ती पीढ़ी की तरह मात्र दृष्टा ही नहीं है, अपितु अपनी स्थितियों का भोक्ता भी है।'

यथार्थ का वर्णन पूर्ववर्ती कथाकारों ने भी किया है लेकिन नए कहानीकारों ने यथार्थ को जिस तटस्थ, निर्मम और नग्न रूप में प्रस्तुत किया है, उतना पहले की कहानी में नहीं मिलता। सन् 1950 के बाद की परिवर्तित स्थिति और बदली हुई मानसिकता का चित्रण नई कहानी ने विश्वसनीय ढंग से किया है। "नई कहानी का वास्तविक महत्त्व ही इस सत्य में निहित है कि किसी टूटे, विशृंखलित, आरोपित अथवा अविश्वसनीय सत्य की उपलब्धि में उसने अपनी गरिमा को झुठलाया नहीं है वरन् एक व्यापक सामाजिक सत्य एवं यथार्थ के अन्वेषण में अपनी सारी शक्ति लगा दी है।"

नई कहानी का केंद्रीय पात्र सामान्यजन ही रहा है जिसका अपना एक अलग व्यक्तित्व है। वह अपने अहंकार को ढोकर अपने आपको व्यक्तिवादी की कतार में खड़ा नहीं करता, साथ ही दूसरों के विचारों पर चलकर अपने आपको व्यक्तित्वहीन भी नहीं बनाता। कमलेश्वर के अनुसार–"नई कहानी ने केंद्रीय व्यक्तियों की तलाश की और उन्हें ही पात्रों के रूप में प्रस्तुत किया। यानी यथार्थ परिवेश में आदमी को देखा गया, 'यथार्थवादी वातावरण' में लाकर उस आदमी को झूठी जिंदगी जीने के लिए विवश नहीं किया गया। यह कला का एक महत्त्वपूर्ण मूल्य है कि 'व्यक्ति की निजता' को समादर मिला। कहानी गढ़ने या लेखक का साक्षी बनाने के लिए उसे संवाद रटाए नहीं गए। नई कहानी का व्यक्ति लेखक का गवाह नहीं, स्वयं अपनी बात का और अपना गवाह है।" कहानी में कथा-नायक अपने विचारों और धारणाओं का वाहक है तथा उन्हीं विचारों और धारणाओं को माध्यम बनाकर वह यथार्थ की खोज भी करता है।

नई कहानी का नयापन दो प्रकार का है–एक तो तत्कालीन बदली हुई परिस्थितियों से उत्पन्न नई स्थिति व पात्रों का चित्रण जो कि स्वातंत्र्योत्तर भारत की देन थे जैसे 'मिस पाल' (मोहन राकेश), 'टूटना' (राजेन्द्र यादव), 'तलाश' (कमलेश्वर) आदि। दूसरे उन पात्रों या स्थितियों का चित्रण जो पहले से मौजूद थीं लेकिन अब तक कथाकार की दृष्टि उस पर नहीं गई थी। उस अछूते और उपेक्षित यथार्थ की पहचान भी नई कहानी की एक बड़ी उपलब्धि है। उदाहरणार्थ 'गुलरा के बाबा' (मार्कण्डेय), 'बिंदा महाराज' (शिवप्रसाद सिंह), 'कोसी का घटवार' (शेखर जोशी), 'गुलकी बन्नो' (धर्मवीर भारती), 'रसप्रिया' (रेणु) आदि। संभवतः इसलिए कहा गया है कि "पचास के लेखक यथार्थ को अभिव्यक्त करते थे पर एकदम नया समकालीन कहानीकार यथार्थ को खोजता है।" वास्तव में आज की परिस्थितियों व उसके अनुभवों को झेलकर आज का कहानीकार उन्हें प्रामाणिक रूप में प्रस्तुत करता है। धनंजय ने भी यथार्थ की प्रामाणिकता को नई कहानी की उपलब्धि बताया है क्योंकि इसने अपने से पूर्व की कहानियों में प्रामाणिकता के निरंतर होने वाले स्खलन का अंत किया। भिन्न-भिन्न रचनाकारों ने अपने परिवेश को नई कहानी में अंकित किया है जिससे उसमें विविधता का समावेश हुआ। "इस विविधता के पीछे अनुभूति की प्रामाणिकता और उसके प्रति निर्वैयक्तिक तटस्थ दृष्टि शायद सभी की समान रही है क्योंकि यही तो वह आधार-भूमि है जहाँ नई कहानी पुरानी कहानी से अपने को अलग करती है। अंग्रेजी के घिसे-पिटे मुहावरे में इसे यूनिटी इन डाइवर्सिटीज कह सकते हैं।" जहाँ एक ओर 'शवयात्रा' (श्रीकांत वर्मा) है तो दूसरी तरफ 'लंदन की एक रात' (निर्मल वर्मा) है, एक तरफ 'नीली झील' (कमलेश्वर) हैं तो दूसरी ओर 'एक पति के नोट्स' (महेंद्र भल्ला) है। यह विविधता ही नई कहानी की शक्ति है।

पुरानी कहानी मनुष्य-जीवन को एक निश्चित परिभाषा के अंतर्गत आदर्शवादी रूप में चित्रित करती थी किंतु नई कहानी में व्यक्ति अपनी सभी कमजोरियों से युक्त साधारण आदमी

की तरह चित्रित हुआ है। पूर्ववर्ती कहानी की भाँति सूत्रबद्ध पात्र (फार्मूलेटिड कैरेक्टर) नई कहानी में नहीं हैं। नई कहानी के अंतर्गत स्त्री-पुरुष संबंधों का चित्रण संवेदना के नए धरातल पर हुआ है। अपने रूढ़िगत रूप में स्त्री यहाँ केवल माँ-बहन, प्रेमिका, पत्नी या पुत्री ही नहीं अपितु मित्र भी है। मोहन राकेश की 'नए बादल' इसी तथ्य का उदाहरण है। वस्तुत: नई कहानी में यौन-संबंध विषयक मानसिक पूर्वग्रहों को साहसपूर्वक तोड़ा गया है। जोला, फ्लाबेयर, लोरेंस और सार्त्र की तरह इसकी अंतरंगता (इंटीमेसी) को समझने का प्रयास किया गया है। नई कहानी के अंतर्गत स्त्री-पुरुष संबंध और यौन-संबंधों का चित्रण संवेदना के नए धरातल पर हुआ है। प्रेम में भावुकता प्राय: नहीं रह गई है (नौ साल छोटी पत्नी-रवीन्द्र कालिया) अपितु उससे उद्देश्य जुड़ गए हैं (यही सच है-मन्नू भंडारी) प्रेम का रोमानी रूप यहाँ नहीं है अपितु इसमें शारीरिकता आ गई है (एक पति के नोट्स-महेंद्र भल्ला)।

समाज व परिवेश के प्रति प्रतिबद्ध होने के कारण नया कहानी-लेखक राजनीतिक, सामाजिक एवं आर्थिक सरोकारों से संपृक्त है। तत्संबंधी यथार्थ का वह साहस के साथ चित्रण करता है। पहले के रचनाकार सत्य को वहीं तक ग्रहण करते थे जहाँ तक वह उनकी मान्यताओं, दृष्टिकोण और सामाजिक उद्देश्य की कसौटी पर खरा उतरता था जबकि नया लेखक अपने परिवेश की हर स्थिति का भागीदार है, चाहे वे कितनी भी ज्वलंत क्यों न हों। अपने चारों ओर फैली यंत्रणामय परिस्थितियाँ ही उसे रचनात्मक लेखन की ओर प्रवृत्त करती रही हैं। वह किसी फैशन या विचारधारा से आक्रांत नहीं है। 'दोपहर का भोजन' (अमरकांत), 'बदबू' (शेखर जोशी), 'मित्रो मरजानी' (कृष्णा सोबती) कहानियाँ इस संदर्भ को लक्षित करती हैं। मनोरंजन के रूप में पढ़ी जाने वाली कहानी शायद पहली बार मनोरंजन की धारणा से छूटकर जीवन और समय के यथार्थ को वहन करने वाली विधा सिद्ध हुई है।

कथ्य के स्तर पर आने वाले बदलाव ने नई कहानी के शिल्प को भी बदल दिया है। इससे कहानी का संपूर्ण स्ट्रक्चर बदलने का सामूहिक और क्रमबद्ध प्रयास शुरू हुआ। पहले की कहानी एक सुनियोजित कथानक को लेकर चलती थी अर्थात् उसका एक निश्चित आरंभ, उत्कर्ष और अंत होता था। उसमें कथानक का अर्थ था-नाटकीय कौतूहल और मनोरंजन से युक्त घटना संघटन। आज की कहानी में घटना-तत्त्व की प्रधानता न होकर मन:स्थितियों तथा विचारपक्ष की प्रधानता है। यह अनुभूत सत्य को सपाट रूप से व्यक्त करती है। इसमें पुरानी कहानी जैसा कथा-तत्त्व नहीं मिलता, इसे ही नई कहानी में 'कथानक का ह्रास' कहा गया है। आज की कहानी ने प्राचीन कथानक के गढ़े हुए रूप (घटना, संयोग, कृत्रिम वातावरण, आकस्मिकता) से मुक्ति पा ली है। दूसरी तरफ नई कहानी का आधार-फलक इतना विशाल हो गया है कि उसमें जीवन का कोई भी लघु प्रसंग, मूड, विचार, घटना, व्यक्ति का चरित्र ही कहानी का आधार बन गए हैं। साहित्य की अन्य विधाओं का समावेश भी इसमें अनायास ही हो गया है। रेखाचित्र, संस्मरण, कविता, डायरी आदि के तत्त्व भी कहानी को वैविध्य प्रदान करते हैं। जहाँ पहले की शैली विचारों को अतिरंजित, भावुकतामय और सतही बनाती थी, वहीं वह अब कहानी के विचार-कण को साफ करके उसकी अपनी चमक का आभास देती है।

सांकेतिकता की दृष्टि से भी नई कहानी पूर्ववर्ती कहानी से भिन्न है। पुरानी कहानी अंतर्निहित विचार का कथांत में संकेत देती थी किंतु नई कहानी की रचना ही सांकेतिक है। प्रतीकात्मकता, बिम्बविधान और संप्रेषणीयता के गुण भी नई कहानी को प्राचीन कहानी से भिन्न

करते हैं। यद्यपि पहले भी इनका चित्रण होता था किंतु अंतर प्रयोग की 'मात्रा' का है। आज की कहानी में वातावरण-चित्रण अलंकरण मात्र ही नहीं बल्कि कहानी का अंत:करण बन गया है।

वर्णन और चित्रण में तटस्थता नई कहानी के नएपन को ही प्रमाणित करते हैं। यहाँ लेखक के मन में किसी वस्तु, पात्र या स्थिति के प्रति अतिरिक्त सहानुभूति नहीं है। वह तो नि:संग भाव से सब कुछ देखता और चित्रण करता है। आज की कहानी का उद्देश्य पाठक को भावुक बनाकर रुलाना नहीं रहा। वह भावुक होने की आड़ में वर्तमान स्थितियों से नजर नहीं चुराता, बल्कि उन्हें आत्मस्वीकृति देता है। तटस्थता के अलावा बौद्धिकता भी नई कहानी की एक प्रमुख प्रवृत्ति है। इसके 'अतिरिक्त' प्रभाव से कहानी में कहीं-कहीं जटिलता, नीरसता एवं दुरूहता का समावेश हुआ है। इसे नई कहानी की सीमा कहा जा सकता है।

भाषा के स्तर पर भी नई कहानी पहले की कहानी से भिन्न है। पुरानी कहानी की भाषा अलंकृत, कृत्रिम एवं वर्णन-प्रधान थी। वह लेखक की शैली से उत्पन्न थी, न कि वातावरण, परिवेश या पात्र से। इसीलिए उसमें बढ़ा-चढ़ाकर वर्णन करने की प्रवृत्ति मिलती है। नई कहानी की भाषा उसके कथ्य एवं संवेदना के अनुकूल है। इसमें चुस्ती और सादगी है, उलझाव या निरर्थक शब्द-जाल नहीं है। सूक्ष्म स्थितियों को भी सहजता से व्यक्त किया गया है। यही कारण है कि इसकी रचनात्मक सामर्थ्य पुरानी कहानी से कहीं अधिक है।

प्रश्न 19. नई कहानी आंदोलन में कमलेश्वर के योगदान तथा महत्त्व को रेखांकित करते हुए उनके जीवन-परिचय तथा कथा-विकास पर प्रकाश डालिए।

उत्तर— कमलेश्वर का नाम नई कहानी आंदोलन के पुरस्कर्त्ता के रूप में हिंदी कहानी के इतिहास में आदर के साथ लिया जाता है। उन्होंने पहले से चली आती हुई हिंदी कहानी की परंपरा में एक युगांतरकारी परिवर्तन का नेतृत्व किया और व्यक्ति-चेतना के निर्माण में समाज, परंपरा और आर्थिक परिस्थितियों की भूमिका को रेखांकित करने वाली कहानियों की न सिर्फ रचना की, बल्कि ऐसे वातावरण का भी निर्माण किया जिससे हिंदी कहानी की नई जमीन की, हिंदी के पाठक समुदाय में व्यापक स्वीकृति बनी। उन्होंने स्वतंत्र भारत की बदल रही परिस्थितियों और परिवेश को अपनी रचनात्मकता का विषय बनाया। परिस्थितियों के दबाव में कराह रही व्यक्ति-चेतना, बदल रही राजनीतिक शैली, मुद्दों से भटक रही राजनीति, निम्न और मध्यवर्गीय आदमी की उपेक्षा कर रही अर्थव्यवस्था, लगातार बढ़ रही विषमता, छीज रही संवेदना और अनुत्तरदायी सत्ता-व्यवस्था में बिखर रहे सपनों को जिस रचनात्मक कौशल से कमलेश्वर ने पाठक तक पहुँचाया है वह प्रेमचंद के बाद समृद्ध कथा-परंपरा की एक मिसाल है। कहानी में शिल्प के जितने प्रयोग कमलेश्वर ने किए नई कहानी के दूसरे लेखकों ने नहीं। "नई कहानी के व्रती लेखकों—मोहन राकेश, राजेन्द्र यादव, कमलेश्वर में, कमलेश्वर ही ऐसे हैं जिन्होंने सामाजिक विसंगतियों, टूटते हुए जीवन-मूल्यों, बढ़ते हुए भ्रष्टाचार और व्यक्ति के अमानवीकरण को वाणी देने का निरंतर प्रयत्न किया है।" क्योंकि कमलेश्वर की प्रतिबद्धता किसी एक आंदोलन के साथ नहीं थी और वे एक ईमानदार रचनाकार थे इसलिए उन्होंने बदलती हुई सच्चाई और परिस्थितियों के बीच में मनुष्य की चेतना को बदलने और संवेदना को बचाने के लिए अपने को निरंतर बदलते रहने में कभी कोई संकोच नहीं किया। बदली हुई परिस्थितियों ने जीवन-मूल्यों तथा नैतिक प्रतिमानों को प्रभावित किया है। हर साहित्यकार अपने परिवेश से प्रभावित होता है। कमलेश्वर की सभी रचनाएँ अपने परिवेश का भी सजीव चित्रण करती हैं।

कमलेश्वर का पूरा नाम कमलेश्वर प्रसाद सक्सेना है, बचपन में इनको कैलाश के नाम से पुकारा जाता था। इनका जन्म 6 जनवरी सन् 1932 ई. को उत्तर प्रदेश के मैनपुरी कस्बे में हुआ। कमलेश्वर के पिता का नाम जगदम्बा प्रसाद सक्सेना था तथा माता का नाम शान्ति देवी था, कमलेश्वर की माँ उनके पिता की दूसरी पत्नी थी, उनकी माँ विशेषत: वैष्णव धर्म व संस्कारों का पालन करती थी, उनके तीन पुत्रों में सबसे छोटे थे 'कमलेश्वर' जब वे छोटे थे तभी उनके पिता की मृत्यु हो गई, कमलेश्वर के सबसे बड़े भाई 'रामेश्वर प्रसाद' इलाहाबाद में नौकरी करते थे, वे बहुत पहले ही भविष्य की तलाश में घर छोड़कर चले गए थे, कमलेश्वर के दूसरे भाई थे 'सिद्धार्थ', सिद्धार्थ भैया के साथ कमलेश्वर का अच्छा रिश्ता था, वह बड़े होशियार भी थे, परिवार का भविष्य उन पर ही निर्भर करता था, लेकिन दुर्भाग्य से सिद्धार्थ की अचानक मृत्यु हो गई, इस दुर्घटना ने घर वालों के सपनों को अधूरा बना दिया, विशेषकर कमलेश्वर के जीवन के लक्ष्य को।

कमलेश्वर के परिवार में कुल मिलाकर सात भाई थे, सबसे बड़े भाई सौतेले थे, उनका नाम द्वारका प्रसाद सक्सेना था, कमलेश्वर अपने भाईयों में सबसे छोटे थे, कमलेश्वर का परिवार टूटा बिखरा सामंतवादी तथा मध्यवर्गीय था, उनका बचपन कठिनाइयों में बीता, घर में अभावों ने बालक कमलेश्वर को काफी जिम्मेदार बना दिया, इस संबंध में कमलेश्वर का कहना है, "अमीर कहे जाने वाले घर में गरीब की तरह रहना, खाना खाकर भी भूखा उठना, अकुलाहट भरे दुखों के बीच भी हँस सकना, बच्चा होते हुए भी व्यस्कों की तरह निर्णय ले सकना, यह मेरी आदत नहीं, मजबूरी थी।"

उन्होंने सन् 1957 से 1961 तक दूरदर्शन की नौकरी की, उन्हें महसूस हुआ कि सरकारी नौकरी करते हुए सत्ता के खिलाफ या उसके कमजोर पक्ष का उद्घाटन करने वाला साहित्य-लेखन उनकी नौकरी छुड़वा सकता है, 'यथार्थ एवं अनुभूति की प्रामाणिकता' पर उनकी लेखनी की पकड़ इन विरोधों से डगमगाई नहीं। इस विपरीत परिस्थिति में भी कमलेश्वर की शिक्षा चलती रही और तमाम प्रतिकूल पारिवारिक परिस्थितियों के बीच, जिसमें सौतेले बड़े भाई की कमलेश्वर की आगे की पढ़ाई के प्रति अरुचि और असहयोग भी था, कमलेश्वर ऊँची शिक्षा के लिए इलाहाबाद गए। इलाहाबाद में क्रांतिकारियों के संपर्क में जीवन को नई दिशा और ऊर्जा मिली जिसे कमलेश्वर ने 'अपनी संचित थाती' की तरह सहेज कर रखा और जिससे 'उनकी रचनात्मकता को भारी संबल' मिला। अपने समकालीनों में जितने लोकप्रिय कमलेश्वर जी हुए कम लोग होते हैं। उन्हें सबका विश्वास और सबकी अंतरंगता मिली, सब उनकी रचनात्मक प्रतिभा के कायल भी थे। कहा जाता है कि एक कमलेश्वर के भीतर कितने कमलेश्वर थे–नई कहानी वाले कमलेश्वर, समांतर कहानी वाले कमलेश्वर, अपने समकालीनों के बीच आम आदमी के सवालों पर तीखी बहसें करते कमलेश्वर, सत्ता के खिलाफ जूझने का वातावरण बनाते कमलेश्वर। दैनिक अखबारों में दूरगामी प्रभावों वाली रोजमर्रा की घटनाओं पर विचारोत्तेजक टिप्पणियाँ करने वाले कमलेश्वर। कमलेश्वर का अधिकांश समय बड़े नगरों-महानगरों में, जीवन और जीविका की आपाधापी के बीच गुजरा। प्रसिद्ध कथा-पत्रिकाओं के संपादक, फिल्मों के संवाद तथा पटकथा-लेखक, आकाशवाणी के कमेंटेटर एवं दूरदर्शन के डायरेक्टर जनरल तक के पदों तथा तमाम दीगर जिम्मेदारियों को संभालते और उनका निर्वाह करते हुए, वे अपने बेहद व्यस्त सफर को अंजाम देते रहे। परंतु अपनी बुनियादी कस्बाई छवि को वे आखिर तक सँभाले रहे और अपनी कथाओं को अंजाम देते रहे।

कहानीकार कमलेश्वर को कस्बे की जिंदगी का सबसे मुखर कहानीकार कहा जा सकता है। यद्यपि उन्होंने गाँव, नगर, महानगर सभी को अपनी कहानियों का विषय बनाया है पर क्योंकि उनकी आत्मा में कस्बे का आदमी बसा था, अतः उनकी अधिकांश कहानियाँ कस्बे में रहने वाले मध्यवर्गीय व्यक्तियों और उनकी समस्याओं से ही संबद्ध हैं। उत्तर प्रदेश के एक छोटे से कस्बे 'मैनपुरी' में जन्मे कमलेश्वर ने जो भी और जितना भी आयुष्य पाया उसके एक-एक लम्हें को उसकी पूरी सार्थकता में जिया। कमलेश्वर की कहानियों में कस्बाई जीवन के उनके अपने अनुभव तथा अछूते जीवन संदर्भ उभरे हैं।

कमलेश्वर की संपूर्ण चेतना कस्बे से संबद्ध है। कस्बे के जीवन की त्रासदी, विसंगतियाँ, मानसिक पीड़ा, मनोवृत्ति, संस्कारबद्धता, भोलापन, विद्रूपता, भाईचारा, सादगी, अपनापन आदि भावों को कमलेश्वर ने संवेदनात्मक धरातल से जोड़कर अपनी कहानियों में बखूबी व्यक्त किया है। कमलेश्वर के कहानी संग्रह – 'राजा निरबंसिया' एवं 'कस्बे का आदमी' का कथ्य कस्बे जीवन और पात्रों के इर्द-गिर्द घूमता है। कहानियों में मैनपुरी के जीवन की प्राण प्रतिष्ठा हुई है। कमलेश्वर का मानना रहा है कि "आज की कहानियाँ कल्पना के पंखों पर नहीं उड़ती बल्कि दुनिया की व्यावहारिक और वास्तविक जिंदगी से उनका सीधा संबंध है।" कमलेश्वर के लिए कहानी लिखना "व्यवसाय नहीं विश्वास है, यातना नहीं, यातनापूर्ण हैं वे कारण जो मुझे कहानी लिखने के लिए मजबूर करते हैं।"

कमलेश्वर का जीवन बहुत ही संघर्षपूर्ण रहा है। उनके कथा-पात्र उनके जीवनानुभवों से निकलते हैं, किसी दर्शन से नहीं, हालाँकि उनके पास एक ऐसा जीवन दर्शन है जो उन्हें भारत के आम आदमी की हालत से जोड़ता है और उनके जीवनानुभवों को जीवंतता प्रदान करता है। कमलेश्वर जिंदगी को बेहतर बनाने के लिए जूझते हुए चरित्रों के सर्जक हैं। कमलेश्वर की पहली कहानी 'फरार' सन् 1945 में कानपुर से निकलने वाली 'जयभारत' नामक पत्रिका में छपी थी। हालाँकि बहुत दिनों तक 'कामरेड' नामक कहानी को उनकी पहली कहानी माना जाता रहा, जो सन् 47-48 में एटा से निकलने वाली पत्रिका 'अप्सरा' में छपी थी। उनका पहला कहानी संग्रह 'राजा निरबंसिया' 1957 में छपा, इस कहानी ने उन्हें प्रतिष्ठा दी और तब से परिस्थितियाँ बदलती रहीं, देश-समाज और सरकारें बदलती रहीं, पर नहीं बदली कमलेश्वर की लेखकीय प्रतिबद्धता जो अपना सब कुछ दाँव पर लगाकर भी व्यवस्था में पल-बढ़ रही विकृतियों के पिसते हुए निम्नमध्यवर्गीय आदमी की हालत को समझाने के अथक उद्यम में लगी रही। उनके संकलन की कहानियाँ समय के भयावह दबाव के बीच औसत निम्न मध्यवर्गीय कस्बाई व्यक्ति-पात्र के जीवन-संघर्ष के प्रामाणिक दस्तावेज की तरह हैं।

उनके कथाविकास को उन्हीं के शब्दों में निम्न तीन हिस्सों में बाँटा जा सकता है–

पहला दौर–परंपरा से विद्रोह और अनुभव क्षेत्र की प्रामाणिक पहचान (सन् 1952 से 1958-59 ई. तक)।

दूसरा दौर–समय संगत यथार्थ का स्वीकार: दारुण और विसंग संदर्भों की समझ (सन् 1959 से 1966 ई. तक)।

तीसरा दौर–सामान्य आदमी की नियति से जुड़ा लेखन, यातनाओं के जंगल से गुजरते हुए मनुष्य के साथ समांतर चलने का उपक्रम (सन् 1966 से दिल्ली लौटने तक)।

ये तीनों दौर और इनकी अलग-अलग रेखांकित की जाने वाली विशेषताएँ एक-दूसरे में इस तरह अनुस्यूत हैं कि इनके बीच में कोई स्पष्ट विभाजक रेखा उभरती हुई प्रतीत नहीं होती है।

प्रश्न 20. 'राजा निरबंसिया' कहानी का कथा-सार बताइए।

अथवा

'नई कहानी अपनी अंतर्वस्तु में नएपन के साथ-साथ शिल्प मे भी नए प्रयोगों को अपनाती है।' 'राजा निरबंसिया' कहानी के आधार पर इस कथन की पुष्टि कीजिए।

उत्तर– 'राजा निरबंसिया' कहानी नए हिंदी कथा दौर की एक महत्त्वपूर्ण कहानी है जो अपने शिल्प और चेतना के कारण पहले के दौर से स्पष्ट अलग दिखती है। यह कहानी एक साथ दो कथा-वृत्तों को रचती है। एक कथा-वृत्त परंपरित कथा-शैली में है जो राजा-रानी के सहारे आकार ग्रहण करता है और उसी के समांतर वर्तमान जीवन की विसंगति को व्यक्त करने वाली एक कलात्मक रचना है जो राजा-रानी कहानी के साथ चलते हुए उसमें भी अपने संकेत छोड़ती रहती है। भारतीय जनजीवन में वर्ण-व्यवस्था के साथ-साथ वर्गीय चेतना-दृष्टि और तद्नुसार परिवर्तित जीवन-मूल्यों का संक्रमण इस कहानी में कटु यथार्थ के रूप में वर्णित है।

अत: कहानी में जहाँ एक तरफ राजा निरबंसिया और रानी लक्ष्मी के जीवन की स्त्री-पुरुष संबंधों को दर्शाती एक दारुण और रोमांचक कथा है, तो दूसरी तरफ परिस्थितियों के दबाव में विकसित हो रही नई कहानी के अनुरूप स्त्री-पुरुष संबंधों में आर्थिक और सामाजिक कारणों से बदलाव की चिंता भी है। राजा निरबंसिया की रानी लक्ष्मी को मातृत्व सिद्ध करने, पति को प्रसन्न और चरित्र की शुचिता के लिए पारंपरिक लोक-शिल्प में सतीत्व सिद्ध करने के लिए तपस्या करनी पड़ी और जगपती की पत्नी चन्दा को पुंसत्वहीन पति के आरोप-प्रत्यारोप, उपेक्षा और अलगाव-बोध को सहना पड़ा। अपने शंकालु स्वभाव और चरित्र की कमजोरी के कारण आधुनिक युग का जगपती (नाम के अर्थ पर गौर करना चाहिए) अपनी पत्नी के गर्भ में एक दूसरे के बच्चे को बढ़ता हुआ जानकर एक बार उसे अपमानित और बहिष्कृत करता है और पैसे की तंगी के कारण खुद ही उसे बचनसिंह के साथ बेच देने की त्रासद बेचैनी और मार्मिकता के दंश से पुनः संतान सहित अपनाने की वसीयत लिखकर, उसी के हाथों अपने दाहसंस्कार की बात कहते हुए प्रायश्चित्त करता है, पर पारंपरिक समाज की कथा का राजा निरबंसिया स्वयं वापस अपने राज्य लौटता है।

कहानी का शिल्प दो समानांतर कथा केंद्रों की समांतरता की निरंतरता को बनाए रखने का अचूक शिल्प साधने में सफल और सार्थक है। राजा की पारंपरिक कहानी कथा-कथन शैली में है और जगपती की आत्मविश्लेषण, फैटेंसी और परिवेश के दबाव से टक्कर लेने के मानसिक दंश की है। कथा का वाचक नितांत आत्मीय और अंतरंग इतिवृत्तात्मक शैली में अपने साथ पढ़ने वाले युवक जगपती की कथा कहता है।

"एक राजा निरबंसिया थे," – माँ कहानी सुनाया करती थीं। उनके आस-पास ही चार-पाँच बच्चे अपनी मुट्ठियों में फूल दबाए कहानी समाप्त होने पर गौरों पर चढ़ाने के लिए उत्सुक-से बैठ जाते थे। आटे का सुंदर-सा चौक पुरा होता, उसी चौक पर मिट्टी की छह गौरे रखी जातीं, जिनमें से ऊपर वाली के बिंदिया और सिंदूर लगता, बाकी पाँचों नीचे दबी पूजा ग्रहण करती रहतीं। एक ओर दीपक की बाती स्थिर-सी जलती रहती और मंगल-घट रखा रहता, जिस पर रोली से सथिया बनाया जाता। सभी बैठे बच्चों के मुख पर फूल चढ़ाने की उतावली की जगह कहानी सुनने की सहज स्थिरता उभर आती।

"एक राजा निरबंसिया थे," माँ सुनाया करती थीं, "उनके राज में बड़ी खुशहाली थी। सब वरण के लोग अपना-अपना काम-काज देखते थे। कोई दुखी नहीं दिखाई पड़ता था। राजा के एक लक्ष्मी-सी रानी थी, चंद्रमा-सी सुंदर और.... और राजा को बहुत प्यारी। राजा राज-काज देखते और सुख से रानी के साथ महल में रहते......"

मेरे सामने मेरे ख्यालों का राजा था, राजा जगपती! तब जगपती से मेरी दाँतकाटी दोस्ती थी, दोनों मिडिल स्कूल में पढ़ने जाते। दोनों एक-से घर के थे, इसलिए बराबरी की निभती थी। मैं मैट्रिक पास करके एक स्कूल में नौकर हो गया और जगपती कस्बे के ही वकील के यहाँ मुहर्रिर। जिस साल जगपती मुहर्रिर हुआ, उसी वर्ष पास के गाँव में उसकी शादी हुई, पर ऐसी हुई कि लोगों ने तमाशा बना देना चाहा। लड़की वालों का कुछ विश्वास था कि शादी के बाद लड़की की बिदा नहीं होगी। ब्याह हो जाएगा और सातवीं भाँवर तब पड़ेगी, जब पहली बिदा की सायत होगी और तभी लड़की अपनी ससुराल जाएगी। जगपती की पत्नी थोड़ी-बहुत पढ़ी-लिखी थी, पर घर की लीक को कौन मेटे! बारात बिना बहू के वापस आ गई और लड़के वालों ने तै कर लिया कि अब जगपती की शादी कहीं और कर दी जाएगी, चाहे काली-लूली से हो, पर वह लड़की अब घर में नहीं आएगी। लेकिन साल खत्म होते-होते सब ठीक-ठाक हो गया। लड़की वालों ने माफी माँग ली और जगपती की पत्नी अपनी ससुराल आ गई।

जगपती को जैसे सब कुछ मिल गया और सास ने बहू की बलइयाँ लेकर घर की चाभियाँ सौंप दी, गृहस्थी का ढंग-चार समझा दिया। जगपती की माँ न जाने कब से आस लगाए बैठी थीं। उन्होंने आराम की साँस ली। पूजा-पाठ में समय कटने लगा, दोपहरिया दूसरे घरों के आँगन में बीतने लगीं। पर साँस का रोग था उन्हें, सो एक दिन उन्होंने अपनी अंतिम घड़ियाँ गिनते हुए चन्दा को पास बुलाकर समझाया था–"बेटा, जगपती बड़े लाड़-प्यार से पला है। जब से तुम्हारे ससुर नहीं रहे, तब से इसके छोटे-छोटे हठ को पूरा करती रहीं हूँ....अब तुम ध्यान रखना।" फिर रुककर उन्होंने कहा था, "जगपती किसी लायक हुआ है, तो रिश्तेदारों की आँखों में करकने लगा है। तुम्हारे बाप ने ब्याह के वक्त नादानी की, तुम्हें बिदा नहीं किया। मेरे दुश्मन देवर-जेठों को मौका मिल गया। तूमार खड़ा कर दिया कि अब बिदा करवाना नाक कटवाना है....जगपती का ब्याह क्या हुआ, उन लोगों की छाती पर साँप लोट गया। सोचा, घर की इज्जत रखने की आड़ लेकर रंग में भंग कर दें।.... अब बेटा, इस घर की लाज तुम्हारी लाज है। आज को तुम्हारे ससुर होते तो, भला...." कहते-कहते माँ की आँखों में आँसू आ गए, और वह जगपती की देखभाल उसे सौंपकर सदा के लिए मौन हो गई थी।

एक अरमान उनके साथ ही चला गया कि जगपती की संतान को, चार बरस इंतजार करने के बाद भी वह गोद में न खिला पाई। और चन्दा ने मन में सब्र कर लिया था, यही सोचकर कि कुल-देवता का अंश तो उसे जीवन-भर पूजने को मिल गया था। घर में चारों तरफ जैसे उदारता बिखरी रहती, अपनापन बरसता रहता। उसे लगता, जैसे घर की अँधेरी, एकांत कोठरियों में वह शांत शीतलता है जो उसे भरमा लेती है। घर की सब कुण्डियों की खनक उनके कानों में बस गई थी, हर दरवाजे की चरमराहट पहचान बन गई थी।

राजा निरबंसिया की कहानी भी जारी है। "एक रोज राजा आखेट को गए," माँ सुनाती थी, "राजा आखेट को जाते थे, तो सातवें रोज जरूर महल में लौट आते थे। पर उस दफा जब गए, तो सातवाँ दिन निकल गया, पर राजा नहीं लौटे। रानी को बड़ी चिंता हुई। रानी एक मंत्री को साथ लेकर खोज में निकलीं....."

और इसी बीच जगपती को रिश्तेदारों की एक शादी में जाना पड़ा। उसके दूर के रिश्ते के भाई दयाराम की शादी थी। कह गया था कि दसवें दिन जरूर वापस आ जाएगा। पर छठे दिन ही खबर मिली कि बारात घर लौटने पर दयाराम के घर डाका पड़ गया। किसी मुखबिर ने सारी खबरें पहुँचा दी थीं कि लड़की वालों ने दयाराम का घर सोने-चाँदी से पाट दिया है.....आखिर पुश्तैनी जमींदार की इकलौती लड़की थी। घर आए मेहमान लगभग बिदा हो चुके थे। दूसरे रोज जगपती भी चलने वाला था। पर उसी रात डाका पड़ा। डाके वालों ने जब बंदूकें चलाई, तो सबकी घिग्घी बँध गई। पर जगपती और दयाराम ने छाती ठोंककर लाठियाँ उठा ली। घर में कुहराम मच गया।.... फिर सन्नाटा छा गया। डाके वाले बराबर गोलियाँ दाग रहे थे। बाहर का दरवाजा टूट चुका था। पर जगपती ने हिम्मत बढ़ाते हुए हाँक लगाई, "ये हवाई बंदूकें इन तेल पिलाई लाठियों का मुकाबला नहीं कर पाएँगी, जवानो।"

पर दरवाजे तड़-तड़ टूटते रहे और अंत में एक गोली जगपती की जाँघ को पार करती निकल गई और दूसरी जाँघ के ऊपर कूल्हे में समाकर रह गई।

चन्दा रोती-कलपती और मनौतियाँ मानती जब वहाँ पहुँची, तो जगपती अस्पताल में था। दयाराम के थोड़ी चोट आई थी। उसे अस्पताल से छुट्टी मिल गई थी। जगपती की देखभाल के लिए वहीं अस्पताल में मरीजों के रिश्तेदारों के लिए जो कोठरियाँ बनी थीं, उन्हीं में चन्दा को रुकना पड़ा। कस्बे के अस्पताल से दयाराम का गाँव चार कोस पड़ता था। दूसरे-तीसरे दिन वहाँ से आदमी जाते-आते रहते, जिस सामान की जरूरत होती, पहुँचा जाते।

पर धीरे-धीरे उन लोगों ने भी खबर लेना छोड़ दिया। एक दिन में ठीक होने वाला घाव तो था नहीं। जाँघ की हड्डी चटख गई थी और कूल्हे में ऑपरेशन से छह इंच गहरा घाव हो गया था।

कस्बे का अस्पताल था। कम्पाउंडर ही मरीजों की देखभाल करते। बड़ा डॉक्टर तो नाम के लिए था या कस्बे के बड़े आदमियों के लिए। छोटे लोगों के लिए कम्पाउंडर साहब ही ईश्वर के अवतार थे। मरीजों की देखभाल करने वाले रिश्तेदारों की खाने-पीने की मुश्किलों से लेकर मरीज की नब्ज तक सँभालते थे। छोटी-सी इमारत में अस्पताल आबाद था। रोगियों के लिए सिर्फ छह-सात खाटें थी। मरीजों के कमरे से लगा दवा बनाने का कमरा था, उसी में एक ओर एक आराम-कुर्सी थी और एक नीची-सी मेज। उसी कुर्सी पर बड़ा डॉक्टर आकर कभी-कभार बैठता, नहीं तो बचनसिंह कम्पाउंडर ही जमे रहते। अस्पताल में या तो फौजदारी के शहीद आते या गिर-गिरा के हाथ-पैर तोड़ लेने वाले एक-आध लोग। छटे-छमासे कोई औरत दिख गई तो, दिख गई, जैसे उन्हें कभी रोग घेरता ही नहीं था, कभी कोई बीमार पड़ती, तो घर वाले हाल बता के आठ-दस रोज की दवा एक साथ ले जाते और फिर उसके जीने-मरने की खबर तक न मिलती।

कथाकार की यह मार्मिक टिप्पणी स्त्री-वर्ग के प्रति भारतीय पुरुष-समाज की असंवेदनशीलता से परिचय कराती है और सामाजिक ढाँचे पर भी एक सार्थक सवाल छोड़ती है।

उस दिन बचनसिंह जगपती के घाव की पट्टी बदलने आया। उसके आने में और पट्टी खोलने में कुछ ऐसी लापरवाही थी, जैसे गलत बँधी पगड़ी को ठीक से बाँधने के लिए खोल रहा था। चन्दा उसकी कुर्सी के पास ही साँस रोके खड़ी थी। वह और रोगियों से बात भी करता जा रहा था। इधर मिनिट-भर को देखता, फिर जैसे अभ्यस्त-से उसके हाथ अपना काम करने

लगते। पट्टी एक जगह खून से चिपक गई थी, जगपती बुरी तरह कराह उठा। चन्दा के मुँह से चीख निकल गई। बचनसिंह ने सतर्क होकर देखा तो चन्दा मुँह में धोती का पल्ला खोंसे अपनी भयातुर आवाज दबाने की चेष्टा कर रही थी, जगपती एकबारगी मछली-सा तड़पकर रह गया। बचनसिंह की उंगलियाँ थोड़ी-सी थरथराई कि उसकी बाँह पर टप से चन्दा का आँसू चूँ पड़ा।

बचनसिंह सिहर-सा गया और उसके हाथों की अभ्यस्त निठुराई को जैसे किसी मानवीय कोमलता ने धीरे से छू दिया। आहों, कराहों, दर्द-भरी चीखों और चटखते शरीर के जिस वातावरण में रहते हुए भी वह बिल्कुल अलग रहता था, फोड़ों को पके आम-सा दाब देता था, खाल को आलू-सा छील देता था.....उसके मन से जिस दर्द का एहसास उठ गया था, वह उसे आज फिर हुआ और वह बच्चे की तरह फूँक-फूँक कर पट्टी को नम करके खोलने लगा। चन्दा की ओर धीरे से निगाह उठाकर देखते हुए फुसफुसाया, "चू...चू रोगी की हिम्मत टूट जाती है ऐसे।"

पर जैसे यह कहते-कहते उसका मन खुद अपनी बात से उचट गया। यह बेपरवाही तो चीख और कराहों की एकरसता से उसे मिली थी, रोगी की हिम्मत बढ़ाने की कर्त्तव्य निष्ठा से नहीं। जब तक वह घाव की मरहम-पट्टी करता रहा, तब तक किन्हीं दो आँखों की करुणा उसे घेरे रही।

और हाथ धोते समय वह चन्दा की उन चूड़ियों से भरी कलाइयों को बेझिझक देखता रहा, जो अपनी खुशी उससे माँग रही थीं। चन्दा पानी डालती जा रही थी और बचनसिंह हाथ धोते-धोते उसकी कलाइयों, हथेलियों और पैरों को देखता जा रहा था। दवाखाने की ओर जाते हुए उसने चन्दा को हाथ के इशारे से बुलाकर कहा, "दिल छोटा मत करना..... जाँघ का घाव तो दस रोज में भर जाएगा। कूल्हे का घाव कुछ दिन जरूर लेगा। अच्छी....से......अच्छी दवाई दूँगा। दवाइयाँ तो ऐसी है कि मुरदे को चंगा कर दें, पर हमारे अस्पताल में नहीं आती, फिर भी....."

"तो किसी दूसरे अस्पताल से नहीं आ सकती वो दवाइयाँ?" चन्दा ने पूछा।

"आ तो सकती हैं पर मरीज को अपना पैसा खर्च करना पड़ता है, उनमें....." बचनसिंह ने कहा।

चन्दा चुप रह गई तो बचनसिंह के मुँह से अनायास ही निकल पड़ा, "किसी चीज की जरूरत हो तो मुझ से बताना। रही दवाइयाँ, तो कहीं-न-कहीं इंतजाम करके ला दूँगा।"

चन्दा ने कृतज्ञता-भरी नजरों से उसे देखा और उसे लगा आँधी में उड़ते पत्ते को कोई अटकाव मिल गया हो। आकर वह जगपती की खाट से लगकर बैठ गई। उसकी हथेली लेकर वह सहलाती रही। नाखूनों को अपने पोरों से दबाती रही।

धीरे-धीरे बाहर अँधेरा बढ़ चला। बचनसिंह तेल की एक लालटेन लाकर मरीजों के कमरे के एक कोने में रख गया। चन्दा ने जगपती की कलाई दाबते-दाबते धीरे से कहा, "कम्पाउंडर साहब कह रहे थे...." और इतना कहकर वह जगपती का ध्यान आकृष्ट करने के लिए चुप हो गई।

"क्या कह रहे थे?" – जगपती अनमने स्वर में बोला।

"कुछ ताकत की दवाइयाँ तुम्हारे लिए जरूरी हैं।"

"मैं जानता हूँ।"

"पर......"

"देखो चन्दा, चादर के बराबर ही पैर फैलाए जा सकते हैं। हमारी औकात इन दवाइयों की नहीं है।"

"कम्पाउंडर साहब इंतजाम कर देंगे, उनसे कहूँगी मैं।"

"नहीं चन्दा, उधारखाते से मेरा इलाज नहीं होगा....चाहे एक के चार दिन लग जाएँ।" जगपती अपनी बात की टेक रखने के लिए दूसरी ओर मुँह घुमाकर लेटा रहा।

और तीसरे रोज जगपती के सिरहाने कई ताकत की दवाइयाँ रखी थीं, और चन्दा की ठहरने वाली कोठरी में उसके लेटने के लिए एक खाट भी पहुँच गई थी। चन्दा जब आई, तो जगपती के चेहरे पर मानसिक पीड़ा की असंख्य रेखाएँ उभरी थीं, जैसे वह अपनी बीमारी से लड़ने के अलावा स्वयं अपनी आत्मा से भी लड़ रहा हो..... चन्दा की नादानी और स्नेह से भी उलझ रहा हो और सबसे ऊपर सहायता करने वाले की दया से जूझ रहा हो।

जगपती के मुख पर बिखरी हुई पीड़ा में जिस आदर्श की गहराई थी, वह चन्दा के मन में चोर की तरह घुस गई, और बड़ी स्वाभाविकता से उसने उसके माथे पर हाथ फेरते हुए कहा, "ये दवाइयाँ किसी की मेहरबानी नहीं हैं, मैंने हाथ का कड़ा बेचने को दे दिया था, उसी से आई हैं।"

"मुझसे पूछा तक नहीं और....." जगपती ने कहा और जैसे खुद मन की कमजोरी को दाब गया—कड़ा बेचने से तो अच्छा था कि बचनसिंह की दया ही ओढ़ ली जाती। और उसे हल्का-सा पछतावा भी था कि नाहक वह रौ में बड़ी-बड़ी बातें कह जाता है, ज्ञानियों की तरह सीख दे देता है।

और जब चन्दा अँधेरा होते उठकर अपनी कोठरी में सोने के लिए जाने को हुई, तो कहते-कहते यह बात दबा गई कि बचनसिंह ने उसके लिए एक खाट का इंतजाम भी करा दिया है। कमरे से निकली, तो सीधी कोठरी में गई और हाथ का कड़ा लेकर सीधे दवाखाने की ओर चली गई, जहाँ बचनसिंह अकेला डॉक्टर की कुर्सी पर आराम से टाँगे फैलाए लैम्प की पीली रोशनी में लेटा था। जगपती का व्यवहार चन्दा को लग गया था, और यह भी कि वह क्यों बचनसिंह का एहसान अभी से लाद ले, पति के लिए जेवर की कितनी औकात है। वह बेधड़क-सी दवाखाने में घुस गई। चन्दा ने भीतर कदम तो रख दिया, पर सहसा सहम गई। और चन्दा ऐसे वापस लौट पड़ी, जैसे किसी काले पिशाच के पंजों से मुक्ति मिली हो। बचनसिंह ने वहीं से बहुत संयत आवाज में जबान को दबाते हुए ध्वनित करा दिया—'चन्दा!'

चन्दा रुक गई।

बचनसिंह उसके पास रुक गया।

चन्दा ने वैसे ही नीचे ताकते हुए अपने को संयत करते हुए कहा, "ये कड़ा तुम्हें देने आई थी।"

"तो वापस क्यों चली जा रही थीं?"

चन्दा चुप। और दो क्षण रुककर उसने अपने हाथ का सोने का कड़ा धीरे से उसकी ओर बढ़ा दिया, जैसे देने का साहस न होते हुए भी यह काम आवश्यक था।

बचनसिंह ने उसकी सारी काया को एक बार देखते हुए अपनी आँखें उसके सिर पर जमा दीं, जिसके ऊपर पड़े कपड़े के पार नरम चिकनाई से भरे लम्बे-लम्बे बाल थे, जिनकी भाप-सी महक फैलती जा रही थी। वह धीरे से बोला, "लाओ।"

चन्दा ने कड़ा उसकी ओर बढ़ा दिया। कड़ा हाथ में लेकर वह बोला, "सुनो।"
चन्दा ने प्रश्न-भरी नजरें उसकी ओर उठा दीं।
उनमें झाँकते हुए पर अपने हाथ से उसकी कलाई पकड़ते हुए उसने वह कड़ा उसकी कलाई में पहना दिया।
चन्दा चुपचाप कोठरी की ओर चल दी और बचनसिंह दवाखाने की ओर।
सुबह जब चन्दा जगपती के पास पहुँची और बिस्तर ठीक करने लगी, तो जगपती को लगा कि चन्दा बहुत उदास थी। क्षण-क्षण में चन्दा के मुख पर अनगिनत भाव आ-जा रहे थे, जिनमें असमंजस था, पीड़ा थी और निरीहता। कोई अदृश्य पाप कर चुकने के बाद हृदय की गहराई से किए गए पश्चाताप-जैसी धूमिल चमक!......
दूसरे दिन बचनसिंह ने मरीजों की मरहम-पट्टी करते वक्त बताया था कि उसका तबादला मैनपुरी के सदर अस्पताल में हो गया है और वह परसों यहाँ से चला जाएगा। जगपती ने सुना, तो उसे भला ही लगा। आए दिन रोग घेरे रहते हैं, बचनसिंह उसके शहर के अस्पताल में पहुँचा जा रहा है, तो कुछ मदद मिलती ही रहेगी। आखिर वह ठीक तो होगा ही और मैनपुरी के सिवा कहाँ जाएगा? पर दूसरे ही क्षण उसका दिल अथक भारीपन से भर गया। पता नहीं, क्यों चन्दा के अस्तित्व का ध्यान आते ही उसे इस सूचना में कुछ ऐसे नुकीले काँटे दिखाई देने लगे, जो उसके शरीर में किसी भी समय चुभ सकते थे, जरा-सा बेखबर होने पर बींध सकते थे। और तब उसके सामने आदमी के अधिकार की लक्ष्मण-रेखाएँ धुएँ की लकीर की तरह काँपकर मिटने लगीं।
और पंद्रह-बीस रोज बाद जब जगपती की हालत सुधर गई, तो चन्दा उसे लेकर घर लौट आई। जगपती चलने-फिरने लायक हो गया। घर का ताला जब खोला, तब रात झुक आई थी। और फिर उनकी गली में तो शाम से ही अँधेरा भरना शुरू हो जाता था। पर गली में आते ही उन्हें लगा, जैसे कि बनवास काटकर राजधानी लौटे हों। जब जगपती के घर का दरवाजा खड़का, तो अँधेरे में उसकी चाची ने अपने जंगले से देखा और वहीं से बैठे-बैठे अपने घर के भीतर एलान कर दिया—"राजा निरबंसिया अस्पताल से लौट आए" कुलमा भी आई हैं।
ये शब्द सुनकर घर के अँधेरे बरोठे में घुसते ही जगपती हाँफकर बैठ गया, झुँझलाकर चन्दा से बोला, "अँधेरे में क्या मेरे हाथ पैर तुड़वाओगी, भीतर आकर लालटेन जला लाओ न।"
"तेल नहीं होगा, इस वक्त जरा ऐसे ही काम....."
"तुम्हारे कभी कुछ नहीं होगा.....न तेल न ...." कहते-कहते जगपती एकदम चुप रह गया। और चन्दा को लगा कि आज पहली बार जगपती ने उसके व्यर्थ मातृत्व पर इतनी गहरी चोट कर दी, जिसकी गहराई की उसने कभी कल्पना भी नहीं की थी, दोनों खामोश, बिना एक बात किए अंदर चले गए।
रात के बढ़ते सन्नाटे में दोनों के सामने दो बातें थीं....
जगपती के कान में जैसे कोई व्यंग्य से कह रहा था—राजा निरबंसिया अस्पताल से आ गए।
और चन्दा के दिल में वह बात चुभ रही थी—तुम्हारे कभी कुछ नहीं होगा.....
और सिसकती-सिसकती चन्दा न जाने कब सो गई। पर जगपती की आँखों में नींद न आई। खाट पर पड़े-पड़े उसके चारों ओर एक मोहक, भयावना-सा जाल फैल गया। लेटे-लेटे उसे

लगा, जैसे उसका स्वयं का आकार बहुत क्षीण होता-होता बिंदु-सा रह गया, पर बिंदु के हाथ थे, पैर थे और दिल की धड़कन भी।

राजा निरबंसिया के प्रतीक को लेकर कहानी दो समानांतर कथा रूपों में विकसित होती है। यह कहानी परंपरित लोक-कथा-शिल्प और वर्तमान विसंगति-बोध के दंश, विवशता में उपजे हुए पश्चाताप और आत्मग्लानि की कहानी है। यह दो अलग-अलग युगों के भिन्न चरित्र-नायकों की कहानी बन जाती है। एक राजा निरबंसिया जो पौराणिक अथवा लोक-कथात्मक है और दूसरा जगपती-जग का पति याने राजा-वह भी निर्वंश जो इस समाजवादी गणतंत्र में भी अपनी संपूर्ण जीवंतता के साथ जटिल होती जा रही जीवन स्थितियों में संघर्ष करता चाहता है।

जगपती के भीतर अपने द्वारा प्रयुक्त शब्दों से ही लांछन और क्षोभ उत्पन्न होता है। वह खुद अपने भीतर पनप रहे जंगलीपन और बर्बरता की परिकल्पना से काँप उठता है। क्रूरता, हिंसकवृत्ति और बर्बरता के थमने पर वह चन्दा की खाट की ओर बढ़ता है। वह चन्दा के सौंदर्य को महसूस करता है-"चन्दा के बिखरे बाल, जिनमें हाल के जन्मे बच्चे के गभुआरे बालों की-सी महक, दूध की कचाँध, शरीर के रस की-सी मिठास और स्नेह-सी चिकनाहट और वह माथा जिस पर बालों के पास तमाम छोटे-छोटे, नरम-नरम-से रोएँ..... रेशम से.... और उस पर कभी लगाई गई सेंदुर की बिंदी का हलका मिटा हुआ-सा आभास.... नन्हे-नन्हे निर्द्वंद्व सोए पलक! और उनकी मासूम-सी काँटों की तरह बरौनियाँ और साँस में घुलकर आती हुई वह आत्मा की निष्कपट आवाज की लय.... फूल की पंखुरी-से पतले होंठ, उन पर पड़ी रेखाएँ, जिनमें सिर्फ दूध-सी महक।"

उसकी आँखों के सामने ममता-सी छा गई, केवल ममता, और उसके मुख से अस्फुट शब्द निकल गया, "बच्ची!"

डरते-डरते उसके बालों की एक लट को बड़े जतन से उसने हथेली पर रखा और उँगली से उस पर लकीरें खींचने लगा। उसे लगा, जैसे कोई शिशु उसके अंक में आने के लिए छटपटाहट निराश होकर सो गया हो। उसने दोनों हथेलियों को पसारकर उसके सिर को अपनी सीमा में भर लेना चाहा कि कोई कठोर चीज उसकी उँगलियों से टकराई।

वह जैसे होश में आया हो।

बड़े सहारे से उसने चन्दा के सिर के नीचे टटोला। एक रूमाल में बँधा कुछ उसके हाथ में आ गया। अपने को संयत करता वहीं जमीन पर बैठ गया, उसी अँधेरे में उस रूमाल को खोला, तो जैसे साँप सूँघ गया, चन्दा के हाथ के दोनों सोने के कड़े उसमें लिपटे थे।

और तब उसके सामने सब सृष्टि धीरे-धीरे टुकड़े होकर बिखरने लगी। 'ये कड़े तो चन्दा बेचकर उसका इलाज कर रही थी। ये सब दवाइयाँ और ताकत के टॉनिक...उसने तो कहा था, ये दवाइयाँ किसी की मेहरबानी नहीं है, मैंने हाथ के कड़े बेचने को दिए थे...पर...!' उसका गला बुरी तरह सूख गया। जबान जैसे तालू से चिपककर रह गई। उसने चाहा कि चन्दा को झकझोर कर उठाए, पर शरीर की शक्ति बह-सी गई थी, रक्त पानी हो गया था।

थोड़ा संयत हुआ, उसने वह कड़े उसी रूमाल में लपेटकर उसकी खाट के कोने पर रख दिए और अपनी खाट की पाटी पकड़कर लुढ़क गया।

उस रात के बाद रोज जगपती सोचता रहा कि चन्दा से कड़े माँगकर बेच दे और कोई छोटा-मोटा कारोबार शुरू कर दे, क्योंकि नौकरी छूट चुकी थी। इतने दिन की गैरहाजिरी के

बाद वकील साहब ने दूसरा मुहर्रिर रख लिया था। वह रोज यही सोचता। पर जब चन्दा सामने आती, तो न जाने कैसी असहाय सी उसकी अवस्था हो जाती। उसे लगता जैसे कड़े माँगकर वह चन्दा से पत्नीत्व का पद भी छीन लेगा। मातृत्व तो भगवान ने छीन ही लिया वह सोचता, आखिर चन्दा क्या रह जाएगी?

और वह इन्हीं ख्यालों में डूबा सुबह से शाम तक इधर-उधर काम की टोह में घूमता रहता। किसी से उधार ले ले? पर किस संपत्ति पर? क्या है उसके पास, जिसके आधार पर कोई उसे कुछ देगा? और मुहल्ले के लोग....जो एक-एक पाई पर जान देते हैं।

एक दिन शाम को जब वह घर पहुँचा तो बरोठे में ही एक साइकिल रखी नजर आई। दिमाग पर जोर डालने के बाद भी वह आगंतुक की कल्पना न कर पाया। पर जब भीतर वाले दरवाजे पर पहुँचा, तो सहसा हँसी की आवाज सुनकर ठिठक गया। उस हँसी में एक अजीब-सा उन्माद था। और उसके बाद चन्दा का स्वर–

"अब आते ही होंगे, बैठिए न दो मिनट और।....अपनी आँख से देख लीजिए और उन्हें समझाते जाइए कि अभी तंदुरुस्ती इस लायक नहीं, जो दिन-दिन भर घूमना बर्दाश्त कर सकें।"

"हाँ.....भई, कमजोरी इतनी जल्दी नहीं मिट सकती, ख्याल नहीं करेंगे तो नुकसान उठाएँगे! कोई पुरुष स्वर था यह।"

जगपती असमंजस में पड़ गया। वह एकदम भीतर घुस जाए? इसमें क्या हर्ज है पर जब उसने पैर उठाए, तो वे बाहर को जा रहे थे। बाहर बरोठे में साइकिल को पकड़ते ही उसे सूझ आई, वहीं से जैसे अनजान बनता बड़े प्रयत्न से आवाज को खोलता चिल्लाया, "अरे चन्दा! यह साइकिल किसकी है?"

चन्दा उसकी आवाज सुनकर कमरे से बाहर निकलकर जैसे खुशखबरी सुना रही थी, "अपने कम्पाउंडर साहब आए हैं, खोजते-खोजते आज घर का पता पाए हैं, तुम्हारे इंतजार में बैठे हैं!"

"कौन बचनसिंह?.... अच्छा, अच्छा....। वही तो मैं कहूँ, भला कौन...." – कहता जगपती पास पहुँचा। और बातों में इस तरह उलझ गया, जैसे सारी परिस्थिति उसने स्वीकार कर ली हो।

बचनसिंह जब फिर आने की बात कहकर चला गया, तो चन्दा ने बहुत अपनेपन से जगपती के सामने बात शुरू की, "जाने कैसे-कैसे आदमी होते हैं....."

"क्यों, क्या हुआ? कैसे होते हैं आदमी?" – जगपती ने पूछा।

"इतनी छोटी जान-पहचान में तुम मरदों के घर में न रहते घुसकर बैठ सकते हो? तुम तो उल्टे पैरों लौट आओगे।" – चन्दा कहकर जगपती के मुख पर कुछ इच्छित प्रतिक्रिया देख सकने के लिए गहरी निगाहों से ताकने लगी।

जगपती ने चन्दा की ओर ऐसे देखा, जैसे यह बात भी कहने की या पूछने की है। फिर बोला, "बचनसिंह अपनी तरह का आदमी है, अपनी तरह का अकेला..."

"होगा पर...." कहते-कहते चन्दा रुक गई।

"आड़े वक्त काम आने वाला आदमी है, लेकिन उससे फायदा उठा सकना जितना आसान है....उतना....मेरा मतलब है...कि जिससे कुछ लिया जाएगा, उसे दिया भी तो जाएगा।" जगपती ने आँखें दीवार पर गड़ाते हुए कहा।

और चन्दा उठकर चली गई।

कमलेश्वर ने जगपती के अंतर्द्वंद्व को सामने रखकर भारतीय जनजीवन के निम्न मध्यवर्ग की त्रासदी और मोहभंग को बारीकी से रचा है। जगपती अपनी आर्थिक नि:सहाय अवस्था में आत्मावलोकन, आत्म-विवेचन शैली में सोचता है–"शरीर का पिंजरा है, जो कुछ माँगता है... कुछ...। वह तो दुख में भी जी सकने का आदी है, अभावों में जीवित रह सकने वाला आश्चर्यजनक कीड़ा है। तो फिर वासना...। चन्दा का शरीर लेकर उसने उस क्षणिकता को देखा है।"

कमलेश्वर न केवल पात्रों, आर्थिक स्थिति के कारण उनके भीतर बनने वाले मनोभावों की ओर संकेत करते हैं, बल्कि विषमतामूलक-व्यवस्था के दंश के बीच निम्न मध्यवर्गीय पात्र की वर्गीय स्थिति और मानसिकता का भी बेबाक चित्रण करते हैं। सुख हो या दुख, शोषण हो या पोषण उसे सिर्फ काम चाहिए। वह उस घर में नहीं पैदा हुआ, जहाँ सिर्फ जबान हिलाकर शासन करने वाले लोग होते हैं, वह उस घर में नहीं पैदा हुआ, जहाँ सिर्फ माँगकर जीने वाले होते हैं। वह उस घर का है, जो सिर्फ काम करना जानता है, काम ही जिसकी आस है। यहाँ कमलेश्वर भारतीय सामाजिक व्यवस्था पर करारी चोट करते हैं और इस व्यवस्था की बखिया उघाड़ते हैं जो असमानता के धागे से लगाई गई है।

और एक दिन उसकी काम-धाम की समस्या भी हल हो गई। तालाब वाले ऊँचे मैदान के दक्षिण की ओर जगपती की लकड़ी की टाल लगती है। गाँठें एक ओर रखी गईं, चैलों का चट्टा करीने से लग गया और गुद्दे चीरने के लिए डाल दिए गए। दो-तीन गाड़ियों का सौदा करके टाल चालू कर दी गई, पर कामदार जगपती आंतरिक व्यथा से पीड़ित है। सामने लगे लकड़ियों के ढेर, कटे हुए तने देखकर निरीहता उसके मन में पनपती है, मानो एक व्यर्थ पिशाच का शरीर टुकड़े-टुकड़े कर सामने डाल दिया है। कुल्हाड़ी चलेगी....रेशे-रेशे अलग होंगे।....तब इनकी ठठरियों को सुखाकर किसी पैसे वाले के हाथ तौलकर बेच दिया जाएगा। कहानी का यह रूपक खुद उसी के लिए गढ़ा गया लगता है।

विवश जगपती को मक्कार और धूर्त बचनसिंह के अस्तित्व के सामने अपना अस्तित्व डूबा सा लगता है–"अक्सर संध्या के समय बचनसिंह उसके घर-बिक्री-व्यापार की बात करने चला आता। चन्दा खाते वक्त उस पर ध्यान न देकर बचनसिंह की परवाह ज्यादा करती। हीनभावना से यह बात उसे और भी कचोटती। रात में खाना खाकर जगपती टाल पर सोने के लिए चला जाता। चोरी-चमारी का डर था और कोई चौकीदार अभी तक मिला नहीं था। अपने जीवन की सार्थकता, परिवेश की व्यर्थता पर मन ही मन तर्क-वितर्क करता। अनायास उसका दिल-भर आता। पता नहीं, कौन-कौन से दर्द एक दूसरे से मिलकर तरह-तरह की टीस, चटख और ऐंठन पैदा करने लगते।"

जगपती को अपना व्यक्तित्व और अस्तित्व एक फैंटेसी की तरह, यथार्थ और कल्पना के स्तर पर वीभत्स रूप में रूपायित होता दिखता। टाल के सामने की ओर ताड़ के वृक्ष के उस ओर बनी कब्र पर जब उसकी नजर जाती है तो वह देखता है वहाँ सवेरे-सवेरे कोई पर्दानशीन औरत आकर बेला और चमेली के फूल चढ़ा जाती। फेरे लेती, माथा टेकती और उदास भाव से चलकर आगे तेजी से मुड़कर बिसातियों के मुहल्ले में खो जाती।

नई कहानी के सौंदर्यशास्त्र को निरूपित करते हुए 'राजा निरबंसिया' संकलन की भूमिका में, कमलेश्वर लिखते हैं–"कभी आपने ज्वालामुखी के शिखर पर बैठे हुए व्यक्तियों की कल्पना

की हो, उनके अंतर्द्वंद्व और मानसिक स्थितियों के अध्ययन की चेष्टा की हो और ऐसा सोचा हो कि उन्हें किस प्रकार विस्फोटों की अग्नि से बचाकर जीवन का मंत्र दिया जाए, तो नई कहानी का धरातल और नए कहानीकारों की प्रवृत्तियाँ आपके सामने स्पष्ट हो उठेंगी।"

नई कहानी अपनी अंतर्वस्तु में नएपन के साथ-साथ शिल्प में भी नए प्रयोगों को अपनाती है। निर्वंश आधुनिक जगपती की कथा पुरातन नायक राजा निरबंसिया की गाथा से कुछ मायने से भिन्न है।

"राजा रोज सबेरे टहलने जाते थे," माँ सुनाया करती थीं, एक दिन जैसे ही महल के बाहर निकलकर आए कि सड़क पर झाड़ू लगाने वाली मेहतरानी उन्हें देखते ही अपना झाड़ू-पंजा पटककर माथा पीटने लगी, और कहने लगी, "हाय राम! आज राजा निरबंसिया का मुँह देखा है, न जाने रोटी भी नसीब होगी कि नहीं.... न जाने कौन-सी बिपत टूट पड़े। राजा को इतना दुख हुआ कि उलटे पैरों महल को लौट गए। मंत्री को हुकुम दिया कि मेहतरानी का घर नाज से भर दे। और सब राजसी वस्त्र उतार, राजा उसी क्षण जंगल की ओर चले गए। उसी रात रानी अपने पुत्र होने की मनोकामना के पूर्ण होने का स्वप्न संदेश पाती है। फौरन ही रानी राजा को खोजती-खोजती उस सराय में पहुँच गई, जहाँ पर राजा टिके हुए थे। रानी भेष बदलकर सेवा करने वाली भटियारिन बनकर राजा के पास रात में पहुँची। रात-भर उनके साथ रही और सुबह राजा के जागने से पहले सराय छोड़ महल में लौट गई। राजा सुबह उठकर दूसरे देश की ओर चले गए। दो ही दिनों में राजा के निकल जाने की खबर राज-भर में फैल गई, राजा निकल गए, चारों तरफ यही खबर थी।"

और उस दिन टोले-मुहल्ले के हर आँगन में बरसात के मेंह की तरह यह खबर बरसकर फैल गई कि चन्दा के बाल-बच्चा होने वाला है। नुक्कड़ पर जमुना सुनार की कोठरी में फिंकती सुरही रुक गई। मुंशी जी ने अपने मीजान लगाना छोड़ विस्फारित नेत्रों से ताककर खबर सुनी। बंसी किराने वाले ने कुएँ में से आधी गई रस्सी खींच, डोल मन पर पटककर सुना। सुदर्शन दर्जी ने मशीन के पहिए को हथेली से रगड़कर रोककर सुना। हंसराज पंजाबी ने अपनी नील लगी मलगुजी कमीज की आस्तीनें चढ़ाते हुए सुना और जगपती की बेवा चाची ने औरतों के जमघट में भेद-भरे स्वर में सुनाया—आज छह साल हो गए शादी को, न बाल, न बच्चा, न जाने किसका पाप है उसके पेट में!....और किसका होगा सिवा उस मुस्टंडे कम्पोटर के! न जाने कहाँ से कुलच्छनी इस मुहल्ले में आ गई। इस गली की तो पुश्तों से ऐसी मरजाद रही है कि गैर मरद औरत की परछाई तक नहीं देख पाए।

सुबह यह खबर फैलने से पहले जगपती टाल पर चला गया था। पर सुनी उसने भी आज ही थी। रहा तो टाल पर ही पर जैसे कि वह वहाँ हो ही न, रात गहराने पर उसके भीतर एक हिंसक पशु जगा तथा क्रोध और उत्तेजना से भरकर वह घर की ओर चल पड़ता है। गली के अँधेरे में उसके पैर ऐसे पड़ रहे थे जैसे हिराकत भरी कालिख में उसकी साँस रुक जाएगी। घर के भीतर चन्दा ने भी दिन भर अनमने भाव से जैसे-तैसे दिन काटा, दोपहर में जगपती के रोज की तरह खाने के लिए न आने की ओर भी उसका ध्यान प्रायः नहीं गया। अस्त-व्यस्त सी आसमान निहारते-निहारते सो गई थी। जगपती को उसके चेहरे पर नारीत्व की प्रौढ़ता दिखाई दी—"फूला-फूला मुख। जैसे टहनी से तोड़ फूल को पानी में डालकर ताजा किया गया हो, जिसकी पंखुड़ियों में टूटन की सुरमई रेखाएँ पड़ गई हों पर भीगने से भारीपन आ गया हो।"

जगपती ने चाहा कि अपने हाथों से उसका शरीर छू-छूकर सारा कलुष पोंछ दे। साँसों की अग्नि में तपाकर फिर पवित्र कर ले। कहे देवलोक से किस शापवश निर्वासित हो तुम इधर आ गई चंदा? यह शाप तो अमिट था।

तभी चन्दा ने हड़बड़ाकर आँखें खोलीं। मन में घर बसाए हुए अंधकार और निस्तब्ध परिवेश का वर्णन कमलेश्वर ने बड़े काव्यात्मक और संकेतात्मक अंदाज में किया है। खाना खाते समय कौर जगपती के गले से नीचे नहीं उतरता है। चन्दा बहुत सधे शब्दों में कहती है–"कल मैं गाँव जाना चाहती हूँ, भैया कल लेने आ रहे हैं।" जगपती वैसे ही डूबे-डूबे हुए स्वर में कहता है–"तो ठीक है।" चन्दा का स्त्री सुलभ बाँध टूट गया और वह कातर भाव से फफककर रो पड़ती है। जगपती क्षणभर के लिए विचलित तो हुआ, किंतु वह ज्वालामुखी की तरह फूट पड़ा–"बेशर्म औरत।.... उस वक्त नहीं सोचा था, जब... जब मेरी लाश तले।"

"तब, तब की बात झूठ है......, सिसकियों के बीच चन्दा का स्वर फूटा, लेकिन जब तुमने मुझे बेच दिया।" जगपती का भरपूर हाथ चन्दा की कनपटी पर आग सुलगाता हुआ पड़ता है। विपरीत परिस्थितियों में शब्दों की सांकेतिकता भावों की तड़प के आदान-प्रदान के बीच उभरते हुए और अंतर्द्वंद्व भरे क्षणों को, दृश्य के रूप में उपस्थित करने का जो कौशल इस संवाद और भाव में व्यक्त है, वह कहानी को एक नई धरा देता है।

राजा निरबंसिया की ही तरह जगपती की स्थिति भी है, लोक-कथा में राजा की रानी भटियारिन के वेश में राजा के देह-संपर्क से गर्भवती होती है और आधुनिक कहानी की नायिका आर्थिक परिस्थितियों का जाल बनाकर शरीर तक पहुँचने वाले मक्कार के निरंतर सान्निध्य में। इसी मानसिक द्वंद्व में जगपती सोचता है–"क्या वह ठीक कहती थी, ...जब तुमने बेच दिया... क्या बचनसिंह ने टाल के लिए जो रुपये दिए थे, उसका ब्याज चुकता हुआ? क्या सिर्फ वही रुपये आग बन गए, जिसकी आँच में उसकी सहनशीलता, विश्वास और आदर्श मोम से पिघल गए?" ...वह पेड़ की लकड़ी काटने वाले को हरी पत्तियों से भरे शाख को न काटने का निर्देश देता है, पर लकड़हारा शकूरा उस्तादी अंदाज में कहता है कि "हरा होने से क्या, यह तो उखट गया है। अब इसमें कौन से फल-फूल आएँगे। चार दिन में पत्ती झुरा जाएँगी।" जगपती के साथ उसकी कहानी के भी अंत का यह एक दारुण संकेत भी है।

कई बरस बाद राजा परदेश से बहुत-सा धन कमाकर गाड़ी में लादकर अपने देश की ओर लौटते हैं। राजा की गाड़ी का पहिया महल से कुछ दूर झाड़ी में उलझ जाता है। कोई पंडित बतलाता है कि 'सकट' के दिन का जन्मा बालक अगर अपने घर की सुपारी लाकर इसे छुआ दे तो पहिया निकल आएगा। वहाँ खेलते हुए दो बालक आकर कहते हैं कि हमारी पैदाइश सकट की है। आधा धन देने का वायदा करो, तब सुपारी लाएँगे। लोक-कथा अपनी परंपरित कथा-शैली के अनुसार संयोग, शर्त, टोने-टोटके और ग्रामीण जन-विश्वास की लीक पर आगे बढ़ती है। राजा उन बालकों की बात मान लेता है। वे दौड़े-दौड़े घर गए। सुपारी लाकर छुआ दी, फिर घर का रास्ता बताते आगे-आगे चले। आखिर गाड़ी राजा के महल के सामने रुकी। "राजा को बड़ा अचरज हुआ कि हमारे ही महल में ये बालक कहाँ से आ गए? भीतर पहुँचे तो रानी खुशी से बेहाल हो गई।" "पर राजा ने पहले उन बालकों के बारे में पूछा, तो रानी ने कहा कि ये दोनों बालक उन्हीं के राजकुमार हैं। राजा को विश्वास नहीं हुआ। रानी बहुत दुखी हुई।"

जगपती भी राजा निरबंसिया की कहानी के समानांतर अपनी पत्नी चन्दा के लड़का होने की खबर मुंशी जी से जानकर अन्यमनस्क रहता है। मुंशी जी कम घाघ नहीं हैं। मुहल्ले की सुनी-सुनाई बातों पर पर्दा डालते हुए कहते हैं–"भगवान के राज में देर है, अँधेर नहीं, जगपती भैया"...जगपती बमुश्किल जवाब देता है–"देर और अँधेर दोनों हैं।" मुंशी भारतीय पुरुष वर्ग के अहम् और दंभ के अनुसार तिरिया चरित्तर पर छींटाकशी करता है। बतलाता है कि "चन्दा किसी दूसरे आदमी के घर बैठ रही है.... कोई मदसूदन है वहीं पर। बच्चा दीवार बन गया है। चाहते तो वो यही हैं कि मर जाए तो रास्ता खुले।.... सुना है, बच्चा रहते भी वह चन्दा को बैठाने को तैयार है।.... अदालत से तुम्हें बच्चा मिल सकता है। अब काहे का शरम लिहाज।"

जब वह अँधेरे में चाची की बैठक के पास से गुजरने लगा, तो सहसा उसके कानों में भनक पड़ी–"आ गए सत्यानासी! कुलबोरन!"

उसने जरा नजर उठाकर देखा, तो गली की चाची-भौजाइयाँ बैठक में जमा थीं और चन्दा की ही चर्चा छिड़ी थी। पर वह चुपचाप निकल गया।

इतने दिनों बाद ताला खोला और बरोठे के अँधेरे में कुछ सूझ न पड़ा, तो एकाएक वह रात उसकी आँखों के सामने घूम गई जब वह अस्पताल से चन्दा के साथ लौटा था। बेवा चाची का जहरबुझा तीर, 'आ गए राजा निरबंसिया अस्पताल से।' और आज सत्यानासी! कुलबोरन! और स्वयं उसका वह वाक्य, जो चन्दा को छेद गया था, 'तुम्हारे कभी कुछ न होगा....!' इस परिस्थिति को और भी ज्यादा स्पष्ट करने के लिए कथा के वाचक ने परिस्थितियों की मार खाते-खाते निम्न मध्यवर्गीय पुरुष चेतना के भीतर मूल्यों के संक्रमण और द्वंद्व को, आधुनिकता के दंभ में जीने वाले आदमी की विकल मानसिकता को और भी स्पष्ट करने के लिए जगपती के मन में उठने वाली दुविधा और सुविधा को कुछ इस तरह खोला है–चन्दा के लड़का हुआ है।.... वह कुछ और जनती, आदमी का बच्चा न जनती!.... वह और कुछ भी जनती, कंकड़-पत्थर! वह नारी न बनती, बच्ची ही बनी रहती, उस रात की शिशु चन्दा। पर चन्दा यह सब क्या करने जा रही है? उसके जीते-जी, वह दूसरे के घर बैठने जा रही है? कितने बड़े पाप में धकेल दिया चन्दा को...... पर उसे भी तो कुछ सोचना चाहिए। आखिर क्या? पर मेरे जीते-जी तो यह सब अच्छा नहीं। वह इतनी घृणा बर्दाश्त करके भी जीने को तैयार है। या मुझे जलाने को। वह मुझे नीच समझती है, कायर....नहीं तो एक बार खबर तो लेती। बच्चा हुआ, तो पता तो लगता। पर नहीं, वह उसका कौन है? कोई भी नहीं। औलाद ही तो वह स्नेह की धुरी है, जो आदमी-औरत के पहियों को साधकर तन के दलदल से पार ले जाती है.... नहीं तो हर औरत वेश्या है और हर आदमी वासना का कीड़ा। तो क्या चन्दा.....औरत नहीं रही? वह जरूर औरत थी, पर स्वयं मैंने उसे नरक में डाल दिया। वह बच्चा मेरा कोई नहीं, पर चन्दा तो मेरी है। एक बार उसे ले आता, फिर यहाँ... रात के मोहक अँधेरे में उसके फूल से अधरों को देखता....निर्द्वंद्व सोई पलकों को निहारता....साँसों की दूध-सी अछूती महक को समेट लेता।

आज का अँधेरा! घर में तेल भी नहीं, जो दिया जला ले। और फिर किसके लिए कौन जलाए? चन्दा के लिए.....पर उसे तो उसने बेच दिया था। सिवा चन्दा के कौन-सी संपत्ति उसके पास थी, जिसके आधार पर कोई कर्ज देता। कर्ज न मिलता, तो यह सब कैसे चलता? काम.....पेड़ कहाँ से कटते? और तब शकूरे के वे शब्द उसके कानों में गूँज गए, 'हरा होने

से क्या, उखट तो गया है....' वह स्वयं भी तो एक उखटा हुआ पेड़ है, न फल का, न फूल का, सब व्यर्थ ही तो है। जो कुछ सोचा, उस पर कभी विश्वास न कर पाया। चन्दा को चाहता रहा, पर उसके दिल में चाहत न जगा पाया। उसे कहीं से एक पैसा माँगने पर डाँटता रहा, पर खुद लेता रहा और आज.... वह दूसरे के घर बैठ रही है.... उसे छोड़कर.... वह अकेला है, हर तरफ बोझ है, जिसमें उसकी नस-नस कुचली जा रही है, रग-रग फट गई है।..... और वह किसी तरह टटोल-टटोलकर भीतर घर में पहुँचा।

इस पूरे उद्धरण में शब्द, अर्थ और भाव एक ऐसी प्रश्नाकुल जिज्ञासा और विवेक का सृजन करते हैं, जो हमारे समय का असली चेहरा है, जो अपने को भी कठघरे में खड़ा कर सकता है और दूसरे के लिए सहानुभूतिपूर्वक सोच सकता है। यही तो असली लोकतांत्रिक चेतना है। रानी के चरित्र पर अविश्वास करने पर वह कुल देवता के मंदिर पहुँचती है। हमेशा विश्वास का संकट अग्निपरीक्षा की धरती पर ही प्रकट होता है। स्त्री को ही अपने को पवित्र प्रमाणित करना होता है।

"रानी अपने कुल-देवता के मंदिर में पहुँची," लोक-कथा में माँ सुनाती है-"अपने सतीत्व को सिद्ध करने के लिए उन्होंने घोर तपस्या की। राजा देखते रहे! कुल देवता प्रसन्न हुए और उन्होंने अपनी दैवी शक्ति से दोनों बालकों को तत्काल जन्मे शिशुओं में बदल दिया। रानी की छातियों में दूध भर आया, उनमें से धार फूट पड़ी, जो शिशुओं के मुँह में गिरने लगी। राजा को रानी के सतीत्व का सबूत मिल गया। उन्होंने रानी के चरण पकड़ लिए और कहा तुम देवी हो! ये मेरे पुत्र हैं! और उस दिन से राजा ने फिर से राजकाज सँभाल लिया।"

आधुनिक कथा का नायक अपनी नपुंसकता और कायरता के प्रमाणित हो जाने के कारण सारा कारोबार त्याग, अफीम और तेल पीकर मर जाता है। चन्दा के पास कोई दैवी शक्ति नहीं थी। जगपती कोई राजा नहीं था, वह कर्जदार रहा है कम्पाउंडर बचनसिंह का। उधर राजा अपने राज में मंदिर बनवाता है। सिक्कों पर राजकुमारों का नाम खुदवाता है, ताकि राजा के उत्तराधिकारी की पहचान बन जाए। इधर जगपती अपनी मृत्यु से पहले दो पर्चे लिखकर छोड़ता है, जिसमें से एक चन्दा और दूसरा कानून के नाम है।

चन्दा को उसने लिखा था-चन्दा मेरी अंतिम चाह यही है कि तुम बच्चे को लेकर चली आना। आदमी को पाप नहीं पश्चाताप मारता है। कानून के नाम पर्चा है कि मैंने अफीम नहीं, रुपये खाए हैं। उनमें कर्ज का जहर था। मेरी लाश तब तक न जलाई जाए, जब तक चन्दा बच्चे को लेकर न आ जाए। आग बच्चे से दिलवाई जाए बस।

कहानी की समाप्ति पर बच्चे फूल चढ़ाते हैं, गौर देवी पर और कहानीकार की कहानी की समाप्ति होती है, पर...। कहानी का अंत.... कुछ और आगे भी है के संकेतपूर्ण अंतराल और डॉट के निशानों से होता है। यह अंत बहुत सारे सवाल छोड़ता है। परंपरा और आधुनिकता की टकराहट प्राचीन मानव मूल्यों, पद, मान, गर्व, पुरुषोचित अभिमान, नारी के चरित्र की अग्निपरीक्षा, सतीत्व की अवधारणा पर भी है और विसंगतिपूर्ण यथार्थ की विषमताओं से टकराहट की स्थिति से भी है।

आधुनिक कथा का नायक, जगपती अपने जीवन के इस दुख का मुकाबला अकेला रहने पर जीवन से पलायन करके आत्मघात के द्वारा करता है। नपुसंकता, कायरता की लानत झेलते हुए उसे जीवन असंभव प्रतीत होने लगता है, पर यह सब सहते हुए भी जीवन को दाँव पर

लगाकर भी वह उन मूल्यों को नहीं छोड़ पाता जिसमें औलाद की चाहत है, बेटे से मुखाग्नि पाने की लालसा है, भले ही वह जानता है, कि चन्दा के गर्भ से पैदा हुआ बच्चा उसका नहीं है। जगपती की यह इच्छा संक्रमणकालीन मूल्य-बोध से निकली है जिसमें यह भाव बनता है कि चन्दा अपनी है तो उसका बेटा भी अपना है। भले ही यह भाव जीते जी स्वीकार्यता नहीं प्राप्त कर पाता। औलाद की चाहत और उसका द्वंद्व पूरी कहानी में जगपती के ही हिस्से हैं, चन्दा की ओर से वह कभी व्यक्त नहीं होता। 'तुम्हें कभी कुछ न होगा' का आरोप सहते रहने वाली चन्दा को सब कुछ होता है, और आरोप लगाने वाले जगपती जिस बात को जीते जी स्वीकार नहीं कर पाता है, उस बात को वह प्राण देकर स्वीकार करता है।

☐☐

अध्याय 2

हिंदी कहानी

भूमिका

स्वतंत्रता प्राप्ति के बाद 1950 से 1965 के बीच अपने परिवर्तित रूप में आने वाली हिंदी कहानी 'नई कहानी' कहलाई और हिंदी-कहानी को नए जीवन बोध तथा नए कहानी शिल्प की ओर अग्रसर करने वाला आंदोलन अर्थात् नई कहानी की नींव रखने वाला आंदोलन 'नई कहानी आंदोलन' कहलाया। इसने पहले से चली आ रही कथा-चेतना से अपनी पृथकता स्पष्ट की। यह आंदोलन स्वतंत्रता प्राप्ति के बाद के जीवन-यथार्थ से उद्भूत हुआ था।

'रेणु', शेखर जोशी, कमलेश्वर, अमरकांत के अतिरिक्त इस आंदोलन से जुड़ने वाले अन्य कथाकारों में मार्कण्डेय, मन्नू भंडारी, मोहन राकेश एवं शानी आदि के नाम प्रमुखता से लिए जाते हैं। मार्कण्डेय ने अपनी कहानियों से 'नई कहानी' को गति ही नहीं दी, अपितु ग्रामीण जीवन के यथार्थ को संवेदनात्मक ढंग से चित्रित करके उसके वस्तुक्षेत्र को भी विस्तृत किया। मन्नू भंडारी ने आजादी के बाद बदले हुए नए अनुभवों एवं संबंधों को नए ढंग से चित्रित किया और प्रेम-संवेदना के नए रूप से परिचित करवाया। मोहन राकेश की कहानियाँ स्वतंत्र भारत के मध्यवर्गीय व्यक्ति के जीवन के काले उजले विविध रंग प्रस्तुत करती हैं। देश-विभाजन से जुड़ी त्रासदी, भ्रष्ट राजनीति और नौकरशाही आदि अनेक विषय भी उन्होंने उठाए हैं। शानी ने मुस्लिम समाज से जुड़ी समस्याओं को अपनी कहानियों में जगह दी है।

प्रश्न 1. लेखक गुलशेर खान शानी का जीवन परिचय लिखिए।

अथवा

शानी के व्यक्तित्व एवं कृतित्व पर संक्षिप्त प्रकाश डालिए।

उत्तर– गुलशेर खान 'शानी' का जन्म मध्य प्रदेश (वर्तमान छत्तीसगढ़) के बस्तर जनपद के आदिवासी क्षेत्र जगदलपुर में 16 मई, 1933 को हुआ। जगदलपुर में जन्मे शानी ने अपनी लेखनी का सफर जगदलपुर से आरंभ कर ग्वालियर, फिर भोपाल और दिल्ली तक तय किया। वे 'मध्य प्रदेश साहित्य परिषद्', भोपाल के सचिव और परिषद् की साहित्यिक पत्रिका 'साक्षात्कार' के संस्थापक संपादक रहे। दिल्ली में वे 'नवभारत टाइम्स' के सहायक संपादक भी रहे और साहित्य अकादमी से संबद्ध हो गए। साहित्य अकादमी की पत्रिका 'समकालीन भारतीय साहित्य' में भी वे संस्थापक संपादक रहे। इस संपूर्ण यात्रा में शानी साहित्य और प्रशासनिक पदों की ऊँचाइयों को निरंतर छूते रहे। अनेक भारतीय भाषाओं के अलावा रूसी, लिथुवानी, चेक और अंग्रेजी में इनकी रचनाएँ अनूदित हुईं। मैट्रिक तक शिक्षा प्राप्त शानी बस्तर जैसे आदिवासी इलाके में रहने के बावजूद अंग्रेजी, उर्दू, हिंदी के अच्छे ज्ञाता थे। उन्होंने एक विदेशी समाजविज्ञानी के आदिवासियों पर किए जा रहे शोध पर भरपूर सहयोग किया और शोध अवधि तक उनके साथ सुदूर बस्तर के अंदरूनी इलाकों में घूमते रहे। कहा जाता है कि उनकी दूसरी कृति 'सालवनों का द्वीप' इसी यात्रा के संस्मरण के अनुभवों में पिरोई गई है। उनकी इस कृति की प्रस्तावना उसी विदेशी ने लिखी और शानी ने इस कृति को प्रसिद्ध साहित्यकार प्रोफेसर कांति कुमार जैन जो उस समय 'जगदलपुर महाविद्यालय' में ही पदस्थ थे, को समर्पित किया है। सालवनों के द्वीप एक औपन्यासिक यात्रावृत्त है। मान्यता है कि बस्तर का जैसा अंतरंग चित्र इस कृति में है, वैसा हिंदी में अन्यत्र नहीं है। शानी ने 'साँप और सीढ़ी', 'फूल तोड़ना मना है', 'एक लड़की की डायरी' और 'काला जल' जैसे उपन्यास लिखे। लगातार विभिन्न पत्र-पत्रिकाओं में छपते हुए 'बबूल की छाँव', 'डाली नहीं फूलती', 'छोटे घेरे का विद्रोह', 'एक से मकानों का नगर', 'युद्ध', 'शर्त का क्या हुआ?', 'बिरादरी' और 'सड़क पार करते हुए' नाम से कहानी संग्रह व प्रसिद्ध संस्मरण 'सालवनों का द्वीप' लिखा। शानी ने अपनी यह समस्त लेखनी जगदलपुर में रहते हुए ही लगभग छह-सात वर्षों में ही की। जगदलपुर से निकलने के बाद उन्होंने अपनी उल्लेखनीय लेखनी को विराम दे दिया। बस्तर के बैलाडीला खदान कर्मियों के जीवन पर तत्कालीन परिस्थितियों पर उपन्यास लिखने की उनकी कामना मन में ही रही और 10 फरवरी, 1995 को वे इस दुनिया से रुखसत हो गए।

प्रश्न 2. शानी की कहानियों के महत्त्वपूर्ण बिंदुओं की पड़ताल कीजिए।

उत्तर– नई कहानी आंदोलन ने हिंदी साहित्य जगत को अविस्मरणीय कहानियाँ दीं और बेहद प्रतिभाशाली कहानीकार भी। निर्मल वर्मा, राजेन्द्र यादव, कमलेश्वर, मोहन राकेश, अमरकान्त, फणीश्वरनाथ रेणु, मार्कण्डेय, शेखर जोशी, शिवप्रसाद सिंह, कृष्णा सोबती, मन्नू भंडारी, उषा प्रियंवदा, भीष्म साहनी, हरिशंकर परसाई, रघुवीर सहाय, शानी आदि कहानीकार इस दौर के महत्त्वपूर्ण कहानीकार हैं और हिंदी कहानी साहित्य की उपलब्धि भी। इनमें से निर्मल वर्मा, राजेन्द्र यादव, कमलेश्वर और मोहन राकेश को शहरी पृष्ठभूमि और अमरकान्त, रेणु, मार्कण्डेय एवं शेखर जोशी को ग्रामीण पृष्ठभूमि पर कहानियाँ लिखने में महारत हासिल थी।

मन्नू भंडारी, उषा प्रियंवदा और कृष्णा सोबती महिला संदर्भों को लेकर आगे बढ़ रही थीं। हरिशंकर परसाई की कहानियों में व्यंग्य की छटा निराली थी। भीष्म साहनी और मोहन राकेश विभाजन की त्रासदी पर भी लिख रहे थे और यशपाल की परंपरा को आगे बढ़ा रहे थे। मध्यवर्गीय और आंचलिक संदर्भ कहानी में अपनी जगह बना चुके थे। स्पष्टतः नई कहानी में कथ्य, संवेदना और संरचना तीनों स्तरों पर परिवर्तन हो रहा था। इसी समय कहानी की दुनिया में एक नाम तेजी से उभर रहा था–शानी।

हिंदी के मुस्लिम कहानीकारों में शानी अद्वितीय स्थान रखते हैं। शानी मध्य प्रदेश के आदिवासी इलाके में रहते थे। शानी ने अपने जीवन में जिस पीड़ा व संत्रास को झेला था, उसी को अपनी कहानियों में सफलतापूर्वक व्यक्त किया है। शानी की समस्त कहानियाँ अपने आस-पड़ोस की कहानियाँ हैं, जिसमें मुस्लिम समाज की मनोदशाओं, समस्याओं, पीड़ाओं, चिंताओं व अंधविश्वासों का खुला व यथार्थ चित्रण किया गया है।

शानी की कहानियाँ सिर्फ सच-सच कहने वाली और सच के अलावा और कुछ न कहने वाली कहानियाँ हैं। आजादी के बाद हिंदुस्तान के सच को भोगता हुआ निम्न और मध्यमवर्गीय आदमी शानी की कहानियों का नायक है।

शानी के कहानी संग्रह 'बबूल की छाँव' (1958), 'डाली नहीं फूलती' (1960), 'छोटे घेरे का विद्रोह' (1964), 'शर्त का क्या हुआ' तथा 'एक से मकानों का घर' आदि हैं।

शानी की कहानियों में अनुभूति की प्रामाणिकता की कोई कमी नहीं है। उन्होंने अपने जीवन के कटु सत्यों को अपनी कहानियों में व्यक्त किया। शानी ने जीवन को देखने व समझने के लिए किसी दूसरे के विचारों को अपने ऊपर हावी नहीं होने दिया, न ही किसी की कोई शर्त ही मानी, उन्होंने रचनाओं के सारे अनुभव जीवन से सीधे अर्जित किए हैं, उनकी कहानियों में 'जली हुई रस्सी', 'कफन चाहिए', 'चहल्लुम', 'मासूब बाबा', 'युद्ध', 'जनाज़ा', 'बिरादरी', 'जगह दो, रहमत के फरिश्ते आएँगे', 'नंगे', 'जनाज़े के फूल', 'बाहर-भीतर' आदि प्रमुख हैं।

नई कहानी आंदोलन के कहानीकार शानी की कहानियों में स्त्री संदर्भ भी प्रमुखता से उभरते हैं। उनकी एक महत्त्वपूर्ण कहानी का शीर्षक ही है–'परस्त्रीगमन'। शानी अपनी कहानियों में स्त्री को उसके पूरे सामाजिक संदर्भ में देखने के पक्षधर हैं। 'बबूल की छाँव', 'नारी और प्यार', 'पहाड़ और ढलान' स्त्री संदर्भों की महत्त्वपूर्ण आरंभिक कहानियाँ हैं। इस कड़ी में वे मुस्लिम स्त्रियों को लेकर जो चरित्र बुनते हैं, उन चरित्रों की स्त्रियाँ बेहद अलग किस्म की नजर आती हैं। उनकी अपनी विसंगतियाँ यहाँ खुलकर सामने आई हैं। 'जनाजे का फूल' की आयशा, 'जिन्दगी जलती है' की सलमा, 'छल' की नाजो, 'एक सन्धि और' की ताहिरा, 'एक काली लड़की' की मेहरुन, 'सीढ़ियाँ' की रेहाना और 'नंगे' की रुबीना अपने सामाजिक परिवेश के अंतर्विरोधों से जूझती रहती हैं लेकिन उस संघर्ष में वे बार-बार हार जाती हैं और बेबसी तथा छटपटाहट से भरी जिंदगी जीने को मजबूर हो जाती हैं।

शानी के अपने स्वयं के शब्दों में, "यह महज एक संयोग नहीं है कि कुछ कहानियों को छोड़कर मेरी अधिकांश कहानियाँ विभाजन के बाद के भारतीय मुस्लिम समाज के भय, तकलीफों, भीतरी अंतर्विरोधों, यंत्रणाओं और असंगतियों की कहानियाँ हैं .... मैं इसी दिशा में बेहतर रचना करना पसंद करूँगा .... मैं बहुत गहरे में मुतमईन हूँ कि ईमानदार सृजन के लिए एक लेखक को अपने कथानक अपने आस-पास से और खुद अपने वर्ग से उठाना चाहिए......।"

इन पंक्तियों के जरिए सांकेतिक रूप में शानी यह कहना चाहते हैं कि वे स्वयं और उन जैसे रचनाकार—अपनी तमाम आधुनिकता के बावजूद—परिवार, समाज, धर्म और इतिहास के दाय को ग्रहण करते हैं और जो कि उनमें बहुत गहरी जड़ें जमाए हुए हैं। मौजूदा संदर्भ में सचेत रूप से, यह दाय उन्हें संकट में डालता है और अनजाने में, उनके जीवन को नियंत्रित करता है।

शानी ऐसे पात्रों को लेकर महत्त्वपूर्ण प्रश्न खड़े करते हैं जो बेहद साधारण से लगते हैं। इस दृष्टिकोण से देखें तो 'जली हुई रस्सी', 'नंगे', 'एक नाव के यात्री', 'पत्थरों का तालाब', 'बीच के लोग', 'जगह दो, रहमत के फरिश्ते आएँगे', 'युद्ध', 'इमारत गिराने वाले' और 'बिरादरी' कहानियाँ महत्त्वपूर्ण हैं। 'जली हुई रस्सी' का वाहिद रिश्वत लेने के आरोप में नौकरी से हाथ धो बैठता है और वह समाज जो पैसे रहते समय उसे बहुत अहमियत देता था, वही समाज उसे आर्थिक तंगी के दिनों में उपेक्षित करता है। अर्थ की प्रधानता को सम्मान देने वाली दुनिया में पैसे की कीमत को शानी ने बखूबी दर्शाया है। उस पर भी वाहिद की ऐंठ नहीं जाती। 'रस्सी जल गई लेकिन ऐंठन नहीं गई' मुहावरे को लेकर कहानी की बुनावट में वाहिद का चरित्र फिट बैठता है।

'नंगे' भी आर्थिक विपन्नता में जी रहे एक परिवार की कहानी है। 'ईद' खुशियों का त्यौहार है, परंतु विपन्न परिवार के लिए त्यौहार भी बोझ बन जाता है। बदले हुए परिवेश में रिश्ते आर्थिक स्तर पर सिमट कर रह गए हैं। 'ईदी' के डर से दिन में भी कमरा बंद करके सोने का बहाना करना पड़ता है। भाई-बहन के रिश्तों के बीच 'ईदी' देने का डर बड़ा हो जाता है। मसूद के छोटे बच्चे को भी 'ईदी' देने के डर से हाथ में लेने से 'मैं' पात्र डरता है। बदले में वापसी में न मसूद की दुल्हन का सलाम आता है और न उसके बेटे का आदाब। शानी कहानी को कुछ यों समाप्त करते हैं—"देर तक जमीन पर बैठे रहने के कारण कुरते में जगह-बेजगह सिलवटें आ गई थीं। खींच-तानकर उन्हें ठीक करते हुए मैं चलने की तैयारी करने लगा, पर लज्जा के मारे पाँव ही नहीं उठ रहे थे। लग रहा था जैसे मेरे शरीर पर भरे-पूरे कपड़े नहीं, सिर्फ एक उठंग-सी कमीज पड़ी है। फूफी और मसूद की दुल्हन के सामने अपने को जैसे-तैसे ढँकने के लिए कमीज के पल्ले खींचता हूँ, पर पेट ढँकता है तो पीठ खुल जाती है........।"

'एक नाव के यात्री' कहानी में प्रतीक्षा और मोह-भंग के स्वर हैं जो नई कहानी आंदोलन के मूल स्वर हैं। इस कहानी में शानी संबंधों की टूटन से बिखरते जा रहे परिवार का चित्र खींचते हैं। परंपरा और आधुनिकता के द्वंद्व में आर्थिक समृद्धि की आकांक्षाओं और आधुनिकता के दिखावे से भर रही युवा पीढ़ी अपने ही माँ-बाप-बहन को संवेदना के स्तर पर छल रही है, इसे 'एक नाव के यात्री' में शानी बखूबी दर्शाते हैं। कहानी में 'मिसेज मित्तल' के बहाने वे पति-पत्नी के संबंधों में भी अलगाव को उभारने में सफल हुए हैं। आधुनिकता के नाम पर संवेदना के ह्रास पर शानी चिंतित दिखते हैं। वे संबंधों में अपनेपन को, प्यार को और परिवार की एकता को बनाए रखने के पक्षधर हैं। इसीलिए 'मिसेज मित्तल' अपने पति के पास लौटती दिखती हैं और तमाम उपेक्षाओं के बाद भी अंधे पिता और माता का प्यार अपने बच्चे के प्रति कम नहीं होता। नई कहानी और उसके बाद के दौर की कहानियों में भी संबंधों के टूटन और अलगाव (एलिएशन) की कई कहानियाँ मिलती हैं। 'एक नाव के यात्री' कहानी के माध्यम से शानी तत्कालीन कहानी विधा की इस प्रवृत्ति को और मजबूत करते हैं और उनकी यह कहानी सामयिक जग-रीति का प्रतिबिम्ब बन जाती है।

'पत्थरों का तालाब' में सामाजिक विसंगतियों एवं हमारे समय की राजनीति पर एक तीखा प्रहार देखने को मिलता है। नेता, पुलिस, पत्रकार और उद्योगपति के गठजोड़ को यह कहानी सशक्त तरीके से व्यक्त करती है। लोकतांत्रिक संस्थाओं में घुस आए भ्रष्टाचार और नैतिक पतन को दिखाने में शानी ने कोई कोर-कसर नहीं छोड़ी है। जिस चारित्रिक पतन से 'मैं' पात्र गुजरा है, उसे छुपाते हुए समाज का इज्जतदार आदमी बना रहता है और उस औरत को मुहल्ले से बाहर निकाल के ही दम लेता है जिससे उसकी पोल न खुल जाए। पितृसत्तात्मक समाज में हर क्षेत्र में औरत 'देह' बनकर रह गई है और राजनीति के क्षेत्र में तो यह घिनौनी हरकत कुछ ज्यादा ही नजर आती है। राजनीतिक महत्त्वाकांक्षाओं की पूर्ति के लिए अब सब कुछ जायज है। कहानी के अंत में 'मैं' पात्र से उसकी पत्नी 'मिसेज व्यास' की बातचीत के कुछ अंश इस प्रकार हैं–

"मिस मल्होत्रा को भी अपने साथ ले गई थीं?"

"न ले गई होती, तो अच्छा था। भोज जी का ध्यान मुझ पर थोड़े ही था। बातें मुझसे कर रहे थे, लेकिन चिपके जा रहे थे मिस मल्होत्रा से। मैं तो अब इस नतीजे पर पहुँची हूँ कि बड़े-से-बड़ा आदमी भी जवान और खूबसूरत औरत के सामने कुत्ता हो जाता है–जीभ उतारकर लार टपकाता हुआ कुत्ता।"

"आपको याद है, पहले जब मैं मिस वर्मा को अपने साथ ले जाया करती थी, तब भी दो-एक बार ऐसे ही तजुरबे हुए थे। आप अंदाजा नहीं लगा सकते कि किसी औरत के लिए यह कितना अपमानजनक होता है।"

कई पल रुकने के बाद साँस भरकर वह बोली, "कभी-कभी सोचती हूँ कि हम लोग उधार के हथियार से आखिर कब तक लड़ते रहेंगे। लेकिन मैं क्या करूँ, ईश्वर ने मुझे न तो रूप दिया है और न अब शरीर ही ऐसा रह गया है कि..........."

शानी की एक और कहानी अत्यंत महत्त्वपूर्ण है–'बीच के लोग'। इस कहानी से उनकी दृष्टि का विस्तार समझ में आता है। शम्मी आपा के पति भारत-पाक विभाजन के बाद पाकिस्तान चले जाते हैं और शम्मी आपा भारत में ही रह जाती हैं। संबंधों के स्तर पर कुछ भी बचता नहीं। लोगों के कहने पर शम्मी पाकिस्तान जाने को तैयार भी होती हैं लेकिन ऐन वक्त पर पता लगता है कि उनके पति ने पाकिस्तान में दूसरी शादी कर ली है। शम्मी अपना फैसला बदल देती हैं और अपने बेटे नम्मू के साथ भारत में ही रह जाती हैं। कुछ दिनों बाद पता चलता है कि उनके पति अब इस दुनिया में नहीं रहे। यह खबर उसी समय आती है, जब नम्मू की शादी की रस्में चल रही होती हैं। लोगों को लगता है कि शम्मी इससे घबराएँगी, लेकिन ऐसा नहीं होता। वे कहती हैं–"जिसे आधी जिंदगी नहीं देखा और जिसके लौटने की उम्मीद न हो, उसका मेरे लिए मरना-न-मरना क्या?" इन्हीं हालातों में चालीस वर्षीया शम्मी के जीवन में एक व्यक्ति आता है–नारमा हाफिज जो विधुर है, अकेला है और शम्मी से निकाह करना चाहता है। वह हर रोज उनकी खिड़की के पास आता और चला जाता। लोग उसे पागल समझते। शम्मी भी यही कहतीं और मानतीं कि शायद बीच के लोगों का यही हाल हो जाता हो। धीरे-धीरे नारमा हाफिज का खिड़की के पास आना बंद हो गया लेकिन नम्मू से उनके झगड़े बढ़ गए। फिर एक दिन नम्मू 'मैं' पात्र को रात में कुछ दिखाने के लिए ले गया जिससे पता चल सके कि शम्मी और उसके झगड़े में वह दोषी नहीं है। फिर उसने जो दिखाया, उस पर आसानी से

यकीन नहीं किया जा सकता था क्योंकि इतनी रात गए नारमा हाफिज की दहलीज से शम्मी आपा उतर रही थीं।

इस कहानी में कई महत्त्वपूर्ण बिंदुओं पर गौर किया गया है। पहला तो यह कि भारत-पाक विभाजन की त्रासदी ने मुस्लिम परिवारों को सालों तक दुख दिए। दूसरा यह कि इस त्रासदी को औरतों और बच्चों ने सबसे ज्यादा झेला। लेकिन सबसे महत्त्वपूर्ण बिंदु है—चालीस वर्षीया शम्मी आपा का नारमा हाफिज से जुड़ जाना। वास्तव में शम्मी सुहागन बेवा का जीवन जीने को अभिशप्त नहीं। बाद में सुहागन शब्द का नाता भी टूट गया। नम्मू अपनी बीवी और नौकरी में व्यस्त रहने लगा। फिर उनकी जिंदगी में बचा क्या? लंबी तन्हाई और अतृप्ति। सारे बंधन तोड़कर वे नारमा हाफिज से जुड़ जाती हैं। कहानी के माध्यम से शानी अतृप्त, झूठे और अपर्याप्त संबंधों की जगह प्रेम की पूर्णता वाले संबंध पर जोर देते हैं। इस मामले में वे बतौर कहानीकार उम्र के हर पड़ाव पर साथ और प्यार की जरूरत को रेखांकित करते हुए शम्मी आपा के साथ खड़े दिखाई देते हैं।

शानी की एक अन्य कहानी 'जगह दो, रहमत के फरिश्ते आएँगे' अपने अलग मिजाज के कारण चर्चा के योग्य है। कहानी में दस बरस की सूफिया के मन में दादी जान की बात बसी हुई है कि जिस घर में कुत्ते होते हैं, वहाँ रहमत के फरिश्ते नहीं आते। लेकिन पप्पू मियाँ हैं कि उन्हें कुत्ता ही पालना है। छोटे बच्चे की जिद के आगे पापा लाचार हो जाते हैं और पड़ोस से लाई गई पिल्ली ब्राउनी को घर में जगह दे देते हैं। कुछ दिनों बाद ब्राउनी को खुजली की बीमारी हो जाती है जिससे उसे अस्पताल ले जाना पड़ता है। अस्पताल में दो आदमी मिलते हैं जो कहते हैं कि 'जब यह अल्सेशियन नहीं तो क्यों परेशान होते हैं। वैसे भी यह अब आपके किस काम का।' पापा ब्राउनी को वहीं छोड़कर लौट आते हैं और उससे पिंड छुड़ा लेते हैं। घर लौटने पर पप्पू मियाँ ब्राउनी की याद में रोने लगते हैं तो पापा उन्हें लेकर फिर अस्पताल जाते हैं। लेकिन वहाँ न ब्राउनी मिलती है और न वे दोनों आदमी। पप्पू मियाँ कहते हैं—"ठीक ही हुआ न, पापा। वह अल्सेशियन तो थी नहीं और वैसे भी अपने किस काम की! नाहक परेशान होते।"

पढ़ने में यह बहुत साधारण-सी कहानी लगती है लेकिन 'कहानी छोटे मुँह बड़ी बात करती है।' इस कहानी के माध्यम से शानी के प्राणिमात्र के प्रति स्नेह और बाल मनोविज्ञान की परख की बानगी देखी जा सकती है।

नवधनाढ्य वर्ग, जो आजादी के बाद तेजी से उभरा है, 'इमारत गिराने वाले' कहानी उसी वर्ग पर एक महत्त्वपूर्ण टिप्पणी है। अकूत कमाई से आई आर्थिक संपन्नता बाढ़ के पानी की तरह बहकर दूसरों की दाम्पत्य-मर्यादा को पुरानी इमारत की तरह ढहाती है। मर्यादाहीन और पतित कर्म करते हुए पत्नी का सौदा करने वाला व्यक्ति भी धन की चकाचौंध में मुस्कुराता है किंतु इमारत के आसानी से गिर जाने पर उसे स्वयं धक्का लगता है, क्योंकि इमारत को गिराने का धंधा करने वाला इस बात के लिए मानसिक रूप से बिल्कुल भी तैयार नहीं था कि इतनी जल्दी सब कुछ हो जाएगा।

शानी ने पहले भारत-पाक युद्ध (1965) के निजी अनुभवों को इस प्रकार व्यक्त किया है—

"मेरी ट्रेजडी यह थी कि युद्ध ने मुझे खामोश और उदास कर रखा था, न तो मेरे मन में तमाशबीनों जैसा जोश और उत्साह था और न युद्ध में रस लेने वाली मुखरता। अगर यह

सब न होता और मेरी जेब में उफनती हुई राष्ट्रीयता और देश-प्रेम का झुनझुना होता तो काफी होता, लेकिन बदकिस्मती, वह भी नहीं था। अगर आप भारतीय मुसलमान हैं और चाहते हैं कि आपकी बुनियादी ईमानदारी पर शक न किया जाए तो यह झुनझुना बहुत जरूरी है। मैंने देखा कि इसका असर आपके हिंदू दोस्तों के कानों पर नहीं, उनकी जुबान पर होता है।"

उनके ये अनुभव उनकी कहानी 'युद्ध' में देखने को मिलते हैं। 'युद्ध' में भय है तो विषाद भी है। ऐसे अवसरों पर मुसलमानों के लिए राष्ट्रभक्ति की मुनादी जरूरी हो जाती है। जो मुनादी नहीं पीटता, वह पाकिस्तानी जासूस करार दिया जाता है। ऐसे में रिजवी का बेटा अप्पू अपने मासूम सवालों से सबको निरुत्तर कर देता है। शंकर दत्त और रिजवी से किए गए सवाल लड़ाई, सैनिक, देश, हिंदू, मुसलमान से होते हुए अल्ला मियाँ और भगवान तक पहुँचते हैं और युद्ध की निस्सारता को पाठक के सामने व्यक्त कर देते हैं। कहानी का समापन भी खास है–'दालान में टँगे आईने पर बैठी एक गौरैया हमेशा की तरह अपनी परछाई पर चोंच मार रही थी।'

इस प्रकार स्पष्ट है कि शानी की कहानियों में विभाजन के बाद का मुस्लिम परिवेश अभिव्यक्त हुआ है, यही शानी की कहानियों की सबसे बड़ी सच्चाई है कि उसने जिन भावनाओं को व्यक्त किया, पूरी निष्ठा एवं ईमानदारी के साथ।

इन कहानियों की एक ताकत यह है कि ये मुस्लिम समाज की वे तस्वीरें पहली बार रखती हैं, जो इनके पहले किसी हिंदू या मुस्लिम लेखक ने नहीं रखी।

प्रश्न 3. 'बिरादरी' कहानी की कथावस्तु लिखिए।
अथवा
'बिरादरी' कहानी के कथानक को स्पष्ट कीजिए।

उत्तर– 'बिरादरी' शानी की महत्त्वपूर्ण कहानी है जिसमें एक मुस्लिम बच्चे साबिर, उसकी माँ और 'मैं' पात्र के सहारे जाति-धर्म में बँटे समाज का चित्रण किया गया है। इस कहानी का आरंभ दस-बारह साल की उम्र के लड़के साबिर की पिटाई के दृश्य के साथ होता है। इतना छोटा लड़का लात, घूँसों और थप्पड़ों से पिट रहा था। सात-आठ लोग तमाशा देख रहे थे तो सात-आठ लोग ऐसे भी थे जो अपनी-अपनी जबानों से भी उसे पीटने में लगे थे। ऐसे में 'मैं' पात्र वहाँ पहुँचता है और त्रिपाठी के मारते हुए हाथ को पकड़ कर पूछता है–'क्या हो गया भाई!' 'चोरी', किसी ने कहा, 'साला, चोरी कर रहा था और क्या!' उधर लड़का चिल्लाए जा रहा था, 'मैंने चोरी नहीं की साब! अल्ला कसम, मैंने किसी चीज को हाथ नहीं लगाया, अल्ला कसम, कुछ भी नहीं लिया। मैं नहाने गया था।' त्रिपाठी और मारना चाहता था लेकिन 'मैं' पात्र उसको रोकता है और कहता है कि 'आखिर समझने तो दो कि हुआ क्या।' तब उसे सारी सच्चाई का पता लगता है। दरअसल त्रिपाठी के एक सहकर्मी, पड़ोसी और मित्र छुट्टियाँ मनाने कश्मीर गए हुए थे। चूँकि टी.टी. नगर में दिन दहाड़े चोरियाँ आम बात थीं लिहाजा उन्होंने घर की चाबियाँ त्रिपाठी को दे दी थीं। पहली रात त्रिपाठी वहाँ सोया था और अपनी अंगूठी वहीं भूल गया था। घर पर शेव करते वक्त उसे याद आया कि अंगूठी तो वह भूल आया है। उसी अंगूठी को लेने जब वह लौटा तो देखा कि अंगूठी स्टूल पर नहीं थी बल्कि नीचे पड़ी हुई थी और एक लड़का त्रिपाठी को देखकर गुसलखाने के पीछे दुबक रहा था। 'मैं' पात्र को भी इस पर गुस्सा आता है। वह लड़के को डपटता है और आइंदा ऐसी हरकत न करने की चेतावनी देते हुए उसे डाँटकर

भगा देता है। इस पर भीड़ में तीखी प्रतिक्रिया होती है। लोग मानते हैं कि यह तो उस लड़के को शह देना हुआ।

सब सोचते हैं कि उनके घरों में जो भी चोरियाँ हुई हैं, वे सब उसी लड़के की देन हैं। फिर तो बर्मन, भट्ट, चौधरी—मुहल्ले के मौजूद हर आदमी ने उसे चोरी करते हुए देखा है, ऐसी घोषणा करनी शुरू कर दी। किसी की लकड़ियाँ, किसी भी साड़ी, किसी का बल्ब चुराने वाला उन्हें मिल गया था। उसे पुलिस को सौंपने पर भी एक राय न बन सकी क्योंकि वह नाबालिग था। अंत में भट्ट ने फार्मूला सुझाया कि उस शाख को ही काट फेंको जिस पर यह उल्लू बसेरा करता है। उसने राय दी कि वह झुग्गी ही क्यों न हटवा दी जाए जिसमें यह रहता है। हालाँकि इस बात पर लोग किसी नतीजे पर नहीं पहुँचे और अपने-अपने घरों को लौट गए क्योंकि सबको दफ्तर जाने की जल्दी थी। त्रिपाठी और 'मैं' पात्र भी घर लौट आए और लड़के को लेकर बातचीत करते रहे लेकिन पुलिस को फोन नहीं किया। पता चला कि लड़के की माँ सिद्दीकी साहब के यहाँ काम करती है। उसका मियाँ विधान सभा में चपरासी था जो एक दिन अचानक मर गया था। मासूम बच्चों के सिर पर छत नहीं रही, अत: सिद्दीकी साहब ने उसे झुग्गी बनवाकर दी और गुजर-बसर के लिए उसे काम पर भी लगा लिया।

बातचीत के दौरान त्रिपाठी को सूचना मिलती है कि साबिर की माँ उससे मिलने आई है। त्रिपाठी कहता है, 'देख ली अपने लौंडे की करतूत!' इस पर वह स्पष्ट करती है कि 'साबिर बता रहा है कि वह नहाने गया था।' त्रिपाठी को लगा कि उसे झूठा बनाया जा रहा है। वह चीखने-चिल्लाने लगा। इसी बीच 'मैं' पात्र लड़के के बारे में पूछता है कि 'वह क्या करता है?' साबिर की माँ बताती है कि वह एक दुकान में दो रुपए रोज की मजदूरी पर सुबह नौ बजे से शाम सात बजे तक साड़ियों पर कढ़ाई का काम करता है। 'मैं' पात्र को याद आता है कि लड़का हुनरमंद है क्योंकि एक दफा वह लड़का उसके पास साड़ियाँ लेकर जा चुका था। साबिर की माँ भी कहती है कि 'अल्लाह ने उसके हाथ में हुनर तो दिया है लेकिन कोई वसीला नहीं दिया।' इस पर त्रिपाठी कहता है कि 'पहले वह अपनी आदत तो सुधारे। मैं उसे अच्छी जगह काम दिला दूँगा। दो के बदले दस मिलने लगेंगे। कौन-सी बड़ी बात है?' त्रिपाठी की इस बात को साबिर की माँ ने पकड़ लिया। फिर क्या था, माँ-बेटे ने त्रिपाठी और 'मैं' पात्र के घरों पर चक्कर लगाना शुरू कर दिया। उधर साबिर की माँ की परेशानी बढ़ने लगी थी। उसने 'मैं' पात्र को बताया कि मुहल्ले वाले उसकी झुग्गी हटाना चाहते हैं। मुहल्ले वाले 'मैं' पात्र से साबिर वाली घटना के दिन से चिढ़े थे। उन्हें लगा था कि मियाँ ने छोकरे को तरकीब से भगवा दिया क्योंकि दोनों एक ही बिरादरी के हैं। यहाँ तक कि झुग्गी हटाने के लिए जो दरख्वास्त दी गई थी, उस पर दस्तखत कराने के लिए भट्ट 'मैं' पात्र के पास नहीं गया था। साबिर की माँ 'मैं' पात्र के पास आई थी और कहा था कि "सिद्दीकी साहब दौरे पर गए हैं। अब अपनी बिरादरी के होकर आप भी मेरे लिए कुछ न करें तो ....." बिरादरी की बात 'मैं' पात्र को अच्छी नहीं लगती है और वह उस पर झल्ला उठता है।

चूँकि आम चुनाव सिर पर हैं, अत: त्रिपाठी और 'मैं' पात्र ड्राइंग रूम में बैठकर आम चुनाव की बात कर रहे होते हैं। बीच में एक हिंदू और एक मुस्लिम प्रत्याशी के प्रचार वाहन अपने-अपने प्रत्याशी का प्रचार करते गुजरते हैं। ऐसे ही माहौल में 'मैं' पात्र को पता चलता है कि साबिर की माँ उससे मिलने आई है। वह रोए जा रही है और कुछ बताने के बजाय बस

इतना कह रही है कि मियाँ से मिलवा दो। वह सुबह भी आई थी, तब 'मैं' पात्र ने उसको टालते हुए कहा था कि 'देखेंगे'। शाम को जब वह पुनः आ गई तो 'मैं' पात्र बगले झाँकने लगा। पीने-खाने के माहौल में उसने अपनी बीवी से कहा कि 'टालो उसे यहाँ से।' गिलास में घूँट लेते हुए भी उसके कान बाहर लगे हुए थे। वहाँ उसकी बीवी कह रही थी, "साबिर की अम्मा, तुम सुबह मिल लेना। अभी तो वो सो रहे हैं।" कहानी यहीं समाप्त हो जाती है। इस कहानी में 'बिरादरी' शीर्षक गहरे अर्थ संकेत देता है।

प्रश्न 4. 'बिरादरी' कहानी का विश्लेषण तथा मूल्यांकन कीजिए।
अथवा
'बिरादरी' कहानी की समीक्षा कीजिए।

उत्तर– 'बिरादरी' कहानी की कथावस्तु से स्पष्ट है कि इसके चरित्र नौकरी पेशा मध्यवर्गीय लोग हैं। मध्यवर्ग अपनी तमाम विसंगतियों और झूठ के आवरण में जीने को अभिशप्त है। 'बिरादरी' कहानी पर चर्चा करते हुए कथा-समीक्षक मधुरेश लिखते हैं–"बिरादरी में बिके हुए बुद्धिजीवियों पर व्यंग्य है। इनमें से कोई कभी कम्युनिस्ट रह चुका है और कोई सोशलिस्ट। लेकिन अब वे सिर्फ 'पालतू' हैं। 'मैं' अपने को साबिर की बिरादरी का कहे जाने पर ऐतराज करता है–वह क्या चोरों की बिरादरी का है? लेकिन साबिर जैसे लोगों के लिए कुछ भी न करने के मामले में वे सब एक बिरादरी के हैं। वे सब 'वीक एण्ड' का जश्न मनाते हैं और दूसरों की आमदनी पर टीका-टिप्पणी करते हुए ह्विस्की से शामों को गुलजार करते हैं।"

कहानी में 'मैं' पात्र के अंतर्विरोध तो दिखते ही हैं, अन्य चरित्रों का खोखलापन भी उनकी हरकतों से साफ नजर आता है। उनके क्रियाकलाप बेहद सतही किस्म के हैं। वास्तव में समाज में खिंची जाति-धर्म की विभाजक रेखा का जिम्मेदार भी यही वर्ग है। हर मामले को अपने हिसाब से छोटे-छोटे तंगखानों में बाँटकर देखना मध्यवर्ग की खास आदत है। शानी इसीलिए 'बिरादरी' की बुनावट में बृहत्तर भारत में फैले तथाकथित बुद्धिजीवी नौकरी पेशा मध्यवर्ग को केंद्र में रखते हैं। कहानी के पाठ से स्पष्ट है कि त्रिपाठी की अंगूठी चोरी नहीं हुई थी। साबिर की पिटाई बस गुसलखाने में पाए जाने की वजह से हुई थी। एक दस-बारह साल के नाबालिग लड़के की लात-घूँसों से इतनी पिटाई की कि उसके मर-मरा जाने का संदर्भ बातचीत में आ जाए तो यह साबित करता है कि कमजोरों को सताने में त्रिपाठी जैसे वर्ग चरित्र सबसे आगे हैं। बर्मन, भट्ट और चौधरी जैसे पात्र भिन्न-भिन्न बोली-भाषी इलाकों का प्रतिनिधित्व करते हैं लेकिन अपनी मूल प्रवृत्ति में सब समान हैं। हिंदू-मुसलमान की सांप्रदायिक सोच के संदर्भों में वे बेहद कट्टर हैं। यहाँ तक कि अपने मुहल्ले के, अपने ही बीच के मुसलमान साथी की तर्कपूर्ण बातों से वे परहेज करते हैं। इतनी पिटाई के बावजूद साबिर को अगर डपटकर भगाने वाला मुस्लिम है तो उसे शक की निगाह से देखा जाता है और माना जाता है कि वह उसे शह दे रहा है। यहाँ तक कि साबिर की झुग्गी हटाने के लिए दिए जाने वाले प्रार्थना-पत्र की उसे भनक तक नहीं लगती।

बहुसंख्यक आबादी के दबाव तथा उस वर्ग के अन्य चरित्रों की तरह अपने को भी उसी माहौल में ढाल चुके 'मैं' पात्र में भी एक लिजलिजापन है। कहने को तो वह कम्युनिस्ट पार्टी का कार्ड-होल्डर रह चुका है लेकिन वर्ग संघर्ष की चेतना उसमें कहीं नहीं दिखती। विभाजन

के बाद का मुस्लिम समुदाय अपने तमाम वैचारिक आधारों के बावजूद भारतीय समाज की मुख्यधारा में हस्तक्षेप करके बदलाव ला सकने की अपनी सीमाओं से परिचित है। शानी 'मैं' पात्र के बहाने उसी सीमा को रेखांकित करते हैं। बिना किसी अतिरिक्त प्रयास के कहानी में गहरा व्यंग्य चलता रहता है। देखा जाए तो साबिर को पीटने वाले अपनी निजी जिंदगी में खुद 'चोर' हैं। भ्रष्ट व्यवस्था भी उन्हीं के साथ है। सरकारी व्यवस्था को गरीब की झुग्गी उजाड़ने में देर नहीं लगती, बिना किसी वैकल्पिक पुनर्वास की व्यवस्था के। 'मैं' पात्र इस हकीकत को जानता है। उसे बिना किसी कारण के यह प्रमाणित करने का प्रयास करना पड़ता है कि वह साबिर के साथ नहीं है। इसमें उसके डर, असमंजस और विरोधाभास शामिल हैं। साथ ही वह अपमानित होने से भी डरता है। इसका एक कारण है—भट्ट का दरख्वास्त पर दस्तखत कराने न आना।

साबिर को पुलिस को तो सौंपना दूर, पुलिस को कोई फोन भी नहीं करता। क्यों? क्योंकि चोरी प्रमाणित कर पाना संभव नहीं था—कहीं-न-कहीं यह सब जानते थे। साथ ही इतने छोटे बच्चे की इतनी पिटाई का हक भी उन्हें नहीं था। कानूनन वही फँसते। यह प्रकरण भी कहानी में अत्यंत महत्त्वपूर्ण है। इस प्रकरण में इन काइयाँ चरित्रों की शेखी और कुंठा देखते बनती है। झूठ की आड़ में सिर्फ बातें-ही-बातें हैं। कहानी पढ़ते हुए हम इस सूक्ष्म सच्चाई को पकड़ सकते हैं। इसी झूठ और बड़बोलेपन में त्रिपाठी साबिर को अच्छी जगह काम दिलाने का वादा भी कर देता है और करता कुछ नहीं है। त्रिपाठी और 'मैं' पात्र जैसे दोमुहाँ चरित्र पीड़ा में हैं। वे दुखी हैं कि भट्ट की तरह सरकार को कोल कर अपना घर उतना नहीं भर पा रहे हैं। इसीलिए आम चुनाव की चर्चा में 'मैं' पात्र की भट्ट के प्रति नफरत फूट पड़ती है। चुनाव में भी शानी हिंदू-मुस्लिम प्रत्याशियों के बहाने प्रचार वाहनों के माध्यम से धार्मिक आधार पर वोटों के ध्रुवीकरण का संकेत देते हैं।

इस पूरी व्यवस्था में छद्म बौद्धिक वर्ग गहरे मनस्ताप में है। जितना तेजी से वह चाहता है, उतना तेजी से भ्रष्टाचार के माध्यम से नवधनाढ्य बन नहीं पा रहा है, दुनिया को दिखाने के लिए अच्छा, ईमानदार और शरीफ भी दिखना चाह रहा है, उसे चिंता भी है कि देश की प्रगतिशील ताकतें दिन-ब-दिन कमजोर होती जा रही हैं। स्वाभाविक है कि इस तरह के दोहरे मानदंडों का जीवन जीने वाले लोग ही जब प्रगतिशीलता की आड़ में लाभ लेने की फिराक में रहेंगे तो प्रगतिशील ताकतें तो कमजोर होंगी ही। बर्मन, 'मैं' पात्र, त्रिपाठी, भट्ट और चौधरी जैसे पात्र कहीं से भी प्रगतिशील नहीं लगते हैं। अपनी-अपनी बंद जिंदगियों में सब-के-सब मक्कार हैं। इसीलिए इन सबकी बिरादरी एक है। यह 'मैं' पात्र और साबिर की माँ के बीच हुए इस संवाद से स्पष्ट होता है—"साब, मैं किसके पास जाऊँ?", सुबह उस औरत ने रोते हुए मुझसे कहा था, "सिद्दीकी साहब दौरे पर हैं और आपके सिवा हमारा यहाँ कोई नहीं। यहाँ तो जिसे देखो, हाथ में तीर-कमान लिए बैठा है। लोगों का तो जैसे कलेजा सफेद हो गया। जब अपनी बिरादरी के होकर आप भी मेरे लिए कुछ न करें तो ...."

"देखो बीया", मैंने झल्लाकर गुस्से में कहा था, "बिरादरी-मिरादरी की बकवास तो तुम यहाँ रहने दो, क्या मैं चोरों की बिरादरी का हूँ?"

त्रिपाठी और 'मैं' पात्र की बातचीत का एक अंश—

"यार, मैं भट्ट का पक्षधर नहीं हूँ", त्रिपाठी ने मेरा रुख देखकर कहा था, "तुम्हारे गुस्से को भी समझता हूँ लेकिन सवाल यह है कि भट्ट ही क्यों, कोई और क्यों नहीं या वह व्यवस्था

क्यों नहीं जिसके चलते ये छुट्टे साँड बने हुए हैं या साबिर जैसे लोग पैदा होते हैं। क्या भट्ट अकेला है? क्या उसके साथ पूरी-की-पूरी बिरादरी नहीं है और क्या हम-तुम भी उस बिरादरी में शामिल नहीं हैं? असल में दोस्त, हमारा-तुम्हारा दर्द यह नहीं कि भट्ट सरकार को कोल रहा है, तकलीफ यह है कि हाय उसकी जगह हम क्यों नहीं हुए?"

स्पष्ट है कि प्रगतिशीलता का दम भरने वाले इन वर्ग चरित्रों की बिरादरी एक ही है और ये सब बेहद टुच्चे लोग हैं। साबिर का चरित्र तो एक बहाना भर है, दरअसल शानी उसके माध्यम से इन बड़े चोरों का पर्दाफाश करना चाहते हैं। साथ ही हिंदू-मुस्लिम खाई की ओर संकेत भी जो अभी तक भरी नहीं जा सकी। अवसरवाद और स्वार्थ से भरी जिंदगी जीने वाले लोग किसी भी तरह की परिवर्तनकारी स्थिति से या तो बचते हैं या अपने को उसके अनुरूप ढाल लेते हैं। सोच के स्तर पर वे प्रतिगामी भी हो सकते हैं और अपने तमाम खोखले दावों के बावजूद सच की पक्षधरता की आवाज उठाने से डरते हैं। 'मैं' पात्र भी साबिर की माँ की मदद न करके अपने को बिरादरीवाद से बचाना चाहता है। उसके लिए साबिर के घर की गरीबी कोई मायने नहीं रखती। वह उसे गरीब के रूप में या कमजोर के रूप में न देखकर मुसलमान के रूप में देखता है। स्वाभाविक है कि वह भी बिरादरीवाद की संकीर्ण सोच से ऊपर नहीं उठ पाया है। यह संकट दोनों ओर है, बस उसके संदर्भ और दबाव अलग हैं। शायद इसीलिए शानी 'मैं' पात्र के झूठ से कहानी समाप्त करते हैं। वह अपने ड्राइंग रूम में बैठकर त्रिपाठी के साथ ह्विस्की का पैग चढ़ा रहा होता है लेकिन अपनी बीवी से साबिर की माँ को टालने के लिए कहता है। झूठ का सहारा लेते हुए उसकी बीवी साबिर की माँ से कहती है–"साबिर की अम्मा, तुम सुबह मिल लेना अभी तो वो सो रहे हैं!"

प्रश्न 5. 'बिरादरी' कहानी की भाषा-शैली पर टिप्पणी कीजिए।

उत्तर– शानी ने परिवेश के अनुकूल ही भाषा शैली को अपनाया है। जैसा परिवेश एवं माहौल होता है, उसी प्रकार अभिव्यक्ति की शैली निर्मित की जाती है। यह रचनाकार की संभावनाशीलता को दिखाती है। रचनाकार पर हिंदुस्तानी और उर्दू दोनों भाषाओं का प्रभाव दिखाई देता है। 'बिरादरी' कहानी में भी उन्होंने भाषा के स्तर पर आम बोलचाल के शब्दों का इस्तेमाल किया है। कहानी में कहीं भी कोई शब्द सायास ठूँसा हुआ नहीं है, न ही किसी शब्द से उन्हें अतिरिक्त मोह दिखता है। सहज-सरल भाषा में वर्णन करते हुए वे कहानी का विस्तार करते हैं। हाँ, इतनी सरल भाषा में जो बात चिह्नित करने की है, वह है–संकेतों की सघन बुनावट। लेकिन इस बुनावट में भी वे कहानी को बोझिल नहीं करते, उलझाते नहीं। प्रतीक उनके यहाँ संयत हैं और बहुत ही समझदारी से प्रयोग में लाए गए हैं। कहानी का शीर्षक 'बिरादरी' जितना स्थूल लगता है, उतना है नहीं। 'बिरादरी' के बहाने वे इस शब्द के व्यापक अर्थ बोध से परिचित कराते हैं और स्पष्ट करते हैं कि बिरादरी सिर्फ जाति-धर्म तक सीमित नहीं है, बल्कि उसकी आड़ में एक बड़ी 'बिरादरी' फल-फूल रही है जिसे पहचानने की जरूरत है। कहानी में बातचीत शैली का इस्तेमाल प्रमुखता से हुआ है, इसीलिए संवाद महत्त्वपूर्ण हो गए हैं। संवादों की भाषा पात्रों के अनुकूल है, जैसे–चौधरी नामक पात्र का एक कथन है–" गया इतवार को हाम पीक्चर गया था फैमिली का साथ। मेटनी शो। तारपोरे लौटकर देखा तो पीछू का आँगन से वाइफ का शाड़ी गायब। उहाँ एक लोटा परा था, शाला वो भी ले गीया........."

इस कहानी की शब्दावली मुहावरेदार है, जैसे–"जो आपके भी कान काट दे, वह बच्चा कैसे हुआ?", "उस शाख को ही क़ाट फेंको जिस पर उल्लू बसेरा करता है।", "मेरा खून खौल रहा था।", "राँड का बेटा साँड।", "साले ने जबान ही पकड़ ली।" कहानी में बिरादरी का मुद्दा उठाने के लिए शानी आरंभ में ही पिटते हुए साबिर से कसम खिलवाते हैं–'अल्ला कसम, कुछ भी नहीं लिया।' साबिर की माँ की भाषा भी कुछ इस प्रकार ही है–'कई बार तो मैंने उसका गला मसक दिया है। वह मरता भी नहीं है। मुझे तो इस माटी मिले पेट के दोजख से ही फुरसत नहीं मिलती।' कहानी में भाषा का चलतापन बोलचाल के उर्दू के शब्दों से और निखर आया है। बातचीत में संवाद भी छोटे-छोटे ही हैं। उसमें कहीं तेजी या जोर-जबरदस्ती नहीं है। वह भीतर-ही-भीतर बेधती एवं छीलती-काटती जरूर है, लेकिन फिर भी व्यंग्य की धार मारक किंतु ठंडी है।

कहानी की शैली वर्णनात्मक एवं चित्रात्मक दोनों ही प्रकार की है। 'मैले कुरते और इंतजार में वह अधेड़ औरत घिसी हुई लगी, अल्मूनियम के पुराने बर्तन की तरह। उसका साँवला रंग जला हुआ और ठंडा था, चूल्हे की बुझी हुई और राख ढँकी लकड़ी की तरह और आँखें? वे बारिश के छोटे-छोटे और गँदले डबरों की तरह थीं, बाढ़ उतर जाने के बाद।' साबिर की माँ का यह चित्रण शानी की बिम्ब-प्रतीक शैली को बयान करता है। एक अन्य प्रयोग इस प्रकार है–'खिड़की पर आधी झुक आई बेगन-बेलिया बार-बार गर्दन झुकाकर यूँ हवा से लड़ रही थी जैसे उसके सींग हों।'

इस कहानी में कुछ अन्य बातें भी महत्त्वपूर्ण हैं जिन पर ध्यान दिया जाना आवश्यक है, जैसे–साबिर की माँ 'मैं' पात्र से कहती है–'यहाँ तो जिसे देखो हाथ में तीर-कमान लिए बैठा है।' उधर चुनाव प्रचार में भी तीर-कमान का जिक्र आता है। 'अपना निशान, तीर-कमान'। दोनों को मिलाकर देखने पर चुनाव के सांप्रदायिक संदर्भों का पता चलता है। साबिर मारे जाने पर सूअर की तरह चिल्लाता है और उसे 'सूअर के बच्चे' की गाली दी जाती है। मुस्लिम संदर्भों में इसे देखा जाए तो यह कहानी के पात्र की माँग के अनुसार सायास भी माना जा सकता है। स्पष्ट है कि शानी बेहद सरल-सहज-स्पष्ट रास्ते पर कहानी को बढ़ाते हुए भी अपने मूल मंतव्यों में पूरी तरह सजग हैं और कहानी में मुहावरे, प्रतीक और बिम्ब आते हुए भी कहानी की पठनीयता कहीं बोझिल नहीं होती।

प्रश्न 6. कहानीकार मार्कण्डेय का विस्तृत परिचय दीजिए।

अथवा

नई कहानी आंदोलन में मार्कण्डेय का महत्त्व बताइए।

अथवा

प्रेमचंद के गाँव और मार्कण्डेय के गाँव का अंतर स्पष्ट कीजिए।

उत्तर– मार्कण्डेय (5 मई, 1930–17 मार्च, 2010) हिंदी के जाने-माने कहानीकार थे। वे 'नई कहानी' आंदोलन के प्रमुख हस्ताक्षर थे। उनका जन्म उत्तर प्रदेश में जौनपुर जिले के बराई गाँव में हुआ था। इनकी कहानियाँ आज के गाँव की पृष्ठभूमि तथा समस्याओं के विश्लेषण की कहानियाँ हैं। मार्कण्डेय 'नई कहानी आंदोलन' की नींव रखने वाले कहानीकारों के बीच आदर्शों के साथ उल्लेखनीय हैं। कहा जाता है कि जब कमलेश्वर की प्रेरणा से दुष्यन्त कुमार

ने 'कल्पना' के जनवरी 1956 वाले अंक में कहानी पर एक लेख लिखा और उसमें 'नई कहानी' की चर्चा की, तभी मार्कण्डेय ने भी 'कल्पना' में छद्म नाम 'चक्रधर' से कहानी पर टिप्पणियाँ लिखीं और 'नई कहानी' को 'एक भटकी हुई विधा' कहा किंतु यह भी लिखा कि 'वह अँधेरे में टटोल रही है' अर्थात् उसकी दिशा अभी बहुत स्पष्ट नहीं है लेकिन मार्कण्डेय ने उसी समय यह भी स्पष्ट कर दिया था कि बदलते हुए जीवन यथार्थ से जुड़ी हुई कहानी ही सच्ची कहानी हो सकती है–'मेरे लिए सच्ची रचना वहीं-कहीं छिपी है, जहाँ जीवन बदल रहा है।' आगे चलकर मार्कण्डेय ने अपनी कहानियों से 'नई कहानी' के आंदोलन को गति ही नहीं दी, ग्रामीण जीवन के यथार्थ को संवेदनात्मक ढंग से चित्रित करते हुए मानस पटल पर उतारा तथा उसके वस्तुक्षेत्र को व्यापक रूप प्रदान किया।

नई कहानी आंदोलन को गति देने वाले कहानीकारों में से कमलेश्वर एवं मार्कण्डेय के नाम प्रमुख हैं। इनमें से 'कमलेश्वर' मैनपुरी से और 'मार्कण्डेय' जौनपुर के बराई नामक गाँव से इलाहाबाद आए थे। कमलेश्वर और मार्कण्डेय हम उम्र थे किंतु लेखन में कमलेश्वर ने मार्कण्डेय से पहले अपनी स्थिति बना ली थी, मार्कण्डेय ने 1952 के आस-पास कहानी लेखन की शुरुआत की और जल्द ही ग्रामीण जीवन के यथार्थ को संवेदनात्मक ढंग से अंकित करने वाले कथाकार के रूप में प्रतिष्ठा प्राप्त कर ली। उनका पहला कहानी-संग्रह 'दानफूल' 1954 में प्रकाशित हुआ। इस संग्रह से उन्हें पर्याप्त ख्याति मिली। इस संग्रह की कहानियों में ग्रामीण परिवेश को इतनी जीवंतता और रसात्मकता के साथ चित्रित किया गया था कि पाठकों को ग्रामीण कथा-स्थिति की माटी की सुगंध ताजा हवा के झोंके की तरह महसूस हुई। 'कहानी : नई कहानी' में नामवर सिंह ने लिखा है–'गाँव की जिंदगी पर कहानियाँ पहले भी लिखी जाती थीं, लेकिन जिस आत्मिकता के दर्शन मार्कण्डेय की कहानियों में होते हैं, वह अत्यंत दुर्लभ है।' प्रेमचंद ग्रामीण यथार्थ को चित्रित करने वाले महत्त्वपूर्ण कलाकार हैं लेकिन उनके 'गाँव' और मार्कण्डेय के 'गाँव' में बड़ा फर्क है। रेणु, शिव प्रसाद सिंह, मार्कण्डेय आदि कहानीकारों ने प्रेमचंद की परंपरा में रहते हुए भी स्वातंत्र्योत्तर भारत के गाँवों को अपनी विशिष्ट नजर से देखा, समझा और उसे विशिष्ट ढंग से चित्रित किया। इस तथ्य को रेखांकित करते हुए राजेन्द्र यादव ने 'एक दुनिया समानांतर' में लिखा–'चाहे शिव प्रसाद सिंह की 'दादी माँ' हो अथवा मार्कण्डेय की 'गुलरा के बाबा', सभी की परिणति आदर्शवादी है। ये प्रेमचंद की परंपरा में पड़ती हैं, फिर भी उससे भिन्न है। इस भिन्नता के दो कारण हैं–एक तो यह कि किन्हीं अंशों में ये भोगे हुए जीवन की अभिव्यक्तियाँ हैं, दूसरा यह कि गाँव इनके पहले अपने रूप-रंग की पूर्णता के साथ निर्मित नहीं हुआ था। गाँव की पूरी सेटिंग यथार्थ है पर उसे देखने का परिप्रेक्ष्य रोमैंटिक है। प्रेमचंद आदर्शवादी अवश्य थे पर रोमैंटिक नहीं थे। गाँव के प्रति इनका लगाव इन्हें कुछ मोह ग्रस्त बना देता है।' गाँव के प्रति कहानीकारों को मिलने वाली यह रोमैंटिक दृष्टि एवं आत्मिकता स्वाधीनता की ही उपज थी।

मार्कण्डेय के अनेक कहानी-संग्रह प्रकाश में आए जिनमें से पहला कहानी-संग्रह 'दानफूल' (1954), उसके बाद 'महुए का पेड़' (1955), 'हंसा जाई अकेला' (1957) और 'भूदान' (1958) के नाम से आए। इन संग्रहों में 37 कहानियाँ संकलित हैं। इनमें केवल आठ-दस कहानियाँ हैं जो ग्रामीण क्षेत्र से बाहर अर्थात् कस्बाई जिंदगी से संबद्ध हैं बाकी ग्रामीण जीवन को चित्रित करने वाली ऐसी कहानियाँ हैं जिनमें गाँव अपने संपूर्ण यथार्थ–बोली बानी

सुगंध, तीज त्यौहार आदि—के साथ बड़े जीवंत रूप में उपस्थित हैं। 'गुलरा के बाबा', 'पानफूल', संगीत', 'आँसू और इंसान', 'सात बच्चों की माँ', 'जूते', 'साबुन', 'मिस शांता', 'महुए का पेड़', 'दौने की पत्तियाँ', 'हंसा जाई अकेला', 'चाँद का टुकड़ा', 'धूल का घर', 'भूदान' आदि अच्छी कहानियाँ हैं जिनसे मार्कण्डेय के ग्रामीण जीवन के बारे में भरे-पूरे ज्ञान का तो पता चलता ही है, साथ ही गाँवों के प्रति मोह भी उत्पन्न होता है।

'माही', 'सहज और शुभ', 'बीच के लोग' और 'हलयोग' मार्कण्डेय के अन्य कहानी-संग्रह हैं, जो उपर्युक्त कहानी-संग्रहों के बाद आए। इसके अतिरिक्त 'मार्कण्डेय की चुनी हुई कहानियाँ' शीर्षक से उनकी चुनी हुई कहानियों का एक अच्छा संकलन प्रकाशित हुआ है। इसमें उनकी दस चर्चित एवं महत्त्वपूर्ण कहानियाँ प्रकाशित हुई हैं—'शवसाधना', 'दूध और दवा', 'हंसा जाई अकेला', 'सहज और शुभ', 'सोहगइला', 'प्रिया सैनी', 'मध्युपुर के सीवान का एक कोना', 'जूते', 'धुन' और 'बीच के लोग'। इन कहानियों को पढ़कर बराबर यह एहसास होता है कि मार्कण्डेय ने भले ही गाँव से आकर इलाहाबाद जैसे नगर में शिक्षा प्राप्त की हो और शहरी जीवन जिया हो किंतु उनके संस्कार एवं सहानुभूतियाँ कहीं-न-कहीं उनके ग्रामीण जीवन की ही देन हैं।

मार्कण्डेय ने गाँव के बदलते हुए यथार्थ और गाँवों की हार्दिक छवि को बड़े ही संवेदनात्मक ढंग से चित्रित करते हुए, ग्रामीण जीवन के यथार्थ को अंकित किया है। उनके ग्रामीण पात्र (मसलन—घूरा, गुलरा के बाबा, रामलाल और हंसा) ऐसे पात्र हैं जिनमें एक निष्कपट मानव की प्रतिष्ठा है और जो अपनी परिस्थितियों की अनिवार्य उत्पत्ति हैं। इन कहानियों में इन पात्रों के पारस्परिक संबंधों की वास्तविकता, अविश्वास और नैतिक संक्रमण, मतों-विश्वासों, रीति-रिवाजों, उनके संघर्ष और उनकी जय-पराजय व उनके रोजमर्रा का जीवन दर्ज है।

उनकी ग्रामीण यथार्थवादी कहानियों में एक ओर एक भयानक खामोशी, धू-धू जलते सिवान, ढहती हुई सामंती व्यवस्था के अवशेष, सामाजिक परिस्थितियों का बंधन और आर्थिक दबाव से बदलते हुए नैतिक प्रतिमानों का प्रतिरूप है, तो दूसरी ओर गाँव की सोंधी मिट्टी का मोह, हरे-भरे खेत, धान-गेहूँ की बालियाँ और बाहर से चरकर लौटती हुई गायों का रँभाना है। दरअसल मार्कण्डेय कहानियों में जनजीवन की सच्ची और महान कथा प्रस्तुत करने के हिमायती हैं। उन्होंने लिखा है—'कुल मिलाकर आज के नए कथा-साहित्य के सामने मुख्य प्रश्न किसी विशिष्ट अंचल का ही नहीं वरन् नई ग्रहणशीलता का है जिसके लिए जीवन का कोई भी पक्ष, वास्तविकताओं की कोई भी सतह समान रूप से स्वीकार्य और महत्त्वपूर्ण है।' अपनी इस धारणा के तहत उन्होंने आजादी के बाद के गाँवों के नए यथार्थ को पूरी ईमानदारी और प्रामाणिकता के साथ चित्रित किया है। युद्ध से लौटे सैनिक, उच्च शिक्षा प्राप्त और तरह-तरह के विदेशी सिद्धांतों से परिचित राजनीतिक कार्यकर्त्ता, शिक्षा समाप्त करके नगरों में नौकरी न पाने के कारण लौटे नवयुवक, सरकारी योजनाओं को कार्यान्वित करने के लिए गाँवों में आकर रहने वाले सरकारी कर्मचारी तथा पदाधिकारी, अखबार, रेडियो, चुनाव, पंचायत आदि ने ग्राम-जीवन को जिस तरह नए रूपों में ढाला—परिवर्तित किया—उन सबको मार्कण्डेय ने अपनी कहानियों में चित्रित किया है। हिंदी कहानी को नया और उच्च स्तर का स्वाद और शिल्प प्रदान किया है। इन तथ्यों को 'हंसा जाई अकेला', 'गुलरा के बाबा', 'भूदान', 'नौ सौ रुपए और एक ऊँट दाना', 'माई', 'मन के मोड़', 'साबुन', 'घूरा', 'आदर्श कुक्कुट गृह', 'सेमल के फूल',

'मिस शांता', 'नीम की टहनी', 'चाँद का टुकड़ा', 'दोने की पत्तियाँ' आदि कहानियों के माध्यम से समझा जा सकता है।

मार्कण्डेय की प्रशंसा में धनंजय वर्मा ने बहुत सही लिखा है कि 'ग्रामीण जीवन को अपेक्षाकृत उपेक्षित वास्तविकता को समझने और राजनैतिक, आर्थिक और सामाजिक परिवर्तन के संदर्भ में इस वास्तविकता के विविध पक्षों का विश्लेषण करते हुए एक सुनिश्चित दृष्टिकोण विकसित करने की दिशा ही मार्कण्डेय की प्रतिज्ञा है। आधुनिक भूमि सुधारों और औद्योगीकरण से उत्पन्न परिस्थितियों ने ग्राम जीवन को एक नया संस्कार दिया है और उसकी पुरानी व्यवस्था में भी एक परिवर्तन आया है जिसने गाँव के चरित्रों और वास्तविकता का रूप बदला है। इसी की अभिव्यक्ति उनका लक्ष्य है।'

हालाँकि मार्कण्डेय ने शहरी जीवन से संबंधित बहुत कम और ग्रामीण जीवन के ऊपर अधिक कहानियाँ लिखी हैं किंतु शहरी जीवन से संबंधित उनकी कहानियाँ भी कम महत्त्व की नहीं हैं। 'सतह की बातें', 'सूर्या', 'तारों का गुच्छा', 'आदर्शों का नायक', 'पक्षाघात' आदि कहानियों में शहरी जीवन की जटिलता के साथ-साथ स्त्री-पुरुष संबंधों और प्रेम जीवन की व्यक्तिगत कुंठाओं, असमानताओं का चित्रण हुआ है जिससे पता चलता है कि वे मनुष्य के अंतर्मन के भी अच्छे पारखी थे। 'सतह की बातें' कहानी प्रेम-संबंधों की जटिलता का ऐसा जटिल रूप प्रस्तुत करती है कि अंत तक कहानी के पात्र जटिल ही बने रह जाते हैं। नामवर सिंह ने इसकी निर्मल वर्मा की 'तीसरा गवाह' कहानी से तुलना करते हुए इसे 'सतह की अनेक परतें उकेरने वाली' कहानी बताया है। दरअसल शहरी जीवन की कहानियाँ लिखते समय मार्कण्डेय नई कहानी आंदोलन की नई प्रेम संवेदना के दबाव में इस तरह आ गए कि उन्होंने अपनी प्रकृति भूमि से हटकर प्रेम के मनोविज्ञान और अंतर्जगत के सच को लिखना शुरू कर दिया। शहरी कहानियों में मार्कण्डेय अपनी ग्रामीण कहानियों की तरह मार्मिकता और जीवंतता का समावेश न कर सके और ये कहानियाँ केवल संवेदना की बजाय जटिल भाव-बोध पैदा करने वाली जटिल प्रेम-संबंधों तक ही सीमित होकर रह गईं।

मार्कण्डेय आम आदमी के संघर्ष में पूरी तरह शामिल होने वाले एक प्रतिबद्ध कहानीकार के रूप में पहचाने गए और ग्रामीण जीवन के सच्चे कथाकार के रूप में उन्हें व्यापक प्रतिष्ठा मिली। सामान्य जन के दुख-दर्द से उनका आत्मीय नाता है और यह नाता केवल वैचारिक न होकर वास्तविक और गहरा है—इसी नाते को केंद्र में रखकर उन्होंने अपनी कहानियों का ताना-बाना बुना है और पाठकों में दीन, हीन, शोषितों और उपेक्षितों के प्रति गहरी सहानुभूति और पीड़ा पैदा की है। यथार्थ की सही समझ और वास्तविकता की नई ग्रहणशीलता ही सही मायनों में इस सहानुभूति और पीड़ा की जननी है।

प्रश्न 7. मार्कण्डेय की कहानी 'हंसा जाई अकेला' की कथावस्तु पर प्रकाश डालिए।

उत्तर— मार्कण्डेय ऐसे कथाकार हैं जो सामान्य जन के दुख-दर्द को बहुत ही सहानुभूतिपूर्ण ढंग से चित्रित करते हैं। 'हंसा जाई अकेला' मार्कण्डेय की सर्वाधिक चर्चित कहानी है। यह कहानी उनकी इस दृष्टि और संवेदना का अच्छा पता देती है। इस कहानी में मार्कण्डेय ने 'हंसा' नामक सामान्य व्यक्ति की व्यथा-कथा को बड़े मार्मिक ढंग से चित्रित किया है। 'हंसा' गाँव

का एक अति सामान्य और भाग्य का मारा हुआ व्यक्ति है। उसके परम हितैषी 'बाबा' उसकी एक छोटी-सी गलती पर अपने आप से झुँझलाते हुए कहते हैं–'समझाते-समझाते उमिर बीत गई, पर यह माटी का माधो ही रह गया। ससुर मिलें, तो कस कर मरम्मत कर दी जाए आज।' इससे 'हंसा' का एक छोटा-सा परिचय मिल जाता है। बहुत समझाने-बुझाने के बाद भी वह 'माटी का माधो' ही रह गया है और 'ससुरा' जैसा संबोधन तो उसके लिए सहज हो गया है जिसमें लाड-प्यार, दुलार के साथ-साथ उसकी निम्न दशा का भी बोध छिपा हुआ है।

'हंसा' समाज में अत्यंत सादगी से रहने वाला व्यक्ति है। एक दिन वह 'बाबा' और अन्य लोगों के साथ 'मजगवां का दंगल' देखकर लौट रहा था कि रास्ते में एक तो रात, दूसरे रतौंधी होने के कारण एक बूढ़े की बहू से टकरा गया। वह चीख उठी, उसके ससुर ने लोगों को दौड़ा दिया। लोग किसी तरह भागते-दौड़ते आगे निकल गए, बाद में गिरते-पड़ते 'हंसा' भी अपना प्रिय गीत गाता हुआ पहुँचा। लोगों ने उसकी बड़ी खिल्ली उड़ाई। मगनू ने कहा–'सरऊ सांड़ हो रहे हो, अब मरद-मेहरारू में भी तुम्हें भेद नहीं दिखाई पड़ता।' उसने बड़ी मासूमियत और सच्चाई से उत्तर दिया–'नाहीं भाय, जब ठोकर खाकर गिरने को हुए न, मैंने सहारे के लिए उसको पकड़ लिया। फिर जो मालूम हुआ, तो हकबका गया। तभी बुढ़वा ने एक लाठी जमा दी। खैर कहो, निकल भागा।' मगनू ने फिर करारा व्यंग्य किया–'चलो मेहरारू तो छू लिया, ससुरे की किस्मत में तो लिखी है, नहीं।' 'हंसा' के इस दुर्भाग्य से पूरा गाँव वाकिफ है, सब लोग उसके प्रति सहानुभूति रखते हैं, उसका मजाक उड़ाते हैं और उसी से बात-व्यवहार करके तरह-तरह से मनोरंजन करते हैं। बच्चे भी उसे 'हंसा दादा' कहकर चिढ़ाते हैं। जब वह कुर्ता पहन कर निकलता है तो 'गाँव के लड़के उसी तरह उसका पीछा करने लगते हैं, जैसे किसी भालू का नाच दिखाने वाले मदारी का।' लड़के कहते हैं–'हंसा दादा दुलहा बने हैं, दुलहा' और नन्हे-नन्हे चूहों की तरह उसके शरीर पर रेंगने लगते हैं। कोई चुटिया उखाड़ता है, तो कोई कान में पूरी-की-पूरी उँगली डाल देता है। कोई लकड़ी के टुकड़े से नाक खुजलाने लगता है तो कोई उसकी बड़ी-बड़ी छातियों को मुँह में लेकर 'हंसा माई हंसा माई' का नारा लगाने लगता है। लोगों और बच्चों के बीच इस तरह हँसी और उपहास का पात्र बना 'हंसा' 'बाबा' के पास इसलिए बराबर उठता-बैठता है, क्योंकि वहाँ 'देश-विदेश', 'रामायण-महाभारत' और 'गनही महात्मा' की बात होती है और उसे इन सबमें गहरी दिलचस्पी है। जिस सामान्य व्यक्ति को लोग अर्थहीन, उपेक्षणीय और हास-परिहास का पात्र समझते हैं, वह भले ही भाग्य का मारा हो, लेकिन अपनी मेहनत और जज्बात में सच्चा है। वह गाँधी का भक्त है और जब उसे पता चलता है कि कांग्रेस का प्रचार करने के लिए सुशीला बहन आ रही है, तो वह ढोलक बजा-बजाकर लोगों को न केवल सूचना देता है बल्कि अच्छी-खासी भीड़ एकत्र कर लेता है। सुशीला जी ने जोशीला भाषण दिया। ग्राम मंडली ने मार्मिक गीत गाया–'बिन बिद्या के भारत देश, दिन-दिन तेरी ख्वारी रे।' कीर्तन-प्रवचन में हंसा इतना खोया कि देर तक उसे अपनी सुध ही नहीं रही और वह वहीं बैठा रहा।

रात्रि का भोज हंसा के घर हुआ। पूड़ी तरकारी बनी। जब पूड़ी बनाने के लिए घी की तलाश शुरू हुई तो हंसा ने सुशीला की मदद की। इसी तलाश में रतौंधी के कारण हंसा सुशीला से टकरा गया और फिर दोनों अँधेरे में परस्पर ऐसे लुढ़के कि 'कभी वह लुढ़कता है, कभी वह लुढ़कती है' वाली हालत हो गई और सबेरे अंगनू ने हल्ला मचा दिया–'उलट दिया हंसवा ने

कल रात।' इस घटना से हंसा और सुशीला में अंतरंगता कायम हो गई। यह स्वाभाविक भी था क्योंकि एक बिन ब्याहा था और दूसरी विधवा थी। इसी अंतरंगता के कारण चुनाव में हंसा की गहरी रुचि हो गई। उसने जनता में कांग्रेस का इस तरह प्रचार किया कि कांग्रेस जीत गई और राजा साहब हार गए। यह सुशीला के साथ-साथ हंसा की बड़ी उपलब्धि थी किंतु इस उपलब्धि के बावजूद हंसा की जिंदगी में खुशहाली न आ सकी।

चुनाव के दौरान ही सुशीला को निमोनिया हो गया। हंसा ने बड़ी दौड़-भाग की, खूब सेवा की किंतु सुशीला को वह बचा न सका। हंसा के लिए यह बहुत बड़ा हादसा था। उसका दिल टूट गया। वह पागलों की तरह हँसने लगा। उसका मकान ढह गया, खेत में घास उग आई और वह इधर-उधर घूमते-फिरते पागल-सा गाने लगा–'हंसा जाई अकेला।' हंसा अकेला पैदा हुआ। जीवन भर अकेला रहा और दो के साथ जीने की उम्मीद बँधी ही थी कि फिर अकेला हो गया– इस संसार में अकेला और इस संसार से अकेला जाने वाला भी। भले ही 'हंसा' का यह सच हो कि वह अकेला जाएगा (वैसे यह तो सबका सच है) और देश-दुनिया में उसका कोई नहीं है लेकिन कहानी की सफलता इसी में है कि वह पाठक में हंसा के प्रति गहरी सहानुभूति और लगाव पैदा कर देती है।

प्रश्न 8. 'हंसा जाई अकेला' की कथा-संरचना पर टिप्पणी कीजिए।

उत्तर– इस कहानी को रचते समय मार्कण्डेय ने बड़ी ही सावधानी बरती है। कहानी के केंद्र में है–हंसा की व्यथा-कथा जो समाज का बड़ा ही सामान्य, उपेक्षित और एक तरह से अभागा प्राणी है। इसी अभागे मनुष्य का सहानुभूतिपूर्ण एवं करुण चित्र प्रस्तुत करने के लिए मार्कण्डेय ने कहानी का ताना-बाना बुना है। कहानी के आरंभ में ही हमारा परिचय उस हंसा से होता है जो अक्सर लोगों के हँसी-मजाक का विषय बना रहता है किंतु जैसे-जैसे कहानी आगे बढ़ती है, हंसा का चित्र समाज के एक महत्त्वपूर्ण और प्रभावशाली व्यक्ति के रूप में उभरने लगता है। कांग्रेस की प्रचारिका सुशीला के गाँव में आने के साथ ही कहानी व्यक्ति के यथार्थ से विस्तृत होकर राजनीतिक यथार्थ से बड़े स्वाभाविक ढंग से जुड़ जाती है और हंसा सामान्य व्यक्ति के स्तर से उठकर एक प्रभावशाली कार्यकर्त्ता बन जाता है। वही सभा जुटाता है, रामलीला को नया अर्थ देता है और चुनाव में कांग्रेस की विजय सुनिश्चित करता है। इन्हीं प्रसंगों के बीच हंसा की व्यक्तिगत जिंदगी भी एक नया अर्थ पाती हुई चित्रित होती है–लगभग उसके अभागेपन को मिटाती हुई–किंतु दुर्भाग्य यह कि जब हंसा अपने जीवन की सार्थकता पा रहा होता है तभी उसकी जिंदगी का हिस्सा बन चुकी सुशीला बहन का देहांत हो जाता है। हंसा की सारी दौड़-धूप व्यर्थ हो जाती है और उस पर दुख का पहाड़ टूट पड़ता है। वह चुनाव की सफलता के बावजूद अपने गम में पागल हो जाता है। इस तरह हास-परिहास के मनोरंजन वातावरण से शुरू हुई हंसा की कहानी समाज-राजनीति के यथार्थ से होती हुई करुणा के उस बिंदु पर समाप्त हो जाती है जहाँ सारी चीजें व्यर्थ लगने लगती हैं और हंसा की दुर्भाग्यपूर्ण स्थिति पाठक को भी द्रवित कर जाती है।

कहानी के आरंभ में जब हंसा गाता था 'हंसा जाई अकेला, ई दोहिया न रही' तब निर्वेद नहीं, जीवन-राग जगता था किंतु कहानी के अंत में जब वह 'हंसा जाई अकेला' गाता फिरता है तब दुख, करुणा और अवसाद छा जाता है और हंसा का पूरा जीवन संघर्ष एक दुखद अध्याय

बन कर रह जाता है। हंसा का पागलपन पाठक की चेतना को झंकृत कर देता है और उसकी आत्मीय छवि उसके चित्त पर छा जाती है।

शुरुआती कहानी में दिखने वाली रोचकता, सरसता और दृश्यात्मकता उत्तरोत्तर गंभीर होती जाती है। राजनीतिक घटना-चक्र के बीच में आने के बावजूद कहानी राजनीतिक नहीं होती है बल्कि हंसा के व्यक्तित्व को ही वह एक नया रंग दे देती है। इसी तरह रामलीला प्रसंग भी हंसा के ही व्यक्तित्व को उभारता है। अभिप्राय यह कि कहानी के भीतर आए हुए प्रसंग मूल कथा को अधिक मार्मिक और प्रभावोत्पादक बनाते हैं और 'हंसा जाई अकेला' ही दुखद परिणति को सार्थक रूप से और दुखद बना देते हैं। इस कारण हंसा अपनी लघुता में भी महान हो जाता है।

सामान्यत: यह माना जाता है कि 'नई कहानी आंदोलन' स्वतंत्रता प्राप्ति के बाद का ऐसा कहानी-आंदोलन है जिसने हिंदी कहानी को नए जीवन-बोध और नए कहानी शिल्प की ओर अग्रसर किया और पहले से चली आ रही कथा-चेतना से अपनी पृथकता स्पष्ट की। इनमें कथा का न तो स्थूल चित्रण होता है, न ही उसके अन्य पारंपरिक तत्त्व अपनी अलग सत्ता बनाए रखते हैं बल्कि वे सब परस्पर गुँथे हुए एकान्विति का सौंदर्य उपस्थित करते हैं। यही विशेषता कहानी में प्रभावान्विति को संभव बनाती है और यथार्थ की संश्लिष्ट अभिव्यक्ति का श्रेष्ठ उदाहरण बन जाती है–'हंसा जाई अकेला' कहानी। इस कहानी का छोटा-बड़ा हर प्रसंग हंसा के जीवन और व्यक्तित्व को इस तरह रेखांकित करता है कि उससे हंसा और उसके आस-पास का यथार्थ एक साथ रूपायित हो जाता है। समाज में ऐसे अनेक हंसा मिल जाएँगे, जिनकी वजह से राजनीतिक गतिविधियाँ हलचल में आती हैं और बदले में इन राजनीतिक गतिविधियों से हंसा जैसे लोगों को समाज में एक पहचान मिलती है।

एक मार्मिक प्रभाव छोड़ते हुए कहानी का अंत होता है। इस प्रभाव को उत्पन्न करने के लिए मार्कण्डेय ने कहानी के तंतुओं को बड़ी बारीकी से बुना है और संवेदना को उत्तरोत्तर घनीभूत किया है। उनके इस कौशल में मदद की है–छोटे-छोटे रस भरे चुटीले और व्यंग्यपूर्ण संवादों ने। छोटे-छोटे संवादों से कहानी गतिशील होती रही और उससे सरसता का संचार भी होता रहा। महत्त्वपूर्ण तथ्य यह है कि 'हंसा जाई अकेला' कहानी में कहानीपन मौजूद होने के साथ-साथ यह रस से परिपूर्ण भी है।

प्रश्न 9. कहानी का शीर्षक 'हंसा जाई अकेला' क्यों है? संक्षेप में बताइए।

अथवा

'हंसा जाई अकेला' कहानी के शीर्षक की सार्थकता स्पष्ट कीजिए।

उत्तर– कहानी के शीर्षक 'हंसा जाई अकेला' से, जो कि निर्गुन पद की एक पंक्ति से निकला है, भले ही निराशा एवं वैराग्य का भाव झलकता हो, किंतु हंसा इसे जिस तरह गाता रहता है उससे जिंदगी को सार्थक करने का स्वर गूँजता है अर्थात् उसकी जिंदादिली उभरकर सामने आती है। भउजी जब उसे समझाती है, 'अब हँसी-ठिठोली छोड़कर, बियाह करो। जब तक देह कड़ी है, दुनिया जहान है, नहीं तो रोटी के भी लाले पड़ जाएँगे। कहते क्यों नहीं अपने भइया से? गूँगे-बहरे, कुत्ते, बिल्ली, सबका तो बियाह रचाते रहते हैं, पर तुम्हारा बियाह नहीं करते। खेत, जगह, जमीन सब तो है।' तब रात के सन्नाटे में हंसा के कानों में भउजी की बातें

गूँजती हैं, वह करवटें बदलता है और अपने जीने का अर्थ भी तलाशने लगता है। यही तलाश उसे जिंदादिल और कर्मठ बनाती है किंतु कहानी के अंत तक आते-आते 'हंसा जाई अकेला' शीर्षक निर्वेद (विरक्ति) की घनीभूत अभिव्यक्ति बन जाता है। सही मायनों में जीवन-राग से जीवन-विराग के बीच के तनाव को रेखांकित करता है यह शीर्षक और उसे सार्थक करती है, 'हंसा जाई अकेला' कहानी।

प्रश्न 10. 'हंसा जाई अकेला' कहानी के प्रमुख पात्र हंसा का परिचय देते हुए उसके चरित्र एवं इस कहानी के अन्य चरित्रों का वर्णन कीजिए।

अथवा

'हंसा जाई अकेला' कहानी के पात्र हंसा का व्यक्तित्व साधारण भी है और अनूठा भी। चर्चा कीजिए।

अथवा

'हंसा जाई अकेला' कहानी के प्रमुख चरित्र का परिचय दीजिए।

उत्तर– हंसा इस पूरी कहानी को जीवंत रूप प्रदान करने वाला पात्र है। हंसा समाज का एक साधारण व्यक्ति है किंतु वह जितना साधारण है, उतना ही अनूठा और अर्थवान भी है। साधारण तो इतना है कि सब उसका मजाक उड़ाते हैं–बूढ़े, बच्चे सब किंतु वह किसी की बात का बुरा नहीं मानता है। कहानीकार लिखता है–'हंसा गालियों का बुरा नहीं मानता। बहुत सारे काम गाली सुनने के लिए ही करता है। गाँव के बूढ़े व बुजुर्गों की इस दुआ से उसे मोह है।' यानी बूढ़े, बुजुर्गों की गाली को वह दुआ मानता है और बच्चे जब उसे 'हंसा दादा दूल्हा बने हैं, दूल्हा' कहते हुए उसके शरीर पर नन्हे-नन्हे चूहों की तरह रेंगने लगते हैं, उसके कान में उँगली घुसा देते हैं, उसकी छातियों को मुँह में भरकर 'हंसा माई, हंसा माई' का नारा लगाने लगते हैं, तब भी वह बुरा नहीं मानता है और उनके अनुरोध पर 'हंसा जाई अकेला' निर्गुन बड़े मन से गाता है। अपनी इसी सरलता एवं सादगी के कारण ही वह बच्चों व बूढ़ों के दिलों पर राज करता है।

बड़े ही प्रभावी ढंग से हंसा के बाह्य रूप-रंग का चित्रण एवं वर्णन करते हुए लेखक ने लिखा है–'हंसा काला चिट्टा तगड़ा आदमी है। उसके भारी चेहरे में मटर-सी आँखें और आलू-सी नाक उसके व्यक्तित्व के विस्तार को बहुत सीमित कर देती हैं। सीने पर उगे हुए बाल किसी भीठ पर उगी हुई घास का बोध कराते हैं। घुटने तक की धोती और मारकीन का दुगज्जी गमछा उसका पहनावा है। अपनी इसी कद-काठी और सामान्य रहन के कारण ही वह लोगों के हास-परिहास का विषय बनता है। उसके पास खेती-बारी है, बलिष्ठ शरीर है, घर-दुआर है लेकिन दुर्भाग्य यह कि उसका विवाह नहीं हुआ।' बाबा सच ही कहते हैं–'पर एक मेहरारू के बिना बिल्ला की तरह घूमता रहता है।' उसके उस बिल्लेपन का ही लोग मजाक उड़ाते हैं। रात में मजगवाँ दंगल से लौटते समय रतौंधी के कारण वह एक बूढ़े की बहू से टकरा गया। मगनू कहने लगे, 'चलो मेहरारू तो छू लिया, ससुरे की किस्मत में लिखी तो है नहीं।'

भले ही हंसा कुँवारा, बिन पत्नी का है, किंतु उसमें मान-मर्यादा, दया, लाज भरपूर है। वह मानता है कि बूढ़े की बहू से टकराने में उससे गलती हुई है, 'होई गई गलती भइया। मैं का जानू कि मेहरिया है। समझा, तुम में से कोई रुक गया है।' उसे अपनी गलती का एहसास

है उससे ज्यादा चिंता यह है, 'क्या सोचती होगी बेचारी।' हंसा की यह चिंता उसे बड़ा बनाती है और उसके व्यक्तित्व को निखारती है। साथ ही जब वह बाबा से कहता है, 'बड़ी चूक हो गई, भइया। समझो, निकल भागे किसी तरह, नहीं तो जाने क्या कहती दुनिया? हमें तो यही सोचकर और लाज लग रही थी कि तुम भी साथ थे।' तब वह अपने मूल्यजीवी होने का पता देता है। यह है–सामान्य आदमी की बड़ी मूल्यनिष्ठा और उसकी सामान्यता के बीच उसका अनूठापन। उसे जितनी चिंता अपने मान-अपमान की है, उससे ज्यादा बाबा की प्रतिष्ठा की चिंता है – 'यही कि आपके साथ ऐसे लोग रहते हैं। कितना नाव गाँव है। कितनी हंसाई होती।' यही धारणा और भावना हंसा को प्रतिष्ठास्पद बनाती है।

भले ही हंसा का विवाह न हुआ और न ही उसने कभी किसी औरत को छुआ हो, लेकिन वह बाबा की-सी मर्यादा का निर्वाह करता है। बूढ़े की बहू से टकराने पर वह पश्चात्ताप करता हुआ अपने अंतर्गत मन में कहता है–'जान-बूझकर तो कुछ किया नहीं। हम तो भइया की तरह मेहरारू को आँख उठाकर भी नहीं देखते। यह रतौंधी साली जो न कराए।' पराई औरत पर निगाह न डालना उसके मर्यादावादी होने का प्रमाण है। इस मर्यादा का वह भरसक निर्वाह करता था, लेकिन एक बार सुशीला जी के गाने को सुनकर उसका मन जरूर मथने लगा था–'हंसा खो गया। सुशीला का साल-भर पहले का गाना, 'जागा हो बलमूआ गाँधी टोपी वाले आय गइलें.....' उसके होठों पर थिरक उठा। साँवला-साँवला-सा रंग था, लंबा बाल छटहरा बदन, रूखे से बाल और तेज आँखें। कैसा अच्छा गाती थीं। हंसा सोचता रहा।' इसीलिए जब दोबारा सुशीला जी चुनाव प्रचार के लिए आई तब हंसा ने सारा जिम्मा अपने सिर पर ले लिया–लोगों को बटोरने और रात में भोजन कराने तक की व्यवस्था उसी ने की। सुशीला जी का कीर्तन-प्रवचन का कार्यक्रम संपन्न हुआ। हंसा उनकी मधुर आवाज में खो गया–'खंजड़ी की डिम-डिम और झाँझ की झंकार उसके कानों में गूँजती रही। सुशीला का पैना स्वर उसके हृदय को बेधता रहा।' सुशीला जी के प्रति उसके मन के किसी कोने में शायद प्रेम की कोई चिंगारी सुलग उठती है। इस राग-दीप्ति का परिणाम यह हुआ कि रात में जब सुशीला के साथ अँधेरे में घी ढूँढ़ते हुए वह चारपाई से ठोकर खाकर गिर पड़ता है और सुशीला जी उसे उठाकर आगे चलती हैं तब वह रोमैंटिक अनुभूति से भर जाता है–'मेनका के कंधे पर विश्वामित्र के उलंब बाहु। सावन की अँधियारी और बादलों की रिमझिम। बीच-बीच में हवा का सर्द झोंका' इसका परिणाम वही हुआ जो होना था–'घर की अँधेरी भंडरिया। दोनों भटकते हैं। हंसा कुछ बताता है। सुशीला जी कुछ सुनती है। आँखें कुछ देखती हैं। हाथ कुछ टटोलते हैं। बहरहाल पता नहीं कहाँ क्या है' दोनों को सहारा चाहिए। कभी वह लुढ़कता है, कभी वह लुढ़कती है और दोनों दृष्टिवान हो जाते हैं–दिव्य दृष्टिवान। सुशीला और हंसा प्रेम-दृष्टि पा जाते हैं, थोड़ी देर के लिए ही सही, दोनों की जिंदगी सार्थक हो जाती है। मगनू के शब्दों में 'लग गई पार हंसवा की नाव।' हंसा प्रेम से सराबोर होकर सुशीला जी का हो जाता है और उनके बीमार होने पर वह उनकी जैसी सेवा करता है, उससे उसका प्रेमी रूप सार्थक हो जाता है।

सुशीला के प्रति हंसा की अत्यधिक चाहत का प्रमाण इस बात से मिलता है कि उनके निधन के बाद वह पूरी तरह पागल हो जाता है। सुशीला के निधन से उसके सपनों का महल एकदम ढह गया। उसके खेत में घास उग आई, मकान ढह गया और वह पागलों-सी हँसी हँसता हुआ कभी गंदे कागजों को दीवारों पर साटता और कभी सारे गाँव की गलियाँ साफ करता और

'हंसा जाई अकेला' गाता रहता। वह हर चीज से उदासीन और बेखबर हो गया लेकिन उसने तीन चीजें नहीं छोड़ीं—एक लग्गी में लगा फटा तिरंगा, दूसरी सुशीला का दिया हुआ बिगुल, तीसरी आजादी लेने की कसमें। एक तरह से ये तीनों चीजें उसे सुशीला के संपर्क से मिली थीं। सुशीला के साथ-साथ वह इन तीनों का दीवाना हो गया था। हंसा एक कर्मठ राजनीतिक कार्यकर्त्ता भी था। उसी की कर्मठता और दौड़-धूप से कांग्रेस को चुनाव में जीत मिली। वह आजादी और महात्मा गाँधी का दीवाना था। खद्दर का कुर्ता-धोती पहनकर और लाठी में तिरंगा बाँधकर बिगुल बजाते हुए उसने घर-घर बापू के संदेश की पर्ची बाँटी थी और लोगों से कहा था—'कांगरेस तुम्हारे राज के लिए लड़ती है। बेदखली बंद होगी। छुआछूत बंद होगा। जनता का राज होगा। एक बार बोलो—गन्ही महात्मा की जय।' हंसा की राजनीतिक सक्रियता और गाँधी-भक्ति तथा सुशीला और हंसा का प्रेम-प्रसंग 'मैला आँचल' के बालदेव और लछमी कोठरिन एवं उनके प्रेम-संबंध की एक हल्की झलक प्रस्तुत करते हैं।

अन्य चरित्र—यह पूरी कहानी हंसा को केंद्र में रखकर लिखी गई है। 'हंसा' के अतिरिक्त अन्य चरित्र केवल सामान्य भूमिका में दिखाई पड़ते हैं। वे थोड़ी देर के लिए पानी के बुलबुले की तरह प्रकट होते हैं और पल भर में अंतर्धान हो जाते हैं लेकिन उनकी क्षणिक उपस्थिति कहानी को एक नया स्वाद, नई गति से भर देती है। बाबा और सुशीला ही 'हंसा' की जीवन-कथा के साथ दूर तक चलते हैं। बाबा दंगलबाज हैं, वे पहलवानों के सरताज हैं और 'हंसा' उनका मुरीद है। उन्हीं के आस-पास मँडराता है, उनकी तेल-मालिश करता है और वक्त-बेवक्त उन्हीं के घर भोजन भी कर लेता है। उन्हीं के दालान में देश-विदेश की बातें होती हैं, रामायण-महाभारत पर प्रवचन होता है और 'गनही महात्मा' की जय बोली जाती है। वे हंसा को बहुत मानते हैं और हंसा भी उन्हें काफी मान-सम्मान देता है। जब रात में सुशीला के साथ हंसा की उलट-पलट हो गई तब बाबा ने दूसरे दिन उससे कहा—'हंसा! जहाँ पहुँच गए हो वहाँ से वापस नहीं आना होगा।' हंसा ने संकल्पबद्ध होकर कहा—'भइया, बोटी-बोटी कट जाऊँगा, पर यह कैसे हो सकता है।' इस प्रकार हंसा को बाबा का पूरा समर्थन प्राप्त था।

सुशीला इस कहानी में दूसरा सबसे महत्त्वपूर्ण एवं नारी पात्र है। वह एक विधवा स्त्री है और कांग्रेस की प्रचारिका-साँवला रंग लंबा छरहरा बदन, रूखे-रूखे बाल, तेज आँखें और गन्ने के ताजे रस-सी/मीठी आवाज। इसी आवाज पर तो हंसा मुग्ध हो गया था। सुशीला प्रभावशाली वक्ता, मधुर गायिका और कर्मठ राजनीतिक कार्यकर्त्री हैं। उन्हीं के प्रभाव से कांग्रेस को चुनाव में विजय मिलती है। चुनाव के समय यद्यपि वे निमोनिया से पीड़ित होकर बिस्तर पर पड़ी थीं लेकिन जब 'किसानों की जय-जयकार करती हुई टोलियाँ गुजरती हैं तो वे अपने बिस्तर पर तड़प कर रह जातीं। हंसा उन्हें बहुत रोकता, पर वे उठकर उनसे मिलतीं। बाबा बहुत समझाते, पर न मानतीं।' यही नहीं 'चुनाव के दिन डोली में उठाकर वे पोलिंग पर ले जाई गईं। वहीं पेड़ के नीचे बैठे-बैठे उन्हें कई बार चक्कर आया और बेहोश हो गईं।' इससे पता चलता है कि वे कितनी कर्मनिष्ठ एवं संघर्षशील थीं।

सुशीला और हंसा दोनों के मन में एक-दूसरे के प्रति एक समान रूप से प्रेम की भावना है। यह दोनों के अभाव की पूर्ति का परिणाम है। सुशीला को उस समय बहुत दुख होता है जब लोग सुशीला और हंसा के प्रकरण का हवाला देकर उन्हें चुनाव क्षेत्र वापस बुलाने का अनुरोध करते हैं। परिणामस्वरूप चुनाव के दो दिन पूर्व उन्हें प्रचार कार्य से अलग कर दिया जाता है।

काम से अलग किए जाने की नोटिस पाकर 'वे हँस पड़ी थीं' और दुख भरे स्वर में कहा–'ईश्वर ने पति से अलग किया और अब बापू के नकली चेले उन्हें जनता से अलग करना चाहते हैं।' इसी जनता में उनका 'हंसा' भी है जिसके 'चौड़े सीने पर उगे हुए बालों के जंगल में वे खो जाती हैं।' जनता से अलग किए जाने पर उसके अंतर्मन को बहुत पीड़ा पहुँचती है और यह सोचते हुए कि विधाता और लोगों की निष्ठुरता एक जैसी ही है, उसका मन दर्द से कराह उठता है। जी.पी.एच. की पुस्तकों का मुख्य उद्देश्य ज्ञान के साथ-साथ अच्छे नम्बर दिलाना है।

प्रश्न 11. 'हंसा जाई अकेला' में चित्रित ग्रामीण यथार्थ पर प्रकाश डालिए।

अथवा

'हंसा जाई अकेला' कहानी के परिवेशगत यथार्थ को संक्षेप में प्रस्तुत कीजिए।

उत्तर– 'हंसा जाई अकेला' ग्रामीण परिवेश के यथार्थ से जुड़ी हुई एक ऐसी मार्मिक कहानी है, जिसके अंतर में राजनीतिक यथार्थ छिपा हुआ है। मार्कण्डेय के पास ग्रामीण जीवन का न केवल यथार्थानुभव है बल्कि उनका मन उसके रंग और स्वाद से रंगा और भरा हुआ है। इसी विशेषता के कारण वे 'हंसा' जैसे चरित्र को जीवंत रूप में चित्रित कर सके और उसी के कारण ग्रामीण जीवन को भी साकार कर सके। कहानी के आरंभ में ही मार्कण्डेय ग्रामीण जीवन-बोध को बड़ी सरसता के साथ उपस्थित कर देते हैं–'समझाते-समझाते उमिर बीत गई, पर यह माटी का माधो ही रह गया। ससुर मिलें तो कसकर मरम्मत कर दी जाए आज।' इसके बाद कहानी के जो भी दृश्य सामने आते हैं, वे ग्रामीण संवेदना और बोध से परिपूर्ण हैं। लोगों की बोली-बानी-व्यवहार, हँसी-ठिठोली आदि से गाँव का रूप-रंग साकार होता रहता है।

बाबा के दालान का दृश्य लेखक इस प्रकार प्रस्तुत करता है कि गाँव का परिवेश सजीव हो उठता है–'उस दिन दालान में कोई नहीं था। शाम का वक्त था। बाबा की चारपाई के पास बोरसी में गोहरी सुलग रही थी। जानवर मन-मारे अपनी माँदों में मुँह गड़ाए थे। रिमझिम पानी बरस रहा था। कलुआ पाँवों से पोली जमीन खोदकर, मुकुड़ी मारे पड़ा था। बीच-बीच में जब कुटकियाँ काटतीं, तो वह कूँ..... कूँ..... करके, पाँवों से गर्दन खुजाने लगता।' यह है गाँव की भाषा में गाँव को साकार करना। आजादी के बाद हिंदी कहानी में 'गाँव' अपनी पूरी अस्मिता के साथ जगमगा उठा। इस कहानी को पढ़ते हुए हमारा पुराना गाँव साकार हो उठता है। नामवर सिंह ने बहुत सही लिखा है कि 'गाँव की जिंदगी पर कहानियाँ भी लिखी जाती थीं लेकिन जिस आत्मीयता के दर्शन मार्कण्डेय की कहानियों में होते हैं, वह अन्यत्र दुर्लभ है।'

राजनीतिक चहल-पहल इस ग्रामीण यथार्थ का अन्य पहलू है। यह कहानी आजादी मिलने के पहले की राजनीतिक हलचल की पृष्ठभूमि में लिखी गई है। उस समय लोग कांग्रेस और आजादी के दीवाने थे। सुशीला के माध्यम से कहानी में राजनीतिक रंग पैदा होता है। हंसा की सक्रियता से वह कहानी के मूल रस में घुल-मिल जाता है। चुनाव की सरगर्मी, चहल-पहल, भजन-कीर्तन करके लोगों को जगाना, वोट डालने के लिए प्रेरित करना, मतदान के समय की कारगुजारियाँ, चालाकियाँ आदि सब दृश्यात्मक रूप में प्रत्यक्ष हो जाते हैं किंतु यह सब कहानी की मर्यादा के अनुरूप ही हुआ है–कुछ स्पष्ट, कुछ सांकेतिक और कुछ अर्थगर्भित ढंग से। 'नई कहानी' में परिवेश अलग से चित्रित न होकर कथ्य का अभिन्न अंग बनकर प्रस्तुत हुआ

है–कथा को गति और अर्थ देता हुआ। लेखक द्वारा इस कला का प्रस्तुतीकरण बहुत ही सार्थक ढंग से किया गया है। इससे कहानी जीवंत हो उठी है।

मार्कण्डेय ने ग्रामीण यथार्थ और राजनीतिक यथार्थ दोनों को समान ढंग से अर्थात् सारगर्भित ढंग से रूपायित किया है, विशेषकर चुनाव, चुनावी राजनीति, चुनावी हथकंडे आदि। सुशीला के बढ़ते प्रभाव को देखकर विपक्षी दल हंसा-प्रसंग की आड़ लेकर जनता को भड़काते हैं और उन्हें प्रचार कार्य से विरत करने की नोटिस दिला देते हैं, दूसरी तरफ 'हंसा' भी मतदान के समय लोगों को सिखाता है–'बाबू साहब जो कहें मान लो। पूड़ी-मिठाई राजा के तंबू में खाओ। खरचा-खोराक बाबू साहब से ले लो और मोटर में बैठो! लेकिन कांग्रेस का बक्सा याद रखो।' चुनाव की ओछी राजनीति का ऐसा एक दूसरा पक्ष भी है–

'गाँव में चुनाव की धूम मची थी। बाबू साहब बभनौटी के साथ कांग्रेस का विरोध कर रहे थे। उनके पेड़ों पर इश्तहार टाँग दिए जाते, तो उनके आदमी उखाड़ देते। किसान बुलवाए जाते, उन्हें धमकाया जाता। खेत निकाल लेने की, जानवरों को हकवा देने की बात कही जाती और हंसा-सुशीला की कहानी का प्रचार किया जाता–भ्रष्ट हैं सब! इनका कोई दीन धरम नहीं है ..... गन्ही तो तेली है।' संकेत रूप में यह हमारे जनतंत्र का वह आईना है जो आगे चलकर और प्रगाढ़ हुआ।

यह कहानी आजाद भारत के राजनीतिक चरित्र को भी उद्घाटित करती है। मार्कण्डेय ने कहानी में राजनीतिक रंग पैदा करने और उसे रोचक बनाने के लिए रामलीला प्रसंग को भी सार्थक ढंग से मोड़ा है। रामलीला में हंसा का रावण बनना, लक्ष्मण का ठोकर लगकर गिरना, राम को उल्टी आना और जनता की फौज का जीत जाना भी साभिप्राय है। कांग्रेस जनता की पार्टी है। इसमें विराहिम, कालू, भुलई, फेद्दर सभी हैं, यह जनता की लड़ाई है। चुनाव में यह जनता अपनी लड़ाई जीत जाती है पर राक्षसी सेना बन कर। इस लड़ाई से 'राम बेचारे अकेले बैठे रह गए। रामायण बंद हो गई। तिवारी चिल्लाने लगा, पर कौन सुनता है?' लेखक भारतीय राजनीति के आगामी चरित्र को रेखांकित कर रहा है। रावण बने हंसा को सुशीला डाँटती हैं – 'यही स्वयंसेवक हो! बदनाम करते हो झंडे को। बंद करो यह सारा तमाशा, होने दो रामलीला ठीक से।' जैसा कि सर्वविदित है, आजाद भारत में राजनीति के मंच पर न यह तमाशा बंद हुआ और न ठीक से रामलीला हुई। 1956 में मार्कण्डेय रेणु की तरह भारतीय राजनीति का सही आकलन कर रहे थे। कहानी वही नहीं अच्छी होती जो यथार्थ को दिखाती है, वह ज्यादा अर्थवान होती है जो भविष्य के सच को संकेतित करती है। आजादी के बाद आजादी के दीवानों को राजनीतिक पीड़ित बनाकर उनके तप, त्याग, बलिदान का जो मूल्य चुकाने का नाटक किया गया, वह हंसा के साथ किए गए बर्ताव का ही विस्तार है – 'आजादी मिली, तो उसे रुपए मिले। राजनीतिक पीड़ित था वह।' कहानीकार ने इस बर्ताव का सटीक उत्तर दिया है हंसा के माध्यम से – 'पर वह रुपयों की गड्डी लेकर हँसता रहा और फिर उन्हें गाँव की दीवारों में एक-एक कर टाँग आया।' शायद वह कह रहा था–'नहीं चाहिए आजादी की लड़ाई की यह कीमत।' हंसा के दुख से भरे व्यक्तिगत जीवन में यह राजनीतिक स्वांग एक नई चुभन देता है।

प्रश्न 12. 'हंसा जाई अकेला' कहानी की भाषा-शैली पर संक्षिप्त टिप्पणी लिखिए।

अथवा

'हंसा जाई अकेला' कहानी की भाषा की विशेषताएँ लिखिए।

उत्तर– यह नई कहानी आंदोलन की एक महत्त्वपूर्ण विशेषता है कि जिस जीवन-यथार्थ से इस कहानी का उद्‌भव हुआ है, उसकी अभिव्यक्ति हेतु भाषा भी उसी क्षेत्र की प्रयोग की गई है। इनकी भाषा में उत्तर प्रदेश के गाँवों की बोलियों की अधिकता होती है, जिससे कहानी में यथार्थ पृष्ठभूमि का निरूपण होता है। इससे कथ्य की विश्वसनीयता और प्रामाणिकता अनुभूत यथार्थ के रूप में अभिव्यक्त हुई। 'हंसा जाई अकेला' ग्रामीण यथार्थ से उद्‌भूत एक सामान्य व्यक्ति की कहानी है जो गाँव की जिंदगी में काफी रचा-बसा है। मार्कण्डेय ने ग्रामीण यथार्थ और संवेदना को रूपायित करने के लिए, पाठक के चित्त में गाँव का पूरा बिम्ब आलोकित करने के लिए साहित्यिक खड़ी बोली को ग्राम्य भाषा की सरसता, उसकी शब्दावली और मुहावरे आदि से समृद्ध करके आत्मीय और प्रभावशाली बना दिया है। लोक-रस और रंग में डूबी हुई यह भाषा बड़ी जीवंत है। इसके कुछ उदाहरण देखने योग्य हैं–

(1) मगनू ने कहा–'सरऊ सांड हो रहे हो, अब मरद-मेहरारू में भी तम्हें भेद नहीं दिखाई पड़ता।'

(2) 'कुछ न कहो भउजी!' हंसा कह ही रहा था कि बाबा बोल उठे, 'फंसी गया था हंसवा आज, वह तो खैर मनाओ, बच गया, नहीं तो वह पड़ती कि याद करता।'

प्रेमचंद के ग्रामीण यथार्थ को और अधिक घने, आत्मीय और बिम्बात्मक रूप में प्रस्तुत करने वाले शब्दों के कारण इस कहानी की भाषा काफी व्यंजनापूर्ण और प्रभावशाली हो गई है। 'नाही भाय', 'हकबकाना', 'मेहरारू', 'ससुरा', 'सरवा', 'भीट', 'चिल्लर', 'घर-दुआर', 'भउजी', 'डुड़वार डाकना', 'माटी का माधो', 'बियाह', 'घियान', 'ओर उती', 'रतौन्ही', 'गन्ही महात्मा', 'कुटकियाँ', 'गोड़वारी', 'तनी बाँचदो', 'गवनई', 'छुआ-छिरका', 'पूड़ी ऊड़ी', 'पानी बूनी', 'निरूआही' आदि शब्द लोक भाषा के शब्दों से समृद्ध कथा-भाषा लोक का तो परिचय कराते ही हैं, भाषा में लोक-संवेदना और लोक-रस को भी घोल देते हैं।

मार्कण्डेय की कथा भाषा में खड़ी बोली और लोक भाषा के बीच इतनी घनिष्ठता कायम हो गई है कि खड़ी बोली का खड़ापन एकदम गायब हो गया है और सामान्यजन की भाषा का नया रंग उभर आया है। उदाहरणस्वरूप, 'कुछ न पूछो, भईया! तुम्हें खबर ही नहीं, सारे गाँव में रात ही खबर फैल गई। वह ससुरा दुआरे बैठने के लायक नहीं है। कहते थे कि कोई राड़-बेवा मढ़ दो उसके गले। कल रात बाबू साहब के यहाँ पंचायत हुई। तय हुआ कि कोई अब सभा-सोसाइटी की चौकी गाँव में नहीं धरी जाएगी। औरत-सौरत का शासन यहाँ नहीं होने पाएगा। बहू-बेटियों पर खराब असर पड़ता है। बात यह भईया कि राजा साहब ओट लड़ रहे हैं, कांग्रेस के खिलाफ।' 'हंसा जाई अकेला' की भाषा इतनी सहज, स्वाभाविक और अर्थगर्भी है कि वह पाठक के चित्त पर सीधा असर डालती है। न तो शब्दों का आडंबर है, न विस्मित करने की कला। यथार्थ को सरल-सीधे ढंग से संप्रेषित करने और उसके बिम्ब को जीवंत रूप में प्रस्तुत करने का वह कौशल जरूर है जो किसी लेखक में सादगी का सौंदर्य रचने की क्षमता के बाद पैदा होता है। मार्कण्डेय की भाषा-शैली प्रेमचंद की कथा-परंपरा में एक नया प्रस्थान-बिंदु रेखांकित करती है और कथा में नया रंग और नया स्वाद पैदा करती है।

रेणु की तरह मार्कण्डेय ने भी लोकगीतों की सहायता से कहानी को लोकरस से परिपूर्ण करते हुए उसमें मानो जैसे रस घोल दिया है। 'हंसा जाई अकेला' के अलावा उन्होंने 'जग बेल्ह मौलू जुलूस कइलू ननदी' और 'जागा हो बलमुआ गाँधी टोपीवाले' जैसे गीतों का स्वाभाविक

प्रयोग करके कहानी को काफी सरस और रोचक बना दिया है। ये गीत कहानी के सच को नया अर्थ देते हैं और कथा-संवेदना को गाढ़ा भी कर देते हैं। दरअसल मार्कण्डेय कहानी कहते नहीं है, उसे दिखाते हैं, मंच पर हो रहे नाटक की तरह। 'हंसा जाई अकेला' कहानी वास्तविकता को नई ग्रहणशीलता के साथ जिंदगी की नाटकीयता का प्रत्यक्ष बोध कराती है। यह कहानी मनुष्यता का पोषण करती है और मानवीय संवेदना को प्रगाढ़ करती है। सरलता और सादगी का सौंदर्य रचती हुई यह कहानी स्वातंत्र्योत्तर हिंदी कहानी को नई जमीन और नई चेतना देती है।

प्रश्न 13. कहानीकार मन्नू भंडारी का जीवन परिचय देते हुए उनकी कहानी की विशेषताएँ बताइए।

अथवा

मन्नू भंडारी का परिचय दीजिए।

उत्तर– मन्नू भंडारी हिंदी की सुप्रसिद्ध कहानीकार हैं। मध्य प्रदेश में मंदसौर जिले के भानपुरा गाँव में जन्मी मन्नू का बचपन का नाम महेंद्र कुमारी था। लेखन के लिए उन्होंने मन्नू नाम का चुनाव किया। उन्होंने एम.ए. तक शिक्षा पाई और वर्षों तक दिल्ली के मीरांडा हाउस में अध्यापिका रहीं। धर्मयुग में धारावाहिक रूप से प्रकाशित उपन्यास 'आपका बंटी' से लोकप्रियता प्राप्त करने वाली मन्नू भंडारी विक्रम विश्वविद्यालय, उज्जैन में प्रेमचंद सृजनपीठ की अध्यक्षा भी रहीं। लेखन का संस्कार उन्हें विरासत में मिला। उनके पिता सुख सम्पतराय भी जाने-माने लेखक थे।

मन्नू भंडारी नई कहानी आंदोलन से जुड़ी हुई एक महत्त्वपूर्ण लेखिका मानी जाती हैं। कमलेश्वर, राजेन्द्र यादव और मोहन राकेश की तिकड़ी के बीच मन्नू भंडारी ने नई कहानी को अपनी रचनाशीलता से समृद्ध किया। उनकी कहानियों ने इस आंदोलन को गति एवं शक्ति दी है। उन्होंने 1955-56 से लिखना शुरू किया और इसी समय से हिंदी में नई कहानी की चर्चा-प्रतिष्ठा शुरू हुई। नई कहानी में जिस नए अनुभव, संवेदना, दृष्टिकोण और शिल्प की आवश्यकता पर बल दिया गया था, वह मन्नू भंडारी की कहानियों में विद्यमान था, कहना चाहिए कि मन्नू भंडारी स्वाभाविक ढंग से नई कहानी की राह पर चल पड़ी थीं और वे उस नए कथा-संसार को सृजित करने लगी थीं जो देश-काल की नई वास्तविकता से उद्भूत हुआ था।

मन्नू भंडारी ने कथा-साहित्य की दोनों विधाओं (कहानियाँ और उपन्यास) को अपनी लेखनी से संपन्न किया है। 'एक प्लेट सैलाब' (1962), 'मैं हार गई' (1957), 'तीन निगाहों की एक तस्वीर', 'यही सच है' (1966), 'त्रिशंकु' और 'आँखों देखा झूठ' उनके महत्त्वपूर्ण कहानी-संग्रह हैं। माता-पिता के रिश्तों की टूटन की त्रासदी में पिस रहे एक बच्चे को केंद्र में रखकर लिखा गया उनका उपन्यास 'आपका बंटी' (1971) हिंदी के कालजयी उपन्यासों में गिना जाता है बल्कि यह कहना चाहिए कि हिंदी साहित्य में 'आपका बंटी' अपनी तरह का अकेला व अद्वितीय उपन्यास है। लेखक राजेन्द्र यादव के साथ लिखा गया उनका उपन्यास 'एक इंच मुस्कान' (1962) आधुनिक बौद्धिकों की एक दुखांत प्रेमकथा है। मन्नू भंडारी ने 'बिना दीवारों का घर' (1966) शीर्षक से एक नाटक भी लिखा है। मन्नू भंडारी हिंदी की लोकप्रिय कथाकारों में से हैं। नौकरशाही में व्याप्त भ्रष्टाचार के बीच आम आदमी की पीड़ा और दर्द की गहराई को उद्घाटित करने वाले उनके उपन्यास 'महाभोज' (1979) पर आधारित नाटक अत्यधिक

लोकप्रिय हुआ था। इसी प्रकार 'यही सच है' पर आधारित 'रजनीगंधा' नामक फिल्म अत्यंत लोकप्रिय हुई थी और उसको 1974 की सर्वश्रेष्ठ फिल्म का पुरस्कार भी प्राप्त हुआ था।

मन्नू भंडारी जिस तरह जीवन को सहज-स्वाभाविक ढंग से जीती हैं, उसी तरह लिखती भी हैं। वे अपने समय के जीवन-यथार्थ को चित्रित करने वाली एक ऐसी लेखिका हैं जो न तो रचने का ढोंग पालती हैं, न ही कोई बड़बोलापन दिखाती हैं। उनका लेखन एक धीर-गंभीर, शांत और यथार्थ पर पैनी दृष्टि रखने वाली लेखिका का लेखन है जिसमें समय और समाज को विशेषकर शहरी मध्यवर्ग को, बहुत नजदीक से देखा-परखा और समझा गया है और एक सकारात्मक जीवन दृष्टि को स्थापित करने की सार्थक कोशिश की गई है। 'मैं हार गई', 'ईसा के घर इंसान', 'जीती बाजी की हार', 'एक कमजोर लड़की की कहानी', 'सयानी बुआ', 'यही सच है', 'रानी माँ का चबूतरा', 'अकेली', 'स्त्री सुबोधिनी', 'एखाने आकाश नाई', 'निशंकु', 'रेत की दीवार' आदि उनकी चर्चित एवं महत्त्वपूर्ण कहानियाँ हैं।

स्वतंत्रता प्राप्ति के बाद भारतीय समाज और जीवन-मूल्यों में जो परिवर्तन हुआ है या समाज और राष्ट्र जिन परिस्थितियों से गुजरा है, उन सबका कोई-न-कोई चित्र मन्नू भंडारी की कहानियों में और 'महाभोज' जैसे उपन्यास में विशेष रूप से अंकित है। यह तथ्य सर्वविदित है कि आजादी के बाद हमारे सामाजिक, राजनीतिक और पारिवारिक ढाँचे में काफी परिवर्तन हुआ, जीवन मूल्यों और संबंधों में काफी बदलाव आया, संयुक्त परिवारों के टूटने-बिखरने और छोटे-छोटे परिवारों के बनने की प्रक्रिया तेज हुई, आर्थिक स्थिति में भी काफी फर्क पैदा हुआ, इससे जीवन जीने के रंग-ढंग और सोच में भी तब्दीली आई, स्वतंत्रता के कारण कई तरह के बंधनों से छुटकारा मिला, दिल-दिमाग को आजादी मिली, इससे नए बंधन बने, पुराने ध्वस्त हुए, स्त्री-पुरुष संबंध में भी स्वतंत्रता ने नए आयाम विकसित किए, प्रेम को नया आकाश मिला। मन्नू भंडारी ने इस बदलते हुए समय और समाज को बहुत निकटता से जाना-समझा, उसको आलोचनात्मक विवेक से परखा और नई जीवन स्थितियों के तकाजे के मद्देनजर उसकी सार्थकता-निरर्थकता को रेखांकित किया। इस बदलाव व यथार्थ को उन्होंने 'नकली हीरे', 'यही सच है', 'नई नौकरी', 'दरवाजा', 'आते-जाते यायावर', 'स्त्री सुबोधिनी' आदि कहानियों के माध्यम से समझाने की कोशिश की है।

मन्नू भंडारी की कहानियों में हालाँकि यथार्थ का आग्रह अधिक है, भावुकता का कम, किंतु वे मर्यादा को एकदम ताक पर नहीं रख देती हैं। उनकी कहानियों में नारी जागरण का तत्त्व भी प्रमुखता के साथ विकसित हुआ है। उनकी स्त्रियाँ स्वतंत्रता के स्वच्छ वातावरण में साँस लेती हैं, अपने निर्णय यथार्थ की जमीन पर लेती हैं। आजादी के बाद घर की चारदीवारी से बाहर निकल कर युवतियों ने किस तरह जीवन-संघर्ष झेलना शुरू किया, कैसे-कैसे अपने को आत्मनिर्भर और साहसी बनाया, मन्नू भंडारी ने उन सबके बड़े विश्वसनीय और प्रामाणिक चित्र प्रस्तुत किए हैं और आजादी के बाद की नारी को एक नई पहचान दी है। उनके स्त्री-पात्र न तो पश्चिम की नारी-मुक्ति का उच्छृंखल प्रदर्शन करते हैं, न ही सामंती मूल्यों वाली स्त्री-छवि को जीते हैं। उनके स्त्री-पात्र स्वतंत्रता का तार्किक अर्थ ग्रहण करते हुए विवेकपूर्ण जीवन जीने का उदाहरण प्रस्तुत करते हैं। 'यही वजह है' मन्नू भंडारी की कहानियों में न तो उच्छृंखलता है और न तथाकथित 'बोल्डनेस।' आजाद भारत में आजाद मन-मस्तिष्क के साथ स्वाधीन ढंग से जीवन-यापन की एक मर्यादित शैली को ही तरजीह देती हैं मन्नू भंडारी की

कहानियाँ। इतना अवश्य है कि मन्नू भंडारी के नारी-पात्र नए-पुराने के द्वंद्व को बड़ी शिद्दत के साथ झेलते हैं और एक तार्किक परिणति को स्वीकार करते हैं। वे मोम की तरह गलते रहने वाले पात्र नहीं हैं। इसी बदली हुई परिस्थिति की उपज है–'यही सच है' कहानी की नई प्रेम-संवेदना, नई जीवन-दृष्टि और नया जीवन-लोक।

प्रश्न 14. 'यही सच है' कहानी की कथावस्तु स्पष्ट कीजिए।

उत्तर– 'यही सच है' कहानी में लेखिका ने नारी-मन में पुरुष के प्रति जो भाव उत्पन्न होते हैं, उन्हें डायरी-शैली में व्यक्त किया है। मध्यकाल के सामाजिक मूल्यों को ये भाव धक्का पहुँचाते हैं। अनेक नारियों के प्रति एक ही समय आकर्षित होने का एकाधिकार पुरुष वर्ग का है और नारी को एक समय एक ही पुरुष की चाहना चाहिए, ये दोहरे मापदंड भले ही प्रकट रूप से हों किंतु पुरुष-मन और नारी-मन दोनों में मन तो एक ही है। मन स्वतंत्र ही नहीं स्वच्छंद भी होता है। भारतीय नारी अपने मन पर संस्कृति, समाज, निसर्ग और मातृत्व के बंधन को परिस्थितिवश और परंपरा की मानसिकता के कारण स्वीकार करती है किंतु आधुनिक नारी अपनी इस मानसिकता के दायरे से बाहर पढ़ने की सोच रही है। इसी सोच का प्रतिबिम्ब 'यही सच है' की दीपा में दिखाई पड़ता है।

दीपा की कॉलेज की पढ़ाई पटना में हुई। सहपाठी निशीथ के साथ वह घूमती। चाँदनी रातों में पास बैठ एक-दूसरे से तन्मयता से वे निहारा करते। शरीर और शब्दों से दूर अनुभूति के क्षणों में डूबे दोनों घंटों बैठे रहते। दीपा के पिता की मृत्यु के बाद, निशीथ से कुछ अनबन हुई और दीपा कानपुर में अपना शोधकार्य करने लगी। इन्हीं दिनों उसके जीवन में हंसमुख, बेपरवाह संजय आया। दीपा को मुलाकात का समय देकर वह देर से आता, उसकी पसंद से ढेर सारे रजनीगंधा के फूल लाता और चुंबन-आलिंगन से उसे शिकायत का मौका ही नहीं देता। दीपा सोचती कि संजय से उसे प्रेम है, निशीथ के प्रति मोह था।

दीपा इंटरव्यू के लिए कलकत्ता जाती है। वहाँ निशीथ से भेंट होती है। वह नौकरी के सिलसिले में दीपा की पूर्ण रूप से तत्परता से मदद करता है। अनकहे आत्मीयता के क्षण दीपा के लिए अनबूझे नहीं रह पाते। वह अपनी आत्मा के सामने लज्जित होती है। विदा के क्षणों में गाड़ी प्लेटफॉर्म से सरकने लगती है तब क्षणेक निशीथ दीपा के हाथ पर हाथ रखकर जरा-सा दबाकर छोड़ देता है। दीपा को लगता है–"यह स्पर्श, यह सुख, यह क्षण ही सत्य है, बाकी सब झूठ है, अपने भूलने का, भरमाने का, छलने का असफल प्रयास है।"

कानपुर पहुँचने पर दीपा निशीथ को पत्र द्वारा अपने मनोभाव स्पष्ट कर देती है। दीपा को निशीथ का पत्र मिलता है जिसमें नियुक्ति के लिए हार्दिक बधाई दी है और 'शेष फिर' के साथ पत्र समाप्त हो गया है। निशीथ की अस्पष्टता दीपा को अनिर्णय की स्थिति में डालती है। उसी कमजोर मनःस्थिति में ढेर सारे रजनीगंधा के फूलों के साथ संजय का आगमन दीपा को उसकी बाँहों में पहुँचा देता है। संजय के चुंबन-आलिंगन में बद्ध दीपा को लगता है, "यह स्पर्श, यह सुख, यह क्षण ही सत्य है, वह सब झूठ था, मिथ्या था, भ्रम था।"

दीपा किसको चाहती है, वह स्वयं नहीं जानती या वह एक साथ दोनों को चाहती है। एक मन को शांति देता है तो दूसरा शरीर को। दीपा को संजय द्वारा रजनीगंधा के फूल लाना, चुंबन-आलिंगन देना अच्छा लगता है तो निशीथ का समय पर आना, उसकी चिंता करना, नीली

साड़ी में उसके सौंदर्य के प्रति प्रतिक्रिया व्यक्त करना सुख देता है अर्थात् कुछ स्तरों पर तो निशीथ अच्छा लगता है तो कुछ स्तरों पर संजय। सारांश रूप में, दीपा न निशीथ को चाहती है, न संजय को, वह सिर्फ अपने आपको चाहती है। वर्तमान क्षणों में जो उसे सुख देता है, वह क्षण ही दीपा की दृष्टि में सत्य है। अतीत और भविष्य वर्तमान के समक्ष झूठे और भ्रममूलक हैं।

प्रश्न 15. 'यही सच है' कहानी की कथा संरचना लिखिए।

उत्तर– अभिव्यक्ति में अपना एक अलग ढंग और शैली में सहजता एवं संश्लिष्टता मन्नू भंडारी की विशेषता है। इनकी कहानी 'यही सच है' की सारी खूबसूरती इसकी कथा की बुनावट और प्रस्तुति में है। निष्कर्ष रूप में यह कहानी बड़ी साधारण लगती है। एक स्त्री दो पुरुषों से प्रेम करती है, एक से कानपुर में–दूसरे से कलकत्ता में। यह प्रेम-निर्वाह तो बहुत आसान-सा है किंतु मन्नू भंडारी ने इस आसान से दिखने वाले कथानक को अंतर्द्वंद्वों के जिस ताने-बाने से बुना है, उससे न केवल कहानी मार्मिक और संश्लिष्ट यथार्थ वाली बन गई है बल्कि प्रेम-त्रिकोण को भी एक नया और आधुनिक रूप दे दिया है। इस कहानी की आलोचना करते हुए मोहन राकेश ने लिखा है, 'प्रेम-त्रिकोण–एक स्त्री दो पुरुष, दो स्त्रियाँ, एक पुरुष, एक स्त्री, एक पुरुष और एक अदृश्य कुछ जो खलनायक की भूमिका में आ खड़ा होता है। यह एक ही तरह की कहानी न जाने कितनी बार और कितने हाथों से लिखी जा चुकी है फिर भी इस विषय की नवीनता आज तक समाप्त नहीं हुई। हर बार जब एक नया व्यक्ति नई तरह से जो उस त्रिकोण में से गुजरता है या पहले की तरह गुजरते हुए महसूस कुछ और तरह से करता है या महसूस भी नहीं कुछ करता है पर कहना किसी और ढंग से चाहता है तो फिर से वही कहानी एक नई कहानी का रूप ले लेती है।'

यह बात ध्यान देने योग्य है कि मन्नू भंडारी ने प्रेम को नए ढंग से जाना-समझा है और उसे नए ढंग से लिखा भी है। उन्होंने अपने एक साक्षात्कार में सुधा अरोड़ा को यह भी बताया है कि उन्हें इस कहानी को लिखने की प्रेरणा राजेन्द्र यादव के एक कथन से मिली। शादी के एक साल बाद यानी 1960 में जब राजेन्द्र यादव अपनी पूर्व प्रेमिका से मिलकर दिल्ली से कलकत्ता लौटे तो किन्हीं अंतरंग क्षणों में मन्नू भंडारी से कहा–'पता नहीं, ऐसा क्यों होता है। मन्नू, पर जब वहाँ हूँ तो लगता है, वही मेरा सच है और जब यहाँ (मन्नू के पास) आता हूँ तो लगता है सच तो यह है।' इसी वाक्य से मन्नू की कल्पना को पंख लग गए। प्रेम-त्रिकोण में यह स्थिति तो एक महिला की हो सकती है जिसके दो प्रेमी हैं–एक कलकत्ता में, दूसरा कानपुर में और वह जब जहाँ जिसके साथ रहे तो वही सच लगे। इसी सच से मन्नू भंडारी ने इस कहानी को बुना है। मार्के की बात तो यह है कि उन्होंने अपनी कल्पनाशीलता और यथार्थानुभव का मिश्रण करके जिस कहानी कला का परिचय दिया है, उससे हिंदी को एक नई प्रेम कहानी मिल गई। 'यही सच है' कहानी का मूल्यांकन करते हुए मोहन राकेश ने इसे 'अंदर की उफनती दुनिया' कहा है। दीपा के अंतर्द्वंद्वों को केंद्र में रखकर मन्नू भंडारी ने उस आधुनिक स्त्री की आधुनिक प्रेम कथा लिखी है जो घर-परिवार के रिश्ते-नाते से दूर एक नई जीवन-परिस्थिति में जीती है और स्वतंत्र रूप से अपने निर्णय लेती है। यह एक ऐसी कहानी है जो वास्तविकता और रोमैंटिकता को एक साथ जीती है।

डायरी और आत्मकथात्मक शैली में लिखी गई इस कहानी में संयोग तत्त्व का सहारा लिया गया है तथा इस कहानी में घटना की स्थूलता या बहुलता नहीं है, अधिक घटना-प्रसंग भी नहीं

हैं, जो हैं, वह नायिका दीपा का तीव्र अंतर्द्वंद्व, उसके भीतर उठने वाले मनोभावों, विचारों का घात-प्रतिघात है। 'नई कहानी' की विशेषताओं की चर्चा करते हुए नामवर सिंह ने यह रेखांकित किया है कि नई कहानी में कथा का ह्रास हो गया और कथानक में सूक्ष्मता और अल्पता आ गई। 'यही सच है' कहानी इस तथ्य को प्रमाणित करती है। 'अंदर की उफनती दुनिया' अर्थात् मन की तीव्र हलचलों को लेखिका ने इस तरह शब्दबद्ध किया है कि पाठक उसकी रौ में बहता-डूबता चला जाता है या दूसरे शब्दों में यह कहानी पाठक को बड़ी ही सहजता से अपने में डुबो लेती है।

यह इस कहानी की विशेषता है कि इसमें एक छोटे से घटना-प्रसंग को लंबी कहानी का विषय बना दिया गया है। कहानी में नायिका दीपा नौकरी के लिए कानपुर से कलकत्ता जाती है और इंटरव्यू देकर चली आती है। इस बीच वह अपने पूर्व प्रेमी निशीथ से मिलती है, वह नौकरी पाने में उसकी मदद करता है और उसे नौकरी मिल भी जाती है। कुल इतनी ही कथा है लेकिन इतनी-सी कथा को मन्नू भंडारी ने प्रेम जीवन के स्वाभाविक तौर पर उठने वाले प्रश्नों-मनोद्वंद्वों से उसे इतना मार्मिक बना दिया है कि कहानी के किसी भी अंश को अनावश्यक नहीं कहा जा सकता। यह है कहानी की प्रभावान्विति और कथा की एकान्विति, जो इस कहानी की भी विशेषता है और 'नई कहानी' की भी। मोहन राकेश ने बहुत सही लिखा है, 'प्रेम अंतर्द्वंद्वों की कहानियाँ पहले भी लिखी गई हैं और इस दृष्टि से इस कहानी में कुछ नयापन नहीं है, परंतु मन्नू ने जिस सहजता और साहस के साथ इस अंतर्द्वंद्व का चित्रण किया है और शिल्प के जिस अधिकार के साथ इसे एक क्लाइमेक्स तक निभाया है, उससे इसमें अपनी ही एक ताजगी आ गई है और लगता है जैसे कहानी-कहानी न होकर दीपा के जीवन का एक सच्चा अनुभव ही है और जैसे सचमुच हम दीपा की डायरी के पन्ने ही पलट रहे हैं।' मोहन राकेश ने यह भी कहा है कि 'मन्नू भंडारी ने इस कहानी में संतुलित दृष्टि, ईमानदारी और संयत कला-दृष्टि का परिचय दिया है।' इस कहानी की एक और खूबी है कि यह न तो कहीं बहकती है, न अनावश्यक विस्तार पाती है। यह प्रेम के सघन आनंद से पाठक के मन को भर देती है और उसकी (प्रेम की) सुप्त व्यथाओं को भी जगा देती है। यही इस कथा-शिल्प के सफल होने का कारण है। ऐसा कथा-शिल्प कम ही देखने को मिलता है।

प्रश्न 16. 'यही सच है' शीर्षक की सार्थकता प्रतिपादित कीजिए।

उत्तर– 'यही सच है' मन्नू भंडारी की बहुचर्चित कहानी है। इस कहानी का शीर्षक 'यही सच है' अर्थपूर्ण और नई जीवन-दृष्टि का बोधक है। कहानी की नायिका दीपा अलग-अलग शहरों में दो भिन्न युवकों से प्रेम करती है और जब जिसके साथ रहती है, वही उसे सच्चा प्रेमी लगता है और उसे लगता है कि 'यही सच है' अर्थात् यही उसके जीवन का (प्रेम का) पूर्ण सत्य है। जब वह संजय के साथ रहती है तब उसका प्रेम ही उसे सच लगता है और जब कभी उसे लगता है कि संजय उसके और निशीथ के प्रेम को जानने के कारण कुछ संशक्ति होता होगा तब वह पूरी सफाई देती हुई कहती है, 'संजय! यह तो सोचो कि यदि ऐसी कोई बात होती, तो क्या मैं तुम्हारे आगे, तुम्हारी हर उचित-अनुचित चेष्टा के आगे, यों आत्म-समर्पण करती? तुम्हारे चुंबनों और आलिंगनों में अपने को यों बिखेरने देती? जानते हो, विवाह से पहले कोई भी लड़की किसी को इन सबका अधिकार नहीं देती। पर मैंने दिया, क्यों केवल इसीलिए

नहीं कि मैं तुम्हें प्यार करती हूँ, बहुत-बहुत प्यार करती हूँ। विश्वास करो संजय, तुम्हारा मेरा प्यार ही सच है, निशीथ का प्यार तो मात्र छल था, भ्रम था, झूठा था।' लेकिन वही दीपा जब कलकत्ता में निशीथ से मिलती है तो पिछले सारे कटु-दुखद और विश्वासघात के अनुभवों के बावजूद वह उसकी ओर इतना खिंच जाती है कि चाहने लगती है कि निशीथ उससे कह दे कि वह उसे अब भी प्यार करता है। वह पटना में निशीथ के साथ बिताए जीवन को अपने अंतर्मन से याद करती है और रात में जब संजय को याद करते हुए सोने के लिए उद्यत होती है, तब निशीथ 'बार-बार संजय की आकृति को हटाकर स्वयं आ खड़ा होता है।' दीपा चाहने लगती है कि निशीथ उससे कहे कि वह पिछली सारी बातें भूलकर आज भी उससे प्रेम करता है। वह मानने लगती है कि निशीथ के साथ उसका पहला प्यार था। उस प्यार में बेसुधी थी, विभोरता के क्षण थे और घनी तन्मयता थी। वह स्वीकार करती है कि प्रथम प्रेम ही सच्चा प्रेम होता है, बाद में किया हुआ प्रेम तो अपने को भूलने का भरमाने का प्रयास मात्र होता है। अपनी इस भावना के साथ जब वह कलकत्ता से वापस हो रही होती है तब गाड़ी के चलते समय निशीथ के हाथ का हल्का स्पर्श पाकर वह धन्य हो उठती है, 'मुझे लगता है, यह स्पर्श, यह सुख, यह क्षण ही सत्य है, बाकी सब झूठ है, अपने को भूलने का, भरमाने का, छलने का असफल प्रयास है।' रास्ते भर दीपा यही सोचती रहती है कि उसका और निशीथ का प्रेम ही सच्चा प्रेम है, वही सच है और वह तय करती है कि संजय से मिलने के बाद वह उसे इस सत्य से अवगत करा देगी और कहेगी कि 'आज लग रहा है, तुम्हारे प्रति मेरे मन में जो भावना है, वह प्यार की नहीं, केवल कृतज्ञता की है। तुमने मुझे उस समय सहारा दिया था, जब अपने पिता और निशीथ को खोकर चूर-चूर हो चुकी थी। ... मेरा मुरझाया, मरा मन हरा हो उठा; मैं कृत-कृत हो उठी और समझने लगी कि मैं तुमसे प्यार करती हूँ। पर प्यार की बेसुध घड़ियाँ, वे विभोर क्षण, तन्मयता के वे पल आए ही नहीं, जहाँ शब्द चुक जाते हैं। तुम पूरक थे, मैं गलती से तुम्हें प्रियतम समझ बैठी।' लेकिन कानपुर आने के बाद इसी दीपा का मन फिर बदल जाता है। उसे निशीथ की उदासीनता और तटस्थता खलने लगती है। नियुक्ति की सूचना के लिए निशीथ के पत्र की आस लगाए बैठी दीपा को जब इरा का पत्र और बाद में अत्यंत ठंडे भाव से लिखा हुआ निशीथ का पत्र मिलता है तब वह फिर कल्पना-लोक के स्वर्ग से यथार्थ की जमीन पर आ जाती है और ढेर सारे रजनीगंधा के फूलों के साथ उपस्थित संजय के चुंबन का स्पर्श महसूस करती हुई सोचने लगती है, 'और मुझे लगता है, यह सुख, यह क्षण ही सत्य है वह सब झूठा, मिथ्या था, भ्रम था।'

मन्नू भंडारी ने बड़ी सधी हुई कला से इस कहानी को 'यही सच है' की ध्वनि से गुंजायमान कर दिया है। इस कहानी में सच को सच कहने और स्वीकार करने का साहस है। यह उपलब्ध क्षण को जो लेने की भावना से उपजे, वहाँ उस क्षणवादी दर्शन की अभिव्यक्ति भी है जो आज को कल पर टालने या कल (अतीत) को ही बिसूरते रहने की प्रकृति का विरोध करता है। यदि हम कहानी के 'यही सच है' के मर्म को किसी ठोस तर्क पर कसेंगे, तो निराशा होगी। यह तो उपलब्ध परिस्थिति को स्वीकार करके अपने मन को किसी तरह समझा-बुझाकर जी लेने का ऐसा दर्शन है जिसमें किसी प्रकार की सत्यनिष्ठा के साथ विरोध-प्रतिरोध करने का प्रश्न उठता ही नहीं है। यह धारा में बहते जाने जैसा है। यही आधुनिकता है। जो है, उसे जी लो – भरपूर – कल रहे या न रहे। उपलब्ध को गँवाना मूर्खता है और यही सच है, जीवन का परम सत्य।

प्रश्न 17. 'यही सच है' कहानी के मुख्य पात्रों के व्यक्तित्व की विशेषताएँ लिखिए।

अथवा

'दीपा' के व्यक्तित्व की विशेषताएँ बताइए।

उत्तर– दीपा, निशीथ और संजय केवल ये तीनों ही इस कहानी के पात्र हैं, जिनके बीच प्रेम का त्रिकोण बना हुआ है। कहानी के इस त्रिकोण में, एक स्त्री दो पुरुषों से अलग-अलग शहरों में प्रेम करते हुए यह अनुभव करती है कि वह जब जहाँ जिसके साथ है, उसका प्रेम ही उसके लिए वास्तविक है। मन्नू भंडारी ने केवल दीपा के चरित्र को उद्घाटित किया है। उसी के माध्यम से संजय और निशीथ को भी चित्रित किया है, कभी चिंतन, अनुचिंतन करते हुए, कभी बात-व्यवहार करते हुए। इनकी कहानी के तीनों पात्रों का चरित्र-चित्रण इस प्रकार है–

दीपा–दीपा पटना की रहने वाली एक ऐसी युवती है, जिसका घर-परिवार से अब कोई खास संबंध नहीं बचा है। भैया-भाभी जरूर हैं, पर वे भी कभी खोज-खबर नहीं लेते, दीपा भी उन्हें कभी यों ही पत्र लिख देती है। घर-परिवार से विच्छिन दीपा शोध करने के लिए कानपुर आती है, यहीं उसे संजय सहारा देता है। धीरे-धीरे दोनों में आलोचना और अंतरंगता कायम हो जाती है। चूँकि दीपा को प्यार में निशीथ से धोखा मिला है, इसलिए वह संजय की ओर आकर्षित होती हुई उसके साथ विवाह बंधन में बंध जाना चाहती है, किंतु उसे निशीथ का प्रेम सालता रहता है। जब इंटरव्यू के लिए वह कलकत्ता जाती है तब फिर वह निशीथ के प्रेम के लिए आतुर हो उठती है और चाहती है कि निशीथ उसे अपना ले, किंतु वह हर तरह उदासीन एवं तटस्थ बना रहता है। दीपा कानपुर आकर फिर संजय के प्रेम में डूब जाती है। इस तरह दीपा पेंडुलम की तरह निशीथ और संजय के बीच डोलती हुई अंतर्द्वंद्व के हिचकोले खाती है। दीपा के मन में निशीथ के प्रति स्वाभाविक प्रेम है। वह अट्ठारह वर्ष की उम्र में किया गया उसका पहला प्यार है, वह उन्मादक और तन्मय करने वाला है, लेकिन दीपा जब यथार्थ की भूमि पर आती है तब वह संजय को ही अपने को समर्पित कर देती है। कुछ दिनों तक वह निर्णय-अनिर्णय के द्वंद्व में अवश्य रहती है, किंतु बाद में संजय की होकर वह यह प्रमाणित कर देती है कि जो उसका है, वह भी उसकी है। वह निशीथ को सौ खून माफ करके अपनाना चाहती है लेकिन निशीथ की तटस्थता और उदासीनता आड़े आ जाती है। इससे यह पता चलता है कि दीपा के मन में निशीथ के प्रति सहज-स्वाभाविक प्रेम है, किन्हीं धोखों और व्यवहारों के कारण वह उससे क्षुब्ध है।

कहा जा सकता है कि दीपा कालुश्य को मिटाकर प्रेम-पथ पर निशीथ के साथ चलना चाहती है, लेकिन वस्तु स्थिति का विश्लेषण करने पर यह पता चलता है कि दीपा के प्रेम में स्वार्थ की भावना प्रबल है, उत्सर्ग या न्योछावर होने की पुरानी प्रेम भावना कम। वह एक पढ़ी-लिखी युवती है, आत्मनिर्भर होने की दिशा में अग्रसर है, अपने निर्णय लेने में सक्षम है, इसलिए वह प्रेम में घुट-घुटकर मरने की बजाय यथार्थ को स्वीकारते हुए नया प्रेम-पथ चुन लेने का माद्दा रखती है। निशीथ के प्रति उसका उमड़ा प्रेम उसकी स्वार्थ पूर्ति का नतीजा है। होगी प्रेम की पुरानी प्रतीति, लेकिन सच तो यह है कि यदि निशीथ ने नौकरी लगने में उसकी मदद न की होती तो वह शायद उसे कभी याद भी न करती। कहानी के अंत में वह सब कुछ भूलकर संजय से लिपट जाती है। संजय के प्रति भी उसका प्रेम कृतज्ञता का है।

घर-परिवार से अलग होने और निशीथ से संबंध टूटने के बाद वह संजय के आगोश में आ जाती है। यही उसकी यथार्थजीविता है और जीवन को जीने का माद्दा भी। वह

नैतिकता-अनैतिकता के द्वंद्व में भी नहीं फँसती है। उसके प्रेम की कोई ऐसी कसौटी भी नहीं है जिसके आधार पर किसी को चाहे और किसी को रिजेक्ट करे। थोड़ी देर के लिए वह संजय और निशीथ के व्यक्तित्व की तुलनात्मक समीक्षा जरूर करती है, किंतु किसी पक्ष के साथ न तो जुड़ती है, न कटती है। वह केवल वर्तमान देखती है, वर्तमान का सच जीती है। वर्तमान से बड़ा और कोई आधार नहीं है, उसके पास। वह कोई ऐसी मूल्यजीवी युवती नहीं है जो मूल्य के लिए प्रेमी को स्वीकारे या नकारे। जिससे बात बन जाती है, वह उसी की हो जाती है। यही आधुनिकता की देन है और इसी तरह लोगों में आधुनिकता पनपती है।

संजय–संजय दीपा का प्रेमी है किंतु वह बहुत लापरवाह है। वह न तो समय का पाबंद है और न ही फिक्रमंद। इससे दीपा बहुत झुंझलाती है, 'नहीं आना था तो व्यर्थ ही मुझे समय क्यों दिया? फिर यह कोई काम की बात है। हमेशा संजय अपने बताए समय से घंटे-दो घंटे देरी करके आता है और मैं उसी क्षण से प्रतीक्षा करने लगती हूँ, वह क्यों नहीं समझता कि मेरा समय बहुत अमूल्य है।'

संजय प्रशंसा-कृपण है। वह दीपा के पहवाने आदि की कभी तारीफ भी नहीं करता–'संजय न कभी मेरे कपड़ों पर ध्यान देता है, न ऐसी बातें करता है।' 'पिछले ढाई साल से संजय के साथ रह रही हूँ, रोज ही शाम को घूमने जाते हैं, कितनी ही बार मैंने शृंगार किया, अच्छे कपड़े पहने, पर प्रशंसा का एक शब्द भी उसके मुँह से नहीं सुना।' संजय प्रशंसा-कृपण भले हो, पर प्रेम जताने के मामले में अति उत्साही, एक हद तक उद्धत है। वह बात-बात में दीपा को चूम लेता है, बाहों में भर लेता है। दीपा ने एक बार कहा था कि उसे रजनीगंधा के फूल बहुत अच्छे लगते हैं। तब से वह अक्सर रजनीगंधा के फूल लाकर उसके कमरे में सजा देता है। वह प्रेमिका को खुश करना जानता है, उत्साही है, इधर-उधर की बातों में दिमाग नहीं खपाता। संजय सकारात्मक सोच का युवक है, वह कुंठारहित है, हालाँकि दीपा के मन में कभी-कभी शंका के साँप फन उठाते हैं, लेकिन दीपा-निशीथ के प्रेम-संबंध को लेकर वह कभी टीका-टिप्पणी भी नहीं करता।

निशीथ–निशीथ दीपा का पहला प्यार है। वह उसका पूर्व प्रेमी है, संजय से पहले वह निशीथ से ही प्यार करती थी। दीपा के कथनों से पता चलता है कि उसने दीपा को धोखा दिया, उसके साथ विश्वासघात किया और उसे सारी दुनिया की भर्त्सना, तिरस्कार, परिहास और दया का पात्र बना दिया। वह कहती है, "विश्वासघाती! नीच कहीं का" किंतु यह नहीं स्पष्ट होता है कि उसने दीपा के साथ कब कैसा सलूक किया। उसके इस सच के बरक्स कहानी में उसका जो स्वरूप चित्रित है वह निश्चय ही नेक और मददगार इंसान का है। वह इतना नेक है कि दीपा की सारी उपेक्षा और ठंडेपन के बावजूद वह उसकी नियुक्ति को संभव भी बना देता है। इसके प्रतिदान में वह न तो दीपा से कोई उम्मीद करता है, न ही अपने टूटे दिल की दास्तान के पन्ने खोलता है। वह एक मूक सहयोगी-सा सहयोग करता है। उसमें न तो कोई उतावलापन पैदा होता है, न हीला-हवाली। संकोच-दुराव करके कार्य से दूर हट जाने की वह कोशिश भी नहीं करता है। वह संजय का एक तरह से प्रतिलोम है। संजय प्रेम में उद्धत है, वह संयत। संजय प्रशंसा-कृपण और लापरवाह है, निशीथ का स्वभाव इससे भिन्न है। वह दीपा की यथावश्यक प्रशंसा भी करता है और समय का बहुत ही पाबंद है। निशीथ की पाबंदी ही दीपा को उसकी ओर आकृष्ट करती है। इसी के चलते वह उसके प्रति चाहकर भी कटु नहीं हो पाती। उसके

अपनत्व-भरे व्यवहार से वह अपने प्रेम की पुरानी दुनिया में खो जाती है। निशीथ की भलमनसाहत उसे बहुत प्यारी लगती है। वह कभी किसी से लोगों की सिफारिश नहीं करता और न ही किसी का एहसान लेता है, किंतु दीपा के लिए उसने यह काम किया, काम को अंजाम तक पहुँचाया।

निशीथ के स्वास्थ्य और व्यवहार से यह पता चलता है कि प्रेम में असफल रहने के कारण वह काफी टूट गया है, अवसन्न कर देने की हद तक। दीपा के साथ उसकी शांत और संजय की उपस्थिति से उसकी व्यथा और अवसन्नता का पता चल जाता है और यह भी रेखांकित हो जाता है कि अब उसके चित्त में प्रेम की कोमलता नहीं रह गई है। कवियों के तरह बढ़े हुए उसके बाल, स्याह रंग, दुर्बलता आदि सब इसी का पता देते हैं। दीपा महसूस करती है, 'कितना दुबला हो गया है निशीथ। लगता है, जैसे मन में कहीं कोई गहरी पीड़ा छिपाए बैठा है।'

प्रश्न 18. 'यही सच है' कहानी के नई प्रेम-संवेदना के यथार्थ पर प्रकाश डालिए।

अथवा

'यही सच है' कहानी की प्रेम-संवेदना की आधुनिकता की संक्षेप में विवेचना कीजिए।

उत्तर– 'यही सच है' कहानी नई प्रेम-संवेदना की कहानी है। आजादी के बाद शहरी मध्यवर्ग के युवक और युवतियाँ किस तरह प्रेम की नई परिभाषा गढ़ने लगे, प्रेम को नए ढंग से जीने-समझने लगे, यह कहानी उस सच को बहुत अच्छी तरह दर्शाती है और पाठक में नई प्रेम-संवेदना का एहसास भरती है। 'उसने कहा था', 'आकाशदीप' जैसी कहानियों के मान-मर्यादा, लोक-लाज, त्याग, बलिदान, कर्त्तव्य निष्ठा, स्वच्छंद प्रेम भावना आदि से अलग हटकर यह कहानी प्रेम भावना को जीवन-यथार्थ की ठोस भूमि पर प्रतिष्ठित करती है। आजादी के बाद प्रेम-संबंधों में नए आयामों और नई जीवन-स्थितियों के पैदा होने से प्रेम के प्रति मनुष्य की धारणा में नया परिवर्तन उपस्थित हुआ। आधुनिकता व तर्क-वितर्क यानी बौद्धिकता को तो महत्त्वपूर्ण ठहराया ही, स्वतंत्रता ने भारतीय जीवन धारा में आत्मनिर्णय को महत्त्वपूर्ण बना दिया। अब वह समय नहीं रहा, जब कोई किसी की याद में जिंदगी भर रोया करे या उसी के लिए जीवन कुर्बान करे। भौतिकता और बढ़ती हुई स्वार्थपरता ने प्रेम को तन के सुख के साथ जोड़ दिया और उसके मन-स्तत्व को लगभग समाप्त कर दिया।

'यही सच है' कहानी की दीपा जिस तरह संजय और निशीथ के संपर्क में आकर अलग-अलग तरह से अपने प्रेम की व्याख्या करती है और जिस तरह दोनों के साथ को 'यही सच है' मानकर जीती है या जीना चाहती है, वह आधुनिक प्रेम संवेदना के उस सच को ही प्रतिष्ठित करता है जिसमें किसी के लिए कहीं भी जगह हो सकती है–धोखेबाज निशीथ के लिए भी और लापरवाह हितैषी संजय के लिए भी। उसका मन निशीथ में बसता है और तन संजय के साथ के लिए व्यग्र रहता है। वह खुद इस स्थिति से दुखी है–"इसी तरह की असंख्य बातें दिमाग में आती हैं, जो मैं संजय से कहूँगी। कह सकूँगी यह सब? लेकिन कहना तो होगा ही। उसके साथ अब एक दिन भी छल नहीं कर सकती। मन से किसी और की आराधना करके तन से उसकी होने का अभिनय करती रहूँ? छिः।" इस प्रकार दीपा का प्रेम भावनात्मक न होकर स्वार्थ केंद्रित और यथार्थाश्रित है। 'यही सच है' का मंतव्य भी यही है–उपलब्ध क्षण का सच,

उपलब्ध व्यक्ति का सच-जो है उसका सच। दीपा मानती है कि उसकी भावुकता यथार्थ में बदल गई है-'वह क्यों नहीं समझता कि आज हमारी भावुकता यथार्थ में बदल गई है सपनों की जगह हम वास्तविकता में जीते हैं। हमारे प्रेम को परिपक्वता मिल गई है। जिसका आधार पाकर वह अधिक गहरा हो गया है, स्थायी हो गया है।' यह यथार्थ स्वार्थकेंद्रित है।

निशीथ के प्रति दीपा के खिंचाव का कारण प्रेम उतना नहीं है जितना कि स्वार्थ-सिद्धि। वह एक विचित्र दशा में जीती है-नकार और स्वीकार की द्वंद्वपूर्ण स्थिति। वह आत्म विश्लेषण करती हुई कहती है-'विचित्र स्थिति मेरी हो रही थी। उसके अपनत्व भरे व्यवहार को मैं स्वीकार भी नहीं पाती थी, नकार भी नहीं पाती थी।' यह स्वीकार और नकार का द्वंद्व इसलिए नहीं समाप्त हो पाता है क्योंकि वह सोचती है कि निशीथ उसके इंकार के कारण उसकी नौकरी को संभव बनाने की कोशिश ही न छोड़ दे-'मैंने कई बार चाहा कि संजय की बात बता दूँ, पर बता नहीं सकी। सोचा, कहीं यह सब सुनकर वह दिलचस्पी लेना कम न कर दे। उसके आज-भर के प्रयत्नों से ही मुझे काफी उम्मीद हो चली थी। यह नौकरी मेरे लिए कितनी आवश्यक है। मिल जाए तो संजय कितना प्रसन्न होगा, हमारे विवाहित जीवन के आरंभिक दिन कितने सुख में बीतेंगे।' जब निशीथ उसे बताता है कि उसका चुना जाना करीब-करीब तय ही हो गया है तब उसे वह बहुत दिनों के बाद 'एक बार फिर बड़ा प्यारा-सा लगा।' क्या यह स्वार्थ-पूर्ति से उपजी प्रेम-भावना नहीं है? दरअसल, दीपा का प्रेम भावनात्मक न होकर अवसरवादी है, क्षणजीवी है। वह भोक्तावादी जीवन-दृष्टि का नतीजा है। दीपा निशीथ के प्रति उतने समय तक ही आकृष्ट रहती है जितनी देर तक उसके पास रहती है। कानपुर पहुँचकर संजय के साथ 'चुंबित-प्रतिचुंबित' की दशा पाकर वह आत्मविभोर हो जाती है और वापस संजय की ओर आकृष्ट हो जाती है।

'यही सच है' कहानी आजादी के बाद लिखी गई एक ऐसी प्रेम-कहानी है जिसकी प्रेम-संवेदना स्वाधीनता-प्राप्ति के बाद की स्त्री के स्वाधीन विवेक का परिणाम है। यह स्वतंत्र भारत में स्वतंत्रता के एहसास से भरी दीपा नाम की युवती की अंतर्द्वंद्वपूर्ण आत्मकथा-सी है जो स्वाधीन वातावरण में ही आत्म-निर्णय की स्वाधीनता अर्जित कर पाती है। यह स्वाधीनता भी उसके अकेलेपन में और अधिक प्रभावी हो जाती है। दीपा के सामने प्रेम के संदर्भ में जो भी द्वंद्व है वह मनोवैज्ञानिक यथार्थ है किंतु वह द्वंद्व किसी मूल्य-निष्ठा से नहीं उपजा है। आजादी के बाद मूल्य केवल टूटे-बिखरे ही नहीं, समाप्त भी हुए। एक तरह की मूल्यहीनता को भी मूल्य मानने की स्वतंत्रता को बढ़ावा मिला। सच को झूठ और झूठ को सच मानने के द्वंद्व को जीती है दीपा और जीत जाती है उसकी व्यावहारिक बुद्धि। डॉ. विश्वनाथ त्रिपाठी ने बहुत सही लिखा है-'यही सच है' का मतलब यह है कि झूठ और सच का निर्णय किसी नैतिक या सौंदर्य बोधीय आधार पर नहीं हुआ। एक आवेश पर हुआ और आवेश प्रायः क्षणिक ही होता है। व्यक्ति को निर्णय में झोंक देता है। सच नेपथ्य में पड़ा रहता है और झूठ सच के रूप में प्रतिष्ठित हो जाता है। 'यही सच है' शीर्षक सच का झूठापन स्थापित करता है। यशपाल का 'झूठा सच' एक ऐतिहासिक घटना का शीर्षक है। 'यही सच है' गहन व्यक्तिगत द्वंद्व का। जो हो जाए, उसी को सच मानना पड़ता है। शायद मानना भी चाहिए क्योंकि व्यवहार बुद्धि यही है। तो 'यही सच है' का प्रेम व्यवहार बुद्धि को प्रश्रय देता है और उस प्रेम-संवेदना को नकारता है जो यह मानकर चलती है कि 'अति सूधो सनेह को मारग है जहाँ नैकु सयानप बाँक नहीं।' यह प्रेम रीति-स्वच्छंद

धारा के कवियों के भीतर था, छायावाद उससे आगे आया और प्रेम के कल्पना-लोक में खो गया। आजादी के बाद यह प्रेम धरती पर आया और स्वार्थ-लिप्त होकर अपनी अकेली दुनिया में सिमट गया। यह लोक से न्यारा तो नहीं है लेकिन लोक के बीच रहकर भी लोक से एकदम बेखबर है अपने में डूबा हुआ, अपनी स्वार्थ-सिद्धि का जश्न मनाते हुए। इसमें मन का द्वंद्व तो है पर तन का सुख सर्वोपरि है। महत्त्वपूर्ण यह है कि यह प्रेम उस स्त्री का है जो घर की चहारदीवारी से मुक्त हुई और जिसे अपने ढंग से जीने-रहने की स्वतंत्रता मिली है। इस प्रेम में पुरुष को नहीं, स्त्री को अहमियत हासिल हुई है। कम से कम वह स्वीकार-अस्वीकार का हक तो पा गई है। निश्चय ही मन्नू भंडारी ने दीपा के माध्यम से इस कहानी में आधुनिक बोध में उभरती नारी के नए व्यक्तित्व, आर्थिक निर्भरता में स्वच्छंद जीवन, अहंभाव, नए अस्तित्व की खोज का अंकन किया है।

प्रश्न 19. 'यही सच है' कहानी के परिवेशगत यथार्थ का विश्लेषण कीजिए।

उत्तर– 'नई कहानी' में लेखिका ने नारी-पुरुष के जीवन का चित्रण नए दृष्टिकोण से किया है। इस कहानी में परिवेश का यथार्थ स्थूल रूप में या बाहर से लाया गया न होकर पूरे कथानक में अंतर्भुक्त रूप में चित्रित हुआ है। 'यही सच है' कहानी का पूरा परिवेश शहरी यथार्थ को बिंबित करता है। यह कहानी पटना, कानपुर और कलकत्ता जैसे शहरों में रहने वाली दीपा के अंतर्द्वंद्वपूर्ण प्रेम को शहरी वातावरण में बड़ी स्वाभाविकता के साथ चित्रित करती है। ट्रेन, कार्यालय, टैक्सी, लॉन, कॉफी आदि की भी इस प्रेमकथा को गढ़ने और उसमें नया रंग भरने की सार्थक भूमिका है। टैक्सी में निशीथ के साथ बैठकर घूमने जा रही दीपा प्रेमानुभूति या रोमांच से भर उठती है और उसके भीतर कैसी-कैसी कल्पनाएँ पंख मारने लगती है, यह दृश्य शहरी यथार्थ की देन है जिसे कभी परसाई ने 'टैक्सी में प्रेम' के रूप में हास्य व्यंग्य का मसाला बनाकर प्रस्तुत किया था। दीपा और निशीथ को लेकर टैक्सी जिस तरह सरसराती चलती है उसी त्वरा के साथ दीपा की कल्पना और भावना में भी गति आ जाती है–'टुन की घंटी के साथ मीटर डाउन होता है और टैक्सी हवा से बात करने लगती है। निशीथ बहुत सतर्कता से कोने में बैठा है, बीच में इतनी जगह छोड़कर कि यदि हिचकोला खाकर भी टैक्सी रुके तो हमारा स्पर्श न हो। हवा के झोंके से मेरी रेशमी साड़ी का पल्लू उसके समूचे बदन को स्पर्श करता हुआ उसकी गोद में पड़कर फरफराता है। वह उसे हटाता नहीं।' ऐसी स्थिति में दीपा मन ही मन कहती है–'उसका यूँ कोने में दुबक कर निर्विकार भाव से बैठे रहना मुझे अच्छा नहीं लगता।' वह चाहती है कि कोई उसे अपनी बाहों में लपेट ले। 'मैं जानती हूँ कि जब निशीथ बगल में बैठा हो उस समय ऐसी इच्छा करना या ऐसी बात सोचना भी कितना अनुचित है। पर मैं क्या करूँ? जितनी द्रुतगति से टैक्सी चली जा रही है मुझे लगता है उतनी ही द्रुतगति से मैं भी बही जा रही हूँ, अनुचित, अवांछित दिशाओं की ओर।' इस प्रकार, इस कहानी की प्रेम-कथा में शहरी परिवेश और उसका यथार्थ पहले से बिल्कुल अभिन्न रूप में निहित है।

भीड़-भड़क्के वाले शहरों का अकेलापन वही है, जिस प्रकार, उसे भीड़ भरे शहर में दीपा और निशीथ ने झेला है। होटल में दीपा और निशीथ कॉफी पीने के लिए दाखिल होते हैं तो उनका विशेषकर दीपा का अकेलापन और गहरा हो जाता है। 'चुपचाप हम दोनों अंदर जाते हैं। आस-पास बहुत कुछ है, चहल-पहल, रोशनी, रौनक। पर मेरे लिए जैसे सबका अस्तित्व

मिट जाता है। मैं अपने को सबकी नजरों से ऐसे बचाकर चलती हूँ, मानो मैंने कोई अपराध कर डाला हो, मानो कोई मुझे पकड़ न ले।'

शहरयार की गजल का शेर है–

सीने में जलन आँखों में तूफान-सा क्यों है?
इस शहर में हर शख्स परेशान-सा क्यों है?

कथ्य वातावरण को अपने में समाते हुए कितना उसे मार्मिक बनाता है, यह देखने के लिए प्लेटफॉर्म से छूटती हुई दीपा की ट्रेन का यह संदर्भ पर्याप्त है–'आँसू भरी आँखों से मैं प्लेटफॉर्म को पीछे छूटता हुआ देखती हूँ। सारी आकृतियाँ धुँधली-सी दिखाई देती हैं।' असंख्य हिलते हाथों के बीच निशीथ के हाथ को, उस हाथ को, जिसने मेरा हाथ पकड़ा था, मैं ढूँढ़ने का असफल प्रयास करती हूँ। गाड़ी प्लेटफॉर्म को पार कर जाती है और दूर-देर तक कलकत्ता की जगमगाती बस्तियाँ दिखाई देती हैं। 'धीरे-धीरे वे सब दूर होती जाती हैं, पीछे छूटती जाती हैं। मुझे लगता है यह दैत्याकार ट्रेन मुझे मेरे अपने घर से कहीं दूर ले जा रही है–अनदेखी अनजानी राहों में गुमराह करने के लिए, भटकाने के लिए।'

मोहन राकेश के 'आधे-अधूरे' नाटक की तरह यह कहानी भी विशेष परिस्थिति की विशेष प्रेम-कथा है। दीपा, संजय और निशीथ तीनों अकेले हैं और अपने ढंग की जिंदगी जीने के लिए स्वतंत्र हैं। यहाँ समाज एकदम अनुपस्थित है, उसकी उपस्थिति का वातावरण में सिर्फ एहसास ही होता है।

प्रश्न 20. 'यही सच है' कहानी की भाषा-शैली पर संक्षिप्त टिप्पणी लिखिए।

अथवा

'यही सच है' कहानी के कथ्य और शिल्प की विशेषताएँ लिखिए।

उत्तर– अभिव्यक्ति में अपना एक अलग ढंग और शैली में सहजता एवं संश्लिष्टता मन्नू भंडारी की विशेषता है।'यही सच है' की भाषा सहज, स्वाभाविक और प्रवाहपूर्ण है। उसमें कहानी की नायिका 'दीपा' के मनोगत यथार्थ और उसके तीव्र अंतर्द्वंद्वों को रूपायित करने की पूरी क्षमता है। चूँकि यह कहानी शहरी वातावरण और शिक्षित नवयुवकों व नवयुवती की कहानी है, इसलिए मन्नू भंडारी ने इसकी भाषा में अंग्रेजी शब्दों का स्वाभाविक प्रयोग किया है जो पात्रों के साथ-साथ भाषा की आधुनिकता को भी प्रमाणित करते हैं।

मन्नू भंडारी की भाषा मनुष्य के अंतर्द्वंद्वों को चित्रित करने में भी समर्थ है। वे भावावेग को जितने सधे ढंग से व्यंजित करती हैं, वह उनकी भाषा की सादगी और उसकी व्यंजकता का श्रेष्ठ उदाहरण है। निशीथ से मिलने के बाद दीपा की आवेगपूर्ण स्थिति का वर्णन इस प्रकार है–'मेरी साँस जहाँ की तहाँ रुक जाती है, आगे के शब्द सुनने के लिए। पर शब्द नहीं आते। बड़ी कातर, करुण और याचना-भरी दृष्टि से मैं उसे देखती हूँ, मानो कह रही हूँ कि तुम कह क्यों नहीं देते निशीथ, कि आज भी तुम मुझे प्यार करते हो, तुम मुझे सदा अपने पास रखना चाहते हो, जो कुछ हो गया है, उसे भूलकर तुम मुझसे विवाह करना चाहते हो। कह दो निशीथ, कह दो।' इस प्रकार यह कहानी भावावेग से परिपूर्ण है।

मन्नू भंडारी के सभी पात्र जीवंत हैं और पाठकों के मन को सहज ही अपनी ओर आकर्षित कर लेते हैं। लेखिका द्वारा सहज सामाजिक परिवेश का सृजन और अनुभूति की प्रामाणिकता

का चित्रण इस सफलता का रहस्य है। अतः उनकी भाषा में भाव को बिंबित करने की भरपूर क्षमता है। वे शब्दाडंबर से नहीं, शब्द की व्यंजना-शक्ति से अधिक काम लेती हैं। छोटे-छोटे वाक्य, पर नदी की तरह प्रवाह बनाए हुए, भावावेग को जिस तरह व्यक्त करते हैं, वह भाषा की अर्थपूर्णता का द्योतक है। एक समय खड़ी बोली में तत्सम् शब्दावली भरी रहती थी, फिर वह हिंदुस्तानी और उर्दू के रूप में आगे बढ़ी। आजादी के बाद उसमें अंग्रेजी शब्दों की भरमार हो गई। यह लोगों में बढ़ती हुई अंग्रेजियत का उदाहरण है। मन्नू भंडारी जब लिखती हैं–'मन में उत्कट अभिलाषा होते हुए भी निशीथ की आवश्यक मीटिंग की बात सुनकर मैंने कह दिया था कि तुम स्टेशन मत आना।' तब वे शहरी मध्यम वर्ग की भाषा का स्वाभाविक रूप उपस्थित करती हैं और उसकी आधुनिकता को भी रेखांकित करती हैं। समाज से भाषा बनती है और भाषा समाज को पहचान देती है। जो भाषा जितनी प्रभाविकता के साथ समाज से जुड़ी होगी, वह उतनी ही प्रभाविकता के साथ समाज को बिंबित करेगी। मन्नू भंडारी की कहानियों में अधिक सजीवता, जीवन की निकटता तथा भोगा हुआ यथार्थ है।

उर्मिला गुप्ता के मत में "अन्य नए कहानीकारों की तुलना में उनकी कहानी कला की उत्कृष्टता यह है कि वे पात्रों के अंतर्मुखी व्यक्तित्व के साथ-साथ उनके बाह्य कार्य-व्यापारों को भी उतना ही महत्त्व देती हैं, जिसके परिणामस्वरूप उनकी कहानियाँ अस्पष्टता अथवा दुरुहता के दोष से मुक्त रहकर सजीवता एवं रोचकता से अनुप्राणित रहती हैं।"

प्रश्न 21. 'नई कहानी' आंदोलन में मोहन राकेश के योगदान को स्पष्ट कीजिए।

उत्तर– बीसवीं शताब्दी गद्य सृजन की उपलब्धि का काल माना जाता है। गद्य की अलग-अलग विधाओं में पुरानी पीढ़ी व नई पीढ़ी द्वारा प्रचुर मात्रा में काम किया गया, किंतु इन सबके बीच कहानी विधा विशिष्ट कारणों से सर्वाधिक लोकप्रिय विधा के रूप में उभरकर सामने आई है। कहानी के मानक तत्त्वों से युक्त "उसने कहा था" से यात्रा शुरू करने वाली यह विधा काफी लंबा सफर तय कर चुकी है। उद्देश्य में समानता रखते हुए भी प्रसाद और प्रेमचंद दो अलग-अलग ध्रुवों से प्रशस्त यह विधा बदलते परिवेश, जटिल होते हुए मानवीय संबंधों और संवेदनाओं को समेटती हुई निरंतर समयानुसार परिवर्तन के साथ परिवर्द्धित होती हुई गतिशील रही है। तरह-तरह के कहानी आंदोलन भी कहानी साहित्य में आते-जाते रहे, जिसमें नई कहानी आंदोलन 1950 के आस-पास का सशक्त आंदोलन था। यह वह समय था जब अखिल भारतीय स्तर पर सारे वादे और नारे झूठे पड़ रहे थे, आम आदमी मूकदर्शक बना ताश के पत्तों के समान ढहते अपनी आकांक्षाओं के महल को विवश हो कर देख रहा था। वस्तुतः यह मोहभंग का दौर था तथा विभाजन के बाद की भीषण उथल-पुथल, विस्थापितों के पुनः स्थापित होने का संघर्ष, सूचनाओं और प्रसार के बड़े-बड़े सुनहले वाक्य, औद्योगीकरण और पूँजीवाद का बढ़ता वर्चस्व, सर्वत्र व्याप्त भ्रष्टाचार, रिश्वतखोरी, कालाबाजारी, बेरोजगारी, मूल्य संक्रमण, स्त्री-पुरुष के बदलते संबंध और इन सबके फलस्वरूप मनुष्य में बढ़ता अकेलापन निराशा और हताशा का दौर था।

समकालीन साहित्य में यह जड़ता और दिग्भ्रम की स्थिति थी, जब वह इस मानवीय आंतरिक और बाह्य संकट को स्वर नहीं दे पा रहा था। तत्कालीन नई पीढ़ी के कहानीकार के लिए यह जटिल चुनौती का समय था। नया लेखक नए विचार स्वातंत्र्य से सोचने लगा,

जिसकी अति आवश्यकता थी। नए भाव बोध की स्थापना के लिए नए कहानीकार को अनेक पुरानी मान्यताओं से संघर्ष करना पड़ा। कहानी को जीवन से जोड़ने की कोशिश की जाने लगी। नई कहानी के केंद्र में जीवन को झेलने वाला आम आदमी था।

नई कहानी का कथाकार अपने समय के समाज के प्रति, वर्तमान यथार्थ और परिवेश के प्रति प्रतिबद्ध था। "भोगा हुआ यथार्थ" और "अनुभूति की प्रामाणिकता" नई कहानी की विशेषता थी। नई कहानी के प्रमुख प्रवक्ता कमलेश्वर के अनुसार "मोहभंग, विभाजन और टूटे हुए संबंधों की पीठिका ने ही नई कहानी की मानसिकता को जन्म दिया था। इन स्थितियों से अपने को संलग्न पाना ही दायित्वबोध का लक्षण था। लेखक का दायित्व एक सामान्य नागरिक के दायित्व से अलग नहीं होता, अंतर होता है तो सिर्फ तीव्रता और गहराई का। जीवन मूल्यों की यह खोज ही नई कहानी की वैचारिक आधारभूमि है।"

नई कहानी की संवेदना के वाहक प्रमुख लेखकों में फणीश्वरनाथ रेणु, मोहन राकेश, राजेन्द्र यादव, भीष्म साहनी, हरिशंकर परसाई, अमरकांत, रमेश बक्षी, मार्कण्डेय, शिव प्रसाद सिंह, मन्नू भंडारी, शैलेश मटियानी, ऊषा प्रियंवदा, शानी, शरद जोशी आदि हैं।

मोहन राकेश नई कहानी धारा के प्रमुख कहानीकार माने जाते हैं। तत्कालीन युग चेतना को संपूर्ण संवेदना के साथ उठाने वाले राकेश की कहानियाँ वस्तु तथा शिल्प दोनों दृष्टियों से पूर्ववर्ती कहानियों से भिन्न थीं। आधुनिक युवा पीढ़ी की मन: स्थिति और परिस्थिति के अनुकूल कहानी का कथ्य चुनने वाले मोहन राकेश की कहानी नवीन विचार पद्धति, शिल्प भाषा संकेत, व्यंजनात्मकता तथा संश्लिष्ट विचारों के कारण काफी लोकप्रिय रही। दूधनाथ सिंह का कथन है कि "हिंदी के कहानीकारों में मोहन राकेश शायद सबसे ज्यादा लोकप्रिय कहानीकार हैं।" राकेश की कहानियाँ अपने समय की यथार्थ चेतना को उजागर करने वाली कहानियाँ हैं। वे मानते हैं कि "नई कहानी वही है जो नितांत यथार्थपरक सामाजिक दृष्टि की मर्यादा में अनुभूति के आवेग को एक नई और सहज अभिव्यक्ति देती है।"

राकेश नई कहानी को भाषा शिल्प प्रतीक और भावों की दृष्टि से पूर्ववर्ती कहानियों से अलग हटकर ताजगी भरी कहानी मानते हैं, साथ ही नए कहानीकार की तरह उनका भोगा हुआ यथार्थ जीवन, अनुभूतियों की सच्चाई ईमानदारी के साथ कहानी में अभिव्यक्त हुई है। इनकी कहानियों में आधुनिकता बोध गहराई में धँसा हुआ है, बाहर से ओढ़ा हुआ नहीं है। शिल्प की दृष्टि से राकेश शिल्प को वस्तु का अंश मानते थे तथा स्वत: सृजन के भीतर से उत्पन्न प्रयोग पर बल देते थे। उनके अनुसार नई कहानी आंदोलन का सबसे बड़ा योगदान था, "एक ऐसी भाषा को जन्म देना जो अंतरंग और उद्देश्यपूर्ण थी।"

नई कहानी ने भाषा को अर्थवत्ता के साथ अंतरंगता तथा संवेदनशीलता भी दी। मोहन राकेश की कहानियों की भाषा सहज, सांकेतिक तथा अपने समय की संवेदना को अभिव्यक्त कर पाने की क्षमता से युक्त है। वस्तुत: मोहन राकेश नई कहानी के प्रवक्ता के रूप में प्रतिष्ठित होते हैं। इनकी कथा यात्रा नई कहानी की भी कथा यात्रा कही जा सकती है। इन्होंने अपनी अभिनव और सूक्ष्म अंतर्दृष्टि से कहानी लेखन के नए आयाम विकसित किए, जिसके फलस्वरूप कहानी नए तेवर, नई भाव-भंगिमाओं से लैस होकर अपना मार्ग प्रशस्त कर सकी।

इनकी कहानियाँ नई कहानी की संवेदना, चेतना और शिल्प से संपृक्त हैं। वस्तुत: कहानी की धारा को "नए" की ओर मोड़ने में जिस त्रयी का विशेष योगदान माना जाता है, उनमें

कमलेश्वर, राजेन्द्र यादव तथा मोहन राकेश का नाम आता है। निश्चय ही मोहन राकेश का हिंदी कहानी साहित्य में योगदान अविस्मरणीय और मील के पत्थर के समान है।

प्रश्न 22. 'नई कहानी' आंदोलन में मोहन राकेश की कहानियों की क्या भूमिका रही? स्पष्ट कीजिए।

उत्तर– मोहन राकेश आधुनिक परिवेश के सशक्त कहानीकार हैं। नई कहानी के प्रतिनिधि प्रकाश स्तंभ के रूप में मोहन राकेश विख्यात हैं। सन् साठ के बाद राकेश ने कहानी को नया मोड़ दिया। उनकी कहानियों में अंकित मानव जीवन, किसी एक व्यक्ति की कहानी नहीं है, अपितु संपूर्ण मानव समाज की है। मोहन राकेश ने कहानी, उपन्यास, यात्रावृत्त, निबंध, एकांकी और नाटक इन गद्य की लगभग हर विधा में विशिष्ट योगदान दिया। 'अँधेरे बंद कमरे', 'नीली रोशनी की बाँहे', 'काँपता हुआ दरिया', 'न आने वाला कल', 'अंतराल' उनके उपन्यासों के नाम हैं।

राकेश के अब तक प्रकाशित कहानी संग्रहों में 'इंसान के खंडहर', 'नए बादल', 'जानवर और जानवर', 'एक और जिंदगी', 'फौलाद का आकाश' प्रमुख हैं। उपर्युक्त कहानी संग्रहों की कहानियों का चार जिल्दों में नए नामों से प्रकाशन हुआ, ये हैं–'आज के साये', 'रोयें-रेशे' (1968), 'एक-एक दुनिया' तथा 'मिले-जुले चेहरे' (1969)। लेकिन वे भी छिन्न-भिन्न हो गए। अत: 'राजपाल एंड संस' ने मोहन राकेश की संपूर्ण कहानियाँ चार खंडों में प्रकाशित की हैं–(1) क्वार्टर, (2) पहचान, (3) वारिस, (4) एक घटना।

मोहन राकेश की प्रसिद्ध कहानियों में उल्लेखनीय हैं–'सुहागिन', 'जख्म', 'मिसपाल', 'परमात्मा का कुत्ता', 'इंसान के खंडहर', 'आर्द्रा', 'जानवर और जानवर', 'एक और जिंदगी', 'मलबे का मालिक', 'आज के साये', 'रोयें-रेशे', 'मिले-जुले चेहरे', 'एक-एक दुनिया', 'एक घटना' आदि।

राकेश द्वारा चुनी गई कहानियों के विशिष्ट संग्रह (शीर्षक संकलन) 'मेरी प्रिय कहानियाँ' और 'मोहन राकेश की श्रेष्ठ कहानियाँ', में उनकी चयनित कहानियों के शीर्षक संकलित हैं।

लगभग बाईस वर्षों के रचनाकाल के दौरान लिखी गई ये जीवंत कहानियाँ रचनाकार की असाधारण लेखन क्षमता का परिचय देती हैं। इनमें जीवन के अछूते संदर्भों को सामने रखते हुए लेखक ने कथा के ऐसे रोचक ताने-बाने बुने हैं कि पाठक मुग्ध रह जाता है। सूक्ष्म से सूक्ष्म अनुभूतियों को इनमें मार्मिक अभिव्यक्ति मिली है। मोहन राकेश अपने दौर के सर्वाधिक चर्चित रचनाकार थे। उन्हें अपूर्व लोकप्रियता अपने नाटकों के कारण मिली थी, लेकिन कथा-साहित्य की विकास यात्रा के क्रम में भी उनकी कथात्मक कृतियाँ मील के पत्थर के समान हैं। उनके उपन्यासों और कहानियों में जीवन की त्रासदियाँ पूरी संजीदगी से मुखर हुई हैं।

उनके प्रमुख नाट्य साहित्य हैं–'आषाढ़ का एक दिन', 'लहरों के राजहंस', 'आधे-अधूरे'। उनकी नाट्य-रचनाओं में एक असमाप्त नाटक 'पैरों तले की जमीन' (असमाप्त) है। 'अंडे के छिलके' और अन्य एकांकी तथा बीज नाटक हैं। 'आखिरी चट्टान तक' (यात्रावृत्त), 'समय सारथी' (जीवनी साहित्य), 'बिना हाड माँस के आदमी' (बाल साहित्य) तथा 'बलकम खुद', 'परिवेश' (निबंध व अन्य लेख) अन्य गद्य विधाओं में उनका योगदान है।

प्रश्न 23. शहरी संवेदना से सरोकार रखते हुए असुरक्षित मध्यवर्ग के प्रतिनिधि लेखक के रूप में मोहन राकेश की भूमिका बताइए।

उत्तर— 'मोहन राकेश' मध्यवर्गीय जीवन तथा शहरी संवेदना के प्रतिनिधि रचनाकार हैं। आजादी के तुरंत बाद वाले दशक की युवा-रचनाकार-मानसिकता का प्रतिनिधित्व करने वाले लेखकों में उनका नाम अग्रणी है। उनकी कहानियाँ स्वतंत्र भारत के मध्यवर्गीय व्यक्ति के जीवन के काले उजले विविध रंग प्रस्तुत करती हैं। देश-विभाजन, आतंक और असुरक्षा, अर्थतंत्र, शिक्षातंत्र में शोषण, पीढ़ियों का फासला, भ्रष्ट राजनीति और नौकरशाही आदि अनेक विषय उन्होंने उठाए हैं। 'कम्बल', 'मलबे का मालिक', 'ठहरा हुआ चाकू', 'मंदी', 'जानवर और जानवर', 'नए बादल' आदि इन विषयों की कुछ विशिष्ट कहानियाँ हैं, लेकिन बड़े पैमाने पर उन्होंने संबंधों के बदलते हुए समीकरणों की, उनमें भी स्त्री-पुरुष संबंध की विशेषत: पड़ताल की है और वही कहानियाँ उनकी ख्याति का आधार भी हैं। मध्यवर्गीय युवा इनके केंद्र में हैं। बदलते परिवेश ने उसे हताश, कुंठित और अकेला छोड़ दिया है। टूटते परिवार ('एक और जिंदगी', 'सुहागिने'), कलहपूर्ण घर ('क्वार्टर'), विवाहेतर संबंध ('दोराहा'), वातावरण में आतंक ('ठहरा हुआ चाकू') इन सबके बीच निरीह अकेला व्यक्ति प्राय: उनका कथानायक है। उसके अकेलेपन तथा उखड़ेपन का एक कारण यह भी है कि वह जीवन को अपनी शर्तों पर अपनी तरह से परिभाषित करना चाहता है।

'मेरी प्रिय कहानियाँ' नामक शीर्षक संचयन की भूमिका में अपने आरंभिक लेखन से जुड़ी भावनाओं को वे इन शब्दों में व्यक्त करते हैं—"उन दिनों कई कारणों से मैं अपने को, अपने तब तक के परिवेश से बहुत कटा हुआ-सा महसूस करता था। जिन व्यक्तियों और संस्कारों के बीच में पलकर बड़ा हुआ था, उनके खोखलेपन को लेकर मन में बड़ी गहरी कटुता और वितृष्णा थी। घर की पूरी जिम्मेदारी सिर पर होने से मन उसे निभाने की मजबूरी से छटपटाता था। मैं अपने को किसी तरह विरासत के सब संबंधों से मुक्त कर लेना चाहता था, किंतु मुक्ति का कोई उपाय नहीं था...मेरी खुद की कहानियाँ इसी मानसिकता की उपज थीं। एक छोटा-सा दायरा मात्र तीन-चार दोस्तों का, वे सब भी किसी न किसी रूप में अपने-अपने परिवेश से ऊबे या कटे हुए लोग थे।" निरुद्देश्यता, ऊब, निरर्थकता, परिवेश से कटे होना, अजनबीपन, परायापन, संत्रास, अकेलापन, अपरिचय – नई कहानी के अनेक 'मूड्स' (मन:स्थितियों) में से यह एक प्रबल मूड है और निरंतर जटिल और बोझिल होते हुए परिवेश की ओर संकेत करता है जिसमें व्यक्ति अपने को मौजूद, बेबस और फँसा पाता है।

उनकी कहानियाँ प्राय: उन पात्रों की कहानियाँ हैं जो गाँवों या छोटे शहरों से निकलकर, ग्राम्य अथवा कस्बाई संवेदना को लिए-दिए आजीविका या महत्त्वाकांक्षा या अन्य किसी कारण से महानगर में आ फँसे हैं और अजनबी परिवेश में खुद को असुरक्षित, अकेला अथवा उच्छृंखल और गैर-जिम्मेदार हो सकने की संभावना में मुक्ति पा रहे हैं। अन्य अनेक लेखकों की तरह मोहन राकेश की अनेक कहानियों में बेमकसद जिंदगी के अकारण अवसाद में डूबे नायक से मुलाकात होती है। अवसाद का सबसे बड़ा कारण तो लक्ष्यहीनता ही है। 'लक्ष्यहीन' शीर्षक की उनकी एक कहानी भी है, जिसमें सिगरेट, शराब, धुँए के छल्ले, विगत के बोझ से दबावग्रस्त मानसिकता का अवसाद अतीतावलोकन के सहारे कथानक की रचना करता है। ऐसे कथानकों में घटनाक्रम अनुपस्थित प्राय हुआ करता है। लगभग सभी लेखकों के पास इस विषयवस्तु की

एक न एक रचना मिल ही जाएगी। ऐसी ही रचनाओं के सहारे नई कहानी की इस धारा पर व्यक्तिवादी तथा समाजनिरपेक्ष होने का आरोप लगा, लेकिन इन कहानियों का भी एक ठोस वस्तुगत सामाजिक आधार है। मध्यवर्ग की पुरानी संरचना और जीवन पद्धति में आए हुए अंतर ने उसका परिचित परिवेश बदल दिया है, उसे जड़ों से काट कर अलग कर दिया है और भविष्य पर उसकी पकड़ ढीली करके असुरक्षा का भाव बढ़ा दिया है।

प्रश्न 24. शहरीकरण एवं विकास के चलते स्त्री-पुरुष संबंधों के बदलते समीकरण एवं उनके विकल्प पर मोहन राकेश की कहानियों के माध्यम से प्रकाश डालिए।

उत्तर– संबंधों के बदलते समीकरण और विकल्प की तलाश को ध्यान में रखते हुए शहरीकरण, आजीविका और रोजगार के कारणों से स्थानांतरण, प्रवास, पलायन, प्रस्थान जैसे ठोस सामाजिक-आर्थिक कारण कुछ ऐसे कारण थे जिनकी वजह से इकाई परिवारों का गठन और संयुक्त परिवारों का विघटन हुआ, लेकिन उनका परिणाम केवल नए गठन तक सीमित नहीं रहा। उसने जीवन का ढंग और संबंधों का भावात्मक व्यवहार बदल दिया। सबसे बड़ी संख्या स्त्री-पुरुष संबंध के बदलते समीकरणों पर लिखित कहानियों की है, इतनी कि उसे नई कहानी का केंद्रीय सरोकार कहा जा सकता है। इसी सामाजिक यथार्थ को राकेश ने अपनी कहानियों में प्रस्तुत किया है। शिक्षित, आत्मनिर्भर, सत्व-संपन्न नई स्त्री के आमने-सामने पुरुष के कातर अहं की अपर्याप्तता ही इन कहानियों में झगड़े की जड़ है। शिक्षा के व्यापक प्रसार तथा स्त्री के आत्मविकास ने इसे बृहत्तर पैमाने पर एक सामाजिक तथ्य का रूप दे दिया है। मोहन राकेश की कहानियों का भी यह एक प्रमुख विषय है। 'सुहागिने', 'फौलाद का आकाश' और 'एक और जिंदगी' आदि उनकी विशिष्ट कहानियाँ हैं जो कि उन्होंने इस विषय पर लिखी हैं।

पारिवारिक-सामाजिक अस्तित्व स्त्री-पुरुष संबंधों पर ही टिका हुआ है। लेकिन विषयवस्तु के चुनाव में उसकी पड़ताल को प्राथमिकता देने का अर्थ व्यक्तिनिष्ठता माना जाता है। नई कहानी आंदोलन के जिन लेखकों को केवल 'व्यक्तिनिष्ठ' संवेदना की कलावादी अभिव्यक्ति का ठप्पा लगाकर रफा-दफा कर दिया जाता है, उनमें मोहन राकेश का नाम भी शामिल है। कहा गया है कि केवल अनुभव या आत्मानुभव के आधार पर लिखी हुई मोहन राकेश और निर्मल वर्मा की बहुत-सी कहानियाँ पाठक को चमत्कृत तो करती हैं लेकिन उन्हें कहीं ले नहीं जाती, कोई दिशा नहीं देती। उन पर ये आरोप भी हैं कि मध्यवर्ग के व्यापक सत्य की अपेक्षा नितांत आत्मग्रस्त वैयक्तिक सत्य को अपना विषय बनाते हैं, रूढ़ि और परंपरा के विरोध के नाम पर सभी प्रकार के सामाजिक मूल्यों का विरोध करते हुए एक मूल्यहीनता और हताशा की स्थिति प्रतिष्ठित करते हैं, इस कमी को छिपाने के लिए रूप और शिल्प का सहारा लेते हैं, बिम्बबहुल, प्रतीकबहुल कलावाद की परिणति में कहानी को ले जाते हैं। लेकिन इस समझ को रखने वाले शायद कहानी के मर्म का सामना नहीं करना चाहते हैं।

उदाहरण के लिए, 'एक और जिंदगी' कहानी में जीवन में विकल्पों की तलाश को लेकर यह कथन उनके समग्र लेखन का बीज-भाव माना जा सकता है।

"क्या सचमुच पहले की जिंदगी को मिटाकर इंसान नए सिरे से जिंदगी शुरू कर सकता है? जिंदगी के कुछ वर्षों को वह एक दुःस्वप्न की तरह भूलने का प्रयत्न कर सकता है? कितने इंसान हैं जिनकी जिंदगी कहीं न कहीं, किसी न किसी दोराहे से गलत दिशा की तरह भटक

जाती है। क्या उचित यह नहीं कि इंसान उस रास्ते को बदल कर अपने आप को सही दिशा में ले आए? आखिर आदमी के पास एक ही तो जिंदगी होती है, प्रयोग के लिए भी और जीने के लिए भी। तो क्यों आदमी एक प्रयोग की असफलता को जिंदगी की असफलता मान ले?"

नारी जागृति के परिणामस्वरूप नारी के अस्तित्व के उत्तरोत्तर विकास और स्वतंत्रता का अनुभव पुरुष के अहं पर चोट करता है और यह चोट, यह चुंभन ही उनके स्त्री के प्रति व्यवहार एवं संबंधों को परिभाषित करती है।

'एक और जिंदगी' टूटे हुए विवाह में दो व्यक्तियों के अहं की टकराहट में पिसते, चोट खाते बच्चे की कहानी है। इस पाठ में वह भावुकता का अतिरेक सी जान पड़ती है। लेकिन वह केवल इसका कथानक है। कथानक की वैचारिक तह में विकल्प की तलाश में जीवन के साथ प्रयोग और उससे जुड़े अनिश्चय और असुरक्षा का, लीक छोड़कर चलने के खतरों की आशंका का सवाल समाया हुआ है। मोहन राकेश पर भावुकता का आरोप भी लगाया जाता है, लेकिन उनकी चरित्र-परिकल्पना में मनुष्य एक ओर बुद्धि और विवेक, दूसरी ओर भाव और आवेग जैसे ध्रुवों में साफ-साफ बँटी हुई इकाई नहीं है। वे 'बुद्धि या भाव' नहीं 'बुद्धि और भाव' के कथाकार हैं। कहानी का नायक प्रकाश "फिजूल की भावुकता में कुछ नहीं रखा है" से लेकर "क्यों वह इस अतीत से खुद को मुक्त नहीं कर लेता" की विवशता और "जब उसका एक प्रयोग सफल नहीं हुआ तो कैसे कहा जा सकता था कि दूसरा सफल होगा" की आशंका के बीच चक्कर काटता है। यह कोरी भावुकता नहीं, तर्कसम्मत विवेकवान निर्णय की प्रक्रिया है, एक तकलीफदेह प्रक्रिया है और कथानक की रचना में ठहरे हुए जीवन का क्रियाकलाप ही उसकी घटनाविहीन कालावधि है। स्त्री-विमर्शीय पाठ के द्वारा इसमें पुरुष के कातर अहं की प्रामाणिक समीक्षा भी पढ़ी जा सकती है। भाषा के बिम्बधर्मी काव्यात्मक व्यवहार के कारण अनिश्चय से निकल कर तकलीफदेह निर्णय तक पहुँचने की संपूर्ण प्रक्रिया ऐंद्रिय संवेद्य (मर्मांतक) बनाती है।

प्रश्न 25. नई कहानी आंदोलन के परिप्रेक्ष्य में अनुभव की प्रामाणिकता का अर्थ स्पष्ट कीजिए।

अथवा

अनुभव की प्रामाणिकता से आप क्या समझते हैं? टिप्पणी कीजिए।

उत्तर— सत्य/यथार्थ के ज्ञान की अवधारणाओं के विषय में, भाववाद और अनुभववाद के बीच थोड़ी अस्पष्टता, उलझाव और गलतफहमी सदा बनी रही है। भाववाद का अर्थ वस्तुगत-आधारहीन मनस्तरंग है, अनुभववाद सत्य को ऐंद्रिय संवेद्य बनाकर प्रत्यक्ष-प्रमाण द्वारा वस्तुगत आधार प्रदान करता है। अनुभव की प्रामाणिकता का मतलब कोरी भावुकता नहीं है। इस उलझाव की वजह से यह बात परस्पर विरोधी और स्वतोव्याघाती प्रतीत होती है कि एक ओर आधुनिकता के तकाजे से वैज्ञानिक दृष्टिकोण, तर्कसंगत व्यवहार और बुद्धिसंगत निर्णय की माँग की जाए तथा दूसरी ओर अनुभव की प्रामाणिकता का आग्रह भी रखा जाए। वस्तुतः दर्शन के क्षेत्र में बुद्धिवाद और अनुभववाद परस्पर विरोधी संप्रदाय हैं। अवश्य, यद्यपि वहाँ भी उनका विरोध आत्यंतिक नहीं है, लेकिन ऐसी किसी भी बहस में यह याद रखना जरूरी है कि साहित्यिक रचना के माध्यम से मिलने वाले ज्ञान की अपनी अलग कोटि है। वह तर्क-विवेक-अनुभव

का सम्पृक्त घोल है और विचार की ऐंद्रिय-संवेद्य परिणति है। व्यक्ति और वस्तु उसके लिए एक ही सत्य और ज्ञान के दो परस्पर पूरक सिरे हैं।

तर्क-विवेकसम्मत व्यवहार का अर्थ उद्देश्यसंगत व्यवहार है। कहानी की रचना में निहित उद्देश्य/विचार बताता है कि उसका कलात्मक व्यवहार विवेकसम्मत है या नहीं। खासतौर से अगर रचना के माध्यम से प्रत्येक परंपरागत, परिपाटीबद्ध आर्षवाक्यप्रमाण पद्धति और मूल्य को शंका और संदेह से जाँचने का बीड़ा उठाया गया है तो उसके जिये हुए, भोगे हुए यथार्थ को ही निर्विवेक घोषित किया जा सकता है, तर्कातीत को तर्कहीन और असंगत ठहराया जा सकता है, लेकिन इतने से वे असत्य नहीं हो जाते। उसे रचनाविधान द्वारा ही विश्वसनीय तथा वास्तविक बनाया जा सकता है। बिम्ब और प्रतीक तब कोरा कलावाद नहीं, विचार की विश्वसनीयता और वस्तुगत परिणति के अनिवार्य भाषिक उपकरण सिद्ध होते हैं। इससे यह निष्कर्ष निकाला जा सकता है कि साहित्य में अनुभव की प्रामाणिकता की अवधारणा को लेकर अस्पष्टता व्याप्त रही है इसलिए नई कहानी के आकलन में भाववाद और अनुभववाद के बीच एक घालमेल चलता रहा है। लीक से हटकर चलने वाले रचनाकार के लिए अनुभव की प्रामाणिकता जान-जोखिम जैसा मामला है क्योंकि उसके कथ्य के सत्यापन का सारा दारोमदार उसी पर है। मोहन राकेश की कहानियाँ इस प्रामाणिकता का उदाहरण कही जा सकती हैं।

प्रश्न 26. 'मलबे का मालिक' कहानी के कथासूत्र (विषयवस्तु) पर प्रकाश डालिए।

उत्तर– कहानी की शुरुआत इस सूचना से होती है कि विभाजन के बाद शरणार्थी के रूप में सिक्ख, हिंदू, सिंधी लाखों की संख्या में भारत आए। सरकारी सहायता के लिए संघर्ष तथा काफी परेशानियों के बाद धीरे-धीरे वे इस जमीं पर बस गए और यूँ महसूस होने लगा कि उस दर्दनाक हादसे से उनकी मुक्ति हो गई है, परंतु क्या यह वास्तविक है? जिन गाँवों, कस्बों और शहरों में जिंदगी के अधिकतर वर्ष वे बिता चुके थे, उन्हें भूलना क्या संभव था? क्या वे उस वतन को पूर्णतः भूल गए थे? नहीं, मनोवैज्ञानिक दृष्टि से भी यह संभव नहीं था। अक्सर वे अपने वतन की याद में छटपटाते रहते। जो उधर गए उनकी भी यही स्थिति थी और जो इधर आए वे भी उसी स्थिति में जी रहे थे। उनकी इस मानसिकता को विभिन्न लेखकों ने शब्दबद्ध करने का प्रयत्न किया है। मोहन राकेश की 'मलबे का मालिक' इस प्रकार की कहानी एक भयावह उदासी से आरंभ होती है।

इस कहानी का मूल स्वर व्यंग्यात्मक है। परंतु इसमें भी विभाजनोत्तर मानसिक स्थिति का चित्रण किया गया है, इसी कारण इस कहानी पर विचार किया जा रहा है–

विभाजन के साढ़े सात साल बाद हॉकी मैच देखने के बहाने लोगों की एक टोली लाहौर से अमृतसर आई है। इन लोगों में गनी मियाँ भी हैं। गनी मियाँ मूलतः अमृतसर के ही थे। अमृतसर के बाजारों में एक बाजार बाँसाँ भी है, जो कहानी का घटनास्थल है। यहाँ तक पहुँचने के लिए एक सामूहिक चित्र है। इसी गली में उन्होंने विभाजन के थोड़े ही दिनों पहले संभवतया 1947 की जनवरी में अपना पक्का मकान बनवाया था। इस मकान में वे खुद, उनका बड़ा लड़का चिरागदीन, बहु जुबेदा, चिरागदीन का छोटा लड़का किश्वर और लड़की सुल्ताना रहती थी। फसादों के दिनों गनी पाकिस्तान चले गए थे। उन्होंने अपने परिवार के सभी सदस्यों से चलने

के लिए कहा। मगर बेटे ने कहा था, "नया मकान छोड़कर कैसे जाऊँ, यहाँ अपनी गली है कोई खतरा नहीं है। गली के रक्खे पहलवान पर चिरागदीन का बहुत विश्वास था। रक्खा चिरागदीन का दोस्त था और गली का दादा था। परंतु उसके साथ धोखा हुआ और नफरत की आग सभी ओर भड़की तब रक्खे पहलवान ने ही चिरागदीन के घर पर आक्रमण किया था। रक्खा उन दिनों गली का बादशाह था। चिराग के नए मकान पर उसकी दृष्टि थी। उस दिन उसने चिराग को घर के बाहर बुलवाया।" चिराग ने ज्यों ही बाहर कदम रखा ही था कि पहलवान ने उसे कमीज के कॉलर से पकड़कर खींच लिया और गिराकर उसकी छाती पर बैठ गया। चिराग उसका छुरे वाला हाथ पकड़कर चिल्लाया, रक्खे पहलवान मुझे मत मार। हाय मुझे बचाओ। जुबेदा...मुझे बचाओ...रक्खे के एक शागिर्द ने चिराग की जद्दोजहद करती हुई बाहें पकड़ लीं और रक्खा उसकी जाँघों को घुटनों से दबाए हुए बोला, "चिल्लाता क्यों है? तुझे पाकिस्तान दे दिया।...इसके बाद बंद किवाड़ों में भी उन्हें देर तक जुबैदा, किश्वर, सुल्तान के चीखने की आवाजें सुनाई दे रही थीं। रक्खे पहलवान और उसके साथियों ने उन्हें भी उसी रात पाकिस्तान देकर विदा कर दिया, मगर दूसरे रास्ते से। उनकी लाशें चिराग के घर में न मिलकर नहर के पानी में पाई गई। फसादों के दिनों का यह चित्रण अत्यंत यथार्थ और मार्मिक है। कहानी के शिल्प की दृष्टि से फसादों का घटनात्मक विवरण देना वास्तव में कठिन होता है और इसी कारण बहुत कम कहानियों में इस प्रकार का विवरण आया हुआ है, परंतु राकेश कम-से-कम शब्दों में घटना को जीवंत बना देते हैं। चिरागदीन के घर उपर्युक्त अत्याचार हुए थे, इसका पता गनी मियाँ को नहीं है। उन्हें यह भी नहीं मालूम था कि रक्खे पहलवान ने यह सब कुछ किया है, परंतु जिस घर के लिए रक्खे ने यह सब किया था वह उपर्युक्त घटना के दो दिन बाद किसी ने जला दिया।"

वहाँ अब उस घर का मलबा मात्र है। आज साढ़े सात साल बाद गनी मियाँ इस मलबे के ढेर के पास खड़े हैं और लगातार रो रहे हैं। उन्हें पूरा विश्वास है कि यह काम गली के हिंदुओं का नहीं, बाहर के गुंडों का है। इतने में उन्हें रक्खा पहलवान दिखलाई देता है। उसके पास जाकर वे रोते हैं। उसी को अपने लड़के की कहानी सुनाते हैं। चिराग का उस पर कितना विश्वास था यह भी बतलाते हैं। गनी मियाँ के आँसू, उनका रक्खे पहलवान पर किए गए विश्वास आदि से रक्खे की मानसिकता में परिवर्तन होने लगता है। गनी मियाँ के भोले उद्‌गारों से सम्मुख रक्खा पूर्णतः पराजित हो जाता है और भीतर से टूट जाता है। वास्तव में गनी मियाँ ने रक्खे के भीतर की मानसिकता के तारों को झंकृत कर दिया है। आज तक रक्खा खुद को उस मलबे के ढेर का मालिक समझ रहा था। आज उसे उसकी निरर्थकता का एहसास हो जाता है। वास्तव में वह मलबा विभाजन की उपलब्धि का प्रतीक है। कुल घटनाक्रम इतना ही था कि गनी मियाँ आया था, रोया था और वापस चला गया था लेकिन इतने भर के बीच ऐसा कुछ हुआ है कि गली में पास-पड़ोस के रिश्तों के समीकरण बदल गए हैं। गनी मियाँ के कातर रुदन में गली ने रक्खा पहलवान की ऐसी तस्वीर देखी है जिसने थोड़ी देर के लिए ही सही, उसका रोब और दबदबा खत्म-सा कर दिया है, उसके भय और आतंक को उसके प्रति रोष और असहिष्णुता में बदल दिया है, उनको निडर कर दिया है। रक्खा पहलवान के भीतर भी कुछ बदल-सा गया है। मुहल्ले के साथ-साथ खुद रक्खे ने भी अपनी तस्वीर के ऐसे रुख से परिचय पाया है जिसके लिए वह शायद शर्मिंदा है। लोगों को सट्टे के गुर और सेहत के नुस्खे बताने वाले रोज के सांध्य

कार्यक्रम की बजाय आज वह अपने शागिर्द लच्छे को अपनी पंद्रह साल पहले की वैष्णों देवी यात्रा के किस्से सुना रहा है।

विशेषत: कहानी का उत्तरार्द्ध वातावरण प्रधान और व्यंग्यात्मक है। रक्खा पहलवान मलबे के उस ढेर से चिपककर बैठा है, जिसकी कोई सार्थकता नहीं है। संभवत: राकेश यह कहना चाहते हैं कि "विभाजन ने पुरानी व्यवस्था को समाप्त कर दिया है। विभाजन की विभीषिका ने एक तरह से स्थापित व्यवस्था ही नष्ट कर दी है। इस ध्वंस के बाद नव-निर्माण की स्थिति में यह मलबा अजीब लग रहा है।" संभवत: वे यह भी स्पष्ट करना चाहते हैं कि विभाजन ने दोनों ओर मलबे ही तैयार किए हैं। इस कहानी में गनी मियाँ और रक्खे पहलवान की मानसिकता का बड़ा जीवंत चित्रण हुआ है। गनी मियाँ की मासूमियत रक्खे को भीतर से तोड़ देती है। यह मलबा ढहती हुई मानवता का प्रतीक माना जा सकता है।

प्रश्न 27. मोहन राकेश ने 'मलबे का मालिक' कहानी में सामुदायिक पीड़ा को एक व्यक्ति के माध्यम से व्यक्त किया है। सामान्य जन को केंद्र में रखकर कहानी लेखन की उनकी विशेषता पर प्रकाश डालिए।

उत्तर– सामान्यत: चरित्र-परिकल्पना की दो कोटियाँ होती हैं। पहली कोटि में विशिष्ट विलक्षण चरित्र आते हैं, जिन्हें आचार्य शुक्ल ने किंचित असहिष्णुतापूर्वक व्यक्ति-वैचित्र्यवाद के खाते में रखा था और दूसरी कोटि में प्रतिनिधि चरित्र आते हैं, जिनके अस्तित्व में एक पूरे समुदाय का जीवन, विश्वास, संस्कार पद्धति, प्रथाएँ प्रतिध्वनित होती हैं। लेकिन प्रतिनिधि चरित्र भी कोई बेनाम, बेचेहरा निर्वैयक्तिक अस्तित्व नहीं होते। लेखक सूक्ष्म निरीक्षण से उन्हें व्यक्ति बनाता है क्योंकि साहित्य से मिलने वाला ज्ञान साधारणीकरण अथवा तादात्म्य की विधि से मिलता है। तादात्म्य किसी मूर्त, जीवित व्यक्ति, सत्ता के साथ ही संभव है। व्यक्ति के पास अपनी एक निजी कथा, अपनी आदतें और स्वभाव, संबंधों के ताने-बाने, स्मृतिकोष और नियति होती है, जिनके कारण वह अन्यों से विशिष्ट होता है और लेखक के व्यंजना-कौशल तथा अभिव्यक्ति क्षमता के द्वारा प्रस्तुत होकर निर्विशिष्ट तथा अन्यों के समान भी हो जाता है। साधारणीकरण की यही योग्यता है और सामान्य का यही अर्थ है – समम् च अन्यम् च। समान भी, अन्य भी। नई कहानी का केंद्रीय पात्र सामान्य जन ही रहा है, जिसका अपना एक अलग व्यक्तित्व है।

कमलेश्वर के अनुसार, नई कहानी ने केंद्रीय व्यक्तियों की तलाश की और उन्हें ही पात्रों के रूप में प्रस्तुत किया। यानी यथार्थ परिवेश में आदमी को देखा गया, 'यथार्थवादी वातावरण' में लाकर उस आदमी को झूठी जिंदगी जीने के लिए विवश नहीं किया गया। यह कला का एक महत्त्वपूर्ण मूल्य है कि 'व्यक्ति की निजता' को समादर मिला। कहानी गढ़ने या लेखक का साक्षी बनाने के लिए उसे संवाद रटाए नहीं गए। नई कहानी का व्यक्ति लेखक का गवाह नहीं, स्वयं अपनी बात का और अपना गवाह है।

'मलबे का मालिक' कहानी का ऐसा ही एक विशिष्ट पात्र 'गनी मियाँ' लाहौर से अमृतसर आई टोली का सदस्य अवश्य है, लेकिन उसका प्रमुख उद्देश्य हॉकी मैच देखना नहीं, अपितु अपना घर-परिवार देखना है। तभी 'बाजार बाँसाँ' की इस गली तक पहुँचने वाला वह अकेला ही शख्स है। वह उस अरूप, अनाम, अनुपस्थित समुदाय का उपस्थित चेहरा है जो यहीं मर-खप गए, बच कर जा नहीं सके या बचे तो वापस आने की हिम्मत या साधन नहीं जुटा

सके। उसकी यात्रा का गंतव्य टोली के बाकी लोगों की यात्रा से अलग है। उसके लिए स्मृति मानो एक विनोद यात्रा है, आतिथ्य और सत्कार का एक मौका। गनी मियाँ के लिए यह यात्रा अपनी अंतहीन पीड़ा के उत्स तक लौट कर सांत्वना की तलाश का प्रयास है। दंगों में अपना पूरा परिवार गँवा बैठने के बाद भी मन में कहीं असंभव-सी उम्मीद है कि घर वहीं, वैसा ही बाकी होगा। रक्खा पहलवान के सवाल के जवाब में वह कहता है, "क्या हाल बताऊँ रक्खे...मेरा हाल तो मेरा खुदा ही जानता है।" इन बचे खुचे भविष्यहीन दिनों में उसके हिस्से के सारे नाते रिश्ते यहीं इसी गली में पीछे छूट गए हैं, जहाँ वह आया तो सही लेकिन जहाँ से उसे वापस जाना ही है, जहाँ उसका घर एक मलबे का ढेर है लेकिन रक्खे पहलवान से वह कहता है, "तू सच पूछे तो मेरा यह मिट्टी भी छोड़ कर जाने का मन नहीं करता।" कहानी की घटनात्मक संरचना इतनी ही है – गली के मुहाने पर अजनबी-सा खड़ा गनी बच्चा उठाने वाला समझ लिया जाता है, फिर स्मृति की तहें और पहचान की परतें खुलती हैं, गली के भीतर प्रवेश और मलबे के ढेर तक की यात्रा में वह अपनी समूची जिंदगी की आशाओं, आकांक्षाओं, नाते-रिश्तों के अवशेष का साक्षात्कार करता है और नियति को स्वीकार करने की हालत में आता है। इस प्रकार मोहन राकेश की यह कहानी एक व्यक्ति की कहानी है, जिसमें वह अपनी आस-पास की त्रासदीपूर्ण स्थितियों के कारण टूटकर खंडित हो रहा है।

मोहन राकेश की कहानियों के पात्र जीवन की विसंगतियों को झेलते हुए ऊब, विवशता, बेचैनी के शिकार बने हुए हैं, जिन्हें लेखक ने प्राणवान बना दिया है। रक्खा पहलवान का चरित्र खींचने में लेखक ने उसके कहे बोले से कम, उसकी देहभाषा और गली वालों की – दरअसल घरों में जा छिपी, खिड़कियों पर खड़ी औरतों की चेहमेगोइयों से अधिक काम लिया है। वह ठेठ गुंडागर्द, लुटेरे, दादा का चित्र हैं। "रक्खा आदमी नहीं साँड है, दिन भर साँड की तरह गली में घूमता है"..."रक्खे मरदूद का घर न घाट...इसे किसी की माँ बहन का लिहाज था?" उसके चित्रण में यह अल्पभाषिता कहानी को शोर, स्फीति और हाहाकार के आडंबर से बचाती है, गली की स्मृति में चिरागदीन की सपरिवार हत्या के प्रसंग को भी ठंडे, निरावेग, किंचित व्यंग्यपूर्ण टोन में न्यूनतम तफसीलों में बयान करती है और मलबे से मुलाकात वाले क्षण के आवेग की तीव्रता के चित्रण में नाजुक संतुलन को साधते हुए संवेदनशीलता के स्तर को कायम रखती है। इस प्रकार मोहन राकेश की सामाजिक यथार्थ से जुड़ी कहानियों के पात्र उनके अपने एवं व्यक्तिगत पात्र हैं, जिन पर कहीं भी लेखकीय व्यक्तित्व का प्रभाव दृष्टव्य नहीं होता। गनी, चिरागदीन, रक्खा पहलवान ऐसे ही पात्र हैं।

प्रश्न 28. 'मलबे का मालिक' कहानी में गनी मियाँ और रक्खे पहलवान का आमना-सामना, इस कहानी का मर्मबिंदु है। चर्चा कीजिए।

उत्तर– 'मलबे का मालिक' कहानी में गनी मियाँ और रक्खे पहलवान का आमना-सामना, इस कहानी का मर्मबिंदु है। गली भर की चेहमेगोइयों को यह उम्मीद और तमन्ना है कि साढ़े सात साल पहले की सपरिवार हत्या और बलात्कार की वह घटना किसी न किसी तरह जरूर गनी तक पहुँच जाएगी, जैसे मलबे को देखकर ही गनी को अपने आप सारी घटना का पता चल जाएगा, हालाँकि पता चल जाने से भी गनी क्या कर लेगा, इस बात की तरफ कोई ध्यान या टीका-टिप्पणी इन चेहमेगोइयों में नहीं। उनके भय, आक्रोश और वितृष्णा का पात्र रक्खा

पहलवान है जो "बड़ा मलबे का मालिक बनता था! असल में मलबा न इसका है, न गनी का। मलबा तो सरकार की मिल्कियत है। मरदूर किसी को वहाँ गाय का खूँटा तक नहीं लगाने देता!" कहानी में इस उम्मीद का पहला क्षण आशंका का है – रक्खे पहलवान के शागिर्द लच्छे के शब्दों में, "अगर मनोरी ने उसे कुछ बता दिया तो?" दूसरा क्षण उत्तेजना का – गली वालों को चेहमेगाइयों में, "अब दोनों आमने-सामने आ गए हैं तो बात जरूर खुलेगी...फिर हो सकता है दोनों में गाली गलौज भी हो...अब रक्खा गनी को हाथ भी नहीं लगा सकता। अब वे दिन नहीं रहे...।" तीसरा क्षण थोड़ी निराशा का, "...मनोरी भी डरपोक है। इसने गनी को बता क्यों नहीं दिया कि रक्खे ने ही चिराग और उसकी बीबी बच्चों को मारा है" और गनी के चले जाने के बाद भी इन चेहमेगोइयों में यह उम्मीद बाकी है कि मनोरी ने गली से निकल कर गनी को जरूर सब कुछ बता दिया होगा...रक्खा अब किस मुँह से लोगों को मलबे पर गाय बाँधने से रोकेगा? इन्हीं गली वालों में भय और आतंक से अशक्त हुए वे लोग भी हैं जो साढ़े सात साल पहले की उस रात के साक्षी हैं, जिन्होंने अपने दरवाजे बंद करके अपने को उस घटना के उत्तरदायित्व से मुक्त कर लिया था और जो आज गनी के आने और चले जाने के बीच जिस किसी तरह उसको असलियत पता लगने की कामना कर रहे हैं। इस तरह वे वस्तुतः अपनी मजबूरी और डर को अभिव्यक्त करना चाहते हैं।

लेकिन दूसरी तरफ, रक्खा की आशंका के विपरीत, गनी को आखिर तक असलियत पता न चल पाने और रक्खा के प्रति अभी भी उसका असीम विश्वास और निश्छल भाव झलकने की वजह से, रक्खा पहलवान के भीतर कुछ होता है और उसका मन परिवर्तित हो जाता है। प्रस्तुत है कहानी का अंश–गनी उसके सामने बैठा है, एक बेदखल बूढ़ा, असहाय, बिना किसी अधिकार या अधिकार के दावे या तेवर के, महज आत्मीयता और भरोसे में, निहत्था और निरीह – "खुदा नेक की नेकी बनाए रखे, बद की बदी माफ करे। मैंने आकर तुम लोगों को देख लिया, सो समझूँगा कि चिराग को देख लिया। अल्लाह तुम्हें सेहतमंद बनाए रखे।" इस नेकी और निरीहता के साथ यह आमना-सामना रक्खे पहलवान में अपने आवेग की तीव्रता से दैहिक और ऐंद्रिय-संवेद्य, अनुभव-प्रत्यक्ष, वास्तविक और प्रामाणिक होकर साकार बनता है–रक्खे ने सीधा होने की चेष्टा की क्योंकि उसकी रीढ़ की हड्‌डी बहुत दर्द कर रही थी। अपनी कमर और जाँघ के जोड़ों पर उसे सख्त दबाव महसूस हो रहा था। पेट की अंतड़ियों के पास से जैसे कोई चीज उसकी साँस को रोक रही थी। उसका सारा जिस्म पसीने से भीग रहा था और उसके तलुओं में चुनचुनाहट हो रही थी। बीच-बीच में नीली फुलझड़ियाँ-सी ऊपर से उतरती और तैरती हुई उसकी आँखों के सामने से निकल जाती। उसे अपनी जबान और होठों के बीच एक फासला-सा महसूस हो रहा था। उसने अँगोछे से होठों के कोनों को साफ किया। साथ ही उसके मुँह से निकला "हे प्रभु, तू ही है, तू ही है, तू ही है!" इस प्रकार उसे अपनी गलती का एहसास होता है।

यह सत्वोद्रेक का चित्र है जो कहानी को संवेदना के सामान्य स्तर से उच्चतर तापमान पर ले जाता है। यह चित्र है, उस तर्कातीत अनुभूति का, अचेतन की आवश्यकता का, जो आदमी के सजग सचेत नियंत्रण के बाहर है। उसे यहाँ तक पहुँचाने के लिए कहानी स्थितियों और गतियों के चित्रण से अपना एक तर्क रचती है, जिसके चरम पर यह सत्वोद्रेक घटित होता है। उसकी तर्कसम्मति या विवेकसंगति का फैसला तार्किकता के किसी बने बनाए चौखटे के अनुसार नहीं हो सकता। यह निर्भर करता है मनुष्य स्वभाव पर।

इस कहानी में इस रहस्य पर से परदा नहीं उठाया गया है कि गनी की ताकत कहानी को किस जगह अवस्थित करती है अर्थात् रक्खे का हृदय परिवर्तन स्थायी था अथवा क्षणिक या फिर वह अपनी आदत से मजबूर है। रक्खे पहलवान को अपने शागिर्द लच्छे पहलवान से सूचना मिलती है कि–"गनी अपने मलबे पर बैठा है" तो वह कहता है कि "मलबा उसका कैसे है, हमारा है" लेकिन आशंकित भी हो जाता है कि कहीं मनोरी ने उसे कुछ बता तो नहीं दिया अथवा और तो किसी से गनी की बात नहीं हुई? यह आशंका गनी के नैतिक अधिकार की अनजाने, अनचाहे स्वीकृति है, स्वयं अपने दावे की अनाधिकार चेष्टा पर उठ आया संदेह भी है। गनी की निहत्थी आत्मीयता उसे पूरी तरह निशस्त्र और निष्कवच कर देती है। कहानी पहले ही मलबे से गनी की मुलाकात के क्षण में उसकी अनावृत्त, अनाच्छादित, निर्वस्त्र पीड़ा के साथ पाठक का आमना-सामना करवा चुकी है, भले ही उस दृश्य में रक्खा पहलवान मौजूद नहीं है लेकिन पाठक की मानसिक तैयारी हो चुकी है। रक्खा पहलवान के निष्कवच समर्पण में उसे मानो अपने ही सत्वोद्रेक का प्रतिबिम्ब मिलता है। इसलिए यह हृदय-परिवर्तन की आदर्शवादी कहानी नहीं है, यथार्थ के स्वाभाविक निरूपण की ही कहानी है। गनी के जाने के बाद मलबे के पास लोकू पंडित की भैंस को देखकर वह 'आदत के मुताबिक' उसे धक्के देकर हटाने लगता है। कहानी इस ओर कोई संकेत नहीं करती कि 'आदत' उसे फिर से रक्खे पहलवान बना देगी अथवा नहीं। कहानी का यह हिस्सा उसके व्यंजना कौशल को दर्शाता है।

प्रश्न 29. 'मलबा' और 'मालिक' के प्रतीकार्थों को समझाइए।

अथवा

मोहन राकेश की कहानी 'मलबे का मालिक' की भाषा-शैली का उल्लेख कीजिए।

अथवा

'मलबे का मालिक' कहानी मोहन राकेश के रचना-कौशल का प्रतिनिधि उदाहरण है। तर्कसम्मत व्याख्या कीजिए।

उत्तर– 'मलबे का मालिक' मोहन राकेश के रचना-कौशल का प्रतिनिधि उदाहरण है। इसके सहारे भावुकता और संवेदनशीलता का अंतर, अनुभव की प्रामाणिकता का अर्थ, उसे अर्जित करने में भाषा की भूमिका को समझा जा सकता है। इसी व्यंजना-कौशल के सहारे 'मलबा' बिना किसी प्रत्यक्ष आलंकारिकता के, एक वस्तुस्थिति के रूप में स्वाभाविक प्रसंगों और विवरणों के जरिए ही कहानी को अनेकपरतीय अर्थवत्ता देने वाले सघन बिम्ब और प्रतीक में बदल गया है।

अर्थ की पहली परत खुलती है, मानवीय महत्त्वाकांक्षा की निरर्थकता के रूप में, जो हिंसा और विनाश तक ले जाती है। पहलवान ने जिस मकान को हथियाने की नीयत से चिराग की हत्या की थी, वही मकान उसे जले हुए मलबे का ढेर बनकर मिला। ताकत और हिंसा के बल पर मिली हुई जीत मलबे की भी संदिग्ध मिल्कियत का ही मालिक बनाती है। चूँकि यहाँ चित्रित हिंसा, सामान्य नागरिकों को भी हत्यारों और शिकारों में बदलते हुए, विकराल रूप धारण किए हुए राजनीतिक कांड अर्थात् देश-विभाजन की एक परिणति ही है, अतः हिंसा के परिणामस्वरूप प्राप्त हुए इस मलबे की अर्थ-प्रक्रिया को और भी आगे तक ले जाया जा सकता है।

अर्थ की अगली परत में वह बिम्ब ध्वंस और उसके भीतर से फिर उठे खड़े होते जीवन के दृश्य को दोहरा रहा है। मलबे के बिम्ब में ध्वस्त घर के जले हुए दरवाजे की चौखट अभी बाकी है। मलबे के ढेर में से अचानक बाहर आ गिरा केंचुआ, पास से बहता नाली का पानी और उसके भीतर छिपे कीड़ों-मकोड़ों की आवाज-जीवन एक प्रवेशद्वार के साथ तरह-तरह से वहाँ सरसरा रहा है। बार-बार वह अपने मलबे में से स्वयं उठ खड़ा होता है। केंचुए के बिम्ब को भी कहानी अपनी अर्थप्रक्रिया में बहुत दूर तक ले जाती है। घर की चौखट पर रोते हुए गनी मियाँ के साथ एक समानांतर दृश्य की तरह केंचुआ आ गिरता है। एक कमजोर और मार खाए आदमी के समकक्ष उसकी हरकतें मानो उस आदमी का ही विवरण बन जाती है–"वह छिपने के लिए सुराख ढूँढ़ता हुआ जरा-सा सिर उठाता पर कोई जगह न पाकर दो एक बार सिर पटकने के बाद दूसरी तरफ मुड़ जाता" लेकिन चूँकि वे हरकतें उस आदमी की नहीं हैं, वातावरण में से उठा लिए गए एक बिम्ब में घटित हो रही हैं, इसलिए कथ्य से एक फासला बना कर, भावुकता के अतिरेक से बचकर व्यंजित होती हैं। इस लाचार, कच्चे और कमजोर आदमी की मर्मांतक पीड़ा के सामने रक्खा पहलवान अपने सारे आतंक, रोब और दबदबे के बावजूद ऐसा महसूस करता है कि उसकी रीढ़ की हड्डी को सहारा चाहिए। कहानी में अब तक रक्खा पहलवान स्वयं मानवीयता का ध्वंस, एक मलबा है लेकिन इस क्षण उस मलबे के भीतर जगते जीवन के समान ही उसमें शर्म और अपराधबोध बनकर मानवीयता सरसराने लगी है। इस प्रकार कहानी का शीर्षक 'मलबे का मालिक' अपने अंदर अनेक अर्थों को समेटे हुए है। यह शीर्षक कहानी की प्रमुख घटना का भान तो कराता ही है, साथ ही कहानी में अप्रत्यक्ष रूप से छिपे अनेक अर्थों को भी उजागर करते हुए एक व्यंजक बन गया है।

इसी व्यंजना के संदर्भ में देखा जाए तो कहानी का आरंभ परिवेश से होता है, अंत भी परिवेश से होता है और बीच-बीच में भी परिवेश अपनी उपस्थिति दर्ज कराता चलता है अर्थात् कहानी में परिवेश भी एक पात्र के समान सजीव और सार्थक भूमिका निभाता दिखाई देता है। परिवेश पर फोकस करते हुए कहानी को पढ़ा जाए तो आभास होता है कि दरअसल परिवेश के फैलाव से उठकर कहानी बीच-बीच में चरित्रों पर एकाग्र होती है और फिर परिवेश में फैल जाती है, यह दर्ज करती हुई कि यह केवल कुछ विशेष व्यक्तियों की नहीं, बल्कि व्यापक सत्यों की कहानी है जो कुछ व्यक्तियों के माध्यम से उकेरी जा रही है। इन दोनों व्यक्तियों का सारा आदान-प्रदान और क्रिया-व्यापार परिवेश से घिरा रहता है, कभी गली-मुहल्ले के मानवीय परिवेश से तो कभी प्राकृतिक परिवेश से। ऐसा प्रतीत होता है कि परिवेश नामक कथित पात्र के बिना यह कहानी अधूरी रह जाती।

कहानी अपनी व्यंजना में फिर मलबे के बिम्ब के पास लौटती है। सबके जाने के बाद पहलवान मलबे की चौखट पर बैठा है। शाम का अँधेरा, सुनसान गली, मलबे के नीचे से बहता हुआ नाली का पानी, कीड़े-मकोड़ों की आवाजें, चौखट पर आ बैठे भटके हुए कौए से छितराए हुए लकड़ी के रेशे, भौंकते हुए कुत्ते से सहम कर उड़ भागा कौआ। पहलवान कुत्ते की तरफ ढेला फेंकता है लेकिन कुत्ते का भौंकना बंद नहीं होता। पहलवान को ही जगह खाली करनी पड़ती है। काफी देर तक भौंकने के बाद कुत्ता कान झटक कर मलबे पर लौट आता है और कोने में बैठ कर गुर्राने लगता है। पहलवान को अपदस्थ और मलबे को जीवन की प्रक्रिया के

हवाले कर कहानी यहीं खत्म होती है, यह एक नैतिक निर्णय है अर्थात् मलबे का मालिक कौन? इस निरुतर प्रश्न एवं एक खास अर्थ के साथ कहानी समाप्त हो जाती है।

नई कहानी की भाषा के विकास में मोहन राकेश का अद्वितीय योगदान रहा है। हिंदी भाषा पर उनकी पकड़ अच्छी थी। काव्यात्मक संवेदना, नाटकीय विधान और बिम्बधर्मी भाषा का प्रतीकात्मक व्यवहार कहानी को अनुभव की प्रामाणिकता और ऐंद्रिय-संवेद्यता प्रदान करते हैं। यह उनकी विशेष उपलब्धि थी।

WE'D LOVE IT IF YOU'D LIKE US!

/gphbooks

We're now on Facebook!

Like our page to stay on top of the useful, greatest headlines & exciting rewards.

Our other awesome Social Handles:

gphbook
For awesome & informative videos for IGNOU students

9350849407
Order now through WhatsApp

bookgph
We are in pictures

+Gullybabagphbook
Adding something in you

gphbook
Words you get empowered by

अध्याय 3

हिंदी कहानी

भूमिका

साठोत्तर का दशक नई कहानी का दूसरा दौर था। इस दौर में लेखकों की मानसिकता पुन: परिवर्तित हुई और उनकी कहानियाँ पुन: शहरोन्मुख होती चली गईं। लेकिन इस बार की कहानियाँ शहरी संवेदना में निहित मोहभंग, नकार और संत्रास पर ज्यादा केंद्रित रहीं। इस कारण या तो चरम सीमा पर पहुँचकर उन लेखकों का लेखन समाप्त हो गया या फिर उनकी विषय-वस्तु अपनी लीक से हट गई और उनमें समाजवाद, साम्यवाद या गाँधीवाद का पुट आ गया। इस दौर के प्रमुख लेखक ज्ञानरंजन, रवीन्द्र कालिया, मुक्तिबोध, राजकमल चौधरी तथा दूधनाथ सिंह आदि हैं। दूसरे दौर को पहले दौर का ही विस्तार कहा जा सकता है। नई कहानी से अलग इस कहानी को काफी समय तक 'साठोत्तरी कहानी' का अभिधान दिया गया। वर्तमान में इन्हें समकालीन कहानी के नाम से भी जाना जाता है।

प्रश्न 1. नई कहानी के दूसरे दौर के उद्भव और विकास का उल्लेख कीजिए।

उत्तर– अनेक रचनाकारों ने कहानी के पहले दौर में ग्रामीण संस्कृति को आधार बनाकर कहानियाँ लिखीं। साठवें दशक के पश्चात् हिंदी कथा लेखन में एक सार्थक बदलाव की शुरुआत होती है। बाद के इन दशकों में कहानी उत्तरोत्तर शहरोन्मुख होती चली गई और अपने दूसरे दौर में अंतत: शहरी संवेदना में निहित मोहभंग, नकार और संत्रास की उस परीक्षा तक पहुँची जिसके आगे जाना संभव नहीं था, केवल मूल्य के पुन: आविष्कार और अर्जन, संपुष्टि और सत्यापन की ओर लौटा जा सकता था या फिर लेखन से उपराम हुआ जा सकता था। यह केवल सांयोगिक नहीं माना जा सकता कि ज्ञानरंजन, दूधनाथ सिंह, रवीन्द्र कालिया, गिरिराज किशोर, से.रा.यात्री, काशीनाथ सिंह, मुद्राराक्षस, विजयमोहन सिंह, कामतानाथ, रमेश उपाध्याय, गोविन्द मिश्र, गंगा प्रसाद विमल, महेन्द्र भल्ला, मनहर चौहान, पानू खोलिया आदि साठोत्तरी पीढ़ी के सभी प्रमुख रचनाकारों का महत्त्वपूर्ण लेखन या तो इस विषयवस्तु के चरम पर पहुँच कर समाप्त हो गया या फिर गाँधीवाद, समाजवाद या साम्यवाद जैसी किसी न किसी किस्म की प्रतिबद्धता में पर्यवसित होकर जारी तो रहा लेकिन अपनी धार खो बैठा। पिछली पीढ़ी के लेखक भी इस दौरान लेखन में सक्रिय रहे और कहा जा सकता है कि नई पीढ़ी की अपेक्षा अधिक गंभीर और सार्थक रूप से सक्रिय रहे।

दूसरे दौर में कहानी की विषयवस्तु ही नहीं अपितु भाषा व शैली भी नई है। 1960 से 75 तक का डेढ़ दशक नई कहानी का दूसरा दौर है। आजाद हिंदुस्तान के इतिहास में साठ से पचहत्तर तक के पंद्रह वर्षों की अवधि में कुछ ऐतिहासिक रूप से महत्त्वपूर्ण और निर्णायक घटनाएँ हुईं। 1962 में चीन का हमला हुआ, 1965 और 1971 में पाकिस्तान के साथ दो युद्ध हुए। बांग्ला देश का निर्माण दूसरे युद्ध का नतीजा था। 1975 से 1977 तक के समय में आपातकाल लागू रहा। चीन का हमला न केवल पंचशील के सिद्धांतों का हनन बल्कि राजनैतिक मैत्री करार के विरुद्ध बड़ा विश्वासघात था जिससे नेहरू कभी उबर नहीं सके। 1964 में नेहरू की मृत्यु के बाद 1967 में अनेक प्रांतों में संविदा बनी, जो कांग्रेस से मोहभंग का कारण बनी और लोगों को यह भी समझ में आ गया कि सत्ता सबको अपने ढाँचे में ढाल लेती है और इसका वास्तविक विकल्प भी कोई नहीं है।

युवा पीढ़ी को विशेषत: अपने प्रभाव की जद में लेने वाली घटना विश्वव्यापी छात्र आंदोलन था, जो फ्रांस के सॉरबोन विश्वविद्यालय से शुरू होकर दुनिया भर में फैल गया। विश्वयुद्धोपरांत संसार में आधुनिकता के नकारात्मक पक्षों और बीसवीं सदी के अभिशापों की चर्चा, चिंता की जा रही थी। वैकल्पिक मूल्यों और जीवन पद्धति की तलाश में यूरोप के युवा समुदाय के हिप्पी, फ्लावर चिल्ड्रेन, बीटनिक्स आदि आंदोलनों की सदस्य टोलियाँ भारत की ओर रुख कर रही थीं। अमरीकी कवि और यात्री एलेन गिन्सबर्ग के भारत प्रवास में अनेक भारतीय लेखक उनके संपर्क में आए और प्रभावित हुए। उनकी भारत यात्रा का अपना उद्देश्य 'सत्य' और 'पवित्र' की तलाश था, लेकिन वस्तुत: हर देश में ये अपनी-अपनी व्यवस्था से असहमति और विरोध के विविध स्वर थे। कहीं वे व्यवस्था के दायरों के बाहर निकलकर, कहीं उग्र और हिंसक रूप भी अख्तियार करके अभिव्यक्त हो रहे थे। भारत का अपना छात्र आंदोलन नक्सलवाद बन कर फूट रहा था। इस अवधि में इन सरोकारों की ज्यादा गहरी अभिव्यक्ति कविता में दिखाई दी और उसके काफी समय बाद यह अभिव्यक्ति कहानी में भी दिखाई देने लगी।

हिंदी कहानी में इस विक्षोभ व असंतोष के भाव का मिला-जुला असर नकार वाले चुनाव में दिखाई देता है। उस दौर के बीत जाने के बाद आज पीछे मुड़कर देखते हुए प्रतीत होता है कि यह नकार समाज की व्यवस्था और घर-बार के तंत्र में समाहित होने के पहले, संभवत: बेरोजगारी के दौरान का युवा आक्रोश है जो किसी बड़े मकसद के अभाव में असंतोष के छोटे-छोटे कारण खोजता रहता है और परंपरा-विहित तथा व्यवस्था-अनुमोदित हर वस्तु के प्रति एक खीझ, चिड़चिड़ाहट, अस्वीकृति, बेचारगी या आक्रामकता में अभिव्यक्त होता है। तब, उस समय के तात्कालिक सरोकार में वह मन:स्थिति न केवल मूल्य बल्कि जीवन मात्र के निरर्थक और निर्मूल्य हो उठने की, जिंदा रहने का कारण खो देने की बेचैनी और हताशा की संगीन आत्म-हन्ता अनुभूति थी जिसमें सार्थकता का उद्यम भी मनबहलाव, बहाना या ढकोसला लगता है। यह मकसद, आस्था और लगाव खो बैठे, अपनी दुनिया के लिए 'आउटसाइडर', 'ड्रॉप-आउट' यानी अजनबी और बाहरी हो उठे लोगों की पीढ़ी थी। उसे अपने लिए खुद अपने मूल्य, अर्थ और मकसद खोजने थे क्योंकि केवल इसी तरह उन्हें सत्यापित करके वास्तविक और यथार्थ बनाया जा सकता था। सन् 1960 के पश्चात् हिंदी कहानी में विषय-वस्तु, भाषा तथा शैली के स्तर पर कई परिवर्तन घटित होते हैं। यहाँ नई होना या नवीनता का प्रयोग केवल प्रयोगधर्मिता के लिए नहीं है बल्कि विषय-वस्तु को अधिक प्रभावशाली बनाने के उद्देश्य से है।

पिछली पीढ़ी के मध्यवर्ग में वे भी लेखक थे जिनका नाता अभी गाँव के साथ गहरा था यद्यपि वे स्वयं शहरी हो चुके थे। अगली पीढ़ी का लेखन ज्यादा एकाग्र भाव से शहरी होता दिखाई देता है। नई कहानी के इस दूसरे दौर को किसी हद तक पहले दौर का ही विस्तार कहा जा सकता है जिसमें नई पीढ़ी अनास्था और नकार के स्वर को तीव्रतर करती सुनाई देती है लेकिन इसके पीछे अग्रज पीढ़ी के जैसा कोई सुचिन्तित वैचारिक आधार नजर नहीं आता। पिछली पीढ़ी और इस नई पीढ़ी में आयु का अंतर कुल दस-बारह-पंद्रह वर्ष का रहा होगा। वे लोग अगर स्वाधीनता प्राप्ति के समय अठारह-बीस-बाइस-पच्चीस वर्ष के रहे होंगे तो ये लोग आठ-दस-बारह वर्ष के। अवधि का इतना सा अंतर भी निर्णायक कहा जा सकता है। स्वाधीनता की घटना से दूर जन्म लेती हुई पीढ़ियाँ उत्तरोत्तर उन मूल्यों से भी दूर होती गईं जिन्होंने स्वाधीनता संघर्ष के दौरान जीवन को लक्ष्य और उद्देश्य प्रदान किया था। पिछली पीढ़ी स्वाधीनता प्राप्ति के समय की रचनारत युवा पीढ़ी थी। उसके सामने नई निर्माण/विकास नीतियों के तहत या तो एक नष्ट होते हुए समय, समाज और संस्कृति को बचा रखने का मोह या नए आते हुए परिवर्तनों को दर्ज करने की इच्छा (जैसे—फणीश्वरनाथ रेणु) या गहरी जड़ें जमाए बैठे पारिवारिक-सामाजिक संबंधों के मिथकों-भूमिकाओं से लोहा लेने का पराक्रम या फिर नगरीकरण की प्रक्रिया में विस्थापन और स्थानांतरण के परिणामस्वरूप अजनबीपन, अकेलेपन, संत्रास को रूप देने की कोशिश अपने आप में एक रचनात्मक उद्देश्य बन बैठे थे। नई कहानी के दूसरे दौर की यह पीढ़ी स्वाधीन भारत की ऐसी पहली पीढ़ी कही जा सकती है जिसके सामने से अतीत पीढ़ियों के मकसद हट चुके हैं, सनातन की संभावनाएँ समाप्त हो चुकी हैं। यह एक विश्वव्यापी शून्य है जिसका कारण पश्चिम में विश्वयुद्ध के समय की हिंसा और भारत में स्वाधीनता और नेहरूयुगीन स्वप्नदर्शिता से मोहभंग है। नकार के इस परिदृश्य में ज्ञानरंजन की उपस्थिति विशिष्ट है।

प्रश्न 2. प्रमुख कथाकार ज्ञानरंजन के व्यक्तित्व और कृतित्व का परिचय दीजिए।

अथवा

'ज्ञानरंजन की कहानियों में किस्सागो शैली का सशक्त प्रयोग है।' इस कथन को सोदाहरण स्पष्ट कीजिए।

अथवा

कहानी लेखन के क्षेत्र में ज्ञानरंजन के योगदान पर प्रकाश डालिए।

उत्तर– ज्ञानरंजन जी का जन्म 21 नवम्बर, 1936 में अकोला महाराष्ट्र में हुआ। ज्ञानरंजन जी की संपूर्ण शिक्षा इलाहाबाद में हुई। सातवें दशक में उभरने वाले हिंदी कहानीकारों में ज्ञानरंजन जी का स्थान प्रथम पंक्ति में है। उनकी कहानियों का लेखनकाल लगभग सन् 1936 से 1973 तक के बीच की अवधि का है। किंतु उनकी कहानियों का समय आज के घड़ी से मिला हुआ है। 'फेंस के इधर-उधर', 'यात्रा', 'सपना नहीं' आदि जैसे अब तक छह कहानी संग्रह प्रकाशित हुए हैं। उनकी कहानियाँ भारतीय भाषाओं के अलावा अंग्रेजी, जर्मन, जापानी, रूसी और पोल भाषाओं में अनुवादित हो चुकी हैं।

प्रारंभ में ज्ञानरंजन जी ने कविताएँ लिखीं, कहानियों का अनुवाद भी किया। 'कबाड़खाना' नामक एक अनूठी पुस्तक लिखी। 'पहल' नामक साहित्यिक पत्रिका का पच्चीस वर्षों से अत्यंत सफल संपादन किया, जिसके कारण उन्हें 'सोवियत लैंड नेहरू पुरस्कार' प्राप्त हुआ। हालाँकि उन्हें पुरस्कारों का, प्रशंसाओं का कोई लोभ या मोह कदापि नहीं था। आपातकाल में मध्य प्रदेश शासन का साहित्य परिषद् का एक पुरस्कार इन्होंने ठुकरा दिया। वे दो बार विश्व यात्रा कर चुके हैं। पेन्विन लंदन की 'भारतीय साहित्य की एंथ्रालॉजी' में इनकी कहानी चयनित हुई। एन.सी.आर.टी. नेशनल बुक ट्रस्ट और साहित्य अकादमी द्वारा इनकी कहानियाँ प्रकाशित हुईं एवं भारत के एक दर्जन से ज्यादा विश्वविद्यालयों में उच्चतर अध्ययन के लिए इनकी कहानियों का पठन-पाठन होता है।

यद्यपि उन्होंने बहुत अधिक कहानियाँ नहीं लिखी हैं, लेकिन उपरोक्त सूचनाओं से स्पष्ट है कि कहानी जगत पर उनका व्यापक और गहरा प्रभाव पड़ा। कथा के गद्य में उन्होंने तद्भव और देशज को प्राज्जलता की उस हद तक पहुँचाया जहाँ अभिव्यक्ति अपने आप में संपूर्ण सी ज्ञात होती है। अनुभूति और अभिव्यक्ति का समतोल उनके गद्य को यथार्थ की ठोस सीमाओं में रहते हुए ही काव्यात्मक बनाता है। इस काव्यात्मकता का संबंध मन:स्थितियों को हवाई हुए बिना पूरी तरह से भाषा में संक्रमित कर देने की क्षमता से है। लेकिन उनकी उपलब्धि केवल भाषा की इस सँवार तक सीमित नहीं है। वह कहानी की विधा की पुन:परिभाषा का काम आगे बढ़ाती है। ये आदि-मध्य-अवसान वाले परिचित विकासक्रम या आरंभ-प्रयत्न-प्राप्त्याशा-नियताप्ति-फलागम की कार्यावस्थाओं या कथानक-पात्र-चरित्र चित्रण-देशकाल-उद्देश्य वाले तत्त्वों की कहानियाँ नहीं हैं। उनके निहितार्थों का बारीकी से अनुगमन करते हुए पढ़ने से चूक जाने पर पाठक को यह असमंजस हो सकता है कि कहानी पता नहीं कहना क्या चाहती है। कई आलोचकों द्वारा उनकी समीक्षा में इस असमंजस को अभिव्यक्त भी किया गया है।

इन कहानियों में घटनाक्रम नहीं, निरीक्षण और आत्मालोचन अर्थात् संवेदना और दृष्टि, महसूस करने का ढंग प्रमुख है। इनमें प्राय: एक युवा या फिर एक युवा होते हुए किशोर का आत्मवाची बयान है जिसमें परिस्थितियों और मन:स्थितियों के निरीक्षण और आत्मालोचन से

वृत्तांत रचा गया है। वृत्तांतों में जीवन की दैनिक चर्या में से उठाए गए बेहद सहज, सामान्य ब्यौरे एक विशेष संयोजन में गुँथे गए हैं। उनके संयोजन से रोजमर्रा की जिंदगी में आते हुए बदलावों को दर्ज किया गया है। इन वृत्तांतों की वस्तु में हम स्त्री, घर, पिछली पीढ़ी, दाम्पत्य, मैत्री जैसे विषयों और संबंधों को देखती हुई एक उचाट युवा दृष्टि से मुलाकात करते हैं जो किसी भी दृश्य में रमती नहीं, मूल्यांकन करती चलती है। शुरुआती कहानियों में प्राय: यह युवा एक परंपरागत, रूढ़िग्रस्त शायद निम्नमध्यवर्गीय वातावरण और पुराणपंथी संस्कारों की पृष्ठभूमि से निकल कर अक्सर अपने से भिन्न, प्राय: उच्चतर मध्यवर्गीय जीवन पद्धति के लोगों को देखता और जानता पहचानता है। एक हद तक इसे वर्गोल्लंघन के दोराहे पर अपनी राह के चुनाव की प्रक्रिया की तरह देखा जा सकता है। इस तरह वह दो दुनियाओं के बीच फँसा और दोनों ही संसारों से एक फासले पर खड़ा, एक उलझा हुआ आदमी है।

ज्ञानरंजन की शुरुआती कहानियों में बड़ी संख्या 'स्त्री' को देखने वाली कहानियों की है; माँ, बहन, पत्नी के अलावा भी इन 'स्त्रियों' को देखने वाली जिनके साथ किस्सागो पात्र किसी रिश्ते में बँधा नहीं है। वे प्राय: संभावित प्रेमिकाएँ और कभी-कभी वस्तुत: प्रेमिका भी हैं। इस स्त्री के विषय में किस्सागो के आयुसुलभ कौतुहल, कल्पनाशील और दिलचस्पी के अलावा ऐसे भी ब्यौरे आते हैं जो कहीं-कहीं अपने संसार की तुलना में दूसरे संसार की स्त्री के व्यवहार, परिवार में उसकी जगह और अधिकार में आते हुए खुलेपन, सहजता और आत्मीयता या फिर उसके ढोंग को दर्ज करते हैं। 'क्षणजीवी', 'दिवास्वप्नी', 'खलनायिका और बारूद के फूल', 'सीमाएँ', 'दिलचस्पी', 'छलाँग' आदि इस मूड की कहानियाँ हैं। यह कौतूहल और दिलचस्पी कैशोर्य और आरंभिक यौवन पर हावी मानसिकता है। छायावाद तक इस अनुभूति में एक हवाई स्वप्निल अतीन्द्रियता थी, नई कहानी ने इसे नई स्त्री के विकसित होते व्यक्तित्व की टक्कर में अहंकारों की मुठभेड़ को एक युद्धोचित वीरता और गंभीरता दी थी। उदाहरण के लिए राजेन्द्र यादव की 'टूटना' और मोहन राकेश की 'एक और जिंदगी' जैसी कहानियाँ देखी जा सकती हैं। शिक्षा की सुलभता और प्रसार ने 'नई स्त्री' को अनिवार्यत: 'व्यक्तित्व संपन्न स्त्री' का पर्याय भी नहीं रहने दिया है, और स्कूल-कॉलेज या दोस्तों के घर में संपर्क के अवसरों की सुलभता ने उसे जीवनचर्या का सामान्य हिस्सा बना दिया है।

खुलेपन के खोल में पुराने संस्कारों की जकड़न अभी बाकी है। इन वृत्तांतों के बयान में एक खिल्ली उड़ाता सा, मजा लेता, चिढ़ाता हुआ मखौल का स्वर सुनाई देता है जो चुहल और शरारत से तो बाज नहीं आता लेकिन, व्यंग्य और प्रहार के ध्वंस तक भी नहीं जाता। प्रेम और दाम्पत्य केंद्रीय रूप से इस उपहास के स्थायी निशाने पर हैं। कारण संभवत: यह कि नई कहानी के पहले दौर में ही परिवार की बजाय युगल को समाज की लघुतम इकाई मान लिया गया था। संयुक्त परिवारों का विघटन और इकाई परिवारों का उदय इसके पीछे का सामाजिक तथ्य था। जन्म जन्मांतर का संबंध और आत्मा का बंधन जैसी धारणाएँ हास्यास्पद हो चुकी थीं। लक्ष्यहीन जीवन की निरर्थकता और शून्य की भरपाई करने लायक घनत्व प्रेम और दाम्पत्य जैसे रिश्तों में शेष नहीं था। इसका एक सकारात्मक पक्ष रिश्तों में एक भारहीन उत्फुल्लता, सहजता और मैत्री का आगम है। जैसा कि 'हास्यरस', 'दाम्पत्य' और 'रचना-प्रक्रिया' जैसी कहानियों में बताया गया है।

नई कहानी से पहले दौर से ही पिछली पीढ़ी के साथ टक्कर या परिवार के मुखिया के अप्रासंगिक होते जाने की वस्तु को लेकर अधिसंख्य कहानियाँ लिखी गई थीं। पिछली पीढ़ी को

सामंती व्यवस्था, वर्चस्व, गतिरोध, प्रतिगामिता का प्रतीक बनाकर चित्रित किया गया था। लेकिन ज्ञानरंजन की परवर्ती कहानियों में एक अगंभीर आवाज में गंभीर सरोकारों की अंतर्धारा है। 'पिता' उनकी एक विशिष्ट कहानी है। जो इनके विपरीत खीझ और झुँझलाहट के बावजूद गहरी ममता और सम्मान के साथ लिखी गई कहानी है। कहानी उस पिता, पीढ़ी की है जो सादगी, आत्मनिर्भरता, मितव्ययिता, संतोष और स्वाभिमान के मूल्यों पर अटूट विश्वास और अडिग आचरण के जरिए अपनी बुलंदी प्रमाणित कर चुकी है जिसके सामने अपने को कायम कर पाना पुत्रों के लिए एक चुनौती है–"उसे लगा पिता एक बुलंद भीमकाय दरवाजे की तरह खड़े हैं, जिससे टकरा-टकरा कर हम सब निहायत पिद्दी और दयनीय होते जा रहे हैं।" बिना किसी नाटकीय मुठभेड़ और तकरार के, पिता केवल उन सुख-सुविधाओं को भोगने से इंकार कर देते हैं जो उनके लायक बेटे उनको देने के इच्छुक है। पिता के लिए यह केवल आर्थिक सामर्थ्य का मामला नहीं, जीवन मूल्यों का पर्याय है, लेकिन बेटे के लिए इसका मतलब पिता के समक्ष खुद का छोटा पड़ जाना है। इस पिता के चित्रण का सुर और किस्सागो पात्र का रवैया ज्ञानरंजन और उनकी तलाश को एक नए रूप में प्रकट करता है।

छठे दशक से हिंदी कथा लेखन में एक सार्थक बदलाव की शुरुआत होती है। लेकिन उनमें गुणात्मक परिवर्तन नहीं दिखाई देता। ज्ञानरंजन की कहानियों में यह बदलाव साफ नजर आता है। इनकी कहानियाँ 'फेन्स के इधर और उधर', 'शेष होते हुए', 'संबंध', 'पिता', 'यात्रा', 'घंटा', 'बहिर्गमन' और 'अनुभव' सातवें दशक में कहानी को निर्णायक मोड़ देने वाली रचनाएँ मानी गई हैं। इसमें से अंतिम तीन कहानियाँ एक त्रयी की तरह पढ़े जाने की माँग करती हैं। संवेदना के स्तर पर तीनों एक दूसरे से संबद्ध है। 'बहिर्गमन' इन्हीं तीनों कहानियों में से एक है। इन कहानियों में एक ओर आजाद हिन्दुस्तान का वह बुद्धिजीवी समुदाय चित्रित किया गया है जो अपना वर्ग उलांघने की कोशिश में चढ़ाई पर दौड़ते हुए देश के जन-जीवन की जगह-जमीन से अपना समूल उच्छेदन कर चुका है और दूसरी ओर उन्हें परखता हुआ, उनके छद्म को ध्वस्त करता हुआ, जगह-जमीन से जुड़े किस्सागो का स्वर है जो अपने रुद्र कटाक्षा से खुद अपने आप को भी कोई छूट नहीं देता। इन कहानियों में भाषा की चुहल और शरारत इनकी पहले की कहानियों की तरह अपने विनोद-भाव को कायम रखते हुए भी एक जुगुप्सा, तिरस्कार, हिकारत की तह को अपने भीतर समेट लेती है। 'घंटा' कहानी महानगरीय बोध की कहानी है। 'घंटा' शीर्षक कहानी में तथाकथित बुद्धिजीवी पात्र का नाम कुन्दन सरकार है। कहानी उसका वर्णन इस प्रकार करती है–"कुन्दन सरकार काफी भनकता हुआ नाम था। शहर के तमाम लेखक और बुद्धिजीवी उस तक पहुँच चुके थे। ये सब मध्यवर्गीय लेखक थे, जिसका खाते उसका बजाते भी खूब थे। जहाँ से आदमी की पूँछ झड़ गई है, इन लोगों के उस स्थान में कुन्दन सरकार को देखते ही खुजली और 'अहोभाग्यपूर्ण' गुदगुद होने लगता था। कुन्दन सरकार और बुद्धिजीवियों के संपर्क को ताकने वाले बहुत से दर्शक चारों तरफ फैले हुए थे जिन्होंने शहर के जागरूक केंद्रों में कुन्दन सरकार की हवा बाँध रखी थी। मैंने अपने साथियों को कुछ भी नहीं बताया और कुछ समय के लिए फूट गया। उन्हें अपना लोभ बताना मुमकिन भी नहीं था। 'पेट्रोला' के साथियों में अधिकांश ऐसे थे जो कुन्दन सरकार सरीखे आदमियों को अपने अमुक प्रदेश पर रखते थे। वे लोग पूरी तरह मुड़े हुए थे। केवल मैं ही था, अटका हुआ, मान-अपमान, ओहदे-पैसे और देश समाज से विचलित होने वाला।"

इस कहानी में एक तरफ ये "पूरी तरह मुड़े" हुए लोग हैं जिनके लिए 'पेट्रोला' नाम की जगह 'कम्फर्ट जोन' या राहत-स्थल है। दूसरे सिरे पर कुन्दन सरकार है, और उसका खाने बजाने वाले मध्यवर्गीय लेखक। पेट्रोला से बिल्कुल भिन्न और विपरीत अपने जगत में पूरी तरह से गर्क। और दोनों के बीच फँसा किस्सागो "अपने साथियों में एकमात्र मैं ही ऐसा व्यक्ति था। जिसका फैसला जिंदगी ने अभी तक नहीं किया था और जो दो लालचों के बीच अभी गौर और सूझबूझ का तरीका इस्तेमाल कर रहा था।" बीच फँसे होने का अर्थ ऐसी जगह खड़े होना है जहाँ से व्यक्ति किसी भी दिशा में जाने का चुनाव और निर्णय कर सकता है।

इस कहानी में वर्णन की भाषा एक तरह से कथानक और घटनाक्रम का स्थानापन्न है। इसमें एक पूरी बुद्धिजीवी पीढ़ी के व्यवहारों की मंशा के विविध स्तर बोलते हैं। यह पात्र, चरित्र, देश का चित्र खड़ा करने वाले विवरणों का संयोजन मात्र नहीं, कथ्य का विकासक्रम है। इस वर्णन के एक सिरे पर पेट्रोला का समुदाय है जिसके लिए "ऐसा लगता कि पेट्रोला की जिंदगी के बाहर चले जाना काफी मुश्किल हो गया है।" इन लोगों के बारे में एक विवरण है, "वे लोग ऐन्टी नहीं थे, स्वाभाविक थे।" मुखौटों और पाखंडों की दुनिया में स्वाभाविक होने का अर्थ अगर 'ऐन्टी' (विरुद्ध) होना नहीं तो व्यवस्था के बाहर और उदासीन होना है। भाषा उसके वर्णन में भी अपनी चुहल नहीं छोड़ती लेकिन ये किस्सागो के साथी लोग हैं, यहाँ उसकी मंशा आक्रमण या धिक्कार की नहीं है, लगभग 'सलाम' की है क्योंकि वे प्रामाणिक, वास्तविक और स्वाभाविक लोग हैं, जिन्होंने किसी भी प्रकार का नकली मुखौटा नहीं पहन रखा है और उनकी सोच, कथनी व करनी में कोई अंतर नहीं है।

'घंटा' में यह मुहिम मुखौटापोश भद्रलोक के मुकाबले में 'स्वाभाविक' होने की मुहिम है, लेकिन स्वाभाविक होने का कुल तरीका पेट्रोलावासियों के चित्र में हमने देखा है। किस्सागो अभी अपनी स्वाभाविकता को पूरी तरह से पा नहीं सका है। कुन्दन सरकार के पास वह 'शराब के उद्देश्य को पकड़ कर' जाता है और शर्माता भी है—"अपने साथियों को चरका देकर, उन्हें अपने से अज्ञात रखकर मैं यहाँ मौज के लालच में चला आया, ...मैं अपने को ही फुसला रहा था, बेवकूफ बना रहा था क्योंकि लालच का कहीं कोई जवाब नहीं है। शराब जीवन ज्योति हो गई थी। किसी से शराब क्या पी ली समझा बहुत ठगी कर ली।"

लेकिन नशा इस कहानी में केवल पी कर धुत्त पड़ जाने का पर्याय नहीं है, मुखौटापोशी से लापरवाह हो जाने का, अपनी असलियत से अभिन्न, अपनी स्वाभाविकता के निकट पहुँच पाने का साधन और पर्याय भी है। पेट्रोलावासियों के चित्रण की भंगिमा से कहानी इस नशे को कबीर की अलमस्त फकीरी के आस-पास की चीज बना देती है। इसी नशे के साहस से किस्सागो कुन्दन सरकार की घंटागीरी में गर्क नहीं हो जाता, यह तबीयत बनाए रखता है कि "फाड़ कर रख दूँ मैं इसका और अपना ढोंग," निर्णय करता है कि "जल्दी ही, निगला जाए न उगला जाए वाली स्थिति को तमाम कर देना है। सच्चाई का क्षण निकट है और अब ठिकाना हो जाएगा" और इसी नशे के दुस्साहस से, एक "बागी मस्ती" से भरे दिमाग से वह शहर की "सबसे शरीफ जगह" माने जाते रेस्तराँ में "सब स्वस्थ, तर और चिकने चेहरे" वालों के जमघट में गाना गाती हुई लड़की का मैला-कुचैला, संगीत के साथ हिलता हुआ नाड़ा लटक जाने पर बेकाबू हँस कर, अपने मन का सच बोलकर, गाली देकर, कोकाकोला की बोतल फेंक कर हंगामा खड़ा कर देता है। इस हंगामे के जरिए वह अपने "जंगलीपन और जिंदगी की भभक"

को अभिव्यक्त करता है, अपनी सच्चाई के साथ एकाकार होकर इस तथाकथित शरीफ किंतु नकली, अतः अश्लील मुखौटापोश दुनिया का परदा फाश करता है।

ज्ञानरंजन की नए दौर की कहानियों में से एक और इस त्रयी की दूसरी कहानी 'बहिर्गमन' और तीसरी कहानी 'अनुभव' है। तीनों कहानियों के पात्र और अगर मानें तो कथानक अलग-अलग हैं लेकिन कथ्यसूत्र इस दृष्टि से एकबद्ध हैं कि जीवन में मकसद की तलाश करता हुआ एक युवा मन, जो इन कहानियों में किस्सागो भी है, अपने संदर्भ-जगत में उपलब्ध और संभावित विकल्पों को बारी-बारी से परखता और छोड़ता-पकड़ता है। 'घंटा' इस यात्रा का पहला पड़ाव है जिसमें किस्सागो पात्र कुन्दन सरकार का घंटा बनकर उसकी दुनिया में बसने से इंकार तो कर देता है लेकिन लौट कर पेट्रोला की बेहोशी में ही जाता है, जो कोई वास्तविक विकल्प नहीं है। पहली दोनों कहानियों में चित्रित संदर्भ जगत लेखकों और बुद्धिजीवियों का संसार है। व्यापक अर्थ में इन्हें ऊर्ध्वोन्मुख दिशा में गतिमान, अपनी जगह-जमीन से कटे होकर भी जुड़े होने का ढोंग करने वाले सुविधाभोगी संपन्न संसार के बाशिन्दों की तरह देखा जा सकता है। 'बहिर्गमन' का किस्सागो इस दुनिया को बारीकी से तटस्थ और विरक्त भाव से देखता और विदा देता है, पेट्रोला तो नहीं लौटता लेकिन कहीं और भी नहीं जाता है। जबकि 'अनुभव' में इस संसार से अलग शहर का दूसरा हिस्सा उभर कर सामने आता है। यह वह हिस्सा है जो किस्सागो को उसका मकसद बनकर अपने पास बुलाता है।

प्रश्न 3. ज्ञानरंजन की कहानी 'बहिर्गमन' की अंतर्वस्तु को स्पष्ट कीजिए।

उत्तर– स्वाधीनता के बाद के पंद्रह बीस वर्षों में हिंदी के बौद्धिक-साहित्यिक गतिविधियों का केंद्र महानगर बनते हुए नगर दिल्ली में स्थापित हो चुका है। दिल्ली के बुद्धिजीवी संसार में हिंदीभाषियों की दुनिया में दिल्ली के बाहर प्रायः कस्बों या छोटे शहरों से आए हुए लोगों का निवास है। इस देशकाल में वे पूर्णतः या आंशिक रूप से अजनबी हैं और अपने-अपने संदर्भ के अनुसार तालमेल बिठाने की सफल या असफल कोशिश कर रहे हैं। ज्ञानरंजन की इस त्रयी में चित्रित देशकाल, बीसवीं शताब्दी के इसी सत्तर के दशक का बुद्धिजीवी संसार ही है।

इन दिनों कस्बों और छोटे शहरों से युवा पीढ़ी ने शहरों की ओर पलायन किया है। कुछ का जाना इसलिए हुआ कि "शहर छोड़कर चले जाने के अलावा उनके पास दूसरा कोई रास्ता भी नहीं था" और कुछ का इसलिए कि "वे कदम मिलाने के लिए बौखलाए हुए दौड़े चले जा रहे थे।" इनमें से कितने ही वे लोग थे जिन्हें "दुनिया की रफ्तार ने अवाक् कर दिया," और कुछ ऐसे भी जो "जीने के लिए लोगों और प्रदेशों की तलाश" करने को बेकाबू हो गए। कुछ का कस्बा "छोड़ना छप्पर और पेट की मजबूरी में उजड़" जाना है, कुछ के संदर्भ में "वह गुमनाम लोभ से पराभूत, अज्ञात दुनिया के प्रति चमत्कृत एक बेबुनियाद भागमभाग थी।"

प्राथमिक स्तर पर ये 'बहिर्गमन' के शीर्षक की विविध अर्थछवियाँ हैं जिन्हें कहानी अपने भीतर से प्रतिच्छवित करती है।

आजादी के बाद के दशकों में शिक्षित युवा पीढ़ी का अपनी जगह, जमीन से क्रमशः उच्चाटन और उच्छेटन एक सामान्य सी बात हो गई थी। जिसके विभिन्न आयामों की पड़ताल करने के लिए 'बहिर्गमन' में तीन पात्रों पर फोकस किया गया है। पहला कथा का 'मैं' अथवा वाचक पात्र जिसे विश्लेषण में अवसर के अनुसार आत्मवाची/किस्सागो कहा जाएगा; दूसरा

मनोहर जिसकी कहानी वह सुना रहा है और जिसे प्रकारांतर से कहानी का नायक कहा जा सकता है और तीसरा सोमदत्त। इन तीनों के माध्यम से तीन अलग-अलग संसार प्रस्तुत या संकेतित किए गए हैं जिनके बीच कहानी आवाजाही करती रहती है – कस्बा, महानगर और विदेश। कस्बा और महानगर ठोस कथाभूमियाँ हैं। यूरोप अथवा विदेश मनोहर का वह अंतिम गंतव्य है जिसका मूर्त अस्तित्व सोमदत्त को बनाया गया है। इन तीनों पात्रों को तीन अलग-अलग प्रकार की मानसिकताओं से युक्त दर्शाया गया है।

'मैं' और मनोहर : विपरीत ध्रुव—कहानी का नायक 'मैं' और मनोहर दोनों एक ही कस्बे में पैदा हुए हैं लेकिन 'मैं' अपनी मानसिकता में कस्बे का आदमी है। उसके मनोजगत में कस्बा उसकी "अपनी जगह" का, अपनी "जड़" का नाम है। कस्बे से जुड़े विवरणों को ध्यान से देखने पर वह अपने आप में एक भरापूरा चरित्र नजर आएगा जिसके चित्र पर आत्मवाची के दुलार की छाप है। उसे लगता है कि अपनी जगह बेमिसाल होती है और आदमी टूटा हुआ पत्ता नहीं है। इसके विपरीत मनोहर कस्बे का रहने वाला एक उच्च महत्त्वाकांक्षी युवक है। उसके मन में गंदे कस्बे को बदल डालने का सपना है, लेकिन उसका सपना शहर जाते ही बदल जाता है। कहानी के नायक के अनुसार, "कस्बे में मनोहर सबसे अधिक परेशान, बेचैन और उत्पीड़ित युवक था। वह ख्वाबों में डूबा रहता।" मनोहर लोगों से जबरदस्ती भिड़ जाता, जबकि लोग लड़ना नहीं जानते थे, वे केवल दुनिया समझे हुए, क्षमाशील लोग थे। वह कहता, बाहर निकलो, वहाँ एक अग्रगामी संसार है, लोग मूड हिलाकर हाँ करते और हुक्का गुड़गुड़ाने लगते। कहानी के इस प्रारंभ में ही, जैसे नायक ने यह अनुभव कर लिया है कि कस्बे के लोग कम अनुभवी नहीं थे, इसलिए, उन्होंने एक ओर तो मनोहर की बातों पर उससे उलझकर, अपनी शक्ति नष्ट नहीं की, उनके इन अनुभवों से ही मनोहर उनका व्यवहारिक दुश्मन नहीं बना, बल्कि यह एक अनुभवी तरीका ही था कि लोग उत्तर न देकर, उत्तर के समय हुक्का पीकर, उस अवसर को ही टाल जाते।

कस्बे में संभावनाएँ शेष नहीं हैं। वह आजाद हिन्दुस्तान की विकास परियोजनाओं से बाहर है। एक उनींदी, चुपचाप, आवृत्तिशील दिनचर्या वहाँ का कालक्रम है जिसमें न जीविका के साधन शेष हैं, न जीवंतता का एहसास। इसलिए वे उपरोक्त विभिन्न कारण और प्रकार उत्पन्न होते हैं जिनके तहत कस्बे से पलायन अनिवार्य हो जाता है।

मनोहर कस्बे की ठहरी जिंदगी से ऊब महसूस कर रहा था या फिर उसे लाभ की वे स्थितियाँ नहीं मिल पा रही थीं, जो उसे बड़ा या 'ऊँचा' बनाने में सहायता करें। मनोहर और उसके सालभर बाद आत्मवाची शहर को प्रस्थान करते हैं। मनोहर अपने सपनों के संधान में, आत्मवाची अपनी जीविका की मजबूरी में। सालभर के अंतराल में मनोहर ने शहर में झंडा गाड़ दिया है, गजट में उसका फोटो भी छपा है जबकि एक साल का यह समय आत्मवाची के ऊपर कसाई के चाकू की तरह चल रहा था। अंतत: शहर में उसे एक छोटी सी नौकरी मिलती भी है, वो भी उसके पिता की गिड़गिड़ाती चिट्ठी के जवाब में मनोहर की कृपा से ही।

कहानी में पात्र की हैसियत से अपनी जगह और नजर अख्तियार कर लेने के बाद आत्मवाची किस्सागो में बदल जाता है, मनोहर के स्वप्न-संधान की असलियत का साक्षी, एक झरोखा जिसके जरिए शहर, मनोहर और सोमदत्त के क्रियाकलाप में झाँका जाता है। वह केवल वर्णन की आवाज नहीं, एक नजरिया, एक मूल्यदृष्टि, एक कसौटी है।

पूरा वृत्तांत उसके नजरिए से ही हमारे सामने आता है और अपने बारे में उसका यह बयान बताता है कि उस नजरिए की बनावट क्या है–"मैं एक पुख्ता आदमी बनने की अभिलाषा को लेकर पिछले पच्चीस वर्षों से कछुआ बना हुआ हूँ।"...."गतिवान लोगों का 'अनुभव' है कि मैं जैसे तैसे पच्चीस वर्ष पहले की ही स्थिति में पड़ा हुआ हूँ। मैं हिल नहीं रहा हूँ और मुझे अपनी उबासी भरी दुनिया से मोह है।"

मनोहर का एक मित्र सूत्रधार या कहानी का नायक ही है। मनोहर का दूसरा बुद्धिजीवी मित्र सोमदत्त है जो हमेशा विदेश यात्रा करता रहता है। मनोहर इससे पूरी तरह प्रभावित रहता है। मनोहर और सोमदत्त 'गतिवान' लोगों की श्रेणी में आते हैं। किस्सागो उनकी दौड़ को "गुमनाम लोभ से पराभूत, अज्ञात दुनिया के प्रति चमत्कृत एक बेबुनियाद भागमभाग" की तरह देखता है। अपने प्रति उनके दृष्टिकोण को वह 'अनुभव' का नाम देता है, इस शब्द का इस्तेमाल वह एक विशेष अर्थ में करता है और कोष्ठक में अपनी टिप्पणी से उसे खोलता भी है–जी हाँ अनुभव, क्योंकि निर्णय करने के लिए किसी भी सामाजिक-राजनैतिक दर्शन से पूरी सहायता ले सकने में वे असमर्थ हैं। पुनः "पूरी सहायता" के विशेषण में भी एक व्यंजना है। निर्णय तक ले जाने वाली "पूरी" सहायता अधूरे दिखावे की अवसरवादिता से अलग है। उनके निर्णयों में किसी राजनीतिक-सामाजिक दर्शन का जरा सा भी हाथ नहीं है। आत्मवाची जिसे "पुख्ता आदमी बनने की अभिलाषा" कहता है वह उनकी नजरों में कछुआ बने रहना है। मानो वे स्वयं खरगोश और कछुए की कहानी वाले खरगोश हैं जिन्होंने पुरानी कहानी से सबक लेते हुए अबकी बार रास्ते में सोए नहीं रहने का निर्णय ले लिया है।

"पुख्ता आदमी" होने का अर्थ : मूल्यदृष्टि–कहने को तो कहानी में मनोहर और आत्मवाची का रिश्ता दोस्ती का है लेकिन वास्तव में वह मनोहर से खार खाता है, उस पर शक करता है और उसके पीछे पड़ा रहता है। लेकिन उससे खार खाते हुए उसके साथ भी बना रहता है, उससे उलझता नहीं। उसे अपने बारे में कोई भ्रम नहीं है। वह साफ कहता है कि "मैं विद्रोही नहीं था। मेरा मार्ग नितांत सड़ियल, भाग्यशून्य और आम था।" लेकिन एक अटल संकल्प के साथ वह "अपने मामूली जीवन को बस केवल चौकन्नी पहरेदारी के अंदर जिलाए रखने की ही तमन्ना" करता है। उसके इस कथन में कहानी की संरचना का बीज समाया हुआ है – मनोहर के जाने के दिन "मेरे अंदर भी एक विस्फोट हुआ....मैंने पाया मैं मनोहर का पीछा कर रहा हूँ....मेरी विचित्र तबीयत है कि जिन लोगों पर मुझे शक हो जाता है, उन्हें मैं छोड़ नहीं पाता। उनकी पूरी कलई मेरे लिए जरूरी हो जाती है।"

'मनोहर का पीछा' और 'अपनी चौकन्नी पहरेदारी' - यह उसके जीवन का प्रोजेक्ट भी है और कहानी का भी।

यहाँ "चौकन्नी पहरेदारी" से तात्पर्य है–पुख्ता आदमी बनना, वह अपने आप का पहरेदारी है, अपने मामूली जीवन को जिलाए रखने के लिए और अपने कस्बईपन को, अपने सारतत्त्व को बचाए रखने के लिए वह मनोहर के पीछे पड़ा रहता है लेकिन खुद अपने आप को भी बख्शता नहीं। मनोहर की संगत में वह "शहर के गुलजारों से कई बार फँसते-फँसते वापस हुआ।" उसे "फूँक फूँक कर चलना पड़ता था।" अनगिनत बार इस कठोर अनुशासन की वजह से। दिल मलाल में डूबा और चेहरे पर भुखमरी छा गई लेकिन फिसलन के ऐसे खराब वक्त में दिमाग ने एक खास किस्म से मुस्कुरा कर शहर का चिट्ठा खोल दिया। दिमाग के अलावा

जो दूसरी बड़ी बात थी वह थी रकम का टोटा। इस टोटे ने दिमाग से कहीं ज्यादा शक्तिशाली कवच का काम किया।

अपनी "चौकन्नी पहरेदारी" में वह खुद अपने आपको भी संदिग्ध पाता है। शहर का चिट्ठा खुलने और अपने लिए एक विश्वसनीयता अर्जित करता है। उसे पहले मनोहर, फिर मनोहर के साथ सोमदत्त के भी सोच-विचार, दिल-दिमाग, क्रियाकलाप की छान-पड़ताल की मानो झक सवार हो गई है और उसने पाया है कि वह मनोहर का पीछा कर रहा है। इस छान-पड़ताल का उसने एक बीड़ा सा उठा लिया है, जिसके पीछे दरअसल "केवल समाज और आदमी का तालमेल" समझने की चाहत है।

इस बारे में साफ-साफ बता सकने लायक शायद कुछ भी नहीं कि किस्सागो की इस मशक्कत का उद्देश्य क्या है और उसने कुल हासिल क्या किया है? किस्सागो अपने लोगों की नेकनीयत सलाहों के बारे में बताते हुए कहता है कि "मैं नौकरी की अर्जियाँ भेजता रहा और पढ़ता रहा। मैंने लोगों का दिल नहीं दुखाया लेकिन अंदर-अंदर मैं माना नहीं, अपने ही मार्ग पर चलता रहा। लोगों को पता नहीं था मेरे अंदर किस किस्म का आदमी बन रहा है।"

खुद को एक पुख्ता किस्म का आदमी बनाने की आत्म-सजगता एक जीवन पद्धति है, अपने मूल्यों पर टिके रहने की जिद जो जीवन-पद्धति को शुभ-लाभ के गणित और 'हासिल' के पैमानों के बाहर जाकर परखती हैं।

'बहिर्गमन' का आत्मवाची किस्सागो इसी मानसिकता वाला आदमी है। पूरा किस्सा उसके नजरिए से ही हमारे सामने आता है और अपने बारे में उसका यह बयान बताता है कि उस नजरिए की बनावट क्या है। वह मनोहर की दुनिया के बाहर का आदमी है इसलिए उसे एक फासले से, एक परिप्रेक्ष्य के साथ, आलोचनापूर्वक देख सकता है। और क्योंकि खुद अपनी हैसियत, मनोहर के साथ अपने रिश्ते आदि को लेकर अपनी नीयत पर संदेह कर सकता है इसलिए अपनी आलोचना में वह अधिकार, विश्वसनीयता और एक संतुलन भी प्राप्त कर लेता है।

कथ्य और कथानक–नई कहानी के साथ कहानी के विधान में यह नया मोड़ आया कि कहानी अभी हाल तक उत्तरोत्तर घटना-विरल से लेकर घटनाविहीन तक होती चली गई है। उसका स्वरूप कहानी की अपेक्षा वृत्तांत के अधिक निकट की वस्तु बन गया है। बहिर्गमन में भी ऐसा कोई घटनाक्रम नहीं है जिसे इस कहानी का कथानक कहा जा सके।

वे परंपरागत कथानक, चरित्र-चित्रण जिनका आवश्यक अंग है, उनका चरित्र आचरण के द्वारा अपने अभिप्राय को प्रमाणित करता है। इसके लिए उसे किन्हीं घटनाओं या परिस्थितियों में डालकर कहानी बुनी जाती है और उसे उन परिस्थितियों के लिए प्रतिक्रियागत किया जाता है। 'बहिर्गमन' में यह काम वृत्तांत की अत्यंत रोचक शैली के द्वारा किया गया है। पात्र और परिस्थिति या घटनाक्रम के घात-प्रतिघात द्वारा चरित्र को उभारने की बजाय एक असामान्य रूप से व्यंजना-समर्थ भाषा की विवरण शक्ति और वर्णनक्षमता द्वारा सामान्य जीवन-प्रवाह को साकार किया गया है।

कस्बे के विवरणों में कस्बे का भूगोल और कस्बे के लोग – दोनों ही शामिल हैं। जो कस्बे के प्रति किस्सागो के दुलार की छाप छोड़ते हैं। ऐसा नहीं कि कस्बे की खराबियों और कमियों की तरफ से आँखें मूँद ली गई हैं। उनका भी जिक्र है जरूर लेकिन उन सबके समेत कस्बे को देखना लगाव और दुलार को देखना है। बल्कि मनोहर से खार खाने का एक कारण उसके

कस्बा छोड़ जाने का तरीका भी है। वह कह कर गया कि बंदीगृह की यातना से मुक्त होने जा रहा हूँ। हद तो यह थी कि वह अपनी जगह पर लौटकर एक बार थूकने तक को तैयार नहीं था। जब वह अपना प्रदेश छोड़ कर गया "मौसम की दृष्टि से वे गजब के दिन थे। बस्ती से थोड़ा बाहर जाने पर दिखता नदियाँ खलबला रही हैं। और सफेद हो गई हैं। वृक्ष सीझे हुए हैं और जंगलों से भीगी हुई हवाओं की आवाजें आ रही हैं। धरती हमेशा जैसी आतुर थी और लोग....लोगों की कुछ मत पूछिए। मुझे हैरानी हुई दुनिया को इतनी आसानी से छोड़कर वह चल कैसे दिया। अपनी जगह बेमिसाल होती है और आदमी टूटा हुआ पत्ता नहीं हैं।" किस्सागो को मनोहर का यूँ चले जाना बिल्कुल भी रास नहीं आता है।

कस्बे को वह "अपनी बेमिसाल जगह" कहता है और वहाँ के अपने 'दुर्लभ' लोगों को "प्यारे और भोंदू लोग।" "बेमिसाल", "दुर्लभ" और "प्यारे" होने का कारण यही है कि वे "अपने" हैं, वे "भोंदू" हैं क्योंकि जीवन के गणित-ज्ञान से अछूते, असली और प्रामाणिक लोग हैं लेकिन "उनका विकास के साथ नाता नहीं रह गया था इसलिए हमें अपना पूरा प्रदेश बीमार, सिकुड़ता हुआ और वास्तविक दुनिया से भिन्न लगने लगा था। यह वास्तविक दुनिया क्या है, इसकी कुछ बिखरी हुई अफवाहें हमारे पास बाहर से आया करती थीं।" 'विकास के साथ नाता' रखने का अर्थ 'वास्तविक दुनिया' का अर्थ बदल जाना है। जैसे खरे सिक्कों को खोटे सिक्के चलन के बाहर कर देते हैं, उसी तरह विकास के नाम पर जन्म लेती हुई एक नकली, खोखली और अवास्तविक जिंदगी का गणित 'वास्तविक' को अप्रासंगिक और अनावश्यक बना कर खुद उसकी जगह ले लेता है। 'वास्तविक दुनिया' वह प्रतीत होती है जहाँ विकास घटित हो रहा है, जहाँ उसके घटने की गहमा-गहमी है, जहाँ तेजी से बदलते यथार्थ ने मनोहर जैसे मौकापरस्त लोगों के लिए अपने धँसने और जगह बनाने और फैल जाने के अवसर पैदा कर दिए हैं। जिस 'हम' को 'अपना' पूरा प्रदेश बीमार, सिकुड़ता हुआ और वास्तविक दुनिया से भिन्न लग रहा है वह इस कालखंड की युवा पीढ़ी है जिसके एक पक्ष का प्रतिनिधि किस्सागो है और दूसरे पक्ष का प्रतिनिधि मनोहर। जिस प्रकार किस्सागो का विकास सूत्र मनोहर है, उसी प्रकार मनोहर का अगला विकास-सूत्र सोमदत्त है।

'बहिर्गमन' में लेखक एक ही संस्कृति के दो भिन्न स्वरूपों की विशिष्ट नाट्यात्मक कल्पना करने में समर्थ होता है। यदि घटनाक्रम के हिसाब से कथानक को सूत्रबद्ध किया जाए तो कुल इतना है कि आत्मवाची कस्बे को प्यार करता है और मनोहर कस्बे से नफरत। दोनों ही दो अलग-अलग वजहों से कस्बा छोड़कर शहर जाते हैं। आत्मवाची रोजी-रोटी के लिए और मनोहर "जीने के लिए नए प्रदेशों और लोगों की तलाश" के लिए "बेकाबू होकर" क्योंकि "कस्बे में रोमांच मुर्दा हो चुका है।" मनोहर शहर जाता है, छा जाता है, लगता है कि सब कुछ पा लिया गया है तभी अचानक उसकी मित्रमंडली में सोमदत्त का आगमन होता है। वह विदेश से लौटा है। मनोहर के लिए अब तक जो शहर के मुकाबले कस्बे की जगह थी वही सोमदत्त के लिए विदेश के मुकाबले देश की जगह है। मनोहर अपने प्राप्त और उपलब्ध से पुनः असंतुष्ट और बेचैन हो उठता है, पैंतरा बदलता है और विदेश जाकर ही दम लेता है। उसके विदेश-प्रस्थान के साथ ही कहानी भी समाप्त हो जाती है।

सबसे पहले 'बहिर्गमन' को ही नई कहानी की नकार मुद्रा के चरम बिंदु की तरह पढ़ा गया था। इस तरह के पाठ में बयान के सुर को अनसुना करके मनोहर और सोमदत्त के पक्ष

को ही पूरा कथ्य मान लेना होगा। आत्मवाची के नजरिए के झरोखे को ध्यान में रखते हुए कथा की पड़ताल करें तो कहानी में चित्रित बुद्धिजीवी जगत के इन दोनों पक्षों के फासले और तकरार को रेखांकित किया जा सकता है। शहरी जीवन का बुद्धिजीवी वर्ग ही फोकस में लाया गया है।

"जब शहर की जानकारी मुझ पर काफी खुल गई तब पता चला, यहाँ का मामला बेहद संगीन है। लगता था होश उड़ जाएगा। यहाँ बला के सुंदर बदन और तिलस्मी चाल ढाल से भरे स्थान थे। शीशे पर तैल आकृतियों जैसी बिछलती रोशनी थी और थी बिगाड़ने वाली नशीली महक। चित्रकार रंगीन कीचड़ की दुर्घटनाओं में थपथप कर रहे थे। कूकते कवियों, पोथालिक्खाड़ों, स्निग्ध अखबारनवीसों और शीर्ष बुद्धिजीवियों का भी एक झुंड था। इन सबके पास अपनी-अपनी जगहें थीं। ये सब लोग स्वतंत्र थे और इन्होंने लड़ाई-झगड़े को साफ कर दिया था। कदम-कदम पर ऐसा संगीत प्रसारित होता मिलता था कि आश्चर्य होता था आस पास पौधे कैसे जीवित हैं और खिड़कियों के काँच क्यों नहीं टूट जाते।"

शहर में मिलकर वह कस्बा भी अब शहर का रूप अख्तियार करने लगा था – "इस प्रकार शहर पर वनमानुषों ने कब्जा कर रखा था। गनीमत महज इतनी थी कि भौगोलिक दृष्टिकोण से ये शहर के एक थोड़े और अलग हिस्से पर ही काबिज थे। बकाया पूरा इलाका गरीबों और मेहनतकशों का था।"

कहानी की लिखंत में शुरू से आखिर तक विकास और विस्थापन के व्यापक समसामयिक वृत्तांत का पूर्वानुमान प्रतीत होने वाले संकेत शब्दशः पिरोए हुए हैं। 'बहिर्गमन' का अर्थ तब कस्बे से महानगर, महानगर से विदेश की ओर आत्महीन व्यक्तिगत विकास के लिए बहिर्गमन का किस्सा नहीं रह जाता, उस समूचे युवा शिक्षित समुदाय के 'ऊर्ध्वगामी पतन' का किस्सा बन जाता है, जिसके जिम्मे सोचने-समझने, देश के विकास की योजनाएँ बनाने और भविष्य की अगुआई करने का काम होना चाहिए। तब यह विकास के सार्वजनिक स्वप्न पर व्यक्तिगत कब्जे का किस्सा बन जाता है, उन लोगों का किस्सा जो इस क्रम में अपने आपको, अपने 'पुख्तापन' को, अपनी जगह को, अपने लोगों को अपने आप से काट कर निर्ममतापूर्वक अजनबी और पराए होते चले जाते हैं। अर्थात् खुद आगे बढ़ते चले जाने के लिए अपने भीतर के "गँवई रांगड़पन" को जो उन्हें वास्तविक और प्रामाणिक बनाता है, अपनी "जगह" को जो कस्बा होने और विकास के साथ नाता न होने के बावजूद 'अपनी' होने की वजह से बेमिसाल है, अपने कस्बे के 'भोंदू और प्यारे' लोगों को जिनकी और विकास को वस्तुतः उन्मुख होना चाहिए, पीछे छोड़ दिया जाता है। तब 'बहिर्गमन' का यह कथानक स्वयं अपनी निजता से कटकर अलग हो जाने का, निरर्थक और निस्सार रह जाने का मामला बन जाता है। मनोहर सरीखी मानसिकता द्वारा विकास की समूची परियोजना को हाइजैक कर लिया गया है।

स्वतंत्र और निर्द्वंद्व बनाम प्रतिबद्ध–कहानी में शहर के इस समुदाय की पहचान के लिए दो संकेत दिए गए हैं। वे 'स्वतंत्र' हैं और उन्होंने 'लड़ाई झगड़े को साफ' कर दिया है। तत्कालीन बुद्धिजीवी संसार में 'स्वतंत्र' का अर्थ प्रतिबद्धता के प्रगतिवादी अर्थ के विरुद्ध होना था। 'स्वतंत्र' और 'प्रतिबद्ध' परस्पर प्रतिपक्षी उद्देश्य थे। विचारधारा के रूप में 'स्वतंत्र' के भी अपने अर्थ और संदर्भ हैं पर यहाँ कहानी में 'स्वतंत्र' की वैचारिकी का वह पक्ष अपवारित है। उसे प्रतिबद्धता और दायित्वबोध के उलट आत्मकेंद्रित, स्वयंपोषी, स्वार्थी संकीर्णता, सारहीनता और सतहीपन का पर्याय बना कर सामने लाया गया है। लड़ाई झगड़े को साफ कर देने का सीधा अर्थ है–

'अपने लोगों' को अपनी 'जगह-जमीन' के पक्ष में खड़ा कर देना, जिससे 'संघर्ष' की संभावना ही खत्म हो जाए।

निश्चित रूप से, इनको पूरी तरह जान समझ लेने की बेचैनी 'आत्मवाची' के अंदर है। उसने खुद को नौकरी के अलावा मनोहर का 'पीछा' करने के काम पर भी लगाया हुआ है। उसके माध्यम से 'नई कहानी' में अभिव्यक्त 'नकार मुद्रा' के माध्यम से अभिव्यक्त होने वाले आक्रोश, विद्रोह और तलाश की असलियत का पर्दाफाश किया गया है। किस्सागो देखता है कि मनोहर "भेदी और चालाक" है...., "देखते-देखते, प्रस्तुत समय पर मनोहर खिंचे हुए रबर की तरह फैल जाता है,".... उसका "गणित लाजवाब" है, उसके पीछे "अच्छा खासा अहो-अहो दल" मौजूद है जो "अपनी छाती में हाय मानवता का दर्द" और "मुँह में लोकतंत्र की चुसनी" लिए हुए हैं। अपना सारा स्वयंसेवी विकास-व्यापार का यह दल मानवतावाद और लोकतंत्र के नाम पर चला आ रहा है।

इन अंशों में मनोहर न केवल एक व्यक्ति बल्कि एक पूरे समुदाय और उसकी मानसिकता का नाम है। यह विकासयात्रा उसे निरंतर 'सफलता' की ऊँचाइयों पर ले जा रही है जिसका नतीजा दस साल के अंतराल में आधी उम्र में ही गंतव्यहीनता को पहुँच जाना है। जहाँ वह "प्रश्न-उत्तर के जंजाल के बाहर उदासी के साथ विश्राम करता रहता....यह मनुष्य के अंत की उदासी थी। कई प्रेम, कई भरे हुए एलबमों, कई साक्षात्कार, कई उद्घाटन, कई बार टेलीविजन और कई डेलीगेशन के बाद उसने समझ लिया, जल्दीबाजी की जरूरत नहीं। जीवन में एक दो सफलताएँ, एक दो उद्देश्य ही बाकी बचे हैं जबकि उम्र बमुश्किल अभी आधी भी नहीं ढली।" यह बुद्धिजीवियों की मानसिकता पर तीक्ष्ण व्यंग्य है।

लेकिन इसी बीच कहानी में विदेश से सोमदत्त की प्रविष्टि होती है और एक नया गंतव्य उपस्थित किया जाता है। उसके सामने मनोहर को ऐसा महसूस होता है कि अभी मुझे अपना बहुत विकास करना है, इतना विकास कि सोमदत्त पिछड़ जाए। किस्सागो को महसूस होता है कि सोमदत्त मनोहर के साथ बिल्कुल वैसा ही व्यवहार कर रहा है जैसा मनोहर ने कभी मेरे साथ किया था। एक तरह से यहाँ कहानी के पूर्वार्द्ध का विन्यास दोहराया जाता सा प्रतीत होता है। एक छोर पर कस्बा, दूसरे पर महानगर का रूपांतर यहाँ एक छोर पर देश दूसरे पर विदेश में हो जाता है। मनोहर की सफल महानगरीयता सोमदत्त के मुकाबले कस्बाई मानसिकता के समकक्ष रह जाती है। लेकिन यह केवल पुनरावृत्ति नहीं, एक निहित उद्देश्य के साथ पुनरावृत्ति है। मनोहर और सोमदत्त की परस्परता के चित्र में कहानी रचनात्मक संवेदना में 'स्वतंत्र' और 'आधुनिक' के अर्थ तथा व्यवहार की परीक्षा करती है। मनोहर, सोमदत्त और किस्सागो की बुद्धिजीविता के दो पक्ष और तीन स्वर है। एक पक्ष – किस्सागो और मनोहर का है जो गाँव व शहर रूपी दो स्तरों में बँटा हुआ है तथा दूसरा पक्ष मनोहर व सोमदत्त का है, वह भी शहर एवं विदेश दो स्तरों में बँटा हुआ है।

बुद्धिजीवी आवाज उठाने, शोर मचाने में समर्थ होता है इसलिए उसको लोकतंत्र प्रायः फुसला-परचा कर रखना चाहता है और व्यवस्था को चलाने व हिलाने में समर्थ चतुर, व्यवहार-कुशल बुद्धिजीवी इसकी कीमत वसूलता है। मनोहर उसी कोटि का बुद्धिजीवी है "मनोहर ने बुद्धि का योग साध रखा था, मीर किस्म के शक्तिशाली लोग भी उसे रँगे हाथों नहीं पकड़ना चाहते थे।" उसने अपनी शक्ति का अर्जन शक्तिशाली लोगों पर यह प्रभाव

जमाकर किया है। सोमदत्त को कहानी में "सर्वाधिक छँटा हुआ बुद्धिजीवी" कहा गया है। "उसकी जेब में दूसरे को तड़पा देने वाला बल्कि कुचल देने वाला विश्वबाजार था।" उसके सामने मनोहर को महसूस होता है कि - "जंगल में शिकार ही न हो तो शिकारी कब तक झक मारता रहेगा। यहाँ केवल निब और स्याही है, रंग और ब्रश हैं। इतने मात्र से क्या हो सकता है? घटनाएँ बंद हो गई हैं। उमस भर गई है। बैठे रहने के अलावा यहाँ कुछ नहीं किया जा सकता। दुर्भाग्य से समस्त सुखद और करुणाजनक घटनाएँ समुद्र पार घट रही हैं। इसलिए लोग वहाँ रचनारत हैं और वह तनावविहीन रक्तपात में सैलानी की तरह घूम रहे हैं।"

इस कहानी में ज्ञानरंजन ने सत्ता की दलाली करने वाले बुद्धिजीवियों के चेहरे से मुखौटा हटाने का कार्य किया है। किस्सागो को लगता है कि "सोमदत्त बुद्धिमत्ता का सफल आधुनिक मौला होता जा रहा है" और "अब पूरी तरह से उस उच्च बौद्धिक हालत पर पहुँच गया है जहाँ से उसे वापस बुलाया नहीं जा सकता।" उसे विस्मय होता है कि "वह कौन सा नुस्खा है इसके पास जिसने इसके सभी दुख मार दिए हैं और यह सफलता की गर्द को स्वाद के साथ चाट रहा है।" इन दोनों की तुलना में वह स्वयं को "अपनी निजी और बुद्धिविहीन हालत में घिरा हुआ" पाता है। बुद्धि के उपयोग के बारे में उसके विचार अलग हैं। मनोहर की इस परिणति पर उसे गुस्सा भी इसी वजह से है–"मुझे पता नहीं क्यों उम्मीद थी कि मनोहर अपने दिमाग का सदुपयोग करेगा लेकिन वह सीधा मुनाफे की तरफ चला गया। उसने ज्यों-ज्यों अपनी गृहस्थी सजानी शुरू की, वह तिकड़मी होता चला गया और उसकी अभूतपूर्व आक्रामकता की गर्दन टूटती चली गई।" ऐसे बुद्धिजीवियों की कमी न तब थी और न अब है।

नायक को अब यह भी ज्ञात हो चुका था कि इन बुद्धिजीवियों का गर्म बाजार राष्ट्र से लेकर, अंतर्राष्ट्रीय स्तर तक फैला हुआ है। इस अंतर्राष्ट्रीय स्तर का दूसरा बुद्धिजीवी, मनोहर का दोस्त सोमदत्त था। इसीलिए उपरोक्त अंश में किस्सागो के सुर का आक्रोश, आक्रमण और विध्वंस का तेवर उत्तरोत्तर बढ़ता जाता है। मनोहर के लिए फिर भी कहीं एक दर्द है लेकिन सोमदत्त बिल्कुल असहनीय और अक्षम्य बनाकर प्रस्तुत किया गया है। कहानी के शुरू का ख्वाबों में डूबा हुआ, लहू में बेकरारी लिए, कस्बे का सबसे अधिक बेचैन और उत्पीड़ित युवा मनोहर, सोमदत्त के निर्देशन और सहयोग से शहर के साहित्य जगत को 'अस्तित्व की साजिश' की ओर ले जाता है और "जूझते हुए लोगों को दरकिनार" कर देने का कारण बनता है। अस्तित्ववादी विचारधारा की संकट और सत्रास वाली शब्दावली, राम और रावण के बीच अंतर का खात्मा क्योंकि मृत्यु में मनुष्य केवल व्यक्ति है, 'स्वतंत्र' का अर्थ किसी भी संबंध, किसी भी दायित्व, किसी भी लगाव से मुक्त हो जाना है क्योंकि प्रेम का मतलब "कुछ नहीं, केवल पालतूपन" है – ये साठोत्तर साहित्य जगत के नए इजाफे हैं। संबंधों और लगावों को तोड़ना और छोड़ना "ताकतवर आदमी की तरह" बर्ताव करना है।

साहित्य जगत के लोगों की प्रतिभा को खरीदकर, इस सुख-सुविधा के हथियार से ही, उन्हें नष्ट किया जा रहा था। साहित्य जगत में इस नई गहमागहमी के प्रति अपनी चिढ़ और गुस्से के सुर को संतुलित करते हुए किस्सागो की प्रश्नवाचक टिप्पणी है, "मेरे सामने यह कठिन प्रश्न था, इन महानुभावों में आखिर आपत्तिजनक क्या है। वे बुरी चीजों के विरुद्ध हैं। क्रांति के लिए इन्होंने अपना अग्रिम दस्तखत सौंप रखा है। फिर मेरे दिमाग में इनका उल्लू क्यों खिंचा जा रहा है।" और मानो जवाब में वह उनके जीवन से दो प्रसंग उद्धृत करता है। ये प्रसंग

आत्महीनता और निजत्व के विसर्जन की उस हद को रेखांकित करते हैं जहाँ पहुँचकर मनोहर और सोमदत्त जैसे लोगों के लिए 'विकास' अपने आप से भी स्वतंत्र, स्वायत्त मूल्य हो जाता है जिसके लिए कोई भी बलि दी जा सकती है। यह विकास नहीं, उसका विद्रूप है। सोमदत्त के जीवन का जो प्रसंग अंकित किया गया है उसे कहानी दाम्पत्य में उदासीनता, फासले और अजनबीपन की उस हद की तरह देखती है जहाँ पत्नी स्वयं पति को एक वेश्या का पता देती है। सोमदत्त ने स्वयं इसे आजादी के अनुभव का नाम दिया है। मनोहर सोमदत्त की प्रेरणा से अपनी प्रेमिका से अकारण संबंध-विच्छेद करके, अपने विकास के लिए स्वयं को आजाद करता है। कहानी के इन दोनों प्रसंगों में से पहला, सोमदत्त के जीवन से जुड़ा प्रसंग निर्मल वर्मा की एक कहानी 'एक रात का मेहमान' और दूसरा, मनोहर के जीवन से जुड़ा प्रसंग श्रीकांत वर्मा की उपन्यासिका 'दूसरी बार' में चित्रित प्रसंगों पर आधारित हैं।

इस प्रकार आजाद हो जाने के बाद भी सोमदत्त बार-बार लौटकर अपने देश क्यों आता है, कहानी में यह सवाल भी उठाया गया है। सोमदत्त के शब्दों में, "मैं यहाँ बार-बार आता हूँ पर यहाँ की भूमि, यहाँ के आकाश का मेरे लिए क्या मतलब रह गया है.... क्या मतलब है मेरे यहाँ आने जाने का? उस आजादी के बिना क्या कहीं रहा जा सकता है? जहाँ तक तुम लोगों का प्रश्न है, तुम्हारी इस आजादी से कभी मुठभेड़ नहीं हुई इसलिए अपनी गुलामी तुम्हें कभी नागवार नहीं लगेगी।" अर्थात् बार-बार यूँ लौटकर आना महज एक निरर्थक कर्म है। किस्सागो की टिप्पणी है कि "उसकी पुकार थी, भूगोल और राजनीति की सभी रुकावटें टूट जाएँ। फिर भी इस सनातन संसार में जन्मभूमि और भाषा की मिर्च उसे परेशान कर ही रही थी।" वह सोमदत्त के निरर्थकता के नाटक के पीछे की असलियत को पहचानता है। वह निजी महत्त्वाकांक्षा को छिपाने वाला ढकोसला है–"सोमदत्त इसलिए वापस हुआ था कि उसे पुनः याद किया जाने लगे और मातृभूमि में अपनी पताका एक बार फिर से फहराकर फिर कुछ समय के लिए तसल्ली के साथ प्रवासी हो सके। अपने इस करतब के लिए वह कई बार आना-जाना कर चुका था।"

मुक्ति की इस आकांक्षा के बावजूद बंधन बाकी ही रहते हैं क्योंकि वे अस्तित्व का पर्याय हैं। मनोहर के भीतर भी कोई ऐसे अभी तक भी बँधे हुए रेशे बाकी ही हैं। विदेश के लिए प्रस्थान करते हुए किस्सागो को बंबई तक साथ ले जाता है। विदा का दृश्य किस्सागो इन शब्दों में दर्ज करता है–"उसका शरीर बहुत धीरे-धीरे, दबोचे हुए आँसुओं की तरह हिल रहा था। लेकिन अपनी विकास-यात्रा के लिए, वह कड़ाई के साथ जहाज पर चढ़ा।" स्वयं अपने सुख और लगाव के विरुद्ध "कड़ाई और सख्ती से" के साथ खड़े होना इस विकास यात्रा के लिए जरूरी है, क्योंकि मुक्त होना जरूरी है। यह 'मनुष्य के लिए विकास' के स्थान पर 'विकास के लिए मनुष्य' का स्थानांतरण है। इस क्षण पर किस्सागो की प्रतिक्रिया है, "यद्यपि इस समय मेरी सामाजिक चेतना और मेरी कठोरताएँ मेरे पास नहीं थीं, फिर भी मैंने सोचा सूअर और कुत्तों का देश मनोहर को अब धुँधला लग रहा होगा।" मनुष्य के अस्तित्व से स्वतंत्र और निरपेक्ष स्वतःसाध्य विकास पर एक करुण व्यंग्य इस कहानी में ध्वनित होता है।

'**अनुभव**' - **त्रयी का संपूरक बिंदु**–बहिर्गमन, घंटा और अनुभव आदि मध्यवर्गीय परिवार की विडम्बनाओं और विद्रूपताओं को रेखांकित करने वाली कहानियाँ हैं। 'बहिर्गमन' की संवेदना को 'घंटा' के कथ्य का अगला विकास कहा जा सकता है। 'घंटा' में किस्सागो कुन्दन

सरकार की दुनिया में थोड़ी देर के पर्यटन के बाद वापस पेट्रोला का रुख करता है। 'बहिर्गमन' का किस्सागो मनोहर की दुनिया में सीमांतवासी और साक्षी की हैसियत से मौजूद है। वह कोई विद्रोही क्रांतिधर्मी व्यक्ति नहीं है क्योंकि उसकी मजबूरियाँ हैं। अपने बारे में वह बताता है कि "मुझे नौकरी करनी थी, बच्चे पालने थे और थका देने वाले इन टिटम्मों के साथ-साथ एक अटूट आदमी की परीक्षाएँ भी देनी थी।" वह अपनी जगह-जमीन और अपने लोगों को प्यार करता है, अपनी सामाजिक चेतना और कठोरताओं को बरकरार रखते हुए वह खुद को पुख्ता आदमी साबित करता है लेकिन एक निजी और व्यक्तिगत पैमाने पर ही। अपनी सामाजिक चेतना और कठोरता की कसौटी पर वह मनोहर और सोमदत्त के संसार को कसता और अस्वीकृत करता है। ज्ञानरंजन जैसे गलत बातों पर हस्तक्षेप करते हैं और चुप नहीं रहते, वैसा ही कहानी में नायक भी करता है जो ज्ञानरंजन का हूबहू प्रतिनिधि चरित्र है।

त्रयी की उनकी तीसरी और आखिरी कहानी 'अनुभव' एक विशिष्ट कहानी है। इस कहानी में मध्यवर्गीय कुंठाओं का उपहास उड़ाते हुए एक मध्यवर्गीय पुख्ता आदमी के चुनाव और निर्णय का बयान है। इस कहानी का किस्सागो गर्मी के मौसम में लंबे अर्से के बाद अपने पुराने शहर लौटा है और उसके बदलावों में अपने छूटे हुए शहर को तलाश रहा है। 'घंटा' के कुन्दन सरकार और 'बहिर्गमन' के मनोहर सरीखों की दुनिया में उसके भटकाने के बाद अंत में कहानी उसको अपने घर के पास कुम्हारों के मुहल्ले में ले जाती है जहाँ से गुजर कर घर पहुँचा जाता है। वहाँ वह देखता है "सड़क के किनारे, कोठरियों के बाहर सोने वालों की कतारें थीं। एक कतार सोने वालों की उस नल से भी निकली थी जिसमें सुबह पानी आने वाला था। ये अधिकांश बच्चे बच्चियाँ थे। हाथ-गाड़ियों पर दिनभर सामान बेचने वालों ने अपनी गाड़ियों को रात में खाट बना लिया था। दूर तक फुटपाथ ऐसा लगता था जैसे दुर्घटना के बाद अस्त-व्यस्त लाशें पड़ी हों।"

"मैं बीच सड़क पर बैठ गया। यह सब देखकर मुझ पर भीषण असर हुआ था। आज मेरा दिल यह सब देखकर भरभरा उठा। मैं रोज देखता था पर आज जैसे मेरा काबू नष्ट हो गया। मैंने पाया मैं सिसकने लगा हूँ और मेरी तबीयत फूट-फूट कर रोने को हो रही है। मैं अपना नाम लेकर अपने को पुकार रहा था। थू है तुम्हारी जिंदगी को तुम पत्थर हो गए हो। ये देखो, ये असली शहर है, असली हिन्दुस्तान। इनके लिए तुम्हारा दिल हमेशा क्यों नहीं रोता है! फिर मैंने खड़े होकर अपने गालों पर तमाचे मारने शुरू कर दिए।"

इस प्रकार ज्ञानरंजन उस हिन्दुस्तान की कहानी को लिखने का प्रयत्न करने वाले लेखक हैं जिसकी प्रतिबद्धता सामान्यजन के प्रति है। 'अनुभव' कहानी में वे जैसे स्वयं को तथा खाते-पीते मध्यवर्गीय परिवार को यह एहसास दिलाना चाहते हैं कि हमारी संवेदना जड़ हो चुकी है, क्योंकि हमें अपने देश के करोड़ों दरिद्रजनों के प्रति कोई सहानुभूति नहीं है। वे स्वभाव से विद्रोही कथाकार हैं, उनकी प्रत्येक कहानियों में विद्रोह की इस आँच को अनुभव किया जा सकता है।

सत्तर के दशक में नकारोन्मुख मुद्रा उस चरम तक जा पहुँची थी जहाँ से वापसी के सिवाय कोई चारा नहीं था। यह कथात्रयी इसी वापसी का संकेत है और इस प्रकार 'अनुभव' ज्ञानरंजन की आखिरी कहानी बनकर रह गई। जी.पी.एच. की पुस्तकों का मुख्य उद्देश्य ज्ञान के साथ-साथ अच्छे नम्बर दिलाना है।

प्रश्न 4. 'ज्ञानरंजन की कथा-भाषा' पर टिप्पणी लिखिए।

उत्तर– भाषा व्यंजना को उसकी अधिकतम सीमाओं तक फैलाती है। वह लेखन-कला में रचनात्मक अदायगी का पक्ष है, इसलिए मूल्यवान है। ज्ञानरंजन ने अदायगी की इस क्षमता का विस्तार किया है। कथात्मक गद्य की व्यंजनात्मक क्षमता का अधिकतम विस्तार ज्ञानरंजन की अपनी विशिष्टता है। बयान की सादगी और सरलता पर जोर देने वाले आलोचकों ने ऐसा भी माना है कि ज्ञानरंजन की यही विशिष्टता उनकी सीमा भी है। चुहलभरी भाषा में चुस्तबयानी का चस्का कई बार लेखक के रास्ते की बाधा भी बन जाता है। यह तेवर हमेशा, शुरू से आखिर तक साधे रह पाना आसान नहीं, संभव भी नहीं। और लेखक को अपने आप में इससे कम कुछ मंजूर भी नहीं। शायद इसी कारण से ज्ञानरंजन का लेखन इतनी जल्दी बंद हो गया था।

लेकिन इसी तर्क का एक अन्य पहलू है। कम लिख कर भी ज्ञानरंजन यदि अपनी पीढ़ी में अप्रतिम रह सके हैं तो मान लेना चाहिए कि अधिक लिखना बेहतर लिखने का पर्याय नहीं है।

मारक भाषा इन कहानियों की रचना के लिए अनिवार्य है। मोहभंग का जवाब अपनी अटूट आस्था से देने वाली ये कहानियाँ उन पात्रों, मूल्यों और जीवन पद्धति पर प्रहार से अपनी चुस्ती और चुहल का अर्जन करती हैं जिनके विषय में किस्सागो कहता है कि "ये जीवन की अटूट शृंखला को तोड़ने की घात में लगे हुए हैं।" अटूट शृंखला अर्थात् ऐसे कुछ मूल्य जो प्रश्नों से परे और सनातन हैं, जीवन में परंपरा का पर्याय बनाकर अर्जित होने जरूरी हैं। उन्हें तोड़ा नहीं जा सकता, क्योंकि इसका तात्पर्य है, जीवन की बुनियाद को, जड़ों को उच्छिन्न करना।

कहानी के अनेक उद्धरणों में भाषा की सूत्रात्मकता, चित्रात्मकता और गद्य की बहुपरतीय अर्थवत्ता से सृजित होने वाली काव्यात्मकता झलकती है। विश्वनाथ त्रिपाठी ने इसे चौंकाने वाली भाषा कहा है। लेकिन इसी भाषा की वजह से यह कहानी बुद्धिजीवी पात्रों की निजी व्यक्तिगत जिंदगी के बयान को उनके समुदाय यानी बुद्धिजीवी समुदाय का किस्सा और समुदाय के किस्से को आज की भूमंडलीय दुनिया में पूरे देश के मौजूदा हालात का बयान बनाने में सफल हुई है। उदाहरण के लिए सोमदत्त के विषय में ये विवरण - "उसका कोई घर नहीं था। उसके पास केवल पासपोर्ट और वीजा के बंधन थे। वह कहीं भी बो सकता था, कहीं भी उग सकता था, कहीं भी काट सकता था।" वह इस कहानी में पूरे बुद्धिजीवी समुदाय की हकीकत बयाँ करता है।

प्रश्न 5. रवीन्द्र कालिया का जीवन परिचय दीजिए।

उत्तर– प्रसिद्ध साहित्यकार रवीन्द्र कालिया का नाम किसी प्रकार के परिचय का मोहताज नहीं है। बेहतरीन कहानीकार, उम्दा उपन्यासकार, जीवंत संस्मरण लेखक के अलावा बेमिसाल संपादक के रूप में रवीन्द्र कालिया की छवि पाठकों के मन-मस्तिष्क में आज भी अंकित है और सर्वदा रहेगी।

साहित्यकार रवीन्द्र कालिया का जन्म 11 नवम्बर सन् 1939 को जालंधर में हुआ था और उन्होंने हिंदी भाषा में स्नातकोत्तर तक पढ़ाई की। उन्होंने अपने साहित्यिक जीवन में कई कहानियों का सृजन किया जिनमें, नौ साल छोटी पत्नी, 27 साल की उम्र तक, जरा सी रोशनी, गरीबी हटाओ, गली कूंचे और चकैया नीम प्रमुख हैं। इन कथाओं को खूब पसंद किया गया।

इसके अलावा रवीन्द्र कालिया द्वारा लिखित कहानी संग्रह - रवीन्द्र कालिया की कहानियाँ, दस प्रतिनिधि कहानियाँ, 21 श्रेष्ठ कहानियाँ जैसी रचनाएँ साहित्य जगत में अपनी अलग पहचान

रखती हैं। खुदा सही सलामत है, 17 रानडे रोड और एबीसीडी जैसे उपन्यासों के लेखन के साथ ही स्मृतियों की जन्मपत्री, कामरेड मोनालिसा, सृजन के सहयात्री और गालिब छूटी शराब जैसी बेहतरीन कृतियों का श्रेय भी रवीन्द्र कालिया को ही जाता है। कहानी, उपन्यास और संस्मरण लेखन के साथ-साथ व्यंग्यात्मक शैली में उनका लेखन भी कहीं कम नहीं रहा। नींद क्यों रात भर नहीं आती और राग मिलावट माल कौंस जैसे व्यंग्य आज भी पसंद किए जाते हैं।

संपादक के रूप में रवीन्द्र कालिया द्वारा धर्मयुग में दिए गए योगदान को समस्त साहित्य जगत जानता है। उन्हें ऐसे संपादक के रूप में जाना जाता था, जो पाठकों और बाजार की खासी परख रखता था। काफी समय वे भारतीय ज्ञानपीठ के निदेशक के पद पर रहे। उन्होंने अनेक पत्रिकाओं व पुस्तकों का संपादन भी किया जिनमें - नया ज्ञानोदय, वागर्थ, गंगा जमुना, मोहन राकेश संचयन और अमरकांत संचयन भी शामिल हैं। इसके अलावा वे वर्तमान साहित्य में सलाहकार संपादक के पद पर भी रहे। हिंदी पत्रकारिता के क्षेत्र में उन्होंने अपनी अलग पहचान बनाई और युवा प्रतिभाओं को आगे लाने के लिए भी उन्हें खूब जाना जाता रहा।

साहित्य में दिए गए योगदान के लिए कालिया को उत्तर प्रदेश हिंदी संस्थान द्वारा प्रेमचंद स्मृति सम्मान, साहित्य भूषण सम्मान और लोहिया सम्मान से सम्मानित किया गया। इतना ही नहीं, उन्हें मध्य प्रदेश साहित्य अकादमी द्वारा पदुमलाल बक्शी सम्मान और पंजाब सरकार द्वारा शिरोमणि साहित्य सम्मान से भी सम्मानित किया गया। कुछ समय बीमार रहने के बाद 9 जनवरी 2016 को उनका निधन हो गया, आज साहित्य संसार शोकमग्न है।

प्रश्न 6. रवीन्द्र कालिया की कहानियों पर टिप्पणी लिखिए।

उत्तर– रवीन्द्र कालिया का कहानी में पर्दापण तब हुआ जब 'नई कहानी' की छवि धूमिल पड़ती जा रही थी, नई कहानी का यथार्थ जीवन-यथार्थ से मेल नहीं खा रहा था। यही कारण था कि 1962-65 ई. तक आते-आते अनेक कथाकारों की एक पूरी की पूरी पीढ़ी नई कहानी में प्रचलित मुहावरे को तोड़कर अपनी नई लीक बना रही थी। रवीन्द्र कालिया इनमें से एक प्रमुख नाम है। यथार्थ का नई कहानी से अलग अपना मुहावरा गढ़ रही इस कहानी को बहुत देर तक 'साठोत्तरी कहानी' का अभिधान दिया गया किंतु आज नई कहानी के बाद के कथा-समय के लिए 'समकालीन कहानी' ही एक सर्वमान्य पद प्रचलन में है।

रवीन्द्र कालिया की कहानियों की आधारभूमि और धारदार प्रतिरोधी स्वर का परिचय उनके उस समय के इस कथन में मिलता है, "आज कहानी बयान करने के लिए नहीं लिखी जा रही है, वर्तमान से भिड़ने के लिए लिखी जा रही है।" वर्तमान से यह 'भिड़ना' ही उनकी कहानी की तेज-तर्रार बयानी का कारण बनता है। अपने परिवेश की विसंगतियों से लड़ने के लिए उनकी कहानियाँ स्वत: ही एक नए शैल्पिक विन्यास में ढलती चली जाती हैं, वे और उनके अन्य समकालीन सशक्त कथाकार नई कहानी के प्रमुख नारे 'अनुभूति की प्रामाणिकता और तीव्रता' के स्थान पर 'मित-कथन' को अधिमान देते हैं। पहले के लेखक से अपनी अलग पहचान इस रूप में स्थापित करते हुए वे बल देते हैं कि "पहले में लेखक की एक अतिरिक्त सत्ता थी, इसीलिए वह 'रचना करता था' आज का लेखक रचना को झेलता है, क्योंकि हर जगह भागीदार की हैसियत से वह विद्यमान रहता है।" अपने जिए हुए जीवन-यथार्थ को कहानी में लाकर वह उन्हें युग और परिवेश के वृहत्तर ज्वलंत प्रश्नों से जोड़ता है। जीवन-यथार्थ की ये स्थितियाँ

लेखकीय सोच पर दस्तक देती हुई, उसे प्रश्नाकुल बनाती हैं। इस प्रकार समकालीन कहानी में यथार्थ चित्रण में लेखकीय अंतर्दृष्टि नितांत आवश्यक शर्त बन जाती है। वस्तुत: रवीन्द्र कालिया अपनी इसी आधारभूमि पर खड़े होकर निरंतर कहानियाँ लिखते रहे हैं, आज तक भी उनकी कहानियाँ वैसी की वैसी ताजा बनी हुई हैं जैसी पहले थीं।

रवीन्द्र कालिया ने 'नई कहानी' से अलग हटकर जो कहानियाँ लिखीं, उनमें 'नौ साल छोटी पत्नी' और 'काला रजिस्टर' विशेष चर्चित हुईं और उन्हें समकालीन कहानी-दौर में पूरी तरह प्रतिष्ठित कर दिया गया। पति-पत्नी संबंधों के बीच के गोपनीय को दिखाने के जो प्रयास कहानी की तृप्ता करती है, उन्हें भली-भाँति जानते हुए भी कुशल अनजान-सा बना रहने का प्रयत्न करता है। कुशल भी सुब्बी के प्रति आकर्षित है, इस स्थिति को तृप्ता क्या कोई भी पत्नी स्वीकार नहीं कर सकती। कहानीकार ने बहुत सूक्ष्मता से पति-पत्नी के बीच बच-बच कर चलने की इस मनोस्थिति को कुशल अभिव्यक्ति दी है, "सुब्बी बहुत खराब लड़की है," तृप्ता ने कहा। "लड़कियाँ सभी खराब होती हैं," कुशल ने कहा। वह जानता था, तृप्ता की नजरों में सुब्बी क्यों खराब है। पति-पत्नी संबंधों पर इस खुली दृष्टि से विचार करने वाली यह बारीक कहानी 'नई कहानी' के दाम्पत्य चित्रण से बिल्कुल अलग जमीन पर खड़ी है।

केवल वैयक्तिक संबंधों पर ही नहीं अपितु जीवन के अन्य क्षेत्रों में भी रवीन्द्र कालिया इसी बेबाकी से प्रवेश करते हैं जिसका उदाहरण उनकी उसी दौर की 'काला रजिस्टर' कहानी है जो दफ्तरी व्यवस्था को उघाड़ती हुई बॉस की दबंगई को खुली चुनौती देती है। कन्हैयालाल नंदन ने अपने आत्मकथात्मक संस्मरणों में 'काला रजिस्टर' कहानी की पृष्ठभूमि पर प्रकाश डालते हुए लिखा है कि यह कहानी 'धर्मयुग' कार्यालय और वहाँ के प्रसिद्ध संपादक डॉ. धर्मवीर भारती के वर्चस्व तथा मनमाने व्यवहार, तानाशाही को किस प्रकार खुली चुनौती देती है। बहुत खिलंदड़ी शैली में, जो कालिया के कहानीकार की निजता है, भैंगा, मोटा, उप, मँझोले कद, छाया, छोटा, आदि पात्रों के माध्यम से कहानीकार ने उस दमघोंटू वातावरण का चित्रण किया है, "मैंने कई दफ्तरों में काम किया था, मगर सुबह-सुबह इतने उदास और डरे हुए चेहरे उसने नहीं देखे थे। उसे लगता हॉल में किसी का शव रखा है और तमाम लोग मातमपुर्सी के लिए इकट्ठे हुए हैं।" दफ्तर के केबिन में जब मुख्य संपादक के सामने पेशी होती तो उसे लोगों ने 'पुण्य तिथि' का नाम दे रखा था, "यह एक खुला रहस्य था कि पुण्य तिथि पर लोग घर से हनुमान चालीसा या गायत्री मंत्र पढ़कर आते थे।" यह वही शैली है जिसका जिक्र ऊपर कालिया ने कहानी में 'मित कथन' के रूप में किया था। अपने इसी रंग में कालिया कहानी को कथ्य और शिल्प स्तर पर एक नया तेवर प्रदान करते चले आ रहे हैं।

प्रश्न 7. रवीन्द्र कालिया की कहानियों में कथ्य और शिल्प के स्तर पर किए गए नए प्रयोगों को वर्णित कीजिए।

अथवा

रवीन्द्र कालिया की प्रमुख कहानियों के कथ्य पर प्रकाश डालिए।

उत्तर– रवीन्द्र कालिया की कहानियाँ किसी विशेष क्षेत्र तक ही सीमित नहीं हैं बल्कि जीवन को उसके पूर्ण विराटत्व में स्वीकार कर अनेक विषयों पर उन्होंने कहानियाँ लिखी हैं। रवीन्द्र कालिया की कहानियों का फलक (कैनवास) बड़ा व्यापक है। दफ्तरी व्यवस्था ('काला

रजिस्टर'), दाम्पत्य ('नौ साल छोटी पत्नी', 'लाल तिकोन') तथा प्रेम की विभिन्न स्थितियाँ ('हथकड़ी', 'संदल और सिन्थाल', 'दो सौ ग्राम प्रेम-पत्र'), पूरबली प्रीति की भीनी सुगंध ('मुहब्बत'), साहित्यकारों का संघर्ष ('पुस्तक पुराण'), गरीबी का दंश ('बोगेनविलिया', 'गरीबी हटाओ', 'सुंदरी'), सांप्रदायिकता जैसी समस्याओं पर कहानी लिख कर यह सिद्ध किया है कि उनका सजग कथाकार अपने परिवेश की समस्याओं पर एक जागरूक दृष्टि रखता है और उन स्थितियों में सार्थक हस्तक्षेप करता है। जब समकालीन कहानी नई कहानी से विद्रोह कर अलग रूप ग्रहण कर रही थी तो उस समय 'अकहानी' का आंदोलन भी आया। मनुष्य के प्रकृत काम संबंधों का स्पष्ट स्वीकार और देह-धर्म की ईमानदार स्वीकृति इस कहानी का मुख्य स्वर था। रवीन्द्र कालिया भी कुछ देर 'अकहानी' से जुड़े रहे और उस समय उन्होंने 'दो सौ ग्राम प्रेम पत्र', 'कोजी कॉर्नर', 'प्रेम', 'अकहानी', 'सबसे छोटी तस्वीर' जैसी कहानियाँ लिखीं जिन्हें सीधे-सीधे यौन-संबंधों की कहानियाँ कहा जा सकता है। कभी अपने शीर्षकों की नवीनता ('दो सौ ग्राम प्रेम पत्र') तो कभी कथ्य की ईमानदारी से ये कहानियाँ प्रभावित करती हैं। वस्तुतः ये कहानियाँ कालिया की कहानी की प्रकृत भूमि नहीं रही हैं, वे आंदोलन के उत्साह में लिखी गई हैं। उनकी बेहतरीन कहानियाँ उनके प्रौढ़ काल में आई हैं जिनमें गरीबी, दफ्तरी भ्रष्टाचार, सांप्रदायिकता और विगत प्रेम के मधुर एहसास जैसे विषयों का अंकन बड़ी सूक्ष्मता और गहराई से हुआ है। इस प्रकार इनकी कहानियों में सामान्य मनुष्य अपनी पूरी समस्याओं के साथ चित्रित हुआ है।

रवीन्द्र कालिया समकालीन कहानी में अपने नए कथ्य और शिल्पगत प्रयोगों के लिए जाने जाते हैं। अपनी कहानियों में वे व्यंग्य की मारक क्षमता का भरपूर प्रयोग करते हैं, किंतु उनकी भाषा-शैली का खिलंदड़ी अंदाज और नई शैल्पिक युक्तियाँ उसे कहीं भी विचार बोझिल नहीं बनाते हैं। विचार यहाँ कहानी में अंतर्धारा – 'अण्डर करेण्ट' – की तरह अनुस्यूत होता है। कहानी कला के इन सभी गुणों से भरपूर उनकी कहानियाँ 'रूप की रानी चोरों का राजा' तथा 'एक होम्योपैथिक कहानी' का उदाहरण दिया जा सकता है जिनमें उनकी कहानी-कला पूर्ण उत्कर्ष पर है। रवीन्द्र कालिया कहानी में "लेखक का सबसे बड़ा हथियार या औजार भाषा" को ही मानते हैं। वे भाषा को खिलंदड़ी स्वभाव में ढालते हुए व्यंग्य का जबर्दस्त प्रयोग करते हैं जो बड़े सहज रूप में विद्रूपताओं को छीलता है। इस रूप में उनके यहाँ कथ्य और उद्देश्य कथित, वर्णित नहीं होता अपितु कहानी में व्यंजित होता है।

'रूप की रानी चोरों का राजा' में वे शैल्पिक दृष्टि से कथा-युक्तियों और भाषा को लेकर बड़ा जबर्दस्त प्रयोग करते हैं। वे कहानी के प्रारंभ से ही अपने पाठक से जो रिश्ता कायम करते हैं, जो हेल-मेल बढ़ाते हैं, वह कहानी को एक सहजबयानी तो देती ही है, पाठक को पूरी तरह सम्मोहित भी कर लेता है। कहानी के मिजाज से परिचित होने के लिए उसके प्रारंभ का यह दीर्घ उद्धरण देना अपेक्षित हो जाता है, "इसे संयोग ही कहा जाएगा कि कहानी अभी शुरू भी नहीं हुई और आप से रिश्ता कायम हो गया और अब मैं कहानी के बीच-बीच में आपसे संवाद करता रहूँगा। दरअसल टी.वी. ने मेरी आदत खराब कर दी है, कोई भी कार्यक्रम निर्बाध रूप से देखने का अभ्यास नहीं रहा, आप मन लगाकर कोई धारावाहिक देख रहे हैं कि बीच में अचानक विज्ञापन अथवा प्रोमो थोप दिए जाते हैं। दर्शक अब इसके अभ्यस्त हो चुके हैं। शायद दर्शकों को राहत देने के लिए फिल्म में 'इंटरवल' की व्यवस्था रहती है। उपन्यासों को

कई अध्यायों में विभाजित कर दिया जाता है, मगर कहानी एक ऐसी विधा है कि एक बार शुरू हुई तो अंत तक पहुँच कर ही दम लेती है। जेहन में अचानक यह ख्याल गुजरा कि पिक्चर के दौरान थियेटर में शायद इसीलिए मूंगफली, वेफर्स बिकते रहते हैं। आप मेरी कहानी पढ़ने जा रहे हैं, मैं आपकी सुविधा-असुविधा का ध्यान रखूँगा, आप चाहेंगे तो बीच-बीच में चाय-नाश्ते का भी प्रबंध करता रहूँगा।" कहना न होगा कि इस प्रकार का प्रबंध करके लेखक ने कहानी के बीच-बीच में अपनी उपस्थिति को प्रत्यक्ष कर किया है।

पुलिस की कार्यशैली, आतंक, भ्रष्ट आचरण को नंगा करने के लिए लेखक बड़े हल्के-फुल्के अंदाज में बात को आगे बढ़ाता कहता है, "बहरहाल, अब जल्दी से संध्या के कपड़े बदलने का इंतजाम करता हूँ, क्योंकि जब तक संध्या कपड़े नहीं बदलेगी, कहानी उसकी नाईटी के आगे-पीछे ताक-झाँक करती रहेगी।" चोरी होने पर पुलिस और थाना जिस प्रकार व्यवहार करते हैं, राजनेताओं की दखलंदाजी स्थितियों को और कितना पेचीदा बनाती है - इन सबका बेबाक अंदाज में बयान करती कहानी चिर-परिचित कथ्य को भी बिल्कुल नया बना देती है और आज के विकराल समय में रहते सामान्य मनुष्य की तकलीफों को सामने लाती है, सहज रूप में हमारे संवेदन तंत्र को झिंझोड़ती है।

कहानीकार की दृष्टि केवल पुलिस तंत्र और व्यवस्था पर ही टिक कर नहीं रह जाती है, कई-कई कोणों से जिंदगी देखने के गवाक्ष कहानी में खुलते हैं। बाजारवाद, बाजार में छायी मंदी की स्थितियाँ, विज्ञापनों का मायावी तंत्र - इस सब पर भी कहानी अपनी दृष्टि देती चलती है। "आजकल बाजार में मंदी छाई हुई है, हर शैम्पू के साथ कुछ न कुछ फ्री मिल रहा है, जैसे साबुन के साथ एक और साबुन, तेल के साथ शैम्पू, शैम्पू के साथ कंघा, पतलून के साथ शर्ट, जूते के साथ मोजे, कटोरी के साथ चम्मच, मगर किताब के साथ कुछ मुफ्त नहीं मिलता, बुकमार्क तक नहीं।" उद्धरण का अंतिम वाक्यांश बाजारवाद के साथ उस स्थिति पर भी व्यंग्य करता है कि आज के उपभोक्तावादी समय में 'किताब' का महत्त्व कितना-भर रह गया है। इस प्रकार अपने वर्तमान परिवेश की गलाजत पर विमर्श रचती यह एक बेजोड़ कहानी बन जाती है।

होम्योपैथिक दवा के लक्षणों के आधार पर एक सुंदर-सी, भीनी-सी प्रेम की महक लिए भी कहानी रची जा सकती है, यह एक 'होम्योपैथिक कहानी' को पढ़कर ही जाना जा सकता है। डॉक्टर और मरीज जिस शब्दावली में बात करते हैं, लगता है दोनों के बीच प्रेम का स्फुरण हो रहा है, दोनों एक-दूसरे के प्रति आसक्त हैं। उनके संवादों में प्रेम की सूक्ष्म, तरल अनुभूतियों में पाठक डूबता-उतराता चला जाता है किंतु उसे एक जोर का झटका धीरे से कहानी के अंत में कोष्ठकों ('ब्रेकेट्स') में लिखे वाक्य से लगता है, "(जे. के. कैंट, नैश, विलियम बोरिक, सी.एम. बोगर आदि विद्वानों द्वारा वर्णित 'अर्जेण्टम निट' के लक्षणों पर आधारित)"।

सामान्य आदमी की गरीबी और अमीर-गरीब के बीच निरंतर बढ़ती चली जा रही खाई समकालीन कहानी में एक चिर-परिचित कथ्य रहा है, पर अनेक कहानीकारों की तरह रवीन्द्र कालिया ने भी तीन बहुत खूबसूरत कहानियाँ रची हैं-'बोगेनविलिया', 'सुंदरी' और 'गरीबी हटाओ'।

'बोगेनविलिया' छोटे वित्त और साधनों के व्यक्ति के पाले गए सपनों का प्रतीक बन जाती है। बड़े लोगों को नर्सरी से गुलाब, बोगेनविलिया, आदि के पौधे लाता देख कर उस निम्नवर्गीय

कर्मचारी हरिचरण को भी फूलों का पौधा लाने की लालसा जगती है जो अपने वेतन वाली तारीख का इंतजार करता हुआ उस दिन थोड़ी-सी फिजूलखर्ची की ऐय्याशी जरूर भुगत लेता है, फिजूलखर्ची भी मात्र इतनी कि वह एक अदद पान तक ही महदूद रहती है, उसे जब वेतन मिलता है तो वह यह थोड़ी-सी फिजूलखर्ची कर बैठता है। वह पान का शौकीन नहीं है, "मगर पहली को कलेजा पकड़ कर एकाध बीड़ा पान खरीदने की गुस्ताखी जरूर कर बैठता है।" इस छोटे-से विवरण से कहानी के हरिचरण के माध्यम से एक पूरा निम्नवर्ग पाठक के जहन में छा जाता है, जो हर पहली तारीख के लिए अपने मन में न जाने कितनी-कितनी लालसाओं की पूर्ति का स्वप्न बुनता है किंतु इन सपनों में से एकाध ही हकीकत में तब्दील हो पाता है। पीले गुलाब के पौधे से जुड़ी उसकी बेटी रेणु की लालसा उसका पच्चीस रुपया दाम सुनकर ही तुरंत कुम्हला जाती है। फिर बोगेनविलिया के पौधों के दामों को लेकर हरिचरण की माली से की गई हुज्जत और बीस रुपए में चेरी ब्लासम रंग की बोगेनविलिया का सौदा पटाने का वीर भाव सहज ही सामान्य मनुष्य की हसरतों और बाजार की त्रासदायी मार का परिचय दे देता है। बोगेनविलिया पाली हुई इच्छाओं, स्वप्नों का प्रतीक हो उठता है जिसे उसकी पत्नी बरसों से 'साध' के रूप में पाले हुए है, 'कितने का लाए हो' का प्रश्न बाजार के सामने मनुष्य की विवशता का पूरा चित्र अंकित कर देता है। फिर अगले दिन हरिचरण दफ्तर से लौटते हुए ट्राली से एक चार रुपए का गमला जिस रूप में खरीदता है, वह भी आर्थिक मजबूरियों के बीच इच्छाओं के पूरा करने का बिम्ब रचता है। इतने जतन से खरीदे और लगाए गए पौधे के मुरझा जाने पर घर में जो मातम छाता है, वह बहुत देर तक पाठकीय चेतना को आक्रांत ('हांट') रखता है, "घर में उस रोज न खाना पका, न किसी ने खाया। सबको ऐसा महसूस हो रहा था जैसे कोई एक मेहमान एक दिन के लिए ढेर सारी खुशियाँ बाँट कर विदा हो गया हो।" पूरी कहानी मानो अन्योक्ति में ढल कर गरीबी में रहते एक पूरे वर्ग की व्यथा को साक्षात कर देती है। अपने कथ्य के प्रति तनिक भी मुखर ('वोकल') हुए बिना लेखक का अभिप्रेत पाठक की संवेदना को झकझोरता हुआ पूरी तरह से उसके मन-मस्तिष्क पर छा जाता है।

'सुंदरी' और 'गरीबी हटाओ' भी गरीबी के कथ्य पर लिखी गई बेहतरीन कहानियाँ हैं। 'सुंदरी' कहानी में एक घोड़ी है जिसका मालिक ज़हीर मिया है, वह जिस अल्पसंख्यक वर्ग से आया है, उसका पूरा खाका, अपने सही इतिहास और भूगोल में, कहानी में बड़े संवेदनात्मक स्तर पर प्रस्तुत हुआ है। बढ़ते औद्योगीकरण और विकास ने घोड़े वालों की जो दुर्दशा कर दी है, उस पर एक शानदार डॉक्यूमेंटरी या फिल्म तो बनाई जा सकती है, बंबई के स्लम्स की जिंदगी पर कितनी ही अंतर्राष्ट्रीय प्रसिद्धि की फिल्में बनीं, कितने ही 'बेस्ट सेलर' उपन्यास अंग्रेजी में आए किंतु उनकी जिंदगी पर यह एक मार्मिक कहानी है। ज़हीर मियाँ की मार खाई जिंदगी को बड़े कौशल से कहानी में चित्रित किया गया है। कहानी के शुरू में जब ज़हीर मियाँ सुंदरी घोड़ी के कान में फुसफुसाते हैं, "देख रही हो जमाने की बेवफाई" "स्टेशन से पैदल चल देंगे, मगर ज़हीर के ताँगे पर न बैठेंगे" तो हमें चेखव के 'दुख' (द 'मिज़री') का वह दृश्य याद आ जाता है जब अस्तबल में बँधे घोड़े से उसका मालिक लिपट कर अपने पुत्र की मृत्यु का समाचार सुनाता है, जिसके इस समाचार को सुनने के लिए पूरे दिन कोई मिला न था। यह दृश्य एक पूरे वर्ग की उस तकलीफ से रू-ब-रू करा देता है जिसने मशीनीकरण के अभिशाप को झेला है, जिसे मशीन ने बेकारी और गुरबत के आलम में डाल दिया है।

ज़हूर की बीवी की हालत का यह खौफज़दा रूप लेखक इस रूप में अपनी पैनी निगाह से चित्रित करता है कि एक पूरे का पूरा वर्ग अपनी सारी गरीबी लिए सामने आ खड़ा होता है, "ज़हीर मियाँ की नजरों के सामने बेगम के सूखे स्तन घूम गए। अब तक नौ बच्चों को दूध पिलाया था उसने। अब तो उसका शरीर देख कर रहम आता था। लगता था, सारा का सारा दूध बच्चे पी गए थे। पिचक ही नहीं, सीने से चिपक गए थे।" फिर बड़े बेटे अमज़द का अलग होना इस पूरे वर्ग की पारिवारिक व्यवस्था से परिचित करा देता है। ज़हीर और घोड़ी के इलाज में सब कुछ स्वाहा हो जाना, बीवी के जेवर बिक जाना, आदि के द्वारा इस निम्नवर्गीय मुस्लिम जगत का पूरा आलम चित्रित हो जाता है। सुंदरी को जब दुबारा ताँगे में जोतने के लिए तैयार किया जा रहा है, तो उसका चित्रण रवीन्द्र कालिया ने एक प्रत्यक्षदर्शी के समान किया है, "उस रोज सुंदरी को दुल्हन की तरह सजाया गया, सुबह-सुबह मालिश की गई।" फिर घर के बच्चों के उछाह का चित्रण है कि किस प्रकार घोड़ी की खिदमत में उसके ही इर्द-गिर्द मँडरा रहे थे, "जिया सुबह-सुबह दो कोस चल कर मुँह अँधेरे खेत से चने के झाड़ खोद लाया था। सुंदरी ने जी-भर कर नाश्ता किया। पूरा परिवार उसकी सेवा में लगा था। नन्हा अरशद उसकी कलगी उठा लाया, जिसमें चार-छह पर ही बचे थे। बेगम ने सुंदरी का साज यानी पोशाक झाड़-पोंछ कर जितना चमका सकती थी, चमका दिया। एक लंबे अरसे से सुंदरी की पोशाक घर में दरी का काम दे रही थी और उसमें बच्चों के पेशाब की गंध रच-बस गई थी। इसी साज पर बेगम ने दो बहनों को जन्म दिया था और इस साज में उनका बचपन महकता था। ज़हीर की छोटी बेटी बचपन में ही पोलियो की जद में आ गई थी, वह भी सिमटते हुए सुंदरी के पास आ गई थी और टाँगों पर हाथ फेरने लगी। गर्ज यह कि ज़हीर का पूरा परिवार इस तरह सुंदरी की खिदमत और साज-सिंगार में जुट गया, जैसे आज वह लाम के लिए रवाना हो ही हो।" सुंदरी को देखने आए मुहल्ले के तमाशबीनों में जो बेकारी में चोर-उचक्कों में तब्दील हुआ युवा वर्ग है, उसका भी परिचय दिया गया है। यह कहानी अल्पसंख्यक वर्ग के इस निम्नवर्गीय तबके की गरीबी को पूरी बारीकी से चित्रित कर सकी है।

'गरीबी हटाओ' भी इसी तर्ज की विशिष्ट कहानी है जिसमें एक ठठेरे मोहन के माध्यम से निम्नवर्गीय समाज की गरीबी बखूबी चित्रित हुई है। मोहन ठठेर की जिंदगी की गरीबी को देखने के लिए यह एक चित्र ही पर्याप्त होगा, मोहन ठठेर निराश हो गया। पाँच रुपए पाकर उसे जो गुदगुदी हुई थी, वह उसके लौंडे ने खत्म कर दी। रात को उसकी बीवी लौटी तो उसने कहा, "आज तुम्हारी छुट्टी। वक्त ने साथ दिया तो रोज तुम्हारी छुट्टी। मगर उसके बाद हफ्तों मोहन ठठेर की पत्नी की छुट्टी नहीं हुई। वह रात को देर तक खाना पकाती और उसके बाद सुई-धागा लेकर बैठ जाती। जहाँ-जहाँ से कपड़े फटने लगते, वह देर तक रफू करती। मोहन ठठेर और उसके बच्चे नींद में ही होते कि वह फिर काम पर निकल जाती।" अपनी गरीबी के रोज-रोज के हादसों में मोहन ठठेर हिम्मतपस्त हो जाता है और बाजार में चक्कर खा कर गिर जाता है, कभी न उठने के लिए। कहानी पाठक के मन में एक कसक सी छोड़ जाती है।

प्रेम और स्त्री-पुरुष संबंधों पर लिखी गई उनकी नए रंग की कहानी 'मुहब्बत' पूरबली प्रीति पर बहुत मार्मिक कहानी है, अतीत के संबंधों, असफल प्रेम की, भीनी-भीनी सुगंध में अपने पाठक को भिगोती हुई। कहानी में तीस बरस पहले के खत को लेकर पचास को पहुँची प्रेमिका अपनी सत्तर-पार पहुँची माँ को लेकर विदेश से भारत आने पर अपने 'भूतपूर्व' प्रेमी

कपिल से मिलने पहुँचती है। यह प्रेम जितने खुले मन से बीती और रीत गई प्रीत का खुलासा करता है, दोनों ओर के परिवारों की जानकारी में, बिना किसी अपराध-बोध के, बिना किसी सामाजिक डर की परवाह किए कि कोई क्या कहेगा, इस भय से पूरी तरह मुक्त, यह कहानी के विषय को बहुत प्रभावी बना देता है। जहाँ तीस बरस पहले की उम्र में भावुकता और शेर-ओ-शायरी से भरे एक बचकाने से मजबून वाले पत्र को प्रेमिका के पूरे परिवार के सामने, पति को और स्वयं पति द्वारा बेटियों को सुनाया गया हो, वहाँ कोई दुराव-छिपाव कैसा!! पाप बोध कैसा!! अपराध भाव कैसा!! कपिल की पत्नी ऊपर अवश्य चली जाती है किंतु दोनों अपने प्रेम का अकुंठ भाव से स्मरण करते हैं, प्रेमिका की माँ के सामने। स्मृति-वनों में भटकते कपिल का यह कथन इस प्रीति के मधुर क्षणों को साक्षात करता है, "अरी सरोज तुम" "इतने वर्ष कहाँ थी? मैं विश्वास नहीं कर पा रहा हूँ, तीस साल बाद तुम अचानक मेरे सामने यहाँ आ सकती हो, कहाँ गए बीच के साल?" इन सालों को खोने का मलाल कहानी के प्रभाव में और भी अभिवृद्धि करता है। पूरी कहानी विगत प्रेम की भीनी खुशबू से सराबोर है, अतीत को पुनः पा जाने की परितृप्ति भी है और उन क्षणों को फिर पकड़ पाने की लालसा भी। एक बार पढ़ने के बाद पाठक इस कहानी को जल्दी से भूल नहीं सकता।

रवीन्द्र कालिया को सांप्रदायिकता की समस्या भी आंदोलित करती है। सांप्रदायिकता के जनून के खिलाफ वे अपनी 'जरा सी रोशनी' और 'गौरैया' में उठाते हैं। 'जरा-सी रोशनी' में बड़ों के दिमागों में भरी सांप्रदायिकता की विषाक्त वृत्ति को बच्चों के खेल के माध्यम से निकाला गया है। बच्चे पाकिस्तान और हिन्दुस्तान की टीम बनाकर क्रिकेट का खेल जिस रूप में रचते हैं, वह बड़ों के लिए एक नसीहत बन जाता है। 'गौरैया' सांप्रदायिकता की समस्या को बहुत गहराई और सूक्ष्मता से चित्रित करने वाली एक बेहतरीन कहानी है। वस्तुतः समकालीन कहानी समय से लेकर अब तक रवीन्द्र कालिया निरंतर श्रेष्ठ कहानियों की रचना करते चले आ रहे हैं।

प्रश्न 8. रवीन्द्र कालिया की कहानियों की भाषा-शैली को उल्लेखित कीजिए।

अथवा

'गौरैया' कहानी के भाषा और शिल्प पर विचार कीजिए।

उत्तर– कहानी में भाषा को एक बहुत जबर्दस्त हथियार मानकर अपनी भाषा को रचने के लिए रवीन्द्र कालिया और उनके समकालीनों ने अपनी कहानियों में बड़े प्रभावी प्रयोग किए थे। तब से लेकर अब तक निरंतर कालिया अपनी कहानियों में भाषा के रचाव को लेकर विशेष रूप से सजग रहे हैं। आज भी उनकी भाषा विषयक चिंता इसी रूप में देखी जा सकती है, "लेखक का सबसे बड़ा हथियार भाषा ही होती है, जिसकी धार वक्त ने कुंद कर दी है, जिसे नेताओं, अभिनेताओं और मीडिया ने बहुत बेरहमी से रौंद डाला है। लगता है, ये शब्द नहीं, उनके छिलके हैं।" चुक गई शब्दावली और पारंपरिक वाक्य-विन्यास को अपनी तरह से तोड़ कर वे शब्दों में नई अर्थवत्ता, अर्थ-क्षमता भरने का सफल प्रयोग करते हैं। इस कथन की संपुष्टि उनकी कहानियों के कुछ उद्धरणों से की जा सकती है।

सामान्य से शब्दों का विशेष संदर्भों में प्रयोग किस प्रकार कहानी की भाषा को एक ऋजु प्रवाह दे देता है, इसका उदाहरण 'रूप की रानी चोरों का राजा' का यह वाक्य है, "मटमैला-सा दिन धीरे-धीरे आँखें खोल रहा था और मुख्य सड़क पर लोगों की अम्मोदरत शुरू हो गई थी।"

इसी प्रकार इसी कहानी में पुलिस के मरियल कुत्तों को देखकर पुलिस और दफ्तरी व्यवस्था पर किस प्रकार करारी चोट की गई है, द्रष्टव्य है, ".....सिपाहियों के साथ दो मरियल से कुत्ते देखकर उसे बहुत निराशा हुई। देखने से ही दोनों कुत्ते कुपोषण का शिकार लग रहे थे। उन कुत्तों को देखकर कोई भी समझदार आदमी कह सकता था कि वे कामचोर किस्म के सरकारी कर्मचारी थे। वे अपने अफसरों की खुशामद करना भी सीख गए थे। दोनों कुत्ते एस.पी. के सामने खड़े हो कर पूँछ हिलाने लगे, वे जैसे अपने अधिकारी की पुचकार पाने के लिए मचल रहे थे।" इस प्रकार कुत्तों के माध्यम से सरकारी कर्मचारी के व्यवहार तथा आचरण का चिट्ठा भाषा में अंतर्निहित व्यंग्य के द्वारा पेश किया गया है।

कालिया नई शैल्पिक युक्तियों के साथ भाषा-शैली को एक खिलंदड़ी मिजाज देते चलते हैं, "यहाँ एक ब्रेक लेना मुनासिब होगा। आप इसे टी ब्रेक भी कह सकते हैं।" "फिर आगे बुक मार्क के बहाने विज्ञापन-संस्कृति, बाजार तथा बाजारवाद की खबर ली गई है।" इसी प्रकार की कथा-युक्ति से संध्या के घर न जाकर थाने जाना, थाने से आई.पी.एस. अधिकारियों की खबर जिनमें से "इधर हिंदी कथाकारों की पाँत में कुछ आई.पी.एस. अधिकारियों के शामिल होने का धारदार व्यंग्य उनको इस विशिष्ट शैली द्वारा ही संभव हुआ है। कुछ आई.पी.एस., आई.ए.एस. अधिकारी केवल अपने रुतबे के बल पर कविता, कहानी और उपन्यास के क्षेत्र में प्रतिष्ठित हुए हैं, कहानी का व्यंग्य अपने समकाल के इस विद्रूप पर करारी चोट करता है।"

अपनी कहानियों के शीर्षक और कहानी के आदि तथा मध्य में पाठकों से 'राब्त:' कायम करने के गुर का भी वे भरपूर इस्तेमाल कहानी में करते हैं, 'रूप की रानी चोरों का राजा' इस दृष्टि से बड़ी प्रभावी कहानी है। कहानी में लेखकीय हस्तक्षेप की शैली तो बहुत पुरानी है, जैनेन्द्र के समय से ही इसका कहानी में प्रयोग देखा जा सकता है किंतु कालिया इस कथा-युक्ति को नया रूप देते हुए पाठक से अंतरंग वार्तालाप, में बतकही, में संलग्न हो जाते हैं और कहानी को किस्सागोई का रूप दे देते हैं। बतकही का यही अंदाज उनकी इस शैली में भी मिलता है कि अक्सर ही वे अपनी कहानियों में आए जीव-जंतुओं से बातें करने लगते हैं, जैसे मुद्दत से उनसे उनका परिचय हो। 'गौरैया' कहानी में गौरैया के बच्चे से वे इस प्रकार बतियाते हैं, "तुम भी कुछ चुग लो! तुम्हें चुगना नहीं आता? मैंने कहा खुद खाओ और अपनी बहन को भी खिलाओ।" इस बातचीत का सिलसिला रोचक रूप में आगे बढ़ता है, पूरी शिकायतों के स्वर में, पूरे अधिकार के साथ हमदर्दी की हिदायतें देते हुए। भाषा-शैली के ये तत्त्व उनकी कहानियों को 'कहानीपन' एवं पठनीयता का एक विशेष गुण देते हैं और इनकी कहानियों को आकर्षक, मनोरंजक तथा अत्यंत पठनीय बनाते हैं।

प्रश्न 9 'गौरैया' कहानी का कथानक स्पष्ट कीजिए।

अथवा

सांप्रदायिकता की समस्या का हिंदी कहानी ने किस रूप में प्रतिरोध किया है?

उत्तर– सांप्रदायिकता की समस्या भारतीय राजनीति और समाज में बहुत गहरे रूप में प्रवेश कर चुकी है। इसका स्वरूप निरंतर विकटतर होता जा रहा है। अंग्रेजों की साम्राज्यवादी नीति ने हिंदू-मुस्लिम के बीच सांप्रदायिक वैमनस्य की ऐसी दीवार खड़ी कर दी कि देश में भाई-भाई की तरह रहते हिंदू-मुस्लिम वर्गों की गंगा-जमुनी संस्कृति की धारा प्रदूषित हो गई।

स्वतंत्रता के समय हिंदुस्तान और पाकिस्तान के रूप में दो राष्ट्रों का गठन भी इस समस्या का हल नहीं निकाल पाया। आजादी के बाद देश में जब-तब सांप्रदायिक दंगे होते रहे जिसका विकरालतम रूप बाबरी मस्जिद ध्वसं और गुजरात के नर-संहार के रूप में सामने आया। स्वतंत्रता के बाद के वर्षों से निरंतर साहित्यकार इस समस्या से जूझते रहे और इंसानी भाईचारे पर एक से एक सशक्त और मार्मिक कहानियाँ हिंदी, उर्दू, पंजाबी, बांग्ला आदि भाषाओं के कथाकारों द्वारा रची गईं – ये ही भाषा-भाषी मुख्यत: सांप्रदायिकता की आँच में झुलसते रहे।

हिंदू-मुस्लिम के बीच की दीवारें राजनीतिक परिस्थितियों की देन है, सामान्य आदमी ने इन दीवारों को हमेशा बेमानी माना है। सभी भाषा के फलक के साधकों ने हिंदू-मुस्लिम संप्रदाय के सामान्य आदमियों के भाईचारे, सौहार्द्र को रेखांकित कर इस दीवार को तोड़ने में बड़ी सार्थक भूमिका निभाई है। हिंदी कहानी में सांप्रदायिकता की मनोवृत्ति पर करारी चोट की है, इसी क्रम में 'गौरैया' रवीन्द्र कालिया की एक अत्यंत महत्त्वपूर्ण कहानी है।

'गौरैया' बहुत बारीकी से बुनी गई कहानी है जिसमें लेखक ने गौरैया चिड़िया का प्रयोग प्रतीकात्मक रूप में किया है। गौरैया तो कहानी में एक माध्यम है जिसके इर्द-गिर्द कहानी व्यंग्य और फंतासी का एक वितान-सा रचती है। सांप्रदायिकता की समस्या पर लिखी गई ढेरों कहानियों में 'गौरैया' कहानी अपनी अलग पहचान इस रूप में बनाती है कि यह अपने कथ्य पर कहीं भी विमर्श नहीं रचती है, उसका कथन नहीं करती है। परिवेश चित्रण और गौरैया चिड़िया के प्रतीक से कथ्य यहाँ व्यंजित होता है, वर्णित नहीं, विवेचित नहीं। कहानी में विचार इस रूप में अनुस्यूत है कि ऊपर से थोपा हुआ या आरोपित नहीं लगता। अपनी शैल्पिक युक्तियों से गौरैया एक प्रतीक बन जाती है, अमन का, इंसानियत का, सांप्रदायिक दंगों-उत्पातों के बीच मानवीयता की तलाश का।

जेठ की उजली दुपहरी थी। पत्ता तक नहीं हिल रहा था। लू के थपेड़े, घने पेड़ों के बावजूद, बदन पर आग की लपटों की तरह लपलपा रहे थे। इस खौफनाक मौसम में बस एक ही राहत थी, गौरैया की मधुर आवाज। दोपहर के उस घनघोर सन्नाटे में उसकी आवाज पेड़-पौधों के ऊपर तितली की तरह थिरक रही थी। कहानी का प्रारंभ जेठ की तपती दुपहरी के चित्रण से प्रारंभ होता है किंतु दुपहरी की भयंकर गर्मी के चित्रण द्वारा लेखक का अंतर्निहित भाव पूरे देश में फैली सांप्रदायिकता की लपटों के ताप की ओर संकेत करता है जिसमें गौरैया की आवाज एक शांति की आवाज का सकून लेकर आती है–"पत्ता तक नहीं हिल रहा था। लू के थपेड़े, घने पेड़ों के बावजूद, बदन पर आग की लपटों की तरह लपलपा रहे थे। इस खौफनाक मौसम में बस एक ही राहत थी, गौरैया की मधुर आवाज।" गौरैया का यह शांति प्रतीक अगले पैराग्राफ में और अधिक स्पष्टता प्राप्त कर लेता है, जब कहानीकार गौरैया को इस रूप में प्रस्तुत करता है, "गौरैया चुप हो जाती तो लगता, पूरी कायनात धू-धू जल रही है, अभी सब कुछ जलकर राख हो जाएगा। गौरैया बोलती तो लगता, अभी प्रलय बहुत दूर है। पृथ्वी पर जीवन के चिह्न बाकी हैं।" धू-धू जलती कायनात में गौरैया का यह रूप शांति कपोत-सा पाठक के मन में उतर जाता है।

मनुष्य अपने-अपने धर्म-संप्रदाय की मान्यताओं को किस प्रकार दूसरों पर थोपना चाहता है, इसके प्रमाणस्वरूप गौरैया की आवाज में अपने-अपने धर्म संप्रदायों के नारों की प्रतीति खोजी जाती है, "लगातार एक जिज्ञासा हो रही थी कि क्या कह रही है यह गौरैया?" गौरैया

'हर-हर महादेव' कह रही है, गायत्री मंत्र का जाप कर रही है; या 'वेद की ऋचा' पढ़ रही है। यह हिंदू-मन की मान्यता है, गौरैया के स्वर में 'अल्लाह-ओ-अकबर, नारा-ए-तकबीर ....अल्लाह अल्लाह की रट' सुनना मुस्लिम मन का भरम है तो सिक्ख-मन की परिकल्पना उसमें 'वाहे गुरु जी का खालसा, वाहे गुरु जी की फतेह' की आवाज सुन कर खालिस्तान की माँग कर रही है। ये सब गुमराह करने वाली बातें हैं। इस वातावरण चित्रण से उस स्थिति का बोध होता है जिसमें यह देश विभिन्न प्रकार की सांप्रदायिक माँगों, इच्छाओं और उनके संकल्पों को वाणी देता है।

थोड़ा आगे चलकर कहानी में लेखक अपना मंतव्य और स्पष्ट करता है। कहानीकार कहना चाहता है कि "वास्तव में वह अपने प्रेमी को पुकार रही है। थक गई है, उसे बूटे-बूटे और पत्ते-पत्ते पर खोज कर। अब निराश होकर इसी पेड़ की किसी शाखा पर बैठी है और उसे पुकार रही है। कहीं आरक्षण के प्रश्न पर अनशन पर तो नहीं बैठ गई? उड़ते-उड़ते कहीं से घल्लूघारा का नाम तो नहीं सुन आई?"

जब इंसानों के दिल में तरह-तरह की खुराफातें जन्म ले रही हों तो ये पेड़-पौधे, जीव-जंतु उससे कैसे निरपेक्ष रह सकते हैं। ये भी तो उसी वातावरण का अंग हैं, जहाँ से लू से भी तेज चिलचिला रही है सांप्रदायिकता, दुश्मनों-मकानों की छतों पर छोटी-मोटी पताकाओं के रूप में फहरा रही है सांप्रदायिकता, इश्तिहारों की शक्ल में दीवारों पर चस्पाँ कर दी गई है सांप्रदायिकता। इस जहरीले माहौल में यह नन्ही-सी गौरैया कैसे बेदाग रह सकती है। मगर इसकी आवाज सुनकर आभास होता है कि वह अभी इस संक्रमण से मुक्त है। पंजाब में आतंकवाद जिस रूप में फैल रहा था, वह भी सांप्रदायिकता का एक रूप था, उसको वहाँ मनाए जा रहे घल्लूघारा से व्यक्त कर दिया गया है। कश्मीर में अलग आतंकवाद पनपा हुआ है। वास्तव में ये सब देश में जगह-जगह हो रही खुराफातें ही हैं जो देश को तोड़ना चाहती हैं।

न जाने कब से वह एक नन्हा-सा घोंसला बनाने में व्यस्त थी। इस वक्त भी उसकी चोंच में सूखी घास का एक तिनका था। गौरैया अपने घोंसले के लिए तिनके इकट्ठे कर रही है, लेखक की सोच में आता है कि गौरैया घोंसले के लिए घास के तिनके नहीं 'रामशिला' इकट्ठे कर रही है - कहानीकार पाठक को एकदम से रामलला के मंदिर निर्माण प्रकरण से जोड़ देता है। पूरे देश में रामलला के मंदिर निर्माण के लिए जिस प्रकार का धार्मिक उन्माद कार्य कर रहा था, 'गौरैया' के तिनके के माध्यम से उस ओर इंगित कर दिया गया है। दूसरे ही क्षण उसे समीप की ही मस्जिद की याद आती है, वहीं हनुमान मंदिर है। वस्तुतः कथाकार उस साँझी संस्कृति की ओर ध्यान दिलाना चाहता है जहाँ पूरे देश में मंदिर-मस्जिद सदियों से साथ-साथ अपना अस्तित्व बिना किसी संकट के बनाए हुए हैं। काशी, मथुरा और कितने ही शहरों में सदियों से धार्मिक आस्था के ये केंद्र इसी रूप में खड़े हैं। एक-दूसरे के अस्तित्व को चुनौती दिए बिना तो फिर आज यह रामलला मंदिर-निर्माण और बाबरी मस्जिद का लफड़ा क्यों उठ खड़ा हुआ। शांति और साँझा संस्कृति की प्रतीक गौरैया धर्म के पचड़े में पड़ना नहीं चाहती। वह अपने लिए एक सुंदर नीड़ बनाना चाहती है। अगले दिन सुबह उसका घोंसला तैयार था। नीड़ बनाकर गौरैया उस घर की सदस्या ही बन जाती है, वह और कथा-वाचक (नैरेटर) वार्तालाप करने लगते हैं। यहाँ कहानी लोक कथा के स्तर पर उतर आती है - उन दोनों के बीच प्यार-भरी-सी गुफ्तगू होती है, दरअसल, उससे दोस्ती होने के बाद मेरा समय अच्छा बीत

रहा था। अपनी एक सप्ताह की मित्रता में ही उसने मुझे राग-भैरवी से लेकर राग जै जैवन्ती तक सुना डाले। गौरैया भी परिवार में घुल-मिल गई थी। एक दिन सुबह तो मैं खुशी से पागल हो गया, जब मैंने देखा, उसके अगल-बगल दो नन्हीं गौरैया और बैठी थी। घर में उत्सव हो गया। नए सदस्यों का गर्मजोशी से स्वागत हुआ।

"एक दिन पता चला गौरैया सुबह से गायब है और उसके बच्चे अकेले पड़े हैं।" शाम तक गौरैया वापस नहीं लौटी थी। अतः कहानी के 'मैं' को बच्चों की फिक्र लग जाती है, उसे क्रोध भी आता है कि "वह अपने नन्हे-मुन्हों के प्रति इस कदर निर्दय भी हो सकती है।" जब वह पत्नी को यह स्थिति बताता है तो वह व्यंग्य में उन्हें बोतल से दूध पिलाने की बात कहती है। "'मै' चिढ़ कर किस्सा तोता-मैना की शैली में कहता है, "सब औरतें स्वार्थी होती हैं गौरैया की तरह।" फिर कहानी उन विवरणों में जाती है कि किस प्रकार गौरैया और बड़ा बच्चा घोंसले से गायब हो गए थे, छोटी गौरैया अकेली रह जाती है। उन दोनों के गायब हो जाने पर 'मैं' कुछ ऐसा परेशान हो रहा था जैसे पत्नी और बेटी घर से गायब हों।" "गौरैया के पूरे खानदान से 'मैं' की अनबन हो गई थी।" अब छोटी गौरैया के भी पर निकल आए थे। एक शाम को 'मैं' ने देखा कि पूरा घोंसला खाली पड़ा है, "उसमें चिरई का पूत भी नहीं था।" थोड़ी देर बाद उसे गौरैया का पूरा परिवार मंदिर के कलश पर निर्द्वन्द्व भाव से बैठा नजर आया, "तीनों अत्यंत मौज-मस्ती में वहाँ बैठी पिकनिक मना रही थीं।" उसके मन में सहसा यह प्रश्न उठता है कि ये चिड़ियाँ मंदिर के कलश पर ही क्यों बैठी हैं, इस कारण की खोज वह इस रूप में करता है, "क्योंकि इन्होंने एक हिंदू के घर में जन्म लिया है। कुछ संस्कार जन्मजात होते हैं। यह अकारण ही नहीं है कि विश्राम के लिए इन्होंने मंदिर को चुना है।" वस्तुतः यह 'मैं' के अपने ही दिमाग का फितूर है, उसकी पत्नी ने बताया कि थोड़ी देर पहले ही ये मस्जिद के गुम्बद पर बैठी थीं, लाउडस्पीकर से अजान के स्वर उठे तो ये उड़कर मंदिर के कलश पर जा बैठीं। लाउडस्पीकर का कमाल है यह। मंदिर में आरती शुरू होने पर तीनों अलग-अलग दिशाओं में उड़ जाती हैं और थोड़ी देर बाद बगिया में आ जाती हैं।

कहानी यहाँ सोच को एक झटका-सा देती है कि धर्म-संप्रदाय की ये चौहद्दियाँ मनुष्य ने स्वयं ही बना डाली हैं - सामान्य जनता तो इन चिड़ियों की तरह अपना आश्रय-स्थल चुन लेती है। वहीं अपना सुकून तलाशती है, बिना इस सोच के कि यह किस धर्म-संप्रदाय से उसे मिलती है। जब कभी 'मैं' उन्हें अपने बगीचे में देख लेता है तो सोचता है कि "जन्मभूमि का आकर्षण खींच लाता है इन्हें यहाँ!!" किंतु 'जन्मभूमि' नाम आते ही फिर कहानी 'राम जन्मभूमि' प्रकरण की इंगिति दे उसे समय की चिंता से जोड़ देती है, "जन्मभूमि नाम से ही मुझे दहशत होने लगी। मगर, मुझे विश्वास है, यहाँ फसाद की कोई आशंका नहीं है, क्योंकि यहाँ एक चिड़िया ने जन्म लिया है, भगवान ने नहीं।" कहानी यहाँ बड़े कौशल से अपना संदेश दे जाती है कि उस भगवान की सार्थकता प्रश्नांकित है जो मनुष्य-मनुष्य के बीच दीवार खड़ी कर दे। सामान्य जन तो चिड़ियों की तरह धर्म निरपेक्ष भाव से जीना चाहते हैं, अपने-अपने नीड़ों में मगन, मस्त!! एक शांतिपूर्ण जीवन जीते हुए। इसी रूप में कहानी का शीर्षक गौरैया पूरी तरह चरितार्थ हो जाता है। 'गौरैया' मनुष्य को मानवीयता का संदेश देते हुए कहती है कि वास्तविक मानवीयता धर्म-संप्रदाय के संकीर्ण दायरों से बहुत ऊपर है। जी.पी.एच. की पुस्तकों का मुख्य उद्देश्य ज्ञान के साथ-साथ अच्छे नम्बर दिलाना है।

प्रश्न 10. कथाकार राजकमल चौधरी के जीवन का विस्तारपूर्वक परिचय दीजिए।

अथवा

राजकमल चौधरी के लेखन पर प्रकाश डालिए।

उत्तर— राजकमल चौधरी का जन्म उत्तरी बिहार में मुरलीगंज के समीपवर्ती गाँव रामपुर हवेली में हुआ था। उनका वास्तविक नाम मणीन्द्र नारायण चौधरी था लेकिन स्नेह से लोग उन्हें फूलबाबू कहकर पुकारा करते थे। कुछ दिनों तक उन्होंने अपना नाम मधुसूदन दास भी रख लिया था। हिंदी और मैथिली की पत्रिकाओं में उन्होंने अनामिका चौधरी, वनलता सिंह, और अपनी पत्नी शशि चौधरी के छद्म नाम से कई रचनाएँ प्रकाशित करवाईं। मासूम अजीमाबादी के नाम से भी उनकी एक छोटी-सी कविता प्रकाशित है। बीच में उन्होंने कई बार अपना लेखकीय नाम बदला। वे नाम थे—मणीन्द्र किरण, पुष्पतीर्थ, स्वर्णफूल, पुष्पराज, मणीन्द्र और राजकमल। लेकिन अंत में प्रसिद्धि उन्होंने राजकमल चौधरी नाम से ही पाई।

वे भव्य और संस्कृतनिष्ठ वंश परंपरा की संतान थे। उनके पितामह पं. फूदन चौधरी ने पारंपरिक रूप से संस्कृत भाषा का अध्ययन किया था। व्याकरण, साहित्य और दर्शन शास्त्र में उन्हें बहुज्ञता हासिल थी। 'शास्त्रार्थ-पारंगत' की उपाधि से विभूषित पं. फूदन चौधरी मधुबनी स्टेट के राज पंडित थे। उनके चार पुत्रों में से दूसरे, मधुसूदन चौधरी, राजकमल के पिता थे; वे गणित और साहित्य के सुप्रसिद्ध विद्वान थे। उनको गणित, दर्शनशास्त्र, संस्कृत, हिंदी और अंग्रेजी भाषाओं के साहित्य और व्याकरण की गहन समझ थी। एक पत्नी के निस्संतान दिवंगत हो जाने के बाद सन् 1926 में त्रिवेणी देवी के साथ उनकी शादी हुई। इस पत्नी से उन्हें तीन पुत्र और एक पुत्री हुई, राजकमल चौधरी उनमें सबसे बड़े थे।

बचपन के आरंभिक दिनों में (जब उनकी आयु 10-12 साल के आसपास रही होगी) उनकी माँ त्रिवेणी देवी का असामयिक निधन हो गया। छोटे मणीन्द्र को अपनी माँ के आँचल की कमी का गहरा प्रभाव पड़ा। उनका शुरुआती बचपन अपने पैतृक गाँव महिषी में गुजरा। बाद में वो अपने पिता के साथ नवादा, बाढ़ और जयनगर भी गए जहाँ उनके पिता नौकरी किया करते थे। हालाँकि ग्रीष्मावकाश में वो अपने पैतृक गाँव महिषी लौट आया करते थे। राजकमल की माता की मृत्यु के उपरांत उनके पिता मधुसूदन चौधरी ने जमुना देवी से पुनर्विवाह कर लिया था। जमुना देवी राजकमल के हमवयस्क थी। घर में सौतेली माँ के आगमन के पश्चात् वे अपनी भाई-बहिनों के साथ कुछ समय के लिए अपने ननिहाल चले गए और उसके बाद से ही राजकमल के अपने पिता से संबंध मधुर नहीं रहे। इस शादी की वजह से राजकमल कभी भी अपने पिता को माफ नहीं कर सके। 1967 में पिता के देहावसान के बाद भी राजकमल ने अपने पिता को मुखाग्नि नहीं दी थी लेकिन बाकी का श्राद्धकर्म पूरा किया था।

राजकमल चौधरी की शिक्षा-दीक्षा— बालपन से ही राजकमल चौधरी अपने पितामह और पिता की तरह तीक्ष्ण, तेजस्वी, दृढ़ प्रतिज्ञ, पढ़ाकू तथा मनमौजी स्वभाव के थे। उनकी प्रारंभिक शिक्षा-दीक्षा अपने पिता के साथ विभिन्न शहरों में संपन्न हुई। जयनगर में उनके पिता उच्च विद्यालय में शिक्षक थे। लोअर प्राइमरी उन्होंने वहीं से किया। तीक्ष्ण मेधाविता और एक योग्य शिक्षक का पुत्र होने के कारण छात्र और अध्यापक वर्ग में उनका सम्मान था। जयनगर से उनके पिता का स्थानांतरण बाढ़ (पटना), फिर नवादा और फिर गया हो गया।

राजकमल की बाल-मनोदशा अपने पिता के कट्टर विचारों एवं कठोर अनुशासन से पूरी तरह परिचित थी। युवावर्ग की उन्मुक्तता उन्हें अप्रिय लगती थीं। अपने द्वारा अनुभूत सत्य को वे सबसे बड़ा मानते थे। महात्मा गाँधी के अनुयायी होने के बावजूद सामाजिक जीवन में प्रगतिशीलता और रूढ़िभंजन उन्हें पसंद नहीं था। बालपन से ही वे पिता के इन अनुभवों और अभ्यासों को नापसंद करते थे। माँ की मृत्यु ने राजकमल की बालसुलभ चंचलता और रौनक समाप्त कर दी।

राजकमल ने 1947 में नवादा उच्च विद्यालय, बिहार से मैट्रिकुलेशन की परीक्षा पास की। तदुपरांत पटना के बी.एन. कॉलेज के इंटरमीडिएट (कला) में उन्होंने दाखिला लिया। वह बी.एन. कॉलेज के छात्रावास में कुछ दिन रहे, जहाँ वह साहित्य एवं चित्रकला की ओर उन्मुख हुए। वह मित्रों के बीच काफी लोकप्रिय थे एवं बहुत शीघ्रता से दोस्त बना लेते थे। यह समय उनके जीवन के उद्दाम विद्रोह और भटकाव का था। विभिन्न वर्जनाओं और कठोर अभिभावकत्व से मुक्ति का अवसर देखकर वे चंचल और उच्छृंखल हो गए।

वह अपने महिला मित्रों को सहजता से आकर्षित कर लेते थे। यहीं पर शोभना नाम की एक छात्रा से उनका परिचय हुआ जिसकी तरफ वो आकर्षित हो गए। इसी बीच शोभना के पिता का स्थानांतरण भागलपुर हो गया जहाँ वो अपने पिता के साथ चली गई। शोभना के नजदीक होने के लिए राजकमल भी भागलपुर चले गए जहाँ 1948 में उन्होंने मारवारी कॉलेज में इंटरमीडिएट (वाणिज्य) में दाखिला लिया। उस समय के तात्कालिक व्यवधानों/विमुखता के कारण राजकमल भागलपुर में अपनी पढ़ाई पूरी नहीं कर सके और गया जाकर कॉलेज में दाखिला ले लिया। वहाँ से उन्होंने इंटरमीडिएट (वाणिज्य) और पुनश्च बी.ए. (वाणिज्य) की उपाधि सन् 1954 में हासिल की।

उक्त समस्त सामाजिक स्थितियों में ही राजकमल ने अपनी जीवन-दृष्टि को माँजा और समाज-व्यवस्था की मानव विरोधी हरकतों को प्रश्नांकित किया। पाठ्यक्रम की किताबों की बजाय उनकी रुचि अन्य किताबों में रहती थी। हमेशा वे पुस्तकालय जाकर बेहतर किताबों के अध्ययन की गुंजाइश निकालते रहते थे। उनकी जिज्ञासु प्रकृति कालांतर में बढ़ती गई और समय के साथ-साथ वे और अधिक कल्पनाशील होते गए।

अपनी पारिवारिक विसंगति और सामाजिक कुप्रथाओं के कारण वे बचपन से ही विद्रोही स्वभाव के हो गए थे। अनीति, अन्याय तथा विसंगतियों के प्रति विद्रोह का जो भाव बालपन में उनमें स्पष्ट होने लगा था, वह आगे चलकर अधिक तीक्ष्ण और ऊर्जावान साबित हुआ। सन् 1942 के आंदोलन में, जब वे तेरह वर्ष के थे, जयनगर में थे, वहाँ वे क्रांतिकारी लोगों के संवादवाहक का काम करते थे। इस अर्थ में राजकमल चौधरी की कहानियाँ हमें समय की क्रूरता से मुठभेड़ करने और जीवन-संग्राम की भयावहता से होड़ लेने का साहस देती हैं।

राजकमल चौधरी की प्रवृत्तियाँ–स्नातक की डिग्री हासिल करने के बाद 1955 में उन्होंने पटना सचिवालय के शिक्षा विभाग में सरकारी सेवा शुरू की। राजकमल ने नौकरी को कभी अपने जीवन का लक्ष्य नहीं माना। ऐसा माना जाता है कि 1957 में वो नौकरी छोड़कर चले गए या उन्हें बर्खास्त कर दिया गया। इसी मध्य मसूरी की सावित्री शर्मा से उनकी शादी हुई, लेकिन उनका रिश्ता एक वर्ष भी नहीं चला। उसके बाद तक वह पत्रकार/लेखक/अनुवादक/कवि के तौर पर कलकत्ता में रहे एवं मृत्युपर्यंत वहीं लेखनी करते रहे। राजकमल चौधरी के

लिखने-पढ़ने की गति बहुत तेज थी। अध्ययन-फलक विराट था। उनके लेखकीय जीवन की शुरुआत कलकत्ता से ही हुई। उनके रचनात्मक लेखन का काफी भाग कलकत्ता में गुजरा। इसीलिए उनके लेखन में कलकत्ता, वहाँ का जीवन, वर्ग-संघर्ष का बहुधा चित्रण मिलता है। इसके अलावा उनकी लेखनी में पाश्चात्य साहित्य का कई बार संदर्भ मिलता है। बहुत लंबे समय तक भारतीय साहित्य में स्त्री से संबंधित विषय तथा उनकी समस्याएँ, समाज में शालीनता की ओट में छुपी अश्लीलता और धर्म एवं संस्कृति के नाम स्त्रियों का यौनिक दमन ऐसे विषय रहे हैं जिनसे कई महान लेखकों ने अपना वास्ता दूर रखा। राजकमल के रचनाकर्म में इन सारे विषयों में प्रत्यक्ष अथवा अप्रत्यक्ष रूप से निर्भीकता के साथ किया हुआ चित्रण है।

वे बौद्धिक बहस में किसी से भी नहीं डरते थे। परहित भावना से वे अभिभूत रहते थे। नगर, नागरिक, परिवेश और जीवन को देखने की उनकी आलोचकीय दृष्टि स्थापित रूढ़ियों और जर्जर मानदंडों से एकदम अलग हटकर की थी।

राजकमल चौधरी का विवाह और संतान—राजकमल को कॉलेज के दिनों में शोभना नाम की लड़की से प्रेम हुआ था। 1951 में उनकी शादी चानपुरा, दरभंगा की शशिकांता से हुई जो की सौराठ सभा के माध्यम से हुई थी। यह शादी राजकमल ने पारिवारिक दबाव में की थी। उस समय राजकमल बी.कॉम के छात्र थे। पटना सविचालय की नौकरी के दिनों में (सन् 1955-56) वे बराबर शशिकांता को साथ रखते थे। शशिकांता जी अधिक पढ़ी-लिखी महिला तो नहीं थीं, किंतु बुद्धिमती और विवेकी थीं।

राजकमल की पहली संतान का जन्म 08.09.1960 को उनकी बेटी के रूप में हुआ। इससे उनका दाम्पत्य-संबंध अधिक प्रगाढ़ और स्नेहसिक्त हुआ। इस कन्या का नाम उन्होंने 'दिव्या' रखा। दिव्या के जन्म के बाद दाम्पत्य संबंधी अपनी मानसिकता को रेखांकित करते हुए उन्होंने एक कहानी भी लिखी—भयाक्रांत (सारिका, अप्रैल, 1963)। बाद में, दो और संतानें हुईं—मुक्ता (पुत्री) और नीलू (पुत्र)। अपनी तीनों संतानों में सबसे अधिक स्नेह उन्होंने दिव्या को दिया। अंतिम समय में नीलू को वे बहुत अधिक मानने लगे थे। अपनी प्रसिद्ध कविता 'मुक्ति-प्रसंग' के अनेक स्थलों पर उन्होंने नीलू के संबंध में अत्यंत भावुक प्रश्न उठाया है।

सरकारी सेवा से राजकमल चौधरी की मुक्ति और लेखन में रुचि—सन् 1956 में राजकमल ने सावित्री नाम की स्त्री से एक और शादी की। पटना सचिवालय में शिक्षा विभाग में नौकरी करते हुए वे फाइलों में उत्तेजनात्मक नोट लिखा करते थे, यह देखकर उनके अफसर बहुत रुष्ट रहा करते थे। ऐसा माना जाता है कि 1957 में एक दिन अपने सारे प्रमाण-पत्रों को फाड़कर, नौकरी छोड़कर वे घर से निकल गए और अपनी संपूर्ण जिजीविषा और दुर्दमनीय व्यक्तित्व के साथ कलकत्ता आ गए। यहीं वे 'मिथिला-दर्शन' पत्रिका से जुड़े। जीविका के लिए मृदुला चक्रवर्ती नाम की एक लड़की को उन्होंने ट्यूशन पढ़ाना प्रारंभ किया। लेखन में रुचिशील तो वे 1949-50 से ही थे लेकिन उनके लेखों के प्रकाशन की शुरुआत कहीं बाद में 1954 से हुई।

राजकमल चौधरी का लेखन—वाणिज्य में स्नातक की उपाधि प्राप्त करने के बाद, राजकमल ने स्वयं को रचनात्मक कार्यों में समर्पित कर दिया। उनकी रचनात्मकता कवि, उपन्यासकार, कहानी लेखक, नाटककार आदि कई रूपों में सामने आई। उनकी रचनात्मकता मुख्यतया तीन भाषाओं मैथिली, हिंदी एवं बंगाली तक सीमित रही। हालाँकि उन्होंने अंग्रेजी में

भी कुछ कविताएँ लिखीं। ऐसा माना जाता है कि राजकमल ने लेखनी की शुरुआत अपनी मातृभाषा मैथिली से की।

कहा जाता है कि नवादा उच्च विद्यालय के एक अपने शिक्षक से प्रभावित होकर उन्होंने लयबद्ध कविताएँ लिखी थीं जिसके बाद उन्हें एहसास हुआ था कि वह भी कविताएँ लिख सकते हैं। उनकी कुछ शुरुआती पंक्तियाँ, जो अभी तक अप्रकाशित हैं, अपनी स्कूल की पुस्तिका पर लिखी गई थीं। उनकी प्रथम मैथिली कहानी अपराजिता 1954 में वैदेही पत्रिका में प्रकाशित हुई थी। उनकी प्रथम मैथिली कविता भी वैदेही से ही पटनिया टट्टूक प्रतिशीर्षक से 1955 में प्रकाशित हुई थी। हिंदी में उनकी पहली कविता 'बरसात रात प्रभात' (नई धारा, सितम्बर 1956), पहली कहानी 'सती धनुकाइन' (कहानी, मार्च 1958) और पहला निबंध 'भारतीय कला में सौंदर्य-भावना' (ज्ञानोदय, जून 1959) है। यद्यपि 'सती धनुकाइन' मैथिली में पहले ही (पल्लव, मई, 1957) छप चुकी थी, पर हिंदी में उनकी पहली प्रकाशित रचना इसे ही माना जाता है। यद्यपि राजकमल ने हिंदी की तुलना में मैथिली में ज्यादा समय तक लिखा, लेकिन उनका हिंदी साहित्य में योगदान काफी समृद्ध रहा। उनका हिंदी में कविता लेखन 1950 के आसपास शुरू हो चुका था।

मैथिली में उनकी कोई प्रारंभिक पांडुलिपि उपलब्ध नहीं है, इस कारण उनके मैथिली लेखन के पूर्वाभ्यास की चर्चा नहीं हो सकती, पर हिंदी में उनकी हस्तलिपि में अप्रकाशित पांडुलिपि 'विचित्रा' में 'फागुनी' शीर्षक कविता 17.02.1950 की कविता है। कहते हैं कि टी.एन.बी. कॉलेज (भागलपुर) की टर्मिनल परीक्षा की उत्तर-पुस्तिका के मूल्यांकन के समय उनके लिखे हिंदी निबंध से प्रो. माहेश्वरी सिंह 'महेश' इतने प्रभावित हुए कि वह निबंध कॉलेज पत्रिका में छपवाया गया। इसके बाद से वे द्रुत लेखन करते रहे। कभी उन्होंने पीछे मुड़कर नहीं देखा।

कलकत्ता-प्रवास, उनकी साहित्यिक उपलब्धि का महत्त्वपूर्ण अंतराल रहा। अपने रचना-संसार का अधिसंख्य कथ्य राजकमल ने यहीं से बटोरकर अपनी झोली में रख लिया था। स्वरगंधा, आदिकथा, आंदोलन आदि पुस्तकें तो लिखी भी यहीं गईं। हिंदी की उनकी अधिकांश रचनाओं पर कलकत्ता का प्रभाव किसी-न-किसी तरह है। उनके लेखन में वहाँ के जीवन-संघर्षों का प्रचुरता से चित्रण मिलता है।

जब वे कलकत्ता में थे, मिथिला-दर्शन पत्रिका की देख-रेख की जिम्मेदारी उन्हीं पर थी। बाद में वे भारतीय ज्ञानपीठ से संबद्ध हुए, और ज्ञानोदय के संपादन में सहयोग दिया। पर उनके उदात्त चरित्र और मालिक की व्यापार-वृत्ति में तालमेल नहीं बैठ सका। वे वहाँ से चल पड़े। सन् 1960 में उन्होंने अपनी पत्रिका रागरंग शुरू की। यह पत्रिका सर्वविधि अपूर्व मानी जाती है। प्राप्त जानकारी के अनुसार 01.09.1963 को उन्होंने पूर्ण रूप से कलकत्ता छोड़ दिया। पटना आकर उन्होंने 'भारत मेल' के संपादन विभाग में नौकरी प्रारंभ कर दी। 'भारत मेल' पत्र 'राजनीतिक स्टंट' की तरह सप्ताह में दो बार प्रकाशित होता था। उन्होंने इसके अतिरिक्त छह खंडों में पाण्डेय बेचन शर्मा 'उग्र' की कुछ कहानियों का संपादन व संकलन भी किया था।

राजकमल ने सन् 1961 से हिंदी में लिखकर और बंगला से हिंदी में अनुवाद कर, जीवन-यापन करने का निर्णय ले लिया था। वायरन (आन्द्रे मालरक्स), शंकर (चौरंगी), सरोज बंद्योपाध्याय (सीमांत), दीपक चौधरी (फरियाद), वाणी राय (चोखे आमार तृष्णा) प्रभृत्ति के

अनुवाद उन्होंने जहाँ-तहाँ रहकर किए। बंगला से हिंदी अनुवाद करने में वे माहिर माने जाते थे। बंगला कविताओं का भी उन्होंने खूब अनुवाद किया। यू.एस.ए. से प्रकाशित पत्रिका 'पोटपुरी' के ग्रीष्मकालीन अंक 1966 में उनकी एक कविता 'बिलीफ' शीर्षक से प्रकाशित हुई। यह उनकी हिंदी से अंग्रेजी में अनूदित कविता है।

उनकी प्रकाशित कृतियाँ हैं—मछली मरी हुई, नदी बहती थी, ताश के पत्तों का शहर, शहर था शहर नहीं था, अग्निस्नान, बीस रानियों के बाइस्कोप, देहगाथा (सुनो ब्रजनारी), एक अनार एक बीमार, आदिकथा, आंदोलन, पाथर फूल (उपन्यास), कंकावती, मुक्ति-प्रसंग, स्वरगंधा, ऑडिट रिपोर्ट, विचित्र (कविता-संग्रह), मछली जाल, सामुद्रिक एवं अन्य कहानियाँ, प्रतिनिधि कहानियाँ: राजकमल चौधरी, पत्थर के नीचे दबे हुए हाथ, राजकमल चौधरी की चुनी हुई कहानियाँ, बंद कमरे में कब्रगाह, राजकमल चौधरी : संकलित कहानियाँ, खरीद बिक्री, साँझक गाछ (कहानी-संग्रह), शवयात्रा के बाद देहशुद्धि, बर्फ और सफेद कब्र पर एक फूल (निबंध-नाटक-संग्रह) के अलावा शताधिक कहानियाँ, निबंध आदि मैथिली तथा हिंदी में प्रकाशित। अनूदित कृतियाँ : चौरंगी (शंकर के उपन्यास चौरंगी का बांग्ला से अनुवाद) और मेरी आँखों में प्यास (वाणी राय के उपन्यास चोखे आमार तृष्णा का बांग्ला से अनुवाद)। कई रेडियो रूपक और नाटक भी प्रकाशित व प्रसारित किए गए।

राजकमल चौधरी का अवसान—राजकमल चौधरी का चरित्र बेहद जटिल एवं पेचीदा था। अपने दृढ़ निश्चय पर वे निर्भीकता से बढ़ते गए। अनुज पीढ़ी के लोग उनका आदर करें अथवा पूर्ववर्ती पीढ़ी के लोग प्रसन्न रहें और आशीष दें – इस बात की चिंता उन्हें कभी नहीं हुई। उनके बारे में साहसिकता, अन्वेषण-प्रकृति, अध्ययनशीलता का क्षेत्र-विस्तार, परंपरा-भंजकता, समन्वय-प्रवृत्ति, प्रभावकारी व्यक्तित्व, शालीन व्यवहार आदि कुछ अपूर्व गुणों के अनेक संस्मरण सुनने को अब भी मिलते हैं। वे विद्रोही व्यक्ति थे। उनका यह विद्रोह उनके साहित्य में भी प्रकट होता है।

इतने प्रतिभाशाली रचनाकार ने जान-बूझकर खुद अपना जीवन विनाश के पथ पर डाल दिया। अंकुशविहीनता ने राजकमल को शराब-गाँजा आदि सारे दुर्व्यसनों का शिकार बना दिया था, जो उनके स्वास्थ्य के लिए हानिकारक सिद्ध हुआ। अक्तूबर, 1965 में ट्यूमर के कारण उनके पेट में दर्द शुरू हुआ। वही पेट-दर्द आगे चलकर उनकी जान का गाहक हो गया, मुक्तिकामना से भरे जोश के राजकमल चौधरी को अंतत: 19 जून 1967 को शरीर से ही मुक्ति मिल गई। राजकमल के देहावसान के पश्चात् रेडियो, अखबारों, पत्रिकाओं आदि में श्रद्धांजलियों का ताँता लग गया। संपादकीय टिप्पणियों और विशेषांकों की शृंखलाएँ चलने लगीं। हिंदी में प्राय: सभी पत्र-पत्रिकाओं में उन पर कुछ-न-कुछ अवश्य ही आया। भारतीय भाषाओं में उनके जैसे बहुत कम ऐसे रचनाकार हैं, जिन पर इतनी संख्या में विशेषांक छपे। इस मामले में प्रेमचंद के बाद शायद उन्हीं का नंबर आता है।

प्रश्न 11. 'ड्राइंग रूम' कहानी का कथासार लिखिए।

उत्तर– सन् 1960 के आसपास लिखी गई राजकमल चौधरी की कहानी 'ड्राइंग रूम' एक महत्त्वपूर्ण रचना है, जो नवम्बर, 1960 में जागृति पत्रिका में प्रकाशित हुई थी और जिसमें आजादी के दशक भर बाद के लोकतंत्र में आम नागरिक के जीवन में प्रविष्ट छद्म को बेनकाब

किया गया है। यह वह समय है, जब पूरे देश की प्रबंधन व्यवस्था अपनी अंतर्राष्ट्रीय पहचान की चमक-दमक में व्यस्त थी और इधर आम भारतीय नागरिक जीवन-यापन की बुनियादी सुविधा जुटाने और अस्तित्व रक्षा के संसाधन तलाशने में तत्पर था। परिदृश्य की विडम्बना और विरोधाभास के सहारे इस कहानी में एक मामूली घटना में विराट व्यंजना भरी गई है। 'ड्राइंग रूम' ऐसे ही नागरिकों की प्रतिनिधि 'आइरीन' नाम की भारोपीय युवती की जीवन-व्यवस्था की कहानी है। कथानायिका आइरीन को अपने पारिवारिक भरण-पोषण के लिए कोई नौकरी चाहिए, नौकरी पाने के लिए किसी महत्त्वपूर्ण व्यक्ति का 'रिकमेण्डेशन' चाहिए, 'रिकमेण्डेशन' के लिए उसे उस व्यक्ति को किसी भी तरह प्रभावित करना है, वह व्यक्ति कैसे प्रभावित होगा, यह आइरीन को मालूम नहीं है। वह उस व्यक्ति को प्रभावित करने के तरीके का आविष्कार करती है, व्यक्ति उस तरीके से प्रभावित नहीं होता है, वह दूसरे तरीके का आविष्कार करती है, तीर एकदम सही निशाने पर लगता है।

इस कहानी का कथावाचक दयानंद नाम का एक व्यक्ति है, जो कि एक अखबार के मैगजीन सैक्शन का प्रधान संपादक है। दिए गए विवरण के अनुसार कथा नायिका आइरीन ठाकुर उस अखबार में दयानंद के अधीनस्थ 'वूमन-सैक्शन' की प्रभारी की कुल तीन सौ रुपए प्रति मास की नौकरी पाने की अभिलाषी है। आइरीन ने दयानंद से परिचय बनाकर उन्हें अपने घर बुलाया है, ताकि वे प्रभावित होकर इस नौकरी के लिए उसका नाम 'रिकमेण्ड' कर दें। आइरीन एक दिवंगत उच्च पदस्थ वायुसेना अधिकारी की बेटी है, जो उच्च वंशीय ब्राह्मण थे। आइरीन की माँ कैथरीन, फ्रांस या बेल्जियम या चेकोस्लोवाकिया की थीं। आइरीन की छोटी बहनें लिलिअन, शकुंतला, शीलू, मिनी और छोटा भाई सुभाष उसके साथ रहता है। इस छह सदस्यीय परिवार के भरण-पोषण की जिम्मेदारी आइरीन पर है। बस इतनी-सी पारिवारिक हैसियत की आइरीन के आवास पर दयानंद पहुँचते हैं और उसके ड्राइंग रूम की सजावट से उसके जीवन-स्तर पर उच्च धारणा बनाते हुए उसे स्पष्ट कह देते हैं कि ऐसे भव्य रहन-सहन वाली लड़की के लिए यह नौकरी बहुत छोटी है, मैं इस नौकरी के लिए आपका नाम 'रिकमेण्ड' नहीं कर सकता, 'आप खुद इतनी सस्ती नौकरी स्वीकार नहीं करेंगी।' इस बात पर आर्त्त होकर आइरीन उन्हें अपने भीतर के कमरे में ले जाती है। जो कमरा, कीचन.... के साथ-साथ कैथरीन की वास्तविक हैसियत का सबूत भी है। यह स्थिति देखकर दयानंद दंग रह जाते हैं। वे बुझी हुई निगाहों से ड्राइंग रूम की हर चीज को देखते रहते हैं। आइरीन को देखते रहते हैं, और धारणा बनाते हैं कि 'आइरीन को फैशन से और मेकअप से और ऐशो-इशरत से वाकई नफरत है।'

कहानी की घटना बस इतनी-सी है। घटना तो यहाँ बहुत साधारण और छोटी है, पर बुनावट के कारण इस कहानी का जीवन-दर्शन और व्यंजना उसे विराट बनाती है। कोई कहानी घटना के कारण महत्त्वपूर्ण नहीं होती, वह प्रस्तुति के दृष्टिकोण से महत्त्वपूर्ण होती है, जैसा कि इस कहानी से स्पष्ट है।

प्रश्न 12. 'ड्राइंग रूम' कहानी की कथा-संरचना पर प्रकाश डालिए।

उत्तर– वास्तविकता यह है कि किसी परिदृश्य की विडम्बना बिम्बों के द्वैध और विरोधाभास में झलकती है। इस कहानी में कथावाचक को कथानायिका और कथा-परिदृश्य के नागरिक जीवन का चित्र भौंचक करता है। यहाँ पाठकों की नजर में वास्तविकता और प्रदर्शन

के बीच का विरोधाभास और ऐसा करने की मानवीय मजबूरियाँ बहुत बड़ी विडम्बना पेश करती हैं। इस पूरे प्रयास में विलक्षण भाषा-शिल्प के साथ कथाकार जो बिम्ब गढ़ते हैं, कथानायिका और कथा-परिदृश्य के नागरिक जीवन का जैसा चित्र बनाते हैं, वह दंग कर देता है। वास्तविकता और प्रदर्शन के बीच का विरोधाभास और ऐसा करने की मानवीय मजबूरियाँ एक बड़ी विडम्बना के साथ यहाँ पेश आती हैं। जीवन-यापन के नाटक में मनुष्य को बार-बार यह नाटक खेलना पड़ता है, सामाजिक परिस्थिति में खुद को फिट रखने हेतु, अपने अस्तित्व की रक्षा और अपनी नाटकीय अस्मिता का संकेत देने हेतु मनुष्य को पल-पल स्वांगों में लीन रहना पड़ता है – यह कहानी इस विडम्बना का बेहतरीन उदाहरण है। आज के समाज में यह व्यवस्था और भी लचर हो गई है।

कथावाचक को अभिजात्य आचरण से भय लगता है, इसलिए आइरीन से फोन पर बात करते हुए उन्हें डर लगता है। आइरीन के घर जाते हुए, अँधेरी सीढ़ियाँ चढ़ते हुए उन्हें डर लगता है कि उनकी मामूली-सी शक्ल और पहनावे का आइरीन पर क्या असर पड़ेगा? वहाँ पहुँचने पर आइरीन के ड्राइंग रूम की साज-सज्जा, कमरे में लेटेस्ट डिजाइन की फर्नीचर, फर्श पर पर्शियन कारपेट, पियानो-सेट, रेडियोग्राम, शारीरिक अभिजात्य के सुंदरतम उदाहरण के रूप में खुद को पेश करती हुई आइरीन, खादी की सफेद साड़ी और लो-कट ब्लाउज का उसका लिवास, अपनी बहन शकुन्तला की नृत्य-प्रतिभा और उसके ऐरोगेन्स का विवरण, दूसरी बहन शीलू के लाइंग क्लब का विवरण, अपनी पारिवारिक श्रेष्ठता उजागर करने के उसके सारे आयास को देखकर दयानंद दंग हैं। आइरीन के उस कौशल को देखकर चकित होना पड़ता है कि किसी के बारे में कम जानकारी रहने पर भी कोई जरूरतमंद व्यक्ति उसकी खुशामद और तारीफ में किस तरह की पद्धति अपनाता है! एक आकर्षक शारीरिक गठन वाली युवती किसी मर्द के बगल में बैठकर कहे कि 'अचानक इस पहली मुलाकात में ही हम कितने नजदीक आ गए हैं।' तो इसका क्या अर्थ लगाया जाए? वह दयानंद की खुशामद में कहती है कि मैं आपके लेखन आदि को पढ़कर आपको 'ऑक्सफोर्ड स्टाइल का आदमी' समझती थी, आपकी 'मदरटंग' अंग्रेजी समझती थी, 'मगर आप तो शत-प्रतिशत भारतीय हैं!' मुझे भी 'कांटीनेंट का कायदा-कानून' पसंद नहीं है, मुझे 'अपना यह देश ही अच्छा लगता है।'

यह देखते ही बनता है कि आइरीन के इस वक्तव्य में कितनी चतुराई, कितनी लाचारी और कितना लक्ष्य केंद्रित कौशल है। आइरीन को मालूम नहीं कि दयानंद नाम का यह 'पुरुष अधिकारी' किस आचरण और किस वक्तव्य से प्रसन्न होगा, इसलिए थोड़ा नजदीक बैठकर, विभिन्न कोटि की प्रशंसा करती हुई, कला-साहित्य-संस्कृति, अध्ययन, मनन और सादगी में अपना प्रेम, क्लासिक लिट्रेचर के प्रति अपनी दिवंगत माँ का प्रेम, नृत्य के प्रति अपनी छोटी बहन शकुन्तला का प्रेम, संगीत, स्वाभिमान और लौकिक अहमन्यता बरकरार रखने के लिए अपनी दूसरी बहन लिलियन का प्रेम, लाइंग क्लब और उड़ान के प्रति तीसरी बहन शीलू का प्रेम प्रदर्शित करती हुई, अपनी, अपने परिवार की और अपनी विरासत की भव्यता प्रदर्शित करती जा रही है और अचानक, जब उसे मालूम होता है कि दयानंद जैसा 'पुरुष अधिकारी' इन बातों से प्रभावित नहीं हुआ, तो तत्काल वह अपना पैंतरा बदल लेती है। आइरीन के प्रभावित करने वाले सारे उद्यमों के बाद जब दयानंद कहते हैं कि 'फिर आपने इतनी मामूली-सी नौकरी के लिए एप्लिकेशन क्यों दिया है?' तो आइरीन को अपना पासा उल्टा होता नजर आता है और

तब वह आनन-फानन में बातचीत की दिशा उलट देती है। खुद को भिखारन की गठरी की तरह खोलकर फैला देती है।

वह कहती है, 'देखिए, दयानंद साहब, आपने इतने साफ लफ्जों में नहीं पूछा होता, तो मैं यही कहती कि मैं रुपयों के लिए नहीं, शौक के लिए, जर्नलिज्म के अपने शौक के लिए आपके न्यूज पेपर में काम करना चाहती हूँ। मगर, अब ऐसा नहीं कहूँगी।....आइए मैं आपको अपना घर दिखाती हूँ।' और घर में उन्होंने देखा कि 'भीतर कुछ नहीं था, बहुत ही छोटा किचन का कमरा था। कमरे में एक ओर चूल्हे पर चावल पक रहा था, खाने के बर्तन बिखरे थे, दो-तीन बड़े-बड़े ट्रंक रखे थे, बिस्तरों के बण्डल पड़े थे, घर-गृहस्थी का पूरा सामान पड़ा था। दूसरी ओर जमीन पर दरी बिछाकर तीन बहनें बैठी थीं। शकुन्तला फिल्म फेयर का कोई पुराना अंक पलट रही थी। लीलू चावल से कंकड़-पत्थर चुन रही थी। शीलू अधलेटी पड़ी थी और ताड़ का पंखा खुद को और अपनी बड़ी बहिनों को झल रही थी। एक मोढ़े पर भाई बैठा था और फिजिक्स की एक किताब पढ़ रहा था और कमरे में कहीं इतनी जगह नहीं बच रही थी जहाँ मैं (अर्थात्, कथावाचक दयानंद) और आइरीन एक साथ खड़े हो सकते।'

फिर उन्होंने सुना कि आइरीन से उसकी छोटी बहन पूछ रही थी–'दीदी, तुम्हें नौकरी मिल जाएगी न? वे क्या कह रहे थे?'

फिर ड्राइंग रूम में आकर आइरीन ने कहा–'दयानंद साहब, इस कमरे की हर चीज किराए की है और पिछले पाँच-सात महीनों से किराया नहीं दिया गया है और, नेपाली बेयरा और नौकरानी मेरे नहीं हैं, बगल के बड़े लैट वालों के हैं। वे लोग दयालु हैं, कभी-कभी अपने नौकरों से हमें काम लेने देते हैं।'

यह कहानी और इसकी संरचना व्यक्ति को इन प्रश्नों के उत्तर तलाशने पर मजबूर कर देते हैं कि बीसवीं सदी का छठा दशक, अर्थात् स्वाधीनता के तेरह बरस बाद आम भारतीय नागरिक की जीवन-कथा क्या थी? दिवंगत वायुसेना अधिकारी की पाँच-पाँच जवान बेटियाँ और एक अध्ययनशील तरुण बेटा किस तरह का जीवन बसर कर रहा था? अस्तित्व-रक्षा में जीवन के जिस छद्म में पाँचों बहनें जुटी थीं, वह छद्म आगामी दिनों में उन्हें कहाँ ले जाने वाला था? जिस पत्रकारिता के जोर से भारत के स्वाधीनता-संग्राम को बल और मुक्ति-कामना हासिल हुई थी, उस पत्रकारिता के बारे में स्वाधीनता के तेरह बरस बाद की युवतियाँ कैसे छद्म की कल्पना किए हुई थीं? राजकमल चौधरी के कथा-कौशल के विलक्षण प्रतिमान के साथ यह कहानी एक महत्त्वपूर्ण संदेश देती है, छोटे-से कथ्य पर घनीभूत कौशल के साथ यह एक जानदार और प्रभावकारी कहानी है।

प्रश्न 13. 'ड्राइंग रूम' कहानी के जीवन-दर्शन को संक्षेप में प्रस्तुत कीजिए।

उत्तर– स्वातंत्र्योत्तरकालीन भारतीय समाज के नागरिक परिदृश्य में जीवन की बुनियादी सुविधा जुटाने में बदहवास भारतीय नागरिक को, मुश्किल से जुटाई हुई सुविधा भोग पाने की स्थिति नहीं दी जा रही थी। एक तरफ दूसरों के हिस्से का पवन-प्रकाश हड़पकर ऐश करने वालों का दल सक्रिय था, तो दूसरी तरफ लोग अस्तित्व-रक्षा के साधन जुटाने में अपने श्रम-कौशल को झोंक रहे थे। भारतीय समाज की यह दशा अब भी बरकरार है। 'ड्राइंग रूम' कहानी ऐसे ही सामाजिक परिदृश्य का चित्र पेश करती है। कहानी की नायिका आइरीन का

जीवन-संसार और कार्य-पद्धति हमारे समाज में आज भी बदस्तूर कायम है। राजकमल चौधरी की यह कहानी उसी जीवन पद्धति से हमारे सुसुप्त मानस को जाग्रत करती है, साथ ही उनके कथा लेखन का एक खास रंग प्रस्तुत करती है।

कथानायिका आइरिन को अपने पारिवारिक भरण-पोषण के लिए कोई नौकरी चाहिए, नौकरी पाने के लिए किसी महत्त्वपूर्ण व्यक्ति का 'रिकमेण्डेशन' चाहिए, 'रिकमेण्डेशन' के लिए उसे उस व्यक्ति को किसी भी तरह प्रभावित करना है, वह व्यक्ति कैसे प्रभावित होगा, यह आइरीन को मालूम नहीं है। वह दयानंद को प्रभावित करने के तरीके का आविष्कार करती है, दयानंद उस तरीके से प्रभावित नहीं होता है, वह दूसरे तरीके का आविष्कार करती है, तीर एकदम सही निशाने पर लगता है। अंततः दयानंद उससे प्रभावित हो जाता है।

घटना के विवरण मात्र से कहीं कहानी नहीं बन जाती। असल में घटना के विवरण का दृष्टिकोण कहानी को महत्त्वपूर्ण बनाता है। विवरण का दृष्टिकोण किसी लेखक के जीवन-दर्शन से निर्मित होता है और इसी दृष्टिकोण के संस्पर्श से कथाकार का कौशल निर्देशित होता है, बल्कि कथा-संरचना का स्वरूप भी इसी क्रम में निर्धारित होता है। 'ड्राइंग रूम' कहानी कथाकार के इसी विलक्षण दृष्टिकोण के कारण महत्त्वपूर्ण है, जो शिल्प, संरचना और भाषा फलक के स्तर पर विराट व्यंजना ध्वनित करती है। अकारण ही कथावाचक को आइरीन की माँ, मिसेज कैथरिन ठाकुर से मिलने और उसकी उस आत्मशक्ति को जानने की इच्छा नहीं होती जिसके कारण वह अपना सब कुछ त्यागकर सदा के लिए यूरोप से यहाँ चली आई, या फिर वह शक्ति कैथरिन में नहीं, आइरीन के पिता में थी। कथाकार की शंका के कारण घटनाओं के बीच आया हुआ यह प्रसंग उस वातावरण की ओर इशारा करता है जिसमें एक यूरोपीय युवती, एक भारतीय युवक की ओर बीसवीं सदी के तीसरे दशक के उत्तरार्द्ध में अनुरक्त हुई होगी। इस चर्चा का तर्क यह है कि सन् 1960 में जिस दंपत्ति की पहली संतान तीस वर्ष की आयु पूरी कर चुकी है, उसकी प्राथमिक अनुरक्ति का समय यही रहा होगा। यह समय पूर्ण स्वराज की घोषणा, नमक सत्याग्रह, दांडी यात्रा, अवज्ञा आंदोलन का समय था; गाँधी-इरविन समझौता, गोलमेज सम्मेलन, द्वितीय विश्व युद्ध आदि की पृष्ठभूमि का समय था, जिसमें गाँधीजी के किसी अनुयायी युवक की ओर किसी यूरोपीय युवती के अनुरक्त होने के पर्याप्त सूत्र दिखते हैं।

आइरीन और उसके भाई-बहन ऐसी ही नैष्ठिक दंपत्ति की संतानें हैं, जो स्वाधीन भारत के लोकतंत्र में अनाज-पानी के देवताओं से अस्तित्व-रक्षा के संसाधन की भीख माँगती हैं। गौरतलब है कि भारत की लोकतांत्रिक व्यवस्था की ऐसी कौन-सी परिस्थितियाँ रही होंगी जिनसे आतंकित होकर आइरीन ने मान लिया होगा कि उस जैसी कर्मशील युवती को तीन सौ रुपए माहवारी की एक नौकरी पाने के लिए इतने तिकड़मों की आवश्यकता है? तीस वर्ष की आयु की जो आइरीन मैतिसी, ब्राक, पिकासो, हेनरी मूर, कालिदास की बात करती है, 20-22 साल फ्रांस में रह आई है, अपने पाँच भाई-बहनों का भरण-पोषण करती है, वह भारत के एक अखबार के 'वूमन सैक्शन' की नौकरी में अपने चयन हेतु किस कारण आशंकित है? आशंकाओं के घटाटोप बादल से भरे समाज का एक पड़ोसी यदि कभी-कभी पाँच लावण्यमयी युवतियों से भरे घर की उस अभिभाविका को अपने बेयरे या नौकरानी से काम लेने की इजाजत देकर अपनी उदारता दिखाता है, तो उसकी पृष्ठभूमि में कितनी आशंकाएँ होंगी?... परत-दर-परत सवाल उठता जाता है, प्याज के छिलके की तरह.... राजकमल चौधरी की रचनाओं की यही

खास बात है। छोटी होने के बावजूद भी इनकी घटना का प्रभाव इनके रचना-शिल्प और लेखकीय दृष्टिकोण के कारण शिखर को छू लेता है।

प्रश्न 14. स्वातंत्र्योत्तर हिंदी कथाधारा और राजकमल चौधरी के कथा लेखन पर चर्चा कीजिए।

उत्तर– सन् 1960 के बाद का दौर 'अकविता' और 'नई कहानी' का दौर था। उपेन्द्रनाथ अश्क, निर्मल वर्मा, मोहन राकेश, राजेन्द्र यादव, कमलेश्वर, मन्नू भंडारी, कृष्णा सोबती आदि प्रेमचंद, यशपाल, जैनेन्द्र कुमार की परंपरा को और उर्दू के सआदत हसन मण्टो, राजेन्द्र सिंह बेदी, कृष्ण चंदर आदि की परंपरा को आगे बढ़ा रहे थे। उन्हीं दिनों राजेन्द्र यादव कहानी कला के लिए परिभाषा के नए सूत्र गढ़ रहे थे। थोड़े ही दिनों बाद कमलेश्वर ने अलग कथाधारा की घोषणा कर दी, जो अपनी परिणति में 'नई कहानी' से किसी भी तरह अलग नहीं थी। उस दौर के अन्य रचनाकार भी किसी न किसी तरह कुछ-कुछ कर रहे थे। राजकमल चौधरी ने उस दौर में बगैर किसी घोषणा, वक्तव्य और गुटबाजी के, जमकर कहानियाँ लिखीं और अपने कथा-कौशल के बूते आम पाठकों के मन-मिजाज पर छाए रहे। इनकी हिंदी रचनाएँ छठे दशक के उत्तरार्द्ध में प्रकाश में आते ही चकाचौंध पैदा करने लगी थीं।

बीसवीं शताब्दी के छठे दशक का मध्यांतर आते-आते भिखारी से दाता तक, रंक से राजा तक, क्रेता से विक्रेता तक, वेश्या से गृहस्थिन तक, संन्यासी से किसान तक हिंदी कहानी के पात्र होने लगे थे और हिंदी कहानी आम नागरिक के मन में गंभीरता से झाँकने लगी थी। उस समय की कहानी उन सबके मानसिक उद्वेलन को उनके मौलिक व्यवहारों से जोड़ने लगी थी। व्यवस्था और समाज की तलहट में उसके काले हाशियों पर रहने वाले चरित्र कहानियों में प्रमुखता से आने लगे और इन कहानियों के माध्यम से सामाजिक व्यवस्था की घिनौनी सूरत सामने आने लगी।

भैरव प्रसाद गुप्त के संपादन में प्रकाशित 'कहानी' के नववर्षांक में 'नई कहानी' आंदोलन का प्रारंभ सन् 1956 में कहा गया। यह भी कहा गया कि 1950 से ही 'नई कहानी' का प्रयाण शुरू हो गया था, विचार और रचनाशीलता के स्तर पर यह नयापन पलता-बढ़ता रहा और 1955-56 आते-आते वैसी सोच और वैसी रचनाशीलता के साथ सृजनरत लेखकों ने अपना परिचय कायम कर लिया और 'कहानी' (पत्रिका) के नववर्षांक (1956) में नई कहानी को पूर्ण प्रतिष्ठा दे दी गई। देवीशंकर अवस्थी के शब्दों में, '1962 में हुआ यह विवाद नई कहानी को स्टैब्लिश ही नहीं करता स्टैब्लिशमेंट का हिस्सा बना देता है' और इस प्रकार हिंदी में नई कहानी आंदोलन का समय मोटे तौर पर 1950-65 माना गया। लेकिन फिर भी 1962-65 के समय को नई कहानी की ढलान का समय कहा गया, यद्यपि कमलेश्वर जैसे कुछ स्थापित कथाकारों ने 1965 के बाद कहानियों में आए बदलाव को भी नई कहानी का ही विस्तार बताया और कई लेखकों ने इस बदलाव को नई कहानी से अलग समकालीन कहानी कहा।

सच्चाई जो भी हो, पर इतना अवश्य है कि भारत में 1962-65 के अंतराल में राजनीतिक-सामाजिक हलचलों के कारण कहानीकारों में एक नया जोश आया और रचनाकर्मी, नई ऊर्जा के साथ आगे बढ़े, नई कहानी के विरोध में 'अकहानी' आंदोलन सबसे आगे आया, पर आलोचकों ने जल्दी ही इसे फ्रांस की सन् साठ के बाद की 'एंटी-स्टोरी' का अनुकरण घोषित

कर दिया। फिर 'सचेतन कहानी', 'सहज कहानी', 'समांतर कहानी', 'सक्रिय कहानी', 'समकालीन कहानी' जैसे कई आंदोलनों की घोषणाएँ हुईं, जिन्होंने 'नई कहानी' और सन् साठ के बाद की कहानी की परंपरा से विद्रोह करने या उनसे अपने को अलग साबित करने का प्रयास किया। पर यह एक अनसुलझा सवाल ही बनकर रह गया कि इन रचनाधर्मियों में यह वृत्ति क्यों आ गई, सृजनकार्य को प्रमुखता देने के बजाय ये लोग विज्ञापन में क्यों लिप्त हो गए।

राजकमल चौधरी ने हिंदी और मैथिली, दो भाषाओं में प्रचुर रचनाएँ कीं। उनकी अब तक प्राप्त 38 मैथिली तथा 100 हिंदी कहानियों में राजनीति और अर्थनीति द्वारा मनुष्य और नैतिकता के साथ हो रहे मजाक साफ-साफ नजर आते हैं, उनकी कहानियों के पुरुष पात्र या तो स्त्री अंगों को चबा जाने वाले राक्षस नजर आते हैं या मोल-भाव कर खरीद लेने वाले व्यापारी। स्त्री पात्र या तो अपने को बेच-लुटा देने वाली निरीहा नजर आती है या खुद को उदारतापूर्वक हाजिर करने वाली आत्ममुग्ध गर्वोन्नता। स्त्री के जितने रूप राजकमल चौधरी की कहानियों में दर्ज हैं, उतने हिंदी ही नहीं, संभवत: किसी भी आधुनिक भारतीय भाषा में दुर्लभ होंगे। वे मैथिली से हिंदी की ओर मुड़े थे, संभव है कि इसी कारण उनके नारी पात्रों के चित्रण में अक्सर मिथिलांचल का संकेत मिल जाता है। नारी लेखन और नारी जीवन पर विश्व-साहित्य में आज जितनी भी बहसें हो रही हैं, उसके बहुत सारे संकेत राजकमल चौधरी के कथा लेखन में चार-पाँच दशक पूर्व से मौजूद हैं।

चाहे शहर में निवास करने वाले नेता, अफसर, पुलिस, पत्रकार हों या निरंतर गाँव में बसने वाले लोग, पर जो सामाजिक नियम कायदा के रखवाले होते हैं, कई बार उनका कायदा उन्हीं पर भारी पड़ जाता है। इस दशा के अनेक सबूत राजकमल की कहानियों में दर्ज हैं। मिथिलांचल की वर्ण-व्यवस्था की तरह विधवा भी एक विचित्र किस्म की जाति है, वह न तो जीने के लिए स्वतंत्र है, न मरने के लिए। स्त्री का भी क्या जीवन है, जब तक सधवा रहेगी, पति उसका शासक रहेगा; ज्यों ही वह विधवा होगी, पूरा परिवार, पूरा समाज उसका शासक हो जाता है, पूरे गाँव की नजर उसकी देह पर रहती है, पर आभास कुछ और देता है। उनके इशारों पर वह स्त्री नहीं चली, तो परिवार-समाज उसे वेश्या और जवानी ढल जाने पर डायन घोषित कर देगा। चौधरी की कहानियों में समाज के संपन्न वर्ग की इस मानसिकता की आलोचना की गई है।

जहाँ एक तरफ उनकी कहानियों में स्त्रियों की मजबूरी और उनके विविध रूपों की चर्चा की गई है वहीं दूसरी ओर उनमें इस पुरुष प्रधान समाज में कायम पुरुष वर्चस्व पर भी नजर डाली गई है। सामाजिक सुरक्षा, दैहिक रक्षा, दैहिक आवेग, संतान, परिवार आदि के स्तर पर स्त्रियों का जीवन पुरुषों पर आश्रित रहा है। इनमें से किसी भी स्थिति से वशीभूत स्त्री, अपने को एक पुरुष को सौंपकर सुरक्षित महसूस करती है। जिस स्त्री के साथ यह सुरक्षा नहीं है, वह लुटती-बिकती रहती है। पर इससे अलग किस्म की स्त्रियाँ भी हैं, जिनके पास ये सारी सुरक्षाएँ हैं, पर उनके जीवन में स्थिरता नहीं है।

जिन स्त्रियों के लिए 'देह' से बड़ी नैतिकता कुछ भी न हो, आधुनिक समाज की अति आधुनिकता के यथार्थ का वह भी अकाट्य पहलू है। राजकमल चौधरी की मैथिली और हिंदी कहानियों में स्त्रियाँ एक तरफ देह बेचकर जीवनयापन करती हैं, दूसरी तरफ जिंदगी के जद्दोजहद से जूझकर खुद को सुरक्षित भी रखती हैं। स्त्रियों का एक वर्ग अपने ही घर में यौन-अत्याचार झेलता है, तो दूसरे वर्ग की स्त्रियों की सबसे बड़ी मजबूरी उसकी देह और क्षणिक आवेग ही

है। राजकमल चौधरी की नजर में ये परिस्थितियाँ एक हूक पैदा करती रहीं। उस हूक से खुद को और अपने नागरिक परिदृश्य को मुक्त करने हेतु उन्होंने कहानियों में ऐसे चरित्र गढ़े, जिसने समकालीन समाज को जीवनबोध दिया। उनकी हर कहानी कथ्य, शिल्प, कथोपकथन, चरित्र-चित्रण के सहारे समकालीन जीवन की जटिलताओं को उजागर करती है।

इन दिनों दलित-प्रश्न, स्त्री-विमर्श, लिंगभेद, बाजारवाद, प्रति-आख्यान (एंटीनैरेटिव्स) की खूब चर्चा हो रही है, ये सारे विषय आज के बुद्धिजीवियों के मुख्य सरोकार हैं। कहानियों में और ज्यादातर साहित्यिक अथवा साहित्येतर लेखों में भी इन दिनों ये मसले प्रमुखता से आते हैं। राजकमल चौधरी की कहानियाँ इन प्रसंगों के संकेत आज से 45 वर्ष पूर्व दे चुकी हैं। इन सबके अलावा कथाकार की प्रतिबद्धता और कथ्य-शिल्प के प्रति लेखकीय सावधानी अलग से गौरतलब है। उनकी कहानियों में अंकित समाज का नागरिक, अपनी जीवन-व्यवस्था को स्वयं तय करता है; वह किसी प्रभु-वर्ग द्वारा निर्धारित नियमों या उसकी घोषणाओं की परवाह नहीं करता; बल्कि उत्तर-उपनिवेशवाद के प्रति-आख्यानों के आलोक में वह स्वयं प्रभु-वर्ग की जीवन-व्यवस्था की गहरी आलोचना करता है। जिस तरह की सुख-सुविधा और दुख-दुविधा में वह जीवन-यापन करता है, उसके प्रति वह पूरी तरह आश्वस्त और तर्कसम्मत होता है; अस्तित्व रक्षा और जीवन यापन के क्रम में वह जिन संकटों से जूझता है, उनमें वह पराजित और मजबूर नहीं होता; अपने लिए नई मान्यताओं के साथ, नए रास्ते तलाशता है। उनकी कहानियों के चरित्र-चाहे वह स्त्री हो, दलित हो, अछूत हो, शिशु हो, भिखारी हो, कामगार हो, बेरोजगारी की चक्की में पिसता युवा-वर्ग हो, आवारा-चोर-बदमाश हो, दलाल-लुटेरा हो, सब के सब, यही करते हैं। हिंदी, मैथिली में लिखी-छपी उनकी रचनाओं में छठे दशक की सामाजिक रूढ़ियों, पाखंडों, धर्मांधताओं, कुरीतियों, अत्याचारों, राजनीतिक षड्यंत्रों और बहुसंख्य साधारण जन के साथ किए जा रहे प्रपंच, धोखाधड़ी पर सावधान नजर दिखती है। जाहिर है कि गागर में सागर भरने वाली राजकमल चौधरी की सारी कहानियाँ सन् 1967 से पहले ही लिखी गईं, मगर वे आज भी अपनी प्रासंगिकता प्रमाणित करती हैं और विमर्श की नई व्याख्याएँ आमंत्रित करती हैं।

आज के भारत के नागरिक-जीवन में संवेदना के स्तर पर बड़ी अनिश्चितता की स्थिति कायम है। एक तरफ नैतिकता, मानवीयता, राष्ट्रीयता, सांस्कृतिक मूल्यों के परिरक्षण और सभ्य-सामाजिकता की दुहाई दी जा रही है; दूसरी तरफ बाजार के साम्राज्य में झूठ, तस्करी, फरेब, बलात्कार, गबन, घोटाले, घूसखोरी, स्त्री-अंगों की दलाली, राष्ट्र और मातृभाषा से विमुखता का धंधा चल रहा है। इस विद्रूप परिस्थिति में हर कोई अपनी-अपनी समाज-व्यवस्थाओं या कि समांतर व्यवस्थाओं के निर्माण में लिप्त है और उन्हें अपने-अपने तर्क से उचित ठहरा रहे हैं। पाप-पुण्य, ईमान-धरम, उचित-अनुचित, संबंध-बंध, श्लील-अश्लील, नीति-अनीति....सबकी परिभाषाएँ बदल और उलट गई हैं। पुरानी समाज-व्यवस्था और आचार-पद्धति खंड-खंड हो रही है। नई-नई व्यवस्थाओं को नई प्रतिष्ठा मिली है। राजकमल चौधरी की कहानियों में पुराने मूल्यों के टूटने और नई व्यवस्थाओं के बनने की आहटें सुनी जा सकती हैं। उनमें एक साथ व्यवस्था विखंडन और नव-व्यवस्था के स्थापन की प्रक्रियाएँ हैं। यही कारण है कि राजकमल चौधरी की कहानियाँ अभी वर्तमान में भी समय के अनुसार लिखी गई कहानियाँ प्रतीत होती हैं।

प्रश्न 15. राजकमल चौधरी के कथा-शिल्प का उल्लेख कीजिए।

उत्तर– अपने समकालीन रचनाकर्मियों के कथा संबंधी आचरणों पर खिजते हुए राजकमल चौधरी ने कहा–"कहानी के बारे में तरह-तरह की परिभाषाएँ गढ़ी जा रही हैं। आज की कहानी में (जिसे मैं 'नई कहानी' की संज्ञा नहीं देना चाहता हूँ) हम साहित्य की अन्य विधाओं की तरह ही परंपरागत तौर-तरीकों और रीति को छोड़कर आगे आ रहे हैं। पहले कहानी की निश्चित सीमाएँ थीं; घटना की सीमा, चरित्र की सीमा, कथानक की सीमा, क्लाइमेक्स की सीमा। तरह-तरह की सीमाएँ। आज हम इन सीमाओं में बँधे रहना जरूरी नहीं समझते हैं। इस युग में आकर कविता और कहानी बहुत हद तक चित्रकला और संगीत के निकट आ गई है।" उनकी कहानियाँ शिल्प के स्तर पर भी उनके इस कथन को पुष्ट करती हैं और कथा लेखन की नवता, ताजगी, चित्रात्मकता, काव्यात्मकता, लयात्मकता, विविधता इत्यादि को प्रमाणित करती हैं।

राजकमल चौधरी की कहानियाँ भावकों को उतनी देर के लिए दुनिया से काट देती हैं, यहाँ तक कि उसे साहित्य की विधा तय करने के अभिज्ञान से भी निरपेक्ष रखती हैं। भावक को सिर्फ वह पाठ याद रहता है, जिसे वह पढ़ रहा होता है। उनकी कहानियों के इस सम्मोहन का मूल कारण कथाकार का जन सरोकार और कथ्य के साथ भाषा और शिल्प का व्यवहार ही है। अचानक कहीं से कथा का शुरू हो जाना, अचानक कहीं खत्म कर देना। कभी आँख मूँदकर सुनें तो नाटक या चलचित्र का आभास हो, कभी बोलकर पढ़ें, तो कविता की ध्वनियाँ और लय गूँजें, कभी तेजी से भागती दृश्यावली लगे शिल्प की इतनी विविधताएँ उनकी कहानियों में हैं कि कोई एक दूसरे से मेल नहीं खाता। सबसे रोचक यह है कि सारी मनमानियाँ करने के बावजूद उनकी कहानियों का कहानीपन आहत नहीं होता, निरंतर भावकों पर कथा और कथाकार का नियंत्रण बना रहता है। शिल्प का यह जादुई सम्मोहन भारतीय भाषाओं के उस दौर के कथाकारों के यहाँ मुश्किल से मिलता था। 'आधुनिकता' को लेकर बीसवीं शताब्दी के पश्चिमी साहित्य में शिल्प, शैली संबंधी जितने भी प्रयोग हुए हैं, उसके सारे संकेत यहाँ दिखाई देते हैं।

प्रश्न 16. राजकमल चौधरी की कथा-भाषा का विवेचन कीजिए।

उत्तर– राजकमल चौधरी ने जितनी भी रचनाएँ लिखी हैं, उन सभी में उनकी भाषाई जादूगरी साफ नजर आती है। भाषाई सम्मोहन उनकी रचना का मूल धर्म है। काव्यमयता, चित्रात्मकता और संगीतमयता उनके भाषा-फलक की खास विशेषता है। कहानी ही नहीं, उनके द्वारा लिखी गई साहित्यिक आलोचना, वैचारिक निबंध और पत्र-डायरी तक में यह काव्यमयता, चित्रात्मकता और संगीतमयता मौजूद रहती है। इसी कहानी के एक अंश का उदाहरण इस प्रकार है–'आइरीन का धुला हुआ चेहरा मुझे अच्छा लगा। चेहरे पर जरा भी मेकअप नहीं था, फिर भी नहीं लग रहा था कि उसकी उम्र तीस पार कर चुकी है। बिना बाँहों वाली लो-कट ब्लाउज और खादी की सफेद साड़ी में जरा भी विदेशिनी नहीं दिखती थी। मैंने सुना था, आइरीन 20-22 साल फ्रांस में रह चुकी है। मगर, चेहरे पर या शरीर पर कहीं फ्रांस नहीं था, यूरोप नहीं था। बाल खुले थे और पीठ पर कमर से नीचे फैल रहे थे। बाँहें खुली थीं और संगमरमर की बनी मालूम होती थीं।'

प्रस्तुत विवरण को पढ़ते हुए ऐसा प्रतीत होता है, जैसे हम कोई पेंटिंग देख रहे हों। काव्यमयता, चित्रात्मकता और संगीतमयता का ऐसा अनुपम उदाहरण उनकी रचनाओं में सर्वत्र व्याप्त है। 'नई कहानी' के विषय में बात करते हुए उन्होंने खुद कहा भी है कि 'इस युग में आकर कविता और कहानी बहुत हद तक चित्रकला और संगीत के निकट आ गई है।' चित्र का लालित्य और संगीत की मनोहरता उनकी हर रचना में मिलती है। पर इस क्रम में वे बहुपरतीय अर्थध्वनियाँ भरना भी नहीं भूलते। उनके रचना-कौशल की यह भी एक खास विलक्षणता है। इसी कहानी में जब आइरीन अपनी बहनों के शौक-मनोरथ और अपनी सादगी का प्रभावशाली वर्णन करते-करते चाँदी के बने लड़कीनुमा गुलदस्ते से एक फूल निकालती है, वहाँ का विवरण इस प्रकार है–'आइरीन ने चाँदी की लड़की के हाथों से एक गुलाब छीन लिया और उँगलियाँ फेरती रही। एक-दो पत्ते टूट गए।' ध्यातव्य है कि यहाँ उन्होंने पत्ते कहा, पंखुरियाँ नहीं कहा। ये पत्ते असल में उस फूल के नहीं हैं, आइरीन के प्रयास के हैं, जो उसकी पुरजोर कोशिश के बावजूद, उँगलियों के कोमल संस्पर्श से सहलाते रहने के बावजूद पंखुरियाँ टूट जाती हैं, प्रभाव जमने के बजाय उखड़ जाते हैं। क्योंकि उसके तत्काल बाद वे कहते हैं–'मैं आपको रिकमेण्ड नहीं कर सकूँगा, मिस आइरीन!' अन्यत्र भी इस तरह के असंख्य उदाहरण मौजूद हैं। उनकी भाषा के चमत्कार का यह विशिष्ट पक्ष है कि उनका कोई भी शब्द अतिरिक्त नहीं होता। बड़ी ही घनीभूत भाषा की संरचना उनके यहाँ मौजूद रहती है। यहाँ तक कि यति-विराम तक में कोई न कोई महत्त्वपूर्ण अर्थध्वनि छिपी रहती है। वास्तव में, घनीभूत भाषा संरचना की इन्हीं अर्थध्वनियों से उनकी कहानियाँ चमत्कार और व्यंजनाओं का विराट रूप उत्पन्न करती हैं।

प्रश्न 17. 'नई कहानी' आंदोलन में मुक्तिबोध का स्थान निर्धारित कीजिए।

उत्तर– नई कहानी ने सत्ता के साम्राज्यवादी अभिनिवेशों और बाजारीकरण की उभरती संस्कृति के बीच अपनी अस्मिता की चिंता में तड़पती आम आदमी की कटु नियति को उसकी विकरालता के साथ दर्शाया है। नई कहानी ने इतिहास बोध को तत्कालीन संकट के विभिन्न युद्धों को उजागरित करने के एक सक्षम उपकरण के रूप में प्रयुक्त किया है। राजनीतिक और सांस्कृतिक विलक्षणता का उद्घाटन करने में नई कहानी सक्षम रही हैं। इसके अतिरिक्त नई कहानी ने तत्कालीन समाज के सामने प्रश्नचिह्न खड़ा करने वाली विडम्बनाओं के विभिन्न पहलुओं को भी अभिव्यक्त किया है।

मुक्तिबोध को हमेशा ऐसा एहसास होता था कि हम किसी एक देश के नागरिक नहीं एक विशाल विश्व के नागरिक हैं, अत: विश्व के हरेक नागरिक का दुख-दर्द कहानीकार की अपनी वेदना है और उस वेदना को आत्मसात करके पाठकों तक संप्रेषित करने में वे अंत तक लड़ते रहे थे।

बाजारू संस्कृति, भारतीय जनमानस में पूरी ताकत के साथ अपनी जड़ें गहराई में धँसा चुकी है। यह बाजारू सभ्यता का ही असर है जो साम्राज्यवादी शक्तियों के क्रूर व्यवहार के शिकार लोग अपने मन की सच्चाइयों तथा भद्र विचारों को भी अंतर्मन में ही दबाकर वर्तमान समाज की रीतियों में तब्दील हो जाते हैं। मार्केट की नृशंसता व्यक्त करती हुई मशहूर लेखिका ममता कालिया ने बताया है–'दरअसल बाजार के अर्थशास्त्र में नैतिकता जैसा शब्द लाकर, तुम

कनफ्यूजन फैला रही हो। मैंने अब तक पाँच सौ किताबें तो मैनेजमेंट और मार्केटिंग पर पढ़ी होंगी। उनमें नैतिकता पर कोई चैप्टर नहीं है।' बाजार में हर वस्तु का, कीमत के अनुसार आदान-प्रदान होता है। बाजार का कोई सनातन मूल्य नहीं होता है। उसका एक मात्र मानदंड मुनाफा है। बाजारू सभ्यता में व्यक्ति को बाजार के अनुकूल होना चाहिए। बाजार के योग्य व्यक्ति ही समाज में जीने का हकदार है–'हमारे अपने-अपने मन हृदय-मस्तिष्क में एक ऐसा पागलखाना है, जहाँ हम उन उच्च, पवित्र और विद्रोही विचारों और भावों को फेंक देते हैं जिससे कि धीरे-धीरे या तो खुद बदलकर समझौता वादी पोशाक पहन सभ्य, भद्र हो जाएँ, यानी दुरुस्त हो जाएँ या उसी पागलखाने में पड़े रहें।' बाजारू मानसिकता से दुविधा ग्रस्त व्यक्ति, फ्रांस काफ्का की बहुचर्चित कहानी 'मेटमोरफोजिस' का नायक ग्रिगर सांमसा की अवस्था में बदल जाने की विडम्बना की पीड़ा भोगता है। बाजारवाद के इसी संदर्भ में मुक्तिबोध की कहानी भी महत्त्वपूर्ण है। इस संदर्भ में मुक्तिबोध ने प्रस्तुत कहानी में नीर-क्षीर विवेक के महत्त्व पर बल दिया है।

प्रश्न 18. 'क्लॉड ईथरली' कहानी में अभिव्यक्त मुक्तिबोध की सामाजिक दृष्टि पर प्रकाश डालिए।

अथवा

मुक्तिबोध की कहानी 'क्लॉड ईथरली' में चित्रित अणुयुद्ध की भीषणता पर प्रकाश डालिए।

उत्तर– हिंदी के कवि-कहानीकारों में अग्रणी रचनाकार मुक्तिबोध की कहानियाँ वास्तविक जीवनानुभवों तथा मानवीय मूल्यों के मार्मिक आकलन से संपन्न हैं। इन्हीं में से अणुयुद्ध की भीषणता को उन्मीलित करने वाली मुक्तिबोध की एक मार्मिक कहानी है 'क्लॉड ईथरली'। 'क्लॉड ईथरली' के माध्यम से मुक्तिबोध ने धनी देशों की स्वार्थपरता एवं षड्यंत्रयुक्त चेहरे की पोल खोली है। युद्धोन्मुखी मानसिकता में मानवीय मूल्यों तथा धार्मिक भावनाओं की कोई संभावना नहीं है। आजकल हमारे अवचेतन में हमारी आत्मा आ गई है। चेतन में स्व-हित और अधिचेतन में समाज से सामंजस्य का आदर्श भले ही वह बुरा समाज क्यों न हो। यही आज के जीवन-विवेक का रहस्य है। अपरिभाषित भय का निर्माण करना साम्राज्यवादियों की साजिश है। क्योंकि उनका अपना कोई चेहरा नहीं है और उस भय को वे भूख के भय से भी ज्यादा असरदार बनाए रखेंगे। जनाना-जिस्म के आदमी के बयान से कथावाचक को पता चलता है कि वहाँ एक पागलखाना है। वे दोनों रास्ता पार कर फैशनेबल रास्ते पर आ गए जो पागलखाने की ओर जाने वाला रास्ता था और जिसके दोनों ओर युकालिप्टस के पेड़ कतार बाँधे खड़े थे। उस पागलखाने में कई ऐसे लोग डाल दिए गए थे जो आज की निगाह से बड़े पागल हैं।

जनाना आदमी ने वर्तमान समाज के एक कठिन सत्य का उद्घाटन करते हुए कहा–'जो आदमी आत्मा की आवाज जरूरत से ज्यादा सुन सके हमेशा बेचैन रहा करता है। और उस बेचैनी में भीतर के हुक्म का पालन करता है। वह निहायत पागल है। पुराने जमाने में संत हो सकता था। आजकल उसे पागलखाने में डाल दिया जाता है।' जनाना आदमी ने क्लॉड ईथरली को एक संत के रूप में प्रस्तुत किया है। क्लॉड ईथरली जो कि एक रोमन कैथालिक आदिवासी ईसाई है। अमेरिका के विमान चालक क्लॉड ईथरली ने ही हिरोशिमा पर एटम बम गिराया था।

मलबे में बदले हिरोशिमा की हालत देखने पर उसके मन में करुणा उमड़ आई है। उनको पता नहीं था कि उनके हाथ में जो हथियार था और उससे इतना बड़ा अंजाम होगा। हिरोशिमा के निरपराध लोगों के शवों, लोथों और कटे-पिटे शरीरों को देखने पर उनके मन में पाप बोध जाग्रत हो गया। उसने अपना अपराध कबूल लिया। लेकिन अमेरिकी सरकार ने उसे इनाम देकर वार हीरो घोषित किया। उन्होंने जो जघन्य अपराध किया है। वह वार हीरो की उपाधि देने से देशहित में बदल गया है, लेकिन क्लॉड ईथरली, पाप बोध के कारण दंड स्वीकार करके जेल जाना चाहता है और उसके लिए वह तरह-तरह की वारदातें करता है। लेकिन वार हीरो के टैटिल से आभूषित क्लॉड ईथरली को हर बार छोड़ दिया जाता है। क्लॉड ईथरली मन की गहराइयों में दबा दी जाने वाली आत्मा की आवाज सुनने वाले लोगों में है तथा सचेत, जागरूक और संवेदनशील लोगों का प्रतिनिधि भी है।

प्रश्न 19. मुक्तिबोध की 'क्लॉड ईथरली' कहानी में चित्रित फैंटेसी पर विचार कीजिए।

उत्तर— कहानी को अधिक से अधिक प्रभावी एवं संवेदनशील बनाने के लिए नई कहानी ने फैंटेसी को एक उपकरण के रूप में स्वीकार किया है। यह फैंटेसीनुमा शैली नई कहानी की शक्ति थी। युगीन सच्चाई को अभिव्यक्त करने के लिए जिन नए औजारों को आत्मसात करना था उन्हें सजगता से स्वीकार करने से कहानी की संप्रेषणीयता प्रखर हो गई है। छायावाद की काल्पनिकता से मुक्त, मानवीय मूल्यों से संपृक्त एक अलग शैली के रूप में मुक्तिबोध ने फैंटेसी को अपनाया है। उनकी फैंटेसी कहानी के कलेवर में बिल्कुल खरी उतरती थी। अयथार्थ की कोई झलक उनकी कहानी में नहीं मिलती है। भयानक तथा फैंटेसी युक्त वातावरण में उन्होंने कहानी को रोचक बनाया है ताकि पाठक कहानी का भरपूर आनंद लेते हुए उसके साथ आगे बढ़ते जाएँ।

कथावाचक ने उस अजनबी साथी के जनानेपन को किसी अदृश्य ईश्वरीय शक्ति के साथ जोड़ा। लेखक को उसके बयान से लगता है कि वह सचमुच इस दुनिया में नहीं रही है, उससे कोई दो सौ मील पर आ गया है, यहाँ आकाश, चाँद-तारे, सूरज अभी दिखाई देते हैं। रॉकेट उड़ रहे हैं, आते हैं, जाते हैं और पृथ्वी एक चौड़े नीले गोले जगत-सी दिखाई दे रही है। जहाँ हम किसी एक देश के नहीं हैं। सभी देश के हैं, मन में एक भयानक उद्वेग पूर्ण भारहीन चलता है। कुल मिलाकर पल भर यही हालत रही। उसी पल से अभिभूत होकर लेखक ने उस अद्भुत व्यक्ति से पूछा वही हिरोशिमा वाला क्लॉड ईथरली इस पागलखाने में है। अमेरिकी रोमन कैथोलिक ईसाई आदिवासी क्लॉड ईथरली जिसने कि जापान के हिरोशिमा में एटम बम गिराया था और अब वह हिन्दुस्तान के पागलखाने में कैद है। वह पागलखाना विक्टोरियन स्थापत्य कला में बनाई गई पत्थरों की बिल्डिंग है, जो कि बहुत दूर से दिखाई देता है।

उस पागलखाने में कैद क्लॉड ईथरली का वर्णन करने वाली मुक्तिबोध की फैंटेसी अनुवाचक के मन में धँस जाती है। इसमें किसी भी प्रकार की अस्वाभाविकता या कृत्रिमता नहीं है। वह कहानी को अधिक से अधिक रोचक बना देता है। बड़े से पेड़ के नीचे पान की एक दुकान और उस दुकान के आईने में दिखने वाला चित्र देखने पर कथावाचक को संदेह होता है कि अब हम अमेरिका में हैं या हिन्दुस्तान में। इन संकेतों और चिह्नों के माध्यम से

कहानीकार ने कहानी को अत्यंत नाटकीय एवं रोचक बना दिया है। अंग्रेजी शब्दों और शैली का प्रयोग कहानी के कलेवर के अनुकूल है। फैंटेसी युक्त शैली कहानी की गरिमा को बढ़ाती है।

नई कहानी की सबसे बड़ी विशेषता थी–प्रतीकों का सुनियोचित प्रयोग करना जो कि कहानी की अभिव्यक्ति में सहायक सिद्ध होता था। कहानी के संदर्भों तथा अनुभवों से सामंजस्य स्थापित करके उसकी समग्रता को गुंफित करने में प्रतीकों की सक्रिय भागीदारी होती है। इतिहास बोध के जटिल तथा संश्लिष्ट कथा शिल्प को सामाजिक यथार्थ और कलात्मक बारीकियों के साथ अभिव्यंजित करके पाठकों के मन में प्रतिष्ठित करने में प्रतीकों का अपना योगदान है। खुद कहानीकार ने कहा कि क्लॉड ईथरली अणुयुद्ध का विरोध करने वाली आत्मा की आवाज का दूसरा नाम है। आध्यात्मिक उद्विग्नता और आध्यात्मिक अशांति का वह ज्वलंत प्रतीक है। अफसोस की बात है कि इस आध्यात्मिक उद्विग्नता और आध्यात्मिक अशांति को समझने वाले लोगों की संख्या बहुत कम है। पुराने जमाने में ऐसे बहुत से संतों को पागल कहकर पागलखाने में डाल दिया गया।

आत्मा की आवाज को समझने वाले लोगों को जनाना जिस्म के आदमी ने कभी पागल कहा, कभी बेवकूफ, कभी लेखक या कवि कहा और कभी उसे समाज विरोधी तत्त्वों के प्रतिनिधि के प्रतीक रूप में दर्शाया–'जो आदमी आत्मा की आवाज कभी-कभी सुन लिया करता है, और उसे बयान करके उससे छुट्टी पा लेता है, वह लेखक हो जाता है। आत्मा की आवाज जो लगातार सुन लेता है और वह कहता कुछ नहीं है, वह भोला-भाला, सीधा-सादा बेवकूफ है। जो उसकी आवाज बहुत ज्यादा सुना करता है और वैसा करने लगता है, वह समाज विरोधी तत्त्वों में ऐसे ही शामिल हो जाया करता है। लेकिन जो आदमी आत्मा की आवाज जरूरत से ज्यादा सुन करके हमेशा बेचैन रहा करता है और उस बेचैनी में भीतर के हुक्म का पालन करता है, वह निहायत पागल है, पुराने जमाने में ऐसे लोग संत हो सकते थे। आजकल उन्हें पागलखाने में डाल दिया जाता है।' इस प्रकार कहानीकार ने शोषितों, उत्पीड़ितों के साथ शोषकों को भी प्रतीकात्मक ढंग से उभारा है।

प्रश्न 20. 'क्लॉड ईथरली' के पात्रों के सामाजिक बोध को स्पष्ट कीजिए।

उत्तर– समाज के सापेक्ष पात्रों का चयन मुक्तिबोध की एक खासियत है। इनके पात्र सामाजिक मूल्यों का अन्वेषण करने वाले संवेदनशील पात्र हैं। मानवीय मूल्यों से प्रेरित चरित्रों का सृजन करने में इनकी क्षमता अद्वितीय है। इस कहानी में तीन प्रमुख पात्रों का चित्रण किया गया है। पागलखाने में कैद दो पीली स्फटिक सी तेज आँखों वाला शख्स, लंबी सलवटों से भरा तंग मोतिया चेहरे वाला वह आदमी जिसे कथावाचक ने रोशनदान में से देखा था और उसके चेहरे से भला आदमी मालूम होता है। निस्संदेह वह क्लॉड ईथरली ही है। वह अणुयुद्ध के विरोध करने वाली आत्मा का प्रतीक है। उसने हिरोशिमा पर बम गिराकर जो भयानक पाप किया है, उसको कम करने के लिए और बम गिरने से तहस-नहस हुए हिरोशिमा के पश्चाताप स्वरूप दीन-हीनों की सहायता करने हेतु वह हिरोशिमा का पुनःनिर्माण करने वाले मेयर को हर माह चेक भेजता है।

ऐसा लगता है कि वह जनाना जिस्म का आदमी एक करोड़पति सेठ का नाजायज लड़का है। वैज्ञानिक शब्दावली में कहें तो जवान पट्टा, लगता है कि वह अज्ञात साइंस के गणितिक

सूत्र की अंक राशि हो, जिसका मतलब तो कुछ जरूर होता है, लेकिन समझ में नहीं आता है। उसने अपनी माँ के कहने से बमुश्किल मैट्रिक पास किया और सी.आई.डी. बन गया। पेट तथा प्रवृत्ति का समन्वय करने वाला समझौतावादी का प्रतीक है, फिर भी उसकी बातों से लगता है कि वह पहुँचा हुआ आदमी है। कथावाचक को लगता है कि वह किसी फैंटेसी में रहा है। वह कोई गुप्तचर नहीं है, वह खुद पागल होगा या कोई पहुँचा हुआ आदमी। लेकिन वह पागल भी नहीं, कोई पहुँचा हुआ आदमी भी नहीं, वह सिर्फ जनाना आदमी है।

इस कहानी का तीसरा पात्र स्वयं कथावाचक है जो कि सुशिक्षित, सुसंस्कृत तथा ईमानदार आदमी है एवं पेशे से वह एक सचेत, जागरूक और संवेदनशील लेखक है। अत: वह सामाजिक मूल्यों के प्रति हमेशा जाग्रत रहता है और उसने शोषितों की ओर मुखातिब होने को अपना जीवन लक्ष्य स्वीकारा है, वह झूठ नहीं बोलता है, ईमानदारी की जिंदगी जीता है फिर भी बेईमान है, अत: अपने को उठाईगिरा कहता है। वह नहीं चाहता कि हिन्दुस्तान अमेरिका के पदचिह्नों पर चले।

मध्यवर्गीय पुरुष भले ही शोषक व भद्र वर्ग से जुड़ा क्यों न हो, पर भद्र बनने के लिए वह उनकी बराबरी नहीं कर सकता, उसके लिए भी उसे आर्थिक संकट का सामना करना पड़ता है। मध्यवर्ग की द्विमुही मानसिकता को कहानीकार ने कथावाचक के पात्र के माध्यम से स्पष्ट किया है। 'जरूर मुझमें ऐसा कुछ है कि जिसे मैं विशेष योग्यता कह सकता हूँ। मैंने अपने जीवन में जो शिक्षा और अशिक्षा प्राप्त की, स्कूलों-कॉलेजों में जो विद्या और अविद्या उपलब्ध की, जो कौशल और अकौशल प्राप्त किया, उसने मुझे—मैं मानूँ या न मानूँ – भद्र वर्ग का ही अंग बना दिया है।' इस मध्यवर्गीय मानसिकता वाले कथावाचक के माध्यम से कहानीकार ने मध्यवर्ग के द्वंद्व को बखूबी व्यक्त किया है।

यदि आपको अपने ही अंदर शान्ति नहीं मिल पाती तो भला इस विश्व में कहीं और कैसे पा सकते हैं।

Gullybaba Publishing House (P) Ltd.
ISO 9001 & ISO 14001 Certified Co.

Feedback

यद्यपि हम पूरी कोशिश करते हैं कि जी.पी.एच. की पुस्तकों में किसी भी प्रकार की कोई गलती न रहे। फिर भी यदि आप हमारी पुस्तकों में किसी भी प्रकार की कोई गलती या सुझाव बताना चाहते हैं, तो कृपया हमें जरूर सूचित करें, ताकि हम अपनी भूल को जल्दी से जल्दी सुधार सकें। आपका बताना, दूसरे छात्रों को उलझनों में समय गवाने से बचा सकता है। साथ ही साथ छात्रों को उच्च गुणवत्ता वाली अध्ययन सामग्री प्राप्त करने में आप उनकी मदद कर सकते हैं।

गलतियाँ बताने पर आपको नई edition की book और ₹500 के voucher/letter of contribution दिया जाएगा।

Visit: Gullybaba.com/feedback.html

feedback@gullybaba.com

You deserve nothing less than Best

अध्याय 4

हिंदी कहानी

भूमिका

नई कहानी आंदोलन अपनी पूर्ववर्ती कहानी-परंपरा से एक नया प्रस्थान था। स्वातंत्र्योत्तर जीवन-यथार्थ के भीतर से उभर रहे नए प्रश्नों और नई चिंताओं का आधार ग्रहण करते हुए इस आंदोलन ने कहानी के इतिहास में न केवल रचनात्मक हस्तक्षेप किया, अपितु अनेक महत्त्वपूर्ण कृतियों से पूरा परिदृश्य ही बदल दिया। रघुवीर सहाय इसी दौर के विशिष्ट कहानीकार हैं। ये यथार्थमूलक जीवन-संवेदना के कथाकार हैं। परंतु 1960 के बाद हालात बदले, कहानीकारों की एक नई पीढ़ी उभरी और नए नजरिए का विकास हुआ। इस दौर की कहानियाँ साठोत्तरी कहानियाँ कहलाईं। ये कहानियाँ अपने विभिन्न आंदोलनों के लिए जानी जाती हैं।

साठोत्तरी कहानी आंदोलनों में सर्वाधिक चर्चित और महत्त्वपूर्ण कहानी आंदोलन जनवादी कहानी आंदोलन था। काशीनाथ सिंह इसी आंदोलन के कहानीकार हैं। ये मानव-मन की संवेदनाओं की सूक्ष्म पकड़ रखने वाले कथाकार हैं, किस्सागोई की शैली जिनकी ताकत है। इसी प्रकार मृदुला गर्ग समकालीन हिंदी कहानी की एक विशिष्ट कथाकार हैं। इनकी चर्चा के बिना समकालीन हिंदी कहानी पर की जाने वाली कोई बात पूरी नहीं होती। वे स्त्री जीवन की रचनाकार तो हैं ही, इसके अलावा भी उनका कैनवस काफी बड़ा है। इन्हीं की समकालीन सातवें-आठवें दशक की प्रमुख कहानीकार ममता कालिया हैं। उन्होंने भी नारी जीवन के विविध पक्षों को आधुनिक स्थितियों की रोशनी में सूक्ष्मता से पहचाना है। इनकी कहानियों में मध्यमवर्गीय परिवार की ऐसी स्त्रियाँ हैं, जो अनेक पारिवारिक संघर्षों से जूझ रही हैं या जो समाज से व्यापक सरोकार रखती हैं। इनके लेखन के समय नई कहानी आंदोलन पूरी तरह समाप्त हो चुका था और उसकी जगह अकहानी एवं सचेतन जैसे कहानी आंदोलनों ने ले ली थी। अत: ममता ने भी उस समय सचेतन कहानी आंदोलन के सुर में सुर मिलाते हुए अपनी कहानियाँ लिखीं।

प्रश्न 1. नई कहानी आंदोलन का स्वरूप स्पष्ट कीजिए।

उत्तर– रघुवीर सहाय ने एक सफल कहानीकार के रूप में गौरव प्राप्त किया है। 'नई कहानी' के स्वरूपगत वैशिष्ट्य के परिप्रेक्ष्य में इनकी अनेक कहानियों का बराबर उल्लेख किया जाता रहा है। उनके कथाकार व्यक्तित्व और प्रस्तुत कहानी 'एक जीता-जागता व्यक्ति' की संवेदना एवं संरचना के विवेचन-अध्ययन के पूर्व नई कहानी आंदोलन के स्वरूप पर यहाँ विचार कर लेना कदाचित् अप्रासंगिक न होगा।

स्वतंत्रता के बाद देश की परिस्थितियों में परिवर्तन होने के साथ-साथ लेखकों-साहित्यकारों की चेतना में भी परिवर्तन हो रहा था। साहित्य की विभिन्न विधाओं में इस नई चेतना की अभिव्यक्तियों के विविध रूप सामने आने लगे थे। आशाओं-अपेक्षाओं के नए भाव-विचार निर्मित तो हो ही रहे थे, जीवन की मूल्य प्रणाली भी बदल रही थी। व्यक्ति और समाज केंद्रित जीवन संदर्भों को हिंदी कहानी की भिन्न-भिन्न धाराओं-प्रवृत्तियों में अलग-अलग रूपों में व्यक्त किया जा रहा था। सामाजिक-राजनीतिक प्रश्न यदि महत्त्व प्राप्त कर रहे थे, तो आत्मपरक-वैयक्तिक प्रसंगों को भी अभिव्यक्ति मिल रही थी। नामवर सिंह की दृष्टि में कहानी विधा के लिए यह सर्वाधिक अनुकूल समय था–"आजादी के साथ भारत में वह शिक्षित मध्यवर्ग स्थापित, विकसित और संवर्धित हुआ, जो साहित्य के इतिहास में कहानी का जन्मदाता है। शुरू के तीन-चार वर्षों की संक्रमणकालीन अराजकता की स्थिति जैसे ही समाप्त हुई और संविधान निर्माण के द्वारा देश में जनतंत्र कायम हो गया तो साहित्य सृष्टि के लिए एक नया वातावरण मिला। राष्ट्रभाषा हिंदी ने राजकीय स्वीकृति प्राप्त करके भारतीय साहित्य में एक नई ऐतिहासिक भूमिका शुरू की और लोकप्रिय साहित्य रूप कहानी को स्वभावत: सबसे अनुकूल वातावरण मिला।" स्वाधीनता के बाद के इसी वातावरण में 'नई कहानी' संज्ञा का प्रयोग पहली बार प्रचलन में आया था। नई विचार दृष्टि एवं संवेदना की कहानियाँ इस संज्ञा का आधार थीं। इस कालखंड की कहानियाँ अपने अंतर्बाह्य स्वरूप में पिछली पीढ़ी की कहानियों से पृथक् और विशिष्ट थीं। यह वैशिष्ट्य कहानी साहित्य के तत्कालीन इतिहास का एक महत्त्वपूर्ण संदर्भ है, जिसे स्पष्ट देखा-अनुभव किया जा सकता है। जीवंत और विश्वसनीय चरित्रों तथा यथार्थ जीवन प्रसंगों से भरा हुआ कहानीकारों का अनुभव जगत एक नए रूप में साहित्येतिहास का हिस्सा बन रहा था और उसे अभिहित करने के लिए 'नई कहानी' जैसे किसी नए पद के अनौचित्य का कोई तर्क किसी के पास न था। परिणाम यह हुआ कि 1956-57 तक 'नई' पद 'विशेषण' से 'संज्ञा' में रूपांतरित हो गया।

देवीशंकर अवस्थी के अनुसार, "नई कहानी के अस्तित्व का प्रश्न यदि 1956 में उठाया गया था, तो दिसम्बर 1957 में प्रयाग में होने वाले 'साहित्यकार सम्मेलन' तक 'नई कहानी' अभिधान को लगभग स्वीकार कर लिया गया था। इस सम्मेलन में पठित तीनों निबंधों (शिव प्रसाद सिंह, हरिशंकर परसाई और मोहन राकेश लिखित) के पहले ही वाक्यों में 'नई कहानी' का प्रयोग किया गया है।" हिंदी कहानी का रचना और आलोचना, दोनों ही क्षेत्रों में यह एक नया प्रस्थान था।

नई कहानी के विमर्श में पहली बार अनुभूति की प्रामाणिकता, ईमानदारी, परिवेशगत यथार्थ, व्यक्तिगत सामाजिकता, व्यक्ति और परिवेश की संश्लिष्टता, स्वानुभूतिपरकता आदि धारणाएँ सामने आईं। ये बाहर से थोपी गईं मान्यताएँ या अपेक्षाएँ नहीं थीं, नए कहानीकार

अपनी कृतियों से इन्हें अन्वेषित और पुष्ट कर रहे थे। आलोचना के पूर्व ये रचना के आंतरिक तत्त्व थे और इन्हीं के आधार पर कहानी अपनी संवेदना तथा रूप-संरचना में नया प्रस्थान ले रही थी। कमलेश्वर की 'राजा निरबंसिया', मोहन राकेश की 'मलबे का मालिक', 'जानवर और जानवर', राजेन्द्र यादव की 'जहाँ लक्ष्मी कैद है', रांगेय राघव की 'गदल', अमरकान्त की 'डिप्टी कलक्टरी', निर्मल वर्मा की 'परिन्दे', भीष्म साहनी की 'चीफ की दावत', शेखर जोशी की 'बदबू', 'दाज्यू' और 'कोसी का घटवार', रघुवीर सहाय की 'कहानी की कला', 'सेब' और 'एक जीता-जागता व्यक्ति', मन्नू भंडारी की 'यही सच है', उषा प्रियंवदा की 'वापसी', धर्मवीर भारती की 'गुलकी बन्नो', हरिशंकर परसाई की 'भोलाराम का जीव' आदि कहानियों ने अपनी नई अंतर्वस्तु तथा प्रयोगशील शिल्प के कारण नई कहानी आंदोलन के वैशिष्ट्य की ओर ध्यान आकृष्ट किया था। नए कहानीकारों ने अपने समय, समाज और जीवन के गहन तथा व्यापक यथार्थ की अनुभूतियों को कहानी का आधार बनाने का प्रयत्न किया था। उनकी कहानियाँ अपनी पूर्ववर्ती कथा-परंपरा की अंतर्वस्तु और रूप-विन्यास की रूढ़ियों से स्वयं को मुक्त करते हुए सर्जनात्मकता के सर्वथा नए आयाम उद्घाटित कर रही थीं। इस तरह, नई कहानी ने कहानी के परंपरागत स्वरूप को तोड़ दिया था।

जीवन-यथार्थ और कहानी के मध्य का संबंध पुराना ही है। समाज और साहित्य के घनिष्ठ अंत:संबंधों में इसे बार-बार देखा-समझा गया है। नई कहानी के पूर्व की कथा-परंपरा में यह जीवन और उसका यथार्थ न केवल चित्रित होता रहा है, अपितु उसके साथ कहानीकारों की संवेदनात्मक अंतर्क्रिया कहानी को एक विशेष शक्ति-सौंदर्य प्रदान करती रही है। कहानीकार और जीवन की यह अंतरंगता जितनी आत्मीय एवं घनिष्ठ होती रही है, कहानी में कथ्य का प्रभाव उतना ही अधिक। परंतु, नई कहानी के दौर का जीवन-सत्य पहले की तुलना में अधिक जटिल, विडम्बनापूर्ण और त्रासद था। उसके साथ नए कहानीकार का संबंध केवल रचना-प्रक्रिया के क्षणों की संवेदनात्मक संपृक्ति का नहीं हो सकता था। यह नए तरह का संबंध था, जिसमें समकालीन परिवेशगत यथार्थ के साथ लेखक की भोक्ता-संवेदना और चेतना का एक अविच्छिन्न संबंध अपरिहार्य हो उठा था। परिवेश का ऐसा यथार्थ और उसके साथ कहानीकार की ऐसी अविच्छिन्नता नई कहानी के दौर के पहले नहीं देखी गई। इन कहानियों में व्यक्ति और उसके परिवेश के परस्पर संबंध पर विशेष बल दिया गया है। जीवन में वैयक्तिक-सामाजिक परिवेश की प्रभावी भूमिका होती है। इसलिए इन कहानियों में पूरी विशिष्टता के साथ परिवेशगत यथार्थ का चित्रण उभरता हुआ दिखाई पड़ता है।

नई कहानी पुरानी कहानी की स्वाभाविक रूप से युगानुसार विकसित हुई परिणति है। नई कहानी के केंद्र में उसके अपने समय का यथार्थ है, उसकी समकालीनता है। यह वर्तमान की व्यथा-कथा है। यह वर्तमान अनेक प्रकार के संकटों और संघर्षों, तनावों और विडम्बनाओं से भरा हुआ है। इसमें गाँव और शहर है, स्त्री-पुरुष, पति-पत्नी और प्रेमिका है, बेरोजगारी और निराशा है, व्यक्ति और उसका परिवार है—उसका बनना और टूटना है, उल्लास है तो अवसाद भी है, पुरानी आस्थाओं, निष्ठाओं और राजनीति के प्रति मोहभंग है, तो मूल्यों का विघटन और सृजन भी है। नई कहानी का यह कथ्य-परिदृश्य अत्यंत विस्तृत और छविबहुल है। इसे कहानीकार के अपने प्रामाणिक अनुभव का सर्जनात्मक रूपांतरण माना गया। कहा गया कि कहानीकार अपने अनुभूत जीवन-यथार्थ को ही विश्वसनीय ढंग से व्यक्त कर सकता है। वस्तुत:

अनुभूति की प्रामाणिकता के इस तर्क का प्रयोग जीवन और यथार्थ से कटी हुई निरपेक्ष कल्पना तथा दार्शनिक मंतव्यों के आधार पर लिखी जाने वाली कहानियों के रचनाशास्त्र के प्रतिवाद के लिए किया गया। वायवीय कल्पना और पूर्वनिर्धारित विचार-सरणियों, दोनों से तटस्थता बनाने की कोशिश में नई कहानी की एक सीमा भी बनी कि उसकी अनुभूति की प्रामाणिकता वैयक्तिक अनुभववाद में अपघटित हो गई। यह समूचे नई कहानी आंदोलन का सच तो नहीं था, परंतु ऐसी अनेक कहानियाँ थीं, जिनमें यह सीमा स्पष्ट देखी जा रही थी। प्रामाणिक अनुभव के व्यापक सामाजिक-सांस्कृतिक परिप्रेक्ष्य का अन्वेषण कर पाने में जिन कहानीकारों को सफलता मिल गई थी, वे तो अनुभववादी वैयक्तिकता की सीमाओं से कहानियों को बचा ले गए थे, अन्यथा कुंठा, अवसाद, संत्रास, तनाव, विक्षोभ, अलगाव, निराशा और व्यक्तित्व-विघटन की रुग्ण प्रवृत्तियाँ कहानियों का मूल कथ्य बनने लगी थीं। जीवन, जगत की व्यापक अनुभव-संपदा से विच्छिन्न वैयक्तिक अनुभवों की परिधि में सिमट जाने के कारण ऐसा हो रहा था। लेखक के अपने व्यक्तिगत अनुभव का आधार रचना के लिए बहुत मूल्यवान है, किंतु यह मूल्यवत्ता इन अनुभवों के गहन-व्यापक समाजीकरण के बिना अर्जित नहीं की जा सकती थी। नई कहानी के एक हिस्से के साथ यही घटित हो रहा था। इन रुग्ण प्रवृत्तियों की अभिव्यक्ति के तार्किक औचित्य-निरूपण के प्रयत्न भी किए गए। इन प्रवृत्तियों की पूर्व कथा-परंपरा से इस नवीनता के लिए इन्हें अलगाया गया कि नई कहानी की ये अभिव्यक्तियाँ अधिक तटस्थ और निर्वैयक्तिक हैं। राजेन्द्र यादव ने कहा कि यह दृश्य की रुग्णता है, दृष्टि की नहीं। पर, इस आंदोलन के कई कहानीकारों ने आत्मावलोकन करते हुए अपनी इन सीमाओं को स्वीकृत किया था।

नई कहानी आंदोलन से कई प्रकार की असहमतियाँ रखने वाले लेखकों-आलोचकों को भी इस तथ्य को स्वीकृत करने में कोई आपत्ति नहीं थी कि इसने हिंदी साहित्य की अन्य विधाओं के सापेक्ष कहानी को एक महत्त्वपूर्ण विधा के रूप में प्रतिष्ठित किया। कहानी में अपने समय, समाज और परिवेश का विश्वसनीय सर्जनात्मक प्रतिफलन इस प्रतिष्ठा का मुख्य आधार था। इन कहानियों ने पत्र-पत्रिकाओं में ही अपने लिए एक बड़ा भूगोल नहीं उपलब्ध किया था, अपितु एक बृहत्तर लेखकीय-पाठकीय आधार निर्मित करने में इन्हें एक बड़ी सफलता प्राप्त हुई थी। लेखकों और आलोचकों के बीच चलने वाली उन मूल्यवान बहसों के लिए भी इस आंदोलन का ऐतिहासिक महत्त्व है, जिनके भीतर से न केवल कहानी विधा, बल्कि समाज और साहित्य के संबंधों के व्यापक संदर्भ में पहली बार अनेक सार्थक प्रश्न उभर रहे थे तथा रचना एवं आलोचना का एक नया शास्त्र आकार ग्रहण कर रहा था।

बहुत कम समय में रचे गए इस कहानी-साहित्य ने अपनी कतिपय सीमाओं के बावजूद विचार-दृष्टि, संवेदना और भाषिक संरचना की श्रेष्ठतर उपलब्धियाँ अर्जित की हैं। नई संवेदना पर केंद्रित होने के कारण इन कहानियों की भाषा और उनके समग्र विन्यास में एक नया परिवर्तन घटित हुआ था। पुराने संघटन में नए कथ्य की अभिव्यक्ति संभव नहीं थी। अत: यह रूप-परिवर्तन अपरिहार्य था। यह भाषा अपनी अर्थ-भंगिमा में तीक्ष्ण और गहरी थी। इसी भाषा-संरचना से उस दौर की कहानियों को अनावश्यक विस्तार की कमजोरियों से बचाया जा सका था। इस रचनात्मक प्रयत्न में नई कहानी बिम्बधर्मी और सूक्ष्म-सांकेतिक भी हुई किंतु उसकी यह सांकेतिकता-संश्लिष्टता उसमें अभिव्यक्त सघन जीवनानुभूतियों और यथार्थ की जटिलता के सापेक्ष स्वाभाविक और अर्थपूर्ण थी।

नामवर सिंह द्वारा नई कहानी आंदोलन के महत्त्व पर की गई यह टिप्पणी सर्वथा उचित है–"यह तो नई कहानी के विरोधी भी स्वीकार करते हैं कि अकेले इस दशक में हिंदी में जितनी अच्छी कहानियाँ लिखी गईं, वह अपने आप में एक मिसाल है। हिंदी की जो नई प्रतिभाएँ कुछ समय पहले कविता की ओर मुड़ जाया करती थीं, वे तथा वैसी अनेक प्रतिभाएँ इस दशक में प्राय: कहानी के क्षेत्र में आ गईं।" रघुवीर सहाय नई कविता और नई कहानी के मध्य समान रूप से सक्रिय एक ऐसी ही प्रतिभा से पूर्ण व्यक्ति थे।

प्रश्न 2. नई कहानी आंदोलन के परिप्रेक्ष्य में रघुवीर सहाय के कहानी-साहित्य पर प्रकाश डालिए।

उत्तर– कवि रघुवीर सहाय (1929-90) बहुमुखी प्रतिभा के धनी थे। उनका व्यक्तित्व बहुआयामी था। उनके व्यक्तित्व में एक ही साथ कवि, कहानीकार, चिंतनशील निबंधकार, अप्रतिम संपादक और प्रतिबद्ध लोकतांत्रिक समाजवादी के गुण समाए हुए थे, काव्य लेखन तथा संपादन की विधाओं में उनका अद्वितीय योगदान है। कविता, लेख, व्यंग्य, उपन्यास, यात्रा एवं बाल-साहित्य, डायरी तथा अनुवाद के साथ कहानी-विधा में रघुवीर सहाय की सर्जनात्मक सक्रियता निरंतर बनी रही है।

रघुवीर सहाय जी के तीन कहानी-संग्रह हैं–'सीढ़ियों पर धूप में' (1960), 'रास्ता इधर से है' (1972) तथा 'जो आदमी हम बना रहे हैं' (1982)। 'सीढ़ियों पर धूप में' एक मिला-जुला संकलन है, जिसमें कविताओं और टिप्पणियों के अलावा कहानियाँ भी हैं। संग्रह में "जीता-जागता व्यक्ति' खंड के अंतर्गत 1952 से 1959 के बीच की दस कहानियाँ संकलित हैं। कुछ प्रकाशित-अप्रकाशित कहानियाँ इनके तीसरे संग्रह के बाद सुरेश शर्मा के संपादन में 'रघुवीर सहाय रचनावली-2' में संकलित की गई हैं। ये कुल तीन दर्जन कहानियाँ हैं, जो वस्तु और शिल्प की नवीन सर्जनात्मकता के कारण रघुवीर सहाय को कवि-लेखक और पत्रकार की ही भाँति एक गंभीर और मौलिक कहानीकार के रूप में भी प्रतिष्ठित करती हैं। यह सच है कि इनका कहानीकार रूप कवि-विचारक रूप में सापेक्ष बहुत अधिक मूल्यांकन-विश्लेषण का विषय न बन सका, पर अंतर्वस्तु की विशिष्टता और मानवीय यथार्थ की विसंगति को देखने के नए ढंग के कारण उनका महत्त्व बना रहेगा।

रघुवीर सहाय की कहानियाँ उनके व्यक्तित्व और उनकी कविता को समझने का एक ठोस और मूर्त आधार बनाती हैं। प्रथम कहानी 'आधी रात का तारा' से लेकर अंतिम कहानी 'कूड़े के देवता' के बीच रघुवीर सहाय की पहचान मनुष्य के सामाजिक संबंधों और उनकी प्रकृति में घटित होने वाले नए परिवर्तनों के गहन पर्यवेक्षण और उनके सर्जनात्मक रूपांतरण के कहानीकार के रूप में निर्मित होती दिखती है। मनुष्य और उसके परिवेश के विविध घटकों के आपसी संबंधों के आकलन का प्रश्न आरंभ से ही रघुवीर सहाय के लिए महत्त्वपूर्ण रहा है। कथा-संग्रह 'रास्ता इधर से है' की भूमिका में उनकी यह चिंता पहली बार कुछ इस रूप में प्रकट हुई थी–"राज्य और व्यक्ति के संबंध को अधिकाधिक समझना आधुनिक संवेदना की शर्त है। इस शर्त से कतराना मनुष्य की आज की अवस्था को मनुष्य के सामर्थ्य से बाहर मानकर चलने के बराबर है; वैसा मान लें, तो फिर कुछ रचने को रह ही नहीं जाता। विश्व के शक्ति-केंद्रों के परस्पर संतुलन और समन्वय की प्रक्रिया ने मनुष्य को दिन-प्रतिदिन और अधिक

अकेला तथा निरूपाय किया है, यह प्रतीति ही रचना की सबसे बड़ी प्रेरणा है।" मनुष्य के अकेलेपन और असहायता की त्रासद व्यथा में रचना की शक्ति का स्रोत है–यह कहकर रघुवीर सहाय ने अपना वैचारिक परिप्रेक्ष्य स्पष्ट कर दिया था। उन्हें पता था कि इस व्यथा का गहन संबंध मनुष्य के सामाजिक परिवेश के साथ है। यह परिवेश मनुष्य और मनुष्य के बीच के संबंधों में निर्मित हुआ है। कहानी को इन्हीं संबंधों के विवेचन, परिवर्तन और निरूपण के कार्यभार से जोड़ते हुए उन्होंने अगले कहानी-संग्रह 'जो आदमी हम बना रहे हैं' की 'भूमिका' में घोषित किया—"पाठक या श्रोता मनुष्यों के बीच के जिस रिश्ते को जानते हैं, उसके बदलने और बदलकर नया रूप ले लेने की प्रक्रिया ही कहानी है। लेखक के मन में भी यही परिभाषा होनी चाहिए और पाठक के भी।"

रघुवीर सहाय इस रूप में कहानी को परिभाषित ही नहीं कर रहे थे, बल्कि अपनी कहानियों के माध्यम से इसी के अनुरूप अपने लेखकीय दायित्व का निर्वाह भी कर रहे थे। इनकी कहानियाँ इसका प्रमाण हैं।

रघुवीर सहाय की कहानियाँ जैसे–'सेब', 'एक जीता-जागता व्यक्ति', 'कहानी की कला', 'उमस के बाहर', 'मेरे और नंगी औरत के बीच', 'खेल', 'रास्ता इधर से है', 'मुक्ति का एक क्षण', 'मुठभेड़', 'विजेता', 'एक छोटी-सी यात्रा' आदि विशेष रूप से चर्चा में रही हैं। उनकी सभी कहानियों में सघन मानवीय संवेदना का एक सक्रिय वातावरण उपस्थित है। इसमें परिवेशगत यथार्थ के बनते-टूटते रूपों, व्यक्ति-व्यक्ति और व्यक्ति-समाज के संबंधों की पहचान के साथ नैतिक-सांस्कृतिक मूल्यों के परीक्षण के अनेक संदर्भ विद्यमान हैं। जीवन के कोमल, सुंदर और उदात्त की रक्षा में खड़ी इन कहानियों की शक्ति यह है कि ये यथार्थ के परिवर्तन की तीव्र आकांक्षा से भरी हुई हैं। मनुष्यों के बीच समानता के लोकतांत्रिक संबंधों की स्थापना का तर्क रचती ये कहानियाँ दया, करुणा एवं सहानुभूति जैसे मानवीय भावों को भी इसलिए प्रश्नांकित कर देती हैं कि इनसे एक व्यक्ति को स्वयं को अन्य से श्रेष्ठ और समर्थ अनुभव करने का अवसर प्राप्त हो जाता है। 'एक छोटी-सी यात्रा', 'सेब', 'एक जीता-जागता व्यक्ति', 'मेरे और नंगी औरत के बीच' इसी दृष्टि-संवेदना की कहानियाँ हैं। इन सभी कहानियों में करुणा एवं सहानुभूति उत्पन्न करने वाले घटना-प्रसंग या स्थितियाँ हैं। व्यथा और असहायता के दृश्य हैं और कहानी का कोई एक पात्र उसके प्रति सहानुभूतिशील है। परंतु, रघुवीर सहाय असमानता के भीतर से उपजने वाली इस संवेदना की मूल प्रकृति की पहचान कराते हुए उसके औचित्य पर ही प्रश्न उठा देते हैं। 'कहानी की कला' शीर्षक कहानी भी इन्हीं भावों के परीक्षण का आधार प्रस्तुत करती है। इसमें कहानीकार और पाठक, दोनों की दृष्टि एवं संवेदना को जाँचने-परखने का एक गंभीर प्रस्ताव है। दया, सहानुभूति का समाजशास्त्र यहाँ कहानी के सौंदर्यशास्त्रीय प्रश्न के रूप में सामने आता है। 'जो आदमी हम बना रहे हैं', वह रघुवीर सहाय की अनेक कहानियों की मूल चिंता है। व्यवस्था की मार सहता, उससे लड़ता-संघर्ष करता, बनता-टूटता आदमी अपने परिवेश के साथ जो संबंध निर्मित कर रहा है, जो कुछ अर्जित कर पा रहा है या जिससे वंचित हो रहा है–वे सारे संदर्भ, नए बनते हुए आदमी और उसके समाज के संदर्भ रघुवीर सहाय के लिए बहुत अर्थवान हैं। अपनी सभी कहानियों में रघुवीर सहाय मनुष्य के संघर्ष और उसकी जिजीविषा के पक्ष में खड़े दिखते हैं।

पिता और माँ की अनिच्छाओं के बावजूद एक नवजात के इस संसार में जन्म लेने का मार्मिक प्रसंग 'विजेता' कहानी की शक्ति है। एक छोटा-सा कथ्य कहानीकार के तरल आत्मीय

संस्पर्श के कारण एक विराट मानवीय संवेदना की अनूठी कृति बन जाती है। 'खेल' वस्तुओं के संसार से किसी बच्चे के निरंतर नए बनते संबंधों को अत्यंत विश्वसनीय ढंग से उद्घाटित करती कहानी है। खेल की प्रक्रिया में नए के अनुसंधान की मौलिक चेष्टा और अपनी ही बनाई पद्धति को अतिक्रांत कर अपेक्षाकृत कुछ पृथक् रचती यह कहानी सौंदर्य एवं आनंद की नई उद्भावना करती है। 'उमस के बाहर' जड़ सौंदर्यानुभूति की रूढ़ियों को तोड़ती एक अच्छी कहानी है। कथा-वाचक बारिश के बाद की उमस से बाहर निकलने के लिए खेतों की ओर जाने वाली सड़क पर पैदल चलता हुआ एक ऐसे मोड़ पर पहुँचता है, जहाँ से कच्ची-गीली मिट्टी का एक मैदान शुरू होता है। कथा-वाचक का मन उस परिवेश और वातावरण के सौंदर्य में रमता जा रहा है कि उसे साफ-सुथरे, किरमिच के दो नन्हें-नन्हें जूते रखे हुए दिख जाते हैं। कथा-वाचक कहता है-"मैंने गौर से देखा-हाँ, दो साफ-सुथरे, प्यारे-प्यारे रंगीन जूते, जैसे दो गोरे-गोरे नन्हें-नन्हें पाँव इनमें से अभी कूदकर भाग गए हैं।" यहाँ से कथा-वाचक का पूरा सौंदर्यबोध बदल जाता है। प्रकृति के एकांत में मानवीय जीवन का कोमल संदर्भ कथा-वाचक को सौंदर्य का एक नया परिप्रेक्ष्य दे जाता है। इस प्रकार के सुंदर क्षणों को अपने अंतःकरण में बसा लेने का एक प्रगाढ़ राग-भाव रघुवीर सहाय में मौजूद है, प्रतिबद्धता की सीमा तक।

'मुक्ति का एक क्षण' सीधे-सरल ढंग से देखें तो छत पर दाना चुगने आ जाने वाले एक कबूतर के प्रति कथा-वाचक की सहृदयता की कहानी प्रतीत होगी, पर है एक सुंदर समय और उसकी उतनी ही सुंदर छवि को अपने भीतर उपलब्ध कर लेने की तीव्र लालसा की कहानी। जीवन में, संसार में जहाँ भी, जितना भी सुंदर और संवेदनशील है, उसके प्रति गहरी आसक्ति ऐसी कहानियों में प्रत्यक्ष है। यह वस्तुतः जीवन के प्रति आसक्ति है। यह कहानी कबूतर के प्रति किसी सहानुभूति या दया-भाव देखे जाने की संभावना को स्पष्टतः अस्वीकार करती है-"क्या मैं कह सकता हूँ कि कबूतर सुंदर लग रहा है? मैं स्पष्ट कर देना चाहता हूँ कि ऐसा कहने में कोई अनुग्रह नहीं है, कोई बंधन नहीं है। वह मुझे अच्छा लग रहा है-बस इतना ही सच है।" रघुवीर सहाय अपने परिवेश, घटनाओं, जीवन-दृश्यों, वैयक्तिक-सामाजिक प्रसंगों पर गहरी नजर रखने वाले कहानीकार हैं। वे ऐसी जगह से भी अपनी कहानी के लिए कोई संवेदना ग्रहण कर सकते हैं, सामान्य कहानीकार जहाँ से उम्मीद भी नहीं कर सकता। अपने परिवेश के प्रति यह सतर्क संवेदनशीलता उन्हें कहानी की असाधारण कथ्य-भूमि उपलब्ध कराती है।

विजय मोहन सिंह ने रघुवीर सहाय की कहानियों के बारे में कहा है कि-"हिंदी के किसी भी कहानीकार की कहानियों से रघुवीर सहाय की कहानियों की तुलना नहीं की जा सकती। वे चकित कर देने की हद तक अपनी भाषा और बनावट में ही नहीं, जीवन के प्रति अपनी दृष्टि में भी अद्वितीय हैं।" इन कहानियों की नवीनता और शक्ति के बारे में उनका विचार है कि नई कहानी के स्वरूप-निर्माण के संबंध में कहानी के पारंपरिक तत्त्वों के निषेध की जो घोषणाएँ उस दौर में सामने आ रही थीं, 'राजा निरबंसिया', 'मलबे का मालिक', 'डिप्टी कलक्टरी' और 'परिन्दे' नहीं, बल्कि रघुवीर सहाय की 'एक जीता-जागता व्यक्ति', 'सेब', 'मेरे और नंगी औरत के बीच', 'कहानी की कला', जैसी कहानियाँ उनकी पुष्टि कर रही थीं।

नई कहानी आंदोलन के अध्येताओं ने यह लक्ष्य किया है कि पूर्व कथा-परंपरा की संवेदना और संरचना के वातावरण के विरुद्ध अपने नए रचनात्मक हस्तक्षेप से जिन कहानियों ने एक सार्थक विचलन अथवा नया प्रस्थान संभव किया था, उनमें रघुवीर सहाय की कहानियाँ भी

शामिल थीं। कहानी की पुरानी संरचना टूट रही थी और उसके स्थान पर एक नया कथा-विन्यास अन्वेषित किया जा रहा था। रघुवीर सहाय इस प्रयत्न में सम्मिलित महत्त्वपूर्ण कहानीकारों में से एक रहे हैं। रघुवीर सहाय के कवि और कहानीकार व्यक्तित्व की रचनात्मक सक्रियता साथ-साथ बनी रही है। उनका कवि-रूप अधिक प्रतिष्ठित हुआ। उनकी कहानियों का महत्त्व और वैशिष्ट्य बाद के दिनों में लगभग भुला दिया गया। वह साहित्य-विमर्श में कविताओं की तुलना में प्रायः अनुपस्थित ही रहा है। इसके बावजूद उनकी कहानियों का महत्त्व कम नहीं हुआ है। उनकी कविताओं के समानांतर वे उतनी ही या वैसी ही महत्त्वपूर्ण हैं।

प्रश्न 3. रघुवीर सहाय की 'एक जीता-जागता व्यक्ति' कहानी की कथावस्तु पर संक्षिप्त टिप्पणी कीजिए।

उत्तर– रघुवीर सहाय द्वारा प्रस्तुत 'एक जीता-जागता व्यक्ति' दो-ढाई पृष्ठों की एक अत्यंत छोटे आकार की कहानी है। यह घटना बहुल कहानी नहीं है। अनेक पात्रों, उनकी क्रियाओं, दृश्यात्मक गतिविधियों के बीच निर्मित होने वाली कहानी की जगह 'मैं' शैली में लिखी गई यह कहानी एक बहुत संक्षिप्त से, अल्पकालिक प्रसंग पर केंद्रित है।

इस कहानी का वाचक अपने एक मित्र के साथ साइकिल से चला जा रहा है। अचानक उसकी दृष्टि निर्माणाधीन सड़क के गीले कोलतार में फँसी हुई एक चिड़िया पर जाती है। पीली चोंच, पीले पंजे, काला सिर और कत्थई देहवाली पिड़कुलिया या देसी मैना जैसी लगती, यह चिड़िया कोलतार से बाहर निकलने के लिए बेचैन है, लगातार कोशिश कर रही है, बदन को इधर-उधर झटके दे रही है, पर मुक्त नहीं हो पा रही है। वहाँ कुछ कौए भी इकट्ठा हो गए हैं, चिड़िया में शायद उन्हें अपना शिकार दिख रहा है। कथा-वाचक यह देखकर वहाँ रुकता है और इसकी ओर अपने मित्र का ध्यान आकृष्ट कराता है। संध्या का समय है, सूरज डूब रहा है और सड़क पर यातायात की भारी भीड़ है। सब अपने रास्ते चले जा रहे हैं, किसी को किसी की परवाह नहीं है, किसी का किसी में कोई हस्तक्षेप नहीं है। पर, चिड़िया के कोलतार में फँसे होने का एक दृश्य-प्रसंग है और ये दोनों मित्र उसके साक्षी हैं। कथा-वाचक के मित्र को चिड़िया के मुक्ति-प्रयत्न बिल्कुल मनुष्यों जैसे लगते हैं। कथा-वाचक चिड़िया के साथ सहानुभूति अनुभव करता है। उसके मन में चिड़िया को कोलतार की फाँस से निकाल देने का विचार पैदा होता है किंतु तत्काल उसका यह विचार एक दूसरे विचार में बदल जाता है। वह सोचता है कि यह दया-सहानुभूति का भाव स्वतंत्र होने के लिए संघर्ष करती इस चिड़िया का अपमान है। वह उसे स्वयं के प्रयत्नों से मुक्त होने का सम्मानजनक अवसर उपलब्ध कराना चाहता है। वह उसकी इस जिजीविषा को अत्यंत महत्त्वपूर्ण मानता है। उसे विश्वास है कि वह मुक्त हो जाएगी, क्योंकि वह न तो मिट्टी की बनी हुई निर्जीव चिड़िया है और न ही भुस-भरी।

कथा-वाचक उसके प्रति अपनी संवेदना को लगातार प्रश्न और परीक्षण का विषय बना रहा है। वह सोचता है कि आखिर उसके इस संघर्ष के प्रति उसके मन में कैसा भाव है, जो वह दया-सहानुभूति की अभिव्यक्ति के प्रति उसमें संकोच पैदा कर रहा है। कुछ देर बाद जब चिड़िया की तड़प, बेचैनी, उसका दुख कथा-वाचक को सहन नहीं हो पाता, तो वह उसे छुड़ाने के लिए आगे बढ़ता है। पर यह क्या? चिड़िया की आँखों में कथा-वाचक के प्रति अविश्वास का भाव था। वह डरकर छटपटाई और जैसे यह कहती-सी प्रतीत हुई कि नहीं, नहीं, वह स्वयं

छूटने की कोशिश में है। चिड़िया ने अपनी सारी शक्ति एकत्र कर, पंखों को खोलकर जोर से फड़फड़ाते हुए इस बार जो कोशिश की, तो वह आजाद थी। वह बस्ती की ओर उड़ चली और इधर कौए बदहवासों की तरह फुदकने लगे।

कथा वाचक और उसके मित्र के संवाद में ही कहानी की समाप्ति हो जाती है। मित्र जो विनोद में अक्सर टोकता रहता है कि कथा-वाचक हमेशा सड़क पर पड़ी हुई किसी चीज को पा लेने के इरादे में दिखा करता है, वह यहाँ भी टिप्पणी करता है कि 'हम तो खुश हुए थे कि चलो, तुम्हें कुछ मिल गया पड़ा हुआ।' कथा-वाचक के इस अर्थगर्भित उत्तर के साथ कहानी की समाप्ति होती है कि हाँ मिला तो था, परंतु चिड़िया उसे अपने साथ लेकर उड़ गई।

प्रश्न 4. 'एक जीता-जागता व्यक्ति' कहानी यथार्थ, जिजीविषा और मुक्ति-संघर्ष की कहानी है। चर्चा कीजिए।

उत्तर– 'एक जीता-जागता व्यक्ति' कहानी में रघुवीर सहाय द्वारा किसी सीधे-सपाट और इकहरे सामाजिक-राजनीतिक यथार्थ को विषय बनाने की जगह यथार्थ के एक ऐसे रूप का चयन किया गया है, जो मनुष्य के वर्तमान और भविष्य के साथ गहराई से संबद्ध है। मनुष्य का समकालीन जीवन-यथार्थ एक क्रूर त्रासदी में बदल गया है और वह उसे भोगने के लिए अभिशप्त-सा है। परंतु, इन्हीं भीषण जीवनानुभवों के भीतर से, विपरीत परिस्थितियों के विरुद्ध संघर्ष करता हुआ मनुष्य अपने वर्तमान और भविष्य की दशा और दिशा परिवर्तित कर देने के लिए उद्यत दिखता है। अपने अस्तित्व की रक्षा और उसके सहज विकास के लिए वह निर्णय लेना भी जानता है और किसी बाहरी सहयोगमूलक हस्तक्षेप को अस्वीकृत करते हुए एक स्वतंत्र संघर्ष के विकल्प का चुनाव करना भी।

पूरी कहानी एक नामालूम-सी घटना और आलक्षित कर दिए जाने वाले दृश्य की प्रक्रिया है। इस कहानी का मूल कथ्य एक चिड़िया की जीवन-विरोधी आपात परिस्थितियों से जुड़ा हुआ है। प्रथम दृष्टया यहाँ इस कहानी में एक मानवेतर प्राणी का जीवन-संघर्ष केंद्र में है किंतु, महत्त्वपूर्ण है कि चिड़िया के संघर्ष के दृश्य-संदर्भों में कथा-वाचक 'मैं' की चेतना-संवेदना भी कहानी के भीतर लगातार रेखांकित हो रही है। चिड़िया के संघर्ष-उपक्रमों के समानांतर कथा-वाचक की दृष्टि और संवेदना का प्रकाशन अर्थपूर्ण है, क्योंकि उसी की प्रतिक्रियाओं में रघुवीर सहाय की कथा-दृष्टि और जीवन-दृष्टि आकार ग्रहण करती है। यहाँ कहानी के पूरे परिदृश्य में दो क्रियाएँ एक साथ घटित होते हुए दिखती हैं–एक, चिड़िया का आत्म-संघर्ष अर्थात् कोलतार में से निकलने के लिए उसका अपना मुक्ति-प्रयास और दूसरा, कथा-वाचक की संवेदना में पल-पतिपल घटती उसी प्रकार की एक और आकांक्षा। यहाँ 'मैं' केवल दृश्य-प्रक्रिया में ही सम्मिलित नहीं है, वह उस पूरे दृश्य के साथ एक ऐसी समानुभूति स्थापित करता है कि चिड़िया का वह संघर्ष उसका अपना संघर्ष, मनुष्य की मुक्ति का संघर्ष बन जाता है। कथा-वाचक के लिए वहाँ एक निस्संग दृश्य नहीं है। वह एक दर्शक नहीं है, उसी में शामिल है। वह केवल देख नहीं रहा है, वह स्वयं उस दृश्य में रूपांतरित है। इसलिए, इस कहानी से यह निष्कर्ष तो नहीं निकाला जा सकता कि इसमें कथा-वाचक के मन में उस चिड़िया के प्रति तटस्थता या उदासीनता का भाव है और उसके जीवन या संघर्ष से उसका कोई सरोकार नहीं है।

कथा-वाचक वस्तुतः एक मुक्ति-संघर्ष का वह प्रतिबद्ध दृष्टा है, जो चिड़िया को उसके स्वाधीन प्रयत्नों के लिए पूरा सम्मान और अवसर देना चाहता है। यह मुक्ति-संघर्ष कथा-वाचक के तोश एवं संतृप्ति का एक महत्त्वपूर्ण स्रोत है। देखने में किसी को इस स्रोत का संदर्भ व्यक्तिगत लग सकता है, पर यही व्यक्तिगत वह सामाजिक भी है, जो उसे एक बड़ा मूल्य प्रदान करता है।

नई कहानी आंदोलन में इस व्यक्तिगत सामाजिकता को जो प्रतिष्ठा प्राप्त हुई थी, उसका एक रूप, किंचित् संदर्भ-परिवर्तन के साथ इस कहानी में देखा जा सकता है। यह व्यवस्था के क्रूर यथार्थ, मनुष्य की जिजीविषा और उसके मुक्ति-संघर्ष के बहुत गहरे प्रतीकात्मक अभिप्रायों की कहानी है। चिड़िया, कोलतार, बीच सड़क की यह घटना, कोलतार का रंग और उस पर पड़ी धूल की पर्त, कौओं का झुंड – ये सभी प्रतीकात्मक प्रतीत होते हैं। इन सारे संदर्भों के साथ इस कहानी को व्यवस्था और तंत्र की फाँस में पड़े मनुष्य के जीवन और उसके परिवेश के वृहत्तर यथार्थ के एक रूपक की तरह भी पढ़ा जा सकता है। यह छोटी-सी निरीह-सी चिड़िया क्या उस सामान्य और कमजोर मनुष्य का प्रतीक नहीं प्रतीत होती, जो अपनी परिस्थितियों में बुरी तरह फँसा हुआ है और उसमें से बाहर निकलने के लिए हाथ-पाँव मार रहा है, बेचैन है और तड़पता रहा है! क्या यह चिड़िया उस आम आदमी का प्रतीक नहीं है, जो इस समाज-व्यवस्था के भीतर से निर्मित दारुण विपदा से मुक्त होने के लिए जितना अधिक प्रयत्न कर रहा है, वह उसमें उतना ही अधिक धँसता जा रहा है। यह चिड़िया काले रंग के उस कोलतार में फँसी हुई है, जो धूल की पर्त जम जाने के कारण उसे दिखाई न पड़ा था। व्यवस्था का काला और मारक चरित्र धूल जमे कोलतार की तरह ही नीचे, कहीं भीतर छुपा होता है और ऊपर उसका एक छद्म आवरण जनता को भ्रमों में उलझाए रखता है। सड़क और उस पर पड़ा हुआ कोलतार अपनी पूरी प्रकृति में इस तंत्र के जीवन-विरोधी चरित्र की प्रतीकात्मक अभिव्यक्ति है। अपने परिवेश और परिस्थितियों में फँसा हुआ आदमी तंत्र के विभिन्न लोलुप, चालाक और क्रूर घटक-समूहों की हिंस्र दृष्टि में होता है। उनके लिए आम आदमी एक निरीह शिकार है। कहानी में कौओं के झुंड की, उनकी गतिविधियों की यह व्याख्या असंगत न होगी। कोलतार और कौओं के काले रंग की समानता से दोनों के निकट संबंध का आशय ग्रहण करने में भी कोई बाधा नहीं नजर आती। रंग की यह समानता अपने अर्थ-संकेत में व्यवस्था और उसके सहयोगी घटकों की समानता है।

'एक जीता-जागता व्यक्ति' कहानी प्रस्तुत और प्रतीकात्मक, दोनों ही संदर्भों में जीवन के प्रति गहरी आस्था का सृजन करती है। उत्कट जिजीविषा और विश्वास से भरी यह कहानी यथार्थ के बिल्कुल एक नए परिप्रेक्ष्य का उद्‌घाटन करती है। यथार्थ अत्यंत जटिल है, पर उसका प्रतिरोध अथवा समाधान असंभव नहीं है। यहाँ उसी के भीतर से परिवर्तन और नए जीवन-रूपों की रचना की संभावनाएँ जन्म लेती हैं।

रघुवीर सहाय अपनी इस कहानी में त्रासद यथार्थ के समक्ष एक जीवंत-सकर्मक चिड़िया या मनुष्य की परिवर्तनकामी चेतना और शक्ति को खड़ा करते हैं। परिवेशगत यथार्थ के विरुद्ध मनुष्य के मुक्ति-संघर्ष के यथार्थ को रेखांकित करती यह कहानी नए यथार्थ के सृजन की संभावनाओं को भी उद्‌घाटित करती है। यह यथार्थ के विरुद्ध यथार्थ का प्रतिवाद है।

प्रश्न 5. रघुवीर सहाय की 'एक जीता-जागता व्यक्ति' कहानी दया-सहानुभूति का तार्किक निषेध और नए मनुष्य की रचना की अभिव्यक्ति है। स्पष्ट कीजिए।

अथवा

'रघुवीर सहाय की 'एक जीता-जागता व्यक्ति' कहानी एक नए मनुष्य की रचना की आकांक्षा की अभिव्यक्ति है।' इस कथन पर विचार कीजिए।

उत्तर– सहानुभूति, दया जैसे भाव-मूल्यों को अपनी प्रकृति में अत्यंत श्रेष्ठ और मानवीय माना जाता है। मनुष्य की सामाजिक-सांस्कृतिक यात्रा में इनकी महत्त्वपूर्ण भूमिका स्वीकार की जाती है। इन मूल्यों का विरोध सामान्यतः मनुष्यता का विरोध बन जाता है किंतु रघुवीर सहाय की अनेक कहानियाँ इन मूल्यों का विरोध करते हुए भी मनुष्य के जीवन, उसकी गरिमा और स्वतंत्रता की रक्षा में खड़ी नजर आती हैं। ये कहानियाँ किसी के प्रति व्यक्त की गई दया और सहानुभूति को उसके आत्म-सम्मान का निषेध बताती हैं। 'एक जीता-जागता व्यक्ति' का कथा-वाचक 'मैं' एक प्रसंग में सोचता है–"सहानुभूति एक जगह अनादर भी बन सकती है।" इस कहानी की दृष्टि और संवेदना के परिप्रेक्ष्य में रघुवीर सहाय की ही कुछ अन्य कहानियों का उल्लेख किया जा सकता है। 'कहानी की कला', 'सेब', 'मेरे और नंगी औरत के बीच', 'एक छोटी-सी यात्रा' आदि कहानियों में दया-सहानुभूति के भावों का वैसा ही तार्किक निषेध किया गया है, जैसा 'एक जीता-जागता व्यक्ति' में। 'कहानी की कला' में कथाकार (कथा-वाचक) पाठक से पूछता है–'क्या मेरे पात्र का अतिरिक्त भाव से क्लांत होना आपकी सामान्य स्वाभाविक संवेदना पाने के लिए जरूरी है?' 'सेब' कहानी का कथा-वाचक कहता है–"यह स्वाभाविक ही था कि मैं अपमानित अनुभव करता कि मैं तो–जैसा कि मुझे बचपन से सिखाया गया है, दुखी जनों के प्रति आर्द्र होना–उस पर तरस खा रहा हूँ और वह मेरी अनदेखी कर रही है, परंतु मुझे कोई अपमान नहीं मालूम हुआ, क्योंकि मुझे उसका स्वाभिमान अच्छा लगा।" 'मेरे और नंगी औरत के बीच' का 'मैं' आत्म-प्रश्न करता है–"मैं इसे कंबल क्यों देना चाह रहा हूँ? क्या मुझे इस पर दया आ रही है, क्योंकि इसके पास नहीं है और मेरे पास है? सावधान, मैंने अपने को पिछली कहानियों की याद दिलाई–एक मानव को दूसरे पर दया करने का क्या अधिकार है? प्यार मैं कर सकता हूँ, पर क्या मैं सचमुच प्यार कर रहा हूँ, दया बिल्कुल नहीं? क्या मैं विश्वास से कह सकता हूँ।" 'एक छोटी-सी यात्रा' का कथा-वाचक अखबार बेचने वाले लड़के पर दया करने के आनंद से वंचित रह जाने पर स्वीकार करता है–"मैंने लंबी साँस ली और धन्यवाद दिया कि मैं बच गया।" ये कहानियाँ दया-सहानुभूति को संशय की दृष्टि से देखती हैं। इनके कई पात्र अपने इन भावों को प्रश्नांकित करते हुए यहाँ देखे जा सकते हैं। अतः दया के भाव असमानताओं की उपज हैं, इसलिए अवांछनीय हैं।

रघुवीर सहाय की इस कहानी में चिड़िया के संघर्ष के प्रति 'मैं' की प्रतिक्रिया उन दोनों के बीच बनते हुए एक नए संबंध का संकेत करती है। हिंदी कहानी में 'मैं' जैसी यह भौतिक तटस्थता कथा-नायक जैसे किसी चरित्र के संदर्भ में पहली बार सामने आ रही थी। पूर्व कथा-परंपरा में ऐसा नहीं घटित हो सकता था। वहाँ यह घटना होती, तो कथा-वाचक 'मैं' एक द्वंद्वमुक्त दया-भाव, करुणा एवं सहानुभूति के साथ चिड़िया को कोलतार से बाहर निकालने के प्रयत्नों में सम्मिलित हो चुका होता किंतु यहाँ वह चिड़िया के मुक्ति-संघर्ष का भावुकताविहीन दृष्टा है। वह चिड़िया के स्वयं के प्रयत्नों से स्वतंत्र होने का पूरा सम्मानजनक अवसर देता है और किसी भी किस्म के दया-भाव को चिड़िया की स्वतंत्र सत्ता की गरिमापूर्ण स्वीकृति का निषेध मानता है। वस्तुतः कहानी की मूल संवेदना यहीं, इसी जगह, कथा-वाचक के इस विचार और व्यवहार में अवस्थित है। चिड़िया की मुक्ति-प्रक्रिया केवल एक घटना या

दृश्य है, कथा-वाचक और चिड़िया के बीच निर्मित होता हुआ यह नया संबंध उस घटना या दृश्य को एक 'कहानी' या 'रचना' में रूपांतरित कर देता है। कहानी-संग्रह 'जो आदमी हम बना रहे हैं' की भूमिका में व्यक्त रघुवीर सहाय का यह विचार उनकी इस कहानी की दृष्टि एवं संवेदना को स्पष्ट करता है–"जो आदमी हम बना रहे हैं, वही परिवर्तन करेगा, हमारी कहानी का नायक, उसकी जगह उसका काम करने के लिए इस्तेमाल नहीं किया जाएगा।" इस विचार-सूत्र के सहारे 'एक जीता-जागता व्यक्ति' की अर्थ-संरचना में प्रवेश का मार्ग दिखता है। कहानी का नायक अर्थात् कथा-वाचक 'मैं' चिड़िया के संघर्ष में उसका स्थानापन्न नहीं बनाया जा सकता। कहानी की रचना-प्रक्रिया में पहले से ही रघुवीर सहाय के लिए यह स्पष्ट है कि विपरीत परिस्थितियों के विरुद्ध संघर्ष को परिणति तक पहुँचाने का काम चिड़िया को स्वयं करना है, कथा-वाचक (कथा-नायक) को नहीं। नायक को किसी भी प्रकार के सहयोग, सहानुभूति तथा हस्तक्षेप से बाहर रखकर कहानीकार दया-सहानुभूति के मूल्यों के निषेध और संघर्ष के विकल्प के चयन की स्वतंत्रता का तर्क रचता है, साथ ही इस विचार के प्रतिपादन का भी प्रयत्न करता है कि पीड़ितों के संघर्षों से ही उनकी मुक्ति के द्वार खुल सकते हैं, बाह्य शक्तियों की सहानुभूति और दया से नहीं।

रघुवीर सहाय के कहानी-संग्रह 'जो आदमी हम बना रहे हैं' के शीर्षक के साथ यदि प्रस्तुत कहानी 'एक जीता-जागता व्यक्ति' की अंतर्वस्तु को मिलाकर देखें, तो इसका अर्थ-मर्म खुलता नजर आता है। रघुवीर सहाय की मूल चिंता में एक नए मनुष्य की रचना की समस्या शामिल है। वे एक लोकतांत्रिक समाज के भीतर उसके अनुरूप आदमी का व्यक्तित्व बनाने की कल्पना करते हैं। इस कहानी की संघर्षशील चिड़िया अपने प्रतीकात्मक अर्थ में 'एक जीता-जागता व्यक्ति' ही है, जो रघुवीर सहाय की कल्पना और आकांक्षा का मनुष्य है। यह एक ऐसा मनुष्य है, जो अपने स्वाभिमान एवं गरिमा की रक्षा करते हुए स्वतंत्रता जैसे मूल्य के लिए संघर्ष का महत्त्व जानता-पहचानता है। व्यक्ति की स्वतंत्रता एवं उसका सम्मान जीवन के बहुमूल्य संदर्भ हैं।

प्रश्न 6. 'एक जीता-जागता व्यक्ति' कहानी के माध्यम से स्वतंत्रता तथा समानता के अस्तित्ववाद पर अपने विचार व्यक्त कीजिए।

उत्तर– रघुवीर सहाय कविता और कहानी ही नहीं, बल्कि विभिन्न विधाओं में एक साथ आवाजाही संभव करने वाले रचनाकार हैं। इनके विचार और साहित्य पर 'अस्तित्ववाद' के प्रभाव का कोई उल्लेख नहीं दिखता। न तो स्वयं रघुवीर सहाय के आत्म-वक्तव्य में और न ही उनके साहित्य के विश्लेषण-मूल्यांकन में किंतु ध्यान दिया जाए तो उनकी प्रस्तुत कहानी का एक अस्तित्ववादी पाठ भी निर्मित होता हुआ दिख सकता है।

रघुवीर सहाय द्वारा प्रस्तुत इस कहानी में जिस तरह स्वतंत्र, अहं, अस्तित्व जैसे पदों का अनेक बार प्रयोग किया गया है, वह सामान्य-सा नहीं लगता। इन्हें लेखन और चिंतन के क्षेत्र में एक विशिष्ट पारिभाषिक अर्थ प्राप्त है। अस्तित्ववादी विचार-दर्शन और साहित्य-सृजन के संदर्भ में नई कविता और नई कहानी के दौर तक अत्यंत चर्चित हो चुके ये अवधारणात्मक प्रत्यय रघुवीर सहाय द्वारा यदि व्यवहार में लाए गए, तो निश्चय ही इनके निहितार्थ ढूँढ़े जाने चाहिए। इन शब्दों में ही नहीं, इस कहानी के वर्णन और संवादों में भी इस प्रकार की अर्थ-छायाएँ मौजूद दिखती हैं। इन्हें स्पष्ट किए बिना कहानी के दार्शनिक मंतव्य तक की यात्रा कठिन है।

कहानी में कथा-वाचक अपने मित्र से कहता है–"लोगों को ही देखो, क्या यह कम रोचक है कि कितनी भीड़ है और सब अपने-अपने रास्ते जा रहे हैं और किसी को परवाह नहीं है कि मैं क्या कर रहा हूँ, क्योंकि मैं उन्हें देखता हूँ पर हस्तक्षेप नहीं करता। देखो न, इस तरह मुझे भी औरों के साथ एक अस्तित्व मिल जाता है और वे सब ज्यादा-से-ज्यादा स्वतंत्र रहते हैं, क्योंकि कम-से-कम दखल देते हैं।" दूसरों में हस्तक्षेप न करना उनके अस्तित्व और स्वतंत्रता का प्रबल समर्थन है–इस अस्तित्ववादी विचार की स्पष्ट अनुगूंज इस संवाद में अनुभव की जा सकती है। कहानी में एक जगह कथा-वाचक के मन में यह विचार आता है कि वह आगे बढ़े और चिड़िया को कोलतार से बाहर निकाल दे। परंतु तत्क्षण यह विचार अपनी दिशा बदल देता है–"क्या वह खुद कोशिश नहीं कर रही है, उसे अपने आप करने न दूँ? मैं समझ सकता हूँ कि खुद कोशिश करने का क्या अर्थ होता है....वह इस समय एक महत्त्वपूर्ण संघर्ष कर रही है, जैसे उसने जरूरी समझा है और जैसे वह ही कर सकती है।" निर्णय की स्वतंत्रता और अपने 'होने' को प्रमाणित करने की व्यक्तिगत कोशिश ही मनुष्य को अस्तित्ववान बनाती है। यदि मनुष्य अपने जीवन के बारे में लिए जाने वाले निर्णय और उसकी दिशा में कार्य करने के लिए स्वतंत्र नहीं है, तो अस्तित्ववान नहीं है अर्थात् अस्तित्व और स्वतंत्रता दोनों एक साथ ही संभव हैं, इनमें से किसी एक का भी निषेध दूसरे को भी समाप्त कर देता है। यह अस्तित्ववाद का अत्यंत सुपरिचित दार्शनिक संदर्भ है। इसके अनुसार स्वतंत्रता और समानता के संबंध भी अविभाज्य हैं। चिड़िया की स्वतंत्रता यदि एक मूल्य है, तो कथा-वाचक के साथ बनने वाले उसके संबंध की प्रकृति भी उसकी स्वतंत्रता का पोषक ही है। यह समानता के संबंधों में ही संभव है, इसीलिए इस कहानी में दया और सहानुभूति के भाव-संबंधों का निषेध किया गया है।

इस कहानी के अस्तित्ववादी पाठ में एक अन्य व्यंजना की ओर भी ध्यान जाता है। इस दर्शन के अनुसार केवल मनुष्य ही अस्तित्ववान हो सकता है, पशु-पक्षी, पेड़-पौधे और अन्य जड़ पदार्थ नहीं; क्योंकि अपने बारे में निर्णय का विवेक और उसके अनुरूप कार्य की क्षमता केवल मनुष्य में होती है, अन्य में नहीं। इस कहानी में अपने परिवेश और परिस्थितियों से बाहर निकलने, अपनी स्वतंत्रता के लिए निर्णय और उसके अनुरूप व्यक्तिगत संघर्ष का दृश्य-संदर्भ एक मनुष्य से नहीं, चिड़िया से जुड़ा है। इसका निहितार्थ क्या हो सकता है? दार्शनिक अर्थों में जो अस्तित्ववान नहीं है, उस चिड़िया के अपने अस्तित्व और स्वतंत्रता के लिए किए जा रहे प्रयत्नों के बहाने मनुष्य के जीवन-संघर्ष के महत्त्व की ओर ध्यान आकृष्ट करने की प्रतीकात्मक पद्धति के रूप में इसे ग्रहण किया जाना चाहिए। 'एक जीता-जागता व्यक्ति' ही अस्तित्ववान हो सकता है और जो संघर्ष कर रहा है, वही एक जीता-जागता व्यक्ति है। इस कहानी में चिड़िया का एक अस्तित्व है और वही 'जीता-जागता व्यक्ति' है।

रघुवीर सहाय की इस कहानी का मर्म एक ऐसे रचना-समय में समझ में आता है, जहाँ कुंठा, निराशा, निष्क्रियता, संत्रास, मृत्युबोध आदि के चित्रण का वातावरण बना हुआ था। कहीं आधुनिक जीवन की नई प्रवृत्तियों के नाम पर, तो कहीं अस्तित्ववाद के प्रभाव के नाम पर रचना और आलोचना में समर्थन और विरोध के विचार लगातार सामने आ रहे थे। ऐसे समय और वातावरण में यदि जिजीविषा और संघर्ष के चित्र अंकित किए जाएँ, तो इसे अभिप्रायपूर्ण माना जाना चाहिए। अस्तित्ववाद के स्वस्थ विचार-सूत्रों के सहारे अस्तित्ववाद की रुग्ण-व्यक्तिवादी प्रवृत्तियों के प्रतिवाद के रूप में इस कहानी का एक पाठार्थ संभव है। 'एक जीता जागता व्यक्ति' में जिस घटना-प्रसंग का वर्णन किया गया है, वह अपने स्वरूप में कोई असाधारण नहीं है।

प्रश्न 7. 'एक जीता-जागता व्यक्ति' कहानी की संरचना और भाषा संबंधी विशेषताओं का मूल्यांकन कीजिए।

उत्तर– नई कहानी ने कथ्य और शिल्प में महत्त्वपूर्ण उपलब्धियाँ दी हैं। नई कहानी संवेदना के साथ संरचना और भाषा के संदर्भ में भी अपने पहले की कहानी से अलग थी। इसके बारे में कहा गया कि यह अधिक सघन और जटिल है। कथावस्तु, चरित्र-निरूपण एवं तनावपूर्ण कथांत जैसे रचना-तत्त्व अब उसके लिए उतने महत्त्वपूर्ण नहीं रहे। जीवन की एक छोटी-सी घटना, एक मनोदशा, एक संवेदना, एक अनुभूति अब नई कहानी के केंद्र में हो सकती थी। रघुवीर सहाय की इस छोटी-सी कहानी की संरचना का महत्त्व 'नई कहानी' के इस चरित्र के परिप्रेक्ष्य में समझा जा सकता है। छोटी-सी घटना, रास्ते चलते दिख जाने वाला एक साधारण-सा दृश्य, एक अनुभूति, एक संवेदना-कहानी की पूरी वस्तु-संपदा बस इतनी-सी। 'एक जीता-जागता व्यक्ति' की संरचना अपनी पूर्व परंपरा की कहानियों की उस संरचना से भिन्न है, जिसमें कहानी-कला के पुराने तत्त्वों की प्रमुख भूमिका होती थी और उनके आधार-संयोजन में एक कहानी निर्मित हो जाती थी। यह कहानी एक नई रूप-संरचना में आकार ग्रहण करती है। कहानी की नई संरचनाओं का अभ्यस्त पाठक इसके साथ तादात्म्य तो स्थापित कर लेता है, किंतु जो अभ्यस्त या परिचित नहीं है, उसके लिए यह कहानी पाठ-प्रक्रिया और बोध में असुविधाएँ पैदा करती है। उसे कथावस्तु और चरित्र के साथ घटनाओं की गति तथा आकस्मिकता का वह उदग्र औत्सुक्य इसके भीतर से उपजता हुआ नहीं प्राप्त होता, जो पहले की कहानियों से सहज ही उपलब्ध था। ऐसी ही कहानियों के दृष्टिगत कभी श्रीपत राय (कहानी : नववर्षांक-1956) ने कहा था–"बीच-बीच में मुझे संदेह होने लगता है कि कहीं मैं समय की गति से पीछे तो नहीं हूँ और इस कारण मुझे हिंदी कहानी में वह उन्नति नहीं परिलक्षित हो रही है, जिसकी आशा करनी चाहिए। यह स्वीकार करने में मुझे आपत्ति नहीं है कि कहानी का स्वरूप बदल रहा है और मैं शायद अपने पुराने संस्कारों के कारण कहानी से वह माँग कर रहा हूँ जो आज उसका लक्ष्य ही नहीं है।"

रघुवीर सहाय की यह कहानी भी नए पाठकीय संस्कार की माँग करती है। यह एक अत्यंत लघु आकार की कहानी है, जिसके कारण इसकी संरचना सघन और एकाग्र है। आकार की लघुता एवं संक्षिप्तता के कारण ऐसी कहानियों में कथाकार को प्रसंगों और विवरणों के विस्तार में जाने का अवसर नहीं होता। इस बिंदु पर अनेक कहानीकारों में असावधानियों और विचलनों के उदाहरण मिलेंगे। कथावस्तु के विन्यास के संतुलन का विवेक जहाँ नहीं दिखता है, कहानी अनावश्यक स्फीति के कारण अपनी सीमाएँ उद्घाटित करने लगती है। अपेक्षित एवं अनपेक्षित के बीच का अंतर्विवेक कहानीकार के रचना-कौशल की महत्त्वपूर्ण शर्त है, जो इस कहानी में पूरी होती हुई साफ नजर आती है। यहाँ कहानी की मूल संवेदना सांद्र-सघन रूपाकार में कहानी के केंद्र में उपस्थित है, बिना किसी विचलन और स्फीति के। नामवर सिंह ने रघुवीर सहाय की छोटे आकार की कहानियों की उत्कृष्टता की चर्चा की है। लघु संरचना की कहानियों के पक्ष में तर्क देते हुए उन्होंने कहा है–"क्या करेगा कोई घटनाओं का लंबा सिलसिला लेकर? मुख्य प्रश्न तो अर्थ है–घटना का अर्थ, अनुभव का अर्थ, किसी की जबान से निकले हुए मामूली से एक शब्द का अर्थ, किसी के चेहरे पर उभरी हुई एक हल्की-सी रेखा का अर्थ! हो सकता है कि इन संकेतों में कोई गूढ़ कहानी छिपी हुई हो। घटनाओं की भीड़-भाड़ में ये

छोटे-छोटे संकेत प्रायः बड़े-बड़े सत्य को प्रकट कर देते हैं, जैसे—घुप्प अंधकार में सहसा जुगनू की चमक!"

रघुवीर सहाय नई जीवन-दृष्टि की प्रतिष्ठा के कहानीकार हैं। उनकी यह कहानी गहरे संकेतों की अर्थपूर्ण संरचना है। प्रच्छन्न और अंतर्निहित संकेत-पद्धति पर ध्यान न जाए, तो यह साधारण रेखाचित्र या संस्मरण प्रतीत होगा अथवा अस्पष्ट आशयों वाली थोड़ी उलझी हुई कहानी। नई कहानी के दौर की अधिकांश कहानियों में संकेतों की लाक्षणिक भाषा के उपयोग की कला के साक्ष्य मिल जाएँगे। सांकेतिकता के प्रति यदि रूपवादी आग्रह न हों, तो यह कहानी के अर्थ-प्रभाव को तीक्ष्णता और गहराई प्रदान करती है। कहानी अपने अर्थ-संकेतों से ही विशिष्ट बनती है। जीवन-यथार्थ, अनुभूतियों एवं मानवीय परिस्थितियों के वर्णित परिदृश्य के भीतर से किसी गहरे अभिप्राय के संकेत यदि कहानी की संरचना में विन्यस्त नहीं हैं, तो वह एक सफल और सार्थक कहानी बन पाएगी, इसमें संदेह है। यह संकेत ही है, जो कहानी को किसी घटना-प्रसंग का स्थूल विवरण बन जाने से बचाता है।

रघुवीर सहाय ने छोटी संरचना की इस कहानी में संकेतों की जिन युक्तियों का प्रयोग किया है, वे कहानी के मूल मंतव्य तक पहुँचाने का मार्ग दिखाते हैं। कोलतार में फँसी हुई चिड़िया केवल चिड़िया नहीं है। वह आज के समय और व्यवस्था के दुष्चक्रों में फँसा हुआ सामान्यजन है, वह उससे मुक्त होने के प्रयत्नों में है। रघुवीर सहाय ने बड़ी सूक्ष्मता के साथ इस संकेत को विन्यस्त किया है। एक जगह चिड़िया की कोशिशों को देखकर कथा-वाचक का मित्र कहता है—"देखो यार, बिल्कुल आदमियों की तरह कर रही है।" कोलतार, सड़क, कौए, सारी गतिविधियाँ—ये सभी जीवन की त्रासदी और उससे मुक्ति प्राप्त करने के प्रयासों को अपनी सांकेतिकता में ही अर्थवान बनाते हैं। इस कहानी में संवादों या वर्णन के अनेक अंश हैं, जिनके संकेत समझे बिना कहानी का प्रतिपाद्य स्पष्ट नहीं हो सकता—'चिड़िया के लिए कोई उम्मीद न थी। एक पंजा जरा-सा हुमसता तो दूसरी ओर जोर पड़ता और वह फिर धँस जाती', 'जकड़े हुए पंजों पर उसका शरीर दाएँ से बाएँ पागल की तरह डोलने लगा'—क्या इसे सामान्यजन की मुक्ति की सभी राजनीतिक दिशाओं की विफलता और व्यर्थता के अर्थसंकेत के रूप में ग्रहण नहीं किया जा सकता! 'चिड़िया ने कातर आँखों से मुझे देखा। उसमें केवल अविश्वास था, उसने चोंच खोल दी और बुरी तरह डरकर वह छटपटाई'—यह आश्वासनों और घोषणाओं से लगातार छले गए, व्यवस्था के षड्यंत्रों के शिकार आम आदमी की वह प्रतिक्रिया है, जिसमें मुक्ति के किसी भी बाहरी प्रयत्न के प्रति भरोसे की जगह संदेह का भाव होता है। यह कहानी अपनी समग्र संरचना में ही सांकेतिक है। इस कहानी की रचना-प्रक्रिया में संकेतों के प्रयोग कथ्य-प्रभाव बढ़ाने के प्रयोजन से नहीं किए गए हैं। ये संकेत यहाँ रूप के उपकरण नहीं हैं। वस्तुतः अंतर्वस्तु की संरचना के अनिवार्य घटक के रूप में इनका महत्त्व समझा जा सकता है। कथ्य की प्रभावनिर्मिति के पूर्व कथ्य की निर्मिति का प्रश्न महत्त्वपूर्ण है। यहाँ कथ्य, संवेदना के आभ्यंतरीकरण की प्रक्रिया ही सांकेतिक है। इस कहानी के विन्यास में, भाषांतरालों में कहानी के अर्थ-तंतु मौजूद हैं। इस कहानी की पूरी संरचना अंतर्वस्तु की तार्किक संगति में है। यह केवल रूप की संरचना नहीं है, यह अंतर्वस्तु की भी संरचना है।

रघुवीर सहाय की इस कहानी और अन्य कहानियों में बिम्बधर्मी भाषा का सर्जनात्मक उपयोग किया गया है। कहानी की दृष्टि और संवेदना के अनुरूप ऐसी भाषा के सृजन के सार्थक

साक्ष्य यहाँ देखे जा सकते हैं। रंगों, ध्वनियों आदि के ऐंद्रिक संवेदनाओं से संबद्ध बिम्बों के प्रयोग ने कहानी का शिल्प-प्रभाव भी विकसित किया है और अर्थ-प्रभाव भी। ये बिम्ब केवल भाषा का ऐंद्रिक परिवेश ही नहीं निर्मित करते, संवेदना को भी अधिक ग्राह्य एवं संप्रेषणीय बनाते हैं–"मैंने मौन रहकर उसे आँख-भर देखा। जैसे सम्मोहित होकर वह एक पल थिर आँखों से मुझे देखती रही, फिर काँपकर ऐसे फड़फड़ाई, जैसे–यह उसका आखिरी फड़फड़ाना हो। फिर उसने पंख खोल दिए और उन्हें तान दिया। अचानक वह छूट गई।" यह भाषा की बिम्बधर्मी संरचना का उत्कृष्ट काव्यात्मक उपयोग है। नए यथार्थ को नई रूप-प्रविधि से अधिक संवेदनक्षम बनाने की प्रक्रिया में कहानी ने कविता से अनेक स्थलों पर आत्मीय साहचर्य स्थापित किया है। परिवेश के प्रगाढ़ ऐंद्रियबोध की सृष्टि के लिए एक सक्रिय-स्फूर्त बिम्ब-भाषा की अनोखी पद्धति कविता के भीतर से ही उपलब्ध की जा सकती है।

रघुवीर सहाय ने अपनी कहानियों में पहले की कथा-भाषा से भिन्न भाषा का प्रयोग किया है क्योंकि वे इस कहानी में और अन्य कहानियों में भी जो कथ्य प्रस्तुत कर रहे थे, उसके लिए पहले की कथा-भाषा पर्याप्त नहीं थी। जिस सूक्ष्म विचारपूर्ण और गहन जीवन-संवेदना को वे अपनी इस कहानी में व्यक्त करना चाह रहे थे, वह कुछ भिन्न तरह की भाषा में, कुछ अलग किस्म की संरचना और शिल्प-कौशल से ही संभव हो सकता था। इसके लिए उन्हें एक नई भाषा, नए रूप को अन्वेषित करना था। रघुवीर सहाय इस प्रकार दो मोर्चे पर प्रयत्नशील दिखते हैं–एक, कथ्य और संवेदना का, दूसरा, अभिव्यक्ति का। यह प्रयत्न वस्तुत: हर सर्जक रचनाकार को करना ही होता है। रघुवीर सहाय भी करते हैं और कुछ इस तरह कि वे बिल्कुल एक भिन्न और विशिष्ट रूप-संरचना तथा भाषा के कहानीकार के रूप में सामने आते हैं। विचार एवं संवेदना को उपलब्ध कर पाने की अंत:प्रक्रिया भाषा के ही भीतर संभव होती है, इसलिए यह कहानी की समग्र संरचना से जुड़ा हुआ संदर्भ है। इस संदर्भ में रघुवीर सहाय बिल्कुल सजग और समर्थ दिखाई देते हैं।

प्रश्न 8. काशीनाथ सिंह का जीवन परिचय लिखिए।

अथवा

काशीनाथ सिंह के व्यक्तित्व एवं कृतित्व का परिचय दीजिए।

उत्तर– काशीनाथ सिंह का जन्म 1 जनवरी, 1937 में बनारस शहर से तीस-चालीस मील पूरब में जीयनपुर गाँव में हुआ था। पिता नागर सिंह प्राइमरी स्कूल के अध्यापक थे और परिवार में खेती-किसानी होती थी। बचपन गाँव से पूरी तरह जुड़ा रहा। घरेलू कामों में हाथ बँटाते, कबड्डी और गुल्ली-डंडा जैसे खेल खेलते थे और फगुआ-कजरी के गीत सुनते बचपन बीता। दस साल के हुए तो देश को आजाद होते देखा। उनकी प्रारंभिक शिक्षा-दीक्षा उनके पैतृक गाँव जीयनपुर में ही हुई। उच्च शिक्षा के लिए काशीनाथ सिंह बनारस चले आए जहाँ काशी हिंदू विश्वविद्यालय से उन्होंने स्नातक, परास्नातक और पी.एच.डी. की उपाधियाँ प्राप्त कीं। वहीं 'हिंदी भाषा का ऐतिहासिक व्याकरण' कार्यालय में 1962 से 1964 तक शोध-सहायक रहे। 1965 में काशी हिंदू विश्वविद्यालय के हिंदी विभाग में प्राध्यापक नियुक्त हुए, फिर वहीं से प्रोफेसर एवं अध्यक्ष पद से 1997 में सेवा मुक्त हुए। हिंदी के सुप्रसिद्ध आलोचक डॉ. नामवर सिंह काशीनाथ के बड़े भाई हैं।

काशीनाथ सिंह की पहली कहानी 'संकट' थी जो 'कृति' पत्रिका में सितम्बर 1960 में प्रकाशित हुई थी। फिर काशीनाथ सिंह ने पीछे मुड़कर नहीं देखा। 'लोग बिस्तरों पर', 'सुबह का डर', 'आदमीनामा', 'नई तारीख', 'सदी का सबसे बड़ा आदमी', 'कल की फटेहाल कहानियाँ', 'प्रतिनिधि कहानियाँ' और 'दस प्रतिनिधि कहानियाँ' इनके चर्चित कहानी-संग्रह हैं। इनकी संपूर्ण कहानियाँ 'कहनी उपखान' नाम से प्रकाशित हैं। 'घोआस' इनका चर्चित नाटक है और 'आलोचना भी रचना है' इनकी महत्त्वपूर्ण समीक्षा पुस्तक है। 'हिंदी में संयुक्त क्रियाएँ' इनका शोध-ग्रंथ है। इन्होंने 'परिवेश' पत्रिका का संपादन किया था और आलोचक नामवर सिंह के पत्रों का संचयन/संपादन 'काशी के नाम' शीर्षक से प्रकाशित है। 'याद हो कि न याद हो', 'आछे दिन पाछे गए' और 'घर का जोगी जोगड़ा' इनके संस्मरण हैं। 'अपना मोर्चा', 'काशी का अस्सी' और 'रेहन पर रग्घू' इनके बेहद चर्चित उपन्यास हैं। 'रेहन पर रग्घू' पर इन्हें साहित्य अकादमी पुरस्कार भी मिला है। 'अपना मोर्चा' उपन्यास का जापानी एवं कोरियाई भाषाओं में अनुवाद हो चुका है। कई कहानियों के भारतीय और विदेशी भाषाओं में अनुवाद हो चुके हैं। उनके उपन्यास और कहानियों की रंग-प्रस्तुतियाँ भी खूब हुई हैं। इसके अलावा, उनके प्रसिद्ध उपन्यास 'काशी का अस्सी' पर 'मोहल्ला अस्सी' नाम से फिल्म भी निर्माणाधीन है।

बनारस काशीनाथ सिंह की रचनास्थली भी है और कर्मस्थली भी। इसलिए बनारस उनमें एकदम से रचा-बसा है। इसीलिए वहाँ की भाषा-बोली और देशज संवेदनाएँ इनकी रचनाओं में जगह बनाती हैं। वे अब भी अपनी कलम के माध्यम से सक्रिय और तरोताजा हैं और एक जिंदादिल लेखक के रूप में विख्यात हैं।

प्रश्न 9. साठोत्तरी कहानी आंदोलनों का संक्षिप्त परिचय दीजिए।

उत्तर— 'साठोत्तरी कहानी' वास्तव में 'नई कहानी' का क्रमिक विकास है। यह कहानी अपने विभिन्न आंदोलनों के लिए जानी जाती है। समीक्षकों ने साठोत्तरी कहानी को 'सचेतन कहानी', 'सहज कहानी', 'आज की कहानी', 'समकालीन कहानी', 'आधुनिक कहानी', 'सक्रिय कहानी', 'समांतर कहानी', 'अकहानी' आदि नाम दिए। अकहानी के प्रमुख प्रवक्ता गंगाप्रसाद विमल माने जाते हैं। हालाँकि वे अकहानी को आंदोलन न मानकर एक दृष्टि मानते हैं। इंद्रनाथ मदान द्वारा संपादित 'हिंदी कहानी : पहचान और परख' में वे लिखते हैं—'अकहानी का संदर्भ इस दृष्टि से आंदोलन नहीं है, कोई मंच नहीं है तथा कोई विशेषण नहीं है। मूल्यांकन की दृष्टि से कथा के रचना-विधान का पृथक्कत्व स्पष्ट करने के लिए ही अकहानी का नामांकन किया गया हो—यह भी पूर्ण रूप से सत्य नहीं है। वस्तुत: अकहानी कथा के स्वीकृत आधारों का निषेध तथा किसी तरह के मूल्य स्थापन का अस्वीकार है' गंगाप्रसाद विमल इसे विश्वव्यापी संदर्भों में देखते हैं। फ्रांस में स्वीकृत एंटी-स्टोरी का इसे रूपांतरण कहा जा सकता है। वे मानते हैं कि 'अकहानी' कहानी की धारणागत प्रतीति के सभी वर्गीकरणों, मूल्यांकन-आधारों और पूर्व समीक्षाओं को अस्वीकार करती है। गंगाप्रसाद विमल, रवीन्द्र कालिया, दूधनाथ सिंह, राजकमल चौधरी, जगदीश चतुर्वेदी आदि अकहानी आंदोलन के प्रमुख कहानीकार हैं। अकहानी के लिए समाज, धर्म, ईश्वर और नैतिकता कोई मायने नहीं रखती। अकहानी के पात्र घोर व्यक्तिवादी, आत्मकेंद्रित, आत्मनिष्ठ तथा स्वात्मलीन हैं। "अकहानी जीवन मूल्यों को चुनौती देती हुई कुछ नए प्रश्नचिह्न उपस्थित करती है। यही कारण है कि अकहानी में भाव-बोध के

धरातल पर संत्रास, आत्मपीड़न, ऊब, अकेलेपन, अजनबीपन और विसंगतियों का चित्रण होता है।"

सचेतन कहानी का आरंभ 'आधार' नामक विशेषांक में नवम्बर 1964 से माना जाता है। इस आंदोलन के प्रणेता श्री महीप सिंह हैं। उन्होंने कहा है कि सचेतना एक दृष्टि है, जिसमें जीवन को जिया भी जाता है और जाना भी जाता है। महीप सिंह ने 'सचेतना' नामक पत्रिका द्वारा इस आंदोलन को और बढ़ावा दिया। अपने संक्रांति-काल में चाहे हमें जीवन अच्छा लगे या बुरा लगे, चाहे उसे घूँट-घूँट पीकर हमें तृप्ति प्राप्त हो, चाहे नीम के रस की तरह हमें उसे आँखें मूँदकर निगलना पड़े परंतु जीवन से हमारी संपृक्ति छूटती नहीं। कडुए घूँटों से घबराकर जीवन से भाग खड़े होने की बात वैयक्तिक रूप में मानव इतिहास में अनेक बार दोहराई गई है और हर बार किसी-न-किसी प्रकार का दार्शनिक-बौद्धिक आधार देकर उसके औचित्य की स्थापना का प्रयास किया गया है। परंतु मनुष्य की प्रवृत्ति जीवन से भागने की नहीं रही है। जीवन की ओर भागना ही उसकी नियति है, महीप सिंह इसे एक विचार प्रधान आंदोलन मानते हैं। वे सचेतन कहानी को जिंदगी की स्वीकृति की कहानी मानते हैं। इसीलिए उसे ज्यॉ पाल सार्त्र के अस्तित्ववाद के सक्रिय और सकारात्मक पक्ष से जोड़ते हैं। महीप सिंह, मनहर चौहान, योगेश गुप्त, कुलभूषण आदि सचेतन कहानी के महत्त्वपूर्ण हस्ताक्षर हैं। सचेतन कहानीकारों के बारे में अश्क जी ने लिखा है कि "इन कहानियों के पढ़ने के बाद यह तो नहीं कहा जा सकता है कि सचेतन कथाकारों की लेखनी एकदम परिपक्व, कला मँजीधुली, शिल्प सुष्ट-पुष्ट और भाषा टकसाली है। लेकिन कथाकारों में से कुछ की दृष्टि स्पष्ट सचेतन है, यह अधिकारपूर्वक कहा जा सकता है।"

सहज कहानी आंदोलन का श्रेय अमृतराय को जाता है। उन्होंने सहज कहानी का शास्त्र तो प्रस्तुत किया पर उनके विचार केवल वैचारिक स्तर पर ही रह गए, कहानी के रचनात्मक स्तर पर उनके विचारों को समर्थन नहीं मिला। सन् 1968 से 1972 तक चले इस कहानी आंदोलन की चर्चा थोड़े ही दिनों में समाप्त हुई। सामान्यत: सन् 1972 से समांतर कहानी का आरंभ माना जाता है। प्रथमत: 'सारिका' पत्रिका में समांतर कहानियाँ प्रकाशित हुईं। इसके संपादक कमलेश्वर थे। कमलेश्वर ने ही इस आंदोलन का प्रवर्तन किया। कमलेश्वर ने वाद और पीढ़ीमुक्त कहानी से अपनी बात शुरू की क्योंकि आंदोलनों की गुटबंदी से लोग तंग आ चुके थे। प्रतिबद्धता से मुक्त होकर 'नए मनुष्य' और समाजवादी समाज की स्थापना करते हुए आम आदमी की चिंता को 'समांतर कहानी' केंद्र में रखती है। जितेन्द्र भाटिया, सुधा अरोड़ा, आलमशाह खान, से.रा. यात्री, इब्राहिम शरीफ, मेहरून्निसा परवेज़, निरूपमा सेवती, स्वदेश दीपक, दामोदर सदन आदि को 'समांतर कहानी' आंदोलन का कहानीकार माना जाता है।

'सक्रिय कहानी' आंदोलन के सूत्रपात का श्रेय 'मंच' के संपादक श्री राकेश वत्स को दिया जाता है। सक्रिय कहानी की अवधारणा को स्पष्ट करते हुए राकेश वत्स ने लिखा है, "सक्रिय कहानी का सीधा और स्पष्ट मतलब है कि चेतनात्मक ऊर्जा और जीवंतता की कहानी। उस समझ और अहंभाव की कहानी, जो आदमी को बेबसी, निहत्थेपन और नपुंसकता से निजात दिलाकर स्वयं अपने अंदर की कमजोरियों के खिलाफ खड़ा होने के लिए तैयार करने की जिम्मेदारी अपने सिर लेती है, जो साहित्य की इस सार्थकता के प्रति समर्पित है कि साहित्य संकल्प और प्रयत्न के बीच की दरार को पाटने का एक जरिया है।" यह आंदोलन भी 'सहज

कहानी' आंदोलन की तरह नाम भर का आंदोलन रहा। इसीलिए इसका कोई व्यापक और स्थायी प्रभाव नहीं रहा। इन आंदोलनों के बाद इधर की पूरी कहानी को अब समकालीन कहानी कहा जा रहा है। इसमें तमाम कहानीकारों के नाम तेजी से उभर रहे हैं।

जनवादी कहानी आंदोलन साठोत्तरी कहानी आंदोलनों में सर्वाधिक चर्चित और महत्त्वपूर्ण कहानी आंदोलन था। जनवादी कहानी का उदय सातवें दशक के अंतिम वर्षों में माना जाता है। लेकिन उसका वास्तविक उभार आठवें दशक में देखने को मिलता है। एक ओर इसमें नई कहानी आंदोलन के लेखक भी शामिल थे तो दूसरी ओर नए लेखक जुड़ रहे थे। काशीनाथ सिंह इसी आंदोलन के कहानीकार हैं।

प्रश्न 10. जनवादी कहानी और काशीनाथ सिंह पर टिप्पणी कीजिए।

उत्तर– काशीनाथ सिंह अपने ढंग से अपनी बात कहने के आदी हैं। इसीलिए इनकी गिनती अलग प्रकार के कहानीकारों में होती है। सातवें दशक की हिंदी कहानियों में काशीनाथ का नाम उल्लेखनीय है। काशीनाथ सिंह जनवादी कहानी के प्रतिनिधि हस्ताक्षर हैं। उनकी कहानियाँ जनवादी कहानी आंदोलन से जुड़ती हैं और उसके विकास की जमीन तैयार करती हैं। दरअसल जनवादी कहानी के सूत्र नई कहानी आंदोलन के प्रगतिशील कहानीकारों से जुड़ते हैं। इनमें भीष्म साहनी, अमरकान्त, मार्कण्डेय और शेखर जोशी प्रमुख हैं। ये कहानीकार नई कहानी आंदोलन के बाद साठोत्तरी कहानी के दौर में भी लेखन के क्षेत्र में डटे रहे और अपनी प्रगतिशील चेतना से लैस कहानियाँ लिखते रहे। जनवादी लेखक संघ की स्थापना (1982) के बाद जनवाद शब्द तेजी से चल पड़ा जो वास्तव में प्रगतिशील सरोकारों का ही प्रतीक है। यही कारण है कि युगीन संदर्भों को अपनी रचना में शामिल करते हुए उपर्युक्त चारों लेखक जनवादी कहानी का भी विस्तार करते रहे। यही नहीं, साठोत्तरी कहानी के अन्य आंदोलनों से प्रभावित हुए बिना इन्होंने अपनी कहानियों का केंद्रीय तत्त्व जनवादी ही बनाए रखा और एक नए आंदोलन में शामिल नए कहानीकारों के लिए आधारभूमि तैयार की। काशीनाथ सिंह के साथ रमेश उपाध्याय, मधुकर सिंह, इसराइल, ज्ञानरंजन, सतीश जमाली, विजयकांत आदि जनवादी कहानी के प्रमुख कहानीकार हैं।

यहाँ एक प्रश्न उठ सकता है कि जब काशीनाथ सिंह की पहली कहानी 1960 में प्रकाशित हुई थी और जनवादी लेखक संघ की स्थापना 1982 में हुई तो क्या काशीनाथ सिंह की आरंभिक कहानियाँ अकहानी आंदोलन से एकदम मुक्त हैं? इसके दो उत्तर हो सकते हैं–एक तो यह कि जब अकहानी के दौर में भी नई कहानी आंदोलन के प्रगतिशील लेखक अपने को उससे मुक्त रखने में सफल रहे तो काशीनाथ सिंह उससे मुक्त होकर कहानियाँ क्यों नहीं लिख सकते थे? दूसरा यह कि हाँ, काशीनाथ सिंह की आरंभिक कहानियों में यह द्वंद्व दिखता है। मधुरेश अपनी पुस्तक 'हिंदी कहानी का विकास' में लिखते हैं–'काशीनाथ सिंह भी सातवें दशक में उभर कर आए। वह वस्तुत: अकविता का दौर था और अकहानी आंदोलन भी उन्हीं स्थितियों का परिणाम था। यही कारण है कि और अनेक लेखकों की भाँति इन लेखकों की इस दौर की कहानियों में भी अकहानी के तत्त्वों को आसानी से देखा जा सकता है। काशीनाथ सिंह की कहानियों के पहले संग्रह 'लोग बिस्तरों पर' में इस द्वंद्व को देखा जा सकता है।' लेकिन काशीनाथ सिंह जल्दी ही इस द्वंद्व से निकल जाते हैं और 'आदमीनामा' का सफर तय करते हैं।

अपनी कहानियों के संग्रह 'कहनी उपखान' में काशीनाथ सिंह अपने पाठकों से कहते हैं–मेरी शुरुआत ही यहाँ से हुई थी कि महज लिखने के लिए मत लिखो। फालतू, बेमतलब और भर्ती का तो कतई नहीं। नई कहानी हो या किसी दौर की कहानी-प्रवाह या कथाधारा में बहने के बजाय तैरना सीखो; डूब जाने के खतरे उठाकर भी तैरो, अपने हाथों-पैरों और विवेक के बलबूते, पीछे-आगे, अगल-बगल देखकर, सोच-समझकर और अपनी ओर से कोशिश मैंने यही की। मैं लिखता रहा, जिन दिनों हमारे साथी कथाकार चुप और बेबस थे, उन दिनों भी लिखता रहा। ऐसा संभव इसीलिए हुआ कि मैंने न तो कभी खुद को 'ड्राइंग रूम' या 'स्टडी रूम' तक सीमित रखा और न कभी 'समकालीन मुहावरों' के पीछे पड़ा। शायद इसी का परिणाम था कि मैं 'साठ' का कहानीकार होकर भी 'साठ' का नहीं रह सका। कभी तो बदलते समय के साथ मेरी कहानियाँ बदलीं और कभी कहानियों के बदलने के साथ समय की कहानियों का मिजाज बदला। कहने की जरूरत नहीं है कि 'जनवादी कहानी' की चर्चा जिन कहानियों से आरंभ हुई थी, उन्हीं में 'मुसइ चा', 'सुधीर घोषाल', 'जंगल-जातकम्', 'लाल किले के बाज' जैसी कहानियाँ रही हैं। हालाँकि इस संदर्भ में 1970-71 में प्रकाशित हुई 'चोट' और 'हस्तक्षेप' को भी अनदेखा नहीं किया जाना चाहिए।

काशीनाथ सिंह द्वारा दिए गए उपर्युक्त कथन से यह स्पष्ट होता है कि 1982 के पूर्व ही वे जनवादी कहानी के आरंभकर्त्ताओं में शामिल हो चुके थे। मई 1982 में अमरकंटक में आयोजित कहानी रचना शिविर में साहित्य और जनवादी लेखक के बारे में वे स्पष्ट करते हैं–'मेरी जेहन में साहित्य मानवीय संवेदनाओं के घात-प्रतिघात की गतिशील प्रक्रिया का भाषाबद्ध इतिहास है। जनवादी लेखक का काम है–उस गतिशील प्रक्रिया का जीवंत बिम्ब प्रस्तुत करना जो पढ़ने वाले के मानसिक संसार में हलचल पैदा करे। इसकी पहली शर्त है–रचना में पढ़े जाने का आकर्षण। आप चाहे जैसी क्रांतिकारी वस्तु दीजिए, यदि वह पढ़ने के लिए आमंत्रित न कर सके, उत्साहित न कर सके, अपने को पढ़ डालने के लिए बाध्य न कर सके तो आप उसे बिसाती की तरह सिर और पीठ पर लादे या काँख में दबाए गली-गली घूमा कीजिए–उम्दा होगी, अपनी बला से, चाहे आप जितना 'वस्तुवाद' 'रूपवाद' चिल्लाया करें। दूसरी शर्त है–उस वस्तु की संवेदना को तीक्ष्णतम रूप में पाठक की चेतना के समस्त स्तरों पर फैला देना–इस कदर कि पढ़ने वाले को एहसास हो कि सच का सिर्फ एक रंग है। यह कोई सम्मोहन-क्रिया व्यापार नहीं है, यह सचेतन पाठक के लिए इस्तेमाल में लाई गई रचनात्मक क्षमता है जो एक लेखक से 'पत्रकार' होने की नहीं, कलाकार होने की माँग करती है।' काशीनाथ सिंह की कहानियों में यही ताकत मौजूद है। आम जन की संवेदना को भरपूर तरजीह और भाषा का चुटीला प्रयोग उनकी सहज कहानियों में सम्मोहन जगाते हैं। वे देशज संवेदना को बोलचाल की सहज भाषा में जबरदस्त विस्तार देते हैं और साधारण जन के कहानीकार बन जाते हैं। इस प्रकार, उनकी कहानियाँ अपने समय और समाज में गहरी रची-बसी कहानियाँ हैं।

प्रश्न 11. 'सुख' कहानी की कथावस्तु पर प्रकाश डालिए।

उत्तर– 1964 में प्रकाशित हुई 'सुख' काशीनाथ सिंह की बेहद चर्चित एवं महत्त्वपूर्ण कहानी है। नामवर सिंह 'कहानी : नई कहानी' में नई संवेदना, नए नामों की चर्चा जब अंतिम

पृष्ठ पर करते हैं तो कुछ गिनी-चुनी कहानियों में 'सुख' का नाम लेते हैं। काशीनाथ सिंह भी मानते हैं कि 'यह कहानी मेरी ही नहीं, मेरे दौर के अलग मिजाज की शुरुआत थी।' यह कहानी अपने ही परिवार और समाज में अकेले पड़ते जा रहे मनुष्य की कहानी है।

'सुख' कहानी की शुरुआत कुछ इस तरह से होती है–'भोला बाबू को नौकरी से वापस आए हफ्ता भी नहीं हुआ था कि एक घटना हो गई।' यही घटना और उससे जुड़े संदर्भ सुख का विस्तार करते हैं, केंद्रीय कथानक बनते हैं। घटना यह हुई कि वे कमरे में पड़े अखबार पढ़ रहे थे। एक शाम खिड़की से कोई किरण आई और उनके गंजे सिर पर पड़ रही, जैसे–वह किसी नन्हें बच्चे की हथेली हो, गरम और गद्देदार। भोला बाबू लेटे से बैठ गए। देखा, सूरज पहाड़ी के पीछे कहीं चला गया है और वह किरण उनके सिर पर ज्यों-की-त्यों रखी है। वे उठे। उन्होंने सामने की दीवार पर हाथ रखा। कुछ क्षण पहले ललाई यहाँ भी ठहरी थी। हथेली जरा गरम लगी। वे तेज कदमों से आगे बढ़े और चारदीवारी तक गए। फिर रुक गए। यहाँ से सूरज दिख रहा था–पहाड़ियों के कुछ ऊपर, बादलों के कहीं आस-पास! ताड़ और बबूलों के बीच में। उन्होंने स्वयं पर निगाह डाली–मारकीन का सफेद कुर्ता गुलाबी हो उठा था। वे मुस्कुराए, 'देखो, दुनिया में क्या-क्या चीजें हैं। कितनी अच्छी-अच्छी चीजें।' भोला बाबू को प्रकृति का यह रूप बहुत अच्छा लगा।

सहसा भोला बाबू का ध्यान सूरज पर गया। सूर्यास्त का यह दृश्य दिखाने के लिए वे अपनी पत्नी को बुलाते हैं किंतु पत्नी चूल्हे-चौके में इतनी व्यस्त हो चुकी हैं कि उनके अंदर का सौंदर्यबोध मर चुका है। उन्हें सूरज नहीं दिखता बल्कि सड़क पर ईंटों से लदे खच्चरों की पाँच और उनके पीछे चलते आदमी दिखते हैं। भोला बाबू जब उन्हें ताड़ों के बीच में, धुँधली-धुँधली पहाड़ियाँ, लाल सूरज और गोलाई पर पतले भूरे बादलों को दिखाते हैं और कहते हैं कि देखो, उसे अच्छी तरह देखो तो वे रूखाई से कहती हैं–'उसे क्या देखना? आप आज देखते हैं। मैं जिंदगी-भर से देख रही हूँ।' भोला बाबू को इस विशेष घटना का ऐसा सरलीकरण पसंद नहीं आया। वे क्रोध और व्यंग्य से अपनी पत्नी को वहाँ से चले जाने को कह देते हैं।

भोला बाबू देखते रहे–'सूरज, बादल, बादलों पर, उभरते रंग, रंगों पर खिंचती धारियाँ, पहाड़ियों के सामने वाले हिस्सों का धुँधलापन, धुँधलेपन के बिल्कुल ऊपर-चोटी पर लाल कुहासे का क्षीण होना।' उन्होंने सोचा–'यह सूरज! अब तक कहाँ था? यह शाम आखिर किधर थी? आज वे क्या देख रहे हैं?' भोला बाबू सूर्यास्त का यह दृश्य देखकर अभिभूत हैं। प्रकृति के इस चितेरे ने इस दृश्य को कैद कर लेना चाहा अपनी आँखों में और चाहा कि इस पल का साक्षी वे सबको बना दें। शायद इसीलिए उन्होंने छोटे बच्चे नीलू से सबको बुलाकर लाने को कहा किंतु सब अपने-अपने कामों में व्यस्त थे, कोई नहीं आया। वे सूरज को देखते रहे, खुश होकर तालियाँ बजाईं और सड़क से गुजर रहे ऊँटवाले से उधर देखने को कहा किंतु ऊँटवाला भी उधर देखता हुआ आगे बढ़ गया। सूरज डूब गया। वे वहाँ से हट आए। आराम से कुर्सी पर चुपचाप बैठ गए। उनका मन उदास होने लगा।

भोला बाबू इस खुशी को सबसे बाँटना चाहते थे। प्रकृति के इस मनोरम दृश्य के माध्यम से वे सबको उस खूबसूरत शाम से, प्रकृति से जोड़ना चाहते थे। वे ठहरने वाले नहीं थे। 'यह ऐसी बात नहीं, जो यों ही छोड़ दी जाए–उन्होंने विचारा। वे आज चलेंगे और कहेंगे। सबसे कहेंगे। लेकिन सबसे पहले माधव के यहाँ चलेंगे। माधव मुख्तार जो है। सब कुछ समझता है,

बूझता है, फिर उसे लेकर कहीं और।' भोला बाबू ने धोती पहनी, छड़ी ली और चल पड़े। रास्ते में उन्हें बीज-गोदाम पर जिलेदार साहब मिले जिनके साथ कुछ और लोग भी थे। वे उन लोगों के साथ ही बैठ गए। वहाँ नहर से मछलियाँ पकड़ने के लिए जाल लगाने की बात चल रही थी। सब अपने-अपने तर्क दे रहे थे। भोला बाबू को मौका मिला तो उन्होंने शाम को ही जाल लगाने का तर्क दिया और शाम भी कब जब सूरज डूब रहा हो। लेकिन बात आगे नहीं बढ़ सकी क्योंकि उनकी बात काटते हुए एक आदमी ने तर्क दिया कि 'अरे शाम-वाम से कुछ नहीं होता। मछलियों के चढ़ने का समय आधी रात और भिननुसार है।' भोला बाबू को चुप होना पड़ा। बात हाथ में आकर फिसल गई—इसका उन्हें दुख हुआ। लेकिन भोला बाबू ने हार नहीं मानी। उन्होंने सोचा जिलेदार साहब अकेले में हों तो उन्हें शाम वाली बात बताएँगे। जब वहाँ से कोई नहीं टला और देर होने लगी तो भोला बाबू ने जिलेदार साहब को अकेले में बुलाकर अपनी बात कहनी चाही। शाम के सूरज की खूबसूरती बयान करने पर जिलेदार साहब को कुछ नया नहीं लगा। उन्होंने कहा—'यह कोई नई बात नहीं। ऐसा रोज हो रहा है। मौसम ही इस तरह का है।' उनकी इस बात पर भोला बाबू विस्मित रह गए। हद तो तब हो गई जब इसे गैर-महत्त्वपूर्ण बात मानते हुए जिलेदार साहब ने पूछ लिया—'बात क्या है? वह कहिए!' भोला बाबू का उत्साह ठंडा पड़ गया और वे यह कहते हुए कि 'अब आपको क्या बताएँ साब!' उन्होंने धीरे से कहा।

वे सीधे बाजार में निकले। वे दुखी थे। उन्हें लगा कि वे जिलेदार के यहाँ बरबस चले गए। जिलेदार को लोग बेवजह बुद्धिमान कहते थे। आज उसकी पोल खुल गई। फिर उन्हें लगा कि 'यह ऐसी बात नहीं, जिसे सब समझ लें।' परंतु इस विचार से उन्हें और पीड़ा होने लगी। भोला बाबू इसी पीड़ा को लिए माधववाली गली में मुड़ने को हुए। वहाँ पहुँचकर उन्होंने माधव को पुकारा किंतु माधव दोपहर से ही घर से बाहर थे। वहाँ उनकी मुलाकात सोहन से हुई। सोहन मुख्तार साहब की गाय-भैंसों की देखभाल करता था। मुख्तार साहब दोपहर से बाहर थे तो उन्होंने तो सूरज देखा नहीं होगा, हाँ सोहन ने जरूर देखा होगा। यही सोचकर उन्होंने सोहन से पूछा—'तुमने आज सूरज देखा था?' सोहन को बात समझ में नहीं आई। उसने कहा—'कौन सूरज? सुरजा तेली!' 'नहीं कोल्हू। बेवकूफ', भोला बाबू खीझ उठे। उसके बाद तो हद ही हो गई। भोला बाबू ने कहा—'मैं आसमान के सूरज की बात कर रहा हूँ।' 'हाँ बाबू, देखा था।' सोहन ने उत्तर दिया। भोला बाबू उत्साहित हुए—'कुछ खास तुम्हें लगा था?' 'मतलब?' सोहन ने दीनता प्रकट की। 'कुछ गोल-गोल, कुछ लाल-लाल', भोला बाबू ने सोहन की सहायता की। लेकिन सोहन समझ नहीं सका। उसने कहा—'तो?' 'तो तुम्हारा सिर! और भैंस पालो', भोला बाबू ने क्रोध में कहा। उनकी रही-सही आशा भी खत्म हो गई। "आखिर लोग क्या होते जा रहे हैं?" वे झल्ला उठे।

भोला बाबू घर लौट आए और बिस्तर पर गिर पड़े। 'घर में बिस्तर पर पड़े हुए उन्होंने सोचा—'हाय! दुनिया कितनी बदल गई है।' ढलती शाम का वह खुशगवार पल उन्हें भूल नहीं रहा था। उन्होंने सोचा कल शाम को सबको बुलाएँगे और सबको समझाएँगे कि देखो, दुनिया में चूल्हा, योजना, कचहरी, ऊँट और दूध ही सब कुछ नहीं है। सूरज भी है। लेकिन ऐसा सोचते हुए भी उन्हें दुख हुआ कि 'कितने लोग है, जो कल भी इसे समझ सकेंगे।' भोला बाबू के अंदर का उत्साह मरने लगा। वे उदास और खिन्न हो गए। पत्नी खाना लेकर आई तो खाने से मना

कर दिया। भोला बाबू निस्पृह हो चुके थे। उन्होंने अपने को असंग और एकाकी महसूस किया। पत्नी से कहा–'देखो, कहने को यह बीवी है। यह बेटा है। यह बेटी है। यह मकान है। यह जायदाद है। ये दोस्त हैं। ये नातेदार हैं। लेकिन सच पूछो तो कोई किसी का नहीं।' पत्नी ने आँखों में आँसू भरकर पूछा–'आप ऐसा क्यों कह रहे हैं?' 'जब मेरा कोई दुख नहीं समझ सकता, तो कैसी बीवी और कैसा बेटा? मेरा कोई नहीं है', भोला बाबू का स्वर भी भर्रा आया था। पत्नी रोने लगीं तो साथ में खड़े बच्चे भी सिसकने लगे। भोला बाबू बोले–'इसमें रोने की क्या जरूरत है? तुम सब जाओ। खाओ-पियो। बस, मैं नहीं खाऊँगा।' लेकिन पत्नी का मन भयभीत होने लगा कि भोला बाबू ये कैसी बातें कर रहे हैं? वे जोर से रो पड़ीं। बच्चे भी चिल्ला पड़े। भोला बाबू कुहनी के सहारे उठ बैठे और पत्नी को झकझोर कर पूछा–'बिट्टी की माँ। आखिर क्यों? यह सब क्यों?' बिट्टी की माँ और जोर से रोने लगीं। भोला बाबू देखते रहे और सहसा फूटकर रोने लगे। रोने वालों में सबसे ऊँचा और दुखी स्वर भोला बाबू का था।

प्रश्न 12. 'सुख' कहानी की समीक्षा कीजिए।

उत्तर– 1964 में 'कल्पना' पत्रिका में 'सुख' कहानी प्रकाशित हुई थी। इस दृष्टिकोण से देखें तो यह उस दौर की अलग किस्म की या यूँ कहें कि पहली कहानी है जो प्रकृति और मनुष्य के बीच रिश्ते को लेकर लिखी गई है। कहानी दर्शाती है कि रिश्ते कैसे खत्म हो रहे हैं। दरअसल वह दौर संबंधों के विघटन का दौर था। दूधनाथ सिंह की कहानी 'रक्तपात' और ज्ञानरंजन की कहानी 'पिता' को इस नजरिए से देखा जा सकता है। पति-पत्नी और बाप-बेटा के बीच भी संबंध विघटित हो रहे थे। इसी समय मध्यवर्ग विकसित होना शुरू हुआ था। यह मध्यवर्ग रुपए-पैसे की चिंता और फिक्र में था। इस परिस्थिति ने अलगावबोध (एलिएशन) जैसे हालात खड़े किए। इस अकेलेपन का भी सामाजिक संदर्भ है। 1962 के चीन युद्ध में हम हार चुके थे। आजादी के बाद के सारे सपने, सारी उम्मीदों से मोहभंग हो चुका था। शहर बढ़ रहे थे और लोग नौकरी की चाह में शहर आ रहे थे। शहर में वे नए थे और अपने को इस माहौल में ढाल नहीं पा रहे थे जिससे वे कहीं के नहीं रहे–न शहर के, न गाँव के। इन हालातों में संवेदनाएँ क्षरित हो रही थीं। हालाँकि उस दौर में भी बनारस इससे अलग था और वहाँ संवेदनाएँ बची थीं। सामाजिक सरोकार अकहानी दौर में भी शेष था।

काशीनाथ सिंह उस दौर में भी जनवादी संदर्भों को अपनी कहानियों में जगह दे रहे थे लेकिन अलगावबोध आम लोगों में बढ़ रहा था। उनके लिए सारा सौंदर्यबोध बेमानी था। परिणाम यह हुआ कि जगत का सारा सौंदर्य रूटीन की तरह हो गया जिसमें कुछ बचा था उसकी हालत भोला बाबू वाली हो गई। ऐसे माहौल में होता यह है कि कोई चीज हमें अच्छी लगती है लेकिन दूसरे को नहीं। 'सुख' कहानी में भी यही होता है। भोला बाबू का दुख ही सुख है, जिसे सुनने के लिए किसी के पास फुर्सत नहीं है।

शुरुआत में काशीनाथ सिंह पर रसियन क्लासिक, चेखव, प्रेमचंद और रेणु का गहरा असर था। उनके यहाँ लोक कथाओं की शैली भी मिलती है। आरंभ में वे आधुनिकतावाद पर खूब चोट करते हैं। 'चायघर में मृत्यु' उनकी ऐसी ही कहानी है। लेकिन कहानी कहने की उनकी अपनी ही शैली है। यहाँ प्रश्न यह है कि उनके आरंभिक दिनों की यह कहानी इतनी महत्त्वपूर्ण क्यों है? दरअसल 'सुख' कहानी की जड़ें इतनी मजबूत हैं कि इसे तो महत्त्वपूर्ण होना ही था।

इस कहानी पर 'चेखव' की कहानी 'ग्रीफ' (दुख) का प्रभाव है। चेखव की कहानी में भी एक ताँगेवाला है जो गरीब है। उसके पास खाने तक को नहीं है। इन्हीं परिस्थितियों में उसका बेटा मर गया है। वह दुखी है। बेटा कितना अच्छा था—वह सबको बताना चाहता है। अपने दुख को बाँटने के लिए वह अपना दुख सवारियों से कहना चाहता है लेकिन कोई सुनना नहीं चाहता। लौटकर घर आता है तो घोड़े से अपना दुख कहता है। स्पष्ट है कि 'ग्रीफ' से सीधे जुड़ती है—'सुख'। उसी हालात में हैं भोला बाबू। सूर्यास्त कितना अच्छा लगता है—इसे बताने की कोशिश वे सबसे करते हैं लेकिन कोई सुनना नहीं चाहता। हर आदमी की अपने काम-धंधे में व्यस्तता है, उसके लिए सूरज का डूबना एक रूटीन है। इस बात का संकेत कि अब रात होने वाली है और उसे अब काम-धंधे के लिए फिर अगले दिन उठना है। शायद रात नहीं होती तो वह और काम करता! सूर्यास्त रोज की एक सामान्य घटना है, इसमें नया क्या है! और खास बात यह कि यह कोई बात नहीं है जिसको लेकर इतना उतावलापन दिखाया जाए। प्रकृति को लेकर भला इतना उत्साह क्यों? इतना प्यार क्यों? प्यार अगर जरूरत है, आवश्यकता है तो हम प्रकृति को भी इसलिए प्यार करते हैं कि वह हमारी जरूरत है। हम बड़ा होना चाहते हैं और वह इसमें बराबर कहती है—देखो, हमारे जैसा बनो। ऐसा ऊँचा, ऐसा विराट, ऐसा विशाल, इतना सुंदर, इतना आत्मीय। उठे रहने और तने रहने की अटूट परंपरा। जड़ों से रस चूसकर हर हाल में जीवित रहने की उत्कट अभिलाषा। एक अदम्य जिजीविषा।

लेकिन लोग अपने-अपने कामों में व्यस्त हैं। एक-दूसरे से बात करना तो दूर, एक-दूसरे को देखने तक की फुर्सत नहीं। कोई किसी को पहचानता नहीं, जानता नहीं। अजनबीपन का धधकता भीषण रेगिस्तान। भोला बाबू भी शायद इसीलिए अपनी पत्नी से कहते हैं—'देखो, कहने को यह बीवी है। यह बेटा है। यह बेटी है। यह मकान है। यह जायदाद है। ये दोस्त हैं। ये नातेदार हैं। लेकिन सच पूछो तो कोई किसी का नहीं।'...... 'मेरा कोई नहीं।' भोला बाबू पूरी शाम घूमते रहे पर उनकी बात कोई नहीं सुनता। न ही खास, न ही आम आदमी। उनकी झल्लाहट में जो दर्द है, वह उनकी जुबान पर आ जाता है—'आखिर लोग क्या होते जा रहे हैं?' 'हाय! दुनिया कितनी बदल गई है।' यह अलगावबोध उन्हें बेधता है। वे ठीक ही कहते हैं—'जब मेरा कोई दुख नहीं समझ सकता, तो कैसी बीवी और कैसा बेटा?' उन्हें दुख है कि सूर्यास्त के सौंदर्य को समझने वाले अब नहीं रहे—'कितने लोग हैं, जो कल भी इसे समझ सकेंगे?' हमारे मन में एक प्रश्न आता है कि कहीं यह पीढ़ियों का द्वंद्व तो नहीं? नई पीढ़ी स्पर्धा भरी दुनिया में भागमदौड़ मचाए हुए है और पुरानी पीढ़ी फुर्सत के रात-दिन को याद करने में ही मस्त है। लेकिन यह द्वंद्व कहानी में नहीं उभरता। जिलेदार साहब और बिट्टी की माँ भी पुरानी पीढ़ी की ही हैं परंतु उन्हें सूर्यास्त से मतलब नहीं है। हाँ, उपेक्षा के भाव को लेकर इस कहानी पर एक अलग कोण से भी बात हो सकती है।

नई कहानी की समय सीमा मोटे तौर पर 1963 तक मानी जाती है और 'सुख' कहानी का प्रकाशन वर्ष है—1964। नई कहानी के दौर में मार्कण्डेय की 'गुलरा के बाबा', भीष्म साहनी की 'चीफ की दावत' और उषा प्रियंवदा की 'वापसी' कहानी ने धूम मचाई थी। इन सभी कहानियों में बुजुर्ग चरित्र की उपेक्षा का मुद्दा बदलते माहौल में उठाया गया था। उषा प्रियंवदा की कहानी 'वापसी' के गजाधर बाबू को कुछेक मायनों में भोला बाबू के साथ रख सकते हैं। 'वापसी' में गजाधर बाबू रिटायर होकर घर आते हैं तो 'सुख' में भोला बाबू को नौकरी से वापस

आए हफ्ता भी नहीं हुआ था कि शाम वाली घटना हो गई। वह भी वहाँ जहाँ वे जिंदगी-भर तार बाबू रहे। गजाधर बाबू की पत्नी भी चूल्हे-चौके में इतनी डूब चुकी थीं कि उनके लिए सब कुछ रोज-रोज के रूटीन में ढल चुका था, वहीं भोला बाबू की पत्नी का भी यही हाल है। उपेक्षित गजाधर बाबू भी हैं और भोला बाबू भी, दोनों के लिए दुनिया बदल गई है। दोनों के लिए पत्नी और बच्चों तक के संबंध अपने मायने खो चुके हैं। कहने का मतलब यह कि युगीन यथार्थ का दबाव इन कहानियों के वस्तु निर्माण की सामग्री बनता है। मध्यवर्ग का उदय, शहरीकरण के दबाव, अलगावबोध, अकेलापन, अजनबीपन, एकरसता और संबंधों में टूटन इस दौर की वास्तविकता थी और इसके शिकार संवेदनशील लोग ही हो रहे थे। भौतिकता की दुनिया से अछूते लोगों को लग रहा था कि वे जिंदगी द्वारा ठगे गए हैं क्योंकि कोई भी अपना सगा नहीं लग रहा था। फिर भी 'वापसी' और 'सुख' के संदर्भ एकदम से एक नहीं हैं। गजाधर बाबू अपने ही बीवी-बच्चों से उपेक्षित होकर पुरानी जगह पर लौट जाते हैं जहाँ गनेशी है, मिल वाले लोग हैं। वहाँ अब भी उनकी इज्जत थी, सम्मान था, दुख-सुख बाँटने वाले लोग थे। जिन्होंने अपना नहीं समझा, वे कोई और नहीं सामाजिक रूप से अपने कहे जाने वाले लोग थे। लेकिन भोला बाबू कहीं और नहीं जाते, अपने घर में ही रहते हैं, फिर भी उन्हें लगता है—उनका कोई नहीं। यह अलगाव कहीं गहरा है, सूक्ष्म है और आदमी की संवेदना को बेधकर उसे पागलपन की हद तक पहुँचा देने वाला है। वे उस दुनिया के हिस्से हैं जहाँ उनकी बात को सनक के रूप में परिभाषित करके उन पर हँसने वाले भी मिल जाएँगे। स्वयं उनकी पत्नी परेशान हैं—'यह आप क्या कह रहे हैं? आपको क्या हो गया है?' यह 'आपको क्या हो गया है?'—स्पष्टतः ध्वनित करता है कि भोला बाबू किसी मानसिक विकार के शिकार हो रहे हैं। भला ऐसे में कोई क्या करे? सब स्तब्ध और हताश होकर जोर-जोर से रोने लगते हैं। यहीं पर यह कहानी नई कहानी की दुनिया से निकलकर आगे के दौर की शुरुआत करती है। स्पष्ट है कि काशीनाथ सिंह जब यह कहते हैं कि 'यह कहानी मेरी ही नहीं, मेरे दौर के अलग मिजाज की शुरुआत थी'—तो एकदम सटीक कहते हैं। काशीनाथ सिंह द्वारा प्रस्तुत यह कहानी प्रकृति और मनुष्य के मध्य के संबंध को व्यक्त करती है।

प्रश्न 13. काशीनाथ सिंह की भाषा-शैली स्पष्ट कीजिए।

उत्तर— काशीनाथ सिंह की भाषा के असली मर्म को समझने के लिए जरूरी है कि उसे उनके समूचे साहित्य के संदर्भ में देखा जाए। काशीनाथ सिंह अपनी खास शैली में कहानी कहने के लिए प्रसिद्ध हैं। किस्सागोई की शैली उनकी ताकत है। मानव-मन की संवेदनाओं की सूक्ष्म पकड़ रखने वाला कहानीकार अक्सर संकेतों में सब कुछ कह जाता है। हल्के-फुल्के संदर्भों को लेकर अकथ को कथनीय बनाने का शिल्प भी काशीनाथ सिंह की कहानियों में मिल जाएगा। 'बैलून' कहानी कुछ इसी तरह के शिल्प की कहानी है। उनकी कहानियों में सांकेतिकता तो है ही, बिम्बात्मक चित्रण भी खूब है। हालाँकि समय के साथ बनारस का असर उनकी कहानियों पर दिखाई देता है। बनारस की आम जन की अल्हड़ भाषा में वे पाठक के साथ चुहल करते चलते हैं। लेकिन इनमें कहीं भी जनवादी संदर्भ गायब नहीं होते। ढहती हुई सामंती व्यवस्था की कहानी खास संकेतों के साथ देखनी हो तो काशीनाथ सिंह की कहानी 'सदी का सबसे बड़ा आदमी' पढ़ी जा सकती है।

इसके अलावा, बनारस की कबीरपंथी शैली भी उनके यहाँ मिलती है। बन पड़ा तो सीधे-सीधे नहीं तो दरेरा देकर। 'मुसई चा' कहानी का आरंभ और अंत दिलचस्प है। कहानी के अंत में 'पाठक भाई' का संबोधन 'साधो' की याद दिलाता है। 'जंगल जातकम्' में कहानी कुछ यों बढ़ती है–'स' इलाके में एक जंगल था। कहानी में लोक स्वर को बोलचाल की भाषा में जगह मिली है, इसके लिए उन्हें देशज शब्दों से कोई परहेज नहीं है। इससे कहानी में कहीं दिक्कत नहीं आती। कथ्य-शिल्प का गुंफन ऐसा कि हम कहानी पढ़ते चले जाते हैं और कहीं कोई शब्द नहीं खटकता। व्यंग्य इनकी कहानियों की जान है और व्यंग्य के लिए जिस भाषा की जरूरत है, वह उनके पास मौजूद है। 'सुख' कहानी में भी इस तरह की भाषा के संदर्भ मिलते हैं। व्यग्रता में आदमी अक्सर सामने वाले की नासमझी पर व्यंग्यात्मक टिप्पणी करता है। भोला बाबू भी करते हैं। वे अधीर हैं सूरज दिखाने के लिए और लोग समझ नहीं पा रहे हैं उनकी बात को। फिर क्या, बिट्टी की माँ के लिए सलाह है–'जाकर माँड़ पसाओ और आटा गूँथो'। 'अब एक काम करो कि चलो। चूल्हा फूँको'। ऊँट वाले ने कुछ नहीं कहा तो उनके मुँह से निकला–'स्साले'। वहीं सोहन उनकी बात नहीं समझ सका तो–'नहीं, कोल्हू। बेवकूफ'।..... 'तो तुम्हारा सिर! और भैंस पालो'।

काशीनाथ सिंह की एक खास आदत यह है कि वह कहानियों के आरंभ में, बीच में या अंत में अक्सर कोई महत्त्वपूर्ण टिप्पणी कर देते हैं, जैसे 'बाँस' कहानी का आरंभ देखिए–'कहानियाँ सुनने-सुनाने के लिए ही होती हैं–आज की हों या कल की। और वे कई तरह की होती हैं। कुछ कहानियाँ होती हैं जिन्हें हम सुनते हुए भी नहीं सुनते! कुछ कहानियाँ होती हैं जो इस कान से आती हैं और उस कान से निकल जाती हैं। कुछ कहानियाँ होती हैं जो कान में आती हैं, कुछ समय के लिए अंदर पड़ाव डालती हैं और अंत में डेरा-डंडा उठाकर चल देती हैं। मगर कुछ कहानियाँ ऐसी भी होती हैं जो दिल और दिमाग में अपना घर बनाती हैं और वहीं बस जाती हैं–हमेशा के लिए।' विभिन्न प्रकार की कहानियों को लेकर यह एक महत्त्वपूर्ण टिप्पणी है। 'सुख' ऐसी ही एक कहानी है जो दिल और दिमाग में अपना घर बनाती है और वहीं बस जाती है–हमेशा के लिए। कहानी पढ़ते हुए लगता है यह कहानी नहीं कविता है। सूर्यास्त का वर्णन पोइटिक है। सूर्यास्त के सौंदर्य से अभिभूत भोला बाबू पूरे दृश्य को ऐसे देखते हैं कि कहानी कविता की तरह हो जाती है। भोला बाबू बाहर निकलते हैं और देखते हैं–'बाहर हरी घास लाल है। चारदीवारी लाल है.....सूरज का गोला छोटा-बड़ा हो रहा था। काँप रहा था। ....सूरज, बादल, बादलों पर उभरते रंग, रंगों पर खिंचती धारियाँ ...प्रकाश कई धाराओं में, कई रंगों में।' हिंदी कविता में 'संध्या सुंदरी' का वर्णन कवियों ने भरपूर किया है। काशीनाथ सिंह वह प्रयोग कहानी में करते हैं और ढलती शाम का अद्भुत बिम्ब रचते हैं। कहानी बातचीत की शैली में आगे बढ़ती है। भोला बाबू के इर्द-गिर्द घूमती। बातचीत है तो संवाद भी बहुत अच्छे बन पड़े हैं। शाम के दृश्य को दिखाने के लिए, समझाने के लिए जिस संवाद-कौशल की जरूरत है, वह यहाँ दिखता है। छोटे-छोटे वाक्यों में, कहीं-कहीं एक-एक शब्द में, हैं, हाँ में। लगता है कोई काव्य-नाटक चल रहा हो। भोला बाबू और बिट्टी की माँ के बीच का संवाद इस प्रकार है–

'ताड़ों के बीच में देखो। धुँधली-धुँधली पहाड़ियाँ हैं।'
'हैं।'
'लाल सूरज है?'

'हाँ।'
'गोलाई पर पतले भूरे बादलों की लकीरें हैं?'
'हाँ, हैं।'
'तो देखो। उसे अच्छी तरह देखो।'
'उसे क्या देखना? आप आज देखते हैं। मैं जिंदगी-भर से देख रही हूँ।'
'हूँ' भोला बाबू ने गर्दन हिलाई, 'जिंदगी-भर से देख रही हो।'
'हाँ।'
'अच्छा। बड़ा अच्छा कर रही हो। अब एक काम करो कि चलो। चूल्हा फूँको।'

भोला बाबू के उत्सुकता भरते-भरते संवाद बिट्टी की माँ के "उसे क्या देखना?" आप आज देखते हैं। मैं जिंदगी भर से देख रही हूँ। कहते ही बिखर जाते हैं और क्रोध एवं व्यंग्य से भोला बाबू उन्हें वहाँ से जाने को कह देते हैं। यह है भाषा की ताकत। कहानी कहने की शैली का कमाल। पाठक मंद-मंद मुस्कुराते हुए कहानी पढ़ता चला जाता है, फिर धीरे-धीरे संजीदा होता है और बदलती दुनिया में भोला बाबू के साथ रोता हुआ सोचने के लिए बाध्य होता है। भोला बाबू के 'दुख' के साथ मिलकर 'सुख' शीर्षक सार्थक हो जाता है क्योंकि भोला बाबू का 'दुख' ही 'सुख' है जिसे सुनने के लिए किसी के पास फुर्सत नहीं है। इस प्रकार कहानी खत्म होकर वह संदेश दे जाती है जो कहानीकार देना चाहता है।

प्रश्न 14. मृदुला गर्ग का जीवन परिचय लिखिए।

उत्तर– मृदुला गर्ग हिंदी की सर्वाधिक लोकप्रिय लेखिकाओं में से एक हैं। उनका जन्म 25 अक्तूबर, 1938 को कोलकाता में हुआ था। इनके पिता श्री विरेंद्र प्रसाद जैन पेशे से मैनेजर थे और माता रविकांता जैन गृहिणी थीं। मृदुला जी के परिवार में कुल पाँच बहनें और एक भाई हैं।

उपन्यास, कहानी-संग्रह, नाटक तथा निबंध-संग्रह सब मिलाकर उन्होंने 20 से अधिक पुस्तकों की रचना की है। 1960 में अर्थशास्त्र में स्नातकोत्तर उपाधि लेने के बाद उन्होंने 3 साल तक दिल्ली विश्वविद्यालय में अध्यापन भी किया है। उनके छह उपन्यास–'उसके हिस्से की धूप', 'वंशज', 'चित्तकोबरा', 'अनित्या', 'मैं और मैं' तथा 'कठगुलाब', ग्यारह कहानी-संग्रह–'कितनी कैदें', 'टुकड़ा-टुकड़ा आदमी', 'डैफोडिल जल रहे हैं', 'ग्लेशियरा से', 'उर्फ सैम', 'शहर के नाम', 'चर्चित कहानियाँ', 'समागम', 'मेरे देश की मिट्टी अहा', 'संगति-विसंगति', 'जूते का जोड़ गोभी का तोड़', चार नाटक–'एक और अजनबी', 'जादू का कालीन', 'तीन कैदें' और 'सामदाम दंड भेद', दो निबंध-संग्रह–'रंग-ढंग' तथा 'चुकते नहीं सवाल', एक यात्रा संस्मरण– 'कुछ अटके कुछ भटके' तथा एक व्यंग्य-संग्रह–'कर लेंगे सब हजम' प्रकाशित हुए हैं।

उनके उपन्यासों को अपने कथानक की विविधता और नएपन के कारण समालोचकों की बड़ी स्वीकृति और सराहना मिली। उनके उपन्यास और कहानियों का अनेक हिंदी भाषाओं तथा जर्मन, चेक, जापानी और अंग्रेजी में अनुवाद हुआ है। वे स्तंभकार रही हैं, पर्यावरण के प्रति सजगता प्रकट करती रही हैं तथा महिलाओं व बच्चों के हित में समाज सेवा के काम करती रही हैं। उनका उपन्यास 'चित्तकोबरा' नारी-पुरुष के संबंधों में शरीर को मन के समांतर खड़ा करने और इस पर एक नारीवाद या पुरुष-प्रधानता विरोधी दृष्टिकोण रखने के लिए काफी

चर्चित और विवादास्पद रहा था। उन्होंने इंडिया टुडे के हिंदी संस्करण में लगभग तीन साल तक 'कटाक्ष' नामक स्तंभ लिखा है जो अपने तीखे व्यंग्य के कारण खूब चर्चा में रहा। वे संयुक्त राज्य अमेरिका के कोलंबिया विश्वविद्यालय में 1990 में आयोजित एक सम्मेलन में हिंदी साहित्य में महिलाओं के प्रति भेदभाव विषय पर व्याख्यान भी दे चुकी हैं। उनके 'उसके हिस्से की धूप' उपन्यास को 1975 में तथा 'जादू का कालीन' को 1993 में मध्य प्रदेश सरकार द्वारा पुरस्कृत किया गया है।

प्रश्न 15. 'हरी बिंदी' कहानी की कथावस्तु पर प्रकाश डालिए।

अथवा

'हरी बिंदी' कहानी में अभिव्यक्त स्त्री-स्वतंत्रता पर प्रकाश डालिए।

अथवा

'हरी बिंदी' कहानी में आए हुए प्रतीकों पर विचार कीजिए।

अथवा

'हरी बिंदी' कहानी की युवती स्वतंत्रता को किन मायनों में स्वीकारती है? कहानी के आधार पर लिखिए।

अथवा

'हरी बिंदी' कहानी के शिल्प पर विचार कीजिए।

उत्तर— 'हरी बिंदी' एक युवा स्त्री की कहानी है। कहानी की शुरुआत तथा कहानी का अंत एक पूरे दिन की घटनाओं के क्रम के दो छोर हैं। कहानी की केंद्रीय पात्र उस दिन अपने पति के शहर से बाहर जाने के बाद घर पर अकेली है। वह अपने पति की गैर मौजूदगी में इस पूरे दिन को स्वतंत्रता से जीना चाहती है।

कहानी के शिल्प में एक खिलंदड़ापन है, जिसमें सामान्य-सी छोटी-छोटी बातें हैं और कुछ हरकतें हैं जो ऊपर से देखने पर बिल्कुल ही अप्रधान लगती हैं। परंतु इन अप्रधान लगने वाली बातों एवं हरकतों के माध्यम से ही कहानी सोच की गहराइयों में पाठक को ले जाती है। स्त्री को ख्याल आता है कि उसका पति राजन दिल्ली गया हुआ है तो वह आश्वस्त होती है कि आज सुबह जल्दी नहीं उठना पड़ेगा। वह पलंग पर एक छोर से दूसरे छोर तक लेट जाती है। स्त्री का यह आश्वस्त होना वास्तव में बँधे-बँधाए उस नित्यक्रम से मुक्त होने की आश्वस्ति है। स्त्री जीवन की दिनचर्याएँ बँधी-बँधाई हैं परंतु ये दिनचर्याएँ उसके अपने लिए न होकर दूसरों की सुविधा के लिए हैं। दूसरों द्वारा बनाई गई व्यवस्था से तनिक मुक्ति की साँस लेकर नायिका बिस्तर पर जब पूरा लेट जाती है तो कहानी वहाँ जीवन को पूरेपन के साथ पाने और समग्रता में जी लेने का संकेत देती है जिससे तमाम दबावों के रहते स्त्री सदैव वंचित रह जाती है। कहानी की स्त्री कलाई पर घड़ी बाँधकर सोती है। यह उसकी आदत है जबकि पति राजन घड़ी की आवाज से चिढ़ता है और उसे उतारने को कहता है। यह घड़ी का बजना वास्तव में स्त्री के भीतर का स्पंदन है जिसे पितृसत्तात्मक व्यवस्था या तो सुन नहीं पाती या फिर अनसुना कर देती है।

कहानी की नायिका आँख खुलने के बाद चाय बनाकर खिड़की का पर्दा हटाकर बाहर की ओर झाँकती है तो उसे धुंध दिखाई देती है। नायिका को धुंध भली लगती है क्योंकि धुंध में

सब कुछ अदृश्य है और इसमें एहसास है कि कुछ दूर ऐसा है जो मोहक है। वह कहती है कि मैं भी खूब हूँ, मुझे धुंध में खुलापन नजर आता है और सूर्य के प्रकाश में घुटन। यहाँ सोचना है कि जीवन को अपने ढंग से जी लेने में जो सुख है, वह दूसरों के द्वारा बनाई गई व्यवस्था में जी लेने में नहीं है। स्पष्ट है कि स्त्री जब पैदा होती है तभी से उसके लिए यह तय कर दिया जाता है कि उसका जीना, उठना, बैठना, बोलना, चलना सभी कुछ किस प्रकार का होगा। एक टूर पैकेज के यात्री की तरह स्त्री अपना जीवन जब जीती है तो भीतर की संवेदनशीलता धीरे-धीरे शून्य होने या कुंद होने लगती है। कहा तो जाता है कि इस व्यवस्था में स्त्री सुरक्षित है परंतु इसके तहत रहते स्त्री घुटन का अनुभव लगातार करती है। इस दशा में स्त्री का अपनी ओर से उठाया गया एक कदम भी स्वतंत्रता की दिशा में उठाया गया कदम होता है।

पहले नायिका सोचती है कि वह चाय पीकर गरम पानी से देर तक नहाएगी परंतु अचानक ठंडे पानी की फुहार ऊपर छोड़ती जल्दी-जल्दी नहा लेती है। गरम पानी और शरीर जहाँ कंडीशनिंग से जुड़ते हैं, वहीं शरीर के तापमान से भिन्न ठंडा पानी उस कंडीशनिंग की स्थिति को तोड़ता है। नहा-धोकर नायिका स्फूर्ति का अनुभव करती है तो यह स्फूर्ति 'कंडीशनिंग' अवस्था से अपने को मुक्त कर लेने की झलक भी है। तदनंतर नायिका नीले रंग का चूड़ीदार पैजामा एवं कुर्ता पहनती है और हरी बिंदी लगाती है। वह सोचती है यदि उसका पति राजन होता तो कहता कि नीले पर हरे का क्या तुक। यहीं पर वह सोचती है कि आखिर तुक का क्या तुक? कहानी सूचित करती है कि पितृसत्तात्मक व्यवस्था यहाँ यह तो निर्धारित करती ही है कि स्त्री को अपना जीवन किस रीति से जीना है पर साथ-ही-साथ स्त्री के प्रति पुरुष का और स्त्री के प्रति स्त्री का सोचने का तरीका क्या हो, यह भी इसी व्यवस्था द्वारा तय कर दिया जाता है। यहाँ तक कि सौंदर्यशास्त्र या सौंदर्य के प्रतिमान स्त्री के अपने न होकर दूसरों के द्वारा निर्मित होते हैं। इसी कारण सौंदर्यशास्त्र के बने-बनाए ढाँचे में स्त्री की संकल्पनाएँ तक गुलाम हो जाती हैं। कहानी की स्त्री इसी पर प्रश्नचिह्न लगाती है और दर्पण में दिख रही अपनी प्रतिच्छाया को जबान निकालकर चिढ़ा देती है कि 'तुक का क्या तुक है!' और खिलखिलाकर हँस पड़ती है।

वह युवती मेज की दराज में पड़ी उन बालियों को निकाल कर कानों में लटका लेती है जो शादी के बाद इसलिए पहनने छोड़ दिए थे क्योंकि वे सोने के नहीं हैं। आभूषणों के संदर्भ में कहा जाता है कि उनका प्रयोग स्त्री अपने सौंदर्य को बढ़ाने के लिए करती है। परंतु शादी के बाद स्त्री किस प्रकार के आभूषणों को धारण करेगी, यह पति की आर्थिक-सामाजिक हैसियत के आधार पर तय कर दिया जाता है। ये आभूषण स्त्री के सौंदर्य को निखारने की अपेक्षा समाज में पति की हैसियत को व्यक्त करने का माध्यम अधिक बनते दिखाई देते हैं और स्त्री इस प्रदर्शन के हेतु प्रयुक्त एक उपकरण। कहानी की स्त्री द्वारा नकली बालियों को उठाकर पहन लेने की क्रिया स्वयं को दूसरों की शान और शौकत के प्रदर्शन के उपकरण के रूप में प्रयुक्त किए जाने के खिलाफ अस्वीकृति की अभिव्यक्ति है।

घर से बाहर निकलती हुई नायिका से जब नौकर यह पूछता है कि "खाना क्या बनाऊँ" तो वह नौकर से कहती है कि 'जो तुम्हें अच्छा लगे बना लेना। तुम्हें ही खाना है। चाहे खाओ चाहे छुट्टी मनाओ।' नौकर को दी गई यह स्वतंत्रता उसी स्वतंत्रता का प्रतिफलन है जिसे स्त्री आज अनुभव कर रही है। यह एक दिन जो स्वतंत्र जीवन के प्रतीक के रूप में आता है, उसमें

नौकर से कहा गया यह वाक्य 'खुद जियो और औरों को भी जीने दो' की भावना की ओर इशारा करता है जो स्वतंत्रता की ओर संकेत करता है।

नायिका के घर के बरामदे में बैठा नौकर मुण्डू उस पुरुष का प्रतीक है जो हर वह काम कर सकता है जिसे समाज में वर्जित का दर्जा दिया जाता है। मुण्डू सिगरेट पीता है। परंतु सिगरेट पीना क्योंकि समाज में वर्ज्य माना जाता है अथवा शालीन नहीं माना जाता है अत: वह साहब या मेम साहब की उपस्थिति में सिगरेट नहीं पीता। ध्यान देने की बात यह है कि इस वर्जित कार्य को करते हुए यदि पुरुष पर किसी की नजर पड़ भी जाती है तो उसे अक्षम्य अपराध के रूप में नहीं लिया जाता। सिगरेट पीना ही नहीं बल्कि घर-गृहस्थी, नैतिकता-अनैतिकता आदि से जुड़े तमाम नियम पुरुष के संदर्भ में इतने ही होते हैं कि वे हैं भी और नहीं भी हैं जबकि समाज में स्त्री की स्थिति इससे भिन्न होती है और नियम-कायदे भी उसके संदर्भ में कट्टर ही हुआ करते हैं। इस प्रकार, स्त्री के लिए हमारे समाज में दोहरे मानदंड हैं।

कहानी की नायिका की यह हरकत कि पहले टैक्सी को आवाज देकर उसमें बैठना और बाद में यह सोचना कि कहाँ जाना है, खिलवाड़-सी लग सकती है। परंतु यहाँ स्वतंत्रता की व्याख्या कहानीकार अपनी कहानी के खिलंदड़ शिल्प में इस प्रकार करती है कि स्त्री की स्वतंत्रता का हनन वे ताकतें तो करती ही हैं जो उसके लिए रास्ते और मंजिलें तय कर उसे उस पर चलने को कहती हैं। परंतु इस व्यवस्था की शिकार स्त्री स्वयं भी स्वतंत्रता की परिभाषा गढ़ती है, रास्ते पूर्वनिर्धारित करती है, मंजिलों की हद भी तय करती है जबकि स्वतंत्रता एक अनवरत प्रक्रिया होती है। कहानी की स्त्री स्वतंत्रता की उस परिभाषा को भी तोड़ती है जिसमें सब कुछ पूर्वनिर्धारित होने की शर्त होती है। यहाँ समाज निर्मित ढाँचे को तो वह अस्वीकार करती ही है, साथ ही इस व्यवस्था के आधार पर स्व-निर्मित ढाँचे को भी नकारती है। जब कहानी की स्त्री टैक्सी में बैठने के उपरांत सोचती है कि उसे कहाँ जाना है तो यह उसका जीवन के फलक पर पहले उतरना है और उतरने के बाद यह तय करना है कि मेरी दिशा कौन-सी है। यहाँ स्त्री ने सोच-विचार करके या बिना सोचे समझे जो कदम उठाया है, वह उसका अपना है।

कहानी की नायिका को टैक्सी में बैठकर सर्वप्रथम सूझता है जहाँगीर आर्ट गैलरी। स्वतंत्रता या स्वच्छंदता का एहसास सर्वप्रथम स्त्री को अनायास ही कला की ओर खींच ले जाता है। स्वत: ही जहाँगीर आर्ट गैलरी और चित्र प्रदर्शनी का उसके ध्यान और जबान पर आ जाना इसी की सूचना है। चित्र प्रदर्शनी में युवती चित्र को देखती है तो उसे आनंद आता है क्योंकि आज स्वच्छंद मन से किसी भी चीज का आस्वादन करने में वह सफल है। सैद्धांतिक ज्ञान अथवा आस्वादन के लिए बनाया गया नियम इसमें आड़े नहीं आता। कला को आस्वादन की अपेक्षा अध्ययन का विषय बनाकर उसे साधारण जनता से अलग किया जाता है। कहानी की स्त्री जब बिना सैद्धांतिक ज्ञान के चित्र को देखकर आनंदित होती है तो कला जनसाधारण के आस्वादन स्तर पर उतरती है। युवती को जब लगता है कि 'रेखाएँ' इधर-उधर दौड़ रही हैं, बिल्कुल मेरे कुर्ते की तरह तो वहाँ वह कला को जीवन से जोड़ती है। यहाँ चित्र और स्त्री का कुर्ता उपमान उपमेय संबंध को लेकर प्रस्तुत होता है। कुर्ता रंग-बिरंगी रेखाओं से युक्त है और ये रेखाएँ जीवन की रेखाएँ हैं।

जिस प्रकार चित्र को बिना समझे हँस दिया जाता है, आनंद ले लिया जाता है, ठीक उसी प्रकार स्त्री जीवन को भी उसकी अर्थवत्ता समझे बगैर आस्वादित कर लिया जाता है। चित्र, युवती

और आस्वादन ऐसे तीन प्रतीक हैं जो स्त्री समाज और एप्रोच की ओर संकेत करते हैं। चित्र देखकर युवती का जोर से हँस पड़ना भी इन तीन प्रतीकों के बीच की विडम्बनात्मक स्थिति को ही जाहिर करता है।

सड़क के किनारे रेस्तरां को देखकर नायिका को याद आता है कि उसे काफी जोर से भूख लगी है। आमतौर पर स्त्री का जीवन रसोई और खाने के साथ जुड़ा होता है। परंतु यह जुड़ना अधिकतर दूसरों की भूख और स्वाद को ध्यान में रखते हुए होता है। स्त्रियों को अपनी भूख या उसकी अभिरुचि का ख्याल ही नहीं होता। भोजन की रुचि संबंधी अवधारणा घरों में होती है तो वह 99% पुरुष की रुचि के आधार पर ही निर्मित होती है। घर के खाने का स्वाद तथा समय पुरुष की पसंद और सुविधा पर ही आश्रित रहता है। भले ही खाने की पूरी तैयारी स्त्री द्वारा क्यों न की जाती हो। रेस्तरां में जाकर युवती जब ऑर्डर देती है 'एक प्लेट गर्मा-गर्म टिकिया और एक आइसक्रीम' तो उसमें खाद्य संबंधी अवधारणा के बने-बनाए ढाँचे को तोड़ने की बात आती है। हम जिस मामले में इतना कंडीशंड हैं कि खाने वाला आदमी क्या खाना चाहता है, इसका कोई अर्थ नहीं होता। समाज में जीने वाला हर आदमी इसका इतना आदी हो जाता है कि इससे भिन्न होने की बात सोच ही नहीं पाता। यही रवैया स्वतंत्रता का हनन करने वाली तमाम रूढ़ियों के प्रति समाज के बहुसंख्यक लोगों का होता है। युवती द्वारा गरम टिकिया और ठंडी आइसक्रीम का ऑर्डर देने पर बैरे का चौंकना इसी की सूचना है। बैरा प्रश्न करता है–'एक साथ?' परंतु यहाँ पर ध्यान देने की बात है कि बैरे के प्रश्न का प्रतिप्रश्न पुरुष मानसिकता और रूढ़ि के खिलाफ उठने वाले सवाल के रूप में उभरता है–'हाँ, कोई एतराज है क्या?' कहानी के स्वाद की भाषा स्वत: ही यहाँ विषय स्पष्ट करती जान पड़ती है। सवाल के अनुतान के माध्यम से ही ठंडे और गरम को एक साथ न खाने की संकल्पना पर प्रहार होता है। इसी अनुतान के माध्यम से यह सवाल तमाम रूढ़ियों पर चोट करता है। अनंतर उसे तोड़ता है। यहाँ वह स्त्री स्वाद का ढाँचा तोड़कर अपनी स्वतंत्रता को अभिव्यक्त करती है।

रेस्तरां के बाहर निकलकर युवती की सोच में पिक्चर देखने की बात आती है। वह एक ऐसी फिल्म देखना चाहती है जो उसकी अपनी पसंद की हो, पति द्वारा चुनी हुई नहीं। संकेत यहाँ इस बात का है कि खाने की ही भाँति स्त्री का देखना भी अर्थात् 'स्त्री क्या देखे और कितना देखे और कैसे देखे' का निर्धारण पुरुष की अभिरुचि और उसके स्तर के आधार पर ही तय किया जाता है। यहाँ कहानी की नायिका अपने द्वारा देखे जाने का दृश्यपट स्वयं तय कर रही है। इस प्रकार वह दृश्य हेतु बनाए गए साँचों को तोड़ रही है। सिनेमाघर जैसे सार्वजनिक स्थल पर जाते समय भी शिष्ट व्यवहार के नाम पर कुछ शर्तें हैं। ये शर्तें कहीं भी लिखित नहीं हैं। परंतु अलिखित रूप से ये शर्तें स्त्री और पुरुष दोनों के लिए अलग-अलग रूप से भी हैं। सिनेमाघर में पिक्चर देखने के दौरान किसी मजाकिया दृश्य पर जोर से हँसना सभ्यता की इस अलिखित शर्त के खिलाफ है परंतु नायिका अपनी हँसी की उन्मुक्तता को बंधन में बाँधे बगैर सिनेमा का पूरा आनंद लेते हुए जोर से हँसती है। इसी प्रकार मर्द के हाथ-से-हाथ टकरा जाने पर 'सॉरी' कहना भी सभ्य व्यवहार के नाम पर संवेदनाशून्य एक यांत्रिक प्रक्रिया है। यहाँ भी हँसते हुए स्त्री का हाथ जब एक पुरुष से टकरा जाता है तब वह 'सॉरी' कहने के लिए मुड़ती है, ठीक वैसे ही जैसे नीला चूड़ीदार पैजामा पहनने के बाद उसका हाथ पहले नीली बिंदी की

तरफ जाता है। परंतु यहाँ भी वह इस खोखले शिष्टाचार के तिलिस्म से बाहर आना चाहती है, अतः सॉरी माँगने की बजाय वह एक ठहाका लगा कर हँस देती है।

पिक्चर समाप्त होने के बाद वह युवती सिनेमा हॉल में मिले पुरुष के साथ कॉफी लेती है। वह स्वयं कॉफी के पैसे देती है और आश्वस्त होती है कि पुरुष होने के नाते उसके साथी ने पैसे देने की जिद नहीं की। अनंतर बादलों से घिरे आकाश को और समुद्र को वे साथ-साथ बैठकर देखते हैं। पुरुष प्रश्न करता है–'आप क्या सोच रही हैं?' तो स्त्री का उत्तर होता है–'मैं सोच रही थी यदि समुद्र में कूद पड़ूँ तो कितनी दूर तक अकेली तैर सकूँगी।' यहाँ स्त्री का यह वाक्य संकेतात्मक है। स्त्री का यह वाक्य वस्तुतः स्वतंत्रता को परिभाषित करता हुआ हर व्यक्ति में उसको पा लेने की क्षमता की हद निर्धारित करता है। वस्तुतः स्वतंत्रता का अर्थ मात्र सुविधाओं को पा लेना मात्र नहीं होता है बल्कि स्वतंत्रता इस बात पर भी निर्भर करती है कि व्यक्ति अपनी व्यवस्था आप करे अन्यथा आश्रित होना अपने आप गुलामी की ओर को ले जाता है। युवती जब कहती है–'समुद्र में मैं कितनी दूर अकेले तैर पाऊँगी' तो वह स्वयं मापती है कि अपनी व्यवस्था आप कर पाने में वह कहाँ तक सफल या समर्थ होगी अथवा एक व्यक्ति के रूप में स्वतंत्र जीवन जीने की क्षमता स्त्री ने किस हद तक हासिल कर ली है। लेकिन पुरुष का यह सोचना कि टैक्सी का भाड़ा कितना लगेगा–उसे पूँजी और व्यय से जोड़ता दिख पड़ता है।

युवती को लगता है कि वह जीवन में पहली बार एक ऐसे पुरुष से मिल रही है 'जो यह नहीं जानना चाहता कि उसके पति हैं या नहीं और हैं तो क्या काम करते हैं।' स्त्री इसे एक सकारात्मक परिवर्तन के रूप में लेती है और आश्वस्त होती है कि यहाँ यह, पुरुष चिंतन और संस्कृति के स्तर पर उठा हुआ है, वह स्त्री को महज एक संपत्ति के रूप में या वस्तु के रूप में नहीं देख रहा है अथवा बेटी, पत्नी आदि के रूप में स्त्री को वह पुरुष की 'सैटेलाइट' नहीं मान रहा है। स्त्री को वह एक व्यक्ति के रूप में स्वीकार कर रहा है। यह भावना स्त्री को आश्वस्त करती है। रेस्तरां में कॉफी के पैसे वह स्वयं देती है। तब आमतौर पर पुरुषों की तरह यह पुरुष खुद पैसे देने की जिद नहीं करता। बिल के पैसे स्वयं देने वाली स्त्री यहाँ भी आश्वस्त है कि स्त्री होने के नाते उसके स्व (सेल्फ) को सेकेंड्री (दोयम) नहीं माना गया। आधे-आधे पैसे भाड़े के देकर टैक्सी लेकर घर जाने की बात तय हुई परंतु टैक्सी से स्त्री के उतरने पर, पैसे निकालने पर वह स्त्री को मना कर देता है–'रहने दीजिए।' यहाँ स्त्री असहज होती है। पर पुरुष उसके 'क्यों' के जवाब में कहता है–'आज का दिन मेरे लिए काफी कीमती रहा है। मैंने आज से पहले किसी को हरी बिंदी लगाए नहीं देखा।' यहाँ हम देखते हैं कि साथ बिताए हुए पूरे समय में स्त्री इसलिए आश्वस्त होती रही कि उसने युवती को एक मित्र या परिचित के रूप में लेते हुए एक व्यक्ति का दर्जा दिया न कि उसे एक 'औरत' मात्र के रूप में लैंगिक आधार पर देखा। स्त्री इसे समानता का ही संकेत मानती है। परंतु अंततः स्पष्ट होता है कि इस पुरुष का भी ध्यान उसके खुले व्यक्तित्व या स्वतंत्र चिंतन पर न जाकर उसके शरीर की सजावट के लिए लगाई गई हरी बिंदी पर गया। पुरुष अपने दिन को केवल इसीलिए कीमती मानता है कि उसने एक ऐसी स्त्री को देखा जो दूसरों से भिन्न है। इस प्रकार, बेहद कसे शिल्प में रची गई यह कहानी, अपने प्रतीकों, संवादों और अन्य संकेतों के माध्यम से स्त्री स्वतंत्रता और अस्मिता का नया पाठ रचती है। जी.पी.एच. की पुस्तकों का मुख्य उद्देश्य ज्ञान के साथ-साथ अच्छे नम्बर दिलाना है।

प्रश्न 16. 'बोलने वाली औरत' कहानी के आधार पर साठोत्तरी कहानी आंदोलनों पर प्रकाश डालिए।

उत्तर– अकहानी–सन् 1960 आते-आते फ्रांस की 'एंटी स्टोरी' की तर्ज पर हिंदी कहानी में एक नए आंदोलन का सूत्रपात किया गया, जिसका नामकरण किया गया 'अकहानी'। इसके पक्षधरों में डॉ. गंगा प्रसाद विमल, जगदीश चतुर्वेदी, ज्ञानरंजन, दूधनाथ सिंह, श्रीकांत वर्मा, विश्वेश्वर आदि कहानीकारों की जमात थी। नई कहानी की जड़ता को तोड़ने के मनोबल से लैस होकर साठोत्तरी पीढ़ी के कुछ रचनाकारों ने स्वयं को गोलबंद किया और नए कथा-आंदोलन की घोषणा की। साठोत्तरी पीढ़ी के रचनाकारों की कहानियों को पहले तो गंगा प्रसाद विमल ने 'साठोत्तरी कहानी' की संज्ञा दी, लेकिन बाद में इसे 'समकालीन कहानी' के रूप में प्रचारित करने की चेष्टा की। कुछ दिनों के बाद इसका नामकरण हुआ 'अकहानी'।

इस 'अकहानी' आंदोलन की स्थापना और प्रचार के लिए श्याममोहन श्रीवास्तव एवं सुरेन्द्र अरोड़ा के संपादन में 'अकहानी' शीर्षक से पुस्तक भी प्रकाशित हुई। इस पुस्तक की भूमिका में 'अकहानी' को व्याख्यायित किया गया और कहानियों का संकलन भी प्रकाशित किया गया। वस्तुतः इस कार्यवाही ने तत्कालीन कहानी-लेखकों को चौंका दिया। विश्वेश्वर के शब्दों में–"साठोत्तर या अकहानी की आवाज पुरानी पड़ती जा रही पीढ़ी के 'भोगे हुए यथार्थ', 'अनुभव की प्रामाणिकता', 'प्रतिबद्धता' जैसे खोखले नारों के खिलाफ एक सख्त कार्यवाही थी। इस आवाज ने नई कहानी के झंडावरदारों को उनके पुराने पड़ जाने का एहसास कराया और उन्हें बिल्कुल उसी तरह बौखला दिया, जैसे अपने जमाने में उन्होंने जैनेन्द्र, अज्ञेय आदि को बौखलाया था।"

अकहानीकारों ने अकहानी को अमूर्त कथा-विधा अथवा शिल्पहीन कहानी के रूप में प्रचारित किया। कहानी में क्रमहीनता अथवा असंबद्धता का समावेश करके कहानी में एक नई विधा के सूत्रपात की घोषणा कर दी। साठोत्तरी पीढ़ी के इन अकहानीकारों ने हर प्रकार की मूल्य-स्थापना को तो अस्वीकार किया ही, साथ ही कथा के स्वीकृत आधारों के निषेध पर भी बल दिया। इसके प्रमुख प्रवक्ता डॉ. गंगा प्रसाद विमल ने घोषणा की–"अकहानी कहानी की धारणागत प्रतीक से अलग एक स्थापित कथा-धारा है जो कहानी के सभी वर्गीकरणों, मूल्यांकन के आधारों और पूर्व समीक्षाओं को अस्वीकार करती है।" कामू के जीवन-दर्शन से आयातित अकहानी में जीवन की तमाम मान्यताओं, मूल्यों के अस्वीकार के कारण इसमें अभिव्यक्ति की निरर्थकता, भावों की अपूर्वता, जीवन की विसंगति, व्यक्तित्व का विघटन, संत्रास, आत्मपीड़न, अकेलापन, अजनबीपन, ऊब आदि का प्राबल्य दिखाई देता है। अधिकांश रचनाओं में पुरानी मूल्य-व्यवस्थाओं के प्रति घृणा और आक्रोश का भाव ही चित्रित हुआ है। पारंपरिक पारिवारिक व्यवस्था और संबंधों का तीखापन इन कहानियों में जरूरत से ज्यादा दिखलाई पड़ता है। वस्तुतः भारतीय परिवेश में ऐसी स्थिति उस समय नगण्य थी, लेकिन पाश्चात्य संस्कृति के चश्में के भीतर से अकहानीकारों को ये स्थितियाँ शायद, व्यापक-जनसमुदाय की सच्चाई ही दिखीं।

वस्तुतः अकहानी कथा-आंदोलन का वैचारिक पक्ष हवा में लटक रहा था। वैचारिक भूमि के अभाव में कोई आंदोलन टिकाऊ हो नहीं सकता। अपनी अलग अस्मिता प्रदर्शित करने के चक्कर में, जल्दबाजी में उठाया गया यह कदम, पाठकों और सर्जकों को रास नहीं आया, इसमें रचनात्मक प्रवृत्तियों से कहीं ज्यादा साहित्यिक गुटबाजी एवं स्वयं को स्थापित करने की प्रवृत्ति ही दृष्टिगोचर होती है।

वस्तुत: अकहानीकारों का आयातित नजरिया कामू के दर्शन से प्रभावित है। इसलिए अकहानी के दर्शन के भी तीन सूत्र हैं–जीवन से संपृक्तता, लेखकीय आजादी और विद्रोही भावना। इन सभी का प्रयोग अकहानीकारों ने अधिकांशत: नकारात्मक दिशा में ही किया। इसलिए अकहानी कथा-आंदोलन के दरम्यान चित्रित माँ वात्सल्य और श्रद्धा की प्रतिमूर्ति नहीं रहकर नफरत की दुनिया सिरजती है। पिता के प्रति श्रद्धा या सम्मान के बजाय घृणा और आक्रोश का भाव दिखाई देता है। पति-पत्नी के दाम्पत्य जीवन के पुराने मूल्य सतीत्व, पतिव्रत, एकपत्नीव्रत आदि ध्वस्त होते दिखलाई पड़ते हैं। आत्मीयता और अंतरंगता की जगह, ऊब, घुटन, तनाव, घृणा, आक्रोश की धारा प्रवाहित होती है।

अकहानी कथा-आंदोलन ने वैचारिक आंदोलन के रूप में अपनी कोई छाप छोड़ने के बजाय शिल्पगत आंदोलन के रूप में ही अपनी पहचान बनाई। जीवन के अनुभव के छोटे-छोटे खंडों की अभिव्यक्ति के लिए नए-नए शिल्पों की उद्‌भावना ही इस आंदोलन की उपलब्धि मानी जा सकती है। कहानी के पूर्व स्वीकृत मानदंडों के विरुद्ध इस आंदोलन ने जेहाद जरूर छेड़ा, लेकिन अराजकतावादी प्रवृत्ति के कारण इसके समर्थकों का निरंतर अभाव होता गया और एक दिन यह रोगग्रस्त आंदोलन अल्पायु में ही मौत का शिकार हो गया।

सचेतन कहानी–अकहानी आंदोलन हो या नई कहानी 1960 तक आते-आते परिवेशगत यथार्थ से स्वयं को पूरे तौर पर जोड़ने में सफल नहीं हो पाए। 1964 में 'आधार' के 'सचेतन कहानी विशेषांक' के माध्यम से युवा पीढ़ी ने यह घोषणा कर दी कि आज की कहानी समय-सत्य से कट गई है। वह नवोदित यथार्थ की भयंकरता, उसकी बढ़ती हुई कड़वाहट और परिवर्तित मानव-मूल्यों को सही अभिव्यक्ति दे पाने में असमर्थ हो गई है। राजनीतिक, आर्थिक, सामाजिक परिवेश की यथार्थ अभिव्यक्ति नए कहानीकारों के अमूर्त, बिम्बवादी, प्रतीकात्मक एवं व्यक्तिवादी रुझानों के कारण बाधित हो रही है। मध्यवर्गीय जिंदगी भी समग्रता में उजागर नहीं हो पा रही है। साठोत्तरी पीढ़ी के युवा कथाकारों ने 'नई कहानी' की इन अधोमुखी प्रवृत्तियों की प्रतिक्रिया में अपनी रचना-धार्मिता, साथ ही पृथक् सत्ता को साबित और स्थापित करने की लालसा एवं संकल्प के साथ 'सचेतन कथा-आंदोलन' की शुरुआत की।

सचेतन कथा-आंदोलन के प्रणेता महीप सिंह ने हिंदी-कथा-जगत में छाई धुंध को हटाकर रोशनी फेंकने की चेष्टा की। उन्होंने कहानी को पाश्चात्य दर्शन और उसके परिवेश की उपज, जीवन का निरर्थकता-बोध, निष्क्रियता बोध, अकेलेपन, ऊब, मृत्यु-संक्रास, निराशा, विसंगति, कुंठा और वैयक्तिता आदि से मुक्त करने के उसके जुझारू, सक्रिय और जागरूक बनाने की आवश्यकता पर बल दिया। सचेतन कथा आंदोलन की यह मान्यता है कि इस देश में ऐसी स्थिति नहीं है कि व्यक्ति समस्याओं से ऊबकर पलायनवादी हो जाए अथवा हिप्पियों की तरह जिंदगी को सहज एवं तनावहीन बनाने के नाम पर निरर्थक कर्म करने का संकल्प ले बैठे। वस्तुत: यहाँ का व्यक्ति विधि समस्याओं से आक्रांत है। इसलिए यहाँ के लेखन को परिवर्तन का हथियार बनना होगा, देह से निकलकर सामाजिक परिवेश की विस्तृतता में जाना होगा। सचेतन कथाकारों की मान्यता यह थी कि आजाद भारत में व्यक्तिवाद के गहराते हुए मिजाज ने आम आदमी को साधारण जीवन-सुविधाओं से भी वंचित कर दिया है और सुविधाएँ कुछ लोगों की मुट्ठी में आबद्ध हो गई हैं। इसलिए समाज का बड़ा हिस्सा अपाहिज बनकर जीने को लाचार है। पाश्चात्य देशों की विलासी संस्कृति से प्रभावित यहाँ भी एक छोटा वर्ग बन गया है जो चालाकी

भरे परिवर्तनशील नारे देकर क्रांतिधर्मी मानस को धारहीन बनाने की मक्कारी में संलग्न है। सचेतन कहानी टूटते मानवीय मूल्यों, आस्थाओं और जीवन-पद्धतियों को नव स्वर और नवीन आस्था प्रदान कर व्यक्ति को सामाजिकता से जोड़ने की प्रतिबद्धता से प्रेरित है।

सचेतन कहानी ने शिल्पगत आंदोलन के रूप में अपना दावा प्रस्तुत नहीं किया, बल्कि उसने वैचारिक आंदोलन के रूप में स्वयं को स्थापित किया।

सचेतनता सक्रिय जीवन-बोध है, एक दृष्टि है, जिसके माध्यम से जीवन को जीया और जाना जाता है। डॉ. रामदरश मिश्र के अनुसार—"सचेतनता का अर्थ जटिलता को पहचानते हुए, भोगते हुए उसे चित्रित करते समय एक अर्थ देना होता है। निरर्थक ढंग से या निजी रुचि-अरुचि से प्रेरित होकर जो रचनाकार यथार्थ के वीभत्स और अश्लील अंशों को उपस्थित कर देते हैं, वे अपनी रचना को सार्थकता नहीं प्रदान कर पाते, इसलिए वे अपने को या अपने सर्जन को औरों से जोड़ नहीं पाते। मनुष्य को उसकी संपूर्णता में देख नहीं पाते।"

वस्तुतः व्यक्ति को उसकी अनुभूतियों के साथ संदर्भ-सापेक्षता में स्वीकार किया जा सकता है। जीवन-संदर्भों से जुड़कर कहीं-कहीं नगण्य यौन व्यापार रचना की शक्ति बन जाते हैं और कहीं कटकर अश्लील या कुरूप हो जाते हैं। इसलिए रचना को सौंदर्य प्रदान करने वाले ऐसे तमाम संदर्भों को सचेतन कहानी स्वीकारती है, लेकिन अश्लीलता का सामूहिक स्वर में प्रतिवाद भी करती है। वह द्विवेदी युगीन शुद्धतावाद को नकारती है तो दूसरी ओर अतिरिक्त मोह से पीड़ित निरर्थक यौनाग्रह को भी हेय समझती है। महीप सिंह की 'कील', राजकुमार भ्रमर की लौ पर रखी हथेली, कुलदीप बग्गा की 'जड़ता', मनहर चौहान की 'बीस सुबहों के बाद', सुरेन्द्र अरोड़ा की 'बर्फ' आदि कहानियों में जिंदगी के भिन्न-भिन्न आयामों की सहज अभिव्यक्ति देखी जा सकती है।

सचेतन कहानियों की सामूहिक विशेषता है सहजता। यथार्थ की पकड़ ही सहजता है और इसकी प्राप्ति होती है बदलते हुए समय और परिवेशगत, जीवंत बुनियादी सत्यों, मूल्यों और चेतनाओं के संक्रांत रूप की सही पहचान से। सचेतन कहानियों ने कृत्रिम यथार्थ के जाल में उलझती जा रही कहानियों को सही दिशा-दृष्टि देकर उसे यथार्थ से जोड़ने का काम किया, सचेत रूप को सहेजकर उसे कहानी का सत्य बनाने की चेष्टा की, यह बात अलग है कि इसी चेष्टा में ये कहानियाँ आगे चलकर सपाट के खतरे से स्वयं को मुक्त नहीं रख पाईं।

सचेतन कहानियों की उपलब्धि यह रही कि इसने पाश्चात्य संस्कृति की नकल में निमग्न कथा-धारा को पुनः भारतीय परिवेश और जीवन से संबद्ध किया। इसलिए सचेतन कहानियों के पात्रों की दृष्टि स्वस्थ एवं सकारात्मक है। इसके पात्र परिस्थितियों के बहाव में मुर्दों की तरह निश्चेष्ट बहते नहीं अपितु उन्हें अपने अनुकूल बनाने के लिए अंतिम क्षण तक संघर्ष करते हैं। यही संघर्ष उनकी जीवंतता को उजागर करता है। मूल्याभिव्यक्ति की दृष्टि से, यद्यपि ये कहानियाँ बहुत 'बोल्डनेस' प्रदर्शित नहीं कर पातीं, लेकिन समाज-सापेक्ष मूल्यों को प्रोत्साहन देकर जीवंत मानव लोक की रचना करने एवं हिंदी कहानी को स्वस्थ दिशा-दृष्टि देने के कारण अपना महत्त्व सिद्ध करने में सक्षम हैं।

समांतर कहानी—'समांतर कहानी' आम आदमी की कहानी है। समांतर कहानी का आम आदमी पूरे समाज में व्याप्त है। सातवें दशक के अंत में 'समांतर कहानी' के लेखकों को लगा कि देश का एक बहुत बड़ा वर्ग कहानियों में उपेक्षित है। यह वर्ग 'आम' वर्ग था। इसे ही

'समांतर' कहानी के आंदोलन के केंद्र में रखकर कहानियों का सृजन किया। आज की 'समांतर कहानी' का यह नायक अनेक समस्याओं, अंतर्विरोधों और संघर्षशील प्रवृत्ति को लेकर व्यवस्था के दमन चक्र में पिसता हुआ दिखाई देता है। समांतर कहानी आम, गरीब, शोषित आदमी और उसकी तकलीफ और अन्याय से और इसके खिलाफ इसकी संघर्षशीलता से संबद्ध और प्रतिश्रुत है। वह सामान्य आदमी की तकलीफ और शोषण को ही वाणी देती है, उन शक्तियों का पर्दाफाश करती है जो इन तकलीफों के लिए जिम्मेदार है। यह कथा आंदोलन नई सामाजिक चेतना को व्यापक परिप्रेक्ष्य में प्रस्तुत करता है।

आजाद भारत में पूँजी के ध्रुवीकरण होते जाने के कारण गरीब और गरीब तथा अमीर और अमीर होते गए। व्यवस्था और व्यवस्थापकों, पूँजीवादियों, सत्ताधारियों द्वारा उपेक्षित यह 'आम जन' समांतर कहानी के केंद्र में रहा।

समांतर-1 (1972) के प्रकाशन से समांतर कथा चेतना का प्रारंभ माना जाता है। बाद में 'सारिका' के ही कई अंकों में समांतर कहानी को 'मेरा पन्ना' स्तंभ के अंतर्गत कमलेश्वर ने संकलित किया। इब्राहिम शरीफ, ललित मोहन अवस्थी, जितेन्द्र भाटिया, मधुकर सिंह, डॉ. रामबचन राय आदि ने 'सारिका' में ही स्वतंत्र लेख लिखकर इसकी वैचारिकता को रेखांकित करने की कोशिश की। युवा कहानीकारों का एक बड़ा वर्ग भी कमलेश्वर के साथ था। इनमें से.रा. यात्री, राम अरोड़ा, सुधा अरोड़ा, निरुपमा सेवती, मिथिलेश्वर, आशीष सिन्हा, प्रकाश बाथम आदि के साथ प्रौढ़ रचनाकार भीष्म साहनी, राजेन्द्र यादव, मोहन राकेश का समर्थन भी इन्हें प्राप्त था। इस प्रकार, कमलेश्वर ने इस कथा-आंदोलन को न केवल योजनाबद्ध तरीके से संचालित किया, अपितु युवा रचनाकारों का एक बहुत बड़ा वर्ग तैयार कर इस आंदोलन को आगे बढ़ाया और स्वयं इसके केंद्र बिंदु बन गए।

समांतर कहानी आंदोलन पर कई आक्षेप भी लगाए गए। अधिकांश पाठक मानते हैं कि यह आंदोलन कमलेश्वर द्वारा पुन: सुर्खियों में आने, हिंदी कहानी के केंद्र में खुद स्थित होने, कुछ मित्रों-परिचितों को जेनुइन कहानीकार के रूप में स्थापित करने की नीयत से, योजनाबद्ध तरीके से, शुरू किया गया था। कई आलोचकों, लेखकों ने इसकी तीखी भर्त्सना की, जैसे—शैलेश मटियानी ने तो यहाँ तक कहा कि 'समांतर आंदोलन हिंदी कहानी के समकालीन दौर का सर्वाधिक हास्यास्पद ही नहीं बल्कि हानिकारक आंदोलन सिद्ध हुआ है।' परंतु इन आलोचनाओं की परवाह न करते हुए समांतर कहानी आंदोलन के समर्थकों ने कुछ निश्चित स्थापनाएँ दीं—

(1) समयगत सत्यों और रचना के बीच सामंजस्य ही समांतर कहानी की आधारशिला है।

(2) यह आम आदमी के हक में, सबकी पक्षधरता, प्रतिबद्धता और संबद्धता को शक तथा संशयरहित रूप में स्थापित करने के पक्ष में है।

(3) यह हर उस कथाकार को अस्वीकृत करता है जो समयगत सत्यों से कटा हुआ है।

(4) वाम निरंतर जीवित रहने वाली एक सत्य और अनिवार्य सच्चाई है और उसी से जनसामान्य की विजय संभव है।

(5) समांतर लेखक का राजनीति से निकटता का संबंध है। वह राजनीतिक गतिविधियों को सांस्कृतिक परिप्रेक्ष्य देता है और सांस्कृतिक संघर्ष को राजनीतिक दृष्टि।

(6) हर व्यवस्था में शोषण के संदर्भ में लेखक की भूमिका प्रतिपक्ष की ही रहेगी।

(7) यह आंदोलन पीढ़ियों के विभाजन को अस्वीकृत करता है।

(8) यहाँ भाषा का छद्म नहीं है, फार्म का भी कोई आग्रह नहीं है। इस आंदोलन ने भाषा के स्तर पर भावुकता को त्यागकर उसे स्पष्ट, डायरेक्ट और प्रभावपूर्ण बनाया है।

समांतर कहानी आंदोलन के समर्थकों द्वारा ये स्थापनाएँ बहुत सूझ-बूझ और परिश्रम से गढ़ी गईं। अन्य आंदोलनों की तरह इसमें भी पक्ष और प्रतिपक्ष के संवाद-विवाद चलते रहे, फिर भी कई कहानियों, जैसे-'निर्वासित' (सूर्यबाला), 'पराई प्यास का सफर' (आलमशाह खान), 'गुंजलक' (हृदयेश), 'अँधेरे का सैलाब' (से.रा. यात्री), 'गुस्से में आदमी' (जवाहर सिंह), 'जलते हुए डैने' (हिमांशु जोशी), 'अस्तहीन' (सुदीप), 'अंधे कुएँ का रास्ता' (अरुण मिश्र), 'अपाहिज' (किशोर माधव) के कारण समांतर कहानी आंदोलन की चर्चा की जा सकती है। इस कहानी आंदोलन में सबसे ज्यादा 'शोर', 'आम आदमी' का है। 'आम आदमी' के आस-पास आज की कहानियाँ समांतर का सूत्र वाक्य हो गया किंतु फिर भी यह आंदोलन 'नई कहानी' के समान लोकप्रिय नहीं हो सका, इसका हश्र 'अकहानी', 'सहज कहानी', 'सचेतन कहानी' आदि आंदोलनों से भिन्न कुछ नहीं हुआ। इस प्रकार 'समांतर' आंदोलन महज एक नारा बनकर रह गया। इस आंदोलन में कमलेश्वर ने बहुत श्रम और शक्ति को काम में लगाया।

अन्य कथा आंदोलन एवं आंदोलनों की सार्थकता–अकहानी, सचेतन कहानी, समांतर कहानी के साथ ही समकालीन कहानी (डॉ. गंगाप्रसाद विमल), जनवादी कहानी (इजरायल), सक्रिय कहानी (राकेश वत्स) एवं सहज कहानी आंदोलन (अमृतराय) जैसे आंदोलन, कहानी जगत में कुकुरमुत्ते की जगह उगे और कई तो क्षणजीवी होकर कालकवलित भी हो गए। लगभग एक ही समय में इतने कथा आंदोलनों के शुरू होने के क्या कारण थे? क्या कथा जगत में बदलाव की जो स्थितियाँ थीं, वे एक परिभाषा में नहीं अंट पा रही थीं अथवा एक ही समय से जुड़े और समानबोध वाले दो कहानीकार एक धरातल पर स्थिर नहीं हो पा रहे थे? कारण चाहे जो भी हों, वस्तुस्थिति यही है कि साठोत्तरी कहानी कई छोटे पड़ावों और मोड़ों से गुजरती हुई आगे बढ़ी और हर मोड़ का एक नए आंदोलन के रूप में नामकरण हुआ। यह भी सही है कि इन नामकरणों के पीछे परिवर्तन की प्रवृत्ति कम और खेमेबाजी की प्रवृत्ति अधिक परिलक्षित होती रही। यद्यपि स्व-प्रतिष्ठा आत्म-मुग्धता और नेता बनने की कहानीकारों की प्रवृत्ति के बाद भी अनुभव के स्तर पर कथा, शिल्प, संवेदना और भाषा के स्तर पर नई कहानी से पृथक् अपनी पहचान बनाने वाली कई महत्त्वपूर्ण कहानियों के कारण कहानी जगत में इस युग की महत्त्वपूर्ण भूमिका है।

प्रश्न 17. सचेतन कहानी आंदोलन की पृष्ठभूमि में ममता कालिया की कहानियों की उदाहरण सहित समीक्षा कीजिए।

उत्तर– ममता कालिया एक लोकप्रिय तथा प्रमुख कथाकार हैं। उन्होंने अपने साहित्यिक जीवन की शुरुआत कविता से की थी, लेकिन बचपन में सुनी कहानियाँ कैसे उनके मन को कहानी के प्रति संस्कारित करती रहीं, इसका एहसास उन्हें काफी बाद में हुआ। कविता की दुनिया में रचते-बसते कैसे वे कहानी के सम्मोहन से बँधी कहानी की दुनिया में आ गईं, इसका जिक्र उन्होंने अपने आत्म-संस्मरणात्मक गद्य 'कितने शहरों में कितनी बार' में किया है–

'लिखती तो थी मैं कविता पर सारे समय कहानियों से आंदोलित होती रहती थी। हर कहानी पढ़ने के बाद भी मन में उस कहानी का एक क्रमश: बनता जाता। कविता का खगोल और भूगोल मुझे सीमित दिखता। सातवें दशक की कविता मुझे स्थूल और क्षणवादी लगती हालाँकि मैं भी अपने समय के अनुरूप कविताएँ लिख रही थी। जगदीश चतुर्वेदी के संपादन में अकवितावादियों का एक महत्त्वपूर्ण संकलन 'प्रारम्भ' प्रकाशित हुआ जिसमें मेरी इक्कीस कविताएँ छपीं। रातों-रात मेरी गिनती भी अकवियों में होने लगी। सातवें दशक के मध्यांतर में 'प्रारम्भ' संकलन का प्रकाशन ऐसा माना जा रहा था जैसे सन् 1798 में लिरिकल बैलेड्स का प्रकाशन माना गया था। लेकिन धीरे-धीरे कालांतर में क्रांति का वह कच्चा नक्शा भी फार्मूला बन गया और हम सब इस फार्मूले से बाहर निकल आए।' मधुरेश ने भी 'प्रारम्भ' की तुलना अज्ञेय के तारसप्तक से की थी, पर ममता ने जब कविता की दुनिया से बाहर निकल कर देखा तो संवेदनाओं, अनुभूतियों और आंदोलनों से सराबोर कहानी जगत उन्हें अपने में स्वीकार कर लेने को उत्सुक दिखा। अपने एक साक्षात्कार में भी ममता ने कहा–वह समय कहानी का था। कवियों की नियति नेपथ्य में रहने की थी। 'लहर' के संपादक प्रकाश जैन, 'ज्ञानोदय' के संपादक शरद देवड़ा उनसे लगातार यह कहते रहते थे कि वह कहानी लिख सकती है। ममता कालिया के कहानी लेखन की शुरुआत उनकी पहली कहानी 'ऊँचे-ऊँचे कँगूरे' से हुई थी। यह कहानी सन् 1963 में साप्ताहिक हिंदुस्तान पत्रिका में प्रकाशित हुई थी। इसे हिंदुस्तान टाइम्स प्रकाशन की कहानी प्रतियोगिता में प्रथम स्थान प्राप्त हुआ था।

हिंदी कहानी के परिदृश्य पर ममता कालिया की उपस्थिति सातवें दशक से निरंतर बनी हुई है। जब ममता ने कहानियाँ लिखना शुरू किया, नई कहानी आंदोलन पूरी तरह समाप्त हो चुका था। अकहानी, सचेतन कहानी जैसे आंदोलन अपनी सीमाओं और संभावनाओं से जूझ रहे थे। कहानी जगत में हलचल मची हुई थी। कविता में अकवियों की पाँत में खड़े होने के बावजूद ममता कहानी में अकहानीकारों का साथ न दे सकीं। यद्यपि अकहानीकारों की प्रथम पंक्ति के लेखकों में रवीन्द्र कालिया का नाम भी आता है जिन्होंने ममता के लिए लिखा था कि, उनके संपर्क में आने के पूर्व ममता कहानियाँ कम, बोल्ड किस्म की कविताएँ ज्यादा लिखा करती थीं, फिर भी ममता का नाम अकहानीकारों के साथ न जोड़कर सचेतन कहानीकारों के साथ जोड़ा जाता है। संभवत: अकविता की जिस विरूपता, देहीकरण, पराजयबोध, नश्वरता जैसी नकारात्मक प्रवृत्तियों के कारण वे कविता के खेमे से बाहर निकलीं, अकहानी उससे मुक्त नहीं थी। अत: दूसरा जो कहानी आंदोलन, कथा जगत को अपनी नई विचार दृष्टि से आंदोलित कर रहा था–सचेतन कहानी आंदोलन, ममता ने भी उन्हीं के सुर में सुर मिला दिया। उनका प्रथम कहानी-संग्रह 1967 में 'छुटकारा' के नाम से प्रकाशित हुआ। शीघ्र ही उनका एक और कहानी संकलन 'सीट नंबर छह' प्रकाशित हुआ। उनकी इन आरंभिक कहानियों पर अनुभव की संकीर्णता की छाप है, पर वे सातवें दशक के सामाजिक पारिवारिक हलचलों की दस्तावेज हैं।

ममता कालिया के अब तक नौ कहानी संग्रह प्रकाशित हो चुके हैं और उनकी संपूर्ण कहानियाँ दो खंडों में हैं। पहले खंड की कहानियों को पढ़कर यह अनुमान लगाना कठिन है कि इनके आगे की कहानियाँ अपने समस्त रचना कौशल और संवेदनाओं के साथ सामने आने वाली हैं। इन कहानियों में मध्य और निम्न मध्यवर्ग की निराशा, पाखंड, अंतर्विरोध और विडम्बनाओं को सूक्ष्म संवेदित दृष्टि से अंकित किया गया है। कहानियों के इस संसार में साधारण

लोग हैं, उनके जीवन की साधारण घटनाएँ, साधारण चीजें, स्थितियाँ, ममता इसी साधारणता से असाधारणता का आख्यान रचती हैं जिसके लिए मधुरेश ने लिखा–'इनकी कहानियाँ प्राय: ही छोटे-छोटे घटना प्रसंगों की कहानियाँ हैं, जिन्हें कभी चेखव की कहानियों के प्रसंग में 'स्लाइन ऑफ लाइफ' के रूप में पहचाना गया।' पहले खंड की अधिकांश कहानियों में स्त्री पात्र 'मैं' की वाचक भूमिका में है। प्राय: ऐसा लगता है कि यह 'मैं' वे स्वयं हैं। अपने जीवन के अनुभवों को उन्होंने कहानी की शक्ल दे दी है। यद्यपि इस प्रयास में कहानी का शिल्प कुछ कमजोर हुआ है, लेकिन इनमें मध्यवर्गीय स्त्री अपने संपूर्ण अंतर्द्वंद्व, अंतर्विरोधों के साथ उपस्थित हुई है। इनकी कहानियाँ स्त्री चेतना को रेखांकित करती हैं, इनमें आधुनिक नारी की मन:स्थिति का सूक्ष्म और प्रभावी चित्रण मिलता है।

यद्यपि ममता कालिया की कहानियों का केंद्र स्त्री जीवन है, लेकिन इन कहानियों में केवल स्त्रियाँ ही नहीं हैं, पुरुष पात्रों की भी अपनी जमीन है। वस्तुत: जैसा कि अखिलेश ने ममता कालिया को लमही पुरस्कार दिए जाने के समय एक व्याख्यान में कहा था–'वे छोटे-छोटे पात्र जिन्हें बड़ी आँख या मैक्रोविजन से नहीं देखा जा सकता, वे ममता जी की कहानियों में बड़ी खूबसूरती से आए हैं।' इनकी कहानियाँ शरतचन्दीय भावुकता से मुक्त, ठंडी बैलौस-सी हैं, जो रिश्तों यहाँ तक कि पति-पत्नी के रिश्ते को भी बड़े निस्संग भाव से जीती हैं। 'बड़े दिन की पूर्व साँझ' कहानी हो या 'अपत्नी' कहानी, ये मूल्यों से जुड़े संबंधों के खत्म होने की कहानियाँ हैं। 'वे तीन और वह' कहानी में मध्यवर्गीय शहरी पात्र हैं जो दफ्तरों या बैंकों में काम करते हैं। जीवन की आपाधापी के मध्य रूटीन जिंदगी जीते हुए ये पात्र अधिकतर अविवाहित या विवाहित होते हुए भी अविवाहित की जिंदगी जीने को अभिशप्त हैं। शायद ऐसी कहानियों से ममता नगरीय जीवन की विडम्बनाओं की ओर संकेत करना चाहती हों। इसी तरह 'बेतरतीब', 'बीमारी', 'छुटकारा', 'साथ' जैसी कहानियों में महानगरीय जीवन बोध की संवेदनशून्य स्थितियों का अंकन हुआ है। अत: ममता कालिया की कहानियों को स्त्री-विमर्श की कहानियाँ न कहकर बृहत्तर जीवन-मूल्यों की कहानियाँ कहना अधिक न्यायोचित होगा।

यहाँ यह महत्त्वपूर्ण है कि ममता की कहानियों के पात्र किसी भी परिस्थिति में कभी जीवन से पलायन के विषय में सोचते भी नहीं, वस्तुत: 'सचेतना' जीवन की चैतन्यता है, जैसा कि महीप सिंह ने कहा–'चाहे हमें जीवन अच्छा लगे या बुरा लगे, चाहे उसे घूँट-घूँट पीकर हमें तृप्ति प्राप्त हो, चाहे नीम के रस की तरह हमें उसे आँखें मूँद कर निगलना पड़े, परंतु जीवन से हमारी संपृक्ति छूटती नहीं... 'मनुष्य' की प्रकृति जीवन से भागने की नहीं रही है। जीवन की ओर भागना ही उसकी नियति है।' जिस प्रकार सचेतन कहानीकार अपनी कहानियों में तटस्थता को छोड़कर भीषण असंगतियों के बीच निर्वाह क्षमता (जिजीविषा) उत्पन्न करना चाह रहे थे, उसी प्रकार ममता के लिए भी जीवन का अर्थ है–जीवंतता। उनकी कहानियाँ जीवन की असंगत परिस्थितियों से टकराती हैं लेकिन दीनता और पलायन जैसे शब्दों से गुरेज करती हैं। विशेषकर वे कहानियाँ, जहाँ केंद्र में स्त्रियाँ हैं, वे अपने अस्तित्व, निजता और आत्म-गौरव को बचाए रखने की कोशिशों में जीवन के संत्रास, प्रेम, उपेक्षा, उल्लास के साथ ही घर या बाहर पुरुष समाज के प्रपंच और अहंकार से जूझती हैं, संघर्ष करती हैं, पर हार नहीं मानतीं। यह ममता की विशेषता भी कही जा सकती है।

ममता कालिया की कहानियों का दूसरा खंड परिवर्तित हो रहे समाज में भारतीय जनमानस के व्यवहार, सोच और जीवन पद्धति का समाजशास्त्रीय आंकलन है। इस खंड की कहानियों

में पूँजी का वर्चस्व, बाजारवादी सोच, खंडित मूल्य, महत्त्वाकांक्षाएँ और पूरी न होने पर निराशाएँ, कुंठाएँ, युवाओं की दिशाहीनता, भविष्य की आशंकाएँ जैसे जिंदगी के जटिल विषयों से टकराहट का स्वर है। 'जाँच अभी जारी है', मर्दवादी व्यवस्था से टकराती एक ऐसी विवश स्त्री की कहानी है जिसमें उसे उसकी कमी अर्थात् स्त्री होने का एहसास इस सीमा तक करवाया जाता है कि उसकी आंतरिक लय ही बदल जाती है। दूसरे खंड में आलमारी, 'खिड़की एक दिन अचानक', 'बोलने वाली औरत', 'सेमिनार', 'एक रंगकर्मी की उदासी', 'शाल' और 'मेला' जैसी कहानियाँ संकलित हैं।

जब ममता ने कहानी लिखना शुरू किया उस समय कहानी पटल पर कई नए-पुराने नाम एक साथ जगमगा रहे थे, ऐसे में अपनी एक अलग पहचान बनाना ममता के लिए कम चुनौती भरा नहीं था। उन्हें सबसे भिन्न शिल्प, कथ्य और भाषा का चयन करना ही था, पर जैसी कि उनकी शख्सियत भी है, वे न सिर्फ कुछ नया करने में सक्षम सिद्ध हुईं, बल्कि सफल भी हुईं। उनकी शक्ति है–उनकी भाषा, जिसमें एक खास तरह की तुर्शी है, जिसके लिए रवीन्द्र कालिया ने कहा कि 'उसमें एक वाक्य से तन-बदन में आग लगाने की क्षमता है।' सामाजिक विसंगतियों पर व्यंग्य करने या सवालों के नेजे उछालने में इस भाषा की अहम् भूमिका है।

एक कथाकार के रूप में ममता कालिया के पास कई रंग की कहानियाँ हैं। दोनों खंडों में संकलित ममता की इन सभी कहानियों में जो विशेषताएँ बार-बार ध्यान आकृष्ट करती हैं, वे हैं–भावना के आवेग का अभाव, बेलौस तरीके से छोटी-छोटी घटनाओं या यथार्थ का चित्रण और गैर-रूमानीपन। लेकिन जीवन की इन असंग या असंपृक्त स्थितियों में भी वे मनुष्य, मनुष्यता और मानवीय भावों की उपेक्षा नहीं करतीं। उनकी कहानियों में जीवन-राग की सिंफनी है, वे उसी से धड़कती हैं।

प्रश्न 18. ममता कालिया के नारी संबंधी दृष्टिकोण को रेखांकित कीजिए।
अथवा
मेरे लिए स्त्री मुक्ति का अर्थ है– 'स्वतंत्र प्रतिक्रिया, हस्तक्षेप और हस्ताक्षर'। ममता कालिया के इस कथन के आलोक में उनकी स्त्री विमर्श संबंधी मान्यताओं की विवेचना उनकी कहानियों के संदर्भ से कीजिए।

उत्तर– नई कहानी आंदोलन के समय ममता कालिया से पूर्व मन्नू भंडारी, उषा प्रियंवदा ने स्त्री विमर्श की जमीन तैयार कर दी थी। स्वयं ममता के समय, सातवें-आठवें दशक में महिला कथाकारों की एक पूरी जमात उठ खड़ी हुई जिनमें मणिका मोहिनी, कृष्णा अग्निहोत्री, मंजुल भगत, मृदुला गर्ग, दीप्ति खण्डेलवाल, चित्रा मुद्गल, राजी सेठ, प्रतिमा वर्मा, नमिता सिंह, सुधा अरोड़ा, मृणाल पाण्डे, अरुणा सीतेश आदि उल्लेखनीय नाम हैं। इनमें से अधिकांश के लेखन को 'परिवार के सीमित दायरे में संबंधों और मूल्यों के बदलाव को व्यक्त करने वाला लेखन माना गया है, जिसमें काम संबंधों को खास तौर पर लिया गया है और सामाजिक, राजनैतिक सरोकारों से उदासीनता जताई गई है', वहीं ममता की कहानियाँ अनुभूति की कसौटी पर खरी, समय के शिलाखंड पर प्रामाणिक दस्तावेज की तरह हमारे सामने आईं जिनमें जीवन का प्रत्येक आयाम, छोटे-छोटे क्षण सभी उनकी सूक्ष्म अंतर्दृष्टि से संस्पर्शित हुए। ममता व्यापक कैनवास की कथाकार हैं। उनकी कहानियों के संदर्भ में प्रह्लाद अग्रवाल ने लिखा–'ममता कालिया की

स्पष्ट और निर्भीक दृष्टि उनकी बहुत बड़ी शक्ति है। उनकी कहानियों में छिपाव नहीं है। उनमें नारी का पुरुष के समांतर स्थान बनाने का आस्थापूर्ण प्रयत्न है। ममता ने नारी जीवन के विविध पक्षों को आधुनिक स्थितियों की रोशनी में सूक्ष्मता से पहचाना है। अतिशय भावुकता उनकी कहानियों में नहीं है, किंतु उनका बहिष्कार भी नहीं है। भावुकता जीवन का अनिवार्य अंग बनकर सामने आती है इसलिए वह गतिरोध नहीं बनती, प्रवाह पैदा करती है। जीवन के छोटे-छोटे संवेदनात्मक क्षणों को उन्होंने बड़ी खूबसूरती से पकड़ा है।'

ममता कालिया की कहानियों का पहला खंड स्त्री अभिव्यक्ति का आख्यान-सा लगता है। 'मैं' की शैली में लिखी इन कहानियों में मध्यवर्गीय परिवार की ऐसी स्त्रियाँ हैं, जो घर और बाहर पितृसत्तात्मकता के झूठे प्रपंचों, प्रलोभनों, लोलुपता और दोगलेपन से जूझ रही हैं। वे न सिर्फ अपने अस्तित्व को बचाए रखने की जद्दोजहद में हैं, बल्कि वे समाज की उस मनोग्रंथि को भी समूल उखाड़ फेंकना चाहती हैं, जहाँ स्त्री के प्रति दोयम दर्जे का भाव केंद्रीय है। दूसरे खंड की कहानियाँ, स्त्रियों की कहानियों के माध्यम से समाज के व्यापक, सरोकारों की कहानियाँ हैं। इनमें समाज की असंगत स्थितियों के बरक्स ही स्त्रियों की वेदना का रंग गहरा है। इस स्त्री संसार में घरेलू स्त्रियाँ, कामकाजी स्त्रियाँ, युवती से लेकर प्रौढ़ावस्था तक की स्त्रियाँ, प्राय: शिक्षा जगत से जुड़ी–लेक्चरर, शिक्षिका, प्रिंसिपल, लेखिका आदि निम्नवर्गीय परिवारों की भी स्त्रियाँ सभी सम्मिलित हैं। यहाँ यह महत्त्वपूर्ण है कि यद्यपि इनकी कहानियों में स्त्री, 'भारतीय नारी आचार संहिता' जैसा पालन करती नजर नहीं आती, वह सुविधानुसार पश्चिमी दर्शन या मान्यताओं की छूट लेती है, फिर भी वह परिवार से पृथक् नहीं होना चाहती, वह परिवार के भीतर ही अपनी निजता, अपनी स्पेस, अपनी स्वीकृति चाहती है। 'बातचीत बेकार है', 'मनहूसाबी' या 'मनोविज्ञान' जैसी कहानियाँ इसका सशक्त उदाहरण हैं। इन कहानियों में पति-पत्नी के मध्य संवादहीनता, विवाह के कुछ समय पश्चात् पैदा हुई ऊब और असंतोष की स्थितियाँ, प्रेम या वात्सल्य जैसे कोमल भावों का अभाव, झगड़ों एवं उपेक्षा-तिरस्कार के मध्य घुटती स्त्रियों का चित्रण है। कुछ समीक्षकों का मानना है कि ममता ने 'अपने ही जीवन के अनुभवों को कच्चे-पक्के रूप में कहानियों में डाल दिया है जिससे कहानियों में संतुलन की कमी हो गई है' पर इन व्यक्तिगत अनुभवों ने यथार्थ की विश्वसनीयता को बढ़ाया ही है।

ममता की कहानियाँ भारतीय नारी की नियति को उसके विभिन्न संदर्भों में देखती और आँकती हैं जिसमें एक तरफ तो 'सूनी' जैसी कहानी है जिसमें एक अविवाहित किंतु कामकाजी लड़की की शादी उसकी माँ ही नहीं करना चाहती। इस लड़की का नाम है–सुनन्दा जिसे लोग 'सुनी' या 'सूनी' कहते थे, समय बीतने के साथ वह अपना वास्तविक नाम ही भूलने लगी। उसके नाम का सूनापन उसके व्यक्तित्व के साथ ऐसा एकाकार हो गया कि अब उसे सर्वत्र सूना ही दिखाई देने लगा। उसे लगता 'उसके सारे इरादों पर माँ एक लाल बत्ती की तरह टिकी हुई हैं। इनके रहते उनसे मुक्त होना उसके बस की बात नहीं।' दूसरी तरफ विवाहित जीवन की वे कहानियाँ हैं, जहाँ स्त्रियों की नियति परिवार में खपने, खर्च होते जाने में ही है 'बोलने वाली औरत', 'राएवाली', 'सीमा', 'मुहब्बत से खिलाइए' जैसी कहानियों की स्त्रियों की यही विवशताएँ हैं। स्त्री, चाहे पढ़ी-लिखी हो या अनपढ़, विवाहिता हो या अविवाहिता, पत्नी हो या प्रेयसी, अधिकतर स्थितियों में वह दयनीय ही है। आधुनिकता के तमाम दावों के बावजूद वह अभी भी अपनी शृंखलाओं को तोड़ नहीं पाई, न ही उसके प्रति सोच में कोई बदलाव ही आया।

पति की असंवेदनशीलता, आक्रामकता एवं अधिकार भावना पत्नी को समकक्ष मानने से ही गुरेज करती है। 'मनोविज्ञान' कहानी में नवीन और कविता पति-पत्नी हैं। नवीन 'हर हाल में कविता को अपने से एक सीढ़ी नीचे खड़ा देखना चाहता है, जबकि कविता कदम-से-कदम मिलाकर चलने में यकीन रखती है।' लेकिन अंतत: वह अपने दोस्तों के मध्य कविता को झूठी साबित कर ही देता है, फिर इस एहसास के साथ कि 'उसकी पत्नी पूरी तरह से उसके कब्जे में है' तो उसे संतुष्टि हो जाती है।

एक बार ममता कालिया ने बद्रीनारायण को दिए एक साक्षात्कार में कहा था–'स्त्री और पुरुष मिलकर परिवार बनाते हैं। एक घटना स्थिति या संभावना को हर सदस्य अपनी तरह से देखता है। प्राय: ऐसे समय स्त्री की राय को उतना निर्णायक नहीं माना जाता जितना पुरुष की अथवा किसी बुजुर्ग की राय को। ऐसे में घर की स्त्री बहिर्जगत के प्रश्नों को यदि अंतर्जगत में ले जाती है तो कोई आश्चर्य नहीं।' यही कारण है कि ममता की कहानियाँ ऊपर से बहुत हल्की-फुल्की और रोचक लगते हुए भी गंभीर अर्थवान हैं। उनमें व्यंग्य की तीखी धार है– 'आपकी छोटी लड़की' परिवार से उपेक्षित एक प्रतिभाशाली लड़की की कहानी है तो 'नई दुनिया' भी एक ऐसी ही लड़की की कहानी है जिसे उसके परिवार वाले हर क्षेत्र में फिसड्डी मानते हैं। 'तस्की को हम न रोएँ', 'एक अदद औरत' और 'पीली लड़की' जैसी कहानियाँ ठहरे हुए, सड़ते पानी जैसी छीजती जा रहीं, स्त्रियों की कहानियाँ हैं जहाँ स्त्रियाँ आरंभ में प्रतिवाद करती हैं, फिर धीरे-धीरे शांत होती जाती हैं। समझौतावादी प्रवृत्ति की ऐसी कहानियाँ कई महिला रचनाकारों ने लिखीं। यहाँ चन्द्रकिरण सौनरेक्सा का नाम लिया जा सकता है। वे प्राय: अपनी कहानियों में समस्या उठाती हैं, उसका सजीव अंकन करती हैं। लेकिन कहानी के अंत में नारी परिस्थितियों से समझौता करती, टूटती, विचलित होती दिखाई जाती हैं। कहानी पाठक के लिए कुछ मनन बिंदुओं को उठाकर ही समाप्त हो जाती है। इसका कारण उनके परंपरागत संस्कार या परिस्थितिगत दबाव हो सकते हैं। उनके बाद की पीढ़ी की कथाकार मन्नू भंडारी की स्त्री आत्म-सजग है। वह जीवन को अपने अनुरूप जीना चाहती है लेकिन इस आग्रह के पीछे कहीं भी स्वेच्छाचार नहीं है। वस्तुत: मन्नू वर्तमान नारीवाद की चौहद्दी में आने से ही असहमति जतलाती हैं। वे देहवादी विमर्श से भी दूर हैं। उनसे एक कदम आगे ममता नारी मुक्ति को वैचारिक मुक्ति मानती हैं। वे कहती हैं–'किसी भी सवाल पर स्वतंत्र प्रतिक्रिया, हस्तक्षेप और हस्ताक्षर नारी मुक्ति की पहली शर्त है।' इसलिए ममता की कहानियों में स्त्रियाँ परिवार से समझौता नहीं अपितु प्रतिवाद करती दिखाई देती हैं। जहाँ, विरोध की भाषा मौन और असहयोग की होती है।

ममता कालिया की कहानियाँ स्त्री चेतना को रेखांकित करती हैं, इनमें पति-पत्नी के संबंध और आधुनिक नारी की मन:स्थिति का सूक्ष्म और प्रभावी चित्रण मिलता है। दाम्पत्य में 'काम' को विशेष महत्त्व देते हुए ममता ने बहुत सलीके से उसके मर्म तक पहुँचने का प्रयास किया है। वे नारी के लिए कोई आदर्श तय नहीं करतीं और उसकी भौतिक एवं जैविक आवश्यकताओं का समर्थन करती हैं। वे नारी के विचलन को बड़ी साफगोई से अभिव्यक्त करती हैं। 'बड़े दिन की पूर्व साँझ', 'साथ', 'अकेले और अकेले', 'दो जरूरी-चेहरे' जैसी कहानियों में स्त्री मन के विचलन की परिस्थितियाँ हैं। ये आजकल की चालू/फैशननुमा कहानियों की कोटि में नहीं रखी जा सकतीं, जहाँ 'देह' ही सब कुछ है। प्रचलित देह विमर्श के संदर्भ में ममता कहती

भी हैं–'मैं देखती हूँ कि समकालीन लेखन में विशेषकर स्त्री विमर्श में मुक्ति का आशय सिर्फ देह मुक्ति रह गया है। इसके प्रचारक भूल जाते हैं कि वह फार्मूला दमदार होते हुए भी सत्तर साल पुराना हो चुका है। फार्मूले कभी शाश्वत नहीं होते।' इस दृष्टि से वे अपनी समकालीन कथा लेखिकाओं में अलग ही दिखाई पड़ती हैं, जहाँ सेक्स एक अनिवार्य जरूरत के रूप में उनकी कहानियों में आया है, न कि किसी कुंठा या मनोविकार के कारण। जीवन की एकरसता से व्यथित, परिवार विशेषकर पति या प्रेमी से उपेक्षित, अवसादग्रस्त, अकेली स्त्रियों के इन स्थितियों से उबरने के एक विकल्प के रूप में सेक्स भी है। 'लगभग प्रेमिका', 'कारण रहित उदासी', 'नितांत निजी' जैसी कहानियों को इस परिप्रेक्ष्य में देखा जा सकता है।

ममता की कहानियों में विषयगत इकहरापन नहीं है। 'थियेटर रोड के कव्वे' और 'तोहमत' जैसी कहानियों के माध्यम से उन्होंने यौन शुचिता के आतंक वाली इस मर्दवादी सामाजिक संरचना की विसंगतियों को दिखाया है, वही 'गुस्सा', 'फर्क नहीं', 'जिन्दगी सात घंटे बाद की', 'उपलब्धि', 'जितना तुम्हारा हूँ', 'काली साड़ी', 'बातचीत बेकार है' जैसी कहानियों में नगरीय मध्यवर्गीय जीवन में फँसती-पिसती स्त्रियों को अभिव्यक्ति मिली है। इसके अलावा, 'बीमारी', 'माँ', 'बिटिया', 'प्यार के बाद' आदि छीजते जा रहे रिश्तों की कहानियाँ हैं।

कुछ लोग ममता की कहानियों पर ये आक्षेप लगाते हैं कि उनमें 'संवेदना का कोई नुकीला क्षण नहीं मिलता, केवल स्थितियों की विडम्बना का एहसास होता है' या वे कहानियाँ अक्सर 'बहुत ठंडी किस्म की होती हैं, उनमें भावना का आवेग नहीं होता' पर इसी को उनकी विशेषता भी कहा जा सकता है कि वे बेहद निस्संगता से घटनाओं को उठाती हैं, यथार्थ अंकन करती हैं और पाठक को यूँ ही आंदोलित छोड़ देती हैं। 'स्त्री और समाज के पक्ष' की अंतर्दृष्टि से गुंफित उनकी कहानियाँ प्रायः आकार में लघु हैं, लेकिन उनमें अंतर्निहित अर्थवत्ता कहानी के बार-बार पाठ की माँग करती हैं। बेहद चुटीली कसी हुई और जीवंत भाषा ममता की विशेषता है। सामाजिक विसंगतियों के वर्णन के समय यह भाषा अत्यंत पैनी या तुर्शीदार हो जाती है। यह अकारण नहीं कि हरिशंकर परसाई ममता के प्रिय रचनाकारों में से हैं। कविता के प्रति विशेष लगाव होते हुए भी ममता कहानियों में काव्य के प्रयोग की हिमायती नहीं हैं। विषम यथार्थ के वर्णन के लिए ममता में भाषा के प्रति अतिरिक्त सजगता देखी जा सकी है। वे शुरू से ही भाषा के नपे-तुले और सार्थक प्रयोग का परिचय देती हैं। वे सीधी सरल भाषा लिखकर जो असर पैदा कर देती हैं, कई लोग भाषा में तमाम तरह की उठा-पटक के बाद भी नहीं कर पाते हैं। उदाहरण के लिए 'सीमा' कहानी के संवाद उनकी व्यंजनामय भाषा का अद्वितीय नमूना है–

"हमें एक नौकर चाहिए।" (पति)

"वह तो है" (पत्नी)

"तुम रोज-रोज मेरा ब्लडप्रेशर बढ़ा देती हो। आखिर मैं कितनी गोलियाँ रोज खा सकता हूँ।" (पति)

"तुम रोज मेरा ब्लडप्रेशर इतना गिरा देते हो कि मैं एक भी गोली नहीं खा सकती।" (पत्नी)

इनकी कहानियों में किसी प्रकार की जटिलता या उलझाव नहीं है। ममता की कहानियों में किस्सागोई नहीं है, लेकिन जहाँ अव्यक्त है, कहानी उन्हीं के मध्य है। अतः वे 'कथा रस' से भरपूर हैं इसीलिए रवीन्द्र कालिया को कहना पड़ता है–'ममता की कहानियों के पाठक बहुत

हैं और लोकप्रियता के मामले में ममता मुझसे कहीं आगे हैं।' अत: यह कहा जा सकता है कि एक कथाकार के रूप में ममता कालिया की लोकप्रियता और स्वीकार्यता असंदिग्ध है।

प्रश्न 19. 'बोलने वाली औरत' कहानी की कथावस्तु पर प्रकाश डालिए।

अथवा

'बोलने वाली औरत' कहानी की दीपशिखा आम मध्यवर्गीय परिवारों की स्त्रियों का प्रतिनिधित्व करती है। इस कथन को स्पष्ट कीजिए।

अथवा

'बोलने वाली औरत' कहानी शीर्षक की सार्थकता स्पष्ट कीजिए।

अथवा

'फिलहाल उसका मुँह सूजा हुआ है, पर मुँह बंद रखना चुप रहने की शर्त नहीं है' – इस कथन के परिप्रेक्ष्य में 'बोलने वाली औरत' कहानी की समीक्षा कीजिए।

उत्तर– 'बोलने वाली औरत' कहानी में ममता जी ने प्रेम विवाह की समस्या के साथ-साथ शक्की मिजाज पति के कारण परिवार के बिखरे हुए संबंधों को उजागर किया है। यह कहानी मध्यवर्गीय परिवार की एक ऐसी स्त्री की कहानी है जो परिवार के अन्य सदस्यों, जिसमें उसकी सास हैं–बीजी, पति कपिल एवं बच्चे (प्रकट रूप में) और श्वसुर (अप्रकट रूप में)–इन सभी के साथ बोलती रहती है, यह कहें बहस करती रहती है या कि कहानी से ही शब्द उधार लें तो 'खड़ी-खड़ी जवाब टिकाती रहती है।' उसका यह बोलना किसी को भी अच्छा नहीं लगता। इसीलिए उस पर हमेशा बदतमीज और बदजुबान होने की तोहमत लगती रहती है। वह कई बार यह निश्चय करती है कि अब किसी भी परिस्थिति में वह कुछ भी नहीं बोलेगी, लेकिन हर बार कोई-न-कोई घटना या प्रसंग ऐसा हो जाता है कि वह बोल पड़ती है। कहानी में ऐसी कई घटनाएँ हैं, चाहे वह झाड़ू सीधी रखने की घटना हो, चाय पीने की या कहीं घूम आने की–ये घटनाएँ गौण हैं, इनका महत्त्व इतना ही है कि हर घटना की प्रतिक्रिया में वह बोल उठती है, लेकिन वह महज बोलने के लिए नहीं बोलती। वह मात्र बोल नहीं रही है, वह प्रतिवाद कर रही है अंधविश्वासों और रूढ़ियों से जकड़ी उस मर्दवादी सामाजिक संरचना का, जिसमें पुरुष के साथ स्त्रियाँ भी स्त्रियों की शोषक हैं। वह लड़ रही है अपने आत्म-गौरव, अपने आत्म-सम्मान की रक्षा के लिए और इस लड़ाई में उसका हथियार हैं–शब्द। बाद में, इस कहानी का अंत उसे चुप रहने की हिदायत के साथ होता है।

'बोलने वाली औरत' कहानी का केंद्र एक स्त्री है शिखा, जिसका पूरा नाम दीपशिखा, लेकिन वह खुद को अग्नि शिखा कहे जाने में ज्यादा पसंद करती है, कहती है, 'माता-पिता ने मेरा नाम गलत रखा है, मैं दीपशिखा नहीं, अग्निशिखा हूँ।' उसके व्यक्तित्व की जो यह छोटी-सी झलक ममता कालिया ने दी, यह उसके भीतर उबल रहे लावे या पनप रहे आक्रोश की ओर हमारा ध्यान खींचती है और यह आक्रोश है–समाज के दोगलेपन के कारण, उसके विरोध में। यह विडम्बना ही तो है अपने जिन गुणों के कारण शिखा का विवाह के लिए चयन हुआ, वह इस परिवार का हिस्सा बनी, कहानी में है कि जब शादी के विचार से कपिल ने अपने आस-पास देखा तो उसे कॉलेज में अपने से दो साल छोटी बी.एससी. में पढ़ने वाली शिखा पसंद आई क्योंकि वह उन स्त्रियों जैसी नहीं थी जिन्हें कपिल अपने परिवार में या अपने आस-पास

देखता था। शिखा की वक्तृता से प्रभावित होकर वह सोचता है वह शिखा को पाकर रहेगा और पा भी लेता है। शिखा भी कपिल की मौलिक सोच और आत्मनिर्भरता से प्रभावित है लेकिन ये आदर्श स्थितियाँ शादी के बाद भी इतनी ही आदर्श नहीं रह जातीं। शिखा के उन्हीं गुणों के कारण उसे बार-बार अपमानित होना पड़ता है। कहानी के क्लाइमेक्स में उसका अपना ही बेटा उसके मुँह पर एक घूँसा मारता है। शिखा के होंठ सूज जाते हैं, जबड़ा जाम हो जाता है और वह कुछ भी बोलने में असमर्थ हो जाती है। यह त्रासद है कि घूँसा उसकी सास नहीं मारती, पति नहीं मारता, बेटा मारता है जो अब उस परिवार में शक्ति का केंद्र बनने जा रहा है और कैसे ममता कालिया ने इस घूँसे के जरिए सत्ता का हस्तांतरण दिखाया है। यहाँ देखा जा सकता है कि परिवार में शक्ति का एक नया ध्रुवीकरण हो रहा है। अब शक्ति का जो केंद्र है, वह उसका बेटा है और वर्तमान पीढ़ी अपनी भावी पीढ़ी को सत्ता का हस्तांतरण कर रही है। वस्तुतः तीनों ही पीढ़ियाँ बीजी, पति और बेटा उसकी सोच, चेतना और अभिव्यक्ति को रोकने के लिए कृतसंकल्प हैं।

यहीं यह कहानी स्त्री विमर्श के नाम पर लिखी गई अन्य कहानियों से भिन्न दिखाई पड़ती है। जहाँ स्त्री विमर्श की कई अन्य कहानियों में स्त्रियाँ अपने अधिकार के लिए आवाज बुलंद करती हैं, व्यवस्था से संघर्ष करती हैं पर धीरे-धीरे इस व्यवस्था का अंग बन जाती हैं, अपनी स्थितियों से समझौता कर लेती हैं और नियति को स्वीकार कर लेती हैं। कहानी के अंत में होंठ सूज जाने के कारण शिखा बोल नहीं सकती, पर भाव उसके भीतर कसमसाते रहते हैं, शब्द बाहर निकलने के लिए छटपटाते रहते हैं। शिखा को लगता है कि उसकी मृत्यु के बाद ये शब्द उसके शरीर के हर रंध्र से बाहर निकल भागेंगे और हस्तक्षेप की जीती-जागती इबारत बन जाएँगे। वस्तुतः शिखा व्यवस्था का अंग बनकर तथाकथित सुखी जीवन जीने की सुविधा नकार देती है। वह अचंभित है कि अधिकांश विवाहित स्त्रियों को इस बात का इल्म ही नहीं कि कब और कैसे वे इंसान से मशीन में कायांतरित हो गईं जहाँ उनके श्रम की तो अहमियत है लेकिन सोचने-विचारने या व्यक्त करने की आजादी नहीं। इसी बिंदु पर हॉलीवुड की फिल्म "मैट्रिक्स" को भी स्मरण कर लेना तर्कसंगत होगा, जिसमें सभी इंसानों को रोबोट या मशीन में बदल दिया जाता है और जिनकी सोचने-समझने की शक्ति पर किसी और का नियंत्रण होता है। शिखा के लिए भी बीजी कपिल से कहती है, 'तू फिकर मत कर, थोड़े दिनों में मैं इसे ऐन पटरी पर ले आऊँगी।' लेकिन ऐसा हो नहीं पाता। उसकी चेतना जीवित है। वह दरख्त नहीं बनना चाहती और शायद स्त्री विमर्श का केंद्रीय तत्त्व भी यही है–चेतना और अभिव्यक्ति की स्वतंत्रता। वह चाहती है जिस मौलिक सोच-विचार के कारण कपिल और शिखा ने एक-दूसरे को पसंद किया था, विवाह के पश्चात् अब उस मौलिक सोच के लिए केवल कपिल ही स्वतंत्र न रहे। एक-दूसरे की निजता को पर्याप्त स्पेस देते हुए एक संयुक्त प्रयास से गृहस्थी की गाड़ी खींचने का जो फलसफा ममता कालिया का है, शिखा उसी की माँग करती है। इसीलिए स्त्री विमर्श के दायरे में रखे जाने पर भी यह कहानी आजकल के फैशननुमा और फार्मूलेनुमा कहानियों से, जिनमें देह की आजादी ही सब कुछ है, एकदम अलग है। यह एक स्त्री के मन को छीजते जा रहे आवेग, उसकी अभिव्यक्ति और सृजन की व्याकुलता का बयान है। दरअसल, यह कहानी मध्यवर्गीय जीवन की विडम्बनाओं को झेल रही और उनसे जूझ रही घरेलू स्त्री की दास्तान है।

ममता कालिया 'बोलने वाली औरत' कहानी में एक और पक्ष की ओर बड़ी बारीकी से संकेत करती हैं, वह है–रूटीन। आज की इस आपाधापी भरे व्यस्त जीवन के कारण कैसे रिश्तों में खटास आ रही है, कैसे रिश्तों की ऊष्मता, सहजता, आत्मीयता इस मशीनी जीवन शैली की भेंट चढ़ते जा रहे हैं, कहानी इस ओर भी संकेत करती है। कपिल चाहता है कि शिखा एक सुघड़ पत्नी की तरह घर की समस्त जिम्मेदारियों को अपने ऊपर ओढ़ ले और उसे स्वतंत्र छोड़ दे, पर शिखा भी अपने लिए थोड़े से समय की माँग करती है, जिस समय में वह स्वयं हो, उसके सपने हों और उसकी अभिव्यक्तियाँ। जब परिवार के सब लोग सो जाते हैं, शिखा हाथ-मुँह धोकर, कपड़े बदल कर एक बार फिर 'अपना दिन' शुरू करने की कोशिश करती है। उसके इस अपने दिन में किताब है, कागज है, कलम है। वह थोड़ा-सा समय चुराती है, लेकिन अपने लिए अपने ढंग से जिए हुए इन पलों के कारण वह अगले दिन की दिनचर्या के लिए पिछड़ जाती है और लांछनों और तोहमतों के दौर शुरू हो जाते हैं। शिखा को लगता है कि उसे ठोंक पीटकर मशीन बनाया जा रहा है और एक बार फिर वह मशीन बनने से इंकार कर देती है। यह कहानी इसी दृष्टि से विशिष्ट है। परिवार में खपने और खर्च हो जाने की स्थिति में भी शिखा में अंतर्विरोधों और असहज स्थितियों से जूझने की दृढ़ता है। उसके लिए जीवन का अर्थ है–जीवंतता और जीवंतता का अर्थ है–विरोध, सतत् विरोध, इसलिए न बोल सकने की स्थिति में भी वह सोचती है कि मुँह बंद रखना चुप रहने की शर्त नहीं है। यह कहानी स्त्री विमर्श के इकहरेपन को भी तोड़ती है।

'बोलने वाली औरत' शीर्षक की सार्थकता–ममता कालिया की कहानी 'बोलने वाली औरत' अपने शीर्षक में ही स्त्रियों पर खामोशी से तीखा तंज कस जाती है मानो स्त्रियाँ बोलने के लिए नहीं होतीं, सोचने के लिए नहीं होतीं सिर्फ दिखने के लिए होती हैं। नायिका दीपशिखा की गलती बस इतनी है कि वह बातों का जवाब दे देती है। स्त्रियों, खासकर बहुओं की आचार संहिता में बोलने की बिल्कुल मनाही है। 'बहू की तरह' रहने का जुमला इतना असरदार है कि सास, ननद ही नहीं, छोटा-सा बच्चा भी घर में आई नई बहू को सलीके सिखाने को उद्यत रहता है। बहू बनते ही स्त्रियों का मेटॉमारफॉस हो जाता है और वे बिल्कुल नई दुनिया की जीव बन जाती हैं। अच्छी और महान की कोटि में आने वाली सास और ननद अपनी जुबान नहीं बोलतीं मगर बड़ी मासूमियत से कहती हैं कि उन्हें कोई आपत्ति नहीं बस नाते-रिश्तेदारों और समाज के सामने निर्धारित आचार संहिता और ड्रेस कोड में रहे बहू। लेकिन जब स्त्रियों की निजता, उनकी अस्मिता या अधिकार के प्रश्न सर उठाते हैं, तो समाज न सिर्फ अंधा बल्कि गूँगा और बहरा भी हो जाता है। ऐसे समाज में 'बोलना' एक अनिवार्य आवश्यकता है। वह स्त्री जिसकी आवाज को दबा लेने के लिए परिवार और समाज सभी कृतसंकल्प हैं, पर वह बोलती है–महज बोलने के लिए नहीं। वह बोल रही है अपने 'स्वत्व की पहचान' के लिए। वह बोल रही है–पुरुषवादी समाज व्यवस्था में स्त्री के स्वप्नों, आकांक्षाओं और अधिकार की माँग के लिए। वह बोल रही है–परंपरा से चली आ रही, धैर्या, सहनशील, शांत और चुप, स्त्री की आदर्श छवि खंडित करने के लिए, जिससे व्यवस्था के प्रति उसके आक्रोश को सब जानें। फिर शायद, कोई एक दिन ऐसा आए, जब स्त्रियों को बिना बोले (माँगे) एक संपूर्ण व्यक्तित्व की पहचान प्राप्त हो सके। इस दृष्टि से 'बोलने वाली औरत' शीर्षक सार्थक है।

अध्याय 5

हिंदी कहानी

भूमिका

हिंदी में दलित विमर्श की शुरुआत मोटे तौर पर अस्सी के दशक से मानी जा सकती है। पिछले लगभग तीस-पैंतीस वर्षों में इसने एक ठोस यात्रा तय की है। परंपरागत सामाजिक और साहित्यिक मूल्यों के साथ इसकी टकराहट ने वैचारिकी के क्षेत्र में गंभीर उथल-पुथल मचाई है। हिंदी में कई साहित्यिक आंदोलन हुए लेकिन संत साहित्य के बाद केवल दलित आंदोलन ऐसा है जिसने साहित्य और विमर्श की जमीन को पूरी तरह बदल कर रख दिया है। स्वयं प्रकाश की 'पार्टीशन' कहानी विभाजन के 67 वर्ष बाद पुन: न सिर्फ विभाजन के दुख का स्मरण कराती है बल्कि उसके वर्तमान प्रभाव पर पुनर्विचार के लिए प्रेरित भी करती है। इस अध्याय में कुछ महत्त्वपूर्ण कहानियों, जैसे—पार्टीशन (स्वयं प्रकाश), स्विमिंग पूल (असगर वजाहत), बायोडाटा (अखिलेश), सिलिया (सुशीला टाकभौरे) तथा तलाश (जयप्रकाश कर्दम) का विश्लेषण तथा मूल्यांकन किया गया है।

प्रश्न 1. कहानीकार स्वयं प्रकाश का जीवन परिचय लिखिए।

उत्तर– 20 जनवरी, 1947 को इंदौर में जन्मे स्वयं प्रकाश अपनी कहानियों और उपन्यासों के लिए विख्यात हैं। आजीविका के लिए मैकेनिकल इंजीनियरिंग, शिक्षा से एम.ए. (हिंदी, 1977) तथा पीएच.डी. (1980) एवं कथा लेखन की एक लंबी समर्पित पारी से संबद्ध स्वयं प्रकाश का जीवनानुभव बहुआयामी रहा है।

उनकी कहानियाँ हिंदी के पाठकों और आलोचकों में समान रूप से लोकप्रिय रही हैं। सत्तर के दशक से अपना कहानी लेखन प्रारंभ करने वाले स्वयं प्रकाश की पहचान ऐसे कहानीकार के रूप में है, जो सहजता से अपनी बात कह देते हैं और उनकी कोई कहानी ऐसी नहीं होती, जिसमें सामाजिकता का उद्देश्य न हो। इस तरह से हिंदी में प्रेमचंद, यशपाल, भीष्म साहनी, हरिशंकर परसाई और अमरकांत की परंपरा के वे बड़े कथाकार हैं। स्वयं प्रकाश की प्रकाशित पुस्तकें हैं–'मात्रा और भार', 'सूरज कब निकलेगा', 'आसमां कैसे कैसे', 'अगली किताब', 'आएँगे अच्छे दिन भी', 'आदमी जात का आदमी', 'आधार चयन', 'चर्चित कहानियाँ', 'पार्टीशन', 'अगले जन्म', 'संधान', 'आधी सदी का सफरनामा', 'मेरी प्रिय कथाएँ', 'स्वयं प्रकाश की चुनिंदा कहानियाँ', 'मेरी प्रिय कहानियाँ' (कहानी संग्रह), 'ज्योतिरथ के सारथी', 'जलते जहाज पर', 'उत्तर जीवन कथा', 'बीच में विनय', 'ईंधन' (उपन्यास), 'स्वान्त: दुखाय', 'दूसरा पहलू', 'रंगशाला में एक दोपहर', 'एक कथाकार की नोटबुक' (निबंध), 'हमसफरनामा' (रेखाचित्र), 'फीनिक्स' (नाटक), 'प्यारे भाई रामसहाय', 'परमाणु भाई की दुनिया में', 'हमारे विज्ञान रत्न' (बाल साहित्य), 'पंगु मस्तिष्क', 'अन्यूता', 'लोकतांत्रिक विद्यालय' (अनुवाद), 'सुनो कहानी', 'हिंदी की प्रगतिशील कहानियाँ' (संपादित पुस्तकें)। उन्होंने आठवें दशक में 'क्यों' नामक महत्त्वपूर्ण पत्रिका का संपादन किया था। इन दिनों प्रसिद्ध पत्रिका 'वसुधा' के संपादक हैं। अध्ययन के लिए चुनी गई कहानी 'पार्टीशन' पर एक टेलीफिल्म भी बनी है। स्वयं प्रकाश को पहल सम्मान, वनमाला सम्मान, राजस्थान साहित्य अकादमी सम्मान सहित कई महत्त्वपूर्ण सम्मान-पुरस्कार से नवाजा गया।

वरिष्ठ कथाकार स्वयं प्रकाश को सन् 2011 के प्रतिष्ठित 'आनंद सागर कथाक्रम सम्मान' से नवाजा गया। यह सम्मान हर वर्ष कथा लेखन के क्षेत्र में उत्कृष्ट योगदान करने वाले लेखक को दिया जाता है।

प्रश्न 2. 'पार्टीशन' की कथावस्तु का विश्लेषण कीजिए।

अथवा

'कुर्बान भाई' के चरित्र की विशेषताओं को उद्घाटित कीजिए।

उत्तर– पार्टीशन विभाजन को केंद्र में रखकर लिखी गई कहानी है। हिंदी में 1947 के देश विभाजन पर केंद्रित कई कहानियाँ हैं। कुछ महत्त्वपूर्ण उपन्यास भी हैं। जैसे ही कोई विभाजन का जिक्र करता है, वैसे ही साहित्य प्रेमियों के जेहन में मोहन राकेश की कहानी 'मलबे का मालिक' या भीष्म साहनी की कहानी 'और अमृतसर आ गया' की स्मृति ताजा हो जाती है। विभाजन पर केंद्रित 'झूठा-सच' (यशपाल), 'तमस' (भीष्म साहनी), 'छाको की वापसी' (बदी उज्जमा) जैसे महत्त्वपूर्ण उपन्यास हिंदी में हैं। मण्टो की 'टोबा टेक सिंह' तो कालजयी कहानी है। यह सांप्रदायिकता पर लिखे गए कई उपन्यासों से अधिक प्रभावशाली है। आज इस बात

से शायद ही किसी की असहमति हो कि यह भारतीय उपमहाद्वीप की अब तक की सबसे बड़ी त्रासदी है।

स्वयं प्रकाश ने शायद पहली बार हिंदी कहानी में सांप्रदायिकता को व्यापक संदर्भ दिया है। स्वयं प्रकाश ने इस कहानी के लिए 'पार्टीशन' को विषयवस्तु के रूप में चुना है लेकिन इसकी परिधि में समकालीन समय है। विभाजन भारतीय इतिहास का एक तथ्य है। इस तथ्य से मुँह नहीं मोड़ा जा सकता। उस त्रासदी ने जो कुछ ले लिया, आज उसे वापस नहीं लाया जा सकता। इस पार, उस पार जो भी उजड़ गया, आज उसके मानसिक विस्थापन पर दुख ही व्यक्त किया जा सकता है। लेकिन क्या विभाजन 1947 के साथ ही बीत गया? पार्टीशन कहानी इसी प्रश्न का उत्तर खोजती है।

बहुत ऊपरी अर्थों में यह कहानी कुर्बान भाई के फिर से मस्जिद जाने की कहानी है। संक्षेप में कहानी का कथ्य यह है कि कुर्बान भाई के नाम से सुपरिचित कथानायक का परिवार देश विभाजन में तबाह हो गया। किसी तरह जान बचाकर उन्होंने टौंक में जीवन-यापन शुरू किया। हिंदू-मुसलमान के भेद के परे जाकर मनुष्यता का आचरण शुरू किया और उनके इस आचरण के नाते हिंदू और मुसलमान की राजनीति करने वाले उन्हें नापसंद करने लगे। इस प्रक्रिया में एक घटना के बाद वे पूरी तरह टूट गए। दो-चार लोगों के अलावा कोई उनके साथ खड़ा नहीं हुआ। यह सबके दुख में साझीदार रहे कुर्बान भाई की आत्मा पर हमला था। कहानीकार ने अन्य संकेतों के बीच यह इशारा किया है कि विभाजन अब भी जारी है। स्वयं प्रकाश की यह एक बेहतरीन कहानी है जो एक कहानी के रूप में बहुत कुछ कह जाती है।

यह कहानी एक प्रश्न से शुरू होती है। लेकिन यह प्रश्न किसी एक के लिए नहीं है। ऐसा प्रतीत होता है जैसे भारत की समूची आबादी को संबोधित करते हुए प्रश्न किया जा रहा हो और इस प्रतीति का कारण यह है कि जो कहा जा रहा है, उसमें सबके हिस्से का सच है। कहानी में लेखक जैसे ही पूछता है-'आप कुर्बान भाई को नहीं जानते?' वैसे ही कहानी में एक रोचकता (जिसे आकर्षण भी कह सकते हैं) पैदा हो जाती है। पाठक रुक जाता है और लेखक कुर्बान भाई के परिचय का एक हिस्सा बताता है-आप कुर्बान भाई को नहीं जानते? कुर्बान भाई इस कस्बे के सबसे शानदार शख्स हैं। कस्बे का दिन है आजाद चौक और ऐन आजाद चौक पर कुर्बान भाई की छोटी-सी किराने की दुकान है। यहाँ हर समय सफेद कमीज-पजामा पहने दो-दो चार-चार आने का सौदा-सुलफ माँगती बच्चों-बड़ों की भीड़ में घिरे कुर्बान भाई आपको नजर आ जाएँगे। भीड़ नहीं होगी तो उकडूँ बैठे कुछ लिखते होंगे। बार-बार मोटे फ्रेम के चश्मे को उँगली से ऊपर चढ़ाते और माथे पर बिखरे आवारा, अधकचरे बालों को दाएँ या बाएँ हाथ की उँगलियों में फँसा पीछे सहेजते। यदि आप यहाँ से सौदा लेना चाहें तो आपका स्वागत है। सबसे वाजिब दाम और सबसे ज्यादा सही तौल और शुद्ध चीज। जिस चीज से उन्हें खुद तसल्ली नहीं होगी, कभी नहीं बेचेंगे। कभी धोखे से दुकान में आ भी गई तो चाहे पड़ी-पड़ी सड़ जाए, आपको साफ मना कर देंगे। मिर्च? आपके लायक नहीं है। रंग मिली हुई आ गई है। तेल? मजेदार नहीं है। रेपसीड मिला है। दीया-बत्ती के लिए चाहें तो ले जाएँ।

यही वजह है कि एक बार जो यहाँ से सामान ले जाता है, दूसरी बार और कहीं नहीं जाता। यों चारों तरफ बड़ी-बड़ी दुकानें हैं-सिंधियों की, मारवाड़ियों की, पर कुर्बान भाई का मतलब है, ईमानदारी। कुर्बान भाई का मतलब है, उधार की सुविधा और भरोसा।

कहानी पढ़ते समय पाठकों को एक बारगी यह लग सकता है कि एक व्यक्ति का परिचय बताने के लिए लंबी-चौड़ी भूमिका की क्या आवश्यकता! लेकिन आवश्यकता है। पूरी कहानी कुर्बान भाई के चरित्र और हमारी स्वीकृति सामाजिक-सांस्कृतिक बनावट के इर्द-गिर्द घूमती है। यदि आप कुर्बान भाई के व्यक्तित्व के किसी पहलू से अनभिज्ञ रह गए तो यकीनन इस कहानी का मंतव्य आप तक नहीं पहुँचेगा।

इस कहानी को समझने के लिए लेखक ने कथानायक कुर्बान भाई का अतीत इस प्रकार वर्णित किया है—कुर्बान भाई के पिता का अजमेर में रंग का लंबा-चौड़ा कारोबार था। दो बड़े-बड़े मकान थे। हवेलियाँ कहना चाहिए। नया बाजार में खूब बड़ी दुकान थी। बारह नौकर थे। घर में बग्घी तो थी ही, एक 'बेबी ऑस्टिन' भी थी जो 'सैर' पर जाने के काम आती थी। संयुक्त परिवार था। पिता मौलाना आजाद के शैदाइयों में से थे। बड़े-बड़े लीडर और शायर घर आकर ठहरते थे। कुर्बान भाई उस वक्त अलीगढ़ यूनिवर्सिटी में पढ़ रहे थे। न भविष्य की चिंता थी, न बुढ़ापे का डर! मजे से जिंदगी गुजर रही थी। इश्क, शायरी, होस्टल, ख्वाब!

तभी पार्टीशन हो गया, दंगे हो गए। दुकान जला दी गई, रिश्तेदार पाकिस्तान भाग गए, दो भाई कत्ल कर दिए गए। पिता ने सदमे से खटिया पकड़ ली और मर गए। नौकर घर की पूँजी लेकर भाग गए। बचे-खुचों को लेकर अपनी जान लिए-लिए कुर्बान भाई नागौर चले गए। वहाँ से मेड़ता, मेड़ता में टौंक। कहाँ जाएँ? कहाँ सिर छिपाएँ? क्या पाकिस्तान चले जाएँ? नहीं गए क्योंकि जोश नहीं गए, क्योंकि सुरैया नहीं गई, क्योंकि कुर्बान को अच्छे लगने वाले बहुत से लोग नहीं गए। तो कुर्बान भाई क्यों जाते।

1947 के पार्टीशन को झेल लेने वाले कुर्बान भाई जमीन-प्रेम की वजह से पाकिस्तान नहीं जाते यानी कि कुर्बान भाई ने 'पाकिस्तान' को अपना वतन माना ही नहीं। उन्होंने उस देश में रहना स्वीकार किया जिसकी धूल-मिट्टी में खेलकर वे जवान हुए थे। विभाजन के दंगों में दो जवान भाई मार दिए गए। लेकिन वतन का प्रेम इस दुख पर भारी है। कुर्बान भाई जिन लोगों को प्यार करते थे, उनमें से अधिकतर यहीं थे, फिर वे इस महान मुल्क को छोड़कर क्यों जाते! हालाँकि यहाँ रुकने की 'और सारी वजहें' समाप्त हो चली थीं।

लेखक ने कुर्बान भाई के अतीत और वर्तमान को इन शब्दों में मिलाया है—'धीरे-धीरे घर की बिकने लायक चीजें सब बिक गईं और कहीं कोई काम, कोई नौकरी नहीं मिली, जो उस दौर में मुसलमानों को मिलना बेहद मुश्किल थी। तिस पर हुनर कोई जानते नहीं थे, तालीम अधूरी थी। आखिर एक सेठ के यहाँ हिसाब रखने का काम करने लगे, लेकिन अपनी आदर्शवादिता, ईमानदारी, दयानतदारी, शराफत आदि दुर्गुणों के कारण जल्द ही निकाल दिए गए......। लेकिन मालिक होने का ठसका एक बार टूटा तो टूटता चला गया। स्थिति यह थी कि हिंदुओं में निभने की कोशिश करते तो शक-शुबहे की बर्छियों से छेद-छेद दिए जाते और मुसलमानों में खपने की कोशिश करते तो लीगियों के धार्मिक उन्माद का जवाब देते-देते टूक-टूक हो जाते। .... उतरते गए .... मजदूरी तक, हम्माली तक छुपपुट कारीगरी तक .... इंसानियत तक। नए-नए काम सीखे। मजबूरी सिखा ही देती है। साइकिल के पंचर जोड़े, पीपों-कनस्तरों की झालन लगाई, ताले-छतरियाँ, लालटेनें ठीक कीं.........चूनरी-बंधेज की रंगाई में काम किया.....हाथी दाँत की चूड़ियाँ काटीं.........शहर-दर-शहर......अब हमला सांप्रदायिक उन्माद का नहीं, मशीन का हो रहा था.....जो चीज पकड़ते.........धीरे-धीरे हाथ से फिसलने लगती। धक्के

खाते-खाते पता नहीं कब कैसे यहाँ इस कस्बे में आ गए और एक बुजुर्ग नमाजी मुसलमान से पचास रुपए उधार लेकर एक दिन यह दुकान खोल बैठे। .....कुछ पुड़ियों में दाल-चावल....माचिस....बीड़ी- सिगरेट-गोली-चॉकलेट।'

उपर्युक्त वर्णन में दो-तीन बातें नोट करने की हैं। पहली, एक अमीर व्यक्ति से कुर्बान भाई का एक मजदूर में बदल जाना। दूसरी, हमारी स्वीकृत व्यवस्था में ईमानदार और शरीफ आदमी के लिए लगभग जगह नहीं है। तीसरी, उम्मीद का दामन नहीं छोड़ना चाहिए।

विभाजन ने कुर्बान भाई का सब कुछ छीन लिया। कुर्बान भाई और उन जैसे लाखों हिंदू और मुसलमान बेघर हो गए। जो पड़ोसी थे, वे एक-दूसरे को अविश्वास और संदेह से देखने लगे। खूब हत्याएँ हुईं और स्त्रियों पर तरह-तरह के प्रहार हुए। यह आज भी एक तथ्य है कि विभाजन से 'आम लोगों' को यातनाएँ ही मिलीं। किसी-किसी का तो सब कुछ लुट गया और विभाजन के बाद जो हुआ, उसे फैज अहमद फैज के शब्दों में कहें तो-

'ये दाग-दाग उजाला, ये शब-गजीदा सहर
वो इंतजार था जिसका, ये वो सहर तो नहीं।'

निःसंदेह तथा निश्चित रूप से इस देश के आम लोगों को एक ऐसी सुबह की उम्मीद थी, जिसमें स्वाधीनता की खूशबू हो। वे ऐसी आजादी की प्रतीक्षा में न थे जो अपने ही निर्दोष लोगों के खून से लथपथ हो। लेकिन हुआ यही। इस कहानी के 'नायक' कुर्बान भाई जो अलीगढ़ मुस्लिम विश्वविद्यालय में इश्क, शायरी, होस्टल और ख्वाब में डूबे थे, मुल्क के बँटवारे ने उनका सब कुछ छीन लिया। लेकिन इस कहानी में महत्त्वपूर्ण यह है कि इन घटनाओं ने उन्हें चोट तो दी लेकिन उनकी आत्मा और उनकी सोच को विषाक्त न कर सकीं। उस छोटे से कस्बे में उनकी छोटी-सी दुकान रोशनी की एक बड़ी खिड़की बन गई। रोशनख्याल लोग वहाँ एकत्रित होने लगे। उनके साथ रिश्ता रखना धीरे-धीरे लोगों के लिए प्रतिष्ठा का विषय बनने लगा। लेखक ने संकेत किया है कि 'आहिस्ता-आहिस्ता कुर्बान भाई की दुकान पढ़े-लिखों का अड्डा बन गई। ऐसा होता भी क्यों न?' लेखक के शब्दों में-'लोगों ने देखा, यह शख्स कभी झूठ नहीं बोलता......ठगी-चार सौ बीसी नहीं करता..... कम नहीं तौलता....अबे-तबे नहीं करता.... गंदे मजाक नहीं करता........अदब से बोलता है और आड़े वक्त पर हरेक के काम आता है...हर काम में इसके एक नफासत...सांस्कारिकता छलकती है.....इसलिए धीरे-धीरे कस्बे में प्रतिष्ठित लोग दुआ-सलाम करने लगे...व्यापारियों के यहाँ शादी-ब्याह के कुछ होता...उनके कार्ड आने लगे। आकर्षित होकर खग के पास खग भी आने लगे। अब कुर्बान भाई उन्हें चाय पिला रहे हैं और ग्राहकी छोड़कर गालिब पर बहस कर रहे हैं।' आहिस्ता-आहिस्ता कुर्बान भाई की दुकान पढ़े-लिखों का अड्डा बन गई।

लेखक ने कुर्बान भाई के जीवन के इस प्रसंग की चर्चा विस्तार से की है। इस संदर्भ में दिए गए लेखक के सूक्ष्म विवरण बड़े काम के हैं। वे कहानी की दिशा तय करते हैं। समाज को बेहतर बनाने का स्वप्न मनुष्य को किस कदर तरो-ताजा कर देता है, कुर्बान भाई का व्यक्तित्व इस बात का प्रमाण है। यह दुनिया यदि आज भी सुंदर लगती है तो ऐसे ही स्वप्नधर्मियों की वजह से। लेखक ने कुर्बान भाई के व्यक्तित्व का वर्णन करने के बाद उन संदर्भों को खोलने की कोशिश की है, जो इस कहानी को मोड़ प्रदान करते हैं। कुर्बान भाई की व्यस्तता उनके समुदाय के लोगों को अखरने लगी। हिंदूवादियों को भी अखरने लगी। यह प्रसंग इस बात का

संकेतक है कि समाज की एक बड़ी आबादी इस कदर मोतियाबिंद से प्रभावित है कि उसे उजाला अब अच्छा ही नहीं लगता। कहानी का एक प्रसंग इस प्रकार है–'जिस परिमाण में कुर्बान भाई का जो समय हमें मिलता, उसी परिमाण में वह उनके पुराने दोस्तों–लतीफ साहब, हाजी साहब, इमाम साहब वगैरह के हिस्से से कम हो जाता। नमाज पढ़ने वे सिर्फ शुक्रवार को जाते थे, अब वह भी बंद कर दिया। वाज वगैरह में चलने को कोई पहले भी उनसे नहीं कहता था, अब भी नहीं कहता। मदरसे को पहले भी चन्दा देते थे, अब भी देते हैं। हाँ, कभी-कभी होने वाली राजनीतिक सभाओं में जाने को और कस्बे की राजनीति में दिलचस्पी लेने को उनके लिए खतरनाक समझकर बिरादरी वाले उन्हें टोकने जरूर लगे। पॉलिटिक्स अपने लोगों के लिए नहीं है, समझे? चुपचाप सालन-रोटी खाओ और अल्लाह का नाम लो। चैन से जीना है तो इन लफड़ों में मत पड़ो। बेकार कभी धर लिए जाओगे....हमें भी फँसवाओगे। अब यहाँ रहना ही है तो...पानी में रहकर मगरमच्छों को मुँह चिढ़ाने से क्या फायदा? लेकिन अपनी मस्ती में मस्त थे हम लोग। न हमें पता चला न खुद कुर्बान भाई को कि उन्हें इमामबाड़े वाले ही नहीं, शाखा वाले भी घूरते हुए निकलने लगे हैं।' शाम को उनकी दुकान पर आने वाले कुछ देशप्रेमी किस्म के लोगों की सतत् अनुपस्थिति का गूढ़ार्थ भी हमने नहीं समझा।

देशप्रेम जीवन में बहुमूल्य है। कुर्बान भाई देशप्रेमी व्यक्ति हैं लेकिन धर्म केंद्रित राजनीति करने वाले उन देशप्रेमियों को पसंद नहीं कर पाते जो लकीर के फकीर नहीं होते। कुर्बान भाई धर्म और जाति के सभी बंधनों को भुलाकर सबसे प्रेम करते हैं। उनके प्रेम में स्वाभाविक निश्छलता है। ऊपर दिए गए उद्धरण में अल्पसंख्यक होने का बोध है तो एक प्रकार की निराशा का भी स्वर है। आखिर अल्पसंख्यकों को राजनीति में दिलचस्पी क्यों नहीं लेनी चाहिए! अपने आप यह तय कर लेना कि राजनीति सिर्फ बहुसंख्यकों के लिए है, एक प्रकार के पूर्व निश्चित भय को संकेतित करता है। संभव है, ऐसा कुछ अनुभवों के आधारों पर हुआ हो लेकिन इस स्थायी भाव की तरह प्रस्तुत करना धर्म की राजनीति को भले बल प्रदान करता हो, इस देश के अल्पसंख्यक को निराशा की ओर ढकेलता है। नहीं भूलना चाहिए कि स्वतंत्र भारत में अल्पसंख्यकों को भी बहुसंख्यकों की तरह प्रभावशाली पद मिलते रहे हैं और यह भारतीय लोकतंत्र का एक सुखद एवं सकारात्मक पक्ष है।

इस कहानी में कुर्बान भाई की अग्रगामिता हिंदू और मुस्लिम दोनों पक्षों के लोगों को नागवार गुजरती है। इसलिए आखिरकार वह घटना होती है जो इस कहानी को एक ऐसे अप्रिय मुकाम तक पहुँचा देती है कि मन कड़वाहट से भर जाता है। वह घटना विभाजन की सतत् प्रक्रिया का उद्‌घाटन करती है। होता यह है कि एक गाड़ीवान अपनी गाड़ी को उनके चबूतरे पर खड़ा कर देता है। इस स्थिति में कुर्बान भाई की दुकान छिप जाती है। वे गाड़ीवान से गाड़ी को किनारे लगाने का आग्रह करते हैं लेकिन वह अनसुना कर देता है। हारकर वे खुद गाड़ी को किनारे करने की कोशिश करते हैं तो गाड़ी वाला उनका अपमान करता है। इस प्रसंग को कहानीकार के ही शब्दों में देखना उचित होगा–कुर्बान भाई ने उससे गाड़ी जरा बाजू में खड़ी करने और बैलों को किनारे बाँध देने को कहा। उसने अनसुनी कर दी। कुर्बान भाई ने फिर कहा तो एक नजर उन्हें देखकर अपने रास्ते चल पड़ा। कुर्बान भाई ने खुद उठकर चबूतरे पर टिके उसकी गाड़ी के अगले छोर को उठाया और गाड़ी को धकाकर.........लेकिन तभी उस आदमी ने कुर्बान भाई का चश्मा नोच लिया और धक्का-मुक्की करने लगा। ठीक इसी समय कोर्ट से

लौटते वकील ऊखचंद उधर से गुजरे और उन्होंने आवाज मारकर पूछा, 'क्या हुआ रे गोम्या?' गोम्या बोला, 'म्हनै कूटै!' यानी मुझे मार रहा है। वकील ऊखचंद ने पूछा, 'कौन?' गोम्या बोला, 'ये मीयों!' कुर्बान भाई सन्न रह गए। बात समझ में आते-आते भीतर हचमचा गए। आँखों के आगे तारे नाचने लगे। वहीं जमीन पर उकड़ूँ बैठ गए और सिर पकड़ लिया। अँधेरे का एक ठोस गोला कलेजे से उठा और हलक में आकर फँस गया। बरसों से जीम रुलाई एक साथ फूट पड़ने की जोर मारने लगी।

........यह क्या हुआ? ....कैसे हुआ? क्या गोम्या उन्हें जानता नहीं? एक ही मिनट में वे 'कुर्बान भाई' से 'मियां' कैसे बन गए? एक मिनट भी नहीं लगा! बरसों से तिल-तिल मरकर जो प्रतिष्ठा उन्होंने बनाई....हर दिन हर पल जैसे एक अग्नि-परीक्षा से गुजरकर, जो सम्मान, जो प्यार अर्जित किया......हर दिन खुद को समझाकर ....कि पाकिस्तान जाकर भी कोई नवाबी नहीं मिल जाती........जैसे हैं यहीं मस्त हैं.....अल्लाह सब देखता है.....जाने दो जोश को, डूबने दो सुरैया का सितारा...भुला देने दो दोस्तों को.....लुट जाने दो कारोबार को..झूठे बदमाशों के कब्जे में चली जाने दो हवेलियाँ....गुमनाम पड़ी रहने दो भाइयों की कब्रें दफना दो भरे-पूरे घर का सपना ..शायद कभी फिर अपना भी दिन आए....तब तक सब्र कर लो...क्या-क्या कीमत रोज चुकाकर कस्बे में थोड़ा-सा अपनापन ...थोड़ी-सी सामाजिक सुरक्षा.... थोड़ा-सा आत्मविश्वास....थोड़ी-सी सहजता उन्होंने अर्जित की थी...और कितनी बड़ी दौलत समझ रहे थे इसको....और लो! तिल-तिल करे बना पहाड़ एक फूँक में उड़ गया! एक जाहिल आदमी....लेकिन जाहिल वो है या मैं? मैं एक मिनिट-भर में 'कुर्बान भाई' से 'मियां' हो जाऊँगा, यह कभी सोचा क्यों नहीं? अपनी मेहनत का खाते हैं। फिर भी ये लोग हमें अपनी छाती का बोझ ही समझते हैं। यह बात नजर क्यों नहीं आई? पाकिस्तान चले जाते...तो लाख गुर्बत बर्दाश्त कर लेते...कम-से-कम ऐसी ओछी बात तो नहीं सुननी पड़ती। हैफ है! धिक्कार है! लानत है ऐसी जिंदगी पर!

यह पूरा प्रसंग सांस्कृतिक स्खलन को दर्शाता है। भारतीय संस्कृति, एकता और समरसत्ता की संस्कृति है। कहानी में गाड़ीवान भारतीयता का प्रतीक नहीं है। वह समूचे बहुसंख्यक वर्ग का भी प्रतीक नहीं है लेकिन वह उस मानसिकता का प्रतीक है जो धार्मिक विभाजन को सबसे बड़ा मूल्य मान लेती है। वह धर्म की उस मूल प्रस्तावना को भी भूल जाती है जिसके अनुसार धर्म बंधन का नहीं, मुक्ति का साधन है। यह विडम्बना है कि पूरी दुनिया में धर्म की पीठ और आत्मा पर जड़ता का बोझ है। इस कहानी में कुर्बान भाई आहत हैं, (एक सीमा तक भयभीत भी) इसलिए उनकी प्रतिक्रिया में विचलन है। इसे स्वाभाविक माना जा सकता है लेकिन यह प्रतिक्रिया संयत और वैचारिक होती तो कहानी के प्राणतत्त्व में वृद्धि करती। यह संभव नहीं कि कुर्बान भाई को पाकिस्तान गए मुसलमानों की हकीकत का पता न हो। यहाँ 'मीयां' शब्द यदि एक खास किस्म का व्यंग्यार्थ लिए है तो पाकिस्तान में 'मोहाजिर' शब्द भी कुछ इसी तरह का भाव-बोध धारण किए है। इसलिए समस्या का निदान यह नहीं है कि 'हम यहाँ हैं तो क्या हैं, हम वहाँ होते तो क्या होते!' जैसे संवाद गढ़े जाएँ। इस समस्या का निदान यह है कि इस भारतीयता का संधान किया जाए जिसमें 'भारतीयता' और 'धार्मिक अस्मिता' परस्पर विरोधी की तरह न दिखें। इसके लिए आचरण का मनोविज्ञान भी बदलना होगा।

कहानीकार की इस कहानी में कुर्बान भाई की भीतरी टूटन का संकेत है। लेखक दिखाना चाहता है कि 1947 के देश विभाजन, भाइयों की हत्या और परिवार के बिखराव ने कुर्बान भाई

को उतना नहीं तोड़ा था जितना इस घटना और इसके बाद के घटनाक्रमों ने तोड़ा। समाज, थाना और सत्ता, सभी ने कुर्बान भाई को निराश किया। वे उदास और निराश हो गए। उन्होंने अपनी दुकान पर बौद्धिक-सांस्कृतिक क्रियाकलापों को बंद कर दिया। शायद उन्हें लगा होगा कि ऐसे काम करने से क्या फायदा जो लोगों की दिमागी जहालत को थोड़ा भी कम न कर पाएँ। हालाँकि इन क्रियाकलापों के बंद होने का पूरा-पूरा दोष सिर्फ कुर्बान भाई पर नहीं डाला जा सकता। इनके बंद होने के पीछे उन लोगों की भी भूमिका थी जो पहले बिना नागा कुर्बान भाई की दुकान पर इकट्ठा होते थे। कहानीकार ने कहानी का सांकेतिक अंत किया है। यह अंश सीधे कहानी से लेते हैं–'बात बस यह बची है कि कई दिन बाद जब एक दोपहर मैं आजाद चौक से गुजर रहा था–जिसका नाम अब संजय चौक कर दिया गया था–और वह शुक्रवार का दिन था–मैंने देखा कि कुर्बान भाई की दुकान के सामने लतीफ भाई खड़े हैं....। और कुर्बान भाई दुकान में ताला लगा रहे हैं।.... और उन्होंने टोपी पहन रखी है.....और फिर दोनों मस्जिद की तरफ चल दिए हैं।'

इसके ठीक पहले का अंश इस प्रकार है–'एक दिन जब मैं पहुँचा, मेरी तरफ उनकी पीठ थी, किसी से कह रहे थे–आप क्या खाक हिस्ट्री पढ़ाते हैं? कह रहे हैं पार्टीशन हुआ था! हुआ था नहीं, हो रहा है, जारी है.... और मुझे देखते ही चुप होकर काम में लग गए।'

लेखक ने स्वयं कहा है कि कहानी का अंत अच्छा नहीं है। निश्चित तौर पर इस कहानी का अंत करने के लिए लेखक ने किसी आदर्श का आश्रय नहीं लिया है। अमूमन इन संदर्भों में जिस तरह की प्रतिक्रियाएँ होती हैं, लेखक ने उसी को आधार बनाया है। कुर्बान भाई के आचरण में आया परिवर्तन कोई अस्वाभाविक घटना नहीं है। इस तरह की घटनाएँ पूरी दुनिया में अल्पसंख्यक समुदायों के बीच घटती रहती हैं। इस प्रक्रिया में साधारण आदमी अपनी सुरक्षा ढूँढ़ता है और नेतृत्व का आकांक्षी सत्ता का मार्ग। शायद इस प्रक्रिया में कुर्बान भाई ने सुरक्षा के साथ-साथ अपने घायल दिल का मरहम भी ढूँढ़ा हो। लेकिन कुर्बान भाई की जिस बौद्धिक और सांस्कृतिक चेतना का संकेत कहानी में है, वह पाठक को थोड़ा अचरज में डालता है। कुर्बान भाई जैसे चरित्र से इस तरह के समर्पण की उम्मीद नहीं की जाती। यह समर्पण इस तरह से सपनों का ध्वस्त हो जाना है।

वास्तविकता यह है कि विभाजन निरंतर जारी है। इसे सिर्फ धार्मिक विभाजन तक देखना एक सीमित संसार निर्मित करना है। आज एक तरफ हमारे समाज में धर्म और जातियों के बीच विभाजन गहरा होता जा रहा है तो दूसरी ओर साम्राज्यवाद धनी और गरीब के बीच के विभाजन को बढ़ाता जा रहा है। ऐसा लगने लगा है, जैसे विभाजन एक स्थायी प्रक्रिया है। जहाँ तक इस कहानी का प्रश्न है, यदि कुर्बान भाई अपनी स्वाभाविक उदारता के साथ अपनी लड़ाई जारी रखते और 'नैरेटर' तथा उसके साथी डँटकर हर प्रकार की मूर्खताओं के विरुद्ध खड़े होकर लड़ते तो दुनिया बदलती या न बदलती, यह यकीन तो बना रहता कि दुनिया बदलने का स्वप्न पालने वाले बड़ी-से-बड़ी मुसीबत से टकरा जाते हैं।

प्रश्न 3. 'पार्टीशन' कहानी की भाषा और शैली पर संक्षिप्त टिप्पणी कीजिए।

उत्तर– यह कहानी अपनी संभावनाओं में जितनी बड़ी थी, दरअसल अपनी प्रस्तुति में उतनी बड़ी बन नहीं पाई है। कभी-कभी तो यह कहानी कम, संस्मरण अधिक जान पड़ती है।

इस कहानी में कहानी का अंत करने की एक हड़बड़ी भी दिखाई देती है। इसे इस कहानी की कमजोरी भी कहा जा सकता है और यदि वह स्वीकार करे कि अतिरिक्त ब्यौरों के अभाव में यह कहानी अधिक सघन है तो इस अंत को सांकेतिक मानकर महत्त्वपूर्ण भी कहा जा सकता है। दरअसल कहानी के अंत का निर्धारण कथावस्तु के भीतर से ही तय होता है। यदि अंत पूर्व निर्धारित हो तो कहानी यांत्रिक और आभाहीन हो जाती है। हालाँकि संस्मरणात्मक शैली (जिसमें कि यह कहानी लिखी गई है) में लिखी गई कहानियों में इसका खतरा बना रहता है। जहाँ तक 'पार्टीशन' का प्रश्न है तो इस कहानी का अंत पूर्वनिर्धारित नहीं लगता।

कहानी कहने का स्वयं प्रकाश का एक अलग अंदाज है। उनकी यह बहुचर्चित कहानी अतीत और वर्तमान के बीच निरंतर आवाजाही करती है और इसी आवाजाही में अपना मंतव्य भी बताती चलती है। यह इसके शिल्प की विशेषता है। संस्मरणात्मक शैली में होने के कारण इसमें अतिरिक्त आत्मीयता का वास है। इस कहानी की भाषा सहज, सरल और कथ्य को संप्रेषित करने वाली है। इसमें असरदार मुहावरों का प्रयोग किया गया है बल्कि यह भी कहा जा सकता है कि इस कहानी में मुहावरे नया अर्थ तलाशते दिखाई देते हैं। इस कहानी में एक स्थल पर 'नैरेटर' जब कुर्बान भाई के बारे में कहता है, वे घुट रहे थे और घुल रहे थे... पर खुल नहीं रहे थे तो एक साथ कुर्बान भाई की व्यक्तिगत, सामाजिक और सांस्कृतिक मनोदशा को अभिव्यक्त कर रहा होता है। निश्चित रूप से भाषा और शैली की दृष्टि से स्वयं प्रकाश की यह कहानी एक प्रभावशाली कहानी है। इसमें भी कोई दो मत नहीं कि यह कहानी एक सघन सांस्कृतिक समीक्षा है।

इस कहानी को पढ़ते समय केदारनाथ सिंह की प्रसिद्ध कविता 'सन् 47 को याद करते हुए' बरबस याद आती है, जो इस प्रकार है–

तुम्हें नूर मियाँ की याद है केदारनाथ सिंह?
गेहुएँ नूर मियाँ
ठिगने नूर मियाँ
रामगढ़ बाजार से सुर्मा बेचकर
सबसे अखीर में लौटने वाले नूर मियाँ
क्या तुम्हें कुछ भी याद है केदारनाथ सिंह?

तुम्हें याद है मदरसा
इमली का पेड़
इमामबाड़ा
तुम्हें याद है शुरू से अखीर तक
उन्नीस का पहाड़ा
क्या तुम अपनी भूली हुई स्लेट पर
जोड़ा-घटा कर
यह निकाल सकते हो
कि एक दिन अचानक तुम्हारी बस्ती को छोड़कर
क्यों चले गए थे नूर मियाँ?

क्या तुम्हें पता है
इस समय वे कहाँ हैं
ढाका
या मुल्तान में?
क्या तुम बता सकते हो
हर साल कितने पत्ते गिरते हैं
पाकिस्तान में?
तुम चुप क्यों हो केदारनाथ सिंह?
क्या तुम्हारा गणित कमजोर है?

हम जिस कालखंड में हैं, उसमें जरूरी हो गया है कि प्रत्येक संवेदनशील व्यक्ति स्वयं से वह प्रश्न जरूर पूछे जो केदारनाथ सिंह ने अपनी इस कविता में स्वयं से पूछा है। इस तरह के प्रश्न आँखों में बचे पानी, आत्मा में बची तरलता और जीवन में बची शर्म के संकेतक होते हैं। इस कहानी की एक विशेषता यह भी है कि यह किसी एक पक्ष में झुकी हुई नहीं है।

प्रश्न 4. रचनाकार असगर वजाहत के व्यक्तित्व एवं रचनात्मक योगदान पर प्रकाश डालिए।

उत्तर— असगर वजाहत का नाम हिंदी के प्रमुख साहित्यकारों में गिना जाता है। वे एक संजीदा रचनाकार हैं जो भावुकता से नहीं बल्कि जीवनानुभव से कथा रचते हैं, अत: उनकी कहानियों में भावुकता कम जीवन की सच्चाइयों से रू-ब-रू होने की गुंजाइश ज्यादा होती है। असगर वजाहत की कहानियाँ सनसनीखेज नहीं होतीं, सहजता से कहा सच सनसनी जरूर फैला देता है जो आतंक में परिवर्तित होने जैसा है। इसीलिए जब उन्होंने अपनी एक कहानी 'धर्मयुग' पत्रिका में छपने के लिए भेजी तो संपादक धर्मवीर भारती ने यह कहकर लौटा दी कि इस कहानी में सौंदर्यबोध तथा सुगंध का अभाव है। ये बातें असगर ने आसिफ फारूकी को साक्षात्कार देते हुए बताई थीं। जब उन्होंने पूछा कि आपने कथा रचना की ओर रुख कैसे किया तो असगर ने बताया कि अपना अनुभव सबसे साझा करने के लिए उन्होंने पहले उर्दू कहानियाँ लिखनी शुरू कीं पर फिर अपने दोस्तों और खासतौर पर अपने वरिष्ठ मित्र और सलाहकार कुंवरपाल सिंह की सलाह पर उन्होंने हिंदी में लिखना शुरू किया। वस्तुत: उनके लेखक बनने में कुंवरपाल सिंह की महत्त्वपूर्ण भूमिका रही, जिससे उनके जीवन को एक दिशा मिली।

असगर का जीवन काफी दिलचस्प रहा है। असगर के पिता हरेक भारतीय पिता की तरह उन्हें डॉक्टर, इंजीनियर और कुछ नहीं तो विज्ञान की पढ़ाई कराना चाहते थे सो हुआ भी। पिता के अरमानों को सिर पर उठाए असगर ने रसायनशास्त्र में स्नातक उपाधि की परीक्षा अलीगढ़ मुस्लिम विश्वविद्यालय से उत्तीर्ण की। पर दिल नहीं लगा उनका विज्ञान की पढ़ाई में, वे तो फिल्मों में जाने का इरादा रखते थे, बतौर लेखक। उनके साथी थे—मुजफ्फर अली। उनके साथ मिलकर वे कथा कार्यशालाओं, साहित्यिक गोष्ठियों और सांस्कृतिक कार्यक्रमों में शिरकत किया करते। किसी तरह दूसरे प्रयास में बी.एस.सी. की पगबाधा दौड़ पूरी की। मुजफ्फर अली तो फिल्म लाइन में चले गए, असगर वहीं छूट गए। तभी उन्होंने एक कहानी लिखी—'वो बिक गई'। यह असगर की पहली कहानी थी। यह उर्दू में लिखी गई थी जो अलीगढ़ मुस्लिम

विश्वविद्यालय की विश्वविद्यालय पत्रिका में छपी। उनकी इसी प्रतिभा को देखकर ही कुंवरपाल सिंह ने उन्हें हिंदी में लिखने की सलाह दी। असगर ने उनकी सलाह मानी और फिर पीछे मुड़कर नहीं देखा। असगर ने कहानी, नाटक, उपन्यास तथा लघु कथाएँ तो लिखी ही हैं, साथ ही फिल्मों और धारावाहिकों के लिए पटकथा लेखन का कार्य भी किया है।

असगर वजाहत का जन्म 5 जुलाई, 1946 को फतेहपुर, उत्तर प्रदेश में हुआ था। उनकी प्रारंभिक शिक्षा फतेहपुर में हुई। पढ़ाई की सीढ़ी चढ़ते-चढ़ते जब वे बी.एस.सी. कर गए तो उनके सामने रोजगार की समस्या खड़ी हुई क्योंकि एक कड़वी सच्चाई यह है कि भारत में कहानी लिखकर कोई जीवनयापन नहीं कर सकता और बी.एस.सी. के छात्र के लिए नौकरी के बहुत विकल्प नहीं थे तो इस दौरान फिर से कुंवरपाल सिंह उनकी मदद के लिए सामने आए और फिर उनकी सलाह से असगर ने हिंदी में एम.ए. किया और फिर जवाहरलाल नेहरू विश्वविद्यालय से डॉक्टर की उपाधि ग्रहण की। 1971 में उन्होंने जामिया मिल्लिया इस्लामिया में बतौर शिक्षक अध्यापन का कार्य शुरू किया। गौरतलब है कि असगर को शिक्षक बनना कभी पसंद न था, बस रोजी-रोटी के लिए उन्होंने मजबूरन यह पेशा अपनाया वरन् उनका दिल और मिजाज तो लेखन और खासकर फिल्मों के लिए पटकथा लेखन के लिए बना था और अवसर मिलने पर उन्होंने पटकथाएँ लिखीं भी। 'बूँद-बूँद' उनके द्वारा लिखित प्रमुख और प्रसिद्ध टेलीविजन धारावाहिक है। इसके अलावा उन्होंने उर्दू गजल की विकास यात्रा पर एक डॉक्यूमेंट्री भी तैयार की। कभी पैसों के लिए पत्रकारिता की थी पर जब जीवन में स्थिरता आई तो वे अपनी पसंद के आलेख लिखने लगे। इसके अलावा वे 'हंस' (भारतीय मुसलमान : वर्तमान और भविष्य) और 'वर्तमान साहित्य' (प्रवासी साहित्य) जैसी प्रसिद्ध हिंदी पत्रिकाओं के अतिथि संपादक भी रहे।

असगर के सभी छह नाटकों का देश भर में मंच और प्रदर्शन हुआ है जिसमें उनके नाटक 'जिस लाहौर नइ देख्या ओ जम्याई नहीं' ने देश की सरहद के पार भी खूब तारीफें बटोरी हैं। सर्वप्रथम हबीब तनवीर ने 1989 में इसका मंचन किया जिसमें हबीब तनवीर और असगर वजाहत दोनों की साख दाँव पर थी। पर इसे अपार सफलता मिली। इसके बाद कराची, लाहौर, सिडनी, न्यूयॉर्क और दुबई में भी इसका सफल मंचन हुआ। असगर की कहानियों का कई विदेशी भाषाओं में अनुवाद हुआ है। असगर वजाहत ने देश-विदेश की यात्राएँ की हैं। विजिटिंग प्रोफेसर के रूप में उन्होंने पोलैंड में पढ़ाया। इसके अलावा ईरान की यात्रा की और उस पर लेखन भी किया है।

असगर वजाहत का लेखन बेमिसाल है। उनके लेखन को सराहा गया, उसे पहचान मिली और कई पुरस्कार भी मिले। उन्हें हिंदी अकादमी ने सर्वश्रेष्ठ नाटककार के लिए 2009-10 में अकादमी पुरस्कार से नवाजा। उनके उपन्यास 'कैसी आगि लगाई' को कथा (यू.के.) द्वारा हाउस ऑफ लॉर्ड्स में अंतर्राष्ट्रीय इन्दु शर्मा कथा सम्मान से सम्मानित किया गया। इसके अलावा वनमाली पुरस्कार (2000), भुवनेश्वर नाट्य सम्मान (1995), संस्कृति पुरस्कार (1979), आचार्य निरंजननाथ पुरस्कार (2012) आदि से सम्मानित किया गया।

वैसे तो असगर वजाहत का जन्म एक जमींदार परिवार में हुआ था लेकिन असगर ने यह लबादा कभी नहीं ओढ़ा और न ही इसे तवज्जोह दी। वे वामपंथ की ओर आकर्षित हुए और जनवादी लेखक संघ के अध्यक्ष भी चुने गए। उन्होंने अपनी रचनाओं के जरिए भारत की

धर्मनिरपेक्ष ताकतों के हाथ मजबूत किए और कट्टरपंथियों को मुँह तोड़ जवाब दिया। उन्होंने अपने उपन्यास 'सात आसमान' में ढहते सामंतवाद का बड़ा मार्मिक और हृदयस्पर्शी चित्रण किया है। यह असगर के अपने परिवार और समाज की कथा लगती है। यहाँ असगर कहीं भी 'नौस्टैलजिक' नहीं हुए हैं बल्कि बड़ी तटस्थता और निर्ममता से ढहते युग का चित्रण किया है। उनके द्वारा लिखित नाटक 'गोडसे @ गाँधी.कॉम' भी काफी चर्चित है।

असगर वजाहत बोलने और लिखने में मितव्ययी हैं। जो मितव्ययी होता है, वह अपनी पूँजी संभल-संभल के और सोच-समझकर खर्च करता है। असगर के पास अनुभव की अपार पूँजी है जिसे वे अपनी कहानियों, उपन्यासों, नाटकों, संस्मरणों में बड़े करीने से बाँट-बाँट कर खर्च करते हैं। इसलिए उनकी रचनाएँ कहीं भी, कभी भी बड़बोलेपन का शिकार नहीं होतीं।

असगर का कहानी कहने का तरीका अलग है। वे परंपरागत ढंग से कहानी नहीं सुनाते, वे छोटे-छोटे अनुभवों को बुनते हैं और ये अनुभव कहानी में विराट बनकर उभरते हैं। उनकी कहानियों को पढ़ते हुए ऐसा लगता है कि हनुमान ने लघु रूप धारण किया और सुरसा के मुँह से निकलकर विराट रूप धारण कर लिया।

'स्विमिंग पूल' ऐसी कहानी है जिसमें व्याख्या की अपार संभावनाएँ हैं और जिसमें इशारों-ही-इशारों में बड़ी-बड़ी बातें कह दी गई हैं। 'गोपन संभाषण' इनकी कहानियों की विशेषता है। असगर 'कोड' में कहानियाँ कहने में माहिर हैं जिसे पाठकों को 'डिकोड' करना पड़ता है यानी कहानी के पाठ में यथार्थ की कई परतें और संभावनाएँ कुलबुलाती रहती हैं जिसे गोड़ाई करके ही पल्लवित पुष्पित किया जा सकता है। असगर की कहानियों को पढ़कर तृप्ति की चाहत बनी रहती है और यही उनकी कहानियों की ताकत और खूबसूरती है। जी.पी.एच. की पुस्तकों का मुख्य उद्देश्य ज्ञान के साथ-साथ अच्छे नम्बर दिलाना है।

प्रश्न 5. 'स्विमिंग पूल' कहानी का कथासार स्पष्ट कीजिए।

उत्तर– असगर वजाहत की कहानियाँ पढ़ने में आसान हैं परंतु उनका विश्लेषण करना कठिन है क्योंकि उसकी बुनावट इतनी महीन होती है कि उधेड़ते वक्त कहीं रेशे न टूट जाएँ। अब इसी कहानी को लें। महज सवा पृष्ठ में सिमटी लगभग 1000 से भी कम शब्दों में कही कहानी जिसका कथ्य बस इतना है कि घर के पास एक नाला बहता है जिसे साफ कराने के लिए दंपत्ति एड़ी-चोटी एक कर देते हैं पर उस पर कोई कार्रवाई नहीं होती और एक दिन नाले में सब कुछ बहता नजर आता है—यहाँ तक कि 'वी.आई.पी.' भी और तुर्रा यह कि वे उस बजबजाते नाले में प्रफुल्लित नजर आ रहे हैं। उस नाले में फूल भी बह रहे हैं; किताबें भी बह रही हैं यानी सारी दुनिया उसी में समा गई है। नाला ही यथार्थ हो गया है और सब कुछ उसी में समा गया है।

इस कहानी को दो भागों में बाँटकर विश्लेषित किया जा सकता है यानी इसे समझने के लिए जो रणनीति हमने बनाई है वह यह कि पहले इस कहानी का सच समझ लिया जाए और फिर इस सच से जुड़े सवालों और सरोकारों पर बात कर ली जाए।

सबसे पहले युग का यथार्थ समझना जरूरी है। यह कहानी आजाद भारत के सच की झलकी है। इस सच को असगर वजाहत ने बजबजाते नाले के सच से जोड़कर रूपायित किया है जो लोगों को स्विमिंग पूल लगने लगा है या 'स्विमिंग पूल' का भ्रम पैदा करने लगा है।

असगर वजाहत की यह कहानी आजादी के बाद विकसित व्यवस्था पर तीखा व्यंग्य है। विद्रूपता पर कटाक्ष के रूप में भी इसे देखा जा सकता है। आजादी के बाद प्रदूषित कचरा विभिन्न रूपों में गंधा रहा है और इसे ही हम अपना सच मान रहे हैं। नाला भारतीय समाज, राजनीति, अर्थतंत्र और कुल मिलाकर पूरी व्यवस्था का प्रतीक है। इसके अलावा यह व्यवस्था बहरे, गूँगे और अंधे होने का भी सनद है। समाज में हर तरफ पैबस्त संवेदनहीनता को इस कहानी में लक्षित किया गया है। लक्षित ही नहीं किया गया है बल्कि इस पर प्रहार भी किया गया है पर बिल्कुल 'असगरी' अंदाज में; देखने में छोटन लगे घाव करे गंभीर वाले अंदाज में।

हमारा लोकतंत्र 'वी.आई.पी. तंत्र' में तब्दील हो गया है। इस देश का सारा तंत्र 'वी.आई.पी. के इर्द-गिर्द घूमता है। 'वी.आई.पी.' को केंद्र में रखकर असगर ने इस कहानी को राजनीतिक व्यंग्य में तब्दील कर दिया है। सामंती मानसिकता का विरूपीकरण है आज का लोकतंत्र। जिसे लोकतंत्र बस इसलिए कह सकते हैं कि जनता से हर पाँच साल पर वोट दिलाने की नौटंकी की जाती है और 'वी.आई.पी.' 'कॉमन मैन' (आम आदमी) तक पहुँचने का प्रहसन करते हैं और अब तो आम आदमी भी उन्हीं के रंग में रंगने लगा है। किसी भी लोकतंत्र में किसी का 'वी.आई.पी.' (वेरी इंपोर्टेंट पर्सन; अति महत्त्वपूर्ण व्यक्ति) होना ही लोकतंत्र पर प्रश्नचिह्न लगाता है। यदि लोकतंत्र लोक में आस्था का नाम है, यदि लोकतंत्र समानता के आधार पर टीका माना जाता है, यदि लोकतंत्र में लोक के हाथ में सत्ता है, शक्ति है तो ये 'वी.आई.पी.' कहाँ से उग आया। यही भारतीय लोकतंत्र की सबसे बड़ी विडम्बना है जिसमें आम आदमी, कायदे से जिसके हाथ में सत्ता/ताकत होनी चाहिए, हाथ में कटोरा लेकर भीख माँगने की मुद्रा में 'वी.आई.पी.' के दर पर खड़ा है। 'वी.आई.पी.' आश्वासन देता है, वायदे करता है पर यथास्थिति को हटाना नहीं चाहता क्योंकि इसमें उसका हित है। यथास्थिति ततैये का छत्ता है जिसे जो भी छेड़ने की कोशिश करेगा, उसे ही काट खाएगा और इसे देख सब इठलै हैं। लोग कि बड़े चले थे छत्ता हटाने; देखा न अपना हाल। फिर वी.आई.पी. का मान तो इसी पर टिका है। अगर वह नाला साफ करवा देगा तो वह खुद समाप्त हो जाएगा क्योंकि वह तो इसी नाले की उपज है। नाले के कीड़े को नाले से निकालते ही उसके लिए सब समाप्त। उसने तो व्यवस्था ही ऐसी बनाई है कि नाला कभी साफ न होने पाए। हाँ, नाला साफ करने-करवाने का भ्रम हमेशा बना रहे। भ्रम का कोहरा, धुँध जितना घना होगा, 'वी.आई.पी.' की पकड़ उतनी ही मजबूत होगी। इसीलिए नाला साफ करने की कहीं सुनवाई नहीं होती; हाँ आश्वासन जरूर मिलता है और हम आश्वासन से ही आश्वस्त भी हो जाते हैं; कम-से-कम किसी ने बात सुनी तो, आश्वासन दिया तो। आश्वासनों के सहारे खड़ा समाज गंदे नाले की तरह बजबजाने लगा है। सबको इसमें आनंद आने लगा है और सब इसके आदी हो गए हैं।

इस देश का लोकतंत्र 'व्यक्ति केंद्रित' व्यवस्था में तब्दील हो गया है। राजनीति से लेकर के हर महकमे में व्यक्ति की पूजा होती है, व्यवस्था नाम का अस्तित्व लगभग समाप्त हो चुका है। पर यह भी छलावा है। जिस व्यक्ति के पास सत्ता है, वह सबको भुलावे में रखना चाहता है ताकि वह लंबे समय तक सत्ता पर काबिज रहे।

प्रश्न 6. 'स्विमिंग पूल' कहानी के प्रतिपाद्य पर चर्चा कीजिए।
उत्तर— असगर ने अपनी कहानी के माध्यम से आगाह किया है कि 'वी.आई.पी.' का सच अब ज्यादा दिन टिकने वाला नहीं। भ्रमजाल जल्द ही टूटेगा। जनता जागेगी और जब उसका

सच से सामना होगा तो कुर्सी तो हिलेगी ही, व्यवस्था तो बदलेगी ही। 'स्विमिंग पूल' में परंपरागत ढर्रे का कोई नायक नहीं, कोई खलनायक नहीं। समय और युग ही इस कहानी के पात्र भी हैं, परिवेश भी हैं, प्रतिपाद्य भी है, कथ्य भी है। सब कुछ समकालीन समय और युग से अभिप्रेरित और संचालित है। इसलिए असगर की कहानियों को कहानी के परंपरागत मानदंडों से नहीं माप सकते। वहाँ तो परंपरा से कुछ गृहीत है ही नहीं।

असगर वजाहत की इस कहानी के पूर्वार्ध में जहाँ जहालत का जिक्र है, वहीं कहानी का उत्तरार्ध और अंत उस सच का पर्दाफाश करता है जो धुँध के पीछे छिपा है। आश्वासनों और वादों का भ्रमजाल टूटते ही जो भयावह दृश्य सामने आता है, वह किसी को भी सन्न कर सकता है। जिस 'वी.आई.पी.' पर देश का पूरा दारोमदार है, वह नाला साफ कराने के बदले नाले में ही तैर रहा है मानो स्विमिंग पूल में तैर रहा हो। यह सच किसी को भी हतप्रभ कर सकता है। यह सच सपनों के टूटने का सच नहीं है बल्कि पाले हुए भ्रम का बिखरना है।

कहानी का अंतिम अंश इस प्रकार है–

"एक दिन जब मैं ऑफिस से लौटकर आया तो पत्नी ने बताया कि उन्होंने नाले में बहुत से फूल बहते देखे हैं।" मैंने कहा "किसी ने फेंकें होंगे।" इस घटना के दो-चार दिन बाद पत्नी ने बताया कि उन्होंने नाले में किताबें बहती देखी हैं। यह सुनकर मैं डर गया। लगा शायद पत्नी का दिमाग हिल गया है, लेकिन पत्नी नॉर्मल थीं।

फिर तो पत्नी ही नहीं, मोहल्ले के और लोग भी नाले में तरह-तरह की चीजें बहती देखने लगे। किसी दिन जड़ से उखड़े पेड़, किसी दिन चिड़ियों के घोंसले, किसी दिन टूटी हुई शहनाई। एक दिन देर से रात गए घर आया तो पत्नी बहुत घबराई हुई लग रही थीं। बोलीं "आज मैंने वी.आई.पी. को नाले में तैरते देखा था। वे बहुत खुश लग रहे थे। नाले में डुबकियाँ लगा रहे थे। हँस रहे थे। किलकारियाँ मार रहे थे। उछल-कूद रहे थे, जैसा लोग स्विमिंग पूल में करते हैं।"

सबसे पहले नाले में फूल बहते देखे गए। कोई बात नहीं। नाले में उपयोग किए गए फूल तो फेंक ही दिए जाते हैं। हालाँकि फूल का नाले में फेंका जाना न तो पर्यावरण की दृष्टि से उचित है, न संवेदना के स्तर पर। नाले में फूल का फेंका जाना सांस्कृतिक गिरावट की पहली निशानी है। यह खतरे की घंटी थी जो अनसुनी रह गई। "किसी ने फेंके होंगे" जैसे जुमले आने वाली आफत को टालने जैसा है। हम अपने आस-पास जब कूड़े का ढेर देखते हैं तो आँखें मूँद लेते हैं, सिर छुपा लेते हैं। सड़क पर गिरे किसी घायल को देखकर आँखें मूँद लेते हैं कि कहीं इसे अस्पताल न पहुँचाना पड़े। बस हमें किसी पचड़े में न फँसना पड़े और हम सुरक्षित रहें–यही भावना हम सबको संचालित कर रही है। इसके बाद यह हमारी आदत बनती जाती है और सड़क पर किसी पर होते अत्याचार से भी आँखें मूँदने लगते हैं। यह सांस्कृतिक गिरावट की निशानी है।

'आँखें मूँद लेना' किसी भी समस्या का हल नहीं है। यह अपने आप में एक संक्रामक रोग है जो गाँधीजी के बंदरों का विकृत रूप है। यह आने वाले संकट के लिए रास्ता बनाता है। सांस्कृतिक अस्मिता संकट में पड़ती है; राजनीतिक, सांस्कृतिक, सामाजिक, आर्थिक अध:पतन का यह बीजवपन है। कुल मिलाकर देखा जाए तो यह देश के पतन की शुरुआत है।

सामान्यत: नाले में कई चीजें बहती हुई दिखाई देती हैं तो फिर क्या हुआ जो नाले में किताबें बहती दिखीं। जब भी किसी देश को रीढ़हीन बनाना हो तो सबसे पहले वहाँ के ज्ञान

के स्रोत पर हमला होता है। बुद्धिजीवियों को कुंठित किया जाता है, डराया-धमकाया, आतंकित किया जाता है, मारा जाता है, यंत्रणाएँ दी जाती हैं। अधिनायकवादी शासन सबसे पहले प्रतिरोध को दबाता है और उन्हें किताबों से बड़ा डर लगता है। सनद रहे कि अधिनायक, सैनिक या तानाशाही शासन सबसे पहले किताबों का ही शिकार करता है क्योंकि उन्हें किताबों से डर लगता है। इसलिए शासक अपनी मनमर्जी की किताबें बनवाता है और पूरे देश को अपने रंग में रंगता है। सबसे पहले वह उन किताबों को नष्ट करता है जो उनकी नीतियों के अनुरूप नहीं होतीं। कट्टरपंथी और सांप्रदायिक ताकतें भी किताबों से बहुत डरती हैं; इसलिए वे प्रतिरोधी किताबों को नाले में बहा देती हैं और अपनी किताबें बनाती हैं। किताबों का बहना उस सांस्कृतिक अवमूल्यन की ओर भी इशारा करता है जिसमें हम अपनी परंपरा, अपने ज्ञान, अपनी भाषा, मूल्य आदि की तिलांजलि दे पश्चिमी सभ्यता द्वारा आरोपित ज्ञान सूचना आदि जो मीडिया के मार्फत हमारे जेहन में रोपी जा रही हैं, को तरजीह देते हैं। किताबों को मार्ग से हटाकर टेलीविजन पर ऐसे मनोरंजन पेश किए जाते हैं जो हमारा दिमाग कुंद करते हैं। हमारी सर्जनात्मकता तिल-तिल कर मृत होती जाती है। हम इतने संवेदनहीन होते जाते हैं कि किताबों के बहने का जिक्र करने वालों को सनकी मान लेते हैं क्योंकि सच से भागना हमारी आदत में शुमार हो गया है। अब हम सच का सामना करने के लिए भी तैयार नहीं हैं। सांस्कृतिक आक्रमण हमारे ऊपर इस कदर हुआ है कि अब हम भी उनकी ही भाषा बोलने लगे हैं जो हम पर काबिज हो रहे हैं यानी जब कोई राष्ट्र, कौम, संस्कृति, दूसरे राष्ट्र, कौम और संस्कृति पर काबिज होना चाहती है तो पहले पराजित कौम की किताबें नाले में बहाई जाती हैं। इस प्रकार, नाले में किताबों का बहना कोई शुभ संकेत नहीं है। यह देश पर फैल रहे गुलामी के संकट के खतरे की घंटी है।

    कहानी का अंतिम दृश्य हैरान तथा परेशान कर देने वाला है। कहानी का अंतिम दृश्य आतंक पैदा करता है, सिहरन पैदा करता है। मुक्तिबोध के 'अँधेरे में' कविता में जो विस्तार से कहा गया है, वह इस कहानी में अपनी लघुता में संपूर्णता के साथ उपस्थित है। पर आतंक वही पैदा होता है जो 'अँधेरे में' पढ़ने से होता है। कहानी का अंतिम अंश, इसकी तसदीक करता है—

    जब मूल्यहीनता ही समाज का, राष्ट्र का मूल्य बन जाए तो समाज और राष्ट्र भी गंदे नाले-सा बजबजाने लगे हैं और उसी में सबको आनंद भी आने लगे 'स्विमिंग पूल' में तैरने का तो समझ लें हम गुलाम हो चुके। कानून के रक्षक, संविधान के निर्माता और खैरख्वाह ही जब सभी प्रकार के अपराधों में संलग्न हों तो चौंकना और डरना लाजिमी है। संसद में बैठने के हकदार 'वी.आई.पी.' जब खुद सीधे-सीधे आरोपी बन रहे हैं तो ऐसा ही लगेगा न कि गंदे नाले में आनंद ले रहे हैं। गंदे नाले में जन्म लेने वाले कीड़ों के मानिंद हो गए हैं ये 'वी.आई.पी.' जो खुद तो नरक में डूब ही रहे हैं, पूरे देश और समाज को भी डुबा दे रहे हैं।

    असगर वजाहत की इस कहानी को पढ़ते समय 'शतरंज के खिलाड़ी' और 'राग दरबारी' की भी याद आती है। 'शतरंज के खिलाड़ी' में राजा के बंदी बना लिए जाने के बावजूद जनता खामोश है। 'राग दरबारी' में कुछ भी सामान्य नहीं है, अराजकता चारों ओर है। 'स्विमिंग पूल' में उन सब स्थितियों से पार हमारा राष्ट्र, हमारा समाज, राष्ट्र के निर्माता सब नाले में तब्दील हो गए हैं। सब कुछ नाले में बहते देखा जा सकता है। 'वी.आई.पी.' इस नाले में खुश हैं, तो

फिर क्या बचा है? आओ, हम भी मिलकर नाले की स्तुति करें, गुणगान करें और नालामय हो जाएँ।

पर ऐसा नहीं कहानी में नाले में सब कुछ बहता दिखाया है; जनता अभी भी उस नाले को साफ करने के लिए कटिबद्ध है। बस! भ्रम टूट रहा है कि कोई वी.आई.पी. आकर इस नाले को साफ कराएगा। वी.आई.पी. को नाले में बहते देख सारे भ्रम टूट जाते हैं, अचंभा होता है, ठेस पहुँचती है, विश्वास को धक्का लगता है पर इस भ्रम का टूटना एक ऐसा मोड़ है जिसके बाद जनता अपना रास्ता खुद तय करती है; तब क्रांति आती है; समाज बदलता है। जब तक जनता की आँखों पर पट्टी बँधी होती है तब तक वह उम्मीद की टकटकी लगाए रखती है और यही उम्मीद की टकटकी यथास्थिति कायम रखती है। पर जैसे ही उम्मीद का बुलबुला फूटता है, अंदर से आक्रोश पैदा होता है। यह कहानी आक्रोश पैदा होने के ठीक पहले की कहानी है। इस कहानी का कोई अंत नहीं है। इसमें कोई इशारा, कोई बयान नहीं दिया गया है। इस कहानी में केवल दृश्य हैं जिनके माध्यम से भविष्य का परिदृश्य साफ तौर पर नजर आता है।

प्रश्न 7. 'स्विमिंग पूल' कहानी की संरचना पर विचार कीजिए।

उत्तर– असगर वजाहत की कहानी संग्रहों में अनेक छोटी कहानियाँ संकलित हैं। कहानी जितनी छोटी होती है, उतनी ही कसी हुई होती है, उसमें जितनी प्रतीकात्मकता होती है, उतनी ही ज्यादा व्यंजना होती है, उसमें जितनी बारीकी होती है, उतनी ही अंतर्निहितता होती है, उसमें जितना व्यंग्य होता है, उतना ही पैनापन आता है, उसमें जितना कटाक्ष होता है, उतनी ही धार होती है और ऐसी ही कहानी है–'स्विमिंग पूल' बिल्कुल प्रेमचंद के 'ठाकुर का कुआँ' की तरह। दोनों में ही ऊपरी नीरवता के भीतर एक गहरी उथल-पुथल है और इसमें इसके कहन और भाषा का विशेष योगदान है। प्रेमचंद की तरह असगर वजाहत आम बोलचाल की भाषा का इस्तेमाल करते हैं जो कहानी के काम को बड़ी सरलता और सुगमता से आगे बढ़ाती है। इसका एक प्रमुख कारण यह है कि असगर की कहानियाँ दृश्यों में विभाजित होती हैं। इसलिए उनकी कहानियों में विवरण या घटना बाहुल्य नहीं होता बल्कि कुछ दृश्य होते हैं जो पाठक दर्शन बनकर एक के बाद एक देखता जाता है। यह कहानी किसी फिल्म की स्क्रिप्ट की पूर्वपीठिका लगती है। यह कहानी किसी स्क्रिप्ट का आइडिया है जिस पर एक बड़ी फिल्म बनाई जा सकती है। इस कहानी के सभी दृश्यों को कई 'शॉट्स' में भी बाँटा जा सकता है।

'स्विमिंग पूल' में कहन कम है, व्यंजना ज्यादा है–कहानी का 'कथक' यानी 'कथावाचक' यानी 'सूत्रधार' यानी 'मैं' सीधे पाठक को संबोधित है जो इस कहानी को भारतीय कथा परंपरा से भी जोड़ता है। इस कहानी में 'कथन' और 'संवाद' का विशेष सहारा लिया गया है जो कहानी की नाटकीयता को तो बढ़ाता ही है, इसे भारतीय कथा परंपरा से भी जोड़ता है जिसमें शुक शुकी संवाद के माध्यम से कथा कहने की कथानक रूढ़ि का इस्तेमाल किया जाता है। कहानी की बुनावट हमारे देश के संकट और विकास के अंतर्विरोध को बड़े गहरे पैठकर व्यंजित करने में सफल है क्योंकि कहानी की भाषा में कोई आरोपण नहीं है। मसलन, "यह सच है कि हमने घर के सामने वाले नाले की शिकायतें सैकड़ों बार दर्ज कराई हैं। लेकिन नाला साफ कभी नहीं हुआ।" उसमें से बदबू आना कम नहीं हुई।

कहानी में इसके पहले नाले का जो 'विवरण' आया है, वह भी गहरे व्यंग्य से संपृक्त है जो इस प्रकार है–

"यह कहकर पत्नी फिर 'उसके' बारे में शुरू हो गई। मैं दिल-ही-दिल में सोचने लगा कि पत्नी पागल नहीं तो, हद दर्जे की बेवकूफ जरूर है जो इतने बड़े, महत्त्वपूर्ण और प्रभावशाली वी.आई.पी. से शिकायत भी कर रही है तो ये कि देखिए हमारे घर के सामने नाला बहता है, उसमें से बदबू आती है, उसमें सुअर लोटते हैं, उसमें आस-पास वाले भी निगाह बचाकर गंदगी फेंक जाते हैं, नाले को कोई साफ नहीं करता। सैकड़ों बार शिकायतें दर्ज कराई जा चुकी हैं। एक बार तो किसी ने मरा हुआ इतना बड़ा चूहा फेंक दिया था। वह पानी में फूलकर आदमी के बच्चे जैसा लगने लगा था।"

यह 'विवरण' कहानी के 'प्लॉट' का वह हिस्सा है जिस पर पूरी कहानी टिकी है और धीरे-धीरे कहानी क्लाइमेक्स की ओर बढ़ती जाती है और अंत में वी.आई.पी. को नाले में बहता दिखाकर कहानी को क्लाइमेक्स पर पहुँचाकर कहानीकार अपना हाथ खींच लेता है। पर कहानी का क्लाइमेक्स बरकरार रहता है और कहानी में आए दो पात्र दंपत्ति की तरह 'पाठक' अचंभित, हैरान, परेशान-सा हो जाता है।

असगर चूँकि दृश्यों का निर्माण करते हैं इसलिए छोटे-छोटे वाक्य और उपवाक्य बनाते चलते हैं–

"किसी दिन जड़ से उखड़े पेड।
किसी दिन चिड़ियों के घोंसले।
किसी दिन टूटी हुई शहनाई।"

आगे देखिए–

"वे बहुत खुश लग रहे थे।
नाले में डुबकियाँ लगा रहे थे।
हँस रहे थे।
किलकारियाँ मार रहे थे।
उछल-कूद रहे थे, जैसे
लोग स्विमिंग पूल में करते हैं।"

छोटे-छोटे दृश्यों से पूरा परिदृश्य खड़ा करने की यह कला असगर की कहानी कला की विशेषता है।

प्रश्न 8. अखिलेश का जीवन परिचय लिखिए।

उत्तर– हिंदी साहित्य के समकालीन कहानीकारों में अखिलेश का नाम जाना-माना नाम है। वह समकालीन कथा परिदृश्य के एक असंत महत्त्वपूर्ण कथाकार हैं। अखिलेश का जन्म 6 जुलाई, 1960 को सुल्तानपुर जिले के कादीपुर तहसील में हुआ था। आरंभिक शिक्षा कादीपुर और सुल्तानपुर जिला मुख्यालय में एवं उच्च शिक्षा इलाहाबाद विश्वविद्यालय में हुई। ये सभी स्थानीयताएँ अपने विशिष्ट तेवर के साथ, अखिलेश की कहानियों में, यथावसर रूपांतरित होती रहती हैं। सुल्तानपुर उत्तर प्रदेश के अवध अंचल में आता है। इस हिसाब से अखिलेश की मातृभाषा अवधी हुई। अखिलेश की भाषा में अवधी का एक सूक्ष्म एवं आंतरिक आस्वाद हमेशा मिलता है, खासकर जब वे किसी कस्बाई चित्रण में मशरुफ हों। अखिलेश के अब तक कुल चार कहानी संग्रह प्रकाशित हैं–

(1) आदमी नहीं टूटता

(2) मुक्ति

(3) शापग्रस्त

(4) अँधेरा

इसके अतिरिक्त अखिलेश के खाते में दो उपन्यास 'अन्वेषण' और 'निर्वासन' एवं अपने तरह की अनूठी संस्मरणात्मक पुस्तक 'वह जो यथार्थ था' दर्ज हैं।

'वह जो यथार्थ था' अखिलेश का एक संस्मरणात्मक निबंध है, जिसमें अखिलेश अपने बचपन के कस्बे कादीपुर को याद कर रहे हैं। उत्तर आधुनिक विमर्श में विधाओं के जिस विलीनीकरण की बात की जा रही है, उसका उत्कृष्ट उदाहरण है यह पुस्तक।

अखिलेश की कहानियों के कुछ सूत्र यहाँ चहलकदमी करते हुए मिल जाएँगे, ग्रहण कहानी का कादिर दर्जी, मोर-मुरैले और मुन्नू सात तो बस एक उदाहरण हैं। इस पुस्तक के उत्तरांश में मैं और मेरा समय, अखिलेश की कई कहानियों को समझने की दृष्टि देता है।

कहानीकार के साथ-साथ एक सफल संपादक के रूप में भी इनकी पहचान बनी। इस समय अखिलेश 'तद्भव' पत्रिका का संपादन कर रहे हैं। इसे भी अखिलेश समकालीन साहित्यिक पत्रकारिता में अप्रतिम बना चुके हैं। उनकी संपादन यात्रा 'वर्तमान साहित्य' से शुरू हुई थी। इसके शुरुआती तीन अंकों का संपादन अखिलेश ने किया था। इसके बाद मित्र प्रकाशन इलाहाबाद की पत्रिका 'माया' में बतौर उप-संपादक चार महीने तक काम किया, फिर उत्तर प्रदेश हिंदी संस्थान की पत्रिका 'अतएव' में उप-संपादक रहे। जाहिर है संपादन की इस यात्रा में अखिलेश के कुछ ऐसे स्वप्न जरूर रहे होंगे जो अधूरे रह गए। इन्हीं अधूरे स्वप्नों की परिपूर्ति 'तद्भव' में हुई और खूब हुई। इन पत्रिकाओं में अपने समय के यथार्थ को समाज के सामने प्रस्तुत किया गया है।

अखिलेश को उनकी साहित्य-रचनाओं के लिए अनेक पुरस्कार भी प्राप्त हुए। इनमें श्रीकांत वर्मा पुरस्कार, वनमाली पुरस्कार, परिमल पुरस्कार, इन्दू शर्मा कथा सम्मान आदि उल्लेखनीय हैं। 'तद्भव' जैसी प्रतिष्ठित साहित्यिक पत्रिका के संपादन के लिए भी उन्हें अयोध्या प्रसाद खत्री सम्मान से सम्मानित किया जा चुका है।

प्रश्न 9. 'अखिलेश की कहानियों' एवं 'नब्बे के लंबे दशक' के अंतर्संबंधों पर एक निबंध लिखिए।

उत्तर– 'नब्बे के दशक' का भारतीय परिदृश्य अखिलेश की कहानियों में एक लगभग संपूर्ण आख्यान बन कर उभरता है। भारतीय संदर्भ में यह कालखंड बाजारवादी शक्तियों के आगे राजसत्ता के निरीह समर्पण, राजनीतिक एवं कॉर्पोरेट भ्रष्टाचार, सांप्रदायिकता, दलित राजनीति का उभार आदि सूचकों द्वारा पहचाना जा सकता है। अखिलेश बेहद संजीदगी के साथ इन प्रश्नों से टकराते हैं, किंतु खासियत यह है कि इस पूरी प्रक्रिया में उनकी कहानी कहीं से भी ज्ञानगर्भित बोझिल नहीं लगती अपितु गंभीरतर विषय भी उनकी कहानियों में बेहद पठनीय अनुभव बन जाता है।

अखिलेश चर्चित कहानियों के लेखक हैं। 'हाकिम कथा' उनकी एक चर्चित कहानी है। एक नौकरशाह परिवार का औछापन एवं नीचता इस कहानी में परत-दर-परत उघड़ती चली

जाती है। भ्रष्टाचार के इस उत्सव में मंत्री, ठेकेदार, दलाल सभी शामिल हैं, अवसर भले ही बेटी की शादी का है पर 'यह इमोशनल होने का टाइम नहीं डार्लिंग। इतना अच्छा टाइम है इसे एक्सप्लायेट करो।' इमोशनल होना बेवकूफी है। अवसरानुकूल व्यवहार करना लाजिमी है आगे बढ़ने के लिए तभी तो 'दो साल में फैक्ट्री लग पाएगी।' इसे ही अर्थशास्त्री 'ग्रोथ अंडर करप्शन' कहते हैं। यानि संबंधों की भावुकता का जमाना लद गया। अब समय है, संबंधों को एक्सप्लायेट करने का, केश करने का। यह कहानी पावर और पैसे का खेल बयान करती है।

आज सब कुछ पैसे और पावर से तय हो रहा है। भारतीय प्रशासनिक सेवा के राजनीतिक एवं कॉर्पोरेट भ्रष्टाचार के सहमेल ने उसके ग्लैमर में एक अतिरिक्त चमक पैदा कर दी है। अब युवाओं का प्रशासनिक सेवाओं के प्रति आकर्षण मुख्यतः इस तथ्य से भी परिचालित होता है कि इसमें भ्रष्टाचार की अपार एवं अकूत संभावनाएँ हैं। 'अगली सदी में प्यार का रिहर्सल' की नायिका दीपा की जीतेन्द्र में दिलचस्पी का कारण भी यही है। पिता राजनीतिज्ञ एवं पति आई.ए.एस. इस भ्रष्ट समय में इस दुर्लभ मणिकांचन संयोग की संभावना दीपा को गुदगुदा रही है। पिता तो बदले नहीं जा सकते इसलिए वह लगातार जीतेन्द्र के विकल्प पर भी विचार कर रही है। दूसरी ओर जीतेन्द्र भी नौकरी और ससुराल दोनों से पैसा कमाना चाह रहा है। यह उन युवाओं की प्राथमिकता है जो विश्वविद्यालय के जहीन छात्र हैं, निश्चित है कि ये प्राथमिकताएँ एक दिन में नहीं बनी हैं, इसके पीछे हैं—स्वातंत्र्योत्तर भारत के अर्धशताब्दिक वर्षों के अनुभव। इन दोनों ही कहानियों में प्रेम विवाह एक बहुत ही घिनौनी मानसिकता से परिचालित हो रहे हैं।

इसी सिलसिले में 'शापग्रस्त' अखिलेश की एक अन्य बेहतरीन कहानी है। कथा नायक प्रमोद वर्मा लोक निर्माण विभाग में जूनियर इंजीनियर है, भ्रष्टाचार के आकंठ में डूबा हुआ भी है। घर-परिवार सभी इस व्यवस्था में प्रसन्न हैं किंतु अखिलेश यहाँ प्रमोद वर्मा के माध्यम से उस सच्चाई का साक्षात्कार कराना चाहते हैं जो सामान्य आँखों से नहीं दिखाई देती। भ्रष्टाचार से संतृप्त प्रमोद वर्मा ऐसी स्थिति में आ गया है जहाँ उसकी संवेदनाएँ मर गई हैं। वह अब न सुखी हो सकता है, न दुखी। यही हमारे मध्यवर्ग की विडम्बना है। यहाँ उपलब्धियों के लिए संवेदनाओं की बलि देना आवश्यक है। सार्वजनिक जीवन में जो भ्रष्टाचार के शाहकार हमें दिखाई देते हैं, उनकी परिस्थिति, घरेलू वृत्त कितना दारुण, दुखद एवं अमानवीय होता है—इसकी गवाही अखिलेश की कहानियों में मौजूद है।

अखिलेश की 'जलडमरूमध्य' कहानी में मुख्य पात्र सहाय जी चिरैयाकोट छोड़ कर अपने गाँव लौटना चाहते हैं। जिस चिरैयाकोट में उनकी जान बसती थी, जहाँ उनका बड़ा पुराने स्थापत्य का मकान था, उसी चिरैयाकोट को छोड़ने का फैसला सहाय जी ने किया है। कई अटकलें हैं कि सहाय जी चिरैयाकोट क्यों छोड़ रहे हैं। सहाय जी के सबसे अजीज दोस्त मकबूल का अनुमान है, 'सहाय जी घबराहट की वजह से शहर से रुखसत हो रहे हैं। हाँ .... हाँ शहर में ताबड़-तोड़ बन रही दुकानों से उनको घबराहट होने लगी थी। उन्होंने मुझसे कई बार कही है यह बात कि इतनी दुकानें बनने से चिरैयाकोट बर्बाद हो जाएगा। सब जगह दुकानें-ही-दुकानें हो जाएँगी तो बच्चे कहाँ खेलेंगे, हम बूढ़े कहाँ सैर करेंगे।'

दुकानें अर्थात् बाजार। बाजार मूलतः मनुष्यता विरोधी होता है। नफा नुकसान के जिस आधार पर बाजार का तंत्र चलता है, वहाँ मानवता के लिए कोई अवकाश नहीं बचता।

कहानी में वे कारण भी मौजूद हैं जो सहाय जी के अजीज दोस्त मकबूल मियाँ कह नहीं पाते या कहना नहीं चाहते। सहाय जी की पत्नी को दूसरी महत्त्वपूर्ण घटना चिरैयाकटोरा में

भड़का हिंदू-मुस्लिम दंगा लगती थी। 'यह पहली ईद थी जिसमें सहाय जी मकबूल साहब के दस्तरख्वान पर नहीं बैठे थे और अपने मुसलमान दोस्तों के बच्चों को ईदी नहीं दे सके थे।'

लेकिन अखिलेश यहाँ कुछ निश्चयात्मक नहीं होते। वे सहाय जी के निर्णय का आकलन उसके कारणों के विभिन्न रूपांतरणों के कोलाज के माध्यम से करते हैं—यदि गहराई से सहाय जी की बुखार की अवधि की अनुभूतियों की छानबीन की जाए तो देखा जा सकता है कि उनके यहाँ दंगों, दुकानों, पुरखों तथा यातनापूर्ण दृश्यों का जो कोलाज बनता था, वह यह प्रमाणित करने के लिए पर्याप्त था कि उनका मन चिरैयाकोट से विरक्त हो गया है।

इस प्रकार, हम जिस 'नब्बे के लंबे दशक' की बात करते आए हैं, वह अखिलेश की कहानियों के पाठ संसार में प्रमुखता से दर्ज है।

'वह जो यथार्थ था' अखिलेश की एक ऐसी रचना है जिसे संस्मरण, निबंध, आलोचना, कहानी सब कुछ कहा जा सकता है। इसके मैं और मेरा समय खंड में अखिलेश बाजार की भर्त्सना करते हैं—ऐसे सर्वशक्तिमान, सर्वव्यापी, सिद्धफलदायी, सर्वसंचालक। तुम्हारी भर्त्सना करने के लिए मैं यहाँ उपस्थित हूँ।

कुछ समय पहले बाजार की तलाश ही मानवता को उपनिवेशवाद की शोषक जकड़न तक ले गई थी। इस समय बाजार एक बार फिर अपने शक्तिशाली अवतार में हमारे समक्ष प्रस्तुत है। परिष्कृत औजारों के साथ अखिलेश अपने कथा साहित्य में भी बाजार की पुरजोर भर्त्सना करते हैं। 'वजूद' कहानी का अंतिम अंश हमारे सामने है, जयप्रकाश के देसी हुनर को बाजार अपने हित में इस्तेमाल करना चाहता है। आरंभ में जयप्रकाश मानता है कि पैसा लेने से हुनर खत्म हो जाता है, किंतु उसे विभिन्न पारिवारिक एवं सामाजिक दबावों के कारण बाजार के सम्मुख होना ही पड़ता है। यहाँ बाजार एकाधिकारवाद, पेटेंटीकरण, बौद्धिक संपदा आदि हथियारों से लैस है। प्रत्यक्षत: तो यहाँ जयप्रकाश की गरीबी दूर होती दिख रही है किंतु बदले में उसे अपनी जिस देसी सामाजिक ज्ञान परंपरा से वंचित होना है, उसके दुष्परिणाम दूरगामी हैं। बाजार की दुधारी तलवार उस ज्ञान के लाभों की एक निश्चित वर्ग तक तो सीमित कर ही देगी, साथ-साथ अपने समुदाय से कट कर यह हुनर भी अपनी उर्वरा शक्ति खोकर अंतत: नष्ट ही हो जाएगा। जयप्रकाश यहाँ अपनी संचित दुखद स्मृतियों की पूँजी के आधार पर इन सबसे मोर्चा लेता है। अखिलेश यहाँ एक वैज्ञानिक युक्ति का कलात्मक प्रयोग करते हैं। जयप्रकाश यहाँ एक प्रकार के स्वरलोप का शिकार होता है जिसे वैज्ञानिक भाषा में अफेसिया कहते हैं, किंतु जयप्रकाश यहाँ एक सामाजिक स्वरलोप का शिकार है। यहाँ विभिन्न सामाजिक कारणों से उसकी सोच एवं वाणी का तालमेल गड़बड़ा गया है, मुँह से इंकार का स्वर निकलता है और जब इस इंकार का तालमेल उसके कर्म से हुआ, 'जयप्रकाश ने वैद महाराज की कुर्सी को धक्का दिया। वे गिर गए तो उनकी नाक पर घुटनों से मारा और वैद महाराज के चीखने से पहले वह खुद दर्द से चीखा।' यहाँ पर जयप्रकाश समकालीन बाजार के साथ-साथ उस शोषक परंपरा पर भी प्रहार करता है जिसके कारण उसके पिता रामबदल की जान गई थी।

भारतीय संदर्भ में नब्बे का लंबा दशक सांप्रदायिकता के गंभीर उभार से भी मुब्तिला है। अखिलेश अपनी कहानी 'अँधेरा' में इस समस्या से एक गंभीर मुठभेड़ करते हैं। इस कहानी में प्रेमरंजन और रेहाना की प्रेम कथा के माध्यम से हम सांप्रदायिक समस्या की भी परतों से परिचित होते हैं। तकनीकी एवं सांप्रदायिकता, दंगों के दौरान भारतीय पुलिस का एकपक्षीय

व्यवहार आदि समीकरण कहानी के पाठ में अच्छी तरह से पहचाने जा सकते हैं। कहानी की नायिका रेहाना हिंदू धर्म मिथकों आदि के बारे में अच्छी-खासी जानकारी रखती है। उसकी यही जानकारी उसे दंगे के समय हिंदू साधु और उसके गुंडों से बचाती है। प्रेमरंजन इस जानकारी को अपने प्रेम की उपलब्धि मानता है किंतु वास्तविकता बहुत ही भयावह है–

'मैं ही नहीं, कई मुसलमान हिंदुओं के बारे में जान रहे हैं। मुंबई के दंगों में मुसलमानों के कत्ल के बाद अपने मुसलमान होने की आइडेंटी छिपाने के लिए तुम्हारे मजहब की बातें सीखने लगे हैं .... पर गुजरात के दंगों के बाद मुल्क भर के मुसलमान बेचैन हुए ....। तुम्हें हैरानी होगी लेकिन यह सच है कि रामायण, महाभारत की कथाओं की किताबें मेरे अब्बू ने मुझे पढ़ने के लिए दीं। कहा था उस वक्त उन्होंने बेटी पढ़ लो बुरे वक्त में काम आ सकती है। और देखा तुमने प्रेमरंजन वह पढ़ना बुरे वक्त में काम आया।' रेहाना सिसकने लगी।

यहाँ दो संस्कृतियाँ जिस राजनीतिक धरातल पर मिल रही हैं, उसके निहितार्थ बहुत भयानक हो सकते हैं, दूसरे मजहब की बातें जानना अपने प्राण बचाने के लिए। दो धर्मों के बीच यह जो रिश्ता बन रहा है, वह औपन्यासिक प्रसार की माँग करना है।

80-90 का दशक खासकर उत्तर भारत में दलित राजनीति के उभार का भी है। इस दौर पर बात करते हुए बद्री नारायण जिस फ्रैक्चर्ड राजनीति की पहचान करवाते हैं, अखिलेश की कहानी वहाँ भी पहुँचती है। 'ग्रहण' अखिलेश की एक महत्त्वपूर्ण कहानी है। यहाँ अखिलेश कथानायक राजकुमार के माध्यम से संपूर्ण दलित जातीयता का स्वातंत्र्योत्तर इतिहास लिख देते हैं। दलित नेतृत्व किस प्रकार सत्ता के शीर्ष पर पहुँच कर वही व्यवहार करने लगता है, जैसे उसके पूर्ववर्ती करते आए हैं, दलित राजनीति की इस विवादास्पद किंतु खतरनाक सच्चाई पर भी अखिलेश उँगली रखते हैं। दलित राजकुमार का घृणित बदबूदार पेटहगना अस्तित्व दलित नेता बहन जी भी सहन नहीं कर पातीं एवं उसे अपने बंगले से बाहर करा देती हैं। लेकिन जब वह वहाँ से भी भगा दिया जाता है तो वह विद्रोही बन जाता है।

'ग्रहण' कहानी अपने शिल्प विधान में भी विशिष्ट है। इस कहानी से लोक कथाओं और मिथकों का एक महत्त्वपूर्ण संग्रथन हुआ है जिससे यह लोककथात्मक अंतर्पाठात्मकता का जबरदस्त उदाहरण बन जाती है। इस प्रकार हम देखते हैं कि भारतीय संदर्भों में जिस कालखंड को हम 'नब्बे का लंबा दशक' कहते हैं, उसकी लगभग पूर्ण सूचना अखिलेश की कहानियों में मिलती है।

प्रश्न 10. अखिलेश की 'बायोडाटा' कहानी के कथानक को वर्णित कीजिए।

अथवा

राजदेव मिश्र का चरित्र-चित्रण कीजिए।

अथवा

सावित्री के अविकसित शिशु के रूपक को स्पष्ट कीजिए।

उत्तर– अखिलेश की 'बायोडाटा' कहानी एक विशुद्ध राजनीतिक विमर्श की कहानी है, जिसमें इसका मुख्य पात्र राजदेव राजनीतिक पदों पर विराजमान होने के लिए घर-परिवार, पत्नी-बच्चा, प्रेम व रिश्ता-नाता सब कुछ दाँव पर लगा देने को आतुर है। राजदेव मिश्र एक राजनीतिक पार्टी की युवा शाखा का जिलामंत्री है और अब प्रदेश अध्यक्ष मोती सिंह की कृपा से प्रदेश सचिव बनना चाहता है। राजदेव मिश्र का राजनीति में प्रवेश एक पारिवारिक

घटना/दुर्घटना के कारण हुआ है मतलब कि वह कोई ऐसा नेता नहीं है जो जनसंघर्षों की आँच में तप कर राजनीति की उपलब्धि हासिल करते हैं। ऐसे नेता तो पिछली पीढ़ी में पाए जाते थे। तो हुआ यों कि 23 वर्ष का राजदेव अपनी नई भाभी के प्रति आसक्त था। भाभी भी उसे जब तब देखकर मुस्कुरा देती थी। राजदेव ने इसका गलत अर्थ निकाला और मौका देख कर उसकी गोद में ढुलक गया। भाभी अचकचा गई तो बहाना बनाया मेरे सिर जुआँ पड़ा है, उसे खोज दो। भाभी ने तो उसे सिर्फ घृणा से धक्का भर दिया था। पर उसी शाम पिता उसे लाठी से मार रहे थे 'और जुआँ निकलवाओगे सरऊ।'

इस घटना के बाद राजदेव ने यह निश्चय कर लिया कि कुछ बनकर दिखाना चाहिए। सबसे आसान है–नेता बनना। इसके साथ-साथ वह यह भी जानता था कि 'सुख की सर्वोत्तम मलाई राजनीति के दूध में ही पड़ती है।' राजनीति का पारस चोरी, तस्करी, व्यभिचार आदि कुधातुओं को भी सोना बना देता है। सो राजदेव ने भी कुर्ता-पजामा पहनकर राजनीति शुरू कर दी और घोषणा की कि शादी मैं तभी करूँगा जब राजनीति में कम-से-कम जिला स्तर का कोई पद हथिया लूँगा। उम्र के 36वें तक आते-आते वह पार्टी की युवा शाखा का जिला मंत्री बन गया। यह सुख की सर्वोत्तम मलाई तो नहीं थी लेकिन इस पड़ाव पर कुछ और दुश्वारियों ने उसे घेर लिया था जिसके कारण वह शादी की ओर उन्मुख हुआ, उसके बाल झड़ने लगे, दाँत पायरिया के घेरे में आ गए।

जब सावित्री राजदेव के जीवन में उसकी पत्नी बन कर आई तो उसे विश्वास हो गया कि राजनीति में ढुनमुनिया खा रही उसकी किस्मत अब पलटकर सरपट धावक हो जाएगी। 36 वर्ष का अतृप्त कामुक राजदेव विवाह के बाद पत्नी प्रेम में इस कदर गिरफ्तार हो गया कि दोस्तों ने घोषणा कर दी, राजदेव की राजनीति बीवी के पेटीकोट में घुस गई। उन्हें विश्वास हो गया कि राजदेव की राजनीतिक मृत्यु हो चुकी है और वह जोरू की गुलामी से जीवनयापन करेगा। लेकिन राजदेव को एक दिन यह प्रबोध हो ही गया कि हम लोगों के लिए 'राजनीति जीवन संगिनी है और जीवन संगिनी रखैल, जो रखैल को जीवन संगिनी समझता है, लक्ष्य सदैव उससे दूर रहता है।' इस इलहाम के बाद राजदेव पत्नी सावित्री की घोर उपेक्षा करने लगा। राजदेव ने पार्टी कार्यालय में जा कर बकायदा घोषणा कर दी कि अब तक मैं भ्रमित था, अब मैं अपने घर वापस आ गया हूँ और एक बार फिर उसकी राजनीतिक महत्त्वाकांक्षा जीवित हो उठी।

जैसा कि ज्ञात है कि जीव विज्ञान के अपने नियम होते हैं, वे भावनाओं या अन्य प्रतिबंधों से नहीं परिचालित होते। अब भले ही राजदेव सावित्री के पास ऐसे आता था, जैसे–ट्रक ड्राइवर.....के पास। फिर भी सावित्री के गर्भ द्वार पर शिशु ने दस्तक दे दी। राजदेव अपनी आर्थिक सीमाओं को नितांत व्यावहारिकता का जामा पहनाते हुए सावित्री के पुत्र जन्म के लिए अपने माता-पिता के पास भेजना चाहता है। पति प्रेम में गिरफ्तार सावित्री अपने सहज तर्कों से जब राजदेव की कूटनीति को निरुत्तर कर देती है तो वह झुंझला जाता है। गुस्से में उसे कुतिया तक कह डालता है। यह कहानी का सबसे मार्मिक प्रसंग है। 'सावित्री जब मैके के लिए विदा हो रही थी तो वह सचमुच एक लाचार पिटी एवं थकी-हारी कुतिया की तरह रो रही थी। बाहर रिक्शा खड़ा था और भीतर अपने कमरे में रो रही थी। राजदेव सोच रहा था, सावित्री अभी उससे लिपटकर फूट-फूट कर रोएगी। पर उसने केवल अपना सिर पति के बाएँ कंधे पर रख दिया और कुतिया की तरह कूँ-कूँ रोने लगी।'

यह प्रसंग राजदेव के चरित्र का कुछ भावुक मानवीय पक्ष भी उजागर करता है, कहानी के पाठ में पहली और आखिरी बार वह सावित्री की अनुपस्थिति को भीतर तक महसूस करता है–'वह अपने कमरे में घुसता तो सूना महसूस करता। हालाँकि सब कुछ उसी तरह था, केवल एक बक्सा नहीं था पर लगता ऐसा था कि कमरे की छत कुछ नीचे खिसक आई है और कोई एक दीवार कम हो गई है। वह तकिए में मुँह छिपाकर लेट गया।'

पत्नी के मायके चले जाने के बाद अब वह राजनीति की जीवन संगिनी के साथ मस्त हो गया और अनवरत चमचागिरी में व्यस्त हो गया। तभी यह अवसर आया कि उसके जिले के मोती सिंह पार्टी की युवा शाखा के प्रदेश अध्यक्ष मनोनीत कर दिए गए और अब उसे प्रदेश सचिव बनवाने के लिए प्रलोभन दे रहे हैं जिसके लिए उसे दिल्ली जाना है मोती सिंह के साथ 'साम दाम दंड भेद से सबकी लेड़ी तर' करने। तब ठुकेगी प्रदेश सचिव की नियुक्ति की पक्की मुहर।

इसी बीच सावित्री के पत्र ने भारी खलल पैदा कर दिया। सावित्री ने लिखा है–'डॉक्टर और बुजुर्ग जिस तरह मुँह बनाते हैं, उसे देखकर लगता रहा है कहीं कुछ भारी गड़बड़ है। सो आप आइए जरूर। मेरी हार्दिक इच्छा है कि हमारी औलाद सबसे पहले अपने पिता अर्थात् आपको देखे।' इस पत्र की घृणास्पद उपेक्षा राजदेव करता है, इसकी चिंदी-चिंदी करके उस पर पेशाब कर देता है, क्योंकि उसे दिल्ली जाना है मोती सिंह के साथ प्रदेश सचिव बनने।

एक बार फिर तार आता है 'कम सून'। तार चिट्ठी की तरह बेसबूत नहीं होता किंतु यहाँ भी राजदेव रास्ता निकाल ही लेता है। अपने एक चेले के हाथ सावित्री को खत भेजता है–'कोई खुशखबरी ही भेजी होगी पर कहीं कोई गड़बड़ तो नहीं है, यह सोचते ही दिल काँप जाता है। इसीलिए यह पत्र एक विश्वासपात्र चेले के माध्यम से भिजवा रहा हूँ। .... तुम्हारे ऊपर जान न्यौछावर करने वाला राजदेव।'

पत्र को लिफाफे में बंद करके चेले को दे दिया गया, इस हिदायत के साथ 'ये लेटर पहुँचा कर आराम से आना। मैं कल शहर में रहूँगा नहीं, परसों मिलना।' वास्तव में राजदेव को तो अगले दिन दोपहर को, मोती सिंह के साथ दिल्ली निकल जाना है।

अगले दिन 'कहीं ट्रेन न छूट जाए, इस चक्कर में राजदेव पौन घंटा पहले ही स्टेशन पर धमक गया था। वह मोती सिंह का इंतजार कर रहा था।' लेकिन मोती सिंह के आने के पहले ही वहीं टूटपुंजिया चेला आ धमका, जिसको राजदेव ने सावित्री के पास भेजा था। अबकी समाचार बहुत दुखद था, सावित्री एक असामान्य संतान की माँ बन चुकी थी। 'वह अजीबो-गरीब संतान थी। उसके मुँह से हमेशा चारों पहर, सोते-जागते लार बहती थी।' वह लार में लिथड़ी संतान थी, जैसे–उसके पेट में लार की टंकी हो – जब देखो तब लार बहती रहती।

वह पीली और दुर्बल थी। चिचुकी हुई। बहुत बासी तरोई की तरह। उसमें जीवन के चिह्न नहीं थे, जीवन गायब था। बस जीवन की परछाई थी। वह हँसती थी, न रोती थी। हाँ कोई उसके हाथ छुए तो चिल्लाने लगती थी। हाथ में जीवन था, पर हाथों की गति असहज थी उसको। वह गोरी-गोरी और पिलपिली थी। लगता मृत्यु ने ढेर सारा बलगम थूका हो।

तभी राजदेव ने मोती सिंह को आते देखा। चेला अब भी जवाब चाह रहा था। राजदेव ने चेले को फिर सावित्री के पास भेज दिया इस हिदायत के साथ.....'कोई खास बात हो तो यहाँ और दिल्ली के पते पर तार कर देना फौरन।'

'बायोडाटा' कहानी का अंत बड़ा ही व्यंग्यपूर्ण तथा विनोद से भरपूर है और साथ-ही-साथ संवेदना को कुरेदता हुआ भी। नेता बनने और पद पाने के लालच में राजदेव अंधा हो चुका था। उसके मन में न तो पत्नी के लिए ही कुछ लगाव बचा है, न ही बच्चे के लिए कोई मोह। वह स्वार्थ में पूरी तरह से संवेदनाशून्य हो चुका है। राजनीतिक महत्त्वाकांक्षा ने उसे निर्मम बना दिया है। वह पत्नी व बच्चे की मृत्यु की स्थिति को भी अपनी महत्त्वाकांक्षा को सँवारने की खातिर इस्तेमाल करना चाहता है। यहाँ अखिलेश ने मोती सिंह के दिए संतरे को आधार बनाकर जो रूपक गढ़ा है, वह बेजोड़ है और राजदेव द्वारा इस संतरे का स्वार्थपूर्ण रसास्वादन हमारी संवेदना को भीतर तक झकझोर देने वाला है-राजदेव के हाथ में मोती सिंह का दिया एक संतरा था। संतरे को पकड़े हुए वह विचारमग्न था-यदि बच्चा मर गया तो?-तो क्या, दूसरा पैदा कर लेंगे-बीवी मर गई तो?-तो क्या ...तो क्या...!-दोनों मर गए तो? उसने निश्चय किया, यदि ऐसा हुआ, तो अपने बायोडाटा में जोड़ेगा-'पब्लिक की सेवा में – पार्टी की खिदमत में – गृहस्थी तबाह हो गई। परिवार उजड़ गया।' ...उसने लंबी साँस छोड़ी और संतरा छीलने लगा। संतरे में बड़ा रस था। यहाँ राजदेव की राजनीतिक लालसा अखिलेश की लेखनी के माध्यम से संतरे का रस बनकर हमारी संवेदना के प्याले में लबालब छलक उठती है।

प्रश्न 11. अखिलेश की 'मुक्ति', 'ऊसर' एवं 'बायोडाटा' की कथात्रयी के माध्यम से भारतीय युवा वर्ग एवं मुख्यधारा की राजनीति की अंतर्क्रिया को समझाइए।

अथवा

अखिलेश के कथा साहित्य में आए हुए युवाओं के आधार पर समकालीन सामाजिक-राजनीतिक परिदृश्य का विवेचन कीजिए।

उत्तर– 'मुक्ति', 'ऊसर' एवं बायोडाटा की कथात्रयी भारतीय युवा वर्ग एवं मुख्यधारा की राजनीति की अंतर्क्रिया समझने में सहायक हो सकती है। सुभाष (मुक्ति), चंद्र प्रकाश श्रीवास्तव (ऊसर) और राजदेव मिश्र (बायोडाटा) ये तीनों नायक आपातकालोत्तर उत्तर भारतीय युवा वर्ग का प्रतिनिधित्व करते हैं। समय की धुरी के विभिन्न बिंदुओं पर स्थित होने के कारण इनमें भिन्नताएँ भी हैं किंतु एक अंतर्सूत्र इन्हें बाँधे भी रखता है।

'मुक्ति' कहानी का नायक सुभाष एक पढ़ा-लिखा नौजवान है। 'उम्र तेईस साल, कद पाँच फुट नौ इंच, रंग गेहुँआ, पहचान चेहरे पर हल्की दाढ़ी।......... बुराइयों की तुलना में अच्छाइयाँ कहीं ज्यादा।' लेकिन यही प्यारा सुभाष सत्ताइस साल की उम्र तक काफी बदल जाता है-'इस समय उसकी उम्र सत्ताइस साल, उद्देश्य नौकरी प्राप्त करना, जो जी-तोड़ प्रयासों के बाद भी मिली नहीं।' जब नौकरी नहीं मिली तो सब कुछ गड़बड़ाना शुरू हो गया।

इस कहानी में सुभाष जो छात्र जीवन में राजनीति में भी सक्रिय था, मुख्यमंत्री के महाविद्यालय में प्रबंधकों के तमाम विरोध के बावजूद छात्र संघ बनाने में सफल हुआ था, अब वही सुभाष पब्लिसिटी ऑफिसर बनने की लिप्सा में विधायक जी की चाटुकारिता करने को मजबूर है। सुभाष को यह नौकरी नहीं मिलती है-कारण उसने जो बुकलेट मुख्यमंत्री के खिलाफ विस्फोटक आरोपों को तैयार करके छपवाई थी-उसी के कारण मंत्री खुलेआम उसकी मदद नहीं करना चाह रहे हैं। यह लॉबिंग का नया मतलब है। विधायक जी आश्वासन देते हैं-'मिलते रहो। अभी तो तुम्हारा राजनीतिक जीवन शुरू हुआ है......।' लेकिन सुभाष इस राजनीति में दूर

तक नहीं चल पाता। वह पढ़ा-लिखा है, दुनिया जहान की एक समझ उसके पास है। गलत बात पर वह गुस्सा होता है। सुभाष के बरक्स बायोडाटा के राजदेव और ऊसर के चंद्र प्रकाश को देखें। राजनीति में दोनों का प्रवेश अकस्मात् होता है, कम-से-कम कहानी के पाठ से तो यही लगता है, किंतु राजदेव और चंद्र प्रकाश जिस तरह प्राथमिकता के रूप में मुख्यधारा की राजनीति को स्वीकार कर लेते हैं एवं सहज हो जाते हैं, उससे स्पष्ट है कि उन जैसों का एकमात्र विकल्प राजनीति ही है। फिर चाहे किसी साथी को पीटकर हवालात जाना हो या भाभी से जुँआ खोजवाने की छिछोरी हरकत के फलस्वरूप पड़ी मार हो-ये तो सिर्फ घटनाएँ ही हैं जो कहानी के रूप बंधन को रोचक एवं पठनीय बनाती हैं, होना इन दोनों को राजनीति में ही था। राजदेव के सामने स्पष्ट है-'सुख की सर्वोत्तम मलाई राजनीति के दूध में ही पड़ती है।' दूसरी ओर चंद्र प्रकाश भी कुर्ता-पजामा पहनकर खुद को किसी नेता से कम नहीं समझता है। इस प्रकार, ये कहानियाँ उन मध्यवर्गीय युवाओं पर केंद्रित हैं जो अपनी संभावनाएँ तलाशने के लिए क्या-क्या नहीं कर रहे हैं।

'मुक्ति', 'ऊसर' और 'बायोडाटा' कहानियों के प्रकाशित होने का यही कालक्रम है। इस कालक्रम के आधार पर कुछ निष्कर्ष निकाले जा सकते हैं। 'मुक्ति' कहानी संग्रह 1989 में प्रकाशित हुआ था। कहानी का प्रकाशन सोवियत विघटन से पहले हो चुका था यानी प्रतिरोध एवं विकल्प की राजनीति का स्वप्न अभी मरा नहीं था, यद्यपि मुख्यधारा की राजनीति बहुत विपथित हो चुकी थी। यही नहीं, 'पेरिस्त्रोइका' और 'ग्लासनोस्त' विमर्शों में सकारात्मक माने जा रहे थे। ऐसे में तात्कालिक परिस्थिति यानी अपनी बेरोजगारी से मजबूर होकर सुभाष राजनीतिज्ञों के हाथ इस्तेमाल हो जाता है, किंतु उनकी असलियत जान कर दोबारा उस ओर नहीं जाता अपितु अंततः वैकल्पिक राजनीति में ही अपनी मुक्ति तलाशता है-वह कहता है-'मैं अपनी मुक्ति के लिए यह सब कर रहा हूँ। मजदूरों और किसानों की मुक्ति से अलग नहीं है हम सबकी मुक्ति।' यह उसमें पैदा होती वह वर्गीय चेतना है, जो पलायन या आत्महत्या से उसे उबार कर परिस्थितियों से लंबे संघर्ष की प्रक्रिया में लाती है। संघर्ष की यह प्रक्रिया वस्तुतः मानवीय इतिहास का वह केंद्रीय और निरंतर विद्यमान तत्त्व है जो जीवन में निरंतर गतिशीलता को बनाए रखता है।

किंतु बाद में समय काफी बदल गया, वैकल्पिक राजनीति के लिए सार्वजनिक जीवन में कोई अवकाश नहीं बचा। देश के संकटकाल (आपातकाल) के बाद राजनीति में युवाओं की जो फौज आई, उसके सामने फौजी लाभ ही प्रमुख थे।

'ऊसर' का मुख्य पात्र चंद्र प्रकाश का उद्देश्य है, 'एक महेन्द्रा एंड महेन्द्रा जीप लेना जिसे वह ऑफिस में लगवा सके और टैक्सी स्टैंड का ठेका प्राप्त करना।' वह अपने दल की युवा शाखा का शहर मंत्री है। अपने उद्देश्यों के निर्धारण में वह खासा व्यावहारिक है, वह जाति का लाला (कायस्थ) है यानी जातिगत आधार पर वह जनाधार विहीन है इसलिए जनता की राजनीति वह नहीं कर सकता। वह ज्यादा-से-ज्यादा एम.एल.सी. बनना चाहता है। चंद्र प्रकाश 'हाई कमान' से आए हुए एक सलाहकार से मिलना चाहता है, लेकिन अंततः नहीं मिल पाता। पार्टी कार्यालय में उसकी जींस बनियानधारी एक बुजुर्ग से मुलाकात तो हुई जरूर, पर उसकी सूचना भी सही नहीं साबित हुई। चंद्र प्रकाश सोचता है-'पार्टी की राजनीति की जो कुछ भी छवि आम जनता से जुड़ी थी, वह भी खत्म हो चली। छवि के नाम पर संघर्ष करने वालों को

पीछे किया गया। पार्टी के लोगों के सिर से पहले टोपी उतरी, अब कुर्ता पजामा भी उतर रहा है। सफारी सूट का जमाना आ गया है। जाड़े में प्रिंस कट कोट का जमाना आ गया है। कुछ नहीं बस हाय-हलो वालों की चाँदी बन गई है। हाई कमान को विदेशी संस्कृति, विदेशी वाइफ और विदेशों में धन जमा करने वालों ने घेर लिया है। देश का पतन हो रहा है।' यह संसार के सबसे बड़े लोकतंत्र के प्रमुख राजनीतिक दलों में दशकों से स्थगित आंतरिक लोकतंत्र की अभिव्यक्ति है कहानी के पाठ में। यहाँ अखिलेश चंद्र प्रकाश के माध्यम से राजनीतिक पार्टियों के भीतर समायी जा रही जड़ता व आदर्शविहीनता की स्थिति पर से परदा उठाते हैं।

अखिलेश की 'बायोडाटा' कहानी का कथा-पात्र राजदेव अपने भाग्यनिर्माता मोती सिंह की चापलूसी करके सब कुछ हासिल करना चाहता है। इस कहानी में मोती सिंह प्रदेश अध्यक्ष मनोनीत होते हैं। मनोनयन शब्द का संकेत भी इसी स्थगित आंतरिक लोकतंत्र की ओर है। यहाँ जमीनी छवि या संघर्ष कोई मायने नहीं रखता। मोती सिंह राजदेव को प्रदेश सचिव बनाना चाहते हैं। राजदेव उनकी जाति का नहीं है, मिश्र है, ब्राह्मण है। अपनी 'जाति के लोगों को आगे बढ़ाना' खुद को बांस करना है – मोती सिंह यह मानते हैं। यहाँ हम चंद्र प्रकाश एवं राजदेव के संदर्भ में जातिगत समीकरण के दो रूपांतरण देख सकते हैं।

जहाँ 'बायोडाटा' में राजदेव को दिल्ली जा कर हाई कमान की लेंडी तर करनी है, वहीं 'ऊसर' में चंद्र प्रकाश अपने शहर में ही हाई कमान के सलाहकार से मिलने की जुगते भिड़ाता रहता है यानी राजनीति में सफल होने के लिए जन जुड़ाव से कहीं अधिक महत्त्वपूर्ण है हाई कमान की पसंद-नापसंद। विडम्बना है कि इसी व्याकरण के तहत ही हमारे समय के महत्त्वपूर्ण राजनीतिक दलों का कार्य व्यापार चल रहा है। अखिलेश ने इन दोनों ही कहानियों में राजनीतिक विद्रूपता पर तीखा प्रहार किया है।

'मुक्ति' का कथा नायक सुभाष, आरंभ में परिवार का लाडला और होनहार बेटा है, बाद में बेरोजगारी के दिनों में उसका परिवार के साथ समीकरण गड़बड़ा जाता है। बाद में जब वह किसानों-मजदूरों की मुक्ति के लिए काम करना शुरू करता है। तब पुन: परिवार से उसके रिश्ते महत्त्वपूर्ण एवं जीवंत हो उठते हैं यानी जिस तरह की राजनीति से सुभाष यहाँ मुब्तिला है, उनका पारिवारिक जीवन एवं पारिवारिक मूल्यों से विरोध नहीं है।

यदि 'ऊसर' के नायक चंद्र प्रकाश की बात की जाए तो उसे भी अपने कमजोर क्षणों में परिवार की याद आती है-'मेरी माँ कितनी तकलीफें झेलकर जिंदगी बिता रही हैं। मुझ पर कितना भरोसा किया मेरी माँ ने लेकिन मैंने राजनीति की धकापेल में पड़कर सब मटियामेट कर दिया। यह राजनीति बड़ी कुतिया चीज है। मैं लोफर और पापी हूँ। मुझे माँ के आराम एवं बहन की शादी के लिए खून-पसीना एक करना चाहिए था लेकिन मैं यहाँ महेन्द्रा एंड महेन्द्रा जीप और टैक्सी स्टैंड के चूतियापे में फँसा हुआ था। बहन के अधेड़ होकर बदनाम होने में कुछ ही वर्ष बाकी हैं और मैं नेतागिरी के शौक में बंबू कटा रहा हूँ। धिक्कार है मुझको।'

'बायोडाटा' के केंद्रीय पात्र राजदेव मिश्र की राजनीति की शुरुआत ही पारिवारिक दुर्घटना से होती है। जब वह अपनी सगी भाभी से छिछोरी हरकत कर बैठा था और इस कारण पिता ने उसे लाठियों से पीटा था। परिवार में उसका लगाव सिर्फ अपनी सावित्री से ही थोड़ा दिखाई देता है। वह भी शादी के एक दम बाद के गुलाबी दिनों में ही और जब इस लगाव का रूपांतरण जिम्मेदारी में होने लगता है यानी सावित्री गर्भवती हो जाती है, तब राजदेव को राजनीति, विदेश

नीति, कूटनीति – सब याद आने लगती है। अंततः अपने राजनैतिक उद्देश्य यानी प्रदेश युवा संगठन का सचिव पद पाने के लिए वह प्रसूता सावित्री एवं अविकसित संतान से मिलने न जाकर मोती सिंह के साथ दिल्ली की ट्रेन पकड़ लेता है। वह स्वार्थ में पूरी तरह से संवेदनाशून्य हो चुका है। राजनीतिक महत्त्वाकांक्षा ने उसे निर्मम बना दिया है।

इन तीनों कहानियों में परिवार एवं पारिवारिक मूल्यों का यह अधोविकास एक अंतर्पाठात्मक रूपक का निर्माण करता है।

प्रश्न 12. युवा राजनीति के लंपट तत्त्वों की बढ़ती भागीदारी को 'बायोडाटा' के माध्यम से समझाते हुए 'बायोडाटा' कहानी के शीर्षक की सार्थकता स्पष्ट कीजिए।

उत्तर– अखिलेश की 'बायोडाटा' कहानी एक विशुद्ध राजनीतिक विमर्श की कहानी है। यह युवा राजनीति में बढ़ते जा रहे लंपट तत्त्वों की कहानी है। कथानायक राजदेव मिश्र सत्ताधारी दल की युवा शाखा का जिला मंत्री है। सावित्री उसकी पत्नी है, जिससे उसने उम्र के 36वें वर्ष में शादी की है, जब वह युवा शाखा का जिला मंत्री बना। वैसे उसका मानना है कि जिला मंत्री की पोस्ट भी कोई पोस्ट होती है। उसे तो और आगे जाना है, फिलहाल उसे मोती सिंह की चापलूसी कर दिल्ली जाकर प्रदेश सचिव की पोस्ट हासिल करनी है।

अखिलेश का यह कथा-पात्र राजदेव अपने भाग्य-निर्माता मोती सिंह की चापलूसी करके सब कुछ हासिल कर लेना चाहता है। वह मानता है कि सब कुछ पार्टी के बड़े नेताओं को खुश करके ही हासिल होता है। जैसा कि आज के नेताओं की आम प्रवृत्ति है, वह लूट-खसोट की पूरी योजना बनाए बैठा है।

उसकी राजनीतिक समझ बचकानी भले ही लगे, किंतु यह भारतीय राजनीति के गिरते हुए स्तर की एक कड़वी सच्चाई है। अखिलेश राजदेव की इस सोच का बयान करते-करते देश की राजनीति के पूरे यथार्थ को हमारे सामने उघाड़कर रख देते हैं–वह दृढ़प्रतिज्ञ था कि उसे नेतागिरी करनी है क्योंकि उसने जान लिया था कि सुख की सर्वोत्तम मलाई राजनीति के दूध में पड़ती है। पहुँचे हुए नेता हो, तो चोरी कराओ, स्मगलिंग कराओ, कत्ल कराओ – कोई बाल-बाँका नहीं कर सकता। बलात्कार करो, प्यार करो या वासना, दारु पियो, कानून की ऐसी-तैसी कर दो, कोई खौफ नहीं। पुलिस, पी.ए.सी. हो, हाकिम हुक्काम हों–डाकू बदमाश हो–सब हाथ जोड़े मिलेंगे। ईश्वर की अनुकंपा से माल-पानी की कमी नहीं। इंजीनियर वगैरह का ट्रांसफर करवा दो तो चाँदी। रुकवाओ तो चाँदी। चुनाव का पैसा है, उसमें खसोट लो। सूखा बाढ़ का पैसा है, उसे हड़प लो। यहाँ भौजाई से जुँआ खोजवाने में लात खानी पड़ी, वहाँ सैकड़ों हसीनाएँ हासिल हो जाएँ। चाहे जितने गुलछर्रे उड़ाओ, कोई चूँ-चपड़ करने वाला नहीं है। ऊपर से फायदा यह कि पब्लिक में दबदबा भी। हमेशा जय-जयकार होती रहे। काम कुछ खास नहीं। बस कुर्ता-पजामा पहन लो और मौका पड़ने पर भाषण झाड़ दो। जैसा कि आज के नेताओं की आम प्रवृत्ति है, वह लूट-खसोट की पूरी योजना बनाए बैठा है।

यह भारतीय राजनीति के गिरते हुए स्तर की एक कड़वी सच्चाई है। यह आपातकालोत्तर युवा राजनीति का स्मृति ग्रंथ है। गाँधी और लोहिया का युवाओं और छात्रों का उद्‌बोधन अब निष्फल हो गया है। यहाँ बस कुर्ता-पजामा पहन कर भाषण झाड़ना है और सब हासिल। इस स्मृति ग्रंथ में प्रतिबद्धता निषिद्ध मूल्य है, वह चाहे व्यक्ति के प्रति हो अथवा सिद्धांत या परिवार

के प्रति। जिस मोती सिंह के माध्यम से राजदेव प्रदेश सचिव पद पाना चाहता है, उन्हीं मोती सिंह के बारे में उसका सोचना है–'एक बार उसे प्रदेश राजनीति में घुसने का मौका तो मिल जाए तो दिखा दे अपना हाथ जगन्नाथ। सबसे पहले तो संगठन में अपने आदमी फिट करेगा। इसके बाद मोती सिंह को चार लात लगाएगा और खुद अध्यक्ष हो जाएगा।' मोती सिंह के प्रति जिस प्रकार का व्यवहार राजदेव करने की इच्छा रखता है, वैसा ही व्यवहार चंद्र प्रकाश अपने संरक्षक नेता जी के साथ कर चुका है। 'एक दिन नेता जी ने उसे तीन जोड़ी खद्दर का कुर्ता-पजामा सिलवा दिया, जिसे शरीर पर धारण करने के बाद उसने कहा क्या मैं किसी नेता जी से कम हूँ। इस आत्म-साक्षात्कार के चंद दिनों बाद ही वह सत्ता पार्टी में नेता जी की विरोधी लॉबी-विधायक जी के साथ हो लिया।'

इस प्रकार यह कहा जा सकता है कि 'बायोडाटा' कई मायने में 'ऊसर' की उत्तर कथा है।

अखिलेश ने 'बायोडाटा' कहानी में स्वप्न विधि अपनाई है। यह स्वप्न विधि कहानी में एक लोक कथा रस भर देती है।

'वह कल्पना में भाषण करने लगा' भाइयों और बहनों। सज्जनों और देवियों....। कल्पना में हो उसने पाया कि भाई घूस लेते पकड़ लिया गया और हवालात में बंद है। भाभी हाथ जोड़कर गिड़गिड़ा रही है, मेरे नेता देवर छुड़ा लो मेरे पति अर्थात् अपने भइया को भाभी उस पर लुढ़की आ रही हैं .... लुढ़की आ रही हैं। उसने झिटक दिया, हम पर न लुढ़को। हमारे सिर में जुँआ और चीलर हैं। भाभी गई पिता आ गए। उन्होंने उससे मिलने के लिए पर्ची पर अपना नाम लिखकर भेजा। उसने नौकर से कहा, जाओ कह दो कि अभी मैं जुँआ निकलवा रहा हूँ। मेरे पास फुर्सत नहीं है। तीन दिन बाद मिलने आए तो विचार करूँगा। भाई को तो उसने पहचानने से भी इंकार कर दिया। इसी प्रकार के कई दिवा स्वप्न कहानी के पाठ में हैं। इन दिवा स्वप्नों पर बात करते समय हमें पंचतंत्र की प्रसिद्ध सोम शर्मा के पिता की कथा स्मरण हो आती है–

'अनागतवतीम् चिन्तामअसम्भाव्याम् करोति यः।
स एव पाण्डुराशेते सोमशर्मा पिता यथा।।'

हम इसे अंतर्पाठात्मकता के माध्यम से भी समझ सकते हैं।

यदि राजदेव के घरेलू पारिवारिक जीवन के बारे में बात की जाए तो भाभी के साथ छिछोरी हरकत के फलस्वरूप पड़ी मार के बाद ही उसने राजनीति का दामन थामा था। विवाह के पश्चात् राजदेव कुछ समय तक मुग्ध पति है, परिवार में भी हास-परिहास का वातावरण है– 'भाभी मुस्कुराती कि लाला जी अब मेरी गोद में नहीं लुढ़कोगे, जुँआ खोजवाने, कहाँ हरदम छुछुआते रहते थे, कहाँ चौदह बरस तक बोले नहीं।' यह एक उत्तर भारतीय निम्न मध्यवर्गीय परिवार का देवर-भाभी संबंध है, जिसमें हास-परिहास, तनाव आदि के विभिन्न रंग हैं।

सावित्री से विवाह होने के बाद राजदेव घर में तो मुग्ध पति है लेकिन घर से बाहर उसका राजनीतिक रूप एकदम सक्रिय है। वह बड़ी चालाकी से अपने वैवाहिक प्रसंग का राजनैतिक अनुवाद करता है–'वह कहता भारत वर्ष के नवयुवकों को बाल विधवाओं और विपन्न कुँवारी के उद्धार के लिए आगे बढ़कर महानता की मिसाल कायम करनी चाहिए। मुझे देखिए, मैंने तो एक दुःखियारी की जिंदगी सँवार दी। मेरी बीबी आज सुखी है और मेरा एहसान मानती है।' सावित्री के प्रति राजदेव का काम जनित लगाव ज्यादा दिन तक नहीं चल पाता है। एक तो जीर्ण-शीर्ण आर्थिक स्थिति, दूसरी ओर राजनीति की पुकार सावित्री को प्रसव के लिए मैके जाना ही पड़ता है। वह राजनीतिक फायदा देखकर अपनी पत्नी की उपेक्षा करता है।

सावित्री एवं राजदेव की संतान असामान्य और अल्पविकसित है। लार एवं थूक में लिथड़ी हुई है। बासी तरोई की तरह चिचुकी। गोरी-गोरी पिलपिली लगता मृत्यु ने ढेर सारा बलगम थूका हो। ऐसी संतानें बचती नहीं। माँ के आँसुओं से प्यास बुझाने वाली औलादें ज्यादा दिन जीती नहीं। ये जल्दी-से-जल्दी मर जाने के लिए पैदा होती हैं। पर संतान मरी नहीं, वह तो ताजा दम हो रही थी, जैसे—किसी मायावी का छल हो, संतान स्फूर्त एवं गतिमय हो रही थी। बहुत द्रुत रतार से जबकि माँ पीली पड़ती जा रही थी। अजीब तारतम्य था—एक की चेतना दूसरे की मूर्छा में। ऐसा मालूम होता था, संतान अदृश्य नली से माँ का बूँद-बूँद रक्त पी रही है। माँ निचुड़ रही है, कमजोर और अचेत होती जा रही है। संतान ताजादम और ललछौंह हो रही है। यह प्रसंग बहुत महत्त्वपूर्ण और खास ध्यान की माँग करता है। संतान की चेतना एवं सावित्री की मूर्छा का तारतम्य हमें वह सूत्र देता है जिससे हम इस रूपक को समझ सकते हैं। लंपट एवं भ्रष्ट राजनीति एवं भारतीय आम जनता का संयोग जिस भ्रष्टाचार के रूप में फलवान हो रहा है, वहाँ इसी प्रकार का तारतम्य होगा। भ्रष्टाचार का पुष्ट होते जाना आम जनता की दुश्वारियाँ ही बढ़ा सकता है। यहाँ कहानी अपने रूपक विधान से एक गंभीर अर्थ रचती है। इससे कहानी और विशिष्ट बन जाती है।

अखिलेश अपनी कहानी ग्रहण में भी राजकुमार के पेट हगना चरित्र के माध्यम से एक रूपक रचते हैं जहाँ राजकुमार का चरित्र स्वातंत्र्योत्तर दलित जातीयता का रूपक बन जाता है। ध्यान दीजिए जिस समय सावित्री प्रसव के बाद जीवन हेतु संघर्ष कर रही है लगभग उसी समय राजदेव दिल्ली जा रहा है और उसके हाथ में मोती सिंह का दिया हुआ एक संतरा है, जिसमें बड़ा रस है। एक ओर तो संतान किसी अदृश्य नली से माँ का खून पी रही थी, दूसरी ओर पिता के हाथ में एक रसवान फल था। सन् अस्सी के बाद राजनीतिक स्तर का जो अवमूल्यन शुरू हुआ है, उसके पूर्ण सहमेल में है यह दृश्यबंधन। शास्त्रीय शब्दावली में कह सकते हैं कि यहाँ प्रस्तुत और अप्रस्तुत दोनों की व्यंजना हुई है। इसे समासोक्ति भी कहा जा सकता है।

अखिलेश की 'बायोडाटा' कहानी में कुछ ऐसी सूक्तियाँ हैं, जिसके माध्यम से एक राजनीतिक जीवन का सही-सही भाष्य किया जा सकता है। 'सुख की सर्वोत्तम मलाई राजनीति के दूध में पड़ती है' या 'हम लोगों के जीवन के लिए राजनीति जीवन संगिनी है और जीवन संगिनी रखैल। जो रखैल को जीवन संगिनी समझता है, वह लक्ष्य से सदैव दूर रहता है।' इन सूक्तियों के माध्यम से कहानी की भाषा में एक अतिरिक्त चमक पैदा हो गई है। ये सूक्तियाँ कहानी की भाषा में एक अतिरिक्त चमक बिखेर देती हैं।

'बायोडाटा' की भाषा में एक खिलंदड़पन है किंतु अवसरानुकूल करुणा से भरी हुई है। खासकर वह प्रसंग जहाँ सावित्री अपने मैके के लिए विदा हो रही है। यहाँ राजदेव का भी थोड़ा मार्मिक पक्ष उभर कर सामने आता है। इस कहानी में हम भाषा की एक ऐसी गढ़न देखते हैं जो स्वाभाविकता की हद तक सहज है, जैसे—हमारी लोक कथाएँ गढ़ी से हुई होकर भी सहज एवं सरल लगती हैं। भाषा क्षेत्रीय संस्कृति से एक संवाद स्थापित कर लेती है एकदम आरंभ में ही गन्ना, गंजी: मटर का नाश्ता, बिना चाकू की मदद से छिल जाने वाला गोल आलू एक ऐसा इंद्रिय बोध पैदा कर देते हैं, जिसमें अवध अंचल की भाषा एवं संस्कृति समाई हुई है। इस कहानी में राजनीतिक विमर्श अखिलेश की सहज, व्यंग्य व विनोद से पूर्ण आकर्षक भाषा के

साथ मिलकर इतना विचारोत्तेजक एवं प्रभावशाली हो जाता है कि पाठक उसमें मनसा डूबकर संवेदना और उद्विग्नता से भर उठता है।

शीर्षक की सार्थकता–'बायोडाटा' में हमारी व्यक्तिगत जानकारी होती है। यह मुख्यतः किसी नौकरी के लिए आवेदन भरने के लिए तैयार किया जाता है। यहाँ मुख्यतः आवेदक नहीं अपितु उसके द्वारा उपलब्ध कराई गई सूचनाएँ प्रमुख होती हैं। हमारी कहानी 'बायोडाटा' जिस समय से वाबस्ता उसमें राजनीति भी एक रोजगार की तरह हो गई है यानी सेवा भावना सिर्फ एक शोभाकर धर्म है। सो यहाँ भी बायोडाटा महत्त्वपूर्ण हो गया है, बायोडाटा की सूचनाओं से वास्तविकता का कितना सहमेल है, यह हम कहानी के पाठ से देख सकते हैं। कहानी में बायोडाटा शब्द दो बार आया है–एक बार कहानी के बीच में – 'वह अपनी युक्ति पर गदगद था और सोच चुका था टिकट के लिए अपने बायोडाटा में जोड़ देगा कि विपदा की मारी एक लड़की को बिना दान-दहेज अपना बनाकर सेवा की है।' दूसरी बार कहानी के अंत में जब राजदेव मोती सिंह के साथ ए.सी. डिब्बे में बैठकर दिल्ली जा रहा है – राजदेव के हाथ में मोती सिंह का दिया संतरा था। संतरे को पकड़ हुए वह विचारमग्न था।

– यदि बच्चा मर गया तो?

– तो क्या दूसरा पैदा कर लेंगे।

– बीबी मर गई तो?

– तो क्या .... तो क्या .....।

– दोनों मर गए तो?

उसने निश्चय किया यदि ऐसा हुआ, तो अपने बायोडाटा में जोड़ेगा। पब्लिक की सेवा में पार्टी की खिदमत में–गृहस्थी तबाह हो गई। परिवार उजड़ गया। इस संबंध में टुटपुंजिया का तार मिला तो नत्थी कर देगा। .....उसने लंबी साँस छोड़ी और संतरा छीलने लगा। संतरे में बड़ा रस था।

'बायोडाटा' कहानी का यह अंत बड़ा ही व्यंग्यपूर्ण तथा विनोद से भरपूर है और साथ ही साथ संवेदना को कुरेदता हुआ भी। कॉर्पोरेट प्रबंधकीय नुस्खों के अनुहार पर राजनीतिक दलों का प्रबंधन वास्तविकता तक न पहुँच पाने के लिए किस कदर अभिशप्त है, इस विडम्बना को भी यहाँ समझा जा सकता है। यहाँ राजदेव की राजनीतिक लालसा अखिलेश की लेखनी के माध्यम से संतरे का रस बनकर हमारी संवेदना के प्याले से छलक उठती है।

प्रश्न 13. दलित साहित्य की अवधारणा पर विस्तृत रूप में चर्चा कीजिए।

उत्तर– दलित साहित्य की अवधारणा को समझने के लिए 'दलित' शब्द की व्युत्पत्ति को समझना आवश्यक है। फिर दलित साहित्य की अवधारणा स्वयमेव स्पष्ट हो जाएगी। 'दलित' शब्द की व्युत्पत्ति संस्कृत धातु 'दल' से हुई है जिसका अर्थ फटना, खंडित होना, द्विधा होना है। 'संक्षिप्त हिंदी शब्द सागर' में डॉ. रामचन्द्र वर्मा ने 'दलित' का अर्थ 'विनष्ट किया हुआ, मसला हुआ, मर्दित, दबाया, रौंदा या कुचला हुआ, खंडित, विनष्ट किया' दिया है। इसलिए डॉ. कुसुमलता मेधवाल ने दलित की परिभाषा करते हुए लिखा है कि "दलित का शाब्दिक अर्थ है–कुचला हुआ।"

दलित साहित्य से तात्पर्य दलित जीवन और उसकी समस्याओं पर लेखन को केंद्र में रखकर हुए साहित्यिक आंदोलन से है।

'दलित' की परिभाषा रीमन् स्वामी बोधानंद जी महास्थविर के शब्दों में इस प्रकार है–"दलित शब्द का प्रयोग इसलिए किया जाता है कि अग्रसर हिंदू जातियों ने और उन्हीं की कुटिल नीति में पड़कर पिछड़ी हिंदू जातियों ने भी इन बेचारों के समस्त धार्मिक, सामाजिक, राजनीतिक आदि अधिकारों को जो मनुष्यताधर्मी होने के कारण उन्हें स्वभाव से ही प्राप्त थे, उन्हें ऐसा कुचल और दबा डाला है कि मनुष्य होते हुए भी उनकी अवस्था कुत्ते, बिल्ली और मक्खी-मच्छर से भी गई-बीती हो गई है।"

डॉ. श्यौराज सिंह बेचैन दलित शब्द की व्याख्या करते हुए कहते हैं–'दलित वह है जिसे भारतीय संविधान ने अनुसूचित जाति का दर्जा दिया है।'

मोहनदास नैमिशराय 'दलित' शब्द को और अधिक विस्तार देते हुए कहते हैं कि दलित शब्द मार्क्स प्रणीत सर्वहारा शब्द के लिए समानार्थी लगता है। लेकिन इन दोनों शब्दों में पर्याप्त भेद भी है। दलित की व्याप्ति अधिक है तो सर्वहारा की सीमित। दलित के अंतर्गत सामाजिक, धार्मिक, आर्थिक, राजनीतिक शोषण का अंतर्भाव होता है, तो सर्वहारा केवल आर्थिक शोषण तक ही सीमित है। प्रत्येक दलित व्यक्ति सर्वहारा के अंतर्गत आ सकता है, लेकिन प्रत्येक सर्वहारा को दलित कहने के लिए बाध्य नहीं हो सकते, अर्थात् सर्वहारा की सीमाओं में आर्थिक विषमता का शिकार वर्ग आता है, जबकि दलित विशेष तौर पर सामाजिक विषमता का शिकार होता है।

दलित शब्द व्यापक अर्थबोध की अभिव्यंजना देता है। भारतीय समाज में जिसे अस्पृश्य माना गया वह व्यक्ति ही दलित है। दुर्गम पहाड़ों, वनों के बीच जीवनयापन करने के लिए बाध्य जनजातियाँ और आदिवासी, जरायमपेशा घोषित जातियाँ सभी इस दायरे में आती हैं। सभी वर्गों की स्त्रियाँ दलित हैं। बहुत कम श्रम-मूल्य पर चौबीसों घंटे काम करने वाले श्रमिक, बंधुआ मजदूर 'दलित' की श्रेणी में आते हैं।

ओमप्रकाश वाल्मीकि के अनुसार, दलित शब्द साहित्य के साथ जुड़कर एक ऐसी साहित्यिक धारा की ओर संकेत करता है, जो मानवीय सरोकारों और संवेदनाओं की ओर संकेत करता है, जो मानवीय सरोकारों और संवेदनाओं की यथार्थवादी अभिव्यक्ति है।

अनेक विद्वानों ने 'दलित साहित्य' की व्याख्या करते हुए उसे परिभाषित किया है। दलित चिंतक कंवल भारती की धारणा है कि 'दलित साहित्य' से अभिप्राय उस साहित्य से है जिसमें दलितों ने स्वयं अपनी पीड़ा को रूपायित किया है। अपने जीवन-संघर्ष में दलितों ने जिस यथार्थ को भोगा है, दलित साहित्य उनकी उसी अभिव्यक्ति का साहित्य है। यह कला के लिए कला नहीं, बल्कि जीवन का और जीवन की जिजीविषा का साहित्य है। इसलिए कहना न होगा कि वास्तव में दलितों द्वारा लिखा गया साहित्य ही दलित साहित्य की कोटि में आता है।

दलित साहित्य जन साहित्य है, यानी मास लिटरेचर (MASS LITERATURE)। सिर्फ इतना ही नहीं, लिटरेचर ऑफ एक्शन (LITERATURE OF ACTION) भी है जो मानवीय मूल्यों की भूमिका पर सामंती मानसिकता के विरुद्ध आक्रोशजनित संघर्ष और विद्रोह से उपजा है।

मराठी कवि नारायण सूर्वे के शब्दों में, दलित शब्द की मिली-जुली परिभाषाएँ हैं। इसका अर्थ केवल बौद्ध या पिछड़ी जातियाँ ही नहीं, समाज में जो भी पीड़ित हैं, वे दलित हैं। ईश्वर निष्ठा या शोषण निष्ठा जैसे बंधनों से आदमी को मुक्त रहना चाहिए। उसका स्वतंत्र अस्तित्व सहज स्वीकार किया जाना चाहिए। उसके सामाजिक अस्तित्व की धारणा समता, स्वतंत्रता और

विश्वबंधुत्व के प्रति निष्ठा निर्धारित होनी चाहिए। यही दलित साहित्य का आग्रह है। 'दलित साहित्य' संज्ञा मूलत: प्रश्न सूचक है। महार, चमार, माँग, कसाई, भंगी जैसी जातियों की स्थितियों के प्रश्नों पर विचार तथा रचनाओं द्वारा उसे प्रस्तुत करने वाला साहित्य ही दलित है।

सन् 1971 में महाड़ में मराठी दलित साहित्य की अवधारणा के संबंध में हुआ 'दलित साहित्य सम्मेलन' विशेष महत्त्व रखता है। इस सम्मेलन की अध्यक्षता करते हुए बाबूराव बागुल ने दलित साहित्य की व्यापक भूमिका रखी। कहा जाता है कि इस सम्मेलन के बाद ही दलित साहित्य की सर्व समावेशक व्याख्या एवं स्वरूप पर चर्चा आरंभ हुई। दलित और गैर-दलित तथा स्वानुभूति और सहजानुभूति का भेद एवं विवाद खत्म हुआ। दलित साहित्य की व्यापक परिभाषा करते हुए बागुल कहते हैं कि महात्मा बुद्ध, कबीर, कार्ल मार्क्स, महात्मा फुले और डॉ. अम्बेडकर के सम्यक् विचार और शोषण के विरुद्ध संघर्ष से प्रेरणा लेकर दलित साहित्य का अभ्युदय हुआ है। यह साहित्य मनुष्य की शोषण से मुक्ति और मानवीयता के पक्ष में लिखा जा रहा है। दलित साहित्य का सृजन कोई भी रचनाकार कर सकता है लेकिन उसकी संवेदना परिवर्तनकामी और कांतिदर्शी चेतना से युक्त होनी चाहिए। बाबूराव बागुल 'दलित' विशेषण को सम्यक् क्रांति मानते हैं।

दलित साहित्य की परिभाषाएँ चाहे जितनी भी हों, उन सबका एकमात्र स्वर है—सामाजिक परिवर्तन। अम्बेडकरवादी विचार ही उनकी एकमात्र प्रेरणा है। बाबूराव बागुल के शब्दों में कहें, 'मनुष्य की मुक्ति को स्वीकार करने वाला, मनुष्य को महान मानने वाला, वंश, वर्ण और जाति श्रेष्ठत्व का प्रबल विरोध करने वाला साहित्य ही दलित साहित्य है।'

आज दलित साहित्य चर्चा के केंद्र में है। वैसे तो दलित साहित्य के अनेक विद्वान दलित साहित्य का इतिहास बहुत पुराना मानते हैं। सिद्ध कवियों, भक्त कवियों की रचनाओं में दलित चेतना के सूत्र बीज रूप में मानते हैं। 'सरस्वती' में प्रकाशित हीरा डोम की कविता को भी कई विद्वान पहली हिंदी दलित कविता मानते हैं। आजादी के बाद भी अनेक दलित कवि हुए हैं, जिन पर गाँधीवाद का प्रभाव ज्यादा है। उनमें हरित जी विशेष रूप से उल्लेखनीय हैं। माताप्रसाद, मंशाराम विद्रोही आदि ने बहुतायत में दलित लेखन किया है।

दलित साहित्य के प्रेरणा स्रोत जब अम्बेडकर-दर्शन को स्वीकार कर लेते हैं तो कुछ तथ्य स्वयं ही विश्लेषित हो जाते हैं। सातवें दशक में शिक्षित होकर कार्यक्षेत्र में उतरे दलित लेखकों की जद्दोजहद और संघर्ष ने मराठी में जिस तरह दलित साहित्य की पृष्ठभूमि तैयार की, ठीक उसी समय हिंदी में भी दलित साहित्य की भूमिका रखी गई लेकिन उसकी नोटिस काफी विलंब से ली गई। सातवें दशक में ही दलित पत्र-पत्रिकाओं में दलित साहित्य प्रकाशित होने लगा था। इस दौर में 'निर्णायक भीम' (संपादक आर. कमल, कानपुर) पत्रिका ने दलित लेखकों को एक मंच प्रदान किया। उसकी बदौलत आज हिंदी के कई नाम उभरकर सामने आए हैं। दलित पत्र-पत्रिकाओं का प्रकाशन इस संघर्ष के लिए अनुकूल साबित हुआ।

नवाँ दशक हिंदी दलित कहानी की स्थापना का दशक कहा जा सकता है। जिसमें एक साथ कई पत्रिकाएँ दलित साहित्य पर विशेषांक निकालती हैं, मसलन—हंस (राजेन्द्र यादव), लोकमत समाचार, संचेतना, कथानक, इंडिया टुडे, वसुधा, पश्यन्ति, दस्तक आदि तो दूसरी तरफ अनेक कथा संकलन भी आए और इन्होंने साहित्य के क्षेत्र में नए सौंदर्यशास्त्रीय प्रतिमानों को विकसित किया। गत वर्षों में दलित साहित्य आंदोलन से हिंदी के प्रतिष्ठित लेखकों और विद्वानों के दृष्टिकोण में बदलाव की प्रक्रिया का जो रूप उभरा है, वह एक उम्मीद जगाता है।

प्रश्न 14. दलित साहित्य की सामाजिक तथा दार्शनिक पृष्ठभूमि रेखांकित कीजिए।

उत्तर– 'प्रतिरोध' का आशय है–उस यथास्थितिवादी व्यवस्था को आदर्श मानने से इंकार करना जो सामाजिक, सांस्कृतिक और आर्थिक स्तर पर मानवीय गरिमा के भौतिक विकास के अवसरों को सबके लिए सुलभ नहीं होने देना चाहती और 'प्रतिकार' का आशय है–सदियों के सामाजिक अपमान और उत्पीड़न को अपनी नियति मानने से इंकार करते हुए सामूहिक 'स्व' के पक्ष में खड़ा होना। इस प्रकार 'दलित चेतना' मूलतः वर्ण व्यवस्था के तहत जारी प्रत्यक्ष और अप्रत्यक्ष दमन के प्रतिरोध और प्रतिकार की चेतना है। यह जातिवादी दंश से उपजा सवाल है, जो साहित्य के स्तर पर अंधश्रद्धा, शब्दप्रामाण्य, ग्रंथप्रामाण्य, आत्मा, ईश्वर और उस पर आधारित समस्त नैतिकता और धर्मसत्ता को अस्वीकार करता है। इस प्रकार यह भारतीय साहित्य के मूल मंत्र 'सत्यम् शिवम् सुन्दरम्' का पुनर्मूल्यांकन करने के बाद इसको भी नकारते हुए "सबब पापस्य अकरणं कुशलस्य उपसम्पदा सचित परियोदपने एतं बुद्धानुसासन" को स्वीकार करता है।

आवश्यकता ही आविष्कार की जननी है। दलित चेतना भारतीय जाति व्यवस्था की कोख से या कहें कि अस्पृश्यता की दारुण वेदना से पैदा हुई है। यह सदियों से सताए हुए लोगों की पीड़ा की अभिव्यक्ति है। लेकिन यह मूक अभिव्यक्ति मात्र नहीं है, इसमें अस्वीकार, निषेध, विद्रोह और संघर्ष की आग भी है। इसकी आँच से उनका तिलमिला उठना स्वाभाविक है जो अपनी जड़ता में दूसरों की वेदना महसूस न कर सके। प्रमाण देने और आँकड़े पेश करने की जरूरत नहीं है, कोई भी इस तथ्य से इंकार नहीं कर सकता कि भारत में दलितों के साथ अमानवीय सलूक हुआ है। इस सामाजिक अन्याय को देखते हुए दलित चेतना स्वाभाविक एवं जायज है और उसके उभार का विरोध बिल्कुल नाजायज।

हिंदी में दलित साहित्य वस्तुतः देशव्यापी दलित आंदोलन और दलित चेतना के गर्भ से ही पैदा हुआ है। बुद्ध, कबीर, फुले और बाबासाहब डॉ. अम्बेडकर इसकी प्रेरणा के स्रोत हैं। खास तौर से बाबासाहेब डॉ. अम्बेडकर ने दलितों को उनकी गुलामी का एहसास कराया और उन्हें वाणी दी। उनकी प्रेरणा तथा मराठी के दलित साहित्य के प्रभावस्वरूप हिंदी में जो दलित लेखन हुआ है, उसने दबी-कुचली मौन जिंदगी की मुखरता का एक नया आयाम प्रस्तुत किया है। इसे परंपरागत आलोचनात्मक प्रतिमानों के आधार पर परखने की जरूरत नहीं है। इसमें जाति व्यवस्था और शोषण से संतप्त प्रत्येक व्यक्ति के अनुभव की प्रामाणिकता है, उसकी अस्मिता, पहचान, पीड़ा और उत्पीड़न के विरोध में ललकार है, कटुता है, आक्रामकता है, अस्वीकार है, क्षोभ है, सीधा तर्क है, मूर्तिभंजन है, एक नया तेवर है।

दलित चेतना के उभरते हुए इस नए आयाम के संदर्भ में लेखकों और आलोचकों द्वारा कई प्रश्न उठाए गए हैं, जो रचना और आलोचना के बुनियादी प्रश्न हैं। जैसे प्रो. विश्वनाथ प्रसाद तिवारी ने, दलित साहित्य क्या है और किसे स्वीकार किया जाना चाहिए, ऐसा ही एक उचित प्रश्न उठाया है। वे कहते हैं कि "बहस का एक मुद्दा इस बात को लेकर छिड़ गया है कि दलित जातियों के लेखकों द्वारा लिखा साहित्य ही दलित साहित्य है। इस संदर्भ में विचारणीय बात यह है कि दलित जीवन का वस्तुपरक चित्रण जरूरी है या दलित द्वारा किया गया चित्रण? महत्त्व लेखक की जाति का है या उनके लेखन का? यदि किसी सवर्ण लेखक ने दलित जीवन पर लिखते हुए अपनी सवर्ण मानसिकता का परिचय दिया है या उनका लेखन अप्रमाणिक है

या उसकी नीयत में खोट है, तब तो उसकी निंदा होनी चाहिए पर इससे यह निष्कर्ष निकाल लेना कि किसी सवर्ण लेखक द्वारा दलित जीवन पर लिखा गया लेख हमेशा ही अप्रमाणिक होगा, अतः उसे दलित जीवन पर लिखने का अधिकार नहीं है, उपयुक्त नहीं।" इस सत्य को न स्वीकार करना संवेदनशीलता, कल्पना, परकाय प्रवेश और भाषा-क्षमता की उन अमोघ शक्तियों को अस्वीकार करना होगा जो किसी भी लेखक की बुनियादी शक्तियाँ होती हैं और जिनके बिना कोई भी व्यक्ति लेखक हो ही नहीं सकता। यदि ये शक्तियाँ किसी के पास नहीं हैं तो वह दलित होकर भी न तो किसी दलित की वेदना को महसूस कर सकता है, न उसे अभिव्यक्ति दे सकता है। इस संदर्भ में सवर्ण लेखकों को यह स्वीकार करना चाहिए और साहित्य में भी यह रेखांकित किया जाना चाहिए कि दलित लेखकों द्वारा चित्रित जीवन एक नई वास्तविकता को सामने लाता है। इसमें गाँव की घृणित जाति व्यवस्था, उत्पीड़न, शोषण, सवर्णों की विकृत मानसिकता, अछूत स्त्रियों और बच्चों का नारकीय जीवन, कीचड़ और नालियों की बदबू, अपमान, उपेक्षा, आक्रोश और क्षोभ का एक नया लोक है जिसे अब तक नहीं के बराबर देखा गया। लेकिन दलित लेखकों ने चूँकि इस पीड़ा को भोगा था अतः इस ओर उन्हीं का ध्यान गया और उन्होंने इस जहालत भरी जिंदगी को साहस के साथ शब्द दिया।

दलित साहित्य के दार्शनिक पक्ष को संदर्भगत करते हुए ओमप्रकाश वाल्मीकि ने इसकी नए रूप में व्याख्या की है। उन्होंने कहा है कि "दलित साहित्य का वैचारिक आधार बुद्ध का दर्शन, ज्योतिबा फुले के विचार और डॉ. अम्बेडकर का जीवन-संघर्ष एवं वैचारिकी है। सभी दलित रचनाकार इस बिंदु पर एकमत हैं कि ज्योतिबा फुले ने स्वयं क्रियाशील रहकर सामंती मूल्यों और सामाजिक गुलामी के विरोध का स्वर तेज किया था। ब्राह्मणवादी सोच और वर्चस्व या प्रभुत्व के विरोध में उन्होंने आंदोलन खड़ा किया था। यही कारण है कि जहाँ दलित रचनाकारों ने ज्योतिबा फुले को अपना विशिष्ट विचारक माना, वहीं डॉ. अम्बेडकर को अपना शक्तिपुंज स्वीकार किया। ऐसा शक्तिपुंज जिससे समूचा दलित लेखन वैचारिक ऊर्जा ग्रहण करता है। डॉ. अम्बेडकर और ज्योतिबा फुले के विचारों की प्रखर शक्ति पाकर दलित साहित्य आंदोलन प्रगति की ओर बढ़ रहा है।"

प्रश्न 15. दलित साहित्य और उसके सौंदर्यशास्त्र को वर्णित कीजिए।

उत्तर— दलित साहित्यिक विमर्श के अंतर्गत इसके सौंदर्यशास्त्र अथवा आस्वादन के प्रतिमानों को लेकर दलित एवं दलितेतर विद्वानों में काफी मत-मतांतर रहा है। ओमप्रकाश वाल्मीकि एवं शरणकुमार लिम्बाले ने तो इस विषय पर एक-एक पुस्तक भी लिखी है, जिनमें दलित साहित्य के सौंदर्यशास्त्र की कतिपय कसौटियों का भी निर्धारण हुआ है। दलित साहित्यिकों के द्वारा इस साहित्य के आस्वादन के लिए अलग सौंदर्यशास्त्र की माँग होती रही है। उनका मानना है कि परंपरावादी सौंदर्यशास्त्रीय मानदंडों-प्रतिमानों के आधार पर दलित साहित्य को नहीं समझा जा सकता है।

वैचारिकता के धरातल पर वर्तमान परिदृश्य मूल्य संक्रमण का है। जहाँ एक तरफ कई विचारधाराएँ अपने वजूद के लिए संघर्ष कर रही हैं, वहीं दूसरी तरफ परंपरागत मूल्य अपना स्थान बनाए रखने के लिए सतत् प्रयासरत हैं। ऐसे में यदि कोई विचारधारा 'आंदोलन' का रूप लेकर संपूर्ण साहित्याकाश को आच्छादित कर लेना चाहती हो और आंदोलन भी मुद्दों का न

होकर 'मूल्यों' और 'विचारधाराओं' का हो, हजारों वर्षों से 'शोषित' और 'पद-दलित' समुदाय यदि अपने हक की माँग ही न करता हो अपितु उसे प्राप्त कर लेना चाहता हो और उसके लिए ठोस तर्क भी प्रस्तुत करता हो तो उसमें कोई अतिश्योक्ति नहीं है।

गाँवों, कस्बों, गलियों और गंदी बस्तियों में सैकड़ों वर्षों से शोषित-पीड़ित जन के आहत हृदय से उद्वेलित विचार तंतु जब संगठित हो उठते हैं, तो उनके दर्द भरे आख्यान प्रकृति और जीवन का सत्य ही नहीं, साहित्य का सत्य भी बनने लगते हैं और उसे समाज की व्यापक सहानुभूति और समर्थन प्राप्त होने लगता है। उससे संबंधित साहित्य सृजित होने लगता है। वेदना, करुणा, दया अपना दरवाजा खोल देती है। सहृदयता और संवेदना के तंतु जागृत हो उठते हैं। वैचारिक प्रतिबद्धता और वर्तमान की दारुण विसंगतियाँ ही इससे जुड़े साहित्यिक लेखन और अध्ययन को प्रासंगिक बनाती हैं। इसी संदर्भ में दलित साहित्य का अध्ययन भी निश्चित रूप से प्रासंगिक एवं महत्त्वपूर्ण है।

सामंतवादी सौंदर्यशास्त्र, जो सामाजिक संबंधों के आधार पर रूपायित होता था उसमें नायक और नायिका राजवंशज होते थे। उपवन, राजपथ, नगर, अंतःपुर, युद्धभूमि – यह सब उनके मंच थे। श्रृंगार उनका सर्वस्व था। समय के साथ-साथ सौंदर्यशास्त्र की धारणाएँ भी बदल गई हैं। दलित साहित्य का सौंदर्यशास्त्र दलित दृष्टिकोण से 'दलित' शब्द की परिभाषा के बल पर सौंदर्य की धारणाओं को पुनः परिभाषित करता है। यहाँ सौंदर्यशास्त्र का संबंध रूप और सार से है। मनुष्य की श्रेष्ठता से है न कि व्यक्तिगत श्रृंगार से।

दलित साहित्य लेखन से जुड़े वे रचनाकार जिन्होंने डॉ. बी.आर. अम्बेडकर के विचारों से प्रेरणा ली है, उनका मानना है कि "पुराने मूल्यों को गाड़ने का कर्त्तव्य हमारे कंधों पर है। दलित लेखक कोई अधिनायक का उपदेशक नहीं है। उसको दलित के साथ घुल-मिल जाना चाहिए। दलित नजरिए के बल पर एक विशिष्ट सौंदर्यशास्त्र बनाने की पूरी संभावना है।"

दलित साहित्य का मूल्यांकन करते समय भारतीय राजनीति को समझकर साहित्य का समाजशास्त्रीय अध्ययन करना होगा। साथ ही भारतीय समाज व्यवस्था, वर्ण व्यवस्था, जातिभेद, जाति संघर्ष, विषमताओं, भेदभावों, सामंती सोच, ब्राह्मणवादी दृष्टिकोण, अंतर्विरोधों, आर्थिक-सामाजिक संदर्भ, भारतीय मनःस्थितियों, सांस्कृतिक पृष्ठभूमियों का विश्लेषण करना भी जरूरी है। तभी दलित साहित्य का वास्तविक और यथार्थपरक मूल्यांकन करना संभव होगा।

1936 में प्रगतिशील लेखक संघ के प्रथम सम्मेलन में मुंशी प्रेमचंद ने कहा था, 'हमें सुंदरता की कसौटी बदलनी होगी और हमें निश्चय ही विलासिता के मीनार से उतरकर उस बच्चों वाली काली रूपवती का चित्र खींचना होगा जो बच्चे को खेत की मेड़ पर सुलाकर पसीना बहा रही है।' उनकी इस विचार दृष्टि को भी दलित साहित्य के संदर्भ में समझा जा सकता है।

इस संबंध में ओमप्रकाश वाल्मीकि के विचार हैं–'पारपंरिक सौंदर्यशास्त्र पंडित जगन्नाथ के 'वाक्यं रसात्मक काव्यं' को सूत्र की तरह दोहराता है जबकि दलित लेखकों की दृष्टि में साहित्य आचार्यों द्वारा निर्मित 'रस' अधूरे एवं पूर्वाग्रहों से पूर्ण हैं। दलित साहित्य विद्रोह और नकार के संघर्ष से उपजा है। घोषित रसों के द्वारा दलित रचनाओं के इस केंद्रीय भाव का मूल्यांकन नहीं हो सकता है।'

दलित साहित्य के सौंदर्यशास्त्र के संबंध में डॉ. एन. सिंह की धारणा है कि 'दलित साहित्य का शब्द-सौंदर्य प्रहार में है, सम्मोहन में नहीं। वह समाज और साहित्य में शताब्दियों से चली

आ रही सड़ी-गली परंपराओं पर बेदर्दी से चोट करता है। वह शोषण और अत्याचार के बीच हताश जीवन जीने वाले दलित को लड़ना सिखाता है, वह सिर पर पत्थर ढोने वाली मजदूर महिला को उसके अधिकारों के विषय में बतलाता है। उसे धर्म की भूलभुलैया से निकालकर शोषण से मुक्ति का मार्ग दिखाता है। उसके लिए जिस शाब्दिक प्रहार क्षमता की आवश्यकता है, वह उसमें है और यही दलित साहित्य का शिल्प-सौंदर्य है।'

दलित साहित्य की अंतर्चेतना में यातना एवं पीड़ा से प्रस्फुटित वेदनामूलक संघर्ष भाव की प्रधानता है। इस संदर्भ में राजेन्द्र यादव कहते हैं–'साहित्य जिन तत्त्वों से अमर, स्थायी या सार्वभौमिक होता है, उनमें तीन मुझे सबसे प्रमुख लगते हैं–संघर्ष, यातना (सफरिंग) और विजन।' इस दृष्टि से दलित साहित्य में संघर्ष, यातना और सामाजिक अनुभव, परिवर्तन की अपेक्षा है। दलित साहित्य के बारे में राजेन्द्र यादव का यह भी मानना है–'जो नया सौंदर्यशास्त्र बनेगा, वह संघर्ष से शुरू होगा, उस यातना से शुरू होगा, चाहे वह उसका रिअलाइज करने अथवा उस यातना को, उसकी तकलीफ को, उसके भेदक रूप को समझने के रूप में हो और उसके बाद बदलने की मानसिकता के रूप में हो, जिसे हम संघर्ष कह सकते हैं। तीसरा, एक स्वप्न के रूप में होगा, हमें करना क्या है? हमें समानांतर सौंदर्यशास्त्र देना है, वैकल्पिक समाज बनाना है, सारा संघर्ष साहित्य में भी है और समाज में भी।'

दलित साहित्य में प्रमुख रूप से तीन तत्त्व विद्यमान हैं–संघर्ष, यातना और विजन। अम्बेडकर-दर्शन एवं विचार ने दलित साहित्य में संघर्षशीलता को तीव्रता दी है। वर्ण व्यवस्था और भारतीय समाज व्यवस्था ने दलितों पर जो अमानुषिक उत्पीड़न किया है, उस यातना की निचली तह से उठकर ऊपर आने वाला दलित लेखक अपने भीतर जिस आँच को अनुभव करता है, उसे कोई भुक्तभोगी ही समझ सकता है। दलित साहित्य की दिशा और दृष्टि उसमें जान फूँक देती है।

ओमप्रकाश वाल्मीकि के शब्दों में, "कला और साहित्य में सौंदर्यबोध जहाँ संस्कारजन्य होता है, वहीं परिवेशगत भी। पसंद-नापसंद, जीवन मूल्यों का आधार बनती है। दलित साहित्य सिर्फ एक साहित्यिक आंदोलन भर नहीं है। दलित समाज की सांस्कृतिक, सामाजिक, राजनीतिक आकांक्षाएँ साहित्य की भाषा में व्यक्त हो रही हैं। इसीलिए वह हिंदी की मुख्यधारा के उस सौंदर्यशास्त्र के वर्चस्व से मुक्त है, जो संस्कृत के काव्यशास्त्र से जुड़ा है।"

दलित साहित्य के सौंदर्यशास्त्र के संबंध में मैनेजर पांडेय का कहना है–'कोई भी सौंदर्यशास्त्र एक दिन में नहीं बनता। प्रतिरोध और विकल्प का सौंदर्यशास्त्र तो और भी नहीं। वैसे तो हिंदी में कोई विकसित सौंदर्यशास्त्र नहीं है, लेकिन जो है उसके पीछे एक ओर संस्कृत के काव्यशास्त्र की लंबी परंपरा है तो दूसरी ओर पश्चिम के सौंदर्यशास्त्र का प्रभाव। स्वयं पश्चिम में सौंदर्यशास्त्र का विकास कई सदियों में हुआ है। जो लोग कहते हैं कि सौंदर्यशास्त्र का जाति, वर्ग और विचारधारा से क्या लेना-देना, वे या तो बेवकूफ हैं या बदमाश। सौंदर्यशास्त्र कला की अलौकिक अनुभूति नहीं है। वह कलात्मक सौंदर्य के बोध और मूल्यों का शास्त्र है और बोध की प्रक्रिया तथा मूल्यों के निर्माण में जाति, वर्ग और लिंग से जुड़ी विचारधाराओं की महत्त्वपूर्ण भूमिका होती है। इसीलिए दलित साहित्य के सौंदर्यशास्त्र का विकास दलित समाज, उसकी चेतना, संस्कृति, विचारधारा और दलित सौंदर्यशास्त्र के विकास पर निर्भर है, जो एक लंबी प्रक्रिया में होगा।' अतः मनुष्यता विरोधी गतिविधियों का प्रत्याख्यान करने की चेतना, सामाजिक

न्याय की अपेक्षा, शोषण के खिलाफ प्रतिरोध के स्वर और प्रगतिशीलता ही दलित साहित्य के सौंदर्यशास्त्र के प्रमुख गहने हैं।

प्रश्न 16. सुशीला टाकभौरे की 'सिलिया' कहानी को संक्षेप में प्रस्तुत कीजिए।

उत्तर– प्रेमचंद की कथा नायिका 'सिलिया' से भिन्न सुशीला टाकभौरे की कहानी की 'सिलिया' कथा सृजन का प्रमाणित आख्यान है जो अनुभव की भट्ठी पर पक कर तैयार हुई है। इसमें दलित जीवन की पीड़ा है, क्षोभ है, तिरस्कार की आँच है, कटुता और आक्रामकता है, जिजीविषा है तो सीधा तर्क भी है और आत्मगर्वोक्ति भी। सिलिया कहती है–"फिर दूसरों की दया पर सम्मान? अपने निजत्व को खोकर दूसरे के शतरंज का मोहरा बन जाना, वैसाखियों पर चलते हुए जीना–नहीं कभी नहीं।" सिलिया सोचती है–"क्या हम इतने लाचार हैं, आत्मसम्मान रहित हैं, हमारा अपना भी तो कुछ अहं भाव है।"

'सिलिया' के बारे में ओमप्रकाश वाल्मीकि कहते हैं–"सुशीला टाकभौरे की कहानी 'सिलिया' की मुख्य पात्र सिलिया को जो बड़ी कठिनाई से मैट्रिक पास करती है, कोई भी लालच रास्ते से भटका नहीं पाता है, सुदृढ़ और पक्के इरादों वाली सिलिया ने जिस प्रकार सामाजिक उत्पीड़न सहे हैं, वे सभी उसकी स्मृति में ताजा हैं। तमाम असुविधाओं के बीच भी वह सम्मान से जीना चाहती है, यह संकल्प उसे लड़ने का हौसला देता है। यह एक अंतर्मुखी कहानी है जो सुधारवादी दृष्टिकोण से लिखी गई है।"

सुशीला टाकभौरे दलित कथा आंदोलन की महत्त्वपूर्ण लेखिका हैं। उनकी कहानी 'सिलिया' छोटी किंतु गहरे घाव कर देने वाली कहानी है जो हजारों वर्षों से एक वर्ग विशेष की यातना के प्रतिरोध और प्रतिकार के रूप में सामने आती है। छोटी उम्र की सिलिया के अबोध मन को समाज की विद्रूपता का सच झकझोर देता है और उसे आत्म-चीत्कार करने पर मजबूर कर देता है। यह कहानी दलित पीड़ा की मूक अभिव्यक्ति है। वह जितना अधिक बाहर प्रकाशित होती है, उससे अधिक अर्थ-संकेत छोड़ जाती है। दलित स्त्री की पीड़ा और संत्रास के इतने सारे चित्र इस कहानी में आते हैं कि पाठक की आत्मा उसे झकझोर देती है और वह अपने में सिलिया का अनुभव करने लगता है। यह अनुभव लोक उसे यथार्थ की भावभूमि में ले जाता है जहाँ इस वर्ग की निराशा और हताशा उसे प्रश्नों के खंडहर में छोड़ देती है। सिलिया ने मालती द्वारा अपने से ऊँचे वर्ग की बाल्टी से प्यास लगने पर पानी पीने के संदर्भ को इस तर्क से उजागर किया है–'सिलिया' का स्वभाव चिंतनशील बनता जा रहा था। परंपरा से अलग नए-नए विचार उसके मन में आते। वह सोचती–"आखिर मालती ने कौन-सा जुर्म किया था–प्यास लगी पानी निकाल कर पी लिया।"

जब सिलिया के बालमन को इस बात का ज्ञान होता है कि वह दलित है एवं हजारों वर्षों से अभिशप्त है तो वह अपने को मनुष्य मानने में भी कठिनाई का अनुभव करती है। उसका अहं जाति व्यवस्था की बलि चढ़ चुका था। अपने से बड़े जाति समुदाय में पहुँचते ही वह अपने स्वत्व को खो देती है किंतु अलग होते ही उसका आत्म-सम्मान और आत्म-स्वाभिमान प्रश्नों की झड़ी लगा देता है। सिलिया जब हेमलता की बहन के यहाँ जाती है तब जाति दंश की पीड़ा उसे पानी से महरूम कर देती है। हेमलता की मौसी उससे पूछती है उसके मामा-मामी गाडरी मुहल्ले में रहते? सिलिया की स्वीकारोक्ति के बाद पीने के लिए लाया पानी का गिलास वापस

लेकर चली जाती है। "सिलिया को प्यास लगी थी परंतु वह मौसी जी से पानी माँगने की हिम्मत न कर सकी।" यह हिम्मत का टूटना–हजारों वर्षों से उसके आत्म-सम्मान, जाति व्यवस्था के बोझ तले दबकर मनुष्यता का टूटना है।

इसी को दूसरे संदर्भ में सूर्यकान्त त्रिपाठी 'निराला' अपनी 'वह तोड़ती पत्थर' में कहते हैं–"देखकर कोई नहीं/देखा मुझे उस दृष्टि से/जो मार खा रोई नहीं" क्योंकि सिलिया के बहाने सुशीला टाकभौरे उसकी व्याख्या करती है–"सिलिया रास्ते भर कुढ़ती आ रही थी। आखिर उसे प्यास लगी थी तो उसने मौसी जी से पानी क्यों नहीं माँगकर पिया। तब मौसी के चेहरे पर एक क्षण के लिए आया भाव उसकी नजरों में तैर गया। कितना मुखौटा चढ़ाए रहते हैं ये लोग। मौसी जी जानती थी कि उसे प्यास लगी है, पर जाति का नाम सुनकर पानी का गिलास लौटा ले गई।" आगे सिलिया मानवीय संवेदना को कठघरे में खड़ा करते हुए सवाल करती है–"क्या वे पानी माँगने पर इंकार कर देती?" यह प्रश्न सन् 60 के लिए तो यक्ष प्रश्न थे जिसके उत्तर सवर्ण मानसिकता के शब्दकोश में नहीं थे। समय के साथ इन प्रश्नों ने अपने रूप बदल लिए हैं। इन प्रश्नों पर अब और भी अधिक गहराई से विचार किया जाने लगा है।

प्रश्न 17. 'सिलिया' कहानी दलित नारी चेतना की अभिव्यक्ति है – इस कथन की उदाहरण सहित व्याख्या कीजिए।

उत्तर– 'सिलिया' सुशीला टाकभौरे की एक महत्त्वपूर्ण कहानी है जो कहानी कला में नए मानदंड स्थापित करती है। एक तरफ दलित चेतना के विभिन्न आयामों को उद्घाटित करती है तो वहीं दूसरी तरफ नारी-विमर्श के विभिन्न आख्यानों से उसे जोड़ती भी है। जिसमें उसके दुख हैं, यातना है, पीड़ा है, आस्था है, आकांक्षा है तो विद्रोह की आग भी है अर्थात् यह कहानी सच्चे अर्थों में दलित जीवन के आवेगपूर्ण अनुभवों की अभिव्यक्ति है। सुशीला टाकभौरे दलित महिला पर लिखित अपनी एक कविता में कहती हैं–"तुम्हें क्यों शर्म नहीं आई? आग का दरिया बन जाएगी/उसके तेवर पहचानो/संभालो पुराने जेवर। थान-के-थान परिधान/नंगेपन पर उतरकर/पुरुष के सर्वस्व को नकार कर/नीचा दिखाएगी।" इसी तेवर की पहचान 'सिलिया' कहानी में बार-बार होती है।

सिलिया एक आत्मसम्मान से जीने और प्रतिरोध-प्रतिकार की प्रतिमूर्ति है जो दलित जीवन के सच को जानती है, भोगती है और क्रूर समाज-व्यवस्था से लड़ती भी है। सिलिया विचार करती है–"फिर दूसरों की दया पर सम्मान? अपने निजत्व को खोकर दूसरे के शतरंज का मोहरा बन जाना, वैसाखियों पर चलते हुए जीना–नहीं कभी नहीं।" यह प्रश्न जितना जाति व्यवस्था पर लागू होता है, उतना ही लिंग व्यवस्था पर भी। सेठी जी ऊँची वर्ग जाति से तो हैं ही, साथ-ही-साथ यह नहीं भूलना चाहिए कि वे पुरुष भी हैं। यह आक्रोश जाति व्यवस्था के साथ पुरुष मानसिकता पर भी कुठाराघात है। पूरी कहानी समाज व्यवस्था के हर तंतुओं को झकझोरती है, अर्थव्यवस्था को कठघरे में खड़ा करती है तो धर्म और आस्था को प्रश्नांकित भी करती है। इन्हीं दग्ध-भाव-चेतना की उपज है–सिलिया का आत्म-स्वाभिमान, जहाँ वह सोचती है–"क्या हम इतने लाचार हैं, आत्म-सम्मान रहित हैं, हमारा अपना भी तो कोई अहं भाव है। उन्हें हमारी जरूरत है, हमको उनकी जरूरत नहीं। हम उनके भरोसे क्यों रहें।"

हालाँकि 'सिलिया' कहानी में नारी चेतना का विषय कुछ ज्यादा ही उलझा हुआ है और पूरी तरह से स्पष्ट नहीं है, किंतु फिर भी कथा सूत्रों की पेचीदगियों में, वाक्य संरचनाओं में

सुशीला टाकभौरे ने संश्लिष्टता के साथ पिरोया है। एक तरफ सिलिया बार-बार पढ़-लिखकर बड़े होने की बात करती है। आत्मनिर्भर होकर आत्म-सम्मान से जीना चाहती है, यथा–"पढ़ाई करूँगी, पढ़ती रहूँगी, शिक्षा के साथ अपने व्यक्तित्व को भी बड़ा बनाऊँगी।" यह आत्मनिर्भरता जितनी दलित विमर्श में है, प्रायः उतनी ही स्त्री विमर्श में भी। वेदना, नकार और विद्रोह यदि दलित विमर्श की आत्मा हैं, तो स्त्री चेतना की भी। कहानी में अंतिम पड़ाव पर सिलिया द्वारा शादी न करने की घोषणा पाठक का ध्यान खींच ले जाती है। जब वह कहती है, "विद्या, बुद्धि और विवेक से अपने आपको ऊँचा सिद्ध करके रहूँगी। किसी के सामने झुकूँगी नहीं। न ही अपमान सहूँगी।" यह कहने में कहीं अवरोध नहीं कि यह दलित चिंतन का आवेगपूर्ण आख्यान है किंतु जब आगे वह कहती है–"मैं शादी कभी नहीं करूँगी" यह आक्रोश नारी चेतना से भी उसी रूप में जुड़ जाता है और विद्रोह की आग को भड़काता है। यह केवल सिलिया की घोषणा नहीं अपितु संपूर्ण नारी मात्र की घोषणा हो जाती है। यह नहीं भूलना चाहिए कि पूरी कहानी में सिलिया का स्वाभाविक नारी मन क्रूर समाज व्यवस्था की भेंट चढ़ जाता है और उसे समय से पहले सयानी होने पर मजबूर कर देता है। स्पष्ट है, सिलिया संघर्ष और यातना की पर्याय है। यह कहानी दलित संघर्ष की कहानी है। इसमें सुशीला टाकभौरे ने सिलिया के बहाने भारतीय समाज की जड़वादी मानसिकता को उभारा है।

प्रश्न 18. सुशीला टाकभौरे की कहानी 'सिलिया' दलित सौंदर्यशास्त्र का नया मापदंड स्थापित करती है। इस कथन को सोदाहरण प्रमाणित कीजिए।

उत्तर– डॉ. अम्बेडकर के विचार दर्शन से प्रेरणा लेकर दलित साहित्य में 'स्वानुभूति' की चेतना को जो बल मिला उसने दलित साहित्य में एक नई जान फूँक दी। उसने पारंपरिक और स्थापित साहित्य को आत्म-विश्लेषण के लिए बाध्य किया। आनंदवादी सौंदर्य के नकार, विद्रोह और अनुभव प्रस्तुत वेदनायुक्त सौंदर्य के सृजन ने स्थापित मूल्यों में संशोधन और परिवर्द्धन की चेष्टा की। ओमप्रकाश वाल्मीकि लिखते हैं–"कला और साहित्य में सौंदर्यबोध जहाँ संस्कारजन्य होता है, वहीं परिवेशगत भी। पसंद-नापसंद जीवन मूल्यों का आधार बनती है। दलित साहित्य सिर्फ एक साहित्यिक आंदोलन भर नहीं है। दलित समाज की सांस्कृतिक, सामाजिक, राजनीतिक आकांक्षाएँ साहित्य की भाषा में व्यक्त हो रही हैं। इसीलिए वह हिंदी की मुख्यधारा के उस सौंदर्यशास्त्र के वर्चस्व से मुक्त है जो संस्कृत के काव्यशास्त्र से जुड़ा है" अर्थात् दलित साहित्य ने रूप, रस, गंध, भाव, भाषा पर अपनी छाप छोड़ी है। सुशीला टाकभौरे की 'सिलिया' कहानी भी इसी प्रकार के नकार, विद्रोह और नए सौंदर्यशास्त्र के मूल्यों को प्रस्तुत करती है।

वैश्वीकरण के दौर में 'सिलिया' दलित स्त्री-जीवन के नए संदर्भों को उजागर करती है। यह कहानी दलित नारी की वेदना और आक्रोश से साहित्य जगत को स्तब्ध करती है। कहानी की नायिका 'सिलिया' दलित वर्ग की एक प्रतीक के रूप में सामने आती है जो सेठी जी द्वारा अछूत कन्या से विवाह – इस विज्ञापन पर विश्लेषणपरक विचार व्यक्त करती है। "सिलिया" का स्वभाव चिंतनशील बनता जा रहा था। परंपरा से अलग नए-नए विचार उसके मन में आते। वह सोचती–'आखिर मालती ने कौन-सा जुर्म किया था–प्यास लगी पानी निकालकर पी लिया।' फिर वह सोचती "हेमलता की मौसी जी से वह पानी क्यों नहीं ले सकी थी" और अब यह विज्ञापन – उच्च वर्ग का नवयुवक, सामाजिक कार्यकर्त्ता जाति भेद मिटाने के लिए शूद्र

वर्ण की अछूत कन्या से विवाह करेगा। यह सेठी जी महाशय का ढोंग है–आडंबर है या सचमुच वे समाज की, परंपरा को बदलने वाले, सामाजिक क्रांति लाने वाले महापुरुष हैं? यह केवल कहानीकार का नहीं अपितु हर दलित का प्रश्न है। वर्ण व्यवस्था के पैंतरे उनके जीवन को बार-बार उसी गहरी खाई में ढकेलते हैं, जिसके कारण उनका विश्वास ही टूट चुका है। अविश्वास ने उनके साहित्य में तर्कों और प्रश्नों की बौछार लगा दी है। सिलिया के ये प्रश्न इसका जीता-जागता प्रमाण हैं।

दलित स्त्री की पीड़ा तथा यातना को उकेरती हुई यह कहानी वर्ण व्यवस्था और जाति व्यवस्था के प्रतिरोध और प्रतिकार की कहानी है जो पाठक को झंकृत और सोचने पर मजबूर करती है। मालती द्वारा बकरी वाली के कुएँ से पानी पीने पर जिस अपमान और घुटन का एहसास मालती की माँ करती है, उसका वर्णन है, यथा–"क्यों वाई, जई सिखाओ तो अपने बच्चों को एक दिन हमारे मुँह पर मूतने को कह देना। तुम्हारे नजदीक रहते हैं तो का हमारा कोई धरम-करम नहीं? का मरजी है तुम्हारी, साफ-साफ कह दो।" इसी अपमान का प्रतिकार है कहानी के अंत में सिलिया द्वारा शादी न करने की घोषणा। इसके फलस्वरूप उसकी नानी का कथन है–"शादी तो एक-न-एक दिन करना ही है बेटी, मगर इसके पहले तू खूब पढ़ाई कर ले, इतनी बड़ी बनना कि बड़ी जात के कहलाने वालों को अपने घर नौकर रख लेना।" यहाँ 'बड़ी बनना' कार्ल मार्क्स के वर्ग संघर्ष की तरफ इशारा करता है।

सुशीला टाकभौरे ने सिलिया के जीवन के छोटे-छोटे उद्धरणों को जोड़ते हुए नई शैली में यह कहानी लिखी है और नई कहानी कला का सृजन किया है। पूर्वदीप्ति शैली से लिखित छोटे संवाद पाठक को विचार करने पर विवश कर देते हैं। सादगी के साथ बेलौस भाषा पाठक को झकझोरती रहती है। दृश्यात्मक चित्र कहानी को मजबूती प्रदान करते हैं। कहीं पाठक को अपराध बोध और आत्म-ग्लानि की भाव सरणि में ले जाते हैं तो कहीं विवेकपूर्ण बौद्धिक व्यायाम करने पर विवश करते हैं। कहानी में कोई कथावाचक नहीं आता है। कहानी कथा-रस से विचार-रस की ओर पाठक को झुलाती रहती है किंतु उसकी तंद्रा भंग नहीं होने देती, यातना और वेदना के इतने आख्यान पैदा करती है कि वह कहानीपन में निमग्न रहे बिना नहीं रह सकता। सच्चे अर्थों में यह दलित बालिका सिलिया के अंतर्मन पर पड़े घाव और जख्मों को कुरेद-कुरेद कर उभारने और उसके आक्रोश को भाषिक रूप देने तथा तात्कालिक ज्वलंत मुद्दों पर उनसे सवाल करने के साथ ही परंपरा के पुनर्मूल्यांकन की कहानी है जो कभी ब्राह्मणवाद पर भारी पड़ती है तो कभी पुरुषवादी मानसिकता को कठघरे में खड़ा करती है।

प्रश्न 19. आधुनिक दलित साहित्य की शुरुआत कब हुई?

उत्तर– आमतौर पर आधुनिक दलित साहित्य की शुरुआत मराठी भाषा में रचित साहित्य से मानी जाती है जिसकी प्रेरणा की पृष्ठभूमि में संत कवि नामदेव, चोखामेला, ज्ञानेश्वर, समर्थ रामदास, तुकाराम, एकनाथ, संत कबीर, संत रैदास, दादू, पीपा, रविदास आदि संतों के नाम हैं।

मराठी भाषा में, दलित साहित्य आंदोलन का उदय गौतम बुद्ध, महात्मा फुले, ज्योतिबा फुले और डॉ. अम्बेडकर के विचार दर्शन एवं आंदोलनों के परिणामस्वरूप हुआ। इन आंदोलनों की जबरदस्त अभिव्यक्ति के रूप में भारतीय साहित्य के दृश्यपटल पर दलित साहित्य उपस्थित हुआ और सतह पर दिखाई पड़ने लगा। जल्द ही इसका प्रभाव हिंदी भाषा पर भी पड़ा। आज वर्तमान

हिंदी साहित्य में दलित लेखन के उभार और उसके निरंतर विकास से इंकार नहीं किया जा सकता। इस साहित्य का मुख्य उद्देश्य दलित जीवन संघर्ष, यथार्थ, मनुष्य केंद्रित जीवन संवेदनाएँ, वेदना आदि को क्रांतिकारी अभिव्यक्ति प्रदान करना है। महात्मा फुले, बुद्ध और डॉ. अम्बेडकर के विचारों से प्रभावित होकर जयप्रकाश कर्दम के लेखन की पृष्ठभूमि तैयार हुई।

आधुनिक दलित साहित्य का लेखन आत्मकथा एवं काव्य से आरंभ हुआ और शनैःशनै अन्य विधाओं का विकास हुआ। हिंदी दलित कहानीकारों में प्रमुख नाम सूरज पाल चौहान (हैरी कब आएगा), मोहनदास नैमिशराय (आवाजें), ओमप्रकाश वाल्मीकि ('पच्चीस चौका डेढ सौ', 'सलाम, 'शव यात्रा', 'यह अंत नहीं'), लक्ष्मण माने, बाबूराव बागुल, शरणकुमार लिंबाले, लक्ष्मण गायकवाड़, प्रहलाद चंद दास (पुटूस के फूल) आदि विशेष उल्लेखनीय हैं। इन कहानियों में बेबस, मेहनतकश, शोषित-पीड़ित और दलित की करुण चीखें अभिव्यक्ति पाती हैं। इनमें दलितों के तमाम कष्टों, यातनाओं, प्रताड़नाओं, उपेक्षाओं को भोगे हुए यथार्थ के आधार पर मार्मिक एवं प्रामाणिक अभिव्यक्ति मिली है। उनके लेखन में भी नकार, विद्रोह, दुख की अनुभूति, मनुष्य की महत्ता, ज्ञान विज्ञान के प्रति निष्ठा, करुणा, बंधुत्व, अनात्म, अनीश्वरवाद आदि मूल्यों का सृजन देखने को मिलता है।

प्रश्न 20. जयप्रकाश कर्दम का जीवन तथा लेखन परिचय लिखिए।

उत्तर– डॉ. जयप्रकाश कर्दम एक सशक्त दलित साहित्यकार हैं। दलित साहित्यकार होने के नाते उन्होंने अपने समग्र साहित्य में दलित-चेतना को बड़ी मजबूती के साथ प्रस्तुत किया है। कर्दम का जन्म 5 जुलाई 1958 को उत्तर प्रदेश के गाजियाबाद जिले के इन्दरगढ़ी गाँव में पिता हरिसिंह और माता श्रीमती अत्तरकली के सुपुत्र के रूप में हुआ था। माता-पिता ईमानदार और परिश्रमी थे। आर्थिक दृष्टि में साधारण परिवार था इसलिए परिवार का पालन करने के लिए कड़ी मेहनत करते थे। उन्होंने प्रारंभिक शिक्षा महानंद मिशन प्राइमरी पाठशाला से प्राप्त की।

आर्थिक विषमताओं के बीच में मेहनत-मजदूरी करते-करते भी जयप्रकाश ने विद्याभ्यास की साधना जारी रखी। फलस्वरूप 1980 में वह बी.ए. हो गए। दो साल बाद एम.एम.एच. पोस्ट ग्रेजुएट कॉलेज गाजियाबाद से दर्शन-शास्त्र में एम.ए. किया, लेकिन अभी शिक्षा की प्यास बुझी न थी इसलिए प्राइवेट छात्र के रूप में मेरठ विश्वविद्यालय (मेरठ) से इन्होंने हिंदी और इतिहास विषय में एम.ए. किया। अभी डॉ. जयप्रकाश को और आगे पढ़ना था। इन्होंने पीएच.डी. करने का निर्णय किया। सन् 2000 में "राग दरबारी का समाजशास्त्रीय अध्ययन" विषय में मेरठ विश्वविद्यालय से पीएच.डी. का अभ्यास पूर्ण किया। इतने लंबे संघर्ष और अनुभव के कारण अब जयप्रकाश में इतनी ताकत आ गई थी कि वह किसी भी प्रकार की स्थितियों का सामना कर सके।

उन्होंने अपने जीवन के शुरुआती दिनों में बतौर मजदूर काम किया। चाहे वह फैक्टरी हो या फिर कोई निर्माण कार्य जयप्रकाश जी ने इन सभी जगहों पर मजदूरी की और मेहनत क्या होती है और एक गरीब इंसान का दर्द क्या होता है की आत्मानुभूति की। परंतु अपनी मेहनत और लगन के दम पर सभी कठिनाइयों और रुकावटों को पीछे छोड़ते हुए अपने जीवन में कामयाबी हासिल की। उन्होंने अपनी काबलियत के बलबूते पर विभिन्न विभागों में सेवाएँ की

जैसे की राज्य सरकार, बैंकिंग सेवाएँ, केंद्रीय राजभाषा सचिवालय, भारत सरकार इत्यादि। इन दिनों जयप्रकाश जी मॉरीशस के उच्च आयुक्तालय में सेकंड सेक्रेटरी के तौर पर काम कर रहे हैं। इतना ही नहीं उच्च पदों पर काम करने के बाद भी उन्होंने गरीबों का साथ नहीं छोड़ा है और निरंतर उनके हित में लेखन कार्य कर रहे हैं और समाज में व्याप्त भेदभाव की लड़ाई से लोहा ले रहे हैं।

जयप्रकाश कर्दम जी का पहला उपन्यास 'करुणा' 1986 में छपा। धर्मवीर जी का पत्र शैली में लिखा उपन्यास 'पहला खत' 1991 में प्रकाशित हुआ। जयप्रकाश कर्दम का दूसरा उपन्यास 'छप्पर' 1994 में, प्रकाशित हुआ। उनका तीसरा उपन्यास 'शमशान का रहस्य' है, जो कि एक बाल उपन्यास है।

डॉ. कर्दम जी ने संपादन क्षेत्र में भी अपनी अलग पहचान बनाई है। इन्होंने 'जाति : एक विमर्श', 'धर्मांतरण और दलित' का संपादन किया है, परंतु साहित्य जगत का ध्यान आकर्षित हुआ सन् 1999 से 'दलित साहित्य' (वार्षिकी) से, जो आज तक निरंतर एक स्तरीय साहित्यिक पत्रिका का स्थान प्राप्त कर चुकी है। 'दलित साहित्य' (वार्षिकी) की सफलता एवं लोकप्रियता आज भी बरकरार है।

प्रस्तुत कहानी 'तलाश' जयप्रकाश 'कर्दम' जी की बहुचर्चित कहानी है। यह उनके तजुर्बों पर आधारित एक आत्मकथात्मक कहानी है जिसे कि रामवीर के पात्र के रूप में तराशा गया है। रामवीर को जिस प्रकार मकान को लेकर नाना प्रकार की परेशानियों का सामना करना पड़ा, उसी प्रकार जयप्रकाश जी को भी जीवन के किसी मोड़ पर इसी प्रकार के भेदभाव और समस्याओं का सामना करना पड़ा था।

डॉ. कर्दम जी एक महान साहित्यकार हैं। इन्होंने अपनी साहित्यिक प्रतिभा का प्रकाश देश-विदेशों में फैलाया है। डॉ. कर्दम जी ने राष्ट्रीय और अंतर्राष्ट्रीय स्तर पर आयोजित अनेक सम्मेलनों/सेमीनारों में भागीदारी की है। डॉ. कर्दम जी की साहित्य साधना के फलस्वरूप देश के विभिन्न भागों में समय-समय पर उन्हें सम्मानित किया गया है।

प्रश्न 21. "तलाश" कहानी की कथावस्तु पर विवेचन कीजिए।

अथवा

'तलाश' कहानी के चरित्र रामवीर की सोच और संवेदना को स्पष्ट कीजिए।

उत्तर– 'तलाश' कहानी रामवीर सिंह के द्वारा किराए के मकान की तलाश के साथ आरंभ होती है। किराए का मकान तलाशना उसके लिए कोई छोटी-मोटी समस्या नहीं थी। रामवीर एक व्यापार कर अधिकारी है। पिछले एक सप्ताह से वह गेस्ट हाउस में ठहरा हुआ है। चूँकि गेस्ट हाउस की अपनी कुछ सीमाएँ होती हैं। वहाँ एक लंबे समय तक ठहरना संभव नहीं होता। ऐसी अवस्था में रामवीर ने तय किया कि वह एक किराए का मकान तलाश लेगा और इतमिनान से अपने लेखन कार्य पर ध्यान केंद्रित करेगा और यहाँ से रामवीर की एक किराए के मकान की तलाश शुरू होती है। वह कई मकान देखता है, कुछ मकान उसको पसंद नहीं आते और कुछ के मालिकों की शर्तें उसे स्वीकार्य नहीं होती। काफी मशक्कत के बाद रामवीर को एक मकान पसंद आता है जो उसकी आवश्यकताओं के अनुकूल है। यह मकान किसी गुप्ता का है। गुप्ता भी अन्य मकान मालिकों की तरह रामवीर से उसके बारे में जानकारी लेता है और

जब उसे पता चलता है कि रामवीर एक व्यापार कर अधिकारी है तो उसके बात करने का ढंग बदल जाता है और वह तुरंत मकान किराए पर देने के लिए तैयार हो जाता है। उधर रामवीर भी मुँह माँगा किराया देने के लिए तैयार हो जाता है और मकान तय हो जाता है। इस तरह रामवीर भी राहत की साँस लेता है।

कहानी के मध्य में रामवीर को एक भयानक समस्या का सामना करना पड़ता है। रामवीर रामबती को साफ-सफाई के लिए लगाता है। उसके काम से खुश होकर रामवीर उसे खाना पकाने का कार्यभार भी सौंप देता है। लेकिन बात यहीं पर खत्म नहीं हो जाती। गुप्ता की बीवी जो कि कर्मकांड में अधिक विश्वास रखती है उसे रामबती के घर में प्रवेश से आपत्ति है और इसका मुख्य कारण है कि रामबती दलित है। यदि वह घर की वस्तुओं को छुएगी तो संपूर्ण घर अशुद्ध हो जाएगा। इस बारे में गुप्ता की बीवी गुप्ता के कान भरती है। परिणामस्वरूप गुप्ता रामवीर से रामबती को काम से हटाने का संकेत देते हुए कहता है "ठीक है खाना आप बनवाते हैं साहब! पर मकान तो मेरा है। एक चूहड़ी के प्रवेश करने से रसोईघर अपवित्र होता है मेरा तो।" गुप्ता के इन शब्दों में उसका मालिक होने का दंभ उभर आया था।

किंतु रामवीर जो कि एक तर्कशील व्यक्ति है, उसे गुप्ता का जवाब बहुत अटपटा लगता है और वह उसे समझाने की कोशिश करता है कि सभी इंसान संविधान के सम्मुख बराबर हैं और जाति-पाति से कोई छोटा या बड़ा नहीं होता। किंतु गुप्ता के ऊपर इन बातों का कोई असर नहीं पड़ता है और वह शर्त रख देता है कि या तो रामबती को काम से हटा दो नहीं तो कमरा खाली कर दो। कहानी के अंत में रामवीर गुप्ता की बात न मानकर कमरा खाली करने को तैयार हो जाता है और उस दिन ऑफिस जाने की बजाय वह नए मकान की तलाश में निकल पड़ता है।

इस कहानी के माध्यम से एक तो हमें इस सच्चाई का एहसास होता है कि रोजी-रोटी इंसान की मूलभूत आवश्यकता है। इसकी तलाश में इंसान को कहीं भी जाना पड़ सकता है तथा उसकी दूसरी मूलभूत आवश्यकता है सुकून भरा घर। हमें इस सच्चाई का भी एहसास होता है कि जयप्रकाश कर्दम जैसे अनेक व्यक्तित्व हैं जिन्हें समानता की तलाश है। तभी तो उनकी कहानी 'तलाश' का पात्र रामवीर भेदभाव के चलते अपने किराए के मकान को छोड़ देता है लेकिन दलित नौकरानी को नहीं।

प्रश्न 22. 'तलाश' कहानी की शीर्षक की सार्थकता पर संक्षिप्त टिप्पणी कीजिए।

उत्तर– आज के परिप्रेक्ष्य में लेखक जयप्रकाश कर्दम की इस आलोच्य कहानी का शीर्षक 'तलाश' बहुत ही सटीक एवं उपयुक्त है। यह एक प्रतीकात्मक शीर्षक है जो कि मकान के प्रतीक के रूप में रामवीर की मनोवैज्ञानिक तलाश को प्रतिबिंबित करता है। इसके अलावा इस पूरी कहानी से यही स्पष्ट होता है कि रामवीर की जो समानता की तलाश है, वह निरंतर जारी है। इस प्रकार लेखक जयप्रकाश कर्दम जी इस बात पर भी प्रकाश डालना चाहते हैं कि दलित संघर्ष की समाप्ति अभी निकट भविष्य में समाप्त होती प्रतीत नहीं होती। इस पूरी कहानी से यही आभास होता है कि यह संघर्ष अभी ऐसे ही चलता रहेगा। दलित संघर्ष की समाप्ति एवं दलित चेतना जागृत करने के लिए अभी जनचेतना, शिक्षा व निरंतर संघर्ष की नितांत आवश्यकता है।

प्रश्न 23. 'तलाश' कहानी का आलोचनात्मक विश्लेषण कीजिए।

उत्तर– इस बात में कोई दो राय नहीं है कि किसी भी कहानी को विभिन्न दृष्टिकोणों से देखा जाए तो निश्चित रूप से ही अलग-अलग व्याख्याएँ निकल कर सामने आने लगती हैं अर्थात् एक ही कहानी को विभिन्न संदर्भों में पढ़ा जा सकता है। कहानी भी अन्य विधाओं की तरह साहित्य का ही हिस्सा होती है।

उदाहरणस्वरूप, वैसे तो 'तलाश' कहानी प्रथम दृष्टया अन्य कहानियों की भाँति सरल एवं सामान्य कहानी नजर आती है। जो इसके नायक की दिक्कत को पाठक के सामने रखती है कि किस प्रकार रामवीर को एक नए शहर में किराए के मकान के लिए परेशानियों का सामना करना पड़ता है। परंतु इसी कहानी को यदि दलित विमर्श के नजरिए से देखा जाए या समझा जाए तो यह कहानी एक गहन समस्या का ज्वालामुखी अपने अंदर समेटे हुए है। इस कहानी में, दलित होने का जो अभिशाप है उसको बहुत ही मार्मिकता से प्रस्तुत किया गया है। पूरी कहानी में भेदभाव की दृष्टि व्याप्त है। दलित होने की जो बीमारी है उसका कोई इलाज इस समाज में नजर नहीं आता। कहा जाता है कि शिक्षा इंसान को जाति-पाति के भेदभाव से ऊपर उठा देती है। इस कहानी में 'जूठन' आत्मकथा की झलक भी नजर आती है। जिस प्रकार ओमप्रकाश वाल्मीकि के पिता कहते हैं कि बेटा पढ़-लिखकर अपनी जाति सुधार। उन्होंने भोलेपन में जो बात कही वह सही मायने में एक विवाद खड़ा करती है। रामवीर पढ़-लिखकर बड़ा अफसर बन गया है लेकिन क्या उसकी पढ़ाई और काबलियत उसके दलित होने के दाग को मिटा पाई? यह कहानी एक बहुत बड़ा सवाल खड़ा करती है। भेदभाव का जो नासूर लोगों के दिलों में गहरी पैठ कर गया है उसे समाप्त करने के लिए लोगों के दृष्टिकोण में परिवर्तन लाना अत्यंत आवश्यक है।

यह कहानी उस आजाद भारत की कहानी है जिसे आजाद हुए कई दशक हो चुके हैं, लेकिन आज भी लोगों की मानसिकता जातिवाद की गुलाम नजर आती है।

जब गुप्ता रामवीर से दलित जाति की रामबती को काम से हटाने की बात करता है तो रामवीर बार-बार समतामूलक समाज और संविधान की बात करता है। उसके अनुसार सब बराबर हैं। वह कहता है हमारा संविधान, जिससे हमारा देश चलता है उसकी नजर में सब बराबर हैं। कोई छोटा या बड़ा या छूत-अछूत नहीं होता है। लेकिन गुप्ता जो कि तथाकथित 'सवर्ण जाति' या 'उच्च वर्ग' का प्रतिनिधि है कुछ और ही मूल्यों का अनुसरण करता है। जब रामवीर रामबती के संदर्भ में गुप्ता की बात को खारिज करता है "..... है तो क्या हुआ? है तो वह भी इंसान ही और फिर वह साफ शुद्ध रहती है।" लेकिन इस बात से गुप्ता को कोई फर्क नहीं पड़ता वह कहता है, इंसान तो सब हैं साहब पर इंसान-इंसान में भेद होता है। सब इंसान बराबर नहीं होते। हजारों साल से समाज में यह भेद बना हुआ है।

गुप्ता ने रामवीर को मकान केवल यह जानकर दिया कि वह एक व्यापार कर अधिकारी है। इसमें गुप्ता का स्वार्थ निहित था परंतु यदि उसे इस बात का आभास हो जाता कि रामवीर एक दलित है तो वह जरूर मकान देने से इंकार कर देता। गुप्ता के हर दिन की शुरुआत मंदिर से होती है। चाहे तूफान आए या आँधी गुप्ता मंदिर में जाना नहीं छोड़ता। वह कहता है कि उसके मोहल्ले में सारे ब्राह्मण व बनिए रहते हैं जो धर्म-कर्म से चलते हैं। लगता है गुप्ता का धर्म केवल इंसान में भेद करना ही सिखाता है और कुछ भी नहीं।

भले ही शहर आधुनिकता का प्रतीक हो, पर लोगों की सोच अभी भी रूढ़िवादी है, जैसा कि कहानी से स्पष्ट है। तिरस्कार, भेदभाव, जातिवाद का जो जहर है वह अब भी यूँ ही समाज में फैला हुआ है। इसे खत्म करने के प्रयास निरंतर होते रहने चाहिए अन्यथा यह समस्या और अधिक गहरा सकती है। लोगों ने आधुनिक रहन-सहन, खान-पान, शिक्षा को तो अपना लिया लेकिन अपनी मानसिकता को नहीं बदला है। गुप्ता जो कि इस कहानी का पात्र है अपने आपको सभ्य दिखाने का भरसक प्रयास करता है रोज मंदिर जाता है, पूजा-पाठ करता है, तिलक लगवाता है किंतु वह यह नहीं समझ पाया कि "मन चंगा तो कठौती में गंगा।" उसकी जैसी मानसिकता वाले लोगों को असभ्य ही कहा जा सकता है, सभ्य नहीं।

यह कहानी प्रचलित रूढ़ियों और परंपराओं पर भी बहुत गहरा कटाक्ष करती है। वैज्ञानिक युग में जीने वाले लोग एक तरह से मानसिक संकीर्णता के शिकार हैं। समाज के रीति-रिवाज लोगों द्वारा बनाए जाते हैं। हिंदू धर्म कुछ-न-कुछ बुराइयों का शिकार रहा है। उसमें से भेदभाव की भावना भी एक है। सती प्रथा, समुद्र यात्रा आदि इसके उदाहरण हैं। इनके ऊपर तो काबू पा लिया गया परंतु जातिवाद की जो समस्या है जस की तस बनी हुई है। 'तलाश' कहानी का उद्देश्य पाठक की सोच को बदलना है। गुप्ता कहता है, "संविधान से देश चलता है साहब, समाज नहीं। समाज परंपराओं से चलता है।" लेकिन जब भी समाज में इन जैसे लोगों पर कोई अत्याचार होता है तो ये लोग कानून की शरण लेकर आजादी को कायम रखते हैं। अपने अधिकारों के लिए संविधान इनको नजर आता है और दूसरों के अधिकारों के लिए समाज के नियमों की बात करते हैं। यह कहानी इस बात पर भी जोर देती है कि संविधान जो कि देश का सर्वोच्च कानून है और जो इसकी अवेहलना करता है उसे कड़ी से कड़ी सजा देनी चाहिए।

यह कहानी इस बात को भी साबित करती है कि पहले जिन दलितों को अवसरों से वंचित रखा जाता था अब उन्हें सविधान द्वारा समानता का अधिकार मिल गया है। रामवीर एक शिक्षित एवं वैज्ञानिक दृष्टिकोण को प्रस्तुत करता है। वह हमेशा जातिगत भेदभाव का विरोधी तथा समानता का समर्थक रहा है। दूसरी ओर गुप्ता और उसकी बीवी की संकीर्ण सोच को प्रदर्शित किया गया है। धर्म, शांति और सद्‌भावना को बढ़ावा देता है। लेकिन यहाँ तो गुप्ता परिवार के दिमाग में परत दर परत भेदभाव भरा हुआ है। गुप्ता की बीवी कहती है "अफसर है तो क्या हमारा धर्म बिगाड़ेगा वो। जरूरत पड़ने पर जिसके मुँह पर चाँदी का जूता मारोगे वो ही काम कर देगा। फिर आर.वी. सिंह का मूत हाथ में लेने की क्या जरूरत है।"

इस कहानी में तार्किक सोच का सूचक रामवीर उस आंदोलन का प्रतिनिधि है जो इस समाज को भेदभाव के दलदल से निकालने के लिए अति आवश्यक है। इस कहानी में रामवीर, बार-बार गुप्ता को समझाने की कोशिश करता है कि ये जात-पात, ऊँच-नीच तो बहुत पुरानी बातें हो गई हैं। हमें इनसे ऊपर उठकर सोचना चाहिए। किंतु गुप्ता इस बात से बिल्कुल सहमत नहीं होता। उसके धर्म के अनुसार रामबती चूहड़ी है और चूहड़ी के स्पर्श से गुप्ता का पूरा घर अपवित्र हो जाएगा। इसलिए उसको हटाना ही एकमात्र उपाय है।

परंतु रामवीर गुप्ता की बात नहीं मानता है तथा कमरा छोड़ने को तैयार हो जाता है। उस दिन ऑफिस न जाकर दूसरे मकान की तलाश में निकल पड़ता है। अर्थात् वह भेदभाव के खिलाफ लड़ाई जारी रखेगा। रामवीर का कमरा छोड़ने का निर्णय गुप्ता की सोच पर करारा तमाचा है। यदि वह अपने स्वार्थ के लिए रामबती को काम से हटा देता तो शायद वह अपनी

नजरों से गिर जाता। रामबीर जैसे अनेक लोग मिल जाएँ तो सैंकड़ा और हजार बनते देर न लगेगी और यह संख्या किसी समाज में बदलाव लाने के लिए पर्याप्त होगी।

इस कहानी में रामवीर एक दलित के रूप में और रामबती एक अति दलित के रूप में प्रस्तुत किए गए हैं। जब तक गुप्ता को रामवीर के दलित होने का आभास नहीं था तब तक वह उससे गिड़गिड़ा कर बातें कर रहा था। परंतु जब गुप्ता रामबती को काम से हटाने का आग्रह करता है और रामवीर दलील पर दलील दिए जाता है तो गुप्ता को विश्वास हो जाता है कि हो न हो रामवीर भी दलित है और इसीलिए रामबती का इस प्रकार पक्ष ले रहा है। इस घटना के तुरंत बाद वह दो टूक जवाब दे देता है "आप रामबती से ही खाना बनवाना चाहते हो तो आपको मकान खाली करना पड़ेगा।"

रामवीर व्यापार कर अधिकारी है इसलिए बावजूद इसके कि वह एक दलित है गुप्ता जैसे लोग उससे डरते हैं और अदब से बात करते हैं। रामबती जैसे अति दलित को समाज के निम्नतर पायदान पर धकेल दिया गया है। यह वह दलित वर्ग है जिसके छू लेने मात्र से गुप्ता जैसे पाखंडियों का धर्म डोल जाता है और बिना नहाए उनका पुनः संतुलन स्थापित नहीं होता। यह भी विडम्बना है कि जिस प्रकार का सामाजिक श्रम भंगी समाज करता है, उसका मूल्य जितना समाज को देना चाहिए नहीं देता है। सम्मान मिलने की बजाय उसे केवल ठोकरें ही मिलती हैं।

भारतीय उच्च वर्ग इंग्लैंड में जाकर या अमेरिका में जाकर "गटर सफाई" का काम स्वेच्छा से कर लेते हैं क्योंकि वहाँ ऐसे श्रम का मूल्य अर्थात् वेतन बहुत अधिक मिलता है। लेकिन यह भारत ही ऐसा महान देश है, जो सफाई व शुचिता पर सर्वाधिक पाखंड करता है, लेकिन यहाँ के सफाई कर्मचारियों को इतना वेतन देने को तैयार नहीं कि वे अपना जीवन मानवीय सम्मान के साथ जी सकें।

सत्तो और रामबती जैसी औरतें धरती के नरक की हर रोज सफाई करती हैं। गुप्ता की बीवी जिस पवित्रता की बात करती है वह इनके बिना संभव नहीं है। कायदे से इन लोगों का सत्कार किया जाना चाहिए किंतु बदले में इन्हें मिलता है छुआछूत का व्यवहार और दुर्र-दुर्र कर हटाने का अपमान। यदि ये लोग एक दिन की हड़ताल कर दें तो निश्चित रूप से ही शहर में महामारी फैल जाएगी और धर्म के नाम पर भेदभाव करने वाले लोगों को फिर कोई दैवीय शक्ति बचाने नहीं आएगी।

इस कहानी में जयप्रकाश कर्दम जी का अपना स्वयं का अनुभव अर्थात् अपने स्वयं के द्वारा भोगी गई पीड़ा रामवीर और रामबती के किरदार में साफ झलकती है। जबकि गैर-दलित लेखकों की रचनात्मकता में दलित समुदाय के प्रति केवल सहानुभूति झलकती है (कई बार वह भी छलपूर्ण होती है)। जयप्रकाश जी इस बात पर भी प्रकाश डालना चाहते हैं कि दलित समुदाय बृहत्तर समाज का अंग है व बृहत्तर समाज यदि दलित समुदाय के दुख-सुख से अपरिचित है तो इसे साहित्य या अन्य माध्यमों द्वारा परिचित होना चाहिए और दलितों की मानवीय अस्मिता के प्रति बृहत्तर समाज की संवेदना अपने वास्तविक रूप में जागृत होनी चाहिए जिसमें दलित साहित्य की बात हो सकती है।

लेखक ने यह वैज्ञानिक सवाल भी खड़ा किया है कि जब हम आधुनिक ज्ञान-विज्ञान द्वारा आलोकित इस तर्क, तथ्य व सच्चाई को मानते हैं कि मनुष्य के व्यक्तित्व के विकास में आनुवांशिकता का कम और सामाजिक पर्यावरण व शिक्षा-दीक्षा का योगदान ज्यादा है तो इसी

तर्क से इस बात को भी मानना होगा कि मनुष्य का जन्म कहाँ होगा, यह तो उसके वश में नहीं है, लेकिन जीवन में अपने व्यक्तित्व की दिशा अपनी चेतना के सहारे निर्धारित करना तो काफी हद तक उसके वश में है। लेकिन नहीं, गुप्ता फिर भी इंसानियत से ज्यादा जन्म व आनुवांशिकता पर विश्वास रखता है। आधुनिक काल में ज्ञान-विज्ञान व मानवीय चेतना के विकास के संदर्भ में इस बात की संभावना और भी बढ़ जाती है कि मनुष्य ये सारे चोचले छोड़कर मानवता का आदर्श बने, वहीं प्रबुद्ध व मानवतावादी चेतना से अनुप्राणित लेखक स्वयं उत्पीड़ित न होकर भी उत्पीड़ितों से स्वयं को जोड़ें और उनकी सच्चाइयों से जन-मानस को रूबरू कराते हुए दलितों के प्रति उनमें भी चेतना जागृत करें।

प्रश्न 24. 'तलाश' कहानी की भाषा-शैली पर विचार कीजिए।

उत्तर– जयप्रकाश कर्दम जी की भाषा बहुत ही सहज एवं सटीक है। उनकी भाषा शैली अन्य दलित लेखकों से भिन्न नजर आती है। जिस तरीके से नदी की सतह पर पानी का बहाव कुछ धीमा नजर आता है परंतु गहराई में एक तूफान होता है, उसी प्रकार कर्दम जी ने शिल्प के स्तर पर नया प्रयोग करके भाषा को विस्फोटक आक्रोश से बचाया है। अन्य दलित लेखकों ने जो ग्राम्य भाषा के रूप में गालियों का प्रयोग किया है वह बेवजह नहीं है अपितु जो तिरस्कार की पीड़ा व दंश दलितों ने अपने जीवन में सहन किया है उसके लिए यदि गालियों से बढ़कर भी कोई उच्चारण होता तो भी अपर्याप्त होता। इस कहानी में केवल एक जगह इस प्रकार की भाषा का प्रयोग हुआ है, जब गुप्ता की बीवी कहती है "अफसर है तो क्या हमारा धर्म बिगाड़ेगा वो। जरूरत पड़ने पर जिसके मुँह पर चाँदी का जूता मारोगे वो ही काम कर देगा। फिर आर.वी. सिंह का मूत हाथ में लेने की क्या जरूरत है।" गुप्ता की बीवी के मुँह से ये शब्द अनायास ही नहीं निकल रहे हैं, बल्कि यह उसके अंदर कूट कूट कर भरे हुए भेदभाव का नतीजा है।

'तलाश' कहानी समाज में प्रचलित जातिवाद और दलित शोषण के खिलाफ मुक्ति-संघर्ष की अभिव्यक्ति है। इस कहानी के माध्यम से जयप्रकाश कर्दम जी ने एक ओर समाज की जड़वादी मानसिकता की आलोचना की है, वहीं दूसरी ओर दलितों में पैदा हुए आत्मसम्मान, वैचारिकी, ज्ञान, संघर्ष आदि को सूक्ष्म रूप से प्रस्तुत किया है। निष्कर्ष के तौर पर कहा जा सकता है कि तलाश कहानी केवल रामवीर, रामबती या गुप्ता की कहानी नहीं अपितु पूरे समाज की कहानी है। लेखक ने इन पात्रों के माध्यम से समाज में व्याप्त भेदभाव को पाठक के समक्ष रखने की कोशिश की है क्योंकि यदि कोई आशा की किरण नजर आती है तो वह केवल शिक्षित वर्ग में आती है। इस प्रकार की कहानियों एवं रचनाओं के माध्यम से ही सच को उजागर किया जा सकता है। भेदभाव को समाप्त किए बिना आजाद भारत का सपना किसी भी सूरत में साकार नहीं हो सकता है।

प्रश्न 25. 'तलाश' कहानी की अनुभवात्मक संवेदना तथा सामाजिक यथार्थ पर संक्षिप्त टिप्पणी कीजिए।

उत्तर– दलितों के प्रति अन्यायों, शोषण, अत्याचार, भेदभाव से उपजी मानसिक शोषण की त्रासदी एक दलित को विद्रोह करने के लिए मजबूर करती है। जीवन के इसी अनुभव को

अभिव्यक्ति प्रदान करना ही दलित साहित्य की प्रमुख विशेषता है। इसमें रचनाकार अपने तथा अपने आस-पास के जीवन के अनुभवों, सामाजिक व्यवहार और जीवन में घटित घटनाओं को पाठक के समक्ष प्रस्तुत करता है। दलित साहित्यकारों ने उन सामाजिक आयामों को रचना में जगह दी है जो साहित्य ने अनदेखे कर दिए। उदाहरण के रूप में सामाजिक, आर्थिक, सांस्कृतिक तथा राजनैतिक पहलू। यदि साहित्य इन सब बिंदुओं को अपने में प्रतिबिंबित नहीं करता है तो वो अपने उद्देश्य से मुँह मोड़ लेता है। 'तलाश' कहानी जयप्रकाश कर्दम जी के अनुभवों पर आधारित है। इस कहानी में उन्होंने अपने साथ बीती घटित घटनाओं, प्रसंगों और समाज में प्रचलित जाति आधारित भेदभाव और प्रताड़ना को जगह दी है।

भारतीय समाज की जातीय आधारित संरचना दलित के शोषण का मुख्य कारण है। इस समाज में उपस्थित भेदभाव के कारण एक दलित अमानवीय जीवन जीने को मजबूर हो जाता है। जयप्रकाश जी की रोजगार यात्रा बहुत लंबी रही है। उनको तबादलों के दौरान एक शहर से दूसरे शहर अलग-अलग स्थान पर जाना पड़ता था। उनको एक दलित होने के नाते किराए के मकान तलाशने में जिन असुविधाओं का सामना करना पड़ा, उसका लेखा-जोखा उन्होंने इस कहानी में दिया है। जिस तरह दलितों को किसी नई जगह जाने पर रहने के लिए स्वर्ण उच्चवर्गीय लोग अपने मुहल्लों में किराए पर मकान नहीं देते उसी प्रकार के अनुभव जयप्रकाश जी को भी कई स्थानों पर मिले। उन्हें रहने के लिए मकान नहीं मिला। उनसे स्वर्णों द्वारा बार-बार जाति पूछी गई। दलित बिरादरी की जानकारी मिलते ही उच्चवर्गीय, उच्चजातीय लोग, किराए पर मकान देने के लिए राजी नहीं हो रहे थे। छुआछूत और भेदभाव के अनुभव अंततः मानसिक हीनबोध में बदल जाते हैं। इसके अतिरिक्त जाति आधारित भेदभाव एवं मानसिक उत्पीड़न की प्रक्रिया से गुजरने वाले दलितों के अनुभव कर्दम जी महसूस करते रहे हैं। 'तलाश' कहानी का रामवीर कोई और नहीं अपितु जयप्रकाश जी स्वयं हैं। आलोच्य कहानी में सृजित 'रामवीर' और 'रामबती' के माध्यम से वे अपने ही अनुभवों से निर्मित जीवन-संदर्भ और समाज की मानसिक स्थिति को उजागर करते हैं और इस प्रकार 'तलाश' कहानी के अध्ययन से हम दलित शोषण, वेदना और विद्रोह से परिचित होते हैं।

जो प्रसन्न रहते हैं, उनके मन में कभी आलस्य नहीं आता। आलस्य एक बहुत बड़ा विकार है।

प्रश्न पत्र

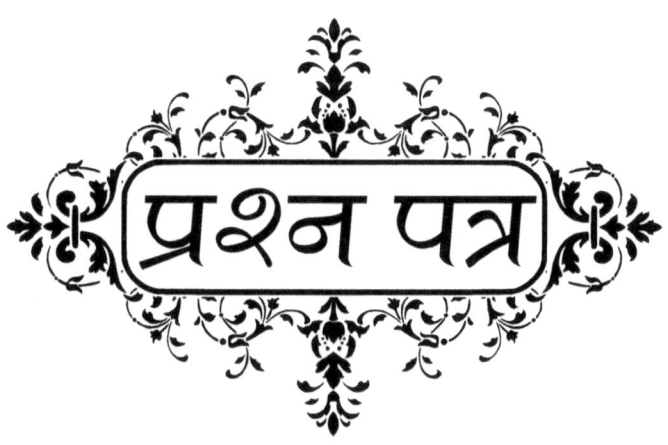

हिंदी कहानी : एम.एच.डी.-11
सैम्पल पेपर

नोट: निम्नलिखित में से किन्हीं पाँच प्रश्नों के उत्तर दीजिए। सभी प्रश्नों के अंक समान हैं।

प्रश्न 1. 'तीसरी कसम' कहानी के आधार पर नई कहानी आंदोलन की ग्राम-संवेदना और आंचलिकता को स्पष्ट कीजिए।
उत्तर– देखें अध्याय-1, प्रश्न सं.-1

प्रश्न 2. प्रमुख कथाकार ज्ञानरंजन के व्यक्तित्व और कृतित्व का परिचय दीजिए।
उत्तर– देखें अध्याय-3, प्रश्न सं.-2

प्रश्न 3. 'गौरैया' कहानी का कथानक स्पष्ट कीजिए।
उत्तर– देखें अध्याय-3, प्रश्न सं.-9

प्रश्न 4. 'स्विमिंग पूल' कहानी के प्रतिपाद्य पर चर्चा कीजिए।
उत्तर– देखें अध्याय-5, प्रश्न सं.-6

प्रश्न 5. 'हरी बिंदी' कहानी में अभिव्यक्त स्त्री-स्वतंत्रता पर प्रकाश डालिए।
उत्तर– देखें अध्याय-4, प्रश्न सं.-15

प्रश्न 6. दलित साहित्य की अवधारणा पर विस्तृत रूप में चर्चा कीजिए।
उत्तर– देखें अध्याय-5, प्रश्न सं.-13

प्रश्न 7. 'बोलने वाली औरत' कहानी की कथावस्तु पर प्रकाश डालिए।
उत्तर– देखें अध्याय-4, प्रश्न सं.-19

प्रश्न 8. शानी की कहानियों के महत्त्वपूर्ण बिंदुओं की पड़ताल कीजिए।
उत्तर– देखें अध्याय-2, प्रश्न सं.-2

प्रश्न 9. निम्नलिखित में से किन्हीं दो पर टिप्पणियाँ लिखिए–
(क) 'हंसा जाई अकेला' में चित्रित ग्रामीण यथार्थ
उत्तर– देखें अध्याय-2, प्रश्न सं.-11

(ख) शेखर जोशी का जीवन परिचय
उत्तर– देखें अध्याय-1, प्रश्न सं.-12

(ग) 'राजा निरबंसिया' कहानी का कथा-सार
उत्तर– देखें अध्याय-1, प्रश्न सं.-20

(घ) मृदुला गर्ग का जीवन परिचय
उत्तर– देखें अध्याय-4, प्रश्न सं.-14

प्रश्न 10. नई कहानी आंदोलन की ऐतिहासिक पृष्ठभूमि पर प्रकाश डालिए।
उत्तर– देखें अध्याय-1, प्रश्न सं.-9

धन गया तो कुछ नहीं गया, स्वास्थ्य गया तो थोड़ा सा गया,
अगर चरित्र गया तो सब कुछ ही चला गया।

हिंदी कहानी : एम.एच.डी.-11
जून, 2018

नोट: प्रथम प्रश्न अनिवार्य है। शेष प्रश्नों में से किन्हीं तीन प्रश्नों के उत्तर दीजिए।

प्रश्न 1. निम्नलिखित गद्यांशों में से किन्हीं दो की संदर्भ-सहित व्याख्या कीजिए–

(क) हिरामन का बहुत प्रिय गीत है यह। महुआ घटवारिन गाते समय उसके सामने सावन-भादों की नदी उमड़ने लगती है; अमावस्या की रात और घने बादलों में रह-रहकर बिजली चमक उठती है। उसी चमक में लहरों से लड़ती हुई बारी-कुमारी महुआ की झलक उसे मिल जाती है। सफरी मछली की चाल और तेज हो जाती है। उसको लगता है, वह खुद सौदागर का नौकर है। महुआ कोई बात नहीं सुनती। परतीत करती नहीं। उलटकर देखती भी नहीं और वह थक गया है, तैरते-तैरते।.....

उत्तर–प्रसंग–प्रस्तुत पंक्तियाँ प्रसिद्ध कथाकार श्री फणीश्वरनाथ रेणु की प्रसिद्ध कहानी "तीसरी कसम" से अवतरित है। इस कहानी में उन्होंने हिरामन और हीराबाई के माध्यम से दो युवा हृदयों के निकट आने पर उनमें होने वाले स्वाभाविक आकर्षण और प्रेम के अंकुर के प्रस्फुटन की नैसर्गिक प्रक्रिया का चित्रण किया है। प्रस्तुत प्रसंग उस अवसर का है जब गाड़ीवान हिरामन अपनी गाड़ी में कंपनी की युवा औरत हीराबाई को सवारी के रूप में उसे गंतव्य तक पहुँचाने जाता है तो रास्ते में हीराबाई उसे स्थानीय बोली का कोई गीत सुनाने का अनुरोध करती है। इसके उत्तर में हिरामन उसे महुआ घटवारिन की लोक कथा पर आधारित गीत सुनाता है, जो इन पंक्तियों का संदर्भ है।

व्याख्या–महुआ घटवारिन का यह गीत हिरामन को बहुत प्रिय है। जिसमें जवान महुआ की सौतेली माँ उसे सावन भादों की अँधेरी भयानक रात में एक परदेशी राही बरोही के पैरों में तेल लगाने के लिए घाट पर जाने के लिए विवश करती है। आसमान में मेघ गड़गड़ाने लगते हैं और वर्षा होने लगती है। महुआ अपनी माँ को याद करके रोने लगती है और सोचती है कि अगर उसकी माँ होती तो उसे ये बुरे दिन न देखने पड़ते। वह किसी भी स्थिति में जाना नहीं चाहती किंतु यह सब अब उसके वश में कहाँ है। सौदागर पूरा पैसा दे चुका है इसलिए वह उसके मनोभावों की तनिक भी परवाह किए बिना उसके बाल पकड़कर घसीटता हुआ उसे नाव पर चढ़ा लेता है और माँझी

को नाव चलाने का आदेश देता है। जब नाव पानी में चल रही थी तो महुआ के मन में विचार आया कि क्यों न वह पानी में कूदकर अपनी लाज बचाने का प्रयास करे। यही सोचकर वह पानी में कूद पड़ती है। सौदागर का एक नौकर जो महुआ पर मोहित हो गया था, वह भी पानी में कूदकर उसके पीछे-पीछे चलते हुए उसे अपना जीवन साथी बनने का अनुरोध करता है। महुआ उसकी कुछ नहीं सुनती और उसकी ओर उलटकर देखती भी नहीं। यहाँ पर हिरामन का अवचेतन मन भी उसी स्थिति से तादातम्य स्थापित कर लेता है और उसे लगता है कि वह भी अपनी प्रेमिका को पाने का प्रयास कर रहा है, जो उसकी पकड़ में नहीं आ रही है और वह तैरते-तैरते थक कर चूर हो गया है।

विशेष–(i) इन पंक्तियों के माध्यम से लेखक ने महुआ और सौदागर के नौकर के बिम्ब से हिरामन द्वारा अपनी सवारी (हीराबाई) को पाने की अवचेतन मन की लालसा का भावपूर्ण चित्रण किया है।

(ii) इन पंक्तियों में लेखक ने महुआ घटवारिन की कथा के माध्यम से पुत्रियों पर उनकी सौतेली माँ के द्वारा किए जाने वाले अत्याचारों का चित्रण किया है, जो मन को झकझोर देता है।

(iii) भाषा सरल किंतु प्रवाहपूर्ण है।

(ख) जिस बात की उसे आशंका थी वही हुआ। शायद रात की सारी रिपोर्ट चीफ साहब के पास पहुँच गयी थी। चपरासी ने साहब के कमरे का द्वार खोलकर उसे उनके सामने पहुँचा दिया, फिर द्वार पूर्ववत बंद हो गया। साहब ने अपने हाथों से स्टूल उठाकर उसके बैठने के लिए आगे बढ़ा दिया और नर्मी से बोले, "हम तुम्हारी भलाई के लिए ही कह रहे हैं। जमाना बुरा है। बाल-बच्चों वाले आदमी को ऐसी बातों में नहीं पड़ना चाहिए।"

उत्तर–प्रसंग–प्रस्तुत पंक्तियाँ श्री शेखर जोशी की प्रसिद्ध कहानी "बदबू" से अवतरित है। इस कहानी में उन्होंने कल कारखानों में काम करने वाले मजदूरों की जिंदगी व्यवस्था द्वारा उनके दमन, उसके प्रति प्रतिकार का प्रयास, प्रतिकार को कुचल देने के लिए व्यवस्था का कुचक्र और अंततः सबल व्यवस्था में प्रतिकारी के अकेले रह जाने की विकट स्थिति का सजीव चित्रण किया है। प्रस्तुत प्रसंग उस अवसर का है जब कारखाने में नया भर्ती हुआ नौजवान वहाँ की व्यवस्था में अनेक खामियाँ देखता है और उनके विरूद्ध आवाज उठाने के लिए अपने कुछ साथियों के साथ अपने घर पर मीटिंग में चर्चा करता है।

व्याख्या–उस नौजवान को शंका थी कि रात को उसके घर पर अपने कुछ साथियों के साथ की गई मीटिंग की सूचना कहीं प्रबंधकों के बीच लीक न हो जाए। किंतु उसकी शंका सही निकली। अपने साथियों में से ही एक साथी ने मुखबिर बनकर वह सूचना प्रबंधन मंडल तक पहुँचा दी थी। फिर क्या? अगले ही दिन चीफ साहब ने चपरासी के माध्यम से उसे बुलाया। चपरासी उसे चीफ साहब के कमरे में ले गया

और दरवाजा बंद कर दिया। उसके बाद पहले तो उसे शालीनता वश बैठने को स्टूल दिया गया किंतु तत्काल ही चीफ साहब अपने रंग में आ गए और धमकी भरे लहजे में बोले कि अगर उसे अपने बाल बच्चों की कुछ भी परवाह है तो उसे इस तरह की व्यवस्था विरोधी गतिविधियों के चक्कर में नहीं पड़ना चाहिए। उसका आशय स्पष्ट था कि अन्यथा उसके लिए यहाँ रहना संभव नहीं हो सकेगा। साथ ही यह भी जोड़ दिया कि यह सब उसकी भलाई के लिए ही समझाया जा रहा है अन्यथा उसे परिणामों के लिए तैयार रहना चाहिए।

विशेष–(i) इस कहानी में लेखक ने पूँजीवादी व्यवस्था में मानवीय संवेदनाओं की स्थिति का चित्रण किया है, जहाँ बदबू होते हुए भी कारखाने के मजदूरों को बदबू महसूस नहीं होती।

(ii) इस कहानी में लेखक यह संदेश देना भी नहीं भूलता कि हताशा का वातावरण होने के बावजूद मजदूर वर्गों में चेतना का धरातल अभी पूरी तरह मरा नहीं है।

(iii) कहानी की भाषा सरल किंतु प्रवाहपूर्ण एवं सारगर्भित है।

(ग) पर संजय को कैसे समझाऊँ यह सब? कैसे उसे बताऊँ कि निशीथ ने मेरा अपमान किया है, ऐसा अपमान, जिसकी कचोट से मैं आज भी तिलमिला रही हूँ। संबंध तोड़ने से पहले एक बार तो उसने मुझे बताया होता कि आखिर मैंने ऐसा कौन-सा अपराध कर डाला था, जिसके कारण उसने मुझे इतना कठोर दंड दे डाला। सारी दुनिया की भर्त्सना, तिरस्कार, परिहास और दशा का विष मुझे पीना पड़ा.... विश्वासघाती! नीच कहीं का!.... और संजय सोचता है कि आज भी मेरे मन में उसके लिए कोई कोमल स्थान है! छिः! मैं उससे नफरत करती हूँ! और सच पूछो तो अपने को भाग्यशालिनी समझती हूँ कि मैं एक ऐसे व्यक्ति के चंगुल में फँसने से बच गई, जिसके लिए प्रेम एक महज खिलवाड़ है।

उत्तर–प्रसंग–प्रस्तुत पंक्तियाँ प्रसिद्ध लेखिका मन्नू भंडारी की प्रसिद्ध कहानी "यही सच है" से अवतरित है। इस कहानी में उन्होंने स्त्री पुरुष संबंधों की मध्यकालीन मान्यताओं को तोड़ते हुए उनकी नए अर्थों में व्याख्या करते हुए यह चित्रित करने का प्रयास किया है कि नारी भी पुरुष की भाँति एक से अधिक पुरुषों से प्रेम कर सकती है। वर्तमान क्षणों में जो उसे सुख देता है वह क्षण ही नारी की दृष्टि से सत्य है और अतीत तथा भविष्य दोनों ही वर्तमान के समक्ष झूठे और भ्रम मूलक हैं। इन पंक्तियों का प्रसंग यह है कि जब दीपा के पिता की मृत्यु के बाद उसका पटना के अपने सहपाठी निशीथ से संबंध विच्छेद हो जाता है और कानपुर में आकर उसे संजय के रूप में नया साथी मिल जाता है जो प्यार तो भरपूर देता है किंतु कभी-कभार जाने-अनजाने में निशीथ का भी जिक्र कर देता है।

व्याख्या–इंटरव्यू के लिए दीपा के कलकत्ता जाते समय संजय जब यह कहता है कि वहाँ तो निशीथ से भी मुलाकात हो जाएगी तो वह कुढ़ते हुए कहती है कि मैं यह बात संजय को कैसे समझाऊँ कि उसके लिए मेरे दिल में अब कोई जगह नहीं

है। उसने मेरा अपमान किया है जिसकी चोट उसे आज भी तिलमिलाने के लिए मजबूर करती है। उसे इस बात की भी शिकायत है कि संबंध तोड़ने के लिए कोई उचित कारण तो होना चाहिए था। साथ ही उसे इसके बारे में सही से बताना भी चाहिए था। किंतु ऐसा न करके निशीथ ने उसे जो दंड दिया है वह कदापि भी तर्क संगत नहीं है। उसके व्यवहार और संबंध विच्छेद के कारण आज उसे समाज में तिरस्कृत होकर दुनिया भर का परिहास झेलना पड़ रहा है। निशीथ के प्रति अपशब्दों का प्रयोग करते हुए वह उसे विश्वासघाती तथा नीच तक कह डालती है। वह कहती है मैं तो उससे नफरत करती हूँ और सोचती हूँ कि अच्छा है कि समय रहते उससे मुक्ति मिल गई। जबकि संजय सोचता है कि आज भी मेरे मन में उसके लिए वहीं प्रेम भाव विद्यमान है। किंतु वस्तुस्थिति यह है कि वह आज भी निशीथ को चाहती है।

विशेष–(i) इस कहानी में लेखिका ने नए संदर्भों में नारी मन की व्याख्या प्रस्तुत की है कि एक से अधिक नारियों से प्रेम करना केवल पुरुष का ही एकाधिकार नहीं है, अपितु सच तो यह है कि नारी मन में भी एकाधिक पुरुषों के प्रति प्रेम भावनाएँ विद्यमान रह सकती हैं।

(ii) कहानी की भाषा प्रवाहपूर्ण एवं कथ्य के सर्वथा अनुकूल है जो मनुष्य के अंतर्द्वन्द्वों को चित्रित करने में पूर्णतया समर्थ है।

(घ) अगली सुबह सावित्री घर में नहीं थी और राजदेव को लग रहा था, हथेली के वे आँसू सूखे नहीं हैं। वह जगह अभी भी भीगी हुई है। वह बार-बार उस स्थान को अपनी आँखों से स्पर्श कराता और भावुक हो जाता। अपने बाल नोंचता और फुसफुसाता, 'मैं पापी..... मैं पापी....।' वह अपने कमरे में घुसता तो सूना महसूस करता। हालाँकि सभी कुछ उसी तरह था, केवल एक बक्सा नहीं था पर लगता ऐसा था कि कमरे की छत कुछ नीचे खिसक आई है और कोई दीवार कम हो गई है। वह तकिए में मुँह छिपाकर लेट गया।

उत्तर–प्रसंग–प्रस्तुत पंक्तियाँ समकालीन कथाकार श्री अखिलेश जी की कहानी "बायोडाटा" से अवतरित है। इस कहानी में उन्होंने आज की राजनीति पर व्यंग्य कसते हुए उसे इस हद तक मलाईदार बताया है कि राजनीति के किसी पद पर विराजमान होने के लिए व्यक्ति अपने घर परिवार, पत्नी-बच्चा, प्रेम एवं रिश्ता-नाता सब कुछ दाँव पर लगा देने को आतुर है। कहानी के प्रस्तुत प्रसंग में कहानी का प्रमुख पात्र राजदेव अपनी पत्नी को उसके गर्भस्थ शिशु को जन्म देने के लिए जबरदस्ती उसके माँ-बाप के घर भेज देता है ताकि वह इस समय का उपयोग अपने राजनीतिक हितों को साधने के लिए कर सके।

व्याख्या–राजदेव अपनी पत्नी सावित्री को उसके माता-पिता के घर जबरदस्ती भेज देता है ताकि वह इस समय का उपयोग अपने राजनीतिक पद को बढ़ाने के लिए कर सके। सावित्री जीवन के इन नाजुक क्षणों को अपने पति के साथ गुजारना चाहती थी किंतु पति की जिद के आगे उसकी एक नहीं चलती और वह रोते-रोते अपने मायके

जाने को मजबूर हो जाती है। हालाँकि राजनीति के नशे में राजदेव पूरी तरह से संवेदनशून्य हो चुका है किंतु लगता है कि उसकी आत्मा का एक अंश अब भी जिंदा है जो बीच-बीच में उसकी जड़ हो चुकी आत्मा को झकझोरता रहता है। प्रस्तुत पंक्तियाँ उसके इस मानवीय पक्ष की ओर संकेत करते हुए बताती है कि मायके जाते समय रोती हुई सावित्री के आँसू की कुछ बूँदें राजदेव की हथेलियों पर गिर पड़ती है। सावित्री का उसे मायके न भेजने का अनुरोध तथा स्वयं उसका जिद पर अड़े रहना उसे अपने कृत्य के लिए बार-बार कचोट रहा है। उसे लग रहा है कि संपूर्ण स्थिति का जिम्मेदार वही है। सावित्री के न रहने पर उसे अकेलापन महसूस हो रहा है। सावित्री से जुड़ी कुछ वस्तुएँ उसे याद आ रही हैं जिन्हें बक्से में भरकर सावित्री अपने साथ ले गई थी।

उसे ऐसा लग रहा है मानो कमरे की छत कुछ नीचे खिसक आई हो और कोई दीवार कम हो गई हो। आत्म-ग्लानि होते हुए भी उसे पश्चाताप् सा हो रहा है और वह तकिए में मुँह छिपाकर लेट जाता है।

विशेष—(i) यह कहानी आज की राजनीति की उस विद्रूपता को चित्रित करती है जिसमें राजनीति को सर्वाधिक मलाईदार व्यवसाय मानते हुए व्यक्ति उसमें पद पाने के लिए किसी भी हद तक अपनी संवेदनाओं को मारने के लिए तैयार है।

(ii) इन पंक्तियों में यह बताया गया है कि परिस्थितियों एवं अन्य कारणों से जड़ हो चुकने पर भी उसकी आत्मा उसे मानवीय पक्ष को पूरी तरह भुलाने को तैयार नहीं होती।

(iii) कहानी की भाषा प्रवाहपूर्ण और कथ्य के सर्वथा अनुकूल है।

प्रश्न 2. 'तीसरी कसम' का मूल्यांकन कीजिए।
उत्तर—देखें अध्याय-1, प्रश्न सं.-5

प्रश्न 3. 'नई कहानी' आंदोलन का मूल्यांकन करते हुए उसकी प्रमुख विशेषताओं को रेखांकित कीजिए।
उत्तर—देखें अध्याय-1, प्रश्न सं.-9

प्रश्न 4. 'हंसा जाई अकेला' का प्रतिपाद्य स्पष्ट कीजिए।
उत्तर—देखें अध्याय-2, प्रश्न सं.-8

प्रश्न 5. 'बहिर्गमन' की अंतर्वस्तु को रेखांकित कीजिए।
उत्तर—देखें अध्याय-3, प्रश्न सं.-3

प्रश्न 6. 'एक जीता-जागता व्यक्ति' के कथ्य और शिल्प का विवेचन कीजिए।
उत्तर—देखें अध्याय-4, प्रश्न सं.-3

प्रश्न 7. निम्नलिखित में से किन्हीं दो पर टिप्पणियाँ लिखिए–

(क) कथाकार अखिलेश

उत्तर–देखें अध्याय-5, प्रश्न सं.-8

(ख) दलित सौंदर्यशास्त्र और 'सिलिया'

उत्तर–देखें अध्याय-5, प्रश्न सं.-15 और प्रश्न सं.-16

(ग) साठोत्तरी कहानी

उत्तर–सन् 1960 के आसपास या उसके बाद लिखी गई कहानियाँ साठोत्तरी कहानियाँ कहलाती हैं। प्रो. राजनाथ शर्मा के अनुसार कुछ कहानियों ने सन् 1960 के आसपास संत्रास, घुटन, मृत्यु, अतृप्ति आदि के बड़े ढोल पीटे थे और अपनी कहानियों में इन स्थितियों का अंकन किया था, परंतु इस अंकन में अनुभूत सत्य की अपेक्षा ऊपरी आरोपण ही अधिक था। यूरोपीय साहित्य में द्वितीय विश्व-युद्ध के उपरांत इस स्थिति के बड़े तीखे स्वर उभरे थे। हिंदी में उसी की नकल चल पड़ी थी, परंतु ऐसी कहानियों का दौर बहुत संक्षिप्त रहा था। जागरूक आलोचकों ने इस आरोपित प्रवृत्ति का सशक्त विरोध कर इसके बढ़ाव पर अंकुश लगा दिया। यह भी एक नया साहित्यिक फैशन था।

(घ) 'राजा निरबंसिया' का कथ्य

उत्तर–देखें अध्याय-1, प्रश्न सं.-20

गुलाब को उपदेश देने की आवश्यकता
नहीं होती है, वह तो केवल
अपनी खुशबू बिखेरता है,
उसकी खुशबू ही उसका संदेश है।

हिंदी कहानी : एम.एच.डी.-11
दिसम्बर, 2018

नोट: प्रथम प्रश्न अनिवार्य है। शेष प्रश्नों में से किन्हीं तीन प्रश्नों के उत्तर दीजिए।

प्रश्न 1. निम्नलिखित गद्यांशों में से किन्हीं दो की संदर्भ-सहित व्याख्या कीजिए:

(क) अब शकलदीप बाबू और भी व्यस्त रहने लगे। पूजा-पाठ का उनका कार्यक्रम पूर्ववत् जारी था। लोगों से बातचीत करने में उनको काफी मजा आने लगा और वे बातचीत के दौरान ऐसी स्थिति उत्पन्न कर देते कि लोगों को कहना पड़ता कि नारायण अवश्य ही ले लिया जाएगा। वे अपने घर पर एकत्रित नारायण तथा उसके मित्रों की बातें छिपकर सुनते और कभी-कभी अचानक उनके दल में घुस जाते तथा जबरदस्ती बात करने लगते। कभी-कभी नारायण को अपने पिता की यह हरकत बहुत बुरी लगती और वह क्रोध में दूसरी ओर देखने लगता। रात में शकलदीप बाबू चौंककर उठ बैठते और बाहर आकर कमरे में लड़के को सोते देखने लगते या आँगन में खड़े होकर आकाश को निहारने लगते।

(ख) और अगर यह सच है तो यह भी सही है कि उनकी संस्कृति और आत्मा का संकट हमारी संस्कृति और आत्मा का संकट है। यही कारण है कि आजकल के लेखक और कवि अमरीकी, ब्रिटिश तथा यूरोपीय साहित्य तथा विचारधाराओं में गोते लगाते हैं और वहाँ से अपनी आत्मा को शिक्षा और संस्कृति प्रदान करते हैं! क्या यह झूठ है? बोलो कि झूठ है? हमारे तथाकथित राष्ट्रीय अखबार और प्रकाशन-केंद्र! वे अपनी विचारधारा और दृष्टिकोण कहाँ से लेते हैं?

(ग) "मेरा हाल तो खुदा जानता है। चिराग वहाँ साथ होता, तो और बात थी, ... मैंने उसे कितना समझाया था कि मेरे साथ चला चल। पर वह जिद पर अड़ा रहा कि नया मकान छोड़कर नहीं जाऊँगा – यह अपनी गली है, यहाँ कोई खतरा नहीं है। भोले कबूतर ने यह नहीं सोचा कि गली में खतरा न हो, पर बाहर से तो खतरा हो सकता है, मकान की रखवाली के लिए चारों ने अपनी जान दे दी। रक्खे, उसे तेरा

बहुत भरोसा था। कहता था कि रक्खे के रहते मेरा कोई कुछ नहीं बिगाड़ सकता। मगर जब जान पर बन आयी तो रक्खे के रोके भी न रुकी।"

(घ) बारह साल की सिलिया डरी, सहमी-सी एक कोने में खड़ी थी और मामी अपनी बेटी मालती को बाल पकड़कर मार रही थी, साथ ही जोर-जोर से चिल्लाकर कहती जा रही थी, "क्यों री, तुझे नहीं मालूम, अपन वा कुएँ से पानी नहीं भर सके हैं? क्यों चढ़ी तू वा कुआँ पर, क्यों रस्सी-बाल्टी को हाथ लगाया?" और वाक्य पूरा होने के साथ ही दो-चार झापड़, घूँसे और बरस पड़ते मालती पर। बेचारी मालती, दोनों बाँहों में अपना मुँह छिपाए चीख-चीखकर रो रही थी। साथ ही कहती जा रही थी, 'ओ बाई, माफ कर दो, अब ऐसा कभी नहीं करूँगी'।

प्रश्न 2. 'अमरकांत की 'डिप्टी कलक्टरी' प्रतीक्षा, मोहभंग और हताशा की कहानी है" – इस कथन की समीक्षा कीजिए।

प्रश्न 3. शेखर जोशी की कहानियों पर विचार करते हुए उनकी आँचलिक दृष्टि को रेखांकित कीजिए।

प्रश्न 4. 'तलाश' कहानी की अंतर्वस्तु पर विचार कीजिए।

प्रश्न 5. साठोत्तरी कहानी पर विचार करते हुए 'सुख' कहानी का महत्त्व निर्धारित कीजिए।

प्रश्न 6. 'हरी बिंदी' कहानी में अभिव्यक्त स्त्री-दृष्टि का मूल्यांकन कीजिए।

प्रश्न 7. निम्नलिखित में से किन्हीं दो पर टिप्पणियाँ लिखिए:
(क) नई कहानी
(ख) कथाकार रवीन्द्र कालिया
(ग) 'यही सच है' का महत्त्व
(घ) कथाकार ज्ञानरंजन

हिंदी कहानी : एम.एच.डी.-11
जून, 2019

नोट: प्रथम प्रश्न अनिवार्य है। शेष प्रश्नों में से किन्हीं तीन प्रश्नों के उत्तर दीजिए।

प्रश्न 1. निम्नलिखित गद्यांशों में से किन्हीं दो की संदर्भ-सहित व्याख्या कीजिए:

(क) घर पहुँचकर दो दिन तक बेसुध पड़ा रहा हिरामन। होश में आते ही उसने कान पकड़कर कसम खायी थी - अब कभी ऐसी चीजों की लदनी नहीं लादेंगे। चोरबाजारी का माल? तोबा, तोबा ! ....पता नहीं मुनीमजी का क्या हुआ। भगवान जाने उसकी सग्गड़ गाड़ी का क्या हुआ ! असली इस्पात लोहे की धुरी थी। दोनों पहिए तो नहीं, एक पहिया एकदम नया था। गाड़ी में रंगीन डोरियों के फुँदने बड़े जतन से गूँथे गए थे।

उत्तर–प्रसंग–प्रस्तुत गद्यांश श्री फणीश्वरनाथ रेणु की अमर कहानी 'तीसरी कसम' से उद्धृत है। गाड़ीवान हीरामन जो तीसरी कसम खाता है वह एक असाधारण और अभूतपूर्व घटना थी। यह कसम सहज, सरल, भोले और निश्छल हीरामन के हृदय पर हीराबाई के संसर्ग व सौंदर्य तथा कला के अभूतपूर्व संयोजन से उपजी कोमल भावनाओं व उनके आकस्मिक दमन के फलस्वरूप उपजी स्थिति से संबंधित है। इससे पूर्व उसने जो दो कसमें खाई थी वे उसके गाड़ीवान जीवन में सहज व साधारण थी। पहली कसम यह थी कि वह अपनी गाड़ी में चोर बाजारी का सामान नहीं ढोएगा क्योंकि इसमें पुलिस द्वारा पकड़े जाने तथा बेइज्जती होने का गंभीर खतरा होता है जिसे वह एक बार भुगत चुका है। प्रस्तुत प्रसंग पुलिस से किसी प्रकार बच निकलने के बाद घर पहुँचने के बाद का है।

व्याख्या–पुलिस से किसी प्रकार बचकर गाड़ी को वहीं छोड़कर जब वह घर पहुँचा तो दो दिनों तक तो उसे होश ही नहीं रहा। होश में आने पर उसने कसम खाई कि भविष्य में अपनी गाड़ी में चोर बाजारी का सामान लादकर गाड़ी नहीं चलाएगा क्योंकि इसमें पुलिस द्वारा पकड़े जाने का भय निरंतर बना रहता है। इस बीच उसे खयाल आता है कि जो मुनीम उस सामान की गाँठों के बीच दुबक कर छिपा बैठा था न जाने उसका क्या हाल हुआ होगा। इसके साथ ही उसे अपनी प्यारी गाड़ी का भी ध्यान आया जिसे वह वहीं छोड़ आया था। उस गाड़ी की धुरी असली इस्पात की बनी हुई थी। गाड़ी के दोनों पहियों को याद कर वह सोच रहा है कि उनमें से एक पहिया तो बिल्कुल नया था। इसके साथ ही गाड़ी की सजावट के लिए बड़े यत्न के साथ तैयार किए गए रंगीन डोरियों वाले फुँदने भी लगे थे जो गाड़ी की शोभा को चार चाँद लगा रहे थे।

विशेष– (i) लेखक ने गाड़ीवान हीरामन की दशा का तथा उसकी प्रिय गाड़ी का सजीव चित्रण किया है।

(ii) गद्यांश की भाषा सरल, सारगर्भित एवं अवसर के अनुकूल है।

(ख) शकलदीप बाबू कुछ देर तक आँखों को साश्चर्य फैलाकर अपने लड़के को देखते रहे, जैसे किसी आनंददायी रहस्य का उन्होंने अचानक पता लगा लिया हो। फिर वे चुपचाप धीरे-से पीछे हट गए और वहीं खड़े होकर जरा मुस्कराए और फिर दबे पाँव धीरे-धीरे वापस लौटे और अपने कमरे के सामने ओसारे के किनारे खड़े होकर आसमान को उत्सुकतापूर्वक निहारने लगे।

उत्तर–प्रसंग: प्रस्तुत गद्यांश अमरकांत की प्रसिद्ध कहानी 'डिप्टी कलेक्टरी' से अवतरित है। इस कहानी में एक निम्न मध्यवर्गीय परिवार की आर्थिक कठिनाइयों को यथार्थ रूप में प्रस्तुत किया गया है। इस कहानी के नायक शकलदीप मुख्तार है हालाँकि यह मुख्तारी अब उनसे चलाए नहीं चल रही किंतु राम का नाम लेकर कचहरी चले जाते हैं। इससे किसी प्रकार उनका चूल्हा चौका चल रहा है और वे पुत्र नारायण से आशा कर रहे हैं कि डिप्टी कलक्टरी के जिस पद के लिए नारायण ने आवेदन किया है वह उसे मिल जाएगा और उनकी स्थिति ठीक हो जाएगी। यह प्रसंग उस अवसर का है जब शकलदीप नारायण में झाँककर देखते हैं जो उस पद की परीक्षा की तैयारी कर रहा है।

व्याख्या–नारायण के कमरे में दबे पाँव पहुँचकर शकलदीप ने अपनी आँखों से देखा कि नारायण उस प्रतियोगी परीक्षा की तैयारी के सिलसिले में मेज पर रखी लालटेन के सामने सिर झुकाकर कुछ पढ़ रहा था। शकलदीप के मन में आश्चर्य मिश्रित हर्ष के इस दृश्य को देखकर कई आशाजनक विचार आने लगे। उसे लगा कि शीघ्र ही उसका बेटा एक बड़े पद की नौकरी पा लेगा और उनकी सारी दरिद्रता हमेशा के लिए दूर हो जाएगी। इस दृश्य को देखने के बाद वे चुपचाप धीरे-धीरे वापस लौट आए और अपने कमरे के सामने ओसारे के किनारे खड़े होकर आकाश की ओर देखने लगे मानो वे अपने पुत्र की सफलता की दुआ ईश्वर से माँग रहे हों।

विशेष–(i) इस गद्यांश में एक निम्नमध्यवर्गीय परिवार की उस आर्थिक दशा का चित्रण किया गया है जिसे आशा है कि उनकी संतान के कमाऊ हो जाने पर उनकी सारी दरिद्रता दूर हो जाएगी। हालाँकि अधिकांश बार यह आशा पूरी नहीं हो पाती।

(ii) गद्यांश की भाषा सरल, सारगर्भित एवं अवसर के अनुकूल है।

(ग) गाड़ी जब हावड़ा स्टेशन के प्लेटफार्म पर प्रवेश करती है तो जाने कैसी विचित्र आशंका, विचित्र-से भय से मेरा मन भर जाता है। प्लेटफार्म पर खड़े असंख्य नर-नारियों में मैं इरा को ढूँढ़ती हूँ। वह कहीं दिखाई नहीं देती। नीचे उतरने के बजाय खिड़की में से ही दूर-दूर तक नजरें दौड़ाती हूँ।........आखिर एक कुली को बुलाकर, अपना छोटा सा सूटकेस और बिस्तर उतारने का आदेश दे, मैं नीचे उतर पड़ती हूँ। उस भीड़ को देखकर मेरी दहशत जैसे और बढ़ जाती है। तभी किसी के हाथ के स्पर्श से मैं बुरी तरह चौंक जाती हूँ। पीछे देखती हूँ, तो इरा खड़ी है।

उत्तर–प्रसंग–प्रस्तुत गद्यांश मन्नू भंडारी की अमर कहानी 'यही सच है' से उद्धृत है।

यह कहानी प्रेम के एक ऐसे त्रिकोण पर आधारित है जिसमें एक स्त्री दो पुरुषों से अलग-अलग शहरों में प्रेम करते हुए यह अनुभव करती है कि वह जब जहाँ जिसके साथ है उसका प्रेम ही उसके लिए वास्तविक है। प्रस्तुत प्रसंग उस अवसर का है जब लेखिका (दीपा) अपने इंटरव्यू के सिलसिले में कलकत्ता पहुँच रही है जहाँ उसका पुराना प्रेमी आजकल रह रहा है तथा एक सहेली भी रहती है जिसका नाम इरा है।

व्याख्या—लेखिका की गाड़ी इस समय कलकत्ता के हावड़ा स्टेशन पर पहुँच चुकी है और पुराने मित्र निशीथ को ध्यान में रखते हुए अनेक प्रकार के विचार उसके मन में उमड़ रहे हैं। हालाँकि इरा ने उसे स्टेशन पर आने का भरोसा दिया है अत: प्रत्यक्ष रूप में वह इस समय इरा को ही ढूँढ रही है जो लोगों की भीड़ में फिलहाल उसे दिखाई नहीं पड़ रही है। वह खिड़की से बार-बार झाँक रही है कि शायद इरा दिखाई पड़ जाए। काफी प्रतीक्षा के बाद भी जब उसे इरा नजर नहीं आती तो वह अंत: कुली को बुलाकर अपना सामान नीचे उतारने के लिए कहती है तथा खुद भी नीचे उतर जाती है। भीड़ को देखकर वह घबराहट का अनुभव करती है। तभी पीछे से उसे किसी हाथ के स्पर्श का अनुभव होता है। पीछे मुड़कर देखने पर पता चलता है कि वह इरा ही थी जिसकी वह प्रतीक्षा कर रही थी।

विशेष—(i) यह कहानी एक नई जीवन दृष्टि की बोधक है जिसमें यह प्रदर्शित किया गया है कि आज की महिला प्रेम के मामले में रिश्तों के नए संदर्भ गढ़ रही है, जो दो भिन्न-भिन्न युवकों से प्रेम करती है और जब जिसके साथ रहती है उसे ही वह सच्चा प्रेमी लगता है।

(ii) कहानी की भाषा सरल किंतु अवसर के अनुकूल है।

(घ) मैं सड़क पार कर लेता हूँ। जंगली, बेमहक लेकिन खूबसूरत विदेशी फूलों के नीचे ठहर-सा जाता हूँ कि जो फूल, भीत के पासवाले अहाते की आदमकद दीवार के ऊपर फैल, सड़क के बाजू पर बाँहें बिछाकर झुक गए हैं। पता नहीं कैसे, किस साहस से व क्यों, उसी अहाते के पास बिजली का ऊँचा खंभा - जो पाँच-छह दिशाओं में जाने वाली सूनी सड़कों पर तारों की सीधी लकीरें भेज रहा है - मुझे दिखता है और एकाएक खयाल आता है कि दुमंजिला मकानों पर चढ़ने की एक ऊँची निसैनी उसी से टिकी हुई है। शायद, ऐसे मकानों की लम्ब-तड़ंग भीतों की रचना अभी भी पुराने ढंग से होती है।

उत्तर–प्रसंग—प्रस्तुत गद्यांश गजानन माधव मुक्तिबोध की प्रसिद्ध कहानी 'क्लॉड ईथरली' से अवतरित है। इस कहानी का नामकरण उस रोमन कैथोलिक ईसाई व्यक्ति के नाम पर किया गया है जिसने विमान चालक के रूप में हिरोशिमा पर परमाणु बम गिराया था और मलबे में दबे हिरोशिमा की हालत देखने पर उसके मन में करुणा उमड़ आई है। अमेरिकी सरकार ने उसे ईनाम देकर वार हीरो घोषित कर दिया किंतु पापबोध के कारण वह दंड स्वीकार करके जेल जाना चाहता है। प्रस्तुत प्रसंग उसी जेलखाने का है जिसमें दो पीली स्फटिक सी तेज आँखों वाला क्लॉड ईथरली आजकल बंद है। प्रस्तुत गद्यांश इसी दृश्य को देखने के तुरंत पहले का है तथा इस कहानी की प्रथम पंक्ति के रूप में प्रस्तुत किया गया है।

व्याख्या—कहानी के तीन प्रमुख पात्रों में से एक लेखक स्वयं सड़क पार कर रहा है। उसे सामने एक आदमकद दीवार दिख रही है जिसके दोनों ओर विदेशी फूलों के झुके होने का दृश्य

है। इस दीवार के पास ही बिजली का एक खंभा भी है जिस पर खिंचे हुए तार चारों दिशाओं की ओर फैल रहे हैं। इसी खंभे से एक ऊँची सीढ़ी टिकी हुई है जिसकी सहायता से उन दो मंजिले मकानों पर चढ़ा जा सकता है। लेखक का मानना है कि उस क्षेत्र में आज भी मकानों के बनाए जाने तथा उन पर चढ़ने का शायद यही तरीका प्रयोग में लाया जाता है। लेखक भी उसी सीढ़ी का प्रयोग कर ऊपर चढ़ जाता है जिसकी छत से उसे पागलखाने के उस कमरे का दृश्य दिखाई पड़ता है जिसमें ईथरली दिखाई पड़ रहा है।

विशेष—(i) अपने कथ्य को और अधिक प्रभावशाली तथा संवेदनशील बनाने के लिए लेखक ने फैंटेसी को एक उपकरण के रूप में प्रयोग किया है।

(ii) गद्यांश की भाषा सरल, सरगर्भित तथा विषय के अनुरूप है।

प्रश्न 2. 'नई कहानी' आंदोलन में फणीश्वरनाथ रेणु के योगदान को रेखांकित कीजिए।

उत्तर—देखें अध्याय-1, प्रश्न सं.-2 (पेज नं.-8)

प्रश्न 3. 'डिप्टी कलक्टरी' कहानी का मूल्यांकन कीजिए।

उत्तर—देखें अध्याय-1, प्रश्न सं.-11 (पेज नं.-34)

प्रश्न 4. 'बदबू' कहानी का प्रतिपाद्य स्पष्ट कीजिए।

उत्तर—देखें अध्याय-1, प्रश्न सं.-15 (पेज नं.-45)

प्रश्न 5. 'मलबे का मालिक' कहानी के प्रमुख चरित्रों पर प्रकाश डालिए।

उत्तर—देखें अध्याय-2, प्रश्न सं.-26 (पेज नं.-119)

प्रश्न 6. "'बोलने वाली औरत' कहानी की दीपशिखा आम मध्यवर्गीय परिवारों की स्त्रियों का प्रतिनिधित्व करती है।" इस कथन की समीक्षा कीजिए।

उत्तर—देखें अध्याय-4, प्रश्न सं.-19 (पेज नं.-218)

प्रश्न 7. निम्नलिखित में से किन्हीं दो पर टिप्पणियाँ लिखिए:

(क) 'बायोडाटा' कहानी का कथ्य

उत्तर—देखें अध्याय-5, प्रश्न सं.-10 (पेज नं.-241)

(ख) 'सिलिया' कहानी में अभिव्यक्त दलित स्त्री चेतना

उत्तर—देखें अध्याय-5, प्रश्न सं.-17 (पेज नं. 258)

(ग) सचेतन कहानी

उत्तर—देखें अध्याय-4, प्रश्न सं.-16 (पेज नं.-207)

(घ) काशीनाथ सिंह

उत्तर—देखें अध्याय-4, प्रश्न सं.-8 (पेज नं.-190)

हिंदी कहानी : एम.एच.डी.-11
दिसम्बर, 2019

नोट: प्रथम प्रश्न अनिवार्य है। शेष प्रश्नों में से किन्हीं तीन प्रश्नों के उत्तर दीजिए।

प्रश्न 1. निम्नलिखित गद्यांशों में से किन्हीं दो की संदर्भ सहित व्याख्या कीजिए–

(क) एक तो पीठ में गुदगुदी लग रही है। दूसरे रह-रहकर चम्पा का फूल खिल जाता है उसकी गाड़ी में। बैलों को डाँटो तो 'इस-बिस' करने लगती है उसकी सवारी। ..... उसकी सवारी! औरत अकेली, तम्बाकू बेचने वाली बूढ़ी नहीं! आवाज सुनने के बाद वह बार-बार मुड़कर टप्पर में एक नजर डाल देता है, अंगोछे से पीठ झाड़ता है। ... . भगवान जाने क्या लिखा है इस बार उसकी किस्मत में! गाड़ी जब पूरब की ओर मुड़ी, एक टुकड़ा चाँदनी उसकी गाड़ी में समा गयी। सवारी की नाक पर एक जुगनू जगमगा उठा। हिरामन को सब कुछ रहस्यमय-अजगुत-अजगुत लग रहा है। सामने चम्पानगर से सिंधिया गाँव तक फैला हुआ मैदान! ..... कहीं डाकिन-पिशाचिन तो नहीं?

उत्तर– प्रसंग–प्रस्तुत गद्यांश फणीश्वरनाथ रेणु की कहानी तीसरी कसम से उद्धृत है। इस कहानी में नायक हिरामन पहली बार एक पतुरिया को अपनी गाड़ी में सवारी के तौर पर लेकर जा रहा है तो उस समय उसके मन में कैसी भावनाएँ हिलोरें मार रही है, यह इस गद्यांश में वर्णित किया गया है।

व्याख्या–उस पतुरिया को गाड़ी में बैठी देखते हुए हिरामन के पीठ में गुदगुदी सी अनुभव हो रही है। जब वह हँसती है तो मानो चम्पा का फूल खिल जाता है। जब हिरामन अपने बैलों को तेज चलने के लिए डाँटने का प्रयास करता है तो नायिका को यह अच्छा नहीं लगता और वह 'इस-बिस' जैसी आवाजें निकालने लगती है। इस समय जवान हिरामन की गाड़ी में एक अकेली औरत बैठी है और वह भी कोई बुढ़िया नहीं–जवान औरत। उस औरत की आवाज सुनकर वह गाड़ी के टप्पर में मुड़कर देखता है और मन को समझाने का प्रयत्न करते हुए अंगोछे से अपनी पीठ झाड़ता है। वह पहली बार एक पतुरिया को सवारी के रूप में ले जा रहा है तो ईश्वर से पूछ बैठता है कि न जाने उसकी किस्मत में क्या लिखा है। जब उसकी गाड़ी पूर्व दिशा की ओर मुड़ती है तो चंद्रमा की रोशनी का हिस्सा उसकी गाड़ी में भी पड़ने लगा। इस चाँदनी का एक हिस्सा जब नायिका की नाक पर पड़ा तो ऐसा लग रहा था मानो एक जुगनू वहाँ पर बैठ गया हो। इस दृश्य को देखकर हिरामन को यह दृश्य रहस्यमय सा लग रहा था सामने एक विशाल मैदान था जो चम्पा नगर से सिंधिया गाँव तक फैला हुआ था–उसके मन में शंका हो उठी कि कहीं यह कोई डाकिन या पिशाचिनी तो नहीं।

विशेष– (i) इस कहानी में यौवनावस्था के सहज आकर्षण की झलक प्रस्तुत की गई है।

(ii) कहानी की भाषा सरल और प्रसंग के अनुकूल है।

(ख) उसे कैसे बताऊँ कि मेरे प्यार का, मेरी कोमल भावनाओं का, भविष्य की मेरी अनेकानेक योजनाओं का एकमात्र केंद्र संजय ही है। यह बात दूसरी है कि चाँदनी रात में, किसी निर्जन स्थान में, पेड़ तले बैठकर भी मैं अपनी थीसिस की बात करती हूँ या वह अपने ऑफिस की, मित्रों की बातें करता है, या हम किसी और विषय पर बात करने लगते हैं ..... पर इस सबका यह मतलब तो नहीं कि हम प्रेम नहीं करते! वह क्यों नहीं समझता कि आज हमारी भावुकता यथार्थ में बदल गई है, सपनों की जगह हम वास्तविकता में जीते हैं! हमारे प्रेम को परिपक्वता मिल गई है, जिसका आधार पाकर वह अधिक गहन हो गया है, स्थायी हो गया है।

उत्तर– प्रसंग–प्रस्तुत गद्यांश मन्नु भंडारी की प्रसिद्ध कहानी यही सच है से उद्धृत है। इस कहानी में नायिका दीपा के माध्यम से नारी के अंतर्द्वंद्व पूर्ण प्रेम को शहरी वातावरण में बड़ी स्वाभाविकता के साथ चित्रित किया गया है। प्रस्तुत प्रसंग में नायिका अपने मन की बात को स्पष्ट करते हुए कह रही है कि चाहे मैं और संजय अपने थीसिस अथवा कार्यालय की बातें करें किंतु वस्तुतः तो वे एक दूसरे के आकर्षण में बँधते चले जा रहे हैं।

व्याख्या– दीपा मन ही मन यह स्वीकार कर रही हैं कि चाहे मैं और संजय के साथ बैठकर अपने थीसिस की बातें करें या फिर वह अपने कार्यालय की बात करें किंतु वास्तव में तो हम एक दूसरे के प्रति आकृष्ट होते चले जा रहे हैं और मेरी भविष्य की अनेकनेक योजनाओं का केंद्र बिंदु संजय ही बनता जा रहा है; जब भी चाँदनी रात में हम किसी निर्जन स्थान पर बैठे होते हैं तब हमारे सपने एक प्रेमी प्रेमिका के सपनों के समान ही होते है। पर संजय इस बात को समझ क्यों नहीं पा रहा कि हमारे जीवन की भावुकता जब धीरे-धीरे यर्थाथता में परिणत होती जा रही है। वस्तुतः वह मान रही है कि उनका प्रेम अब परिपक्व हो रहा है और वह धीरे-धीरे और अधिक गहरा होता जा रहा है और एक तरह से स्थाई रूप ग्रहण करता जा रहा है।

विशेष– (i) इस गद्यांश में नारी के पुरूष के प्रति प्रेम से संबंधित अंतर्द्वंद्व का चित्रण नारी हृदय के मनोविश्लेषण के संदर्भ में किया गया है।

(ii) कहानी की भाषा, सरल एवं प्रसंग के अनुकूल है।

(ग) यह कौन शख्स है, जो मुझसे इस तरह बात कर रहा है? लगा कि मैं सचमुच इस दुनिया में नहीं रह रहा हूँ, उससे कोई दो सौ मील ऊपर आ गया हूँ जहाँ आकाश, चाँद-तारे सूरज सभी दिखायी देते हैं। रॉकेट उड़ रहे हैं। आते हैं, जाते हैं और पृथ्वी एक चौड़े नीले गोल जगत् सी दिखाई दे रही है, जहाँ हम किसी एक देश के नहीं हैं, सभी देशों के हैं। मन में एक भयानक उद्धेगपूर्ण भारहीन चंचलता है। कुल मिलाकर, पल-भर यही हालत रही। लेकिन वह पल बहुत ही घनघोर था। भयावह और संदिग्ध!

उत्तर– प्रसंग–प्रस्तुत गद्यांश गजानन माधव मुक्तिबोध की कहानी 'क्लॉड ईथरली' से उद्धृत है। यह कहानी अणुयुद्ध की भीषणता का मार्मिकता से चित्रण करती है। और धनी देशों

की स्वार्थपरता और षड्यंत्रयुक्त चेहरे की पोल खोलती है। क्लॉड ईथरली वह अमरीकी विमान चालक है जिसने हिरोशिमा पर बल गिराया था और आज मलबे में बदले हिरोशिमा की हालत देखने पर उसके मन में करूणा उमड़ आई है। इस पाप बोध के कारण दंड स्वीकार करके वह जेल जाना चाहता है।

व्याख्या–जब जनाना आदमी ने लेखक को क्लॉड ईथरली के बारे में बताया तो लेखक मानो स्वपनों की दुनिया में खो गया। उसे लगा कि मानो वह इस दुनिया में नहीं रहकर काफी ऊपर आकाश में आ गया है जहाँ पर उसे सूर्य, चंद्रमा, तारे आदि सभी दिखाई पड़ रहे हैं। मानो राकेट उड़ रहे है और संपूर्ण पृथ्वी को भी देखा जा सकता है जहाँ पर हम किसी एक देश के नहीं अपितु विभिन्न देशों के वासी विद्यमान हैं। उसका मन उद्वेगपूर्ण चंचलता से भर जाता है और थोड़ी देर तक यही स्थिति बनी रहती है। किंतु यह 'थोड़ी देर' बहुत भयावह और संदेहपूर्ण थी। इस मन:स्थिति में मैंने उस जनाने आदमी से पूछ लिया कि क्या वहीं ईथरली इसी पागलखाने में मौजूद है?

विशेष–(i) आणविक युद्ध की विभीषिका का चित्रण एक फैंटेसी के माध्यम से कुशलतापूर्वक किया गया है।

(ii) गद्यांश की भाषा सरल और अवसर के अनुकूल है।

(घ) और फिर दूसरों की दया पर सम्मान? अपने निजत्व को खोकर दूसरों के शतरंज का मोहरा बनकर रह जाना, बैसाखियों पर चलते हुए जीना-नहीं कभी नहीं! सिलिया सोचती-'हम क्या इतने भी लाचार हैं, आत्मसम्मान रहित है, हमारा अपना भी तो कुछ अहम् भाव है। उन्हें हमारी जरूरत है, हमको उनकी जरूरत नहीं। हम उनके भरोसे क्यों रहें। पढ़ाई करूँगी, पढ़ती रहूँगी, शिक्षा के साथ अपने व्यक्तित्व को भी बड़ा बनाऊँगी।

उन सभी परंपराओं के कारण का पता लगाऊँगी। जिन्होंने उन्हें अछूत बना दिया है। विद्या, बुद्धि और विवेक से अपने आपको ऊँचा सिद्ध करके रहूँगी।

उत्तर– प्रसंग–प्रस्तुत गद्यांश सुशीला टाकभौरे की कहानी सिलिया से उद्धृत है। इस कहानी में हजारों वर्षों से अभिशप्त दलित समाज की वेदना को दर्शाया गया है। सिलिया इसी दलित समाज की एक लड़की है जो अपने आत्मसम्मान और आत्म स्वाभिमान के लिए समाज से प्रश्नों की झड़ी लगा देती है। प्रस्तुत प्रसंग में इसी प्रकार के प्रश्नों को प्रस्तुत किया गया है।

व्याख्या–इस गद्यांश में दलित परिवार में जन्मी सिलिया दृढ़ संकल्प लेती है कि दूसरों की दाया पर जीने से मिलने वाला सम्मान उसे स्वीकार नहीं है। वह अपने स्वाभामिान को खोकर दूसरों के शतरंज का मोहरा बनकर नहीं जीना चाहती। दूसरे की बैसाखियों का सहारा लेकर जीना उसे मंजूर नहीं है। वह स्वयं से प्रश्न करती है कि क्या हम इतने भी लाचार हैं? वह सच्चाई को उजागर करते हुए कहती है कि उनको हमारी आवश्यकता है और हमको उनकी जरूरत नहीं है तो हम उनके भरोसे पर क्यों रहे। वह दृढ़निश्चय करती है कि मैं आगे की पढ़ाई करूँगी और उच्च शिक्षा प्राप्त करके अपने व्यक्तित्व को बड़ा बनाऊँगी। उसके बाद में उन कारणों का पता लगाऊँगी जिनके रहते उन्हें अछूत का दर्जा दे दिया गया। मैं विद्या प्राप्त करके तथा बुद्धि और विवेक के बल पर अपने आपको नई ऊँचाइयों तक लेकर जाऊँगी तथा सिद्ध कर दूँगी कि मैं भी किसी से कम नहीं।

प्रश्न 2. " 'बदबू' में पूँजीवादी व्यवस्था द्वारा मनुष्य की संवेदना को चोट पहुँचाने का विरोध है।" इस कथन पर विचार कीजिए।

उत्तर— देखें अध्याय-1, प्रश्न सं.-15 (पेज नं.-45)

प्रश्न 3. 'मलबे का मालिक' की मूल संवेदना पर प्रकाश डालिए।

उत्तर— देखें अध्याय-2, प्रश्न सं.-26 (पेज नं.-119)

प्रश्न 4. 'ड्राइंग रूम' कहानी की अंतर्वस्तु पर विचार कीजिए।

उत्तर— देखें अध्याय-3, प्रश्न सं.-11 (पेज नं.-160)

प्रश्न 5. 'बोलने वाली औरत' कहानी के आधार पर कथाकार की स्त्री-दृष्टि का विवेचन कीजिए।

उत्तर— देखें अध्याय-4, प्रश्न सं.-18, 19 (पेज नं.-214, 218)

प्रश्न 6. 'तलाश' कहानी के शीर्षक की सार्थकता पर विचार कीजिए।

उत्तर— देखें अध्याय-5, प्रश्न सं.-22 (पेज नं.-263)

प्रश्न 7. निम्नलिखित में से किन्हीं दो पर टिप्पणियाँ लिखिए–
(क) साठोत्तरी कहानी

उत्तर— देखें जून-2018, प्रश्न सं.-7(ग) (पेज नं.-278)

(ख) कथाकार असगर वज़ाहत

उत्तर— देखें अध्याय-5, प्रश्न सं.-4 (पेज नं.-230)

(ग) 'सुख' कहानी का महत्त्व

उत्तर— देखें अध्याय-4, प्रश्न सं.-11 (पेज नं.-194)

(घ) 'हँसा जाई अकेला' की भाषा शैली

उत्तर— देखें अध्याय-2, प्रश्न सं.-12 (पेज नं.-99)

हिंदी कहानी : एम.एच.डी.-11
जून, 2020

नोट: प्रथम प्रश्न अनिवार्य है। शेष प्रश्नों में से किन्हीं तीन प्रश्नों के उत्तर दीजिए।

प्रश्न 1. निम्नलिखित गद्यांशों में से किन्हीं दो की संदर्भ सहित व्याख्या कीजिए–

(क) एक तो पीठ में गुदगुदी लग रही है। दूसरे रह-रहकर चम्पा का फूल खिल जाता है उसकी गाड़ी में। बैलों को डाँटो तो 'इस-बिस' करने लगती है उसकी सवारी। .... उसकी सवारी! और अकेली, तम्बाकू बेचने वाली बूढ़ी नहीं! आवाज सुनने के बाद वह बार-बार मुड़कर टप्पर में एक नजर डाल देता है; अँगोछे से पीठ झाड़ता है। .... भगवान जाने क्या लिखा है इस बार उसकी किस्मत में! गाड़ी जब पूरब की ओर मुड़ी, एक टुकड़ा चाँदनी उसकी गाड़ी में समा गई। सवारी की नाक पर एक जुगनू जगमगा उठा। हिरामन को सब कुछ रहस्यमय-अजगुत-अजुगत लग रहा है। सामने चम्पानगर से सिंधिया गाँव तक फैला हुआ मैंदान!............कहीं डाकिन-पिशाचिन तो नहीं?

उत्तर– देखें दिसम्बर-2019, प्रश्न सं.-1(क)

(ख) नल के इर्द-गिर्द घिरे हुए सभी कामगारों के थके उदास चेहरे पर भी उसकी बातें सुनकर हँसी खिल गई। घासी ने ही फिर बात को स्पष्ट किया–"ये भाई भी अभी हाथ नाक पे ले जाके सूँघ रहे थे, तभी किस्सा याद आया। पहले-पहल हम भी ऐसे ही सूँघा करें थे। पर अब तो ससूरा पता नहीं लगता। किसी बार तो साबुन नहीं मिलता, ऐसे ही पोंछ-पाँछ के रोटी खाने बैठ जाते हैं।"

उत्तर– प्रसंग–प्रस्तुत पंक्तियाँ श्री शेखर जोशी की प्रसिद्ध कहानी 'बदबू' से अवतरित है। इस कहानी में उन्होंने कारखाने में काम करने वाले लोगों की जिंदगी के बारे में विवरण प्रस्तुत किया है। इसमें कारखाने में काम करने वाले मजदूरों की जिंदगी, उनके हास-परिहास, उनके परिवारों की स्थिति सभी का अंकन शेखर जोशी कुशलता से करते हैं।

व्याख्या–कारखाने में नए भर्ती हुए नौजवान को बार-बार साबुन से हाथ धोता देखकर कारखाने के मजदूर धासी द्वारा एक किस्सा सुनाया जाता है जिसे सुनकर हाथ धोने की लाइन में लगे मजदूर अपनी उदासी तथा थकान को भूलकर हँसने लगते हैं। धासी द्वारा फिर उस किस्से का मर्म स्पष्ट किया जाता है कि उसे यह किस्सा उस नौजवान को देखकर याद आया, क्योंकि पहले वे सभी मजदूर भी उसी तरह बार-बार साबुन से हाथ धोया करते थे परंतु अब उन्हें उस

बदबू की आदत हो गई है और कभी-कभी तो साबुन न मिलने पर वे बिना हाथ धोए भी खाना खा लेते हैं।

विशेष–(1) इस कहानी में लेखक ने पूँजीवादी व्यवस्था में मानवीय संवेदनाओं की स्थिति का चित्रण किया है, जहाँ बदबू होते हुए भी कारखाने के मजदूरों को बदबू महसूस नहीं होती।

(2) इस कहानी में लेखक यह संदेश देना भी नहीं भूलता कि हताशा का वातावरण होने के बावजूद मजदूर वर्गों में चेतना का धरातल अभी पूरी तरह भरा नहीं है।

(3) कहानी की भाषा सरल किंतु प्रवाहपूर्ण है।

(ग) गली में खबर इस तरह फैली थी कि गली के बाहर एक मुसलमान खड़ा है जो रामदासी के लड़के को उठाने जा रहा था। उसकी बहन वक्त पर उसे पकड़ लाई, नहीं तो वह मुसलमान उसे ले गया होता। यह खबर मिलते ही जो स्त्रियाँ गली में पीढ़े बिछाकर बैठी थीं वे पीढ़े उठाकर घरों के अंदर चली गईं। गली में खेलते बच्चों को भी उन्होंने पुकार-पुकारकर घरों के अंदर बुला लिया। मनोरी गनी को लेकर गली में दाखिल हुआ, तो गली में सिर्फ एक फेरीवाला रहा गया था, यह रक्खा पहलवान जो कुएँ पर उसे पीपल के नीचे बिखरकर सोया था। हाँ, घरों की खिड़कियों में से और किबाड़ों के पीछे से कई चेहरे गली में झाँक रहे थे।

उत्तर– प्रसंग–नई कहानी के भाषा विकास में अपने अद्वितीय योगदान के माध्यम से नई कहानी लेखन की दशा-दिशा परिवर्तित करने वाले महान कहानीकार मोहन राकेश के लेखन 'मलबे का मालिक' से ली गई यह पंक्तियाँ धर्म के आधार पर होने वाले भारत-पाक विभाजन की विभीषिका का मार्मिक वर्णन करती है।

व्याख्या–महान कहानीकार मोहन राकेश ने उक्त पंक्तियों के माध्यम से 1947 के भारत-पाकिस्तान के हिंदू-मुस्लिम के आधार पर विभाजन से उपजी मानवीय महत्त्वाकांक्षाओं की निरर्थकता तथा उसके रूप में उत्पन्न हुई हिंसा और विनाश की पृष्ठभूमि को आमजन के मध्य पहुँचाने की भली-भाँति सफल कोशिश की है, विभाजन के समय मुसलमान 'गनी' के परिवार की हत्या और बेटियों का बलात्कार 'रकखा' पहलवान ने किया था तथा उसके नवनिर्मित मकान पर कब्जा कर लिया था और आज जब 'हॉकी' मैच देखने के बहाने 'गनी' अपने मकान, गली, मुहल्लों की तरफ रूख करता है तो सभी लोग उसे बच्चा चोर समझते हैं, जिस रामदासी के बच्चे को वात्सल्य भावना से वह रोने से चुप कराने के लिए पैसे देने की सोचता है, गली में उसी बच्चे की उस मुसलमान द्वारा अपहरण करने की कोशिश करने की खबर फैल जाती है, और खबर सुनते ही सभी स्त्रियाँ जो गलियारों में बैठी थी अपने-अपने बच्चों को बुलाकर घर के अंदर चली गई।

मगर 'मनोरी' गनी मुसलमान को पहचान लेता है तथा उन दोनों के मध्य भावुक संवाद के बाद, वह गनी को उसका मकान, जो अब मलबा बन चुका था, दिखाने के लिए जब गली में प्रवेश करता है, तो एक फेरीवाले व कुएँ के पास पीपल के वृक्ष के नीचे सोए पहलवान 'रकखा' को छोड़कर सभी लोग अपने-अपने घरों की खिड़कियों से ही झाँक रहे थे बाहर कोई न था और यह सब बच्चा चोर मुसलमान की गली में आने की अफवाह का परिणाम था लेकिन गनी मुसलमान को मनोरी के साथ देखकर लोगों की शंका अवश्य दूर हुई, फिर भी लेखक

ने यहाँ समाज की उस विड़ंबना का वर्णन मार्मिकतापूर्ण किया है जब उसे अपनी ही जन्मभूमि में बच्चा चोर समझ लिया जाता है, वह भी सिर्फ एक मुसलमान होने के नाते, इस माध्यम से लेखक ने विभाजन पश्चात् लोगों के अंदर उत्पन्न धार्मिक कुंठा को प्रदर्शित किया है।

(घ) मालती को रोता हुआ देख उसे खराब जरूर लगा, मगर वह इस बात को समझ रही थी कि इसमें मालती की ही गलती है, "जब हमें पता है कि हम अछूत दूसरों के कुएँ से पानी नहीं ले सकते तो फिर वहाँ जाना ही क्यों?" वह बकरीवाली कैसे चिल्ला रही थी, "ओरी बाई, दौड़ो री, जा मोड़ी को समझाओं.......... देखो तो, मना करने के बाद भी कुएँ से पानी भर रही है। हमारी रस्सी-बाल्टी खराब कर दई जाने. ....।"

उत्तर– प्रसंग–नारी विमर्श और दलित चेतना के विभिन्न आयामों को उद्घाटित करने वाली लेखिका 'सुशीला टाकभौरे' की कहानी 'सिलिया' से उक्त पंक्तियों को लिया गया है।

व्याख्या–कहानी 'सिलिया' के माध्यम से लेखिका सुशीला टाकभौरे ने दलित स्त्रियों के दुःख, यातना, पीड़ा, आस्था, आकांक्षा व विद्रोह की आग का सहारा लेकर दलित स्त्री जीवन के आवेगपूर्ण अनुभवों की अभिव्यक्ति की है इसमें जाति व्यवस्था पर कुठारघात कर समाज के हर तंतु को झकझोरते हुए धर्म और आस्था को प्रश्नांकित भी किया है बावजूद इनके इस कहानी में नारी चेतना का विषय कहीं-कहीं उलझन भरा महसूस होता है और इसमें सिलिया दलित वर्ग की एक प्रतीक रूप में सामने आती है तथा परंपराओं से इतर चिंतन और विचार उसके मन को कचोटते हैं। जब वह मालती को रोता हुआ देखती है तो उसे बहुत बुरा लगता है पर वह यह जानती थी कि इसमें मालती की ही गलती है। मालती को यह पता होने के बाद भी कि दूसरों के कुएँ से अछूत लोग पानी नहीं ले सकते फिर भी वह वहाँ चली जाती है और ऐसा करते देखकर बकरी वाली गुस्से में बोलती है कि देखों तो यह लड़की पागल हो गई है क्या जो हमारे कुएँ से पानी भर रही है। इसे मना कर दिया फिर भी नहीं मानी। हमारी रस्सी और बाल्टी को छूकर इसने गंदा कर दिया।

प्रश्न 2. 'तीसरी कसम' कहानी के आधार पर 'नयी कहानी' की ग्राम-संवेदना को स्पष्ट कीजिए।

उत्तर– देखें अध्याय-1, प्रश्न सं.-1

प्रश्न 3. 'राजा निरबंसिया' कहानी की अंतर्वस्तु का विश्लेषण कीजिए।

उत्तर– देखें अध्याय-1, प्रश्न सं.-20

प्रश्न 4. 'यही सच है' कहानी का प्रतिपाद्य रेखांकित कीजिए।

उत्तर– देखें अध्याय-2, प्रश्न सं.-18

प्रश्न 5. कहानीकार के रूप में रवीन्द्र कालिया के महत्त्व पर प्रकाश डालिए।

उत्तर– देखें अध्याय-3, प्रश्न सं.-6, 7

प्रश्न 6. 'तलाश' कहानी की विशेषताएँ बताइए।
उत्तर— देखें अध्याय-5, प्रश्न सं.-23

प्रश्न 7. निम्नलिखित में से किन्हीं दो पर टिप्पणियाँ लिखिए—
(क) अमरकांत की कहानियों का महत्त्व
उत्तर— देखें अध्याय-1, प्रश्न सं.-10

(ख) 'हंसा' का व्यक्तित्व
उत्तर— देखें अध्याय-2, प्रश्न सं.-10

(ग) 'ड्राइंग रूम' कहानी का जीवन-दर्शन
उत्तर— देखें अध्याय-3, प्रश्न सं.-13

(घ) अकहानी
उत्तर— देखें अध्याय-4, प्रश्न सं.-16

हिंदी कहानी : एम.एच.डी.-11
फरवरी, 2021

नोट: प्रथम प्रश्न अनिवार्य है। शेष प्रश्नों में से किन्हीं तीन प्रश्नों के उत्तर दीजिए।

प्रश्न 1. निम्नलिखित गद्यांशों में से किन्हीं दो की संदर्भ-सहित व्याख्या कीजिए–

(क) शकलदीप बाबू का चेहरा फक पड़ गया। उनके पैरों में जोर नहीं था और मालूम पड़ता था कि वे गिर जाएँगे। जंग बहादुर तो मंदिर में चले गए। लेकिन वे कुछ देर तक वहीं सिर झुकाकर इस तरह खड़े रहे, जैसे कोई भूली बात याद कर रहे हों। फिर वे चौंक पड़े और अचानक उन्होंने तेजी से चलना शुरू कर दिया। उनके मुँह से धीमे स्वर में तेजी से शिव-शिव निकल रहा था। आठ-दस गज आगे बढ़ने पर उन्होंने चाल और तेज कर दी, पर शीघ्र ही बेहद थक गए और एक नीम के पेड़ के नीचे खड़े होकर हाँफने लगे।

उत्तर– संदर्भ–प्रस्तुत पंक्तियाँ मध्यमवर्गीय परिवारों की आर्थिक कठिनाइयों को यथार्थ रूप से प्रस्तुत करने वाले महान कहानीकार अमरकांत की रचना 'डिप्टी कलकटरी' से उद्धत है।

व्याख्या–उक्त पंक्तियों के माध्यम से अमरकांत जी ने एक निम्न मध्यमवर्गीय बाप की मानसिकता को उजागर किया हैं जिसमें बेटा अपनी आर्थिक स्थिति को सुधारने के लिए डिप्टी कलकटरी का पद पाने का सपना देखता है और परीक्षा की तैयारी की अवधि के समयकाल के अवधान को शकलदीप बापू के क्रियाकलाप और मानसिक व्यवहार पर केंद्रित रखा गया है ऐसा लगता है मानो परीक्षा में बेटा बैठ रहा है मगर परीक्षा बाप की हो रही है। शकलदीप बाबू बेटे को डिप्टी कलकटर बनाने को लेकर अत्यंत गंभीर हो जाते हैं तथा जब डिप्टी कलक्टरी का परिणाम आता है तब वह मंदिर में पूजा-उपासना कर रहे है और जब जंगबहादुर सिंह मास्टर उनको बेटे नारायण बाबू के अंतिम सूची में प्रतीक्षा में नाम के बारे में सुनकर थोड़ा असहज हो जाते है और घर की तरह जाते वक्त वह ऐसा महसूस कर रहे थे मानो उनके पैर ताकतहीन हो गए है और फिर घबराकर अचानक मंदिर से घर की ओर चल दिए। इस दौरान वह लगातार अपने मुँह से शिव-शिव का उच्चारण करते जा रहे थे जिससे परिणाम का तनाव कम किया जा सके, वह अपनी चलने की गति भी बढ़ाते है, मगर वृद्ध व्यक्ति हैं थक जाते है तथा नीम के वृक्ष तले विश्राम हेतु बैठ जाते है। जो दर्शाता है कि परीक्षा परिणाम का तनाव बेटे से कई गुना अधिक बाप को था।

अत: यहाँ नहीं कहा जा सकता कि योग्यता के अनुसार जो प्राप्य है वह प्रत्येक योग्य व्यक्ति को प्राप्त हो ही जाएगा, क्योंकि प्राप्तव्य की संख्या सीमित है और योग्य जनसंख्या उसकी अपेक्षा कहीं अधिक है एक, दो या सोलह, सत्रह की गिनती से भी पीछे रह जाने वाले के बारे में यह नहीं कहा जा सकता कि वह योग्य नहीं है। बस अंतर इतना सा है कि उसकी

योग्यता अपना प्राप्तव्य नहीं पाई है। अत: यहाँ अंतिम सूची में नाम आ जाना पर्याप्त सांत्वना न होकर करुण त्रासदी सी जान पड़ती है।

विशेष– (1) लेखक ने निम्न मध्यमवर्गीय परिवार की आर्थिक कठिनाइयों को यथार्थ रूप में प्रस्तुत किया है।

(2) लेखक का वस्तुचयन अत्यंत प्रगतिशील है।

(3) मध्यम वर्ग के प्रतियोगी परीक्षार्थी बच्चों के भविष्य को लेकर परिवार की मानसिक स्थिति का सचेत वर्णन है।

(4) कहानी का शिल्प अत्यंत सरल है।

(ख) जले हुए किवाड़ का वह चौखट मलबे में से सिर निकाले साढ़े सात साल खड़ा तो रहा था, पर उसकी लकड़ी बुरी तरह भुरभुरा गई थी। गनी के सिर के छूने से उसके कई रेशे झड़कर आसपास बिखर गए। कुछ रेशे गनी की टोपी और बालों पर आ रहे। उन रेशों के साथ एक केंचुआ भी नीचे गिरा जो गनी के पैर से छह आठ इंच दूर नाली के साथ-साथ बनी ईंटों की पटरी पर इधर-उधर सरसराने लगा। वह छिपने के लिए सूराख ढूँढ़ता रहा। जरा-सा सिर उठाता, पर कोई जगह न पाकर दो-एक बार सिर पटकने के बाद दूसरी तरफ मुड़ जाता।

उत्तर– संदर्भ–प्रस्तुत पंक्तियाँ महान कहानीकार मोहन राकेश की प्रसिद्ध कहानी 'मलबे का मालिक' से ली गई है। जिसमें भारत और पाकिस्तान की विभाजन विभीषिका के परिणामों का मार्मिक वर्णन है।

व्याख्या–मोहन राकेश जी ने विभाजन पश्चात् की शरणार्थी समस्या, संघर्ष, परेशानियों को अपने लेखन की इस कहानी के केंद्र में रखा है जिनमें लाखों हिंदू, मुस्लिम, सिक्ख, ईसाई, सिंधी लोगों ने अपनी पसंद के आधार पर भारत और पाकिस्तान को चुना था लेकिन उन्होंने यहाँ दर्शाया है कि जो उनका मूल वतन था उसकी सरज़मी को भुलना मनोवैज्ञानिक दृष्टि से संभव नहीं था अक्सर अपने वतन की याद में वे छटपटाते रहते थे और विभाजन के लगभग साढ़े सात सालों बाद ऐसे ही कुछ लोग हॉकी मैंच देखने के बहाने लाहौर से अमृतसर आए हैं इन लोगों में गनी मियॉ भी शामिल है। गनी मियॉ मूलत: अमृतसर के ही थे और अमृतसर के बौसी में विभाजन से कुछ पहले संभवतया 1947 की जनवरी में अपना पक्का मकान बनवाया था इस मकान में वे खुद बेटा चिरागदीन, बहु जुबेदा और पोता किश्वर, पोती सुल्ताना रहती थी और 1947 के दंगा फसाद के समय मकान के पास के रक्खा पहलवान ने उसके परिवार का कत्ल व बेटी का बलात्कार कर उसके मकान को हथिया लिया था लेकिन उसको बाद में किसी ने जला दिया था और आज वह मकान मलबा बन चुका है और गनी मियॉ उस मलबे के समक्ष खड़े रो रहे हैं। और उस किवाड़ को देख रहे हैं जिसका चोखट मलबे में भी साढ़े सात साल तक खड़ा रहा और उसकी लकड़ी अब गल चुकी जो उनके सिर से टकराती है तो उसके रेशे झड़कर उनकी टोपी व बालों पर लग जाते हैं तथा उसमें से एक कैंचुआ भी गिरता है जो ईंटों से बनी नाली के पास छिपने हेतु सूराख की तलाश कर रहा है और यह मलबा विभाजन के परिणामस्वरूप ढहती मानवता का प्रतीक जैसा लग रहा है।

विशेष– (1) कहानी का मूल स्वर व्यंग्यात्मक है।

(2) विभाजनोत्तर मानसिक स्थिति का चित्रण है।

(3) संपूर्ण कहानी में परिवेश एक सजीव भूमिका में है।

(ग) अगली सुबह सावित्री घर में नहीं थी और राजदेव को लग रहा था, हथेली के वे आँसू सूखे नहीं हैं। वह जगह अभी भी भीगी हुई है। वह बार-बार उस स्थान को अपनी आँखों से स्पर्श कराता और भावुक हो जाता। अपने बाल नोंचता और फुसफुसाता, 'मैं पापी... मैं पापी...।' वह अपने कमरे में घुसता तो सूना महसूस करता। हालाँकि सभी कुछ उसी तरह था, केवल एक बक्सा नहीं था पर लगता ऐसा था कि कमरे की छत कुछ नीचे खिसक आई है और कोई दीवार कम हो गई है। वह तकिए में मुँह छिपाकर लेट गया।

उत्तर– देखें जून-2018, प्रश्न सं.-1(घ)

(घ) घर पहुँचते-पहुँचते अँधेरा घिर गया था; हाथ-मुँह धोकर उसने जल्दी-जल्दी खाना खाया और फिर बच्चे को लेकर आँगन में झिलँगी चारपाई पर आ बैठा। साँझ अत्यधिक उदास हो आई थी। बच्चे ने कुछ देर तक उससे खेलने का प्रयत्न किया, लेकिन पिता की ओर से विशेष प्रोत्साहन न पाने पर वह कब माँ के पास चला गया, इसका उसे ध्यान न रहा। जिनकी उसे प्रतीक्षा थी उनमें से कोई भी न आया था, केवल हरीराम ने आकर अब तक दो-तीन बीड़ियाँ फूँक ली थीं। हरीराम की ओर से ही दो-तीन बार बातचीत शुरू करने का प्रयत्न किया जा चुका था लेकिन उसके अटूट मौन के कारण हर बार यह प्रयत्न विफल सिद्ध हुआ। इस बार फिर हरीराम ने ही बात छेड़ी।

उत्तर– संदर्भ–प्रस्तुत पंक्तियाँ लेखक शेखर जोशी की एक महत्त्वपूर्ण कहानी 'बदबू' से उद्धरित है यह कहानी 1958 में प्रकाशित उनके पहले कहानी संग्रह 'कोसी का घटवार' से संकलित है।

व्याख्या–श्रम और संघर्ष से संबंधित कहानियों की दुनिया को नया मोड़ देने वाले लेखक शेखर जोशी की उक्त पंक्तियों में समाज के यथार्थ को उद्‌घाटित किया गया है। इनमें एक कारखाने में काम करने वाले मजदूरों की परेशानियों व सामाजिक हकीकत को बड़े पर्दे पर लाने का काम किया है। मजदूर वर्ग जो कारखाने के बाहर और भीतर दोनों जगह असहाय से है व्यवस्था ने उनका जीवन रस निचौड़ लिया है और सभी चीजों को स्वीकारते रहना ही अपनी नियति मान चुके हैं। तथा कहानी में बड़े अफसरों की अफसरशाही के तले मजदूरों को दबकर रहना पड़ता है तो विद्रोह की भावना भी मुखर होती है जब अफसरों के विरुद्ध मजदूर आवाज उठाते हैं तो उसी में से कुछ अफसरों के मुखबिरों की भूमिका में भी आ जाते है। और उनकी समस्त चर्चाएँ चीफ साहब को मालूम पड़ जाती है। एक दिन नौजवान को घर पहुँचते-पहुँचते अँधेरा हो जाता है और वह खाना खाकर चारपाई पर बैठ जाता है उसका बच्चा उसके पास खेलने की भावना से आता है लेकिन वहाँ वात्सल्य के अभाव को देखकर वह माँ के पास चला जाता है तथा मीटिंग के लिए कोई न आया था सिवाय हरीराम के, जो उस नौजवान के मौन को बारबार तोड़ने की कोशिश चाटुकारिता भरे भावों से करता है। मगर लेखक ने उसके मौन से समझा दिया है कि उसने हरीराम के रूप में साहब के मुखबिर की पहचान कर ली है।

विशेष—(1) लेखक ने बदबू कहानी के माध्यम से व्यक्त किया है कि किस प्रकार व्यवस्था की जकड़न आदमी को जकड़ लेती है।
(2) इन पंक्तियों में 'व्यावहारिक जीवन' संदर्भों को उद्घाटित किया है।
(3) गद्यांश की भाषा भाव-व्यंजक व अर्थ गर्भित है।

प्रश्न 2. 'तीसरी कसम' कहानी के 'हिरामन' का चरित्र चित्रण कीजिए।
उत्तर– देखें अध्याय-1, प्रश्न सं.-8

प्रश्न 3. 'बिरादरी' कहानी मध्यवर्गीय समाज की विसंगतियाँ व्यक्त करती है।' इस कथन का मूल्यांकन कीजिए।
उत्तर– देखें अध्याय-2, प्रश्न सं.-4

प्रश्न 4. 'गौरेया' कहानी में निहित सांप्रदायिकता के संदर्भ पर विचार कीजिए।
उत्तर– देखें अध्याय-3, प्रश्न सं.-9

प्रश्न 5. 'पार्टीशन' कहानी की कथावस्तु पर प्रकाश डालिए।
उत्तर– देखें अध्याय-5, प्रश्न सं.-2

प्रश्न 6. साठोत्तरी कहानी के संदर्भ में 'सुख' का मूल्यांकन कीजिए।
उत्तर– देखें अध्याय-4, प्रश्न सं.-12

प्रश्न 7. निम्नलिखित में से किन्हीं दो पर टिप्पणियाँ लिखिए–
(क) कथाकार रघुवीर सहाय
उत्तर– देखें अध्याय-4, प्रश्न सं.-2

(ख) नई कहानी
उत्तर– देखें अध्याय-1, प्रश्न सं.-10

(ग) 'तलाश' कहानी का महत्त्व
उत्तर– देखें अध्याय-5, प्रश्न सं.-23

(घ) 'डिप्टी कलक्टरी' के शकलदीप बाबू
उत्तर– देखें अध्याय-1, प्रश्न सं.-11

हिंदी कहानी : एम.एच.डी.-11
दिसम्बर, 2021

नोट: प्रथम प्रश्न अनिवार्य है। शेष प्रश्नों में से किन्हीं तीन प्रश्नों के उत्तर दीजिए।

प्रश्न 1. निम्नलिखित गद्यांशों में से किन्हीं दो की संदर्भ सहित व्याख्या कीजिए–

(क) इस घटना के बाद कुछ लोगों की दबी-दबी सहानुभूति पा जाने पर उसे ऐसा अनुभव हुआ जैसे किसी अँधरे बंद तहखाने में प्रकाश की हल्की किरण का आसरा उसे मिल गया हो। पर सभी कामगारों की आँखों में सहानुभूति का यह भाव नहीं था। अनेक सहकर्मी इस घटना के पश्चात् उसके प्रति रूखा व्यवहार करने लगे थे और कुछ ऐसी भी आँखें थीं जिनमें अचानक ही ईर्ष्या और उपेक्षा की भावना उभर आई थी। ऐसी ही एक जोड़ा आँखें एक दिन छुट्टी के बाद मार्ग में बहुत दूर तक उसका पीछा करती रही थी। उसे ऐसा लगा जैसे साथ में चलने वाला वह व्यक्ति उससे कुछ कहने के लिए अकुला रहा हो। उन दोनों के साथ-साथ मजदूरों का झुंड हाथों में थैला या टिफिन का खाली डिब्बा लटकाए चला जा रहा था।

उत्तर– प्रसंग–प्रस्तुत पंक्तियाँ नई कहानी आंदोलन के महत्त्वपूर्ण हस्ताक्षर शेखर जोशी की रचना 'बदबू' से उद्धृत हैं। यह कहानी 1958 में प्रकाशित उनके पहले कहानी संग्रह 'कोसी का घटवार' से संकलित है। यह नई कहानी आंदोलन के दौर में प्रकाशित उनका एकमात्र कहानी संग्रह है।

व्याख्या–'बदबू' समाज के यथार्थ को उद्घाटित करने वाली एक कहानी है। आम जीवन से जुड़े तथ्यों को पिरोकर कहानी का ताना–बाना बुनने वाले यशस्वी कहानीकार शेखर जोशी की यह रचना कारखाने के दैनिक जीवन पर आधारित है। कारखाने में काम करने वाले मजदूर, मिस्त्री, सर्चमैन, फोरमैन, चौकीदार और साहब इसके पात्र हैं। एक युवा मजदूर कहानी का केंद्रीय पात्र है, जो पूँजीवादी व्यवस्था के दोहरे मापदंडों के प्रति प्रश्न उठाता है। कारखाने में काम करने वाले मजदूरों की जीवन–शैली, उनके हास–परिहास, उनके परिवारों की स्थिति, व्यवस्था का कुचक्र ने 'बदबू' को औद्योगिक जीवन पर रचित अद्भुत कहानी बना दिया है। 'बदबू' जिजीविषा और संघर्ष की प्रतीक है। कारखाना प्रबंधन एक युवा मजदूर के दोहरे मापदंड पर प्रश्न करने को अपने लिए चुनौती मान लेता है। युवा मजदूर की बाहर की गतिविधियों पर दृष्टि बनाए रखने के लिए, कारखाने के ही एक मजदूर को मुखबिर के रूप में उसके पीछे लगाया जाता है। अंत में कहानी का नायक उस मुखबिर को पहचान लेता है। शेखर जोशी की कहानियाँ पाठक के अंतर्मन को झकझोर कर रख देती हैं। उनकी सृजनात्मक संवेदना सदा श्रम और संघर्ष करने वाले वर्ग के साथ देखी गई है। 'बदबू' इस बात का ज्वलंत प्रमाण है।

(ख) रक्खे ने सीधा होने की चेष्टा की क्योंकि उसकी रीढ़ की हड्डी बहुत दर्द कर रही थी। अपनी कमर और जाँघों के जोड़ पर उसे सख्त दबाव महसूस हो रहा था। पेट की अंतड़ियों के पास से जैसे कोई चीज उसकी साँस को रोक रही थी। उसका सारा जिस्म पसीने से भीग गया था और उसके तलुओं में चुनचुनाहट हो रही थी। बीच-बीच में नीली फुलझड़ियाँ-सी ऊपर से उतरती और तैरती हुई उसकी आँखों के सामने से निकल जातीं। उसे अपनी जबान और होठों के बीच एक फासला-सा महसूस हो रहा था। उसने अँगोछे से होठों के कोनों को साफ किया। साथ ही उसके मुँह से निकला 'हे प्रभु, तू ही है, तू ही है, तू ही है।'

उत्तर– प्रसंग–प्रस्तुत पंक्तियाँ मोहन राकेश की रचना 'मलबे का मालिक' से उद्धृत हैं। 'मलबे का मालिक से ली गई ये पंक्तियाँ धर्म के आधार पर होने वाले भारत-पाक विभाजन की विभीषिका का वास्तविक चित्रण करती हैं।

व्याख्या–कहानीकार मोहन राकेश ने उपर्युक्त पंक्तियों के माध्यम से 1947 के भारत-पाकिस्तान विभाजन से उपजी मानवीय महत्वाकांक्षाओं की निरर्थकता तथा बाद में हुई हिंसा और विनाश की पृष्ठभूमि को आम जनमानस तक पहुँचाने का सराहनीय प्रयास किया है। विभाजन के बाद गनी मुसलमान पाकिस्तान चला जाता है लेकिन परिवार के अन्य सदस्य बाजार बाँसाँ के नवनिर्मित मकान में अमृतसर में ही रह जाते हैं। जिस रक्खे पहलवान पर इस परिवार को सबसे अधिक भरोसा था, वही रक्खा पहलवान इस परिवार का काल बन जाता है। परिवार के सभी सदस्यों को मौत के घाट उतारकर वह नए मकान पर कब्जा कर लेता है। कुछ ही दिनों बाद इस नए मकान में कोई आग लगा देता है और मकान मलबे में तब्दील हो जाता है। विभाजन के साढ़े सात साल बाद हॉकी मैच देखने एक टोली लाहौर से अमृतसर आती है, जिसका एक सदस्य गनी भी है। यहीं बाजार बाँसाँ के मलबे वाले मकान में गनी की मुलाकात रक्खे पहलवान से होती है। गनी मियाँ की मासूमियत रक्खे को भीतर से तोड़ देती है। संभवतः मोहन राकेश यह बताना चाहते हैं कि विभाजन ने दोनों ओर मलबे ही तैयार किए हैं।

(ग) मैं सड़क पार कर लेता हूँ। जंगली, बेमहक लेकिन खूबसूरत विदेशी फूलों के नीचे ठहर-सा जाता हूँ कि जो फूल, भीत के पास वाले अहाते की आदमकद दीवार के ऊपर फैल, सड़क के बाजू पर बाँहें बिछाकर झुक गए हैं। पता नहीं कैसे, किस साहस से व क्यों, उसी अहाते के पास बिजली का ऊँचा खंभा-जो पाँच-छह दिशाओं में जाने वाली सूनी सड़कों पर तारों की सीधी लकीरें भेज रहा है-मुझे दीखता है और एकाएक खयाल आता है कि दुमंजिला मकानों पर चढ़ने की एक ऊँची निसैनी उसी से टिकी हुई है। शायद, ऐसे मकानों की लंब-तड़ंग भीतों की रचना अभी भी पुराने ढंग से होती है।

उत्तर– देखें जून-2019, प्रश्न सं.-1(घ)

(घ) बारह साल की सिलिया डरी, सहमी-सी एक कोने में खड़ी थी और मामी अपनी बेटी मालती को बाल पकड़कर मार रही थी, साथ ही जोर-जोर से चिल्लाकर कहती जा रही थी, "क्यों री, तुझे नहीं मालूम, अपन वा कुएँ से पानी नहीं भर सके

हैं? क्यों चढ़ी तू वा कुआ पर, क्यों रस्सी-बाल्टी को हाथ लगाया?" और वाक्य पूरा होने के साथ ही दो-चार झापड़, घूँसे और बरस पड़ते मालती पर। बेचारी मालती, दोनों बाँहों में अपना मुँह छिपाए चीख-चीखकर रो रही थी। साथ ही कहती जा रही थी, "ओ बाई, माफ कर दो, अब ऐसा कभी नहीं करूँगी।"

उत्तर– **प्रसंग**–प्रस्तुत पंक्तियाँ सुशीला टाकभौरे की कहानी 'सिलिया' से ली गई हैं। वैश्वीकरण के दौर में 'सिलिया' दलित स्त्री-जीवन के नए संदर्भों को उजागर करती है। 'सिलिया' एक अंतर्मुखी कहानी है जो सुधारवादी दृष्टिकोण से लिखी गई है।

व्याख्या–सुशीला टाकभौरे दलित कथा आंदोलन की महत्त्वपूर्ण लेखिका हैं। कहानी की नायिका सिलिया एक दलित बालिका है। जब सिलिया के बालमन को इस बात का ज्ञान होता है कि वह दलित है और हजारों वर्षों से अभिशप्त है तो वह स्वयं को मनुष्य मानने में भी कठिनाई का अनुभव करती है। मालती द्वारा बकरी वाली के कुएँ से पानी पीने पर जिस अपमान और घुटन का एहसास मालती की माँ कराती है, प्रस्तुत पंक्तियाँ उसी के संदर्भ में हैं।

दलित स्त्री की पीड़ा तथा यातना को उकेरती हुई यह कहानी वर्ण व्यवस्था और जाति व्यवस्था के प्रतिरोध और प्रतिकार की कहानी है, जो पाठक के मनो-मस्तिष्क को झंकृत कर सोचने पर विवश करती है। 'सिलिया' कहानी कला में नए मानदंड स्थापित करती है। एक ओर जहाँ दलित चेतना के विभिन्न आयामों को उद्घाटित करती है, वहीं दूसरी ओर नारी-विमर्श के विभिन्न आख्यानों से उसे जोड़ती भी है। सिलिया एक आत्मसम्मान से जीने और प्रतिरोध-प्रतिकार की प्रतिभूति है, जो दलित जीवन के सच को जानती है, भोगती है और क्रूर समाज व्यवस्था से लड़ती भी है। वस्तुत: यह कहानी दलित संघर्ष की कहानी है। रचनाकार सुशीला टाकभौरे ने सिलिया के बहाने भारतीय समाज की जड़वादी मानसिकता को उभारने का काम किया है।

प्रश्न 2. ''डिप्टी कलक्टरी' कहानी निम्न मध्यवर्गीय विवशताओं और संघर्ष की अभिव्यक्ति है।' स्पष्ट कीजिए।
उत्तर– देखें अध्याय-1, प्रश्न सं.-11

प्रश्न 3. 'यही सच है' नवीन संवेदना की प्रेम कहानी है।' इस कथन पर अपने विचार व्यक्त कीजिए।
उत्तर– देखें अध्याय-2, प्रश्न सं.-18

प्रश्न 4. 'गौरेया' कहानी के शिल्प पक्ष का विवेचन कीजिए।
उत्तर– देखें अध्याय-3, प्रश्न सं.-8

प्रश्न 5. 'हरी बिंदी' कहानी की स्त्री दृष्टि का मूल्यांकन कीजिए।
उत्तर– देखें अध्याय-4, प्रश्न सं.-15

प्रश्न 6. 'कुर्बान भाई' के चरित्र की विशेषताओं को उद्घाटित कीजिए।
उत्तर– देखें अध्याय-5, प्रश्न सं.-2

प्रश्न 7. निम्नलिखित में से किन्हीं दो पर टिप्पणियाँ लिखिए–
(क) 'एक जीता जागता आदमी' कहानी का मंतव्य
उत्तर– देखें अध्याय-4, प्रश्न सं.-3

(ख) अकहानी
उत्तर– देखें अध्याय-4, प्रश्न सं.-16

(ग) 'ड्राइंग रूम' कहानी का जीवन दर्शन
उत्तर– देखें अध्याय-3, प्रश्न सं.-13

(घ) 'तीसरी कसम' कहानी में अंचल
उत्तर– देखें अध्याय-1, प्रश्न सं.-1

www.ingramcontent.com/pod-product-compliance
Lightning Source LLC
LaVergne TN
LVHW021234080526
838199LV00088B/4343
* 9 7 8 9 3 8 6 2 7 6 8 0 3 *